Corrections : Catherine Garnier
Maquette : Farida Jeannet

21, square Saint-Charles, 75012 Paris
ISBN : 978-2-36942-038-5

Dépôt légal : septembre 2015
Imprimé en Italie par Rotolito Lombarda

HISTOIRE DE LA 1re ARMÉE FRANÇAISE

Maréchal de Lattre de Tassigny

HISTOIRE DE LA 1re ARMÉE FRANÇAISE

Rhin et Danube

NOUVEAU MONDE éditions

Aux soldats de la 1re armée française qui,
par leur héroïsme et leur sang,
ont écrit les chapitres de cette histoire.

PRÉFACE

En cette année du 70e anniversaire de la signature à Berlin, par le général de Lattre de Tassigny, au nom de la France, de l'acte de la capitulation allemande, l'Institut vendéen Clemenceau-de Lattre est particulièrement heureux de proposer au public, grâce aux éditions du Nouveau Monde, une nouvelle édition de *L'Histoire de la Première Armée française*. N'est-ce pas remplir ici la principale mission que ses fondateurs et plus particulièrement la maréchale de Lattre lui ont assignée : « Perpétuer la mémoire de deux grands Français nés à Mouilleron-en-Pareds : Georges Clemenceau et Jean de Lattre de Tassigny » ? C'est dans le même esprit de transmission et de diffusion qu'un film pédagogique vient d'être réalisé à partir de la conférence donnée en 1995 à Mouilleron-en-Pareds par le bâtonnier René Bondoux, dernier témoin de cette signature, film enrichi d'extraits de l'album personnel du maréchal de Lattre, de citations de cet ouvrage et de presse de l'époque.

De son vivant, la maréchale de Lattre, cette « grande dame de la mémoire », comme elle fut qualifiée au moment de sa mort, défenseur infatigable de l'œuvre de son mari, avait compris tout ce que représentait cet épais volume pour lui et ses soldats, certes, mais aussi tout simplement pour l'histoire de la Seconde Guerre mondiale, et elle fut toujours soucieuse d'en voir des exemplaires disponibles en librairie.

Cette nouvelle édition vient à son heure, et l'on pourra lire en prolégomène la belle présentation de cette *Histoire* qu'en donne le professeur André Martel qui remarque d'emblée : « Plus que le froid récit qu'elle prétend être, il s'agit de *Mémoires* comme le montre l'usage du "je" et les photographies l'illustrant. »

L'Institut vendéen Clemenceau-de Lattre souhaite exprimer sa gratitude à monsieur Christian Baron, son administrateur, neveu de la maréchale de Lattre, qui, au nom des héritiers de sa tante, lui a transféré les droits de cette publication. Il remercie également monsieur Pascal Charpentier-de La Rochemacé, petit-neveu par alliance du maréchal de Lattre, également administrateur de l'IVCL, et tous ceux qui ont facilité cette réédition.

Jacques Perot
Président de l'Institut vendéen Clemenceau-de Lattre

PRÉSENTATION D'ANDRÉ MARTEL, PROFESSEUR DES UNIVERSITÉS

Qu'il me soit permis de remercier[1] l'Institut vendéen Clemenceau-de Lattre d'avoir pris le risque de confier la présentation de cette nouvelle édition de l'*Histoire de la 1re armée française* du général de Lattre de Tassigny au biographe de Leclerc, le mythique commandant de la 2e DB, la 2e division blindée. Il est vrai que bien du temps a passé depuis le différend qui avait opposé ces deux monstres sacrés morts l'un en 1947, l'autre en 1952.

Le libérateur de Paris avait eu la dent dure contre le vainqueur de Colmar à qui quelques-uns de ses grands subordonnés avaient eux aussi reproché sa manière de commander et sa conception de l'emploi des chars. Les plus nombreux lui étaient restés attachés pour sa disponibilité d'écoute, sa prise en compte des efforts surhumains qu'il exigeait de tous, sa manière d'exprimer sa reconnaissance pour les sacrifices consentis.

Il ne saurait être question ici d'ouvrir un procès à charge ou à décharge, mais de s'interroger sur l'opportunité de la réédition d'un ouvrage de plus de 600 pages plus de soixante ans après sa première parution, en 1949. Certes le soixante-dixième anniversaire de la signature à Berlin de la capitulation allemande suffit à expliquer la décision. Un autre objectif la caractérise : offrir à ceux qui ont découvert l'ouvrage autrefois, et plus encore à ceux qui ne l'ont jamais lu, l'occasion de comprendre un enchaînement d'événements aboutissant à une victoire militaire, condition d'un relèvement national. En d'autres termes d'entrer dans un processus d'analyse « psychologique, politique, stratégique » (la formule est de De Lattre)

1. Qu'il me soit permis également de renouveler au général Delmas, « officier et historien » reconnu par tous, l'expression de ma fidèle amitié en lui disant ma gratitude pour m'avoir laissé l'honneur de présenter cette réédition de l'*Histoire de la 1re armée française*.

induisant des décisions successives traduites en ordres et non de suivre le détail des combats.

Pareil choix exige une brève présentation de l'œuvre en son temps. Plus que le froid récit qu'elle prétend être, il s'agit de *Mémoires* comme le montre l'usage du « je » et les photographies l'illustrant. Ce qui n'enlève rien à sa rigoureuse articulation soutenue par un appareil de lecture irréprochable : notes détaillées, annexes significatives, croquis on ne peut plus parlants. Mais qui explique quelques « oublis » ; des omissions pour tout dire, qu'explique la date de parution. En 1949, Leclerc est mort, tragiquement en service commandé, ce qui interdit toute polémique. De Lattre a porté son drap funéraire. Les autres protagonistes de cette saga sont tous vivants : De Gaulle retiré à Colombey après l'échec du RPF, Larminat devenu inspecteur des forces d'outre-mer, Béthouart installé comme haut-commissaire à Vienne, Monsabert retiré mais toujours juvénile. Interdit, donc, de commettre la moindre erreur ou de se permettre un jugement de valeur. L'équipe d'anciens collaborateurs qui l'assiste, et qu'il remercie nommément, ne l'ignore pas plus que lui.

Hors de propos de résumer pareil ouvrage. Seulement la tentative d'en dégager quelques points et moments forts à la lecture de ses cinq parties : « La veillée d'armes, De la Méditerranée aux Vosges, Les rudes semailles de l'automne, La libération de l'Alsace, Rhin et Danube ». Non sans éprouver la tentation de les réduire à deux : La marche au Rhin, car c'est seulement dans ses eaux qu'on peut aller chercher le bâton de maréchal, et « Rhin et Danube », car l'épopée s'achève aux portes de l'Autriche. Deux batailles les caractérisent : la libération éclair de Toulon et de Marseille en août 1944, la dure liquidation de la poche de Colmar en février 1945. Peu importe dès lors que reste présente à l'esprit la dédicace rédigée par de Lattre :

Aux soldats de la 1re armée française
qui, par leur héroïsme et leur sang,
ont écrit les chapitres de cette histoire.

Une armée à laquelle il a donné, le 24 avril 1945, son nom « Rhin et Danube », sa devise *Ne pas subir* et son symbole héraldique la masse d'armes sur écu rouge et vert, les couleurs de Colmar et de la croix de guerre, car, écrit-il : « Cette jeune noblesse d'épée avait droit à des armes ».

Impossible d'entrer dans cette histoire le 18 octobre 1943, date de son arrivée en Angleterre, comme il le fait lui-même. Âgé de quarante-quatre ans, il n'est alors pas un inconnu, pas plus dans les milieux politiques que militaires. Force est donc de rappeler sa carrière ; elle le précède.

Né en 1889 en Vendée à Mouilleron-en-Pareds, le village natal de Clemenceau, Jean de Lattre de Tassigny à sa sortie de Saint-Cyr avait choisi la cavalerie. Blessé dès août 1914, il avait en eptembre reçu un coup de lance de uhlan, de quoi inspirer une image d'Épinal. Passé dans l'infanterie, il avait encore été blessé à trois reprises, ce qui lui avait valu de terminer la guerre comme capitaine, officier de la Légion d'honneur, titulaire de huit citations. Remarqué pour son sens du commandement, il était entré dans la galaxie des officiers « à pousser ». « Il ira loin, très loin », aurait dit le Tigre.

Volontaire pour servir au Maroc en 1921, il y avait reçu deux nouvelles blessures et avait été promu chef de bataillon à titre exceptionnel sans pour autant pénétrer dans le cercle des « Africains », sans y prétendre d'ailleurs. Bien que non breveté, il avait exercé les fonctions de chef d'état-major de la région de Taza. Le temps étant venu de rentrer dans la norme il avait épousé, en 1927, Simonne Calary de Lamazière qui lui avait donné un fils. Elle l'avait fait évader en 1943 et plus tard veilla à sa gloire posthume. Il ne lui restait qu'à entrer à l'École supérieure de guerre, en limite d'âge.

Son avancement avait été à la mesure de ses talents et de son ambition. Breveté, il servit de 1932 à 1935 à l'état-major du général Weygand. Le bruit avait alors couru qu'il était devenu l'agent de ce « suppôt de la réaction ». En 1938, il avait suivi les cours du Centre des hautes études militaires, l'« école des maréchaux », ce qui lui avait valu de devenir le plus jeune général français. L'attaché militaire allemand ne s'y était pas trompé en le désignant dans un de ses rapports comme l'un des futurs grands chefs de l'armée française, à égalité de chance avec Juin, de Gaulle et Loustaunau-Lacau n'étant cités que comme possibles. Qui a prétendu que, dans l'entre-deux-guerres, le haut enseignement militaire n'avait préparé qu'aux conflits du passé ? Avoir formé de Gaulle, Juin, de Lattre, Leclerc... suffit à récuser pareil jugement.

En janvier 1940, il avait été porté au commandement de la 14ᵉ division d'infanterie avec laquelle, à Rethel, en juin, il avait retardé l'ennemi et fait retraite en ordre. Juin, en qui il percevait déjà un rival, s'était distingué à Gembloux à la tête d'une division d'infanterie motorisée qu'il n'avait soustraite à la captivité qu'après avoir fait mouvement sur Lille. Improvisant une 4e division cuirassée de réserve, de Gaulle n'avait pu que tenter une contre-offensive blindée à Montcornet. Béthouart était rentré victorieux de Norvège. Ces trois derniers étaient ses *bazars* à Cyr.

Rejoindre de Gaulle à Londres en 1940 ? Il ne l'avait jamais envisagé. Dans une longue note il s'élève toutefois contre « l'odieuse calomnie qui m'a quelquefois présenté comme l'un de ses juges... ». Une constante dans sa carrière que les rumeurs. Il obéit alors au vainqueur de Verdun détenteur constitutionnel du pouvoir avec d'autant plus de détermination que Weygand à ses côtés incarne la Revanche. Un objectif qui fait accepter, dans ce que de Lattre qualifie de « grand drame de l'Obéissance », la Révolution nationale et Montoire, interprétée comme un double jeu. C'est dans cet esprit qu'il poursuit sa carrière à Clermont-Ferrand, à Tunis, à Montpellier où il est nommé en 1942 commandant de la 16e division militaire et promu général de corps d'armée. Faut-il aller jusqu'à avancer que, depuis l'entrée en guerre des Américains en décembre 1941, il espère prendre la tête d'une armée de la Revanche désormais imminente ?

Le 11 novembre 1942, il ne veut connaître que l'ordre du général Verneau, chef d'état-major de l'armée (un *ouled* Weygand lui aussi), de résister aux Allemands qui envahissent la zone sud. Bravant le contrordre de son ministre collaborateur (le général Bridoux), il entraîne dans les Corbières son état-major et quelques troupes dans l'attente d'un prompt débarquement allié aux ordres de Giraud. Condamné à dix ans de prison en janvier 1943, « pour avoir voulu sauver l'honneur des troupes placées sous mes ordres », il s'évade dans la nuit du 2 septembre et entre en clandestinité. Ainsi devient-il, en Angleterre et en Afrique du Nord, le seul à pouvoir se prévaloir d'une expérience de maquisard. D'autres, qu'il ne cite pas, ont été des résistants, pas des maquisards : Delestraint, chef de la gaulliste Armée secrète (AS) ; Frère et Verneau, chefs de l'Organisation de résistance de l'Armée (ORA), y ont même laissé leur vie.

Dès son arrivée en Angleterre de Lattre télégraphie à de Gaulle pour l'assurer de son « absolu loyalisme » et demander à servir « dans l'armée dont le général Giraud assumait le commandement ». On ne peut qu'apprécier pareil raccourci. Pendant sa captivité, tout a basculé partout. Qu'a-t-il su de cette « bissectrice de la guerre » ? Bien des informations circulent en prison, sans doute recoupées en écoutant Radio Londres pendant sa clandestinité. Repoussée après la défaite de Stalingrad, la Wehrmacht a reculé devant l'Armée rouge qui a repris Smolensk le 5 septembre. Ayant chassé l'ennemi d'Afrique, les Anglo-Saxons ont débarqué en Italie qui a capitulé le 3. En Tunisie, l'armée d'Afrique a repris glorieusement (mais à quel prix!) le combat aux côtés des Alliés sous le commandement de Giraud et de Juin, relâché par les Allemands. Elle vient de libérer la Corse en eptembre. Une lutte pour le pouvoir a opposé Giraud à de Gaulle, soutenu par la Résistance métropolitaine unifiée dans un Conseil national de la Résistance un instant décapité par l'arrestation de Jean Moulin le 21 juin. Ayant rejoint Alger le 30 mai, de Gaulle y a obtenu la création d'un Comité français de Libération nationale (CFLN) bicéphale, reconnu le 26 août par les Alliés.

Attendant un avion pour Alger (... pourquoi les Anglais n'ont-ils pas assuré plus vite son transfert?), de Lattre a multiplié les contacts. Moins avec les Français libres qu'il aurait ignorés ou qui l'auraient évité qu'avec des diplomates et militaires anglais et américains auprès de qui il aurait insisté sur « la force et les tendances de la Résistance intérieure française ». Et plus encore sur la nécessité de créer une armée en « prenant soin de la mettre à l'avance... en harmonie avec l'opinion intérieure de la Métropole ». De Gaulle a-t-il soupçonné les Alliés de lui chercher un nouveau compétiteur? Coupant court aux rumeurs, il le nomme général d'armée le 11 novembre.

Une hospitalisation immobilise de Lattre jusqu'à la mi-décembre. Certains la qualifient de prudente attente d'une clarification à Alger où il se présente le 20 à de Gaulle qui l'accueille cordialement : « Vous n'avez pas vieilli... » « Vous avez grandi... » C'est Giraud qui lui offre l'hospitalité et le nomme le 26 décembre commandant d'une 2e armée qui devient l'armée B un mois plus tard tandis qu'est créé, aux ordres de Juin, un détachement d'armée A, futur corps expéditionnaire français en Italie.

De Lattre n'a donc pas eu à connaître les débats relatifs au réarmement auxquels le CFLN vient de mettre fin en acceptant les exigences américaines d'une armée reconstituée « industrielle ». Il n'a qu'à les appliquer en complétant le corps de bataille par des unités de soutien et de service en vue d'une guerre mécanisée grande consommatrice de matériel et de carburant. Certains l'accusent de complaisance. Il n'en a cure, sachant n'avoir que quelques mois pour créer l'outil d'un débarquement simultané en Normandie et en Provence. Un plan que les contraintes du *shipping* obligent à scinder en deux étapes.

Dès lors il doit, et devra pendant toute la guerre : exécuter les décisions des Alliés dont il dépend logistiquement et donc opérationnellement ; respecter les instructions du général de Gaulle ; équiper et entraîner ses divisons de combat ainsi que leurs soutiens et services. Ses relations avec le général sir Maitland Wilson chef de l'*Allied Forces Headquarters* (AFHQ) sont bonnes. Jusqu'au printemps, il lui faut toutefois ménager de Gaulle et Giraud jusqu'à l'élimination de ce dernier. L'armée d'Afrique l'accepte, tacitement, sans plus. Les officiers par discipline hiérarchique ; pour ses états de service et son prestige acquis en 40, aussi. La troupe, en raison de l'exaltation due à l'imminence d'un débarquement en métropole qui justifie un entraînement intensif avec un matériel enfin moderne. De ses divisionnaires, qu'il n'a pas choisis, il ne dit rien, se contentant de les citer. Touzet du Vigier et Vernejoul sont à la tête des 1re et 5e divisions blindées ; Brosset commande la 1re DFL, jalouse de son origine France libre ; Magnan commande la 9e DIC ; Dody, la 2e DIM ; Sevez, la 4e DIM ; Monsabert, la 3e DIA. De Lattre n'ignore ni les états de service exceptionnels de Monsabert pendant la Grande Guerre et en Italie, mais n'en dit mot, ni la sanction qui l'a frappé en novembre 1942 pour avoir contribué à l'intervention américaine. Il en fera le chef de son 2e corps d'armée le 1er novembre 1944 lorsqu'il se séparera de Larminat, un colonial condamné par contumace pour avoir rejoint de Gaulle dès 1940. Des sanctions qui ne peuvent que rappeler à de Lattre son propre procès. De même pour Béthouart, nommé commandant du 1er CA le 6 septembre. Ce vainqueur de Narvik avait été emprisonné pour avoir préparé la venue de Patton au Maroc. Giraud l'avait envoyé en Amérique négocier les modalités du réarmement et de Gaulle en avait fait son chef d'état-major de la Défense nationale. Il lui attribuera en 1945 la croix de Compagnon de la Libération. Toutefois de Lattre saura faire reconnaître leurs mérites… ceux acquis sous ses ordres.

Mettre l'outil à l'épreuve ? La conquête de l'île d'Elbe, l'opération « Brassard », lui en donne l'occasion. Son récit détaillé et précis des opérations ainsi que des prouesses que laisse présager la rigueur de l'ouvrage est un modèle de cours d'École de guerre. Rien n'y manque, de la pertinence de la décision à la cohérence du plan d'opérations préparé en fonction des difficultés du terrain et de son aménagement par l'ennemi. Sans oublier la capacité de tous de faire face à l'imprévu : ainsi du recours à la « contre-batterie humaine » par les commandos. De Lattre pousse le compte-rendu de la contribution navale et aérienne des Alliés jusqu'au plus insignifiant des engagements. Autant pour en donner la justification tactique que pour exalter l'héroïsme de ses soldats. Les pertes sont lourdes ; il les comptabilise et estime celles de l'adversaire. Sir Maitland Wilson télégraphie : « Voilà encore une preuve de plus de la capacité qu'ont nos forces et nos nations réunies de marcher ensemble épaule contre épaule vers la Victoire. » De Lattre a acquis l'estime des Alliés. Reste à en tirer parti.

« La victoire de Provence » constitue un tout, même si de Lattre traite successivement de la conquête de Toulon, puis de la libération de Marseille. Un tout associant le politique et l'opérationnel, la stratégie alliée et les objectifs nationaux. Un tout qui s'ordonne en fonction du résultat stratégique acquis par une force française, l'armée B. Deux dates butoirs lui ont été fixées par le général Patch, le vainqueur de Guadalcanal, devenu son supérieur direct : conquérir Toulon à Day+20 et libérer Marseille à Day+40. Or Toulon tombe à D+13 le 26 août, Marseille à D+14. Le 3 septembre le déminage du port phocéen est achevé. Le 15, un premier *Liberty ship* accoste. Ainsi ont été déjouées les instructions d'Hitler ordonnant de constituer les deux ports méditerranéens en réduits-forteresses interdisant tout trafic portuaire ; tout comme les « poches de l'Atlantique » qui, elles, résisteront jusqu'en mai 1945. Pourquoi ne pas dire que cette instruction de l'OKW (l'*Ober Kommando der Wehrmacht*) fait partie de l'ordre donné au soir du 17 septembre aux 1re et 19e armées allemandes en Aquitaine et en Provence de se replier sur les Vosges ?

Comment un tel succès, d'importance stratégique pour ses conséquences logistiques, a-t-il été obtenu aussi vite ? Dans les deux cas, de Lattre a respecté la règle classique en l'adaptant au terrain : combiner attaque frontale et débordements. À Toulon il lâche, l'une par le littoral, l'autre par les hauts, les 1re DFL de Brosset et 3e DIA de Monsabert : « deux pur-sang » au tempérament « de sous-lieutenants qui connaîtraient à fond leur métier de général ». Brosset soutenu par la 9e DIC du non moins fougueux Magnan attaque frontalement. Monsabert déborde par les hauts et déboule.

La ville est libérée en six jours du 20 au 26 (huit pour la presqu'île de Saint-Mandrier). Dans la nuit du 19 au 20, de Lattre a prescrit à Monsabert de lancer ses blindés en direction d'Aubagne, verrou défensif de Marseille. Son idée de manœuvre n'est pas de progresser en sûreté... sans s'interdire une « audace raisonnée » ni refuser les « occasions favorables ». Son idée de manœuvre n'est pas d'agir successivement mais simultanément afin d'user de l'effet de surprise. Marseille se soulève le 22 et sollicite un soutien immédiat. Monsabert fonce et, le 23, débouche sur le Vieux Port. La réduction des fortifications édifiées par les Allemands, qui résistent aussi farouchement qu'à Toulon, demande encore quatre jours. Dans les deux cités le concours des résistants n'a pas manqué. Il leur rend un hommage appuyé. Une constante dans son livre.

Ce succès est éclipsé par la libération de Paris réalisée vingt-quatre heures plus tôt, le 25 août. De Gaulle, chef du Gouvernement provisoire de la République française, le GPRF, depuis le 3 juin s'y est fait acclamer comme « souverain » légitime par la foule parisienne représentant le peuple français sur lequel il entend exercer au plus tôt son autorité. La double victoire remportée par de Lattre le conforte sans accélérer une reconnaissance alliée qui se fait attendre. La présence des commissaires de la République aux défilés de la Victoire à Toulon et à Marseille se veut une affirmation de souveraineté nationale et d'autorité gouvernementale. Dans la capitale, un jeune divisionnaire issu des Forces françaises libres, Leclerc commandant la 2e DB, vient d'acquérir gloire et popularité. De Lattre ne laisse rien paraître d'une probable déception.

Il est tout aussi discret sur les causes de l'élimination de Larminat motivée semble-t-il par une contestation d'autorité. De Gaulle approuve de Lattre. Il donne le commandement du front de l'Atlantique à Larminat qui, rappelé en 1962 pour présider la Cour militaire de justice, se suicidera, en raison d'une accusation de défaillance psychique lors de la marche sur Marseille, avancée par l'OAS.

« 700 kilomètres de poursuite en trois semaines ». Ainsi de Lattre résume-t-il la phase d'exploitation conduisant la 7e armée US, dont il relève, à la trouée de Belfort, la « Porte de Bourgogne » des Germains, le 20 septembre 1944. Trois traits caractérisent l'exploit : la lenteur des approvisionnements, le risque de marginalisation par le plan américain, la délicate intégration des FFI, les Forces françaises de l'intérieur. En raison des délais de déblaiement du port de Marseille, une « perpétuelle disette d'essence » handicape l'avance des Alliés qui en consomment 600 000 litres par jour : une obsession omniprésente dans l'ouvrage. En matière d'emploi, l'Office suprême des chefs d'état-major alliés, un organisme anglo-américain auquel la France n'est pas représentée, a prévu de faire flanc-garder la 7e armée US, qui progresse le long du Rhône, par l'armée B, scindée en deux groupements progressant de part et d'autre du fleuve. De Lattre obtient de sortir « de la trappe » à Lyon. Troisième impératif : l'amalgame dont il fait une affaire personnelle : « on m'a parfois reproché ma faiblesse pour les FFI ».

Il s'en explique. Pour l'avenir, il souhaite une armée conciliant l'indépendance d'esprit des « partisans » et les « vertus militaires traditionnelles » de l'armée régulière. À court terme, il vise l'accroissement de ses effectifs, le « blanchiment » des unités africaines frappées par le froid, la relève des divisions nord-africaines épuisées en Tunisie et en Italie avant même les batailles de France. Toutefois de Lattre passe sous silence le but principal de l'opération, celui qui intéresse de Gaulle : enlever au Parti communiste 100 000 partisans. Le GPRF interdit le 23 septembre toute intégration en unités constituées et impose des engagements individuels. De Lattre, désireux de maintenir les solidarités des principales formations ralliées, joue au coup par coup et parvient à nourrir, équiper, armer tant bien que mal des unités nouvelles. Magnifique chapitre VII qui toutefois ne dit rien de Larminat engerbant les maquisards de l'Ouest.

La « course au clocher » s'achève symboliquement avec celle de Lyon, et, concrètement, à Autun. L'important est le coup d'arrêt porté à la colonne Elster se repliant depuis Toulouse sous la poussée des FFI du colonel Schneider. Mieux, la jonction le 12 septembre des formations débarquées en Provence et en Normandie. À l'exaltation d'une chevauchée conduite sous un ciel d'été succède, dans la pluie et le froid précoce, la mise en place d'un dispositif d'attaque sur Belfort tandis que la carte de guerre évolue. À l'est, l'Allemagne perd ses satellites : la Roumanie, la Finlande, la Bulgarie ; elle tient cependant sur la Vistule. À l'ouest, les Alliés marchent vers le Rhin. Dieppe, Bruxelles, Anvers ont été enlevés par les Britanniques les 1, 2, 5 septembre ; les Américains, faute de carburant, piétinent devant Metz.

Le 15 septembre Eisenhower, désormais à la tête du *Supreme Headquarters Allied Expeditionary Forces* (SHAEF) rationalise son dispositif. Au nord, les Anglo-Canadiens ; au centre, les Américains (avec qui progresse la 2e DB de Leclerc) ; au sud, le général Devers prend le commandement d'un 6e groupe d'armées US (6e GAUS) comprenant la 7e armée US et l'armée B rejetée à l'extrême droite Elle est reconnue comme 1re armée française le 19 septembre... sous réserve de l'approbation du général de Gaulle obtenue le 25. De Lattre, le 2 septembre, a nommé Monsabert à la tête du 2e CA. Le 5, il installe Béthouart au commandement du 1er CA encore en voie de complètement. Conscient d'avoir bientôt à livrer une guerre d'usure, il écrit : « Regardant devant nous, nous avions le devoir d'être insatisfaits. Mais, jetant un regard en arrière, nous avions le droit d'être fiers. »

L'objectif de la 1re armée française est Belfort que de Lattre, depuis le 1er septembre, pense enlever par une opération classique combinant une menace frontale du sud au nord et un enveloppement par l'est et l'ouest. Il doit y renoncer car la 7e armée US, avec laquelle il doit prioritairement maintenir la liaison, est happée vers le nord par Devers. De Lattre lui expose, le 25 eptembre, les conséquences du glissement ainsi imposé le long du revers occidental des Vosges de son 2e CA et la proposition qu'en tire Monsabert : attaquer Belfort par les Vosges. Belle illustration de la subordination tactique assortie de concertation selon les impératifs du moment.

La solidité des défenses accumulées par l'ennemi et l'âpreté de sa résistance, les lenteurs de l'approvisionnement en carburant, l'insuffisance d'artillerie aggravées par la rigueur exceptionnelle d'un hiver précoce imposent d'y renoncer le 17^octobre. Le compte-rendu d'opération est sans complaisance, comme celui qui rend compte de la reconversion du 24 aboutissant, seulement un mois plus tard, à la libération de Belfort et de Mulhouse « Les Français premiers au Rhin » le 19 novembre ; mais ne le franchissent pas. Le 23, Leclerc, déjà « libérateur de Paris », devient le « libérateur de Strasbourg », ce que voulait de Gaulle toujours désireux de placer la reconquête du territoire national sous le signe de la France libre.

Point besoin d'explications pour comprendre les sentiments qu'éprouve de Lattre au reçu des félicitations qu'il reçoit au lendemain de la victoire de Colmar. Nul besoin non plus d'en souligner la portée pour la suite, la fin peut-on déjà dire, de la guerre. Quelques citations suffisent.

D'Eisenhower à Devers le 9 : « Cette victoire, remportée en affrontant des conditions difficiles de temps et de terrain, est un exemple exceptionnel de travail d'équipe d'alliés au combat… Je vous prie de transmettre au général de Lattre… et à toutes les forces sous son commandement, mes félicitations pour ce haut fait. » Le lendemain Devers écrit : « Aux officiers et aux hommes des 1er et 2e corps d'armée français, au 21e corps d'armée américain, aux services… je dis : vous avez bien travaillé… Je vous crie : Sus à l'Allemagne ! » Le 13 février, il renouvelle ses félicitations dans des termes, dit de Lattre, qui répondent « par avance… à certains silences observés par la suite sur la nature exacte du rôle du commandement français dans cette bataille ». « J'ai le grand plaisir de vous louer hautement pour les qualités magnifiques de chef dont vous avez fait preuve… Votre nom sera inscrit dans l'Histoire comme le grand libérateur de Colmar… Avec toute ma confiance en vous… »

Et de Lattre de commenter, légitimement : « … je n'ai pas de plus fier souvenir que d'avoir… eu l'honneur de commander, avec mes deux corps d'armée organiques, les 125 000 Américains valeureux du corps d'armée Milburn qui furent alors plus que des alliés : une part de nous-même. » Fallait-il que le commandement américain, pressé il est vrai par la nécessité de liquider le kyste de la poche de Colmar, ait eu réellement confiance en de Lattre pour lui confier, non pas quelques groupes d'artillerie et de bataillons du génie, mais trois divisions. Peu de généraux français, sinon aucun, n'a eu à commander des généraux US, à part Foch.

Une prise d'armes, à Colmar le 11 février, matérialise et visualise (car les caméras sont là) l'entente franco-américaine et la place de l'armée française dans la bataille. La remise des décorations, savamment dosée, poursuit le même but. De Lattre est fait grand-croix de la Légion d'honneur ; Leclerc, grand officier. Milburn et O'Daniel reçoivent la cravate de commandeur. Devers est fait grand officier le lendemain à Saverne. Béthouart, que de Gaulle juge « l'homme des plans conçus méthodiquement et poursuivis d'une âme égale » l'a été à Mulhouse. L'occasion de s'illustrer n'en a pas encore été donnée à ce général discret dont de Lattre parle peu. Il ne semble pas, malgré leur tutoiement, qu'une grande sympathie les ait rapprochés.

Le prix en hommes a été lourd. De Lattre qui ne manque jamais d'évoquer les pertes, sans oublier les prisonniers car ils sont devenus hors de combat, les détaille dans une note qui couvre pratiquement une page.

Occasion pour lui de rendre hommage à ceux qui ont payé le plus lourdement dans ce qui fut « en vérité une âpre, une terrible bataille ». Ceux qui furent « les plus misérables de tous, les fantassins ». Pour plus de 400 000 hommes engagés dans la bataille de Colmar, il dénombre 2 137 tués dont 1 595 Français. Les blessés ont été cinq fois plus nombreux : 11 253 dont 8 583 Français auxquels il faut ajouter 7 115 hospitalisés pour accidents, maladies ou « froidures ». Le décompte des morts français est présenté par divisions sans distinguer comme on le fera plus tard les Indigènes. Les chiffres seraient faibles : 7,25/1 000 des effectifs français. Un hommage appuyé au service de santé complète cette documentation chiffrée.

Comment en est-on arrivé à pareil résultat stratégique, et politique car il renforce la prétention de De Gaulle au « rang » de la France ? Quelques points forts sont à dégager avant de jalonner la bataille. Le plan d'opérations du 6e GAUS a été établi en fonction de la situation sur le front occidental. Le franchissement du Rhin par les forces américaines suppose l'élimination de toute menace sur leur droite donc en Alsace. D'où le projet d'une offensive de la 1re armée française vers Strasbourg dont la libération est réalisée le 23 novembre par la 2e DB de Leclerc marchant avec les Américains.

De Lattre aurait-il dû, aurait-il pu, afin de se saisir des ponts sur le Rhin, lancer ses chars le long du fleuve à la rencontre de ceux de Leclerc ? On lui a reproché, lui l'ancien cavalier, d'avoir manqué d'allant. Encore faudrait-il ne pas oublier qu'un commandant d'armée ne peut tout risquer sur un coup de dés, même jouable. Les blindés dépendent de l'approvisionnement journalier en carburant.

Avant que la jonction ait été opérée entre les deux formations françaises, l'OKW a renforcé ses troupes en Alsace par l'envoi de renforts dotés d'armes lourdes. Maîtres des ponts de Neuf-Brisach et de Chalampé, les Allemands ont constitué une poche à Colmar placée le 6 décembre 1944 sous le commandement de Himmler. Formidable barrage et inquiétante menace sur le flanc droit des forces alliées dont il leur faut se débarrasser au plus vite. Or, au contraire, les circonstances en permettent le renforcement.

L'offensive de la 1re armée est retardée par la décision américaine d'une reconversion de dispositif imposée par l'offensive allemande dans les Ardennes. Un repli sur les Vosges, militairement justifié, livrerait à l'ennemi Strasbourg privé de la 2e DB entraînée vers le nord de la Lorraine.

De Gaulle ne peut accepter politiquement pareil abandon. Appuyé par Churchill, il obtient d'Eisenhower de confier à de Lattre, qui a sollicité pareil honneur, la défense de la capitale alsacienne. La 1re armée ne peut repartir à l'assaut qu'après avoir rempli cette mission du 8 décembre au 12 janvier.

La bataille de Colmar reprend dans un pays couvert par un mètre de neige, quadrillé d'innombrables cours d'eau et d'épaisses forêts sous un froid glacial et un vent violent. Autant de conditions favorisant la défense plus que l'attaque. Devers, le 15 décembre, donne son accord pour une offensive que retarde une fois de plus le manque de carburant. Après un demi-succès le 20, l'attaque frontale du 1er CA échoue le 21. C'est au tour du 2e CA d'attaquer par la gauche.

Unifier les forces françaises ! Les Américains le souhaitent aussi. Leclerc s'y refuse arguant du support logistique et de la relative autonomie que lui vaut son rattachement au 15e CAUS. Il doit cependant obéir et passer au 2e CA de la 1re armée où il s'oppose violemment à Monsabert puis, le 1er février 1944, à de Lattre à qui il reproche sa conception d'emploi des chars et de la conduite de la bataille. Impensable comportement d'un divisionnaire face à son général d'armée ? De Gaulle lui impose l'obéissance et le silence à de Lattre.

Le 25 janvier, pressé d'en finir, Devers détache à la 1re armée française le 21e CAUS de Milburn qui s'avère aussi loyal subordonné qu'excellent manœuvrier. Colmar tombe le 2 février. Reste à atteindre les ponts de Neuf-Brisach et Chalampé les 6 et 9 tandis que se déroule le nettoyage de la haute Alsace.

Février 1944. Ayant liquidé la poche de Colmar et bordé le Rhin, les Alliés se préparent à franchir le Rhin, la dernière phase d'une guerre dont Staline, Churchill et Roosevelt viennent, à Yalta du 4 au 11, de programmer la liquidation sous forme d'un projet de partage de zones d'influence. Pour les Anglo-Saxons, l'objectif est d'atteindre la ligne de rencontre convenue avec les Soviétiques qui tiennent Varsovie depuis le 17 janvier, entrent le 13 février à Budapest, marchent sur Vienne qu'ils atteindront le 13 avril. Pour les Français, l'enjeu est d'obtenir, en territoire ennemi, une victoire effaçant l'humiliation de la défaite et quatre ans d'occupation. Point n'est besoin à de Gaulle d'en dire plus à de Lattre à qui revient la charge d'arracher des territoires.

Les opérations qui conduisent la 1re armée à Arlberg durent à peine plus d'un mois, du 25 mars au 8 mai. Suivre cette progression, que cinq cartes permettent de visualiser, requiert 140 pages soit cinq chapitres. Le lecteur ne manquera pas en les consultant de constater la répétition de faits et de données déjà exposés ; toujours les mêmes depuis six mois. L'évocation de la résistance acharnée et coordonnée des forces allemandes jusqu'au reçu de l'ordre de reddition revient sans cesse. Aucune débandade, pas même un recul précipité. L'ennemi se bat partout avec résolution, infligeant aux Français des pertes considérables sans vraiment les ralentir. La manœuvre des forces et des feux s'impose aussi bien à la compagnie arrêtée aux lisières d'un village qu'à la division bloquée sur son axe de progression. Jusqu'au dernier quart d'heure les soutiens et les services sont sollicités. De Lattre souligne les prouesses du génie tant en matière de franchissement des coupures que de nettoyage des obstacles. Il n'oublie pas davantage les prodiges accomplis par les transports pour satisfaire les besoins en carburant ou en munitions. De même, il rend un hommage appuyé au service de santé fortement sollicité.

Encore et toujours, il le répète, il négocie avec les Américains pour atténuer des instructions trop rigides, dépasser des limites de progression imposées, jouer sur les délais, arracher un soutien en moyens de transport ou de franchissement. Et toujours (ou presque) il arrive à ses fins tant ses interlocuteurs observent une cordiale fraternité d'armes contrastant avec les frictions au sommet. Devers approuve, tolère, préfère parfois ignorer ses débordements car il le sait, au total, respectueux de l'ordre hiérarchique en opérations. N'a-t-il pas donné, de Toulon à Colmar, la preuve de sa compétence militaire autant que de ses talents de négociateur ?

Après une courte période de « repos » (un mot magique pour les anciens de la Grande Guerre), de Lattre prépare « l'entrée en Allemagne » qu'il considère comme « un droit et un devoir » : entraînement physique et moral des hommes, révision et recomplètement des matériels. Il s'attache surtout à obtenir un créneau sur le Rhin et des moyens pour le franchir alors que SHAEF voudrait, comme dans la vallée du Rhône, réduire la 1re armée à un rôle de couverture. Il obtient satisfaction en démontrant la place qu'elle pourrait tenir dans l'établissement et l'élargissement d'une tête de pont

« Le Franchissement du Rhin » n'a de sens qu'en fonction des objectifs fixés : Karlsruhe, Pforzheim et Stuttgart, ainsi que l'accepte et l'ordonne

Devers le 28 mars. Laissant provisoirement le 1er CA en appui sur la rive gauche du Rhin, de Lattre lance la 3e DIA et la 2e DIM du 2e CA dans la nuit du 30 mars sur des embarcations gonflables qui assurent la surprise. La 9e DIC traverse le fleuve le 2 avril. Une offensive de part et d'autre du Hardtwald permet d'enlever Karlsruhe ; de Lattre a déjà fixé son objectif ultime : le Danube.

Toujours anticiper quitte à s'adapter à l'imprévu ; sous réserve de concilier obéissance militaire à Devers et instructions politiques du général de Gaulle avec qui il est depuis le débarquement en communication journalière. Ainsi de la déclaration du chef du GPRF, place de la Concorde le 2 avril à Paris, exposant publiquement les résultats qu'attend la France des victoires prochaines. Pas plus que les objectifs, il n'oublie l'adversaire dont les réactions imposent souvent d'ajuster les plans de manœuvre.

Le 2e CA, découplé le 7 à Pforzheim, a pour première mission de s'emparer de Kehl afin de permettre la traversée du Rhin au 1er CA avec lequel il s'empare de Freudenstadt le 17 avril. Déjà le 15, de Gaulle a rappelé avec insistance l'objectif de Stuttgart tandis que le 16 Devers a mis de Lattre « en garde contre une avancée prématurée de la 1re armée ». Confiant l'opération Forêt-Noire au 1er CA, le chef de la 1re armée donne deux missions au 2e : marcher sur Stuttgart enlevé le 20, foncer sur Ulm occupé le 24. En quinze heures la 1re DB, longeant le Danube, a parcouru 100 kilomètres devançant la 10e DBUS. Les Suisses redoutant un repli massif des vaincus chez eux pressent les Français d'avancer jusqu'au Rhin supérieur. Le 28, ceux-ci atteignent le lac de Constance à Friedrichshafen d'où ils poussent jusqu'aux portes de l'Autriche. Le 7 mai, « quelques chasseurs du 1er choc » plantent le drapeau tricolore sur l'Arlberg au sommet du massif du Vorarlberg. Le 5, un officier de la 2e DB de Leclerc l'a hissé au Berghof. Silence dans les deux formations françaises rivales.

Hitler s'est suicidé le 1er mai. L'amiral Dönitz lui a succédé, résolu à gagner le temps nécessaire au repli des Allemands de l'Est fuyant devant l'Armée rouge. Le 7 août à Reims, Jodl signe la capitulation générale. Sans attendre, de Lattre a publié le 21 juillet un bulletin de victoire. Devers a protesté le 24 ; le 28, il a demandé sans l'exiger l'évacuation de Stuttgart. De Gaulle ordonne à de Lattre d'y maintenir une garnison et d'y installer un gouverneur militaire en même temps qu'il obtient d'Eisenhower de porter la question des zones d'occupation au plus haut niveau, d'État à État.

Dans l'euphorie de la victoire une dernière épreuve est imposée à de Lattre. Le 7 mai, il accueille un groupe de déportés politiques libérés par les Américains dont Paul Reynaud, à la disposition de qui de Gaulle met son avion personnel, Édouard Daladier qui ignore encore que son fils sert comme sous-lieutenant à la 3e demi-brigade de chasseurs, le général Weygand qu'il a salué en premier. Avec une respectueuse affection. C'est son ancien mentor avec qui il a « passé [ses] plus fructueuses années de l'entre-deux guerres ». L'ex-généralissime le félicite chaudement : «J'espère qu'ils vont vous donner le bâton de maréchal ». C'est seulement à 2 heures du matin qu'il se résout à lui faire part de l'ordre reçu : « m'assurer de sa personne et le faire transférer à Paris sous escorte ». « Voyons, de Lattre, vous me connaissez… ». « Oui, mon général… je connais votre ardent patriotisme… Demain matin, à l'heure que vous fixerez pour votre départ, les "chocs" avec leur drapeau vous rendront les honneurs. Puis mon aide de camp, le commandant Borie, sera à votre disposition jusqu'à Paris avec ma voiture personnelle… » De Gaulle ne semble pas lui avoir tenu rigueur de ce témoignage de fidélité.

Une heure plus tôt, de Lattre a reçu les instructions du général de Gaulle le désignant « pour participer à acte solennel [de la] capitulation à Berlin » au cours duquel « seuls [le] général Eisenhower et [le] représentant [du] commandement russe signeront comme parties contractantes. Vous signerez donc comme témoin, mais [vous] devrez en tout cas exiger conditions équivalentes à celles faites à représentant britannique ». À Berlin, de Lattre se montre d'autant plus exigeant que la France semble avoir été oubliée. Or, il y va de son « rang ». Rien d'intentionnel lui semble-t-il. De la confection improvisée d'un drapeau tricolore à la signature de l'acte de capitulation comme témoin à égalité avec le Britannique Spaatz, il obtient satisfaction sur tous les points. Constatant sa présence, le *Generalfeldmarschall* Keitel, « terriblement prussien d'allure », murmure : « Il y a aussi les Français. Il ne manquait plus que cela ». Dommage pour l'exclamation généralement reproduite à partir des Mémoires du général de Gaulle : « Quoi ! Les Français aussi ». Il n'est pas jusqu'au discours solennel de Joukov que de Lattre n'accueille avec une froideur ostentatoire ; les secrétaires du maréchal soviétique ont passé la France sous silence. Réparation immédiate en est faite. De Lattre peut et doit boire à tous les toasts successivement portés.

Un général vainqueur devient facilement un gêneur, surtout lorsqu'il reste en compétition avec son rival de toujours, le général Juin. La réorganisation de l'armée française puis son insertion dans l'OTAN leur permet d'assumer à tour de rôle les plus hautes responsabilités militaires. D'octobre 1948 à décembre 1950, de Lattre exerce le premier commandement supérieur des forces terrestres de la coalition atlantique. C'est la période, de 1946 à 1949, au cours de laquelle il rédige cette *Histoire de la 1re armée française* qu'il dédie, on l'a vu, à ses soldats « avec l'ardent désir qu'ils y trouvent une preuve de l'affection de leur ancien chef, le témoignage de son admiration pour leur vaillance et une image point trop imparfaite de leurs exploits ».

Sa fin balaie toutes les réserves et critiques que son comportement et sa carrière n'ont pas manqué de susciter. En 1950, à l'appel de son fils Bernard lui décrivant l'héroïsme et le sacrifice de ses compagnons d'armes en Indochine, il accepte de remettre en cause sa réputation dans une guerre qu'il sait perdue et dont il retarde l'issue. Éprouvé par la mort de son fils Bernard au combat, il meurt d'épuisement et de chagrin. Aussitôt, le 15 janvier 1952, il accède à la dignité de maréchal de France.

Rien à ajouter à ce que de Gaulle écrit de lui :

> De Lattre, passionné, mobile, portant ses vues au loin de toutes parts ; s'imposant aux intelligences par la fougue de son esprit et s'attachant les sentiments à force de prodiguer son âme ; marchant vers le but par des bonds soudains et inattendus quoique souvent bien calculés… Ayant discerné tout à coup où, quand, de quelle façon l'événement pouvait surgir, il déployait alors, pour le créer et l'exploiter, toutes les ressources d'un riche talent et d'une énergie extrême, exigeant l'effort sans limites de ceux qu'il y engageait, mais sachant faire sonner pour eux les fanfares de la réussite.

APPRÉCIATIONS DES ALLIÉS

Les Américains

Voici l'histoire de la 1re armée française – fantassins, chars, soldats de montagne – qui depuis son débarquement au sud de la France remonta la vallée du Rhône avec le drapeau tricolore, lui fit franchir le Rhin et l'amena jusqu'au cœur de l'Allemagne. Elle joua un rôle important dans la victoire des Alliés. Pour moi, son plus brillant exploit reste le franchissement des Vosges accompli avec tant de rapidité et d'habileté dans la manœuvre qu'il enleva à l'ennemi tout espoir de pouvoir établir une ligne de défense le long de cette barrière stratégique.

Le général de Lattre de Tassigny, chef de cette armée et auteur de ce livre, fut un brillant technicien et un grand entraîneur d'hommes. Dès notre première rencontre en Afrique du Nord, je fus impressionné par la rapidité avec laquelle il comprenait l'essentiel et par sa soif d'action. Il n'y eut jamais aucun doute dans mon esprit quant à sa compétence de soldat, à sa résolution, à sa loyauté. Nous nouâmes une amitié chaude et durable.

Le livre ne concerne qu'une période de la Deuxième Guerre mondiale, mais le général de Lattre devait, par la suite, rendre encore des services extraordinaires à son pays et au monde libre, d'abord en tant que chef des forces terrestres de l'Union occidentale, puis en tant que haut-commissaire et commandant en chef en Indochine. Sa mort prématurée fut une lourde perte pour la France et pour la liberté. Une nation reconnaissante, se souvenant de ses services et de ceux de ses soldats, lui a conféré à titre posthume le plus grand honneur militaire : la dignité de maréchal de France.

Préface du général Eisenhower à l'édition anglaise

Les Anglais

La mort du général de Lattre est tragiquement prématurée.

À soixante-deux ans, il avait l'esprit plus jeune et plus ouvert que la plupart des hommes ne l'ont après trente ans.

Partout il s'imposait, non pas en vertu de son passé, de son rang ou de ses titres, mais par la force de son caractère et de sa personnalité.

En un temps où l'aspect technique des problèmes militaires confère la prédominance à l'officier type « École supérieure de guerre » et où les démocraties se sentent à tort plus en sécurité aux mains de médiocres, Jean de Lattre a réussi à démontrer la valeur du sens inné du commandement et à imposer la prééminence de l'homme de génie.

C'était un aristocrate non pas seulement de nom, mais dans tout le sens du terme. Son ascension fut un accident heureux, à une époque où l'abaissement progressif de la médiocrité démocratique conduit généralement vers l'abîme du despotisme démagogique. Mais c'était un homme trop parfaitement civilisé pour aspirer à la dictature.

Avec le danger menaçant, la disparition d'un tel chef est une lourde perte non seulement pour la France mais pour l'Europe tout entière.

Son sens aigu de l'adaptation et sa faculté de faire rendre le maximum à des moyens limités le désignaient tout naturellement pour « accrocher » nos problèmes militaires actuels. Il était doué de dynamisme et d'imagination créatrice, deux qualités essentielles pour un commandant en chef. Ceux qui en réalisent la synthèse sont rares, et dans l'organisation militaire actuelle plus rares ceux qui, l'ayant réalisée, parviennent à un grade élevé. Certes de Lattre a peut-être eu la chance d'être nommé aux postes de commande à un moment où un désastre national avait ébranlé le joug de la médiocrité ; mais pour autant sa tâche n'en fut pas facilitée.

Réformateur, il souleva plus d'opposition que s'il s'en était tenu à son rôle de chef, et ses convictions passionnées se heurtaient avec impatience à la lenteur des esprits et aux opinions contradictoires.

En public, son sentiment de l'événement historique et la touche dramatique dont il aimait auréoler les actes de commandement le portaient à susciter les enthousiasmes, ce qui pouvait amener et qui, effectivement, amena ceux qui y étaient insensibles ou lui étaient hostiles à le juger théâtral et vaniteux.

Mais, dans l'intimité, je n'ai jamais décelé en lui la moindre trace de cabotinage, au contraire, au cours de fréquentes entrevues d'un caractère privé, j'ai été frappé par l'absence en lui de toute vanité, vanité qui se manifeste si fréquemment en pareilles occasions chez des hommes illustres, même s'ils ont grand soin de la dissimuler en public.

D'une sensibilité et d'une compréhension humaine comme il me fut rarement donné d'en rencontrer, sa curiosité d'esprit le rendait d'autant plus attachant.

Sa jeunesse de caractère apparaissait dans le choix de ses proches collaborateurs : des jeunes gens d'avenir auxquels il permettait de défendre leurs points de vue avec une liberté et une vigueur que se seraient à peine permis des officiers supérieurs.

Il semblait encourager ses subordonnés à l'insubordination tout en se montrant capable de forcer leur respect.

Il menait durement ses collaborateurs, parfois jusqu'à la limite de leur endurance physique. C'était non pas manque de cœur, mais dévotion absolue à la tâche et goût de la perfection. Mais son rayonnement justifiait tous les efforts.

Je me souviendrai toujours d'une remarque que me fit l'un d'entre eux : « Le général de Lattre est un homme terrible à servir, mais je ne voudrais servir personne d'autre. »

Le gouvernement français a fait le geste qui convenait et l'a nommé maréchal de France. On peut seulement regretter que cette dignité ne lui ait été conférée qu'après sa mort.

Bien qu'il n'ait eu en temps de guerre que de rares occasions de révéler son talent, il avait à mon sens plus d'envergure qu'aucun de ceux qui atteignirent ce rang au cours de ce siècle – je dirai même, à la lumière de mes connaissances historiques, qu'aucun autre maréchal depuis Turenne.

Jean de Lattre a mérité son bâton de maréchal pour avoir, par ses actes, redonné confiance aux nouvelles générations de France, et, par l'éclat de sa personnalité, fait revivre à l'étranger l'espoir que la France pourrait renaître au sens du commandement, tout en échappant à la dictature.

Capitaine B. H. Liddell Hart

Les Soviétiques

Discours de Monsieur l'Ambassadeur Bogomolov lors de la remise de la plaque de premier grade de l'ordre de Souvarov.

> Mesdames, Messieurs les Ministres, Mon Général, Messieurs,
>
> D'ordre du présidium du Conseil suprême de l'Union des républiques soviétiques socialistes, j'ai l'honneur de remettre l'ordre de Souvarov premier grade au général d'armée de Lattre de Tassigny, ancien commandant de la 1re armée française dans les combats contre l'Allemagne hitlérienne sur le front occidental.
> L'ordre de Souvarov est décerné aux généraux pour les succès éclatants dans la direction des troupes, pour l'organisation excellente des opérations militaires, pour la résolution et la persistance dans la réalisation de ces opérations.
> Le général de Lattre de Tassigny reçoit cette décoration en reconnaissance de ses mérites distingués dans la direction des opérations militaires dont il a exercé le commandement.
> Cette remise, l'une des plus hautes d'ordre militaire de l'Union soviétique, est un signe de haute estime de la part de l'Union soviétique pour vous personnellement, Mon Général, ainsi que pour vos troupes héroïques dont vous avez dirigé avec succès les opérations dans la lutte contre l'ennemi commun. La lutte héroïque des soldats et des officiers de la 1re armée française a été une contribution précieuse à la lutte commune.
> Cette haute distinction est une expression de l'amitié et de l'union du peuple français et des peuples de l'URSS.
>
> Je vous félicite cordialement, Mon Général, et je vous souhaite d'autres succès au service de votre belle patrie.

AVANT-PROPOS DE L'ÉDITION DE 1971

La France, cependant jalouse de ses gloires et consciente de ses sacrifices, a mal connu le rôle militaire que, grâce à son Armée ressuscitée, elle a tenu dans la coalition des Nations libres, alliées pour vaincre l'Allemagne nazie.

Si elle en avait été mieux informée, sans doute aurait-elle aujourd'hui un sens plus vif de sa victoire et une plus grande confiance dans l'avenir que celle-ci lui a ouvert. Elle aurait aussi, je le crois, un plus juste respect pour son Armée et plus de foi en sa jeunesse qui prouvèrent l'une et l'autre de façon magnifique la permanence de nos vertus nationales.

Je ne pense pas pourtant qu'il soit trop tard pour apporter au pays les précisions et les vues d'ensemble qui, du fait des circonstances, lui ont le plus souvent manqué à l'heure même de l'action. C'est pourquoi je me suis décidé à y contribuer en écrivant l'historique des batailles menées durant neuf mois par la 1re Armée française et qui, de la Méditerranée, ont conduit nos drapeaux jusqu'au-delà du Rhin et du Danube.

À la vérité, bien plus que mon œuvre personnelle, ce livre est l'œuvre collective de tous les soldats que j'ai eu l'honneur, pour moi sans égal, de commander durant ces campagnes de la Reconquête et de la Revanche.

Ce sont eux les auteurs véritables de ces pages, où ne se trouve rien qui n'ait été vérifié d'après des documents officiels, complétés par quelques souvenirs personnels qu'on m'excusera d'avoir utilisés pour apporter d'indispensables précisions à la sécheresse forcée des textes d'état-major.

Aussi est-ce à mes soldats que j'ai tenu à dédier ce récit, avec l'ardent désir qu'ils y trouvent une preuve de l'affection de leur ancien chef, le témoignage de son admiration pour leur vaillance – et une image point trop imparfaite de leurs exploits.

ABRÉVIATIONS

On s'est efforcé, dans chacun des chapitres de ce livre, de rappeler le sens des abréviations militaires employées, familières aux initiés, mais souvent obscures pour les profanes.

Afin d'éviter toute incertitude, l'ensemble de ces abréviations et leur signification sont ici rapportés, ainsi que quelques indications sommaires sur la composition des unités.

ABTF : *Air Borne Task Force :* Groupement aéroporté.
AFHQ : *Allied Forces Headquarter :* Quartier général des forces alliées du théâtre d'opérations méditerranéen.
AK : *Armee Korps :* Corps d'armée allemand.
BCA : Bataillon de chasseurs alpins.
BCP : Bataillon de chasseurs à pied.
BIMP : Bataillon d'infanterie de marine du Pacifique. Ces abréviations désignent exclusivement des unités de la 1re DFL.
BLE : Bataillon de Légion étrangère.
BM : Bataillon de marche.
CA : Corps d'armée – se compose d'un nombre variable de divisions d'infanterie et de divisions blindées, ainsi que d'éléments de réserve générale (RG).
CAF : Corps aérien français.
CAUS : Corps d'armée américain.

Les corps d'armée ayant appartenu à la 1re armée française sont les suivants :
1er CA : 1er corps d'armée,
2e CA : 2e corps d'armée,

21e CAUS : 21e corps d'armée américain.

CC : *Combat Command.* Un CC est un groupement tactique de division blindée comprenant un régiment de chars moyens, un bataillon d'infanterie portée, un escadron de reconnaissance, un escadron de tanks-destroyers, un groupe automoteur d'artillerie (105) et des éléments de services. Une division blindée comprend trois *Combat Command.*
DB : Division blindée. Une DB se compose organiquement de trois régiments de chars moyens, d'un régiment de reconnaissance, d'un régiment d'infanterie porté à trois bataillons, d'un régiment de tanks-destroyers (TD), d'une artillerie divisionnaire à trois groupes de 105 automoteurs, d'un groupe d'artillerie antiaérienne, d'un bataillon du génie et de services.
La DB se subdivise en trois CC : voir ci-dessus.
DBUS : Division blindée américaine.

Les divisions blindées ayant appartenu à la 1re armée française sont les suivantes :
1re DB : 1re division blindée,
2e DB : 2e division blindée,
5e DB : 5e division blindée,
12e DBUS : 12e division blindée américaine.

DCA : Défense contre avions.
DCB : Défense contre blindés.
DI : Division d'infanterie. Une DI se compose organiquement de trois régiments d'infanterie, d'un régiment de reconnaissance blindé, d'une artillerie divisionnaire à trois groupes de 105 et un groupe de 155, d'un bataillon du génie, d'un groupe d'artillerie antiaérienne et de services. En outre, elle possède normalement en « soutien » un régiment de tanks-destroyers (TD).
La DI se subdivise en trois *Regimental Combat Team* (RCT). Voir ci-dessous.

DIUS : Division d'infanterie américaine.

Les divisions d'infanterie ayant appartenu à la 1re armée française sont les suivantes :
1re DFL : 1re division française libre,
1re DI : 1re division d'infanterie,
2e DIM : 2e division d'infanterie marocaine,
3e DIA : 3e division d'infanterie algérienne,
4e DMM : 4e division marocaine de montagne,
9e DIC : 9e division d'infanterie coloniale,
10e DI : 10e division d'infanterie,
14e DI : 14e division d'infanterie,
27e DIA : 27e division d'infanterie alpine,
3e DIUS : 3e division d'infanterie américaine,
28e DIUS : 28e division d'infanterie américaine,
36e DIUS : 36e division d'infanterie américaine,
75e DIUS : 75e division d'infanterie américaine.

FTA : Forces terrestres antiaériennes.
GAUS : Groupe d'armées américain.
GTM : Groupement de tabors marocains. – Un GTM est sensiblement équivalent au régiment. Il comprend trois tabors (un tabor = un bataillon) et chaque tabor trois goums (un goum = une compagnie).

ID : Infanterie divisionnaire.
PC : Poste de commandement.

QG : Quartier général.
RA : Régiment d'artillerie.
RACAOF : Régiment d'artillerie coloniale de l'AOF.
RACL : Régiment d'artillerie coloniale du Levant.
RACM : Régiment d'artillerie coloniale du Maroc.
RCA : Régiment de chasseurs d'Afrique.
RCCC : Régiment colonial de chasseurs de chars.
RCP : Régiment de chasseurs parachutistes.
RCT : *Regimental Combat Team*. Un RCT est un groupement tactique de division d'infanterie comprenant un régiment d'infanterie à trois bataillons, un groupe d'artillerie, des éléments de reconnaissance du génie et de services. (Voir ci-dessus : DI, division d'infanterie.)

REC : Régiment étranger de cavalerie.
RFM : Régiment de fusiliers marins (Régiment de reconnaissance de la 1re DFL).
RI : Régiment d'infanterie.
RIC : Régiment d'infanterie coloniale.
RICM : Régiment d'infanterie coloniale du Maroc (Régiment de reconnaissance de la 9e DIC).
RMLE : Régiment de marche de la Légion étrangère.
RSAR : Régiment de spahis algériens de reconnaissance.
RSM : Régiment de spahis marocains.
RTA : Régiment de tirailleurs algériens.
RTM : Régiment de tirailleurs marocains.
RTS : Régiment de tirailleurs sénégalais.
RTT : Régiment de tirailleurs tunisiens.
SHAEF : *Supreme Headquarters Allied Expeditionary Forces :* Commandement suprême des forces alliées du théâtre d'opérations occidental.
TAC : *Tactical Air Command* (Groupement tactique aérien).
TD : Tank-Destroyer (Chasseur de char).
TF : *Task Force :* Groupement tactique temporaire.
VGD : *Volks Grenadiere Division :* Division de grenadiers allemande.

PREMIÈRE PARTIE

LA VEILLÉE D'ARMES

CHAPITRE PREMIER

L'OUTIL SE FORGE

Le 18 octobre 1943, avant le lever du jour, un avion de la Royal Air Force atterrissait sur le terrain de Tangmere, à l'est de Portsmouth. Trois heures plus tôt, il s'était posé clandestinement dans les plaines de la Saône qui avoisinent Mâcon, et y avait enlevé sept Français pour les conduire vers la liberté.

Ainsi s'achevait pour moi qui faisais partie de ces privilégiés le dernier acte de mon évasion. Le 3 septembre, j'avais en effet réussi, sans aucune autre complicité que celle de ma femme, de mon fils et de quelques fidèles[1], à m'échapper de la prison de Riom, ma quatrième prison en dix mois, où le tribunal d'État m'avait condamné à rester incarcéré durant dix ans pour avoir voulu, le 11 novembre 1942, à Montpellier, sauver l'honneur des troupes placées sous mes ordres...

Il est aisé d'imaginer les sentiments qui m'animaient à cette minute où un véritable miracle me permettait de reprendre ma place au combat de la libération.

Comme il était fatal, la réalité immédiate ne fut pas exactement celle que mes rêves avaient conçue. Et ma réclusion m'avait mal préparé à prendre grand intérêt aux subtilités que créaient des nuances diverses de pensée.

Aussi bien, ces nuances m'occupaient-elles assez peu. Je n'avais qu'un désir, celui de faire la guerre. Je l'exprimais dès mon arrivée par un télégramme au général de Gaulle où je lui disais mon absolu loyalisme, ma

1. Tous étrangers au service de garde à l'intérieur de la prison et parmi lesquels mon chauffeur Louis Rœtsch, le garde mobile Leblanc, un de mes anciens soldats et le gendarme Courset.

confiance et mon espoir de pouvoir servir utilement dans les rangs de l'Armée dont le général Giraud assumait le commandement en chef.

En attendant un moyen de gagner l'Afrique du Nord je pris contact avec les milieux français et alliés de Londres. Les milieux du Foreign Office me furent, en particulier, amicalement ouverts. J'eus, d'autre part, de longs et cordiaux entretiens avec diverses personnalités américaines, notamment avec le chef de l'Amirauté, l'amiral Stark, avec l'ambassadeur M. Wynant, homme de cœur et de grande intelligence, avec M. Philipp, représentant en Angleterre du général Marshall, ainsi qu'avec le général Devers, commandant en chef des troupes américaines en Grande-Bretagne, qui me manifesta, dès notre première entrevue, la plus amicale confiance.

Aux uns et aux autres, j'exposai mes impressions sur l'état de l'Allemagne et mon opinion sur l'impossibilité d'obtenir une décision par les seuls bombardements de ses centres vitaux. Surtout, j'essayai de tracer, avec toute ma conviction, un tableau aussi exact que possible de la force et des tendances de la Résistance intérieure française dont le rôle me paraissait généralement mal connu ou mal compris. J'acquis ainsi auprès de certains – qui n'étaient point les interlocuteurs compréhensifs que je viens de nommer – la réputation d'un rêveur ou d'un gêneur...

Par-dessus tout, je cherchai à faire valoir l'intérêt national que représentait la formation d'une importante armée française en Afrique du Nord et son emploi en « fer de lance » des armées alliées de la libération, en prenant soin de la mettre à l'avance, par sa composition et par son esprit, en harmonie avec l'opinion intérieure de la métropole. J'insistai sur la nécessité pour les Alliés de ne pas marchander leur confiance au Comité français de la Libération nationale et à son président, seules autorités qualifiées pour représenter nos intérêts jusqu'au rétablissement de conditions politiques normales dans notre pays.

Sur ces entrefaites, je tombai sérieusement malade et payai mon stage en cellule par plusieurs semaines d'immobilisation à l'hôpital de Middlesex où je fus admirablement soigné. En définitive, ce n'est que dans la seconde quinzaine de décembre que je pus, d'un terrain d'Écosse, m'envoler vers l'Afrique du Nord.

J'arrivai à Alger le 20 décembre à 16 h 30 et demandai aussitôt à être reçu par le général de Gaulle. J'étais heureux de retrouver l'ancien commandant des chars de la 5e armée avec lequel, durant l'hiver de 1939, j'avais passé en Alsace tant de soirées quand j'étais moi-même chef d'état-major de cette armée. « Vous n'avez pas vieilli... » me dit-il dès l'abord. Je pus lui répondre en souriant que lui « avait grandi »[1]...

En le quittant, je me rendis au palais d'été, PC du général Giraud[2], où mon ancien chef à Metz me fit un très cordial accueil et m'offrit une

1. Des discussions de principe que j'avais eues avec le commandant de Gaulle vers 1933 – et auxquelles Pertinax a fait allusion, assez inexactement d'ailleurs, dans son livre *Les Fossoyeurs* – n'avaient en rien porté atteinte aux relations de grande estime que j'entretenais avec lui avant guerre. Aussi avais-je accueilli bien volontiers, dans l'été de 1939, son désir de recevoir le commandement des chars de la 5e armée. Chef d'état-major du général Bourret et à ce titre, chargé par celui-ci des relations avec les commandants des armées et des services de l'armée, j'eus pendant les quatre premiers mois de la guerre des contacts quasi quotidiens avec le colonel de Gaulle, contacts qui débordaient largement le cadre officiel et entraînaient bien souvent le soir, au PC de Wagenbourg, les longues et très amicales causeries auxquelles je viens de faire allusion. Lorsque au début de 1940, je pris le commandement de la 14e DI, de Gaulle vint m'y voir et je garde précieusement le petit livre d'or de ma popote sur la première page duquel il écrivit cette phrase infiniment flatteuse : « Au général de Lattre dont la grande gloire de demain sera une gloire de "mécanique". C. DE GAULLE, 21-2-40. »

S'il en avait été besoin, ces souvenirs auraient suffi à m'interdire de prendre la moindre part aux procédures engagées contre le général de Gaulle, durant l'été de 1940, époque où j'ai été successivement commandant militaire du département du Puy-de-Dôme et commandant des troupes de la 13e division militaire de Clermont-Ferrand. Mais j'en étais surtout empêché en conscience par mes convictions dont je ne cherchais à aucun moment à faire mystère. C'est pourquoi je n'ai jamais compris l'origine de l'odieuse calomnie qui m'a quelquefois présenté comme l'un de ses juges, voire comme le signataire de l'ordre d'informer ou même de sa condamnation à mort. Non seulement je n'ai d'aucune façon à aucun titre, trempé dans ces poursuites, mais lorsque j'appris qu'elles allaient être entamées, j'avais expressément déclaré au président désigné du tribunal que je préférerais démissionner plutôt que de siéger dans le conseil de guerre chargé par le gouvernement de Vichy de statuer sur le cas du général de Gaulle.

2. Bien avant d'être, comme commandant du 151e régiment d'infanterie, sous les ordres du prestigieux gouverneur de Metz, j'avais été son compagnon d'hôpital, en août 1925, à Taza, alors que nous venions tous deux d'être sérieusement blessés au cours des opérations du Riff.

Deux ans plus tard, le colonel Giraud avait été, à l'École de guerre, mon professeur d'infanterie.

Et dès le lendemain de sa magnifique évasion de 1942, mon ancien chef avait bien voulu renouer avec moi à Montpellier des relations qui m'étaient une preuve de sa confiance.

affable hospitalité. J'eus là, dès le premier soir, la joie de retrouver plusieurs amis. Mais j'avais hâte de prendre contact avec les troupes.

Je profitai de Noël pour aller, impromptu, assister à la messe de minuit et réveillonner dans un régiment blindé stationné dans la région de Relizane. À ma surprise, j'y trouvai les hommes à peu près seuls, en l'absence des officiers partis en permission. Aucune fête digne de ce nom n'avait été préparée. Et dans un cantonnement, mes regards tombèrent sur le texte d'un « message » du maréchal Pétain affiché en bonne place…

Le lendemain, j'eus, dans une division voisine, une impression un peu moins décevante. Mais la tenue générale des cantonnements aperçus en cours de route et maintes observations fugitives me firent penser que, dans l'ensemble, une sérieuse mise au point était nécessaire pour placer cette armée dans l'état d'âme qu'exigeait son incomparable mission et que méritait, au surplus, son indiscutable bonne volonté.

Dès le 26 décembre, par l'ordre général n° 15, le général Giraud, commandant en chef, précisa mes attributions en me nommant au commandement de la 2e armée qui, le 23 janvier, prenait le nom d'« armée B »[1]. Mon autorité s'exerçait pratiquement, sur toutes les unités stationnées en AFN à l'exception de celles qui s'apprêtaient à faire mouvement vers l'Italie ou la Corse. Dans les tout premiers jours de janvier, je constituai mon état-major d'armée, à la tête duquel je plaçai le général de Hesdin, mon ancien camarade de l'École de guerre, et qui sera pour moi un collaborateur aussi franc qu'efficace et un ami.

Ma désignation à la tête de la 2e armée m'imposait un triple travail d'*organisation,* d'*instruction* et de *préparation des opérations.* Je ne dirai rien ici de cette dernière tâche qui trouvera sa place normale dans les chapitres relatifs aux opérations elles-mêmes. Mais les deux autres

1. L'ordre général n° 14 du général Giraud en date du 18 novembre 1943 articulait en quatre groupements les forces françaises : la 1re armée, engagée sur le théâtre d'opérations méditerranéen (général Juin) ; le 1er corps d'armée, basé en Corse (général Henry Martin) ; un détachement d'armée (sans titulaire) et la 2e armée.

Ni l'organisation ni la terminologie ne devaient persister. En pratique, l'ordre général n° 15 supprima le détachement d'armée. Et, dès le 23 janvier 1944, la « 1re armée » devenait le détachement d'armée A, plus glorieusement connu sous le nom de « corps expéditionnaire français en Italie », et la « 2e armée » devenait l'armée B.

méritent d'être résumées, car elles furent à l'origine de la forme finale de la 1re armée française.

Pendant sept mois et demi, son âme et son corps se façonnèrent suivant les directives du général Giraud d'abord, puis du général de Gaulle lorsque celui-ci, en avril 1944, prit le titre de chef des armées. Pendant toute cette période, l'action gouvernementale s'exerça par l'intermédiaire de M. André Le Troquer, qui me manifesta sympathie et confiance dès mon arrivée à Alger, puis de M. André Diethelm, successivement commissaires à la Guerre du Comité français de la Libération nationale. Et il est superflu d'ajouter que toute cette action nécessita une liaison constante avec le haut commandement allié, représenté à Alger par le Quartier général des forces alliées du théâtre méditerranéen, l'AFHQ[1] dont le général anglais Maitland Wilson prit le commandement au début de 44, quand le général Eisenhower le quitta pour devenir commandant suprême des forces expéditionnaires alliées en Grande-Bretagne.

L'*organisation* de l'armée B, destinée dans l'esprit de tous à participer à un débarquement allié sur les côtes françaises de la Méditerranée, ne fut pas une chose simple. Elle donna lieu à bien des refontes et nécessita le sacrifice de bien des espoirs.

Dès janvier 1943, le général Giraud avait signé avec le président Roosevelt, à Anfa, des accords prévoyant la mise sur pied et le réarmement d'un corps de bataille français fort de onze divisions dont trois divisions blindées. Mais pour les Américains, méthodiques et prudents, les divisions ne se conçoivent pas sans une proportion déterminée d'unités de « service » et de « soutien »[2]. Soigneusement chiffrée en fonction du caractère de la guerre moderne, cette proportion est élevée. Pour douze

1. *Allied Forces Headquarters.*

2. Rançon de la guerre industrielle, les services de l'armée, type US (matériel, essence, main-d'œuvre, santé, intendance, etc.) avaient une importance et une perfection que j'aurai, chemin faisant, l'occasion de souligner et qui en firent l'un des éléments certains de la supériorité alliée.

Quant aux « soutiens », ils étaient constitués non seulement par des éléments de réserve générale au sens classique de l'expression, mais aussi par de nombreuses unités spécialisées, telles que régiments de reconnaissance, régiments de tanks-destroyers (chasseurs de chars), régiments du génie, artillerie antiaérienne, compagnies de transport de personnel et de matériel, de réparation, de récupération et de réparation d'engins blindés, etc.

divisions – car le général Giraud a demandé, le 15 août 1943 aux Alliés, d'armer une quatrième division blindée –, elle atteint un volume que les ressources de l'Afrique du Nord ne permettent pas d'assurer – d'autant moins que ces unités non endivisionnées réclament surtout des spécialistes et que l'Afrique française du Nord en est pauvre. Quant aux évadés de France, qui pourraient à cet égard constituer un appoint important, chacun d'eux fait valoir qu'il s'est échappé pour combattre et non pour occuper un emploi, si utile qu'il soit, dans un service.

Durant toute l'année 1943, le débat reste ouvert entre les états-majors. Trois divisions d'infanterie et les trois divisions blindées ont bien reçu le gros de leur matériel, mais la suite de notre réarmement est à un point mort.

Poussé par le plus légitime des désirs, le commandement français veut pouvoir jeter dans la bataille de la libération le maximum de soldats. Il cherche donc à constituer les divisions prévues quitte à réduire sensiblement le nombre des formations de services et de soutiens n'intervenant pas directement dans la bataille. Tout en ne méconnaissant pas l'importance de ces dernières, il estime que les disponibilités immédiates en personnel doivent être utilisées à former le plus possible d'unités combattantes et pendant toute l'année il garde l'espoir que les Alliés nous fourniront une partie importante de nos soutiens et de nos services. En tout cas, il estime que celles de ces formations, dont l'entrée en action n'est prévue que tardivement, pourront être sinon constituées, du moins complétées en France après le débarquement, avec les volontaires qui ne manqueront pas d'affluer.

Mais, fort de son expérience et sûr de son système, le commandement américain n'admet pas cette progressivité dans la mise sur pied de nos forces, et, excluant *a priori* la possibilité d'utiliser les ressources en hommes du territoire national libéré, il entend que l'armée française soit constituée depuis A jusqu'à Z en Afrique du Nord, selon les normes qu'il a fixées. Et chacun maintient ses positions…

Pourtant, au moment de mon arrivée à Alger, la décision ne peut plus être retardée. L'AFHQ vient de recevoir de Washington les directives générales, arrêtées en août et en novembre, lors des conférences de Québec et du Caire et que les « Trois Grands » ont approuvées à Téhéran. Celles-ci prévoient un débarquement sur le littoral méditerranéen français pour le printemps de 1944, en conjonction avec le grand assaut qui partira des îles Britanniques. Les forces destinées à y participer devront être mises sur pied pour le 1er avril au plus tard. Différer davantage leur organisation définitive serait mettre en danger les opérations mêmes dont la France attend sa délivrance.

Mes premiers contacts avec les Américains ne me laissent pas beaucoup d'illusions. Nos alliés demeureront intraitables sur leur conception et tout le rééquipement de notre armée risque d'être compromis si nous cherchons plus longtemps à faire prévaloir de façon absolue la nôtre. Après une étude approfondie, j'espère pourtant faire admettre un arrangement et limiter à deux le nombre des divisions qu'il nous faudra renoncer à constituer pour pouvoir étoffer services et soutiens. C'est ce que décide, le 6 janvier 1944, le Comité de la Défense nationale qui prononce la dissolution de la 8e division d'infanterie algérienne et de la 10e division d'infanterie coloniale.

Ce sacrifice, pour nous moralement si douloureux, ne paraît pas encore suffisant au commandement allié. Il insiste pour que nous formions dans leur intégralité les unités de renforts qu'il juge indispensables. D'autre part, il met à notre charge l'organisation de la base d'opérations 901 qui, après le débarquement, devra assurer les transports et le ravitaillement de nos troupes, et dont l'existence donnera à notre armée une autonomie particulièrement désirable dès l'instant où elle combattra sur notre propre territoire[1].

Il nous faut donc nous résoudre à la dissolution d'une troisième division d'infanterie, la 7e DIA, déjà à moitié réarmée avec du matériel américain.

Une ultime controverse s'engage. Dans les derniers mois de 1943, et bien qu'elle n'ait pas été prévue au plan initial d'Anfa, une quatrième division blindée avait commencé à être mise sur pied[2]. Par tous les moyens, j'essaie de la sauver. Mais au terme de bien des discussions, je ne réussis qu'à obtenir le maintien d'éléments de ses trois régiments de chars en vue de leur armement ultérieur ou, tout au moins, de leur emploi comme

1. Les effectifs de cette base – qui n'a pas été constituée pour le corps expéditionnaire français en Italie – atteindront pendant la campagne le chiffre de 27 000 hommes. À titre indicatif, ceux de la base américaine – *Continental Advance* (Conad) – s'élèveront à plus de 90 000 hommes.

2. Cette DB – la 3e DB – était commandée par mon vieux camarade, le général de Saint-Didier.

unités de renforts des DB déjà constituées. C'est cette dernière solution qui prévaudra par la suite.

Il en va de même, d'ailleurs, des régiments appartenant aux grandes unités d'infanterie dissoutes. La plupart d'entre eux se transforment pour prendre place dans la liste des soutiens. C'est ainsi que le 17e sénégalais forme l'embryon du 17e génie et que le 6e tirailleurs algériens participe à la naissance des 503e et 504e groupes de transport.

La secousse n'en reste pas moins rude pour une armée où la peur de ne pas se battre est lancinante. Bien que je me sois trouvé placé devant une situation de fait inéluctable, résultant d'une conception initiale trop optimiste de nos possibilités et de l'attitude catégorique des Américains, beaucoup me tiennent pour responsable de leur déception que j'ai pourtant tout fait pour éviter. Mais elle est d'autant plus vive qu'on s'était plus longtemps bercé d'espoirs chimériques.

Il faut donc multiplier les inspections auprès des unités touchées, les rassurer, les relancer et surtout leur expliquer les motifs d'intérêt général qui ont imposé les mesures qui les affectent. Car, au prix de ces amputations, l'accord s'établit enfin. Le 23 janvier 1944, le Comité français de la Libération nationale (CFLN) et le haut commandement allié approuvent simultanément le dernier plan de réarmement : notre corps de bataille comprendra en définitive huit divisions dont cinq d'infanterie et trois blindées, renforcées des unités de service, de soutien et de maintenance calculées sensiblement selon les barèmes américains.

À l'exception d'une des divisions blindées, la 2e DB, que commande le général Leclerc et que choisit le général de Gaulle pour représenter nos forces aux opérations de Normandie, la totalité de ce corps de bataille entrera dans la composition de l'armée B. Au départ, celle-ci comptera 256 000 hommes répartis entre :

– la 1re division blindée (1re DB – général du Vigier) et la 5e division blindée (5e DB – général de Vernejoul) ;

– la 1re division de marche d'infanterie (général Brosset[1]), la 2e division d'infanterie marocaine (2e DIM – général Dody, jusqu'au 15 sep-

---

1. Telle était la dénomination officielle de la division formée avec les valeureuses unités provenant des Forces françaises libres. Mais la coutume l'emportant sur les textes, cette grande unité tint à conserver la marque de son origine, en se nommant elle-même la 1re division française libre et c'est la 1re DFL (ou la DFL), et non la 1re DMI que connaît l'Histoire.

tembre 1944), la 3e division d'infanterie algérienne (3e DIA – général de Monsabert jusqu'au 31 août 1944), la 4e division marocaine de montagne (4e DMM – général Sevez), la 9e division d'infanterie coloniale (9e DIC – général Magnan) ;

– de très forts éléments non endivisionnés comprenant notamment trois groupements de tabors marocains (GTM), de la valeur d'un régiment d'infanterie chacun, le bataillon de choc, le groupe de commandos d'Afrique, le groupe de commandos de France, seize groupes d'artillerie dont treize lourds, six régiments de tanks-destroyers (TD : chasseurs de chars), deux régiments blindés de reconnaissance, quatre régiments du génie et trois de pionniers, douze groupes d'artillerie antiaérienne, quatorze groupes de transport autos et dix compagnies muletières, de nombreuses unités de transmissions et de multiples formations des services de l'intendance, du matériel, des essences, de santé, etc.

Cette énumération serait incomplète si je ne faisais pas mention du corps des 5 000 AFAT (auxiliaires féminines de l'armée de Terre) qui servent avec le plus admirable dévouement comme secrétaires d'état-major, assistantes sociales, téléphonistes ou radios, infirmières ou conductrices des sections sanitaires automobiles.

L'armée française qui s'apprête fiévreusement pour la libération n'est donc pas une force « symbolique ». Elle est une réalité solide et puissante qui compte pour une part appréciable dans l'ensemble des armées alliées.

Durant le premier semestre de 1944, une importante partie de nos moyens – environ 100 000 hommes – se trouve en Italie. Sous les ordres du général Juin, deux, puis trois et enfin quatre divisions d'infanterie, les 2e DIM, 3e DIA, 4e DMM et 1re DFL[1], et des éléments non endivisionnés tels les 1er, 3e et 4e groupements de tabors marocains (GTM), se battent magnifiquement et, dans les Apennins, sur le Garigliano, bientôt à Rome

J'aurai, au cours des chapitres de ce livre, de multiples occasions de souligner les qualités militaires de cette grande unité. Je tiens pourtant, dès la première mention que j'en fais, à dire combien m'a peiné et paru injuste le jugement porté sur elle par le général Giraud dans ses *Mémoires*. Je m'interdis toute polémique, très spécialement envers un grand chef aujourd'hui disparu ; mais le simple récit que l'on va lire, constituera, je crois, la mise au point la moins discutable.

1. 2e division d'infanterie marocaine, 3e division d'infanterie algérienne, 4e division marocaine de montagne et 1re division française libre.

et jusqu'à Sienne, se préparent par les chemins de la victoire aux combats tant espérés de la libération française.

En Afrique du Nord, les divisions blindées et la masse des unités de réserve générale restent placées sous mon commandement qui s'étend à partir du 18 avril[1] aux forces stationnées en Corse, à savoir la 9e division d'infanterie coloniale, le 2e groupement de tabors marocains, le bataillon de choc et le groupe de commandos d'Afrique[2]. C'est *à l'instruction et à la préparation morale* de ces 150 000 hommes qui attendent avec une indicible impatience l'heure de l'action que je consacre, pendant toute cette période, le meilleur de moi-même.

Réformées sur le type « industriel » qui caractérise l'armée américaine, nos troupes acceptent avec allégresse cette sorte de révolution. Dans d'innombrables camps, elles perçoivent leur nouveau matériel et s'entraînent à l'employer. L'adaptation s'opère d'ailleurs avec une rapidité qui traduit à la fois la faculté d'assimilation de nos cadres et de nos hommes, leur ardeur passionnée et leur joie de se voir enfin dotés de moyens puissants[3].

---

1. Décision du Comité français de la Libération nationale (CFLN) en date du 18 avril 1944.

2. La 9e DIC et le groupe de commandos ont été transportés d'Algérie en Corse dans les premiers jours d'avril 1944. Ils y ont rejoint le 2e GTM et le bataillon de choc qui, débarqués dans l'île en eptembre 1943, avaient participé à sa libération. On remarquera que le nombre des GTM alors engagés s'élève à quatre : trois en Italie et un en Corse. Mais il est prévu que le 4e GTM retournera au Maroc au moment où les unités d'Italie seront affectées à l'armée B. Celle-ci ne comprendra donc que trois GTM. Pour la composition des GTM, du bataillon de choc et du groupe de commandos d'Afrique, voir plus loin.

3. Je ne m'étendrai pas sur la nature de ces moyens, leur richesse et leur perfectionnement. Je dois pourtant signaler ce qui en faisait l'originalité par rapport aux moyens français antérieurs et d'abord l'extrême motorisation. Une DB compte 5 000 véhicules, une DI 2 500. Dans celle-ci, non seulement tous les trains sont automobiles, mais toutes les unités, à l'exception des trois régiments d'infanterie, sont motorisées. En outre, la division possède organiquement un groupe de transport de personnel qui lui permet d'enlever par ses propres moyens un régiment d'infanterie.

D'autre part, il faut également souligner l'abondance et la perfection des moyens de transmissions. On en aura une idée quand on saura que les chefs de section d'infanterie eux-mêmes disposent d'appareils de radiophonie émetteurs-récepteurs. Et je ne dis rien des réalisations de l'intendance. Chaque Français sait maintenant ce qu'est une ration K ou U et a goûté les conserves qu'elles contenaient !

La *French Training Section* vérifie la mise sur pied de nos unités. Quant à la technique des opérations de débarquement, elle s'acquiert dans les centres d'entraînement amphibie de Port-aux-Poules et de Hussein-Dey.

Par des inspections constantes qui m'amènent à parcourir l'Afrique du Nord en tous sens, je ne cesse de contrôler cet immense effort général. Mais, en même temps qu'à l'instruction technique qui se poursuit sans relâche et avec une extrême exigence, je m'attache à animer la préparation morale et psychologique de cette armée.

C'est que celle-ci est d'une exceptionnelle diversité qui recèle toutes les richesses. Représentation vivante de tout l'empire en guerre pour le salut de la communauté française, elle mêle les éléments les plus variés. Elle compte les vétérans des Forces françaises libres, ceux pour qui la guerre depuis 40 n'a pas connu d'entracte et qui ont maintenu sans repos l'honneur de nos drapeaux. Depuis novembre 1942, toute notre armée d'Afrique les a rejoints, prouvant dès la Tunisie, dans les conditions les plus rudes, son enthousiasme et son héroïsme. Et chacun de nos territoires d'outre-mer a fourni ses contingents.

Européens et indigènes s'y trouvent unis comme jamais encore ils ne l'ont été. Beaucoup sont des engagés volontaires et plus encore des appelés, car la mobilisation a été poussée à son point limite partout où l'autorité de Vichy a cessé de s'exercer. Aux colons, aux Français d'AFN et de Corse qu'elle a fournis, viennent s'adjoindre, par un courant ininterrompu, les évadés de la métropole. Ils sont 20 000 de tous les âges et de toutes les origines qui, laissant leurs familles à la discrétion de l'ennemi et de ses collaborateurs, déjouant les contrôles, franchissant les Pyrénées hostiles, finissent par atteindre l'Afrique, non sans avoir le plus souvent connu de longs mois de misère dans les camps espagnols de concentration.

Jamais pareil creuset n'a existé, capable de porter à un si haut degré de fusion des alliages aussi riches. La fleur de nos jeunesses est là rassemblée, solidement encadrée, supérieurement entraînée.

Jamais non plus, dans notre passé, pareille mission n'a été confiée à une armée française puisqu'il ne s'agit pas seulement pour elle de gagner des batailles, mais de rendre sa liberté à la Patrie et de lui restituer sa place dans le monde.

Tant de causes contribuent à donner aux unités une inégalable faveur. Chacun a conscience de vivre une veillée d'armes sans exemple.

Mais un souci particulier me hante. Je veux que cette armée française qui renaît soit prête à devenir d'emblée l'Armée de la France. Il faut donc qu'elle soit par avance en accord, je dirai même en phase avec la France nouvelle qu'enfante la Résistance. Cela suppose une formation psychologique et morale des cadres et de la troupe que, dès le début de mars 1944, je vais m'efforcer de développer au maximum dans les unités placées sous mon commandement, et en particulier chez les blindés, appelés à prendre les premiers contacts avec les maquis.

Dans ce dessein, j'établis une école de cadres aux environs d'Alger, à Douera, à proximité de l'endroit où je suis personnellement installé. Officiers, sous-officiers, hommes de troupe y viennent nombreux, en séries successives, s'initier à des méthodes et prendre des contacts qui cimentent la communauté de leur esprit – l'esprit qui sera bientôt celui de toute la 1re armée française. Les pensées y sont constamment tournées vers la France occupée et militante dont des résistants authentiques, évadés depuis peu, viennent dire les souffrances, les luttes et les espoirs.

Vraiment, c'est une armée magnifique qui s'est forgée, une armée comme la France en a peu connu car elle associe à la science de ceux qui méritent le titre de « grognards » – les vétérans des Forces françaises libres, ceux des champs de bataille de Tunisie et d'Italie – l'enthousiasme des Volontaires de 1792. Et lorsque son élan l'aura enfin portée sur le sol de France, elle aura peu d'efforts à accomplir pour s'enrichir encore et pour ouvrir ses rangs aux maquisards des Forces de l'intérieur : c'est qu'en Afrique, c'est qu'à Douera spécialement, se sera préparé l'« amalgame » qui lui donnera en définitive sa pleine puissance et son visage original.

Encore faut-il obtenir que l'ensemble de ces troupes forme réellement une armée et non une juxtaposition d'unités utilisées isolément ou, tout au plus, dans le cadre de corps d'armée actionnés directement par des commandements d'armée américains.

Pour le gouvernement français, la question ne peut pas se poser. Il a admis sans difficulté que, sur le front italien, nos divisions forment un « détachement d'armée ». Mais le maintien d'une organisation de cette nature lui paraît inacceptable alors qu'il s'agit d'engager toutes nos forces sur le sol national.

Bien que les plans établis pour la reconstitution de nos unités n'aient pas prévu initialement de quartier général d'armée, il semble tout d'abord que les Alliés soient disposés à accepter notre point de vue dont personne ne peut discuter la légitimité. Le 27 décembre 1943, au cours d'une conférence tenue chez le général de Gaulle, le général W. Bedell Smith, chef d'état-major du général Eisenhower, donne l'accord de celui-ci pour l'emploi des forces françaises « sous forme d'une armée française ». M. Edwin Wilson, ambassadeur des États-Unis auprès du CFLN, confirme de son côté ce projet par une lettre adressée, le 31, à M. Massigli, commissaire aux Affaires étrangères. Mais la nomination du général Eisenhower au commandement suprême des forces expéditionnaires alliées en Grande-Bretagne et son remplacement à Alger par le général Maitland Wilson va remettre en question des décisions dont le principe paraissait cependant acquis[1].

Ma désignation pour le commandement de l'armée B avait coïncidé avec l'accord de fin décembre et elle traduisait sans aucun doute le désir des généraux Giraud et de Gaulle de le matérialiser sans retard. Au début de janvier, le général Bedell Smith était allé jusqu'à laisser entendre que cette armée française, jumelée avec une armée américaine, ferait partie d'un groupe d'armées à la tête duquel pourrait être placé le général Giraud. Mais ces espoirs ne furent pas de longue durée.

Non seulement on apprend, le 7 mars, que le commandement en chef de l'opération de débarquement sud sera confié à un général américain qui s'est illustré à Guadalcanal, mais, le 9, malgré son insistance, le général Giraud ne parvient pas à faire définitivement accepter la thèse d'une armée française indépendante. L'objection principale qui lui est faite est que l'on ne peut dissocier direction des opérations et administration de l'armée, et que l'administration ne peut être placée qu'entre les mains du commandement allié puisque, en fait, lui seul dispose des moyens.

La retraite du général Giraud risquait encore d'accentuer le différend. C'est pourquoi, sans perdre de temps, le CFLN prend officiellement position le 18 avril. En confirmant ma nomination « pour assurer en temps utile le commandement de l'ensemble des forces terrestres françaises appelées à débarquer sur les côtes sud de la France », il m'accrédite pour assurer, en liaison avec les autorités alliées, la préparation de l'entrée en

---

1. Voir en annexe n° 1, la lettre adressée le 25 avril 1944, par le général Béthouart, chef d'état-major de la Défense nationale, au général Gammell, chef d'état-major du général Maitland Wilson, où sont cités les paragraphes essentiels de la lettre de M. Edwin Wilson à M. Massigli.

action de ces forces. Le 22 avril, le général Gammell, chef d'état-major de l'AFHQ, accuse réception de cette décision, mais formule encore quelques réserves et se défend d'engager le général Maitland Wilson, provisoirement absent d'Alger.

Le 28 avril, je rencontre le général Gammell. Nous nous mettons d'accord pour régler les modalités des liaisons entre l'AFHQ et mon état-major. Ainsi, peu à peu, la pratique fait admettre le principe mais celui-ci n'est pas encore reconnu.

Finalement, ce n'est que le 25 mai que toutes les difficultés sont levées : le commandement allié conserve la responsabilité de l'élaboration des plans et de la conduite des opérations et exerce son autorité sur le « contingent » français par le canal du commandant de l'armée française. Dans un premier temps, c'est-à-dire pour le débarquement lui-même et ses premiers développements, celui-ci disposera d'un quartier général mixte composé d'éléments de QG et d'état-major d'armée et de ceux du corps d'armée débarqué le premier. Ultérieurement, lorsque les forces françaises débarquées auront atteint un total de deux corps d'armée, le QG d'armée française en assumera le commandement tactique et le commandement américain aura à son égard les attributions qui incombent normalement à un groupe d'armées[1].

De ces précisions – fastidieuses mais nécessaires – il ne faudrait certes pas retenir que les autorités françaises se soient heurtées auprès des autorités alliées à plus de difficultés que n'en connaît toute coalition. Il serait même fort injuste de ne pas affirmer la loyauté et l'esprit de compréhension du haut commandement anglo-américain, avant tout désireux d'« efficience », mais très conscient des motifs d'intérêt national et de légitime prestige qui inspiraient gouvernement et commandement français. Mais il est bon que ne soit pas ignoré l'effort fourni par ceux-ci, en particulier par le général de Gaulle personnellement et par le général Béthouart, chef d'état-major de la Défense nationale, pour assurer à nos troupes la place que justifiait leur importance, et l'indépendance d'action qu'exigeait une commune volonté de restaurer le plus rapidement possible la pleine autonomie de notre armée nationale.

1. Il est en outre admis que le commandement allié conservera la responsabilité des fonctions administratives et logistiques.

CHAPITRE II
« BRASSARD »

Tandis que s'échafaude laborieusement en Afrique du Nord l'édifice qui doit permettre à notre armée de participer avec le maximum de puissance à la libération de la France, et que nos premières divisions réarmées entrent en ligne sur le front italien, les bureaux d'état-major préparent dans le silence une opération annexe : la conquête de l'île d'Elbe.

Si l'idée en avait germé chez les Français, ce n'était certes point par amour des gloires passées ni pour reprendre à son point de départ l'ultime vol de l'Aigle... Mais la libération de la Corse, en eptembre 1943, avait tout naturellement attiré l'attention du commandement sur l'intérêt militaire de cette île historique. Postée en flanc-garde le long de la côte tyrrhénienne, elle commande, en effet, le canal de Piombino, bras de mer large d'une douzaine de kilomètres qui la sépare de la péninsule. Or, par ce canal, le maréchal von Kesselring fait passer sur chalands automoteurs une partie du ravitaillement destiné à ses divisions engagées au nord de Naples. D'autre part, la majeure partie de ce ravitaillement emprunte les routes et la voie ferrée du littoral italien. Posséder l'île, c'est pouvoir interdire tout ce trafic ou, pour le moins, le compromettre gravement.

Il était donc logique que le général Giraud et le général Henry Martin, commandant de notre 1er corps d'armée dont l'état-major et les services stationnaient en Corse, aient songé à utiliser l'excellent tremplin que leur offrait celle-ci pour s'emparer de l'île d'Elbe qu'on peut apercevoir, par temps clair, de Bastia. Un gros coup de main, semblait-il, devait suffire à nous en assurer la maîtrise.

Mais le général Eisenhower, qui préparait alors l'opération d'Anzio, ne voulait ni disperser ses moyens ni doubler ses risques. Il fit donc

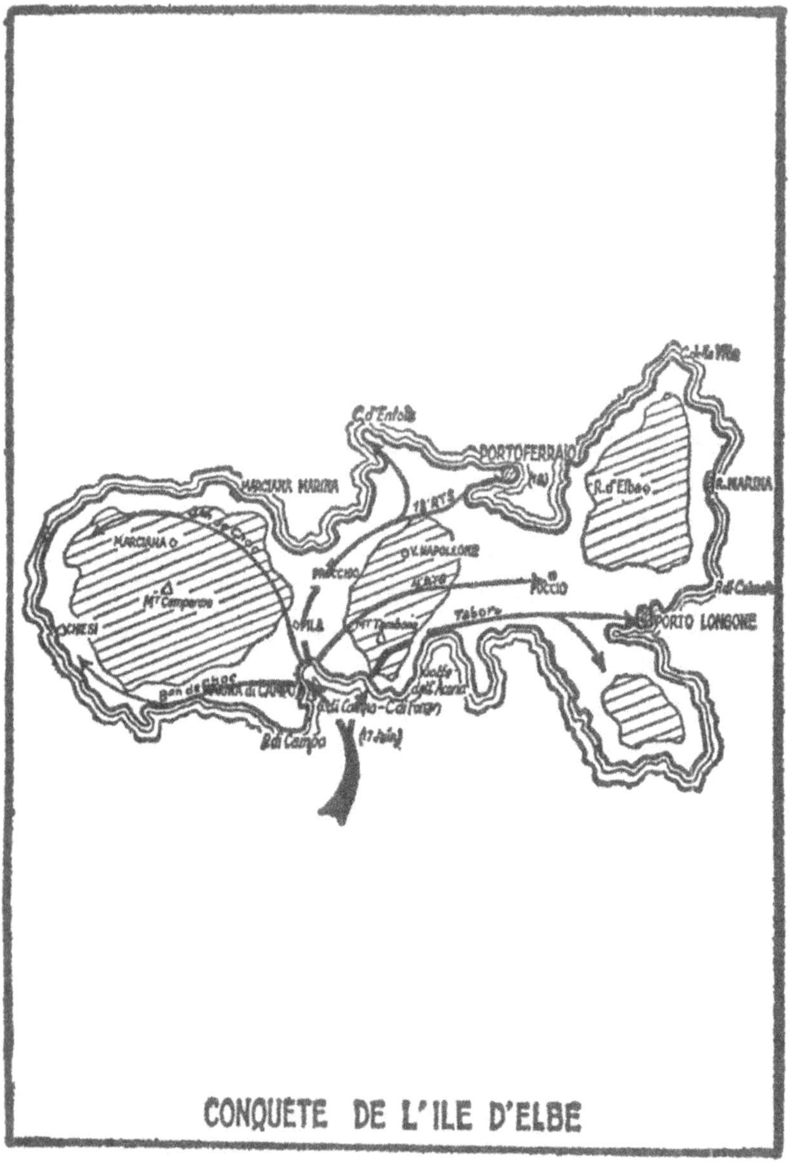

CONQUETE DE L'ILE D'ELBE

ajourner toute action, en confiant seulement à l'aviation le soin de procéder au harcèlement de l'île.

Les Allemands surent utiliser ce répit et entamèrent des travaux de défense puissants auxquels la nature du sol allait rapidement donner une redoutable efficacité. Aussi, lorsqu'en février 1944 le général Maitland

Wilson décida de reprendre les projets d'attaque et d'en prévoir le déclenchement en connexion avec une offensive générale en Italie, le problème avait changé d'aspect. L'opération « Brassard » – tel fut le nom attribué par les codes à l'opération de l'île d'Elbe – ne pouvait plus être un coup de main, mais un véritable débarquement, réalisé de vive force et avec des moyens importants.

La préparation en fut confiée au général Henry Martin, assisté du contre-amiral anglais Troubridge et du colonel aviateur américain Darcy. L'ensemble des forces groupées pour cette affaire recevait le nom conventionnel de « force 255 » et était composé, pour l'armée de Terre, de troupes exclusivement françaises ; pour la Marine, d'unités en majorité britanniques renforcées d'unités françaises placées sous l'excellent commandement de l'amiral Battet, et pour l'Air, de groupes alliés auxquels notre aviation apportait pour sa part deux groupes de chasse.

Primitivement, l'AFHQ[1] eut le dessein d'actionner de façon directe et exclusive la « force 255 ». Mais, à la mi-avril, je l'ai dit déjà, le général de Gaulle entendit mettre sous mes ordres les unités stationnées en Corse et m'accrédita comme représentant du haut commandement français auprès du commandement suprême allié en Méditerranée pour tout ce qui concernait les opérations « Anvil[2] » et « Brassard ».

À cette époque, on l'a vu, le problème capital de la constitution d'un commandement d'armée proprement français n'était pas encore réglé. On peut en déduire que la définition de mon rôle dans l'affaire « Brassard » ne se fit pas sans peine. Il fut d'abord affirmé que l'introduction de mon état-major dans le circuit hiérarchique « compliquait sérieusement une situation où le besoin de communications directes et rapides se faisait impérieusement sentir ». Mais cette introduction répondait à la volonté formelle du président du CFLN dont la décision de n'engager les forces françaises que sous une responsabilité française se justifiait d'autant plus que le plan envisagé appelait de ma part un certain nombre de réserves.

C'est au cours de ma conférence du 28 avril avec le général Gammell, conférence à laquelle j'ai déjà fait allusion, qu'une solution satisfaisante fut trouvée : sauf cas d'extrême urgence, il fut entendu que toute la cor-

1. *Allied Forces Headquarters* : Quartier général des forces alliées du théâtre d'opérations méditerranéen.

2. Anvil est le nom conventionnel donné à l'opération de débarquement dans le Midi de la France.

respondance échangée entre l'AFHQ et le commandement français en Corse serait, dans les deux sens, soumise à mon visa. Le général Devers avec lequel je m'étais lié à Londres en novembre 1943 et qui exerçait depuis février 1944 les fonctions d'adjoint au général Maitland Wilson et de commandant des troupes américaines en Afrique du Nord ne fut pas étranger à l'adoption de cette heureuse formule de transaction.

Au moment où m'incombe ainsi la responsabilité de l'opération de l'île d'Elbe, les renseignements recueillis montrent que l'ennemi est sur ses gardes. Le gouverneur de l'île, le général allemand Gall, impose par des moyens draconiens un secret absolu sur les travaux qu'il multiplie et le dispositif qu'il renforce. Nos agents ont un mal extrême à apprécier les effectifs. Comment les connaître d'ailleurs alors que certains groupes, depuis cinq mois, ne sont pas sortis de leurs points d'appui ? On les estime à 1 500 hommes, mais ce chiffre paraît sans rapport avec l'importance des travaux que révèlent les photographies aériennes et qui augmentent chaque jour. Partout, on coule du béton, on augmente le nombre des emplacements de batteries, on installe des réseaux. Le littoral est ceinturé de mines. Le relief est remarquablement mis à profit – et Dieu sait s'il se prête à la défensive ! Deux étranglements nord-sud partagent l'île en trois compartiments, l'ossature de l'ensemble étant formée par une chaîne qui court tout le long de ses 30 kilomètres. De cette épine dorsale que domine le Monte Capanne, haut de 1 000 mètres, se détache une série d'arêtes qui se terminent par des caps aux falaises verticales, enserrant des baies profondes en forme de fer à cheval, analogues aux calanques provençales. C'est autour de ces baies, éminemment favorables aux concentrations de feux, que le général Gall a disposé la plus grande partie de ses moyens et, de ce fait, il a quelque peu négligé la défense de l'intérieur. Mais une position d'arrêt est en construction en travers de l'étranglement oriental, l'isthme du Puccio, et couvre les accès de la côte est, par où la liaison est assurée avec l'Italie.

Le bastion est donc impressionnant. On saura plus tard que son organisateur le jugeait imprenable...

Pour y prendre pied, il faut d'abord rompre la « croûte côtière », ce qui exige la destruction ou, au minimum, la neutralisation avant l'assaut des défenses du littoral et des batteries qui peuvent faire converger leurs tirs sur les plages de débarquement et leurs approches maritimes. En ce qui concerne les premières, les « rockets » des bateaux lance-fusées y suffiront. Mais il n'en va pas de même pour les secondes et là réside la difficulté essentielle. Outre les nombreuses pièces légères de défense contre avions et de défense contre les blindés qui garnissent les points d'appui, l'artillerie ennemie se compose d'une soixantaine de pièces dont cinq ou six batteries de gros calibres (149 et 152 mm). Installés sur la dorsale ou à proximité de la mer, ces canons peuvent, tous ou presque, tirer en même temps sur toute zone menacée de la périphérie de l'île. Le danger est d'autant plus sérieux que le cordon de mines sous-marines ne laisse ouvert qu'un étroit chenal, celui-là même que les Allemands utilisent dans la baie de Marina di Campo pour les transports maritimes, et que ce chenal constitue un point de passage obligé, le seul que le commandement naval allié estime utilisable pour débarquer. D'autre part, et toujours pour éviter l'effet de l'artillerie allemande, l'amiral Troubridge ne peut envisager de faire approcher ses bâtiments lourds à distance de contrebatterie. De son côté, le colonel Darcy se refuse à garantir l'efficacité de ses bombardiers en piqué contre des pièces fortement protégées.

Quand la technique se trouve en défaut, il reste la biffe... Mais quelle biffe ! Si l'infanterie est la reine des batailles, le bataillon de choc mérite d'en être la reine des reines ! Composé exclusivement de volontaires dont beaucoup sont des évadés de France, instruit spécialement en vue des missions de destruction et de harcèlement, lui seul paraît capable de réussir de la « contrebatterie par moyens humains ». Imperturbable, son admirable chef, le lieutenant-colonel Gambiez, accepte le plus naturellement du monde la mission de débarquer ses hommes en pleine nuit, trois heures avant l'attaque, et de réduire au silence par surprise les batteries les plus gênantes. Grâce à lui, on peut espérer conquérir une tête de pont.

Il s'agira alors de submerger l'île par la masse des assaillants pour empêcher l'ennemi de se ressaisir et pour étouffer dans l'œuf toute velléité de résistance. Ce ne sera possible que si le *shipping* mis à notre disposition est suffisant pour transporter un corps de débarquement important. J'insiste donc dans ce sens auprès des Alliés, en plein accord avec l'amiral Troubridge qui se fait l'avocat le plus amical et le plus compréhensif de notre thèse.

Notre but est, en effet, de pouvoir disposer dans les délais les plus courts de la majeure partie de nos forces terrestres. Celles-ci ont pour noyau la 9e division d'infanterie coloniale (9e DIC) du général Magnan, l'ancien chef en Tunisie des corps francs d'Afrique. Formée d'indigènes d'AOF, cette grande unité dispose d'un encadrement de premier ordre. Avant même d'avoir combattu, elle a payé un lourd tribut à la cause de la libération : un de ses bataillons a été torpillé en cours de transport entre l'AOF et l'AFN, une de ses compagnies a été ensevelie sous les ruines de sa caserne lors d'un bombardement allemand sur Alger... Elle a déjà des morts à venger. Deux de ses *Regimental Combat Team*[1] sur trois et un escadron de chars légers prendront part à l'opération, le reste étant maintenu en réserve à Bastia. Le 2e groupement de tabors marocains[2] du colonel de Latour et le groupe de commandos d'Afrique du lieutenant-colonel Bouvet[3], unité spéciale d'un emploi analogue à celui du bataillon de choc, compléteront le corps de débarquement. Avec les FTA[4] et les sapeurs du 101e régiment du génie[5], c'est une masse de 12 000 hommes et de près de 600 véhicules dont le général Magnan assurera le commandement direct.

Je l'ai renforcée autant que j'ai pu, mais je veux encore lui apporter un complément essentiel pour mettre toutes les chances de notre côté et atteindre, si possible, la côte orientale de l'île dès le premier jour. Pour cela, j'obtiens du général de Gaulle la disposition du 1er régiment de chasseurs parachutistes (1er RCP lieutenant-colonel Faure) qui achève son entraînement en Sicile. Le général Gammell me promet de son côté de tout faire afin de me donner les avions et planeurs nécessaires pour opérer son largage au jour J[6].

---

1. Le *Regimental Combat Team* (en abrégé RCT) est un groupement tactique temporaire de toutes armes qui se compose essentiellement d'un régiment d'infanterie et d'un groupe d'artillerie renforcés par des éléments des autres armes et des services. La division d'infanterie type américain peut être à tout moment fractionnée en trois RCT. Cette organisation sera d'un usage courant au cours de la campagne.

2. Le groupement de tabors marocains (GTM) a un effectif sensiblement comparable à celui d'un régiment d'infanterie, mais diffère de ce dernier par un armement plus léger. Il est composé de trois tabors équivalant chacun, au point de vue des effectifs, à un bataillon d'infanterie. Chaque tabor comprend trois goums.

3. Les commandos d'Afrique constituent une unité de la valeur d'un bataillon. Ils sont dotés d'un armement lourd que ne possédait pas le bataillon de choc. Mais celui-ci comme ceux-là avait reçu un entraînement spécial en vue du combat d'assaut.

4. Forces terrestres antiaériennes (DCA). Elles comprennent des matériels de 40 mm et de 90 mm.

5. Chargés du déminage et de la destruction des obstacles de toute nature, ils doivent débarquer avec la première vague d'infanterie.

6. Ce jour est d'abord fixé au 27 mai. Passé cette date, il faudrait attendre trois

Mais, dès le début du mois, le général Magnan, appuyé par le général Henry Martin, fait valoir que le renforcement incessant des défenses ennemies impose de nouvelles dispositions et surtout une instruction « amphibie » plus poussée des unités de la 9e DIC. Ces motifs qu'inspirent non seulement le désir d'éviter un échec, mais par-dessus tout la volonté d'obtenir un succès sans pertes inutiles, emportent finalement mon adhésion. En accord avec le général Wilson, je décide de reporter l'attaque en juin.

Ce report faillit entraîner la suppression pure et simple de « Brassard ». En effet, le mois de mai voit la situation en Italie évoluer de façon rapide et très favorable à nos armes. Le 11 mai, l'offensive générale rompt toutes les digues. Le 5 juin, Rome tombe et, dans les jours qui suivent, les forces franco-américaines progressent largement au nord de la Ville Éternelle. Le trafic côtier auquel l'île d'Elbe servait jusque-là d'écran cesse par la force des choses. Ainsi disparaît l'un des motifs initiaux de l'opération. Convient-il encore de la maintenir ?

Ce n'est pas sans de nombreuses controverses et de mûres réflexions qu'une réponse affirmative est donnée à cette question. Pour nous y pousser, nous avions, nous autres Français, le souci toujours dominant à nos yeux de faire la preuve de notre valeur auprès de nos alliés. Ceux-ci, comme nous, sont d'ailleurs mus par une considération plus générale : l'analogie qui existe, tant du point de vue de la configuration du sol que du système défensif, entre l'île d'Elbe et les côtes de Provence donne à l'opération « Brassard » le caractère d'une véritable répétition dont les enseignements peuvent être gros de conséquences pour la réussite du débarquement en préparation sur nos côtes.

Mais, en outre et dans l'immédiat, il faut priver Kesselring de la possibilité de gêner Clark et Juin sur leur flanc s'ils parviennent à s'élever dans la péninsule jusqu'à la hauteur de l'île d'Elbe – ou, à l'inverse, nous donner à nous-mêmes la possibilité de gêner Kesselring de la même manière si la poursuite alliée est stoppée plus au sud. Et ces arguments entraînent la décision.

Un instant, toutefois, on peut croire que l'ennemi se refusera à notre assaut. Certains indices font présager une évacuation volontaire. Toutefois,

---

semaines avant de retrouver la nuit sans lune indispensable à la bonne exécution de la tentative.

ces indices durent peu. Nous saurons plus tard qu'ils ont correspondu à des hésitations réelles auxquelles le général Gall mit fin brutalement, le 10 juin, en faisant diffuser l'ordre du jour suivant : « Toutes les rumeurs concernant l'évacuation de l'île sont à réprimer sévèrement. Tous les hommes doivent être avertis une fois de plus que l'île d'Elbe sera défendue jusqu'au bout. » Au même moment d'ailleurs, la résistance allemande se raidissait dans la péninsule, à la hauteur du lac Bolsena, soit à 75 kilomètres environ au sud du parallèle de l'île dont l'attaque retrouve par le fait tout son intérêt stratégique.

Nous attaquerons donc dans la nuit du 17 juin, première nuit sans lune dans ce mois. Mais le 13, l'AFHQ me communique une déplorable décision. Les moyens de transports aériens nécessaires à l'emploi des parachutistes me sont refusés, les besoins de l'Italie absorbant toutes les disponibilités. Telle est du moins la raison qui m'est donnée. J'élève aussitôt une vive protestation auprès du général Wilson. Mais si fâcheux que soit ce changement annoncé quatre jours avant l'action, il ne peut plus modifier notre détermination. Nous réussirons quand même. L'amiral Troubridge, dont l'amitié ne se dément pas, partage ma confiance. Pour ce marin, fils et petit-fils de marins, en qui vivent les traditions de courage et de ténacité de la vieille Angleterre, l'honneur de la Royal Navy est engagé.

Le 14 juin, accompagné du général Henry Martin, j'installe mon PC à proximité de Bastia, puis j'inspecte une dernière fois chefs et troupes chargés de l'opération. Le 16 au matin, tout est prêt.

Le temps est magnifique. À Bastia et à Porto-Vecchio, de longues traînées d'hommes pesamment chargés se dirigent des *areas*[1] vers le port. Sur la rade, les bâtiments alliés ont arboré à la corne le pavillon français. Les deux convois lèvent l'ancre vers 15 heures. Après s'être dirigés vers le sud, pour dérouter l'adversaire, ils font leur jonction à proximité du rocher de Monte-Cristo. À la nuit, le cap est mis au nord. Deux cent vingt navires de toutes tailles et de tous types composant les flottilles de transport, d'appui et de protection, conduisent vers leur premier assaut « amphibie » coloniaux, « chocs », commandos, et goumiers de l'armée B. Vers 23 heures, un piétinement sur les tôles, quelques coups assourdis sur les blindages : les « chocs » du colonel Gambiez se laissent glisser des LCI

1. Zones de rassemblement des troupes avant leur embarquement.

sur les LCA[1]. Moteurs au ralenti, ceux-ci s'éloignent, se mettent en cercle pour se rassembler, puis disparaissent en file derrière les feux rouges des bateaux-pilotes. Une heure plus tard, à hauteur de l'îlot de Pianosa, une brusque canonnade déchire le silence de la nuit, des obus traceurs trouent l'obscurité. L'approche serait-elle éventée ? Non, car bientôt tout s'apaise. On saura plus tard qu'il s'agissait d'un simple hourvari entre vedettes anglaises et vedettes allemandes ; ces dernières évacuaient la garnison de l'île de Pianosa qui sera occupée, sans coup férir, le lendemain matin par un détachement de zouaves, chasseurs de choc et marins du groupe naval d'assaut de Corse, aux ordres du chef de bataillon Garnier-Dupré du 9e zouaves. Nos troupes n'y trouvaient plus que les prisonniers politiques incarcérés dans le pénitencier par le « gouvernement républicain fasciste ». Les défenseurs de l'îlot avaient reçu dans la soirée du 16 l'ordre de rallier l'île d'Elbe sans que cette mesure paraisse, d'ailleurs, avoir été la conséquence des mouvements de nos convois puisque, nous allons le voir, la quiétude du général Gall n'avait été en rien troublée.

17 juin, 1 heure. – Fractionnés en sept détachements, les « chocs » débarquent en six points différents de l'île. Un petit élément d'avant-garde des commandos d'Afrique y prend pied en même temps qu'eux, trois heures avant l'heure H fixée pour le gros de nos forces à 4 heures du matin.

Démons de la nuit et non de l'aube, le visage barbouillé de suie, ils font corps avec l'obscurité. Sans un bruit, ils se mettent en route vers leurs objectifs.

Pour la première fois depuis longtemps, l'ennemi n'est pas sur ses gardes. Au cours des semaines précédentes, le général Gall a maintenu ses hommes sur le qui-vive. Le 14 juin encore, l'alerte générale a été donnée. C'est le 16 qu'elle a été levée.

Brusquement, à 3 h 30, un message d'affolement est lancé : « Alerte ! l'ennemi est dans l'île ! » Nous y sommes, en effet, depuis deux heures et demie et le gros du corps de débarquement n'est plus qu'à quinze minutes de la baie di Campo. Le commandant du secteur ouest sur qui tombe

1. LCI : *Landing Craft Infantry.* Bateaux de transport de troupes d'une contenance de 200 hommes.

LCA : *Landing Craft Assault.* Embarcation d'assaut d'une contenance de 35 hommes.

tout le poids de notre attaque vient déjà d'être fait prisonnier dans son lit à son PC de San Piero !

Mais son PC nous intéresse moins que les batteries qu'il peut actionner. La compagnie Carbonnier (1re compagnie du bataillon de choc) a pour mission de neutraliser les deux plus dangereuses, celles de Monte Porro et de la Punta Bardella, qui interdisent la baie di Campo. Retardée par les difficultés d'une progression harassante dans le maquis, elle n'arrive à portée d'objectif qu'à l'instant où la flotte déclenche ses tirs de préparation. Pourtant, la section Arguillière bondit sur les canonniers allemands sous les éclatements du terrifiant barrage tiré par les bateaux porte-rockets[1]. Mission exécutée.

Sur l'autre face de l'île, la face nord, 20 Corses et 20 légionnaires doivent réduire au silence la batterie d'Enfola. Le lieutenant Jacobsen les conduit et leur fait grimper par une escalade de deux heures un à-pic jugé inabordable. Le silence est total. Puis, d'un coup, à la grenade, au pistolet, au poignard, les fantômes se déchaînent. Trois des quatre canons de 152 mm sont détruits. Là aussi, mission exécutée.

Toutefois, il reste à se replier et les Allemands sont revenus de leur surprise. Leur réaction est d'une extrême violence.

Un groupe parvient à regagner un canot mais des obus de 20 mm le criblent aussitôt et le font couler. Jacobsen, blessé, est fait prisonnier. Lorsque, deux jours plus tard, il réussira à rejoindre ses camarades, il rapportera un aveu du général Gall qui vaut une citation : « Du beau travail. Vous nous avez tué 2 officiers et 17 hommes. » Encore ne parle-t-il pas des canons !

Un autre groupe avec le sous-lieutenant Libersa s'accroche à une falaise abrupte. Sans eau, sans vivres, cerné par l'ennemi qui le somme de se rendre, écrasé par les *minen*, martelé aussi par les bombes de l'aviation alliée qui pilonne toute la région, il attendra trente heures que les Sénégalais de la 9e DIC viennent le délivrer.

Ce ne sont là que deux faits d'armes entre cent. Partout, les détachements de « chocs » continuent à se répandre dans l'intérieur, détruisent les véhicules sur les routes, incendient les dépôts, annihilent les moyens

---

1. Bateaux armés chacun de 700 à 1 000 tubes lance-fusées. Ces embarcations étaient désignées en anglais sous le nom de *Landing Craft Rocket* (LCR).

de transmissions, harcèlent les points d'appui, bloquent les renforts, empêchent les destructions.

Seule, la batterie de Ripalti, à la pointe sud-est de l'île, reste intacte. Un retard au débarquement a empêché le détachement chargé de coiffer cet objectif d'agir par surprise. Ses tirs gêneront la mise à terre des gros. N'empêche : « La contre-batterie par moyens humains » a donné des résultats magnifiques.

4 heures. – Une immense lueur rouge illumine soudain la baie dont les falaises répercutent longuement les échos d'une gigantesque explosion. Les bateaux-rockets qui appuient les deux premières vagues d'assaut viennent de larguer ensemble sur les organisations allemandes le tonnerre de leurs 4 000 tubes. Cette fois, l'ennemi ne peut plus dormir !

De fait, il déclenche au bout d'un instant son impeccable plan de feu. Les trajectoires des projectiles traçants, balles d'armes automatiques, obus de petits et moyens calibres, matérialisent en vert, en rouge, en blanc, sa terrible densité. Deux LCA sont touchés par des Pak 88 et brûlent en ensanglantant le rideau de fumée émis par les LCS anglais[1]. Le spectacle est prodigieux et tragique.

À 4 h 30, les cinq LCI de la troisième vague essayent de débarquer. Deux sont atteints par les 88 et se mettent à flamber comme des torches. Les hommes se jetent à la mer, leur fusil à la main. Le débarquement avorte.

Dans le même temps, un détachement d'infanterie de marine britannique enlève à l'abordage, comme au temps des corsaires, une canonnière allemande accostée à la jetée du petit port de Marina di Campo. La presque totalité de ces braves payent de leur sang cet exploit de légende.

Seuls, les Sénégalais du bataillon Gilles (2e bataillon du 13e régiment de tirailleurs sénégalais), qui appartenaient au premier échelon, ont pu prendre pied au fond de la baie. Mais leur situation y est critique. Sous un déluge de projectiles, ils se frayent un passage à travers les barbelés et les champs de mines. En file indienne, ils parviennent à gagner un boqueteau : les hommes de tête successifs au prix de leur vie ont fait office de démineurs pour leurs camarades...

1. *Landing Craft Smoke* : bateaux émetteurs de fumée.

On ne peut en rester là. Sur le LCH 282[1], le général Magnan, l'amiral Troubridge et mon représentant auprès d'eux, le lieutenant-colonel Olié, chef de mon 3e bureau, se décident à faire jouer une variante heureusement prévue pour le cas où les plages principales s'avéreraient par trop difficiles à prendre et qui consiste à tenter une manœuvre de débordement en utilisant une petite crique située sur la rive est de la baie, à proximité de la pointe di Nercio. Ce ne sont que quelques mètres de galets sur lesquels le groupe de commandos, à 3 h 50, a pu faire échouer ses canots d'assaut. Il est d'autant moins question d'y amener le moindre matériel qu'aucune route n'en part vers l'intérieur. Mais c'est le seul endroit où la défense allemande révèle un trou utilisable pour l'infanterie.

Cette fois, l'opération réussit. À partir de 5 h 30, le gros du corps de débarquement est mis à terre sous le camouflage d'un écran de fumée qui empêche les Allemands d'ajuster leurs tirs. À 7 heures, le bataillon Gilles est dégagé et peut reprendre sa progression. À 7 h 30, les commandos couronnent l'arête du Monte Tambone dont les 380 mètres dominent l'ensemble du champ de bataille.

Mais, sur tout le front, l'ennemi se défend avec violence, appliquant avec un rare acharnement la seule consigne qui lui ait été donnée : « Résister jusqu'au dernier homme et jusqu'à la dernière cartouche. » Il faut la furie héroïque de nos hommes pour venir à bout de chaque point d'appui.

Ce n'est qu'à 16 heures que nous parvenons à être maîtres de l'ensemble du fer à cheval montagneux qui enserre la baie et, par le fait même, à acquérir la solide tête de pont nécessaire à la suite de l'opération. Encore, ce succès n'a-t-il été obtenu que grâce à la lenteur mise par le général Gall à engager ses réserves : jusqu'à 14 heures, en effet, déconcerté par la guérilla généralisée, trompé par une diversion navale devant Porto-Ferraio, port principal et capitale de l'île, il leur a donné sept ordres et contrordres successifs avant de se rendre compte du véritable point de débarquement.

Leur intervention n'empêchera plus l'exploitation du succès. 13e régiment de sénégalais (13e RTS) du colonel Chrétien à gauche, 4e régiment de sénégalais (4e RTS) du colonel Chariou au centre, tabors marocains et commandos à droite se ruent en éventail vers l'intérieur de l'île. À la nuit, la côte nord est atteinte et toute la moitié occidentale de l'île d'Elbe est conquise.

---

1. LCH : *Landing Craft Headquarters*. Bateau de commandement.

Le 18, avant l'aube, la progression reprend vers la côte est. Nos canons débarqués la veille au soir l'appuient, ainsi que l'artillerie navale et les forces aériennes. La journée commence par un « raid » de la compagnie Kuntz du 4e RTS qui s'empare à 5 heures de la Villa Napoléon d'où le général Gall vient à peine de déguerpir. Sur le livre d'or du mas qu'habita le vainqueur d'Iéna, le sous-lieutenant Desportes ouvre un nouveau chapitre par ces seuls mots : « La France ».

Au nord, Porto-Ferraio tombe à 14 heures sous les assauts du 13e RTS. Au centre, la position de barrage de l'isthme de Puccio, défendue par le 902e *Festungs-Bataillon*, renforcé des rescapés du 908e écrasé à Marina di Campo, bloque un certain temps le 4e RTS. Au sud, les tabors de Latour, les commandos de Bouvet, et les « chocs » de Gambiez s'infiltrent le long de la côte méridionale et parviennent aux abords de Porto-Longone. De là, le 6e tabor du lieutenant-colonel Edon se relève audacieusement vers le nord et vient prendre à revers les défenses de l'isthme de Puccio. Quand la nuit tombe, l'île est virtuellement conquise.

Nous sommes au soir du 18 juin, anniversaire de l'appel du général de Gaulle – anniversaire aussi de Waterloo, me rappelle avec un franc sourire l'amiral Troubridge, arrière-petit-fils d'un autre Troubridge, brillant second de l'amiral Nelson.

Le 19, il reste à nettoyer le lambeau de terrain où l'ennemi s'accroche encore. Dans la matinée, la garnison de Porto-Longone capitule tandis que, dans la presqu'île de Rio Marina, s'engage une poursuite ardente contre le général Gall et son escorte. Mais la joie de capturer le gouverneur en fuite nous est finalement refusée. Favorisé par l'extrême densité du maquis, il parvient sous la protection d'un *strosstrupp* à s'embarquer pour l'Italie dans un sous-marin. Nos 155 se vengent en entamant sans délai un duel avec les batteries allemandes installées sur la péninsule, au nord de Piombino.

Rendant compte de ces combats, le journal de l'armée américaine *Stars and Stripes* écrira le 24 juin : « La marine alliée estime que l'invasion de l'île d'Elbe a été le plus dur de tous les débarquements en Méditerranée. » Tel était l'avis des vétérans de Salerne et d'Anzio. D'entrée de jeu, leur vaillance avait été égalée par celle de nos « chocs », de nos commandos, de nos goumiers, de nos coloniaux. Ce que j'en ai dit déjà en témoigne, je pense. Mais je ne saurais rapporter l'impression que je ressentis au spectacle hallucinant des lignes de tranchées étagées sur les collines, toujours occupées par les cadavres calcinés des Allemands attaqués au lance-flammes par nos Sénégalais...

Il est sûr que si cet assaut terrestre fougueux avait pu, comme je l'avais demandé, s'accompagner d'une action aéroportée, le succès aurait été plus facile et plus rapide. Mais il n'aurait pu être plus complet.

L'anéantissement de l'ennemi a été total. Tous ses dépôts, tout son armement, dont une soixantaine de pièces de moyen et gros calibres, forment notre butin. Et sur un effectif de 2 700 hommes – près du double de ce que lui attribuaient les estimations antérieures – il a perdu plusieurs centaines de tués et nous laisse 1 995 prisonniers.

L'ascendant de nos troupes sur l'adversaire s'est révélé irrésistible, et leurs qualités manœuvrières ont été à la mesure de leur vaillance. Mettant en jeu tous les moyens modernes d'une force de débarquement pour écraser un ennemi fortifié, elles ont montré leur aptitude aux missions « amphibies » qui demain pourront leur échoir.

Certes, la conquête nous a coûté des sacrifices. On comprend mal cependant que certains aient paru trouver intérêt à les grossir au-delà de toute mesure. Des rumeurs alarmistes furent pendant quelques jours répandues comme pour ternir le succès de nos armes. On peut aujourd'hui donner les chiffres exacts de nos pertes : en réalité, 7 pour 100 des effectifs engagés furent mis hors de combat, à savoir 201 tués dont 20 officiers et aspirants, 51 disparus, 635 blessés. C'est à eux que pensait d'abord le général Maitland Wilson lorsqu'il m'adressa à l'issue de la bataille, en me chargeant de le communiquer au général Henry Martin, au général Magnan et à nos vaillants alliés, l'amiral Troubridge et le colonel Darcy, le message suivant : « Voilà encore une preuve de plus de la capacité qu'ont nos forces et nos nations réunies de marcher ensemble épaule contre épaule vers la Victoire. »

CHAPITRE III
« ANVIL-DRAGOON »

L'héroïsme et la fougue manifestés par nos troupes tant à l'île d'Elbe qu'en Italie ne faisaient que traduire leur impatience de voir enfin arriver l'heure où commencerait la Libération de la France.

C'est à Téhéran, en novembre 1943, que le président Roosevelt, le maréchal Staline et M. Winston Churchill se mirent d'accord pour décider l'ouverture du « second front » par une attaque en tenaille de la France occupée. S'appuyant sur les études faites par le Comité des chefs d'états-majors anglais et américains[1] à Washington en mai, à Québec en août et au Caire à la veille de la rencontre de Téhéran, ils admirent le principe d'un débarquement simultané sur les côtes de la Manche et sur celles de Méditerranée. La première opération, dotée des plus forts moyens, reçut le nom d'opération « Overlord » tandis que la seconde fut baptisée opération « Anvil[2] ».

L'intérêt stratégique de la manœuvre apparaît à la seule lecture de la carte : lancer une armée dans la vallée du Rhône et assurer sa jonction dans l'est de la France avec des forces venant de l'ouest, c'est menacer tous les arrières du dispositif de l'ennemi, l'amener à disperser ses réserves et le contraindre soit à évacuer sans combat le centre et le sud-ouest du pays, soit à s'y laisser enfermer sans espoir.

---

1. Rappelons que sous l'autorité suprême des chefs de gouvernement, la direction stratégique unique des forces alliées autres que soviétiques était assurée, depuis décembre 1941, par un comité composé des chefs d'états-majors généraux (Guerre, Air, Marine) britanniques et américains. C'est ce *Combined Chiefs of Staff* qui avait qualité pour donner des directives aux commandants en chef des théâtres d'opérations.

2. Le 1er août 1944, « Anvil » devint « Dragoon » afin de dépister le SR allemand.

Mais les plus belles manœuvres n'ont de sens que si l'on dispose du moyen de les réaliser... Lorsque le général Eisenhower chiffra les besoins de l'opération « Anvil », il les arrêta à dix divisions et au *shipping* correspondant au débarquement de vive force de trois d'entre elles.

Pour réunir ces effectifs, il fallait prélever des divisions sur le front d'Italie et pour disposer de ce tonnage, il fallait prélever des bâtiments sur les attributions d'« Overlord ». Ces deux conditions allaient peser durant des mois sur la mise au point et même sur l'existence d'« Anvil ».

Dès le 12 janvier 1944, le quartier général de la 7e armée américaine, en réserve depuis la fin de la conquête de la Sicile, reçut la mission de « coiffer » la « force 163 », c'est-à-dire l'ensemble des forces franco-américaines appelées à prendre part au débarquement sud. Son *Planning Group* fut transféré en grand secret de Palerme à Alger. Mais il eut longtemps l'impression d'y travailler à vide, « comme pour un simple exercice de fonctionnement de PC ». Il n'avait, en effet, pour base de ses études qu'une hypothèse très générale établie par l'AFHQ[1] et qui se résumait en quelques points sommaires : débarquement vers la mi-mai, établissement d'une tête de pont à l'est de Toulon, conquête de cette ville puis de Marseille, exploitation vers le nord, en direction de Lyon et de Vichy.

Au fur et à mesure que la campagne d'Italie s'avérait plus dure qu'on ne l'avait d'abord espéré et que, d'autre part, se poursuivait en Angleterre l'analyse des besoins gigantesques exigés par le débarquement de la Manche, le sort du projet méditerranéen devenait plus incertain. En avril, il fallut renoncer au déclenchement simultané des deux assauts et prévoir leur échelonnement dans le temps, de telle sorte que celui du sud puisse être mené avec une partie du matériel « amphibie » employé d'abord pour assurer le succès de celui de l'ouest : l'opération ne sera donc plus exécutable avant la fin de juillet au plus tôt, « Overlord » étant de son côté fixé au début de juin après l'avoir été primitivement au 15 mai. Encore faut-il que réussisse l'offensive prévue en Italie car aucune division ne pourra être retirée de ce front avant la prise de Rome.

Avec le mois de juin renaît l'espoir. Le 4, les Alliés entrent dans la Ville Éternelle ; le 6, ils prennent pied en Normandie. Les deux conditions de base sont donc enfin remplies. « Anvil » va devenir possible et l'AFHQ reçoit l'ordre de se tenir prêt à le déclencher dans les derniers jours d'août.

---

1. *Allied Forces Headquarters.*

Mais du succès lui-même allait naître une menace. Devant la rapidité de la progression en Italie, les chefs alliés responsables de ce théâtre expriment le désir compréhensible de conserver tous leurs moyens pour achever la conquête de la péninsule. Ils demandent à pouvoir ensuite porter la guerre vers l'Europe centrale, en direction générale de la Hongrie, par la Vénétie et la trouée de Ljubljana. Dans cette hypothèse, il conviendrait de substituer au débarquement sur les côtes méridionales de la France une opération en Adriatique, dans la région de Trieste[1].

Le général Alexander, le général Juin et finalement le général Maitland Wilson se firent les défenseurs chaleureux de cette thèse nouvelle. Son intérêt stratégique se doublait d'un intérêt politique qui lui valut bientôt, en Angleterre surtout, des partisans convaincus.

Dans le courant de juin, le Comité des chefs d'états-majors alliés marqua lui-même son incertitude en se contentant d'ordonner « la continuation des préparatifs d'une opération amphibie » sans préciser la zone où elle devrait avoir lieu.

Mais le général Eisenhower présenta au projet Adriatique les objections les plus fortes. De l'opération sud, le chef suprême des forces expéditionnaires alliées attendait une aide directe pour l'opération capitale de l'ouest, se traduisant par la dispersion des grandes unités allemandes en France et surtout par la possession de nouvelles bases portuaires. Il jugeait notamment vitale l'existence d'« une seconde grande porte d'accès en France ». Se lancer dans le centre de l'Europe, c'était, selon lui, disperser ses moyens en créant « deux théâtres d'opérations principaux dotés chacun d'une mission décisive ». Pour sa part, il estimait cette solution incompatible avec les ressources disponibles et de nature à rendre aléatoire la libération rapide de la France.

Ce dernier argument était suffisant pour emporter notre conviction personnelle. Mais la décision dépendait en dernier ressort du Comité des chefs d'états-majors ; ce n'est qu'à la fin de juin que cet organisme se rangea à l'opinion du général Eisenhower et prescrivit que la France serait le théâtre d'opérations principal d'Europe en 1944. Peu après, le « D Day » était fixé au 15 août.

1. Dès le mois de mars 1944, un débarquement en Adriatique avait été étudié, mais uniquement sous forme d'un « plan de dissimulation » de l'opération « Anvil ».

Cependant, « Anvil » n'était pas encore pour autant parvenu au terme de ses vicissitudes. Dans les premiers jours d'août, alors que s'achevaient les derniers préparatifs, un message de Londres suggéra qu'il serait plus opportun d'utiliser la « force 163 » pour tenter un débarquement dans le golfe de Gascogne, en liaison avec l'armée Patton qui commençait à exploiter vers l'est et le sud la brèche réalisée dans le dispositif allemand en Normandie par la 1re armée américaine.

L'alerte fut brève. Le général Maitland Wilson opposa son *veto* à ce changement tardif où il voyait à juste titre une erreur. L'exécution d'un tel plan se heurtait d'ailleurs à une quasi-impossibilité matérielle car les deux tiers des moyens de transports maritimes rassemblés étaient adaptés à des opérations de « plage à plage[1] », c'est-à-dire conçus pour un voyage de trois ou quatre jours au plus et impropres à la navigation de sept à dix jours qu'aurait imposée un débarquement dans le sud-ouest de la France.

Finalement, le Comité des chefs d'états-majors confirma une dernière fois ses ordres antérieurs : l'opération « Anvil » serait déclenchée au jour et dans les conditions prévus.

Quelles étaient donc ces conditions ?

Pendant que les plus hautes sphères du commandement discutaient comme il vient d'être dit, le *Planning Group* de la 7e armée poursuivait imperturbablement l'établissement du plan détaillé de l'opération, d'abord sous la direction du brigadier général Garrison H. Davidson, puis, à partir de mars, sous les ordres directs du major général Alexander M. Patch que ses succès à la tête d'un corps d'armée à Guadalcanal et l'expérience des débarquements qu'il en avait retirée qualifiaient pour prendre le commandement en chef de la « force 163 ».

Quelques officiers français participaient à ces travaux pour y représenter le général Giraud et moi-même d'abord, puis mon seul état-major à partir d'avril. Peu à peu, notre groupe de liaison s'étoffa de représentants de nos corps d'armée, au fur et à mesure que les missions se précisaient.

L'École normale de la Bouzaréa servait de cadre confortable et discret à ces études. Son architecture mauresque émergeait au-dessus de la masse sombre des cyprès et des ifs, dominant de son éclatante blancheur le

1. Bateaux spéciaux assurant le transport du personnel et du matériel d'une plage amie à une plage ennemie sans transbordement.

panorama grandiose d'Alger, sa rade... et ses bavardages. MP[1] et barbelés mettaient à l'abri du reste du monde ce sanctuaire où nul ne pénétrait sans multiples contrôles et sans avoir juré sur l'honneur de ne souffler mot à quiconque de ce qu'il pourrait voir ou apprendre.

Ce qu'on voyait en premier lieu, c'était une extraordinaire documentation, rassemblée avec une méthode incomparable, grâce surtout à l'excellence des renseignements fournis par la Résistance française, notre SR[2] et la Marine. Un guide complet donnait sur chacune des plages entre Menton et Port-Vendres tous les détails imaginables : topographie, hydrographie, climat, régime des marées et des courants, nature du sol, informations relatives aux voies de communication, aux ressources industrielles, à l'énergie électrique, à l'approvisionnement en eau, aux établissements hospitaliers, tout était fiché, classé, numéroté, avec autant de soin que la moindre indication concernant le dispositif ennemi. Le plus petit béton, le plus modeste épaulement d'armes automatiques, le champ de mines le plus restreint étaient repérés et contrôlés scrupuleusement sur les innombrables photographies prises par l'aviation de reconnaissance.

Cet ensemble vraiment prodigieux de renseignements s'accompagnait d'une mise à jour quotidienne de l'ordre de bataille allemand dans le Midi de la France.

Au début de 1944, une douzaine de divisions hitlériennes avaient été repérées au sud de la ligne générale Bordeaux-Lyon. En avril et en mai, ce chiffre passa à quatorze, soit onze d'infanterie et trois blindées, dont les meilleures étaient disposées entre Port-Vendres et le delta du Rhône.

En juin, comme il était prévu, le déclenchement de l'opération « Overlord » amena un allègement sensible de ce dispositif. Quatre divisions d'infanterie et une *Panzer*[3] firent mouvement vers la Normandie, suivies au début d'août par une deuxième *Panzer*[4]. Deux divisions venant l'une de Normandie, la seconde de Russie les relevèrent partiellement.

---

1. *Military Police.*
2. Service de renseignements.
3. *Panzer*, abréviation de *Panzer-Division* : Division blindée allemande.
4. En réalité, le mouvement de cette deuxième division blindée nazie ne fut connu des Alliés que quelques heures avant le débarquement. Tous nos plans avaient donc été établis en tenant compte de son intervention.

Ainsi dix divisions allemandes étaient susceptibles de s'opposer à notre assaut. Neuf d'entre elles constituaient la 19e armée allemande (QG en Avignon) dont le chef, le général Wiese, avait à assurer la défense de tout le secteur compris entre la frontière italienne et le méridien de Toulouse. La dixième faisait partie de la 1re armée allemande (QG à Bordeaux) chargée de tenir la côte Atlantique de la Loire à la Bidassoa. En fait, elle n'interviendra pas dans la bataille de Provence dont tout le poids tombera sur les unités du général Wiese.

Celui-ci avait articulé son dispositif en tenant compte des trois zones essentielles à couvrir : à l'ouest, la côte languedocienne ; à l'est, la côte provençale ; au centre, la région du bas Rhône. Chacune de ces trois zones était confiée à un corps d'armée différent dont les PC étaient respectivement à Montpellier, Draguignan et Taillade, localité située immédiatement à l'est d'Avignon.

Sept des huit divisions tenaient le littoral et la huitième les Alpes où elle avait d'ores et déjà fort à faire pour contenir les maquis de Savoie et de l'Isère.

Quant à la 11e *Panzer*, elle appartint successivement à la 1re armée allemande puis à la 19e armée où elle remplaça la 9e *Panzer*. C'est ce qui explique qu'au moment du débarquement elle ait été en train de faire mouvement de la région d'Albi-Castres-Carcassonne vers la région « focale » du bas Rhône.

À ces neuf grandes unités s'ajoutaient d'importants éléments de réserve générale, comportant en particulier vingt bataillons d'*Ost Legion*, trois régiments de *Luftwaffe*, deux brigades de *Kriegsmarine*, un régiment de canons d'assaut, plusieurs d'artillerie de côte et d'ouvrages, une DCA innombrable et une masse de formations territoriales[1].

Cet ensemble d'au moins 250 000 hommes, qui allaient de l'excellent (*Kriegsmarine*) au médiocre (*Ost Legion*) mais dont la moyenne était fort bonne, étoffait tout un système défensif puissant. Le barrage côtier n'était pas très profond mais il était rigoureusement continu, dense et solide. Comme le fameux mur de l'Atlantique, le mur de la Méditerranée épuisait la gamme des blockhaus, bunkers[2], abris de personnel, abris PC,

1. *Sicherungs Regiments, SS Polizei Regiments, Landesschützen*, pionniers, *Feldgendarmerie*, transmissionnistes, etc.

2. Casemates bétonnées abritant soit une arme automatique, soit un canon.

champs de mines, obstacles passifs, réseaux barbelés, etc., que l'organisation Todt avait supérieurement mise au point. En outre, Toulon et Marseille formaient deux môles redoutables. À leurs abords, le dispositif d'artillerie, partout considérable, devenait formidable. Tous les types et tous les calibres, depuis le 20 mm de la *Flack*[1] jusqu'au 340 de marine y étaient représentés. Le camp retranché de Toulon disposait de plus de 20 canons de moyen et gros calibres, le secteur fortifié de Marseille de près de 200. À l'est du Rhône, en plus des artilleries divisionnaires, 45 batteries côtières étaient en position : rien qu'entre Cavalaire et Agay, on comptait 150 bouches à feu d'un calibre égal ou supérieur à 75 mm.

La puissance de cette armature avait permis au général Wiese de n'affecter au littoral qu'un minimum de monde et de conserver plus de la moitié de ses effectifs en réserve de secteur ou de théâtre.

Heureusement pour nous, la *Luftwaffe* n'était pas à l'échelle de la *Wehrmacht*. Depuis le mois de mai, son activité se bornait à quelques reconnaissances et l'on estimait qu'elle ne pouvait disposer, pour le théâtre d'opérations du Midi de la France, de plus de 120 chasseurs et de 110 bombardiers basés en Provence et dans la vallée du Rhône. Quant à la *Kriegsmarine*, ses moyens étaient réduits à une dizaine de sous-marins et une trentaine de petits bâtiments de surface.

Sur ces deux points, notre supériorité était écrasante. Le *Mediterranean Allied Air Forces* (MAAF) du général américain Ira Eaker comprenait 1 900 avions environ, répartis en aviation d'appui de la 7e armée US, en aviation tactique du théâtre méditerranéen et en forces disponibles de l'aviation stratégique de ce même théâtre[2]. En outre, 200 appareils étaient embarqués sur les porte-avions de la flotte.

Celle-ci formait la *Naval Western Task Force* que commandait le vice-amiral américain Hewitt. L'énorme convoi qui amènera la première vague d'assaut sera protégé et appuyé par 250 navires de guerre et bâtiments de combat spécialisés, parmi lesquels 5 cuirassés, 9 porte-avions, 26 croiseurs et 85 destroyers[3].

1. Artillerie antiaérienne allemande.

2. Dans la MAAF, les forces aériennes françaises réarmées en Afrique sous la direction du général Bouscat, chef d'état-major général de l'Air et du général Valin, chef d'état-major général adjoint, entraient pour six groupes de chasseurs et chasseurs bombardiers, quatre groupes de bombardiers moyens et un groupe de reconnaissance.

3. À cet ensemble, la marine française apportait une escadre forte du cuirassé

C'étaient là deux atouts majeurs pour la réussite de notre débarquement. Mais les forces terrestres alliées ne pouvaient prétendre à une supériorité comparable, surtout dans les premiers jours de l'opération. Si onze divisions devaient être engagées dans l'affaire, à savoir nos cinq divisions d'infanterie et nos deux divisions blindées, un corps d'armée américain à trois divisions et une division aéroportée anglo-américaine, l'entrée en action de cette masse de plus d'un demi-million d'hommes ne pouvait être que progressive. Trois divisions seulement étaient susceptibles de prendre part au débarquement proprement dit et, dans les conditions les plus favorables, le *shipping* ne permettait la mise à terre dans les dix premiers jours de l'action que de six DI et une DB, certaines d'entre elles ne possédant que les deux tiers de leurs éléments de combat, et toutes réduites initialement à 50 pour 100 de leurs véhicules.

Or, dans le même temps, le commandement allemand disposant au surplus de sérieuses organisations défensives, avait la possibilité de rameuter huit divisions d'infanterie et une *Panzer Division*, plus peut-être une division supplémentaire prélevée en Italie, et de les concentrer sur les points où se manifesterait notre effort.

On le voit, la balance des forces ne penchait nullement *a priori* en notre faveur. Sans doute, nous savions pouvoir compter sur le concours efficace des Forces françaises de l'intérieur. Sans doute aussi, nous espérions bénéficier des conditions favorables provoquées par l'évolution de la bataille de Normandie. Mais nous avions, malgré tout, à tenir compte de risques sérieux. Pour les réduire au minimum et pour être capables, d'entrée de jeu, de porter à l'ennemi un coup décisif, il fallait que nous le lui assenions par surprise et selon un plan minutieusement établi pour imposer rapidement notre supériorité.

Ce plan retenait l'hypothèse sommaire que j'ai résumée précédemment.

Débarquer, ce n'est pas seulement prendre pied sur la terre ferme mais avant tout s'assurer un port et des champs d'aviation. Pour la mise à terre, la côte languedocienne paraissait la plus accessible. Mais Sète, qui en est le seul port, n'a qu'une capacité journalière de déchargement de l'ordre

---

Lorraine, des croiseurs *Duguay-Trouin, Émile-Bertin, Georges-Leygues, Gloire, Montcalm*, de trois croiseurs légers, de cinq torpilleurs de 1 500 tonnes et d'une quinzaine de petits bâtiments, escadre conduite par le contre-amiral Lemonnier.

de 7 500 tonnes. En outre, il est relié à la mer par des canaux qu'il est facile d'obstruer et son tirant d'eau est insuffisant pour des *Liberty ships* lourdement chargés. Toulon, avec sa capacité de déchargement de 10 000 tonnes et surtout Marseille avec ses 20 000 tonnes ouvraient des perspectives autrement satisfaisantes.

Mais, en raison de la puissance de leur défense, il ne pouvait être question de les attaquer « bille en tête ». Débarquer à l'abri de leurs coups puis les attaquer par terre, telle était donc la seule solution qui pût être envisagée.

À l'ouest de Marseille, le delta du Rhône exclut toute possibilité d'action. À l'est de Toulon, par contre, quelques rades et quelques baies offrent des mouillages convenables, des fonds à pente douce et de bonnes issues.

Pour serrer Toulon au plus près et ne pas se trouver au départ dans une situation trop excentrique par rapport à Marseille, il aurait été tentant d'établir la tête de pont initiale sur les plages d'Hyères, du Lavandou et de Cavalaire. Mais on ne le pouvait qu'en s'exposant aux feux des 340 de la presqu'île de Saint-Mandrier capables de tirer à 35 kilomètres... Finalement, il fut décidé de prendre Cavalaire comme limite ouest du débarquement et d'étaler celui-ci sur les 70 kilomètres de côtes qui séparent cette plage de celle d'Agay. Et pour ne pas diviser nos moyens, il ne fut pas donné suite au projet que j'avais proposé en mai de débarquer de part et d'autre de Toulon.

Toute cette préparation, compliquée par les grands débats que j'ai exposés au début de ce chapitre, ne se fit pas sans peine. Ce fut seulement après l'île d'Elbe, vers le 14 juillet, qu'au cours d'un déjeuner chez le général Wilson la décision put être considérée comme acquise. Dans le même moment, l'état-major de la 7e armée US et celui de l'armée B quittaient Alger pour Naples où d'incessantes réunions, conférences et discussions allaient amener la mise au point définitive du plan « Anvil-Dragoon ».

À Naples, je voyais très fréquemment le général Patch avec lequel j'avais noué d'emblée des rapports d'amitié et de grande confiance. Entre Caivano où était installé mon PC et Flambeau Building où il avait le sien, les contacts étaient constants. Calme, un peu taciturne, le visage aux traits émaciés surgissant d'un foulard violet, le général Patch impressionnait par la pureté de ses yeux où vivait un éclat bleu émouvant. Profondément religieux, d'une foi mystique, il avait des délicatesses charmantes. Je me rappelle le jour où, à Alger, il avait cru tous nos plans déchirés par la

« variante » de l'Adriatique. Il était désolé. D'un tiroir de son bureau, il sortit avec attendrissement une boîte de bonbons reçue de chez lui le matin même, m'en offrit comme si notre commune déception m'ouvrait son cercle de famille, et me dit : « Ah ! Général, nous n'avons plus grand-chose à faire. » Puis après un silence : « … *We must pray.* – Nous devons prier. » Et le soir, pour chasser notre « cafard », il tint à organiser un petit dîner à la fin duquel, « pour me faire une surprise », il fit jouer par un virtuose de l'accordéon *Poète et paysan.*

Mais cet homme sensible qui parlait de sa femme avec tendresse et chérissait son fils destiné à tomber glorieusement dans les Vosges, en novembre 1944, était aussi un chef solide, d'une haute et claire intelligence, d'une exceptionnelle fermeté d'âme. Les plans qu'il arrêta étaient conçus avec une parfaite sagesse. Pour la phase initiale, celle du débarquement lui-même, ces plans prévoyaient trois opérations successives :

– D'abord, dans la nuit de J-1 à J[1], *une opération préliminaire de couverture* confiée à des forces spéciales américaines et françaises et à la division aéroportée. Les premières, comprenant la *First Special Service Force*, confirmée aux Aléoutiennes et à Anzio, le groupe de commandos d'Afrique de Bouvet et une fraction du groupe naval d'assaut du capitaine de frégate Seriot auront à débarquer sur les deux flancs du front d'attaque pour neutraliser des batteries et accomplir des destructions. Quant à la division aéroportée, surnommée *Rugby Force*, elle devra, dès l'aube, être parachutée aux alentours du Muy pour bloquer la vallée de l'Argens et interdire la route nationale n° 7 aux renforts qui pourraient être envoyés de la région du Luc ou de celle de Draguignan.

– Ensuite, *l'assaut principal*, mené par tout le 6e corps d'armée américain (*Kodak Force*) avec ses trois divisions illustrées en Sicile, à Salerne et à Anzio, renforcé par un groupement blindé de notre 1re DB, le *Combat Command* n° 1 du général Sudre (CC 1)[2]. La mission du général Truscott qui commande cette masse est de réduire les défenses côtières puis de progresser rapidement en éventail vers l'intérieur pour créer, dès le deuxième

1. Nuit du jour J-1 au jour J.

2. Le *Combat Command* (CC) est un groupement tactique comprenant un escadron de reconnaissance, un régiment de chars lourds, un bataillon d'infanterie portée, un groupe d'artillerie automoteur, un escadron de tanks-destroyers, des FTA, du génie, des transmissions, des éléments du train et des services – au total 4 000 à 4 500 hommes et 1 000 à 1 200 véhicules. Chaque DB (division blindée) est articulée en trois CC.

jour, une tête de pont s'étendant d'est en ouest jusqu'à Théoule, Les Adrets, Bagnols-en-Forêt, Trans-en-Provence, Le Cannet, Collobrières et le cap de Léoube, ces différents points formant les jalons d'une ligne fictive appelée « ligne bleue ».

– Enfin, *la mise à terre*, une fois les plages nettoyées et en principe à J + 1, *du premier échelon de l'armée française (Garbo Force)* destinée, en prenant pour base de départ la « ligne bleue », à attaquer le camp retranché de Toulon puis Marseille – le 6e corps d'armée US s'orientant alors vers le nord-ouest et le nord pour couvrir le flanc droit de nos troupes.

Tout ce plan minutieux s'accompagnait évidemment d'un plan parallèle d'action aérienne. Des semaines avant l'attaque, les aérodromes adverses et les voies de communication les plus importantes devaient être pilonnés sur un très grand espace. Puis les raids devaient peu à peu se resserrer, amener le harcèlement de toute la côte de Gênes à Béziers, s'appliquer enfin de façon massive à la zone même du débarquement jusqu'à atteindre à H - 1, le ratissage de chaque kilomètre de littoral par 40 bombardiers lourds et 120 bombardiers moyens déversant une tonne de bombes tous les 20 mètres.

Toulon... Marseille... L'armée française était invitée à se tailler la part du lion !

Elle ne craignait pas cet honneur mais elle ne pouvait en sous-estimer la charge. Toulon était sans doute, de tout le littoral français, le point le plus solidement défendu. Et Marseille représentait aussi un objectif redoutable. Il était interdit de songer à enlever ces deux villes sans de très rudes combats. Notre armée risquait d'y être décimée et, par surcroît, longuement immobilisée. Car il n'était pas nécessaire d'être grand clerc pour redouter que se forment autour de ces places des « poches » comme devait en connaître le front de l'Atlantique. Cette perspective m'inquiétait à un triple point de vue : d'abord parce qu'elle imposerait une guerre de siège et donc d'usure ; ensuite parce qu'elle entraînerait la destruction de nos cités ; enfin parce qu'elle empêcherait nos forces de participer à la libération du reste de notre territoire.

Aussi étais-je résolu à mettre tout en œuvre pour éviter ces graves écueils et pour obtenir, dans le minimum de temps, des résultats décisifs. Pour cela, j'avais besoin de disposer le plus rapidement possible après le jour J d'effectifs suffisamment nombreux et, d'autre part, de bénéficier des appuis de feux puissants que la flotte était à même de me fournir.

Mais la flotte n'avait aucun canon dont la portée fût supérieure ni même égale à celle des batteries de Saint-Mandrier et l'amiral Hewitt répugnait bien naturellement à s'aventurer sous leurs tirs. Pourtant, il était inconcevable qu'une action terrestre pût se développer avec quelques chances de succès sans que les nombreuses pièces côtières « tous azimuts » dont disposait l'adversaire fissent l'objet d'une vigoureuse contrebatterie. Or, on ne pouvait attendre celle-ci de la faible artillerie de campagne que nous mettrions à terre dans les premiers jours du débarquement.

Pendant plusieurs semaines, je bataillai pour faire admettre que la condition *sine qua non* d'une progression au-delà de la ligne Hyères-Giens était l'intervention de l'artillerie navale contre l'artillerie allemande. Finalement, j'obtins gain de cause. Une escadre d'appui, aux ordres du contre-amiral Davidson, reçut la mission d'agir contre tous les ouvrages du camp retranché, y compris ceux de sa face ouest, l'aviation devant pour sa part neutraliser en première urgence ceux de Saint-Mandrier, Giens et Porquerolles. L'établissement du plan d'emploi des feux de l'artillerie navale au profit des forces françaises était confié au général Chaillet, commandant l'artillerie de l'armée B.

L'accroissement des moyens terrestres initialement disponibles ne donna pas lieu à de moindres discussions. Primitivement, je ne devais disposer durant les premiers jours que de deux divisions d'infanterie incomplètes, d'un *Combat Command* et d'éléments de réserve générale. Or j'avais à tenir compte de l'intervention éventuelle d'une *Panzer* et cela me poussait à souhaiter l'augmentation de mes moyens blindés. J'avais, d'autre part, à utiliser un terrain montagneux, favorable à la défense mais propice aux infiltrations – et cela m'incitait à employer les guerriers les plus magnifiquement entraînés à ce genre de manœuvre, les goumiers.

Pour les blindés, les seuls dont je pouvais escompter le renfort étaient ceux du CC Sudre, désigné pour débarquer avec le corps d'armée Truscott. Je demandai donc qu'ils fussent remis sous mes ordres à J + 3. Si je ne pus avoir par avance d'engagement à cet égard, on verra que j'obtins satisfaction au cours de la bataille.

Pour les goumiers, ce fut une autre affaire. La résistance vint à la fois des marins et… des faiseurs de morale. Les premiers firent valoir que les bateaux étaient impropres au transport des mulets, les seconds insinuèrent que nos braves Marocains passaient pour avoir des violences d'instincts qu'il serait fâcheux de leur voir satisfaire en France. Cette calomnie fit bondir le chef qui les avait conduits à la gloire en Italie, mon vieil ami le général Guillaume. Lui et moi, nous nous obstinâmes. De guerre lasse, je reçus l'autorisation d'en embarquer quelques milliers. Mais il paraît qu'à cette occasion je dis à mon état-major : « Quand on parle de 1 000 goumiers, on pense à 2 000 et on en embarque 6 000... »

Enfin, j'avais un dernier et vif désir, celui de compter parmi les libérateurs de Toulon nos chasseurs parachutistes qui, de leur côté, souhaitaient ardemment ne pas être « laissés pour compte » sur un quelconque terrain des environs de Rome. Leur intervention à l'ouest de la place était de nature à en précipiter l'encerclement et à empêcher l'arrivée de renforts ennemis.

Je fis valoir avec force ces arguments au général de Gaulle, président du Comité français de la Libération nationale et chef des armées – mais sans succès... Celui-ci entendait garder le 1er régiment de chasseurs parachutistes du lieutenant-colonel Faure en réserve[1]. Une nouvelle fois, comme à l'île d'Elbe, l'absence de moyens de transport aérien fut alléguée pour ne pas donner suite à ma demande.

Ainsi constitué, notre corps de bataille était réparti en deux échelons. Le premier échelon, formant le « convoi *preloaded* », c'est-à-dire chargé à l'avance, devait être mis à terre vingt-quatre heures après le « convoi d'assaut » du 6e corps d'armée américain. Il comprenait le gros de la 1re division française libre (1re DFL – général Brosset) et de la 3e division d'infanterie algérienne (3e DIA – général de Monsabert[2], le *Combat*

1. Une opération aéroportée de bien plus grande envergure avait été proposée au commandant allié par le général de Gaulle dans le courant de juillet. Elle aurait consisté à jeter dans le Massif central un groupement de toutes armes qui, ralliant à lui tous les maquis de la région, aurait facilité la progression de la force 163 dans la vallée du Rhône. L'ensemble de ces unités, dit « force C », devait être commandé par le colonel Billotte. Mais ce plan ne fut retenu ni par l'AFHQ ni par le SHAEF qui l'estimèrent incompatible avec l'opération principale et le jugèrent en toute hypothèse trop onéreux en moyens aériens. D'autre part, ils se refusaient à réduire le volume de la force d'invasion 163.

2. La 1re DFL devait débarquer toutes ses unités combattantes à l'exception d'un bataillon. La 3e DIA était amputée d'un *Regimental Combat Team* (RCT). Il est rappelé qu'un RCT est un groupement tactique temporaire formé en principe d'un régiment d'infanterie, d'un groupe d'artillerie et de quelques éléments complémentaires. Les divisions d'infanterie pouvaient à tout moment être articulées en trois RCT.

Command n° 2 de la 1re DB CC 2 – colonel Kientz), le 2e régiment de spahis algériens de reconnaissance (2e RSAR – lieutenant-colonel Lecoq) d'ailleurs incomplet, deux régiments de chasseurs de chars... à deux escadrons au lieu de trois (7e et 8e RCA),[1] deux groupes d'artillerie lourde et quelques éléments de transmissions et du train : au total 37 000 hommes et 5 860 véhicules. Quant au second échelon, dont le débarquement était prévu pour les jours J + 5 à J + 9, il comprenait 28 000 hommes et 3 500 véhicules appartenant à la 9e DIC et aux trois groupements de tabors marocains, ainsi qu'au bataillon de choc, au régiment de chasseurs de chars coloniaux (RCCC) et à diverses formations d'artillerie, de FTA et de pionniers.

Pour commander l'ensemble – dans les conditions exposées au chapitre premier – je disposais d'une fraction de mon état-major et d'une partie de l'état-major du 2e corps d'armée temporairement associé. Il était, en effet, apparu superflu de créer dans leur intégralité tous les échelons de commandement avant que nos deux corps d'armée pussent être engagés. Jusque-là, le général de Larminat, commandant le 2e CA, devait remplir auprès de moi les fonctions d'adjoint ou, pour employer le vocabulaire américain, de *deputy*.

Durant le mois de juillet, il eut en cette qualité à diriger et à coordonner les multiples travaux préparatoires auxquels étaient soumises nos unités d'Italie au fur et à mesure qu'elles étaient retirées du front et regroupées autour de Naples. Sans perdre un jour, il fallait recompléter les effectifs et le matériel, instruire des spécialistes, *waterproofer* les véhicules[2], constituer des dépôts de bagages. Jamais la baie incomparable n'avait connu une telle activité guerrière. Tandis que la « jeunesse dorée » napolitaine, indifférente aux grands événements qui se préparaient, poursuivait avec nonchalance ses ébats, face au rocher de Capri, près des vergers de Sorente et des jardins de Pausilippe, évocation immuable de la douceur de vivre, ce n'étaient, sous l'éclatant soleil de l'été méditerranéen, qu'exercices, ras-

---

L'arrivée des « reliquats » de ces GU et des autres corps du premier échelon n'était prévue que sur un rythme assez lent et s'échelonnant sur plus d'un mois.

1. 7e régiment de chasseurs d'Afrique – lieutenant-colonel Van Ecke – et 8e régiment de chasseurs d'Afrique – colonel Simon.

2. Rendre imperméables les organes essentiels des véhicules automobiles, pour que ceux-ci soient capables de rouler quelque temps dans l'eau.

semblements de bateaux, chargements de matériels – la forge de Vulcain installée à Capoue.

Dans le même temps, l'état-major de l'armée B, jusque-là assez réduit, se complétait par l'apport de la majeure partie du QG du corps expéditionnaire français d'Italie, notamment par celui des bureaux techniques et des directions de services. Le 23 juillet, à minuit, le général Juin me passait officiellement le commandement des unités qu'il avait pendant plus de six mois si brillamment conduites. Son chef d'état-major, le général Carpentier, devenait le mien[1]. Dans la fièvre provoquée par l'approche de la Libération, la fusion s'opéra d'emblée.

Mais si tous étaient convaincus qu'on « partait pour la France », très rares étaient ceux qui étaient informés avec exactitude des projets. Réunies dans les zones d'attente d'embarquement (*stating areas*), les troupes étaient soumises à une rigoureuse quarantaine. Et partout le secret était l'objet des plus sévères précautions.

C'est ainsi que quelques initiés seulement surent l'arrivée à Naples du colonel Zeller, chef des Forces françaises de l'intérieur pour le secteur des Alpes, et les conséquences qu'eurent sur les plans du général Patch les renseignements qu'il apportait. Venant pour la seconde fois en liaison clandestine, le colonel Zeller, alias « Joseph », fit connaître dans le détail l'action héroïque et efficace des solides maquis organisés en Savoie et en Dauphiné et précisa l'extrême fragilité à laquelle ils avaient réduit dans toute cette région la défense allemande. Capable encore d'atroces représailles, elle était par contre incapable de contenir une attaque alliée. Par la route ainsi déblayée grâce aux maquis, une opération de grande envergure était possible qui amènerait rapidement nos forces dans le triangle Grenoble-Lyon-Bellegarde.

Il aurait été logique que cette manœuvre fût confiée à l'armée française dont les FFI formaient l'ardente avant-garde clandestine. Et personnellement, je souhaitais qu'elle fût conçue avec ampleur afin de couper le plus au nord possible et en force la ligne de retraite de la 19e armée allemande. Mais le général Patch parut voir dans mon désir le souci inavoué

1. Le général Carpentier remplaçait ainsi le général de Hesdin, malade depuis quelques semaines. Lorsqu'il fut à peu près rétabli, le général de Hesdin prit les fonctions de gouverneur militaire de Rome ; complètement guéri, il revint à l'Armée comme chef de ma mission de liaison auprès du commandement américain et reçut en décembre 1944 le commandement de la 4e DMM, au départ du général Sevez.

d'éviter à mes troupes les assauts contre Toulon et Marseille. J'eus pour la première fois, à cette occasion, un différend assez vif avec lui car il m'était pénible qu'on mît en doute, après les preuves qu'ils en avaient données, la volonté offensive des Français.

Le chef de la 7e armée US garda l'idée, mais pour le compte du 6e corps d'armée américain. Toutefois, exécutée avec des effectifs trop restreints pour autoriser un rabattement à longue portée, la manœuvre ne pourra pas, nous le verrons, assener à l'armée Wiese en retraite le coup décisif qui eût entraîné son anéantissement.

Pour être juste, il convient de ne pas oublier que le haut commandement allié avait établi tous ses plans sur l'hypothèse la plus défavorable, celle d'une défense allemande maximum, et qu'il escomptait le succès de sa puissance méthodique mise en œuvre beaucoup plus que de son audace. Il ne pouvait *a priori* songer à aventurer des éléments nombreux dans les Alpes alors qu'il escomptait une progression lente sur le littoral, avec l'emploi de la quasi-totalité de ses moyens. Au mieux, la chute de Toulon était prévue pour J + 20, c'est-à-dire pour le 4 septembre, et celle de Marseille vers J + 40, c'est-à-dire aux environs du 25 septembre. Aucun franchissement de cours d'eau important n'était envisagé avant le 30 septembre, toute progression au-delà de la Durance était reportée au 15 octobre. Encore ces estimations semblaient-elles trop optimistes à beaucoup qui jugeaient plus raisonnable d'admettre qu'il faudrait attendre jusqu'au 15 novembre (J + 90) pour que la « force 163 » soit en mesure de s'assurer la maîtrise de la vallée du Rhône entre Lyon et la mer, en atteignant avec ses gros le quadrilatère Lyon-Bourg-Chalon-sur-Saône-Vichy.

C'est sur ce rythme que primitivement le départ était pris. Mais nous étions par avance résolus à l'accélérer. Tout en admirant sincèrement chez nos alliés l'impeccable organisation et l'esprit de méthode qui trouvaient leur expression dans un *planning* d'une méticuleuse rigueur, je pensais que, s'appuyant sur ces bases solides, il était possible – et nécessaire – d'imprimer à nos opérations une vigueur qui les rendrait rapidement irrésistibles. Et lorsque, le 6 août, je diffusai mes derniers ordres, sous forme d'une instruction personnelle et secrète (IPS)[1], dont je résumerai ultérieurement l'économie, je donnai à tous mes subordonnés deux consignes fondamentales : vitesse et hardiesse. Mon IPS se terminait par

1. Voir annexe n° 2 : IPS n° 1 du 6 août 1944.

ces mots caractéristiques : « Vitesse dans l'exploitation hardie de toute occasion favorable à l'évolution rapide de la manœuvre. »

Ces deux mêmes consignes, je les portai de vive voix au cours d'une ultime et rapide inspection des grandes unités appelées à l'honneur de débarquer les premières sur le sol de France. Où qu'elles soient stationnées, en Italie, en Afrique du Nord ou en Corse, une même ardeur, une même impatience, une même émotion les animaient. La veillée d'armes, si longue à notre attente, prenait fin dans un indicible enthousiasme. À Tarente et à Brindisi, à Oran et à Mers el-Kébir, à Bastia et à Ajaccio, les hommes qui achevaient de s'embarquer n'étaient plus des soldats partant pour une campagne, mais des croisés partant pour la Guerre sainte.

DEUXIÈME PARTIE

DE LA MÉDITERRANÉE AUX VOSGES

CHAPITRE IV

RENDEZ-VOUS AVEC LA FRANCE : LE DÉBARQUEMENT EN PROVENCE

Le 10 août, la *Naval Western Task Force* est prête et l'appareillage commence. Articulée en six groupements, ses 2 000 bâtiments des types les plus divers ont achevé d'absorber dans leurs flancs hommes, véhicules, armements et munitions. Les divisions du « convoi d'assaut » sont à bord de bateaux spéciaux, LST... LSI[1], etc., conçus pour transporter des unités constituées avec leur matériel au complet et pour permettre leur débarquement de vive force. Par contre, notre « convoi *preloaded* » est de type commercial. Personnel et matériel sont transportés séparément, celui-là sur paquebots, celui-ci sur cargos. Ce divorce ralentira le regroupement des unités à l'arrivée, mais il est imposé par la composition même de cette flotte immense qui doit nécessairement réserver ses bâtiments spéciaux pour l'attaque initiale du littoral.

C'est à Tarente que les forces françaises venant d'Italie ont été concentrées autour du paquebot polonais, le *SS Batory*, sur lequel est hissée ma « marque[2] ». Sur les ponts et dans les cales, l'impatience grandit. Trois jours passent dans l'attente – le temps que les forces américaines embar-

1. LST : *Landing Ships Tank*, LSI : *Landing Ships Infantry*. Les LST sont aménagés pour le transport de matériel de toute nature et spécialement des engins blindés. Ils sont de plusieurs types ayant une capacité variant de 1 000 à 3 000 tonnes. Les LSI peuvent recevoir chacun 400 hommes, leurs véhicules et leur armement.

2. Dans la marine de guerre, on désigne sous le nom de « marque » le pavillon distinctif signalant la présence d'une haute autorité à bord. C'est l'amiral Jaujard, commandant alors la 4e division de croiseurs, qui était venu me remettre cette marque de commandant de l'armée embarquée, au moment où je montais à bord du *SS Batory*. Ses bâtiments (croiseurs *Georges-Leygues* et *Montcalm*) étaient à l'ancre à Tarente, et se préparaient à partir pour appuyer notre débarquement.

quées à Naples prennent les devants, cinglent à travers les bouches de Bonifacio et atteignent les parages occidentaux de la Corse où doivent converger, par dix routes différentes soigneusement balisées, draguées et protégées, convois et escadres venant d'Italie, de Sicile, de Malte et d'Afrique du Nord.

Une telle armada – la plus importante qu'ait jamais portée la Méditerranée – ne peut passer inaperçue de l'aviation de reconnaissance ennemie, bien que les Alliés aient la maîtrise absolue de l'air. Dans l'impossibilité de masquer ses préparatifs et son approche, le commandement allié a multiplié les ruses pour tromper les Allemands sur sa destination. Mille symptômes opportunément révélés ont visé à leur faire croire que la menace pesait sur Gênes et que le but de l'opération était de prendre à revers Kesselring accroché dans les Apennins au nord de Florence.

C'est pourquoi l'amiral Hewitt, une fois parvenu à sa zone de concentration, met le cap plein nord. Décidément, c'est bien Gênes qui est visée. L'alerte générale est donnée sur la Riviera italienne.

Pourtant, dans la soirée du 14, alors que la flotte n'est plus qu'à quelques heures de son objectif présumé, une brume légère masque aux reconnaissances aériennes son brusque changement de direction. Virant d'un seul coup de 120 degrés et forçant les feux, elle se hâte pour être à l'aube du 15 août au point assigné, devant les plages de la Riviera française.

Déjà Londres et Alger répètent les sibyllins messages personnels : « Nancy a le torticolis… Le chasseur est affamé… Gaby va se coucher dans l'herbe… » Les chefs de la clandestinité dans notre Midi, étreints d'une émotion indicible, apprennent ainsi que le débarquement de Provence est pour le lendemain.

Dans la nuit opaque, commandos français et rangers américains, embarqués en Corse, s'approchent des côtes. Sur les LSI *Prince-Albert, Princesse-Béatrix* et *Prince-David*, la radio du bord a diffusé l'ordre du jour suivant : « Le contre-amiral Davidson, les officiers et les équipages de la flotte alliée saluent le lieutenant-colonel Bouvet et sa troupe qui vont avoir l'honneur de mettre les premiers le pied sur le sol de leur patrie pour la libérer. Que Dieu les garde et les protège ! »

Vers 22 heures, à 10 milles du cap Nègre, les commandos quittent leurs LCI pour être répartis sur des LCA dont chacun prend en remorque neuf *rubber boats*, bateaux pneumatiques faits pour dix hommes et dans lesquels, à la pagaie pour éviter le moindre bruit, seront parcourus les derniers 1 000 mètres.

À minuit cinq, le commandant Rigaud – un officier de réserve, ancien combattant de 14-18, fait prisonnier en 40, évadé par l'Espagne et qui n'a excipé de tous ces titres que pour revendiquer le privilège d'être le tout premier au « rendez-vous avec la France » – accoste sur la plage du Rayol et met en place le feu vert qu'attendent au large les 20 hommes d'avant-garde et, derrière eux, leurs 800 camarades. Toutefois, trompés par l'obscurité, ceux-ci vont aborder un kilomètre plus à l'est, dans la petite anse du Canadel.

Vers la même heure, le capitaine Ducournau avec 40 hommes arrive à escalader les 100 mètres d'à-pic du cap Nègre et, dans un coup de surprise totale, à enlever la batterie qui le surplombe. Une autre fraction, moins heureuse, prend pied à 2 kilomètres à gauche et tombe en plein dispositif ennemi. Elle réussira pourtant à filtrer au travers et à rejoindre son unité dans la soirée suivante.

À l'autre extrémité de la zone de débarquement, un détachement de 67 officiers et marins du groupe naval d'assaut a pour mission d'opérer des destructions sur les deux routes qui relient Cannes et Saint-Raphaël. Sans encombre, il atteint la pointe de l'Esquillon, au sud de Théoule, vers 2 heures du matin. Mais une heure plus tard, il tombe sur un champ de mines posé depuis la veille et de ce fait ignoré de nous. En un instant, 26 hommes dont le chef du détachement, le capitaine de corvette Marche, sautent sur les pièges. Les survivants, la rage au cœur, sont cueillis par les Allemands alertés. Mais leur captivité sera courte.

Malgré cet incident dramatique, l'ennemi ne devine pas ce qui l'attend. Afin d'accroître sa confusion, « Ferdinand » entre en jeu. « Ferdinand », c'est le nom inattendu donné à deux opérations de diversion, l'une navale entre Nice et Cannes, l'autre aéronavale au large de La Ciotat où sont parachutés... des mannequins !

Toutes ces feintes réussissent à merveille. Gênes reste sur le qui-vive et le général Neuling, commandant le 62e corps d'armée allemand, responsable du secteur Menton-Marseille, se hâte d'orienter ses réserves d'est en ouest. Mais il omet d'alerter les unités sur qui va fondre l'attaque.

Lui-même se croit tranquille dans son PC de Draguignan. Plus pour longtemps... Car un immense vrombissement couvre la ville. La division aéroportée anglo-américaine du général Frederick arrive de Rome par le corridor aérien large de 8 kilomètres que jalonnent en mer des bateaux baliseurs.

À partir de 4 heures et demie, 535 avions de transport et 410 planeurs, escortés par un essaim de chasseurs, jettent du ciel, tout autour du Muy, à La Motte, Sainte-Rosseline, Roquebrune, 9 700 fantassins, artilleurs et sapeurs de l'air, avec leurs 213 canons ou mortiers et leurs 220 jeeps. 150 planeurs se brisent en prenant contact avec le sol au relief tourmenté. Mais le personnel s'en tire sans grand dommage et se met aussitôt en mesure de bloquer la vallée de l'Argens.

Une trentaine d'avions transporteurs manquent à l'appel. Par erreur, ils ont parachuté leurs occupants dans la presqu'île de Pampelonne, à quelques kilomètres au sud de Saint-Tropez. Ce commando improvisé, composé de fantassins et d'artilleurs, s'assigne aussitôt une mission : il capture une batterie antiaérienne et deux batteries côtières, fait 240 prisonniers et, avec l'aide des FFI locaux, part à l'assaut de Saint-Tropez. Autant de travail que la 3e DIUS n'aura plus à faire…

Car le moment est venu pour l'ensemble du 6e corps d'engager la bataille décisive. À bord de l'*USS Catoctin*, couvert de cent antennes comme d'une toile d'araignée, l'amiral Hewitt commande en chef l'expédition. Il est entouré du général Patch qui n'attend que le succès des débarquements initiaux pour prendre le commandement des forces terrestres et du général Saville dont l'aviation est en pleine action.

Depuis l'aube, en effet, 1 000 avions pulvérisent les défenses des plages sur lesquelles ils déversent 800 tonnes de bombes. Leurs vagues successives sont réglées comme un ballet infernal dont les rares intervalles sont remplis par le feu des 400 canons lourds de la flotte qui tirent près de 16 000 obus.

À 7 h 30, l'aviation s'éclipse et laisse la parole à la flotte seule qui, durant vingt minutes, effectue des concentrations sur les objectifs visibles. À 7 h 50, elle reporte ses tirs sur les flancs des plages de débarquement. Et les 30 000 tubes des bateaux-fusées interviennent à leur tour.

Alors, précédés de dragueurs et de *droneboats*[1], les *landings crafts* et les chars amphibies du général Truscott abordent la côte française à

1. Littéralement « bateaux frelons ». Ce sont de petits bâtiments spéciaux chargés d'explosifs et radioguidés qui doivent prolonger jusqu'au rivage le chenal tracé à travers les défenses sous-marines de l'ennemi par les dragueurs.

Cavalaire, à Pampelonne, à la Nartelle, à la Garonnette, au Dramont, à Anthéor. O'Daniel et la 3e division américaine à gauche, Eagles et la 45e au centre, Dahlquist et la 36e à droite se mesurent avec les 242e et 148e divisions allemandes renforcées de trois bataillons d'*Ost Legion*.

D'autres diront les péripéties héroïques de ce corps à corps dont le récit détaillé sortirait du cadre de ce livre consacré à la 1re armée française.

L'élan américain est irrésistible. Dès les premières heures, la progression est partout satisfaisante. Seule, la plage de Saint-Raphaël reste inabordable. Bien que martelée par l'artillerie navale et abrutie par 350 tonnes de bombes aériennes, la défense allemande y réagit avec une telle violence qu'aucun bâtiment ne peut amener au rivage le 142e régiment qui devait y prendre pied. Dans l'après-midi, le commandement doit se résoudre à le mettre à terre sur la petite plage du Dramont, conquise et utilisée par la 36e DIUS et qui devait rester – un monument en témoigne aujourd'hui – le lieu symbolique des débarquements d'août 1944. Quant à notre CC 1[1] qui devait suivre le 142e à Saint-Raphaël, il faut aussi le « varianter » et lui faire réaliser un débarquement de fortune à la Nartelle, au nord de Sainte-Maxime.

Mais, à part cet échec, les résultats dépassent les plans. À la nuit, Truscott tient solidement un triangle qui a pour base la côte du cap Nègre à l'ouest jusqu'à Saint-Aygulf à l'est et dont les deux côtés remontent aux lisières sud du Muy où la liaison est établie avec les parachutistes du général Frederick. D'autre part, sa 36e division occupe une seconde tête de pont, séparée de la première par la résistance de Saint-Raphaël mais qui borde cette ville et s'enfonce de plusieurs kilomètres dans le massif de l'Estérel, au nord de Boulouris et d'Anthéor.

Faut-il dire avec quelle passion les Français, toujours en mer durant cette radieuse journée d'Assomption, recevaient les nouvelles des succès remportés par leurs alliés du 6e corps ? Sur tous les bateaux, la joie est la même. Les FFL[2] que conduit Brosset, monté sur le *Sobieski*, touchent au but dont ils rêvent depuis 1940. Autour des survivants de Norvège et des fusiliers marins de Londres, tous ceux qui, venant des cinq par-

---

1. *Combat Command* n° 1 (général Sudre) de la 1re division blindée française.
2. FFL : Forces françaises libres. Dans la pratique, l'expression FFL signifie « Français libres ».

ties du monde, les ont rejoints – Noirs d'AEF et d'AOF, Somaliens, Calédoniens, Tahitiens, Antillais, Indochinois, Pondichériens, Syriens et Libanais, Algériens, Marocains, Tunisiens, légionnaires, anciens de Massaouah, de Bir Hakeim, d'El-Alamein et du Zaghouan, soldats des Kœnig, Legentilhomme, Cazaux, Larminat qui viennent encore d'ajouter à toutes leurs gloires des gloires neuves sur le Garigliano, sur le Liri, près du lac Bolsena – tous regardent avec la même avidité l'horizon afin d'apercevoir cette France pour l'amour de laquelle ils ont porté sous tant de cieux la croix de Lorraine.

L'émotion n'est pas moindre sur le *Circassia* et sur les autres bâtiments qui amènent Monsabert et sa 3e division d'infanterie algérienne. La 3e DIA, la division de Constantine, c'est la *Tertia Legio Augusta*, l'héritière des plus glorieuses traditions de l'armée d'Afrique. En 1942, elle a été la première à être engagée en Tunisie et son chef, le général Welvert, est tombé en tête de ses tirailleurs à Pichon. Depuis lors, le général de Monsabert l'a lancée à l'assaut des pitons des Abruzzes, du Mona Casale et du Belvédère. Il y a trois mois à peine, elle a contribué à enfoncer la ligne Gustav à Castelforte, puis a percé la ligne Hitler à San Oliva. Il y a six semaines, après avoir défilé dans Rome, elle poursuivait l'Allemand jusqu'à Sienne. Tous ces détours sur le chemin de la Victoire ont exalté son impatience et sa devise *It crescendo* la pousse vers la patrie.

C'est aussi la patrie qu'aspire ardemment à retrouver la 1re division blindée. Son histoire n'est encore que l'histoire de l'espérance, entretenue par le général Touzet du Vigier au sein de notre brigade légère mécanique qui s'illustra en Tunisie et partagée par tous les hommes, Français d'AFN ou évadés de la métropole, qui composent cette magnifique grande unité cuirassée, la première du genre dont puisse s'enorgueillir l'Armée française.

Toutes ces divisions, avec leurs traits propres qui confèrent à chacune une si nette individualité, communient dans une ferveur identique. La France est là... Encore quelques heures et ses fils venus pour la libérer se jetteront dans ses bras.

Il faut pourtant patienter encore durant tout un jour. Mais le 16, à 17 heures, la minute attendue fièvreusement arrive enfin. Dans le lointain, on aperçoit la forêt des Maures qui brûle. D'un seul élan, sur tous les navires, tandis que montent les couleurs, *La Marseillaise* éclate, la plus poignante qu'on ait jamais entendue. Les torpilleurs de notre escorte et les croiseurs de l'amiral Jaujard qui depuis vingt-quatre heures soutiennent de tous leurs feux les premiers assauts de nos alliés, défilent, les équipages rangés à la bande, à contre-bord de mon bâtiment. Dans la splendeur lumineuse de cette soirée d'été provençale, avides, les yeux embués, le cœur étreint, tous regardent la terre qui leur apporte le premier sourire de la France retrouvée.

Lentement, sur la mer aux reflets d'or que pas une ride ne trouble, le convoi continue d'avancer. À 19 heures, il stoppe dans les diverses baies de Cavalaire et de Saint-Tropez.

Aussitôt, le débarquement commence. La 1re DFL dispose de la plage de Sylvabelle, la 3e DIA, le QG de l'armée et le CC 2[1] de la plage de la Foux, au fond de la baie de Saint-Tropez.

Soudain, quelques avions allemands apparaissent et, malgré la puissance de notre défense antiaérienne déchaînée, lancent au hasard bombes et grenades. Sur le sable gisent 80 tués et blessés du QG de la 3e DIA et des transmissions de l'armée.

Un instant troublé, le débarquement reprend actif et rapide.

Vers 23 heures, je gagne l'hôtel *Latitude 43* où le général Patch a installé dans la journée son PC. J'ai plus de peine à y entrer que les Allemands n'en ont eu à le quitter. Car si les accès sont jalousement gardés par des barrages successifs de MP, dans toutes les chambres des papiers épars et des équipements abandonnés montrent l'affolement des « occupants » obligés de fuir en hâte. Les renseignements que j'y recueille sont excellents. Les deux têtes de pont n'en forment plus qu'une et la pénétration dans les terres atteint 25 kilomètres à gauche, 30 kilomètres au centre et entre 10 et 15 kilomètres à droite. Draguignan est entre les mains du général Frederick qui, au prix de pertes minimes, a réussi l'une des plus heureuses opérations aéroportées de la guerre. Presque partout, la « ligne bleue » sur laquelle l'armée américaine doit être dépassée par l'armée française est atteinte. En certains points même, elle a été largement franchie.

Le 17 août, pendant que le 6e corps d'armée américain accentue son avantage en gagnant les lisières ouest du massif des Maures dans la région de Pierrefeu, et que le CC 1 s'empare du Luc après un vif engagement, nos unités s'affairent à décharger les bateaux et à récupérer leurs matériels

---

1. *Combat Command* n° 2 (colonel Kientz) de la 1re division blindée.

amenés sur cargos. Ce n'est pas une mince affaire. Mais, sans attendre leur regroupement complet dans les zones de rassemblement, elles commencent à pousser en avant, selon les ordres qu'elles ont reçus à Naples et que chaque division applique avec une rare diligence.

Rassemblements et mouvements font pendant tout ce jour du village de Cogolin, charmante bourgade dont le nom même embaume la Provence, le centre de notre armée. J'y campe mon PC au milieu d'une population qui ne se lasse point de manifester à nos troupes son enthousiasme délirant. Le maire m'entraîne à la maison commune où le conseil municipal décide, séance tenante, de me nommer citoyen d'honneur. Alors se passe une scène charmante à laquelle je ne repense jamais sans un rien d'émotion :

– Mon général, me dit le maire, vous serez notre second citoyen d'honneur. Un grand Français seul avant vous a reçu ce témoignage de notre affection.

– Puis-je connaître, monsieur le maire, le nom de mon illustre prédécesseur ?

– Georges Clemenceau.

Sans rien dire, je m'approche du registre des délibérations que je dois signer. Et sous mon nom, j'ajoute : « Deuxième citoyen d'honneur de Cogolin, né dans le même village de Vendée que le premier citoyen d'honneur, Georges Clemenceau. »

Déconcerté, le maire se retourne vers un de mes officiers et lui dit sur un ton de reproche : « Pourquoi le général écrit-il des blagues ? »

J'eus quelque peine à le convaincre qu'effectivement les deux citoyens d'honneur de sa cité étaient l'un et l'autre natifs de Mouilleron-en-Pareds (Vendée).

CHAPITRE V

LA VICTOIRE DE PROVENCE

La décision

Le 18 août, en fin de journée, la situation des forces alliées de la Libération peut se résumer en trois points :

1. – La progression en arc de cercle du 6e corps a amené l'étirement grandissant du dispositif défensif des 148e et 242e divisions allemandes pour, finalement, aboutir à sa rupture au sommet de l'arc, de part et d'autre de Draguignan. Le commandement allemand pousse en hâte ses réserves sur la route nationale n° 7, la fameuse « route bleue », pour tenter de colmater la brèche, mais les premiers éléments des 244e, 338e et 189e ID[1] qui accourent de Marseille, du delta du Rhône et de Montpellier, s'avèrent incapables de contenir l'exploitation américaine. Celle-ci s'effectue dans deux directions : tandis que la 45e DIUS[2] s'oriente vers le nord-ouest, vers le confluent de la Durance et du Verdon, un groupement temporaire blindé et motorisé constitué par le général Butler et qui emprunte à celui-ci son nom (*Task Force Butler*) fonce vers le nord.

2. – Sur le côté est de la tête de pont – qui, dans le plan allié, doit rester passif – la 36e DIUS refoule posément les défenses allemandes. Celles-ci se replient vers Cannes et Grasse, et derrière elles Kesselring rameute quelques troupes pour protéger son flanc à la hauteur des Alpes. La division aéroportée du général Frederick s'apprête à relever la 36e division américaine pour lui permettre ultérieurement de progresser vers le nord.

1. *Infanterie Division* : Division d'infanterie allemande.
2. DIUS : Division d'infanterie américaine.

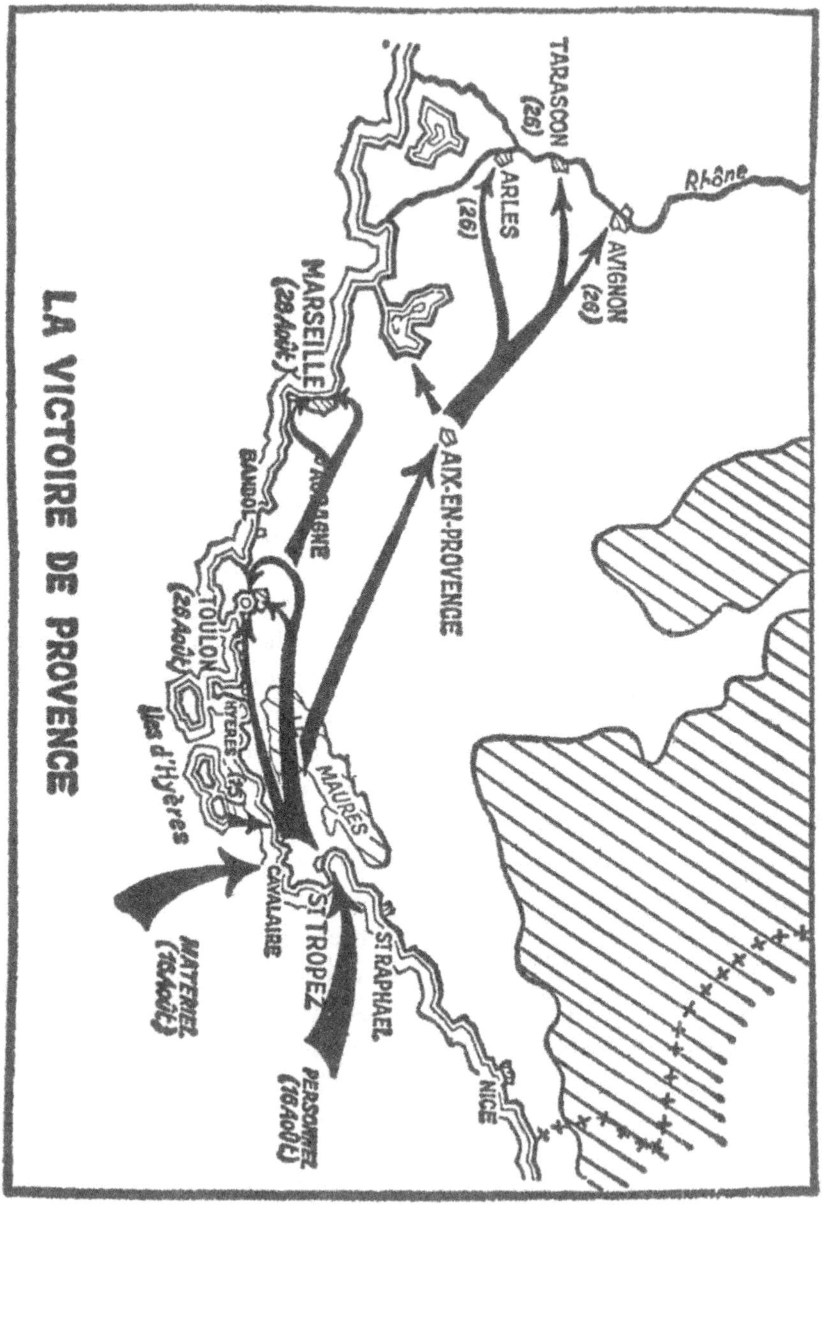
LA VICTOIRE DE PROVENCE
TARASCON (26)
ARLES (26)
AVIGNON (26)
Rhône
MARSEILLE (28 Août)
BANDOL
AIX-EN-PROVENCE
TOULON (26 Août)
HYERES
MAURES
Iles d'Hyères
CAVALAIRE
ST TROPEZ
ST RAPHAEL
NICE
MATERIEL (16 Août)
PERSONNEL (16 Août)

Déjà ses éléments de reconnaissance ont été axés dans cette direction et ont atteint Castellane.

3. – Sur le pan ouest de l'arc rompu, la 3e DIUS se heurte à une violente résistance à Brignoles que les blindés du général Sudre débordent par le nord. Au sud de cette ville, elle tient La Roquebrussanne, Cuers, le cours inférieur du Gapeau et les lisières orientales des Salins d'Hyères, c'est-à-dire en fait tous les débouchés du massif des Maures. Les unités françaises serrent au plus près des unités américaines qui occupent cette ligne et sont en mesure de les relever.

Nous sommes donc au contact des avancées du camp retranché de Toulon, sur la base de départ indispensable au débouché de notre attaque. Mais ce n'est encore là qu'une des deux conditions du déclenchement de celle-ci. La seconde est d'avoir amené sur cette base des moyens suffisants.

Toutes les études préparatoires ont, en effet, prévu que la prise à partie d'une place protégée par trente forts et d'innombrables casemates occupés par une garnison de l'ordre de 25 000 hommes, nécessiterait l'engagement des deux premiers échelons de l'armée. Or seule une fraction du premier, soit 16 000 combattants, 30 chars, 80 canons de moyen calibre, est à pied d'œuvre. Pour que ce premier échelon soit au complet et que le deuxième l'ait rejoint, un délai de huit à dix jours est nécessaire.

Compte tenu des succès acquis, faut-il s'en tenir au déroulement normal du plan ? Faut-il au contraire en bousculer l'application ? Telle est l'alternative qui s'offre à moi au cours de cette journée.

Elle est réellement angoissante car les conséquences d'une erreur d'appréciation ne manqueraient pas d'être graves. Si j'opte pour la prudence, j'attaquerai bien en force, mais tout le bénéfice de la surprise et du désordre que celle-ci a entraînés dans les rangs de l'ennemi sera perdu. Mon adversaire aura le temps de remanier son dispositif, de faire affluer ses réserves et, en définitive, de m'opposer une résistance utilisant à fond les possibilités énormes du système toulonnais. La prudence, c'est peut-être le siège, ses lenteurs, et ses misères…

Si, à l'inverse, j'opte pour l'audace, je peux espérer tirer profit du désarroi qu'a provoqué la vigueur de l'assaut du général Truscott, mais je lance mes hommes à un contre deux et à découvert contre du béton et des canons protégés. L'audace, c'est peut-être l'Armée française brisée avant même d'avoir été rassemblée.

Il est des moments dramatiques pour la conscience d'un chef. Mais ils ne peuvent se prolonger. Après tout, si une attaque brusquée échoue, il sera possible de la stopper et d'attendre le renforcement de nos unités pour la reprendre… avec un autre chef évidemment. Ce risque n'est pas à mettre en parallèle avec les résultats majeurs qu'apporterait un succès rapide.

Or comment ne pas espérer un succès avec les troupes que j'ai sous mes ordres ? Leur élan, leur jeunesse, leur capacité manœuvrière, déjà magnifiques en Italie et à l'île d'Elbe, sont décuplés par leur contact avec la France. On peut tout en attendre – sauf l'attente…

Avant la fin du jour, je me décide. Pour l'audace.

Sans perdre un instant, je convoque mes deux divisionnaires de pointe pour leur donner les instructions préparatoires. Mais en est-il besoin avec deux pur-sang comme Brosset et Monsabert ? Le premier, bâti en athlète, m'arrive comme toujours en chemise et en short anglais. Le second, petit, râblé, immuablement fidèle à la tenue française des officiers généraux, a l'allure d'un cadet de Gascogne. Tous les deux bouillonnent de dynamisme et ont hâte de conduire au feu leur division, comme ils en ont l'habitude, c'est-à-dire comme des sous-lieutenants – mais des sous-lieutenants qui connaîtraient à fond le métier de général…

Je n'ai pas à leur rappeler le plan de manœuvre que nous avons ensemble longuement étudié à Naples. Codifié par mon instruction personnelle et secrète n° 1, il repose sur deux idées fondamentales :

– d'une part, saisir l'adversaire à la gorge et, pour cela, l'attaquer sur la face est du camp retranché, afin de former, à l'extérieur et à distance, l'abcès de fixation qui absorbera ou retiendra ses effectifs et l'empêchera de les ramener à l'intérieur de Toulon ou sur les autres côtés de la place ;

– d'autre part et en même temps, lui donner un coup de poignard dans le flanc en prenant sa défense en défaut dans une direction où il ne nous attend pas et, pour cela, déboucher inopinément par les montagnes chaotiques du nord de la ville, puis prolonger le plus rapidement possible le débordement vers l'ouest jusqu'à la mer, c'est-à-dire jusqu'à l'encerclement total.

Brosset sait depuis des jours que la première partie de la manœuvre est son affaire et qu'à sa 1re DFL incombe la rude tâche de marcher sur Toulon par la route littorale et par Hyères. Il n'ignore pas que c'est là le côté le mieux défendu car les deux ceintures concentriques de fortifications qui couvrent toute la place sont particulièrement étoffées dans la dépression Hyères-Solliès. Anciens ouvrages français et organisations nouvelles y forment jusqu'au cœur de la ville une double position continue qu'il faudra enlever successivement, et morceau par morceau.

Monsabert peut espérer se heurter à des barrières actives moins redoutables. Mais il sait qu'il aura de son côté à lutter avec les difficultés d'un terrain invraisemblable pour accomplir la mission audacieuse de débordement et d'encerclement confiée à sa 3ᵉ DIA incomplète et aux tabors dont le général Guillaume doit la renforcer.

Tous deux sont sans inquiétude sur la couverture de leurs opérations puisqu'elle est à la charge du général du Vigier. Avec le *Combat Command* n° 2 et le 2ᵉ régiment de spahis algériens de reconnaissance (2ᵉ RSAR – lieutenant-colonel Lecoq), celui-ci doit en effet couvrir au nord notre armée en liaison avec le corps Truscott tout en poussant à l'ouest en direction d'Aix et de Marseille et en restant à même d'intervenir, s'il le faut, au profit de l'infanterie dans la coulée de Solliès.

Ainsi, les acteurs connaissent à fond le scénario qu'ils vont maintenant avoir à mettre en œuvre. Il ne me reste qu'à leur donner des instructions de démarrage. Je précise donc à Brosset, dont la division sera prête à s'engager en entier dès le 20, qu'il doit relever les Américains dans la nuit même sur le Gapeau et profiter de toute occasion favorable pour entamer le débordement du centre de résistance d'Hyères, bastion avancé du camp retranché de Toulon. Je mets sous ses ordres Bouvet et ses commandos que le général O'Daniel va me rendre pour qu'il les lance sur le Coudon, rocher fortifié, haut de 700 mètres, qui émerge au-dessus de la plaine comme la proue d'un gigantesque navire et qui fournit aux Allemands le plus extraordinaire des observatoires.

Je suis d'accord avec le général de Monsabert, dont les débarquements sont moins avancés, pour pousser, dès le 19 au matin, cinq compagnies dans la région de Cuers-Pierrefeu. Quant à du Vigier, qui n'a encore que quelques chars à terre, il portera ses unités, au fur et à mesure de leur reconstitution, dans la zone de Carnoules, prêt à les découpler en direction de Saint-Zacharie pour s'assurer les débouchés ouest de la Sainte-Baume.

La Fortune sourit aux audacieux. À peine ai-je pris ces diverses mesures que deux renseignements viennent coup sur coup dans la soirée m'ancrer irrévocablement dans ma détermination d'entrer sans plus attendre en action.

Le premier de ces renseignements est capital : mon deuxième échelon commence à arriver ! En effet, la pleine et rapide réussite du débarquement, le 15 août, a permis une rotation accélérée des bateaux de transport qui, repartis aussitôt de France vers la Corse, y ont chargé la 9e division d'infanterie coloniale, les tabors et le bataillon de choc quarante-huit heures plus tôt qu'il n'était prévu. En tête de ce deuxième échelon, le général Magnan vient déjà de toucher terre. Mandé instantanément, il arrive à Cogolin, calme et résolu à son habitude, et précise qu'il disposera le lendemain soir d'un bataillon et d'un groupe d'artillerie.

Voilà donc 800 combattants et 12 canons de plus ! J'en profite pour étoffer mon dispositif d'attaque. Magnan s'introduira entre Brosset et Monsabert. Sa division, qui se reconstituera au rythme des débarquements, agira à la droite de la 1re division française libre sur l'axe de la grand-route de Saint-Raphaël à Toulon par Solliès-Pont et La Valette. Le général de Larminat coordonnera l'action de ces deux grandes unités dans la dépression qui s'étend à l'est et au nord-est de Toulon.

D'autre part, je confierai le surlendemain le bataillon de choc au général de Monsabert, avec mission de l'employer pour s'emparer du Faron. Cette barrière abrupte, qui sertit tout le nord de Toulon, joue par rapport à la ville et à la rade un rôle identique à celui que remplit le Coudon vis-à-vis de la plaine orientale. Avec les commandos[1] lancés contre le Coudon et les « chocs » contre le Faron, je suis sûr de provoquer une émulation héroïque entre ces deux corps d'élite et de recevoir de leur vaillance tout le balcon rocheux et fortifié qui surplombe notre champ de bataille.

Le second renseignement est précieux parce qu'il vient de chez l'ennemi. Vers 22 heures, s'introduit dans mon PC une sorte de bandit corse, maigre et fiévreux, qui se présente avec exaltation : « Enseigne de vaisseau Sanguinetti, évadé de Toulon. »

Parachuté deux mois plus tôt en France, Sanguinetti fait partie de l'un des nombreux réseaux clandestins qui opèrent à l'intérieur du camp retranché sous l'impulsion de personnalités civiles ou militaires de la

1. À la suite de l'introduction de la division Magnan dans le dispositif, les commandos passeront sous les ordres de cette dernière.

Résistance. Son chef, le capitaine de frégate Baudoin, l'envoie me prévenir que les Allemands réorganisent hâtivement leur dispositif et procèdent à des déplacements de troupes et de matériel vers l'est Les vieux ouvrages du front nord sont en voie de réoccupation et de réarmement. Depuis la veille les Allemands obstruent les passes et font sauter les bâtiments de l'arsenal pour dégager les champs de tir. Des renforts venant de la région de Marseille sont attendus. Tout retard dans l'arrivée des forces françaises risque donc d'aggraver les dommages et d'accroître les difficultés de notre manœuvre.

Toutes ces indications confirment le bien-fondé de ma décision. L'insistance et l'optimisme de mon informateur sont tels qu'un instant j'envisage même de lancer tous mes blindés disponibles sur l'arsenal avant que soit réalisée sa complète destruction. J'appelle le général du Vigier qui n'a encore avec lui – en dehors évidemment du *Combat Command* n° 1 qui se bat avec Truscott – que 30 chars de son *Combat Command* n° 2. Bien que cet abandon arrache le cœur au chef qui entrevoit déjà la grande chevauchée qui va le mener sur le Rhône, il les met spontanément à ma disposition. Cependant, avant de les engager dans une aventure aussi hasardeuse, je tiens à recueillir de nouveaux renseignements. Ceux-ci sont malheureusement tout à fait contraires : les Allemands renforcent de façon puissante leur défense antichar aux abords de Toulon. Je dois donc laisser tomber l'idée de ce raid, mais je maintiens toutefois en soutien de la 9e DIC le détachement blindé constitué à cette occasion sous les ordres du commandant de Beaufort. On verra qu'il ne restera pas inutile.

Le jeu est donc rangé. Il me reste pourtant à obtenir l'autorisation de commencer la partie et seul le général Patch peut me la donner car je n'ai pas le droit d'apporter une pareille entorse aux plans préétablis sans son accord. J'y songe d'autant moins que j'ai besoin qu'il m'alloue un complément de munitions, mes artilleurs ne disposant que des obus de leurs coffres. Et je tiens aussi à récupérer au plus tôt le *Combat Command* Sudre.

À l'aube du 19 août – on n'aura pas dormi beaucoup autour de moi au cours de cette nuit mémorable – je reçois la visite du général Devers, adjoint de sir Maitland Wilson au commandement suprême du théâtre de Méditerranée, accompagné de son officier de liaison, le commandant Lodge, sénateur du Massachusetts dont la remarquable intelligence et l'évidente droiture me séduisent aussitôt. Tous deux sont assez stupéfaits par ma décision, si contraire au *planning*. Mais j'arrive à les convaincre et ils me promettent d'appuyer mon point de vue auprès du général Patch. Vers 9 heures, je me rends moi-même auprès de celui-ci, à son PC de Saint-Tropez. C'est en vérité une première bataille que je dois livrer. Car, si le commandant de la 7e armée se montre « réceptif », son état-major s'inquiète fort de ma témérité et multiplie les objections pour maintenir *ne varietur* son *planning* initial. Il est plus de midi quand, à force d'insistance, j'arrive à vaincre cette opposition des « sages ». Le général Patch me donne blanc-seing... des munitions... et mon CC 1.

Alors, je vois soudain les yeux clairs et graves du chef américain s'adoucir. Avec une hésitation pleine de pudeur, il sort de sa poche son portefeuille et en retire une petite fleur à deux brins qui commence à jaunir : « Tenez, me dit-il, en la cassant en deux et en me tendant l'un des brins, c'est une jeune fille qui me l'a donnée sur les pentes du Vésuve à la veille de l'embarquement. Elle m'a prédit qu'elle me porterait chance. Gardons chacun la moitié de ce porte-bonheur et qu'il conduise nos deux armées côte à côte sur le chemin de la Victoire. »

Souhait émouvant que le Ciel exauça... Je le rappelai au général Patch un jour d'avril 1945 où, sur les bords du Danube, nos deux armées se disputaient l'honneur de donner le coup de grâce à l'ennemi dans le réduit bavarois.

Pendant que j'étais à Saint-Tropez, nos troupes achevaient de relever les Américains au débouché des Maures. De La Roquebrussanne aux Salins d'Hyères, elles garnissent maintenant le créneau qui leur revient dans le dispositif général.

Dès mon retour à Cogolin, je décide donc d'entamer l'action sur tout le front le 20 avant l'aurore, dans les conditions prévues auxquelles j'ajoute une seule précision concernant l'emploi du CC Sudre. Mis à la disposition du général de Monsabert, il renforcera l'aile marchante de l'armée afin « d'accrocher la manœuvre pour la prise à revers de Toulon et de préparer la progression ultérieure vers Marseille » selon les termes de mon IPS du 6 août.

Alea jacta est! La parole est maintenant aux soldats.

La conquête de Toulon et les trois phases de la bataille

Exaltés par la certitude de vaincre, nos soldats trouvent en face d'eux des adversaires fanatisés par l'énergie du désespoir. Leur chef, le contre-amiral Ruhfus, commandant le front de mer de la « Riviera française » et responsable de toute la côte française du sud, a, le 12 août, adressé à toutes les unités et services placés sous son autorité un ordre du jour vibrant qui se termine par ces mots : « À l'heure actuelle, une seule pensée doit animer tout Allemand : tenir coûte que coûte jusqu'à la victoire finale. » En pleine bataille, le 21 août, il leur transmettra la consigne impérative du Führer : « Défendre Toulon et Marseille jusqu'à la dernière cartouche. »

Ce serait une grave erreur et une injustice de croire que soldats de la *Wehrmacht* et marins de la brigade de *Kriegsmarine* se dérobent à ces ordres. Fantassins, artilleurs, sapeurs, pionniers de la 242ᵉ ID ne sont pas seuls à accepter cette mission de sacrifice. Tout ce qui porte un uniforme allemand, jusqu'aux secrétaires des états-majors, aux employés de l'intendance, aux ouvriers de l'organisation Todt, aux adolescents de la *Hitlerjugend,* est résolu à en prendre sa part et à défendre avec opiniâtreté chaque point d'appui, quitte à se laisser écraser par les tirs de l'artillerie et les bombardements de l'aviation.

Cet acharnement rageur et souvent héroïque va imprimer à la lutte un caractère d'une rare violence. Et il n'est pas facile de réduire aux lignes maîtresses le récit des engagements multiples et pourtant coordonnés auxquels donnèrent lieu ces combats d'une semaine.

On y peut toutefois distinguer trois phases principales où se marque clairement l'évolution de la bataille :

– d'abord *la phase d'investissement* (20 et 21 août) au cours de laquelle le groupement Monsabert tend un filet au nord et à l'ouest de Toulon tandis que le groupement Larminat s'en rapproche à l'est, l'un et l'autre devant former un large demi-cercle autour de la place d'Hyères à Bandol ;

– puis *la phase de démantèlement* (22 et 23 août) marquée par la progression systématique et difficile de la 1ʳᵉ DFL et de la 9ᵉ DIC à travers la ceinture extérieure orientale de la ville que « chocs » et tirailleurs de la 3ᵉ DIA taraudent de leur côté ;

– enfin *la phase de réduction définitive* des défenses intérieures qui est surtout l'œuvre de la 9ᵉ DIC et qui se termine, le 27 août à 23 h 45, par la reddition sans conditions de l'amiral Ruhfus et de ses dernières forces.

L'investissement (20 et 21 août). – Lorsque, dans la nuit du 19 au 20 août, l'ensemble du front français s'ébranle, le général de Monsabert a déjà pris une sérieuse avance. De son PC de Puget-Ville, il a lancé dans l'après-midi du 19 son régiment de reconnaissance, le 3e RSAR (colonel Bonjour), sur la route départementale n° 2. Meounes et Signes ont été dépassées et en fin d'après-midi la colonne est arrivée à une trentaine de kilomètres au nord-ouest de Toulon, aux abords du carrefour du Camp où la RD 2 rejoint la nationale 8. Là, les Allemands ont établi un fort « bouchon » qui stoppe ce raid de 80 kilomètres. Au crépuscule, cette avant-garde est renforcée d'un escadron du 2e RSAR[1] et provisoirement du 3e bataillon du 7e RTA[2] qui doit ensuite marcher sur Marseille. L'ensemble des éléments blindés constitue le sous-groupement Bonjour.

L'infanterie est également en mouvement. Deux bataillons incomplets du 3e RTA ont quitté la région de Belgentier-Montrieux à l'ouest de Cuers et, sous la conduite du colonel de Linarès, entament l'ascension du massif désertique où culmine le Grand Cap.

Plus de 600 mètres de différence de niveau séparent la vallée du Gapeau de ce plateau sans vie et sans route. Des guides volontaires FFI, moines du couvent de Montrieux, et Sanguinetti qui a emprunté cet itinéraire pour venir à Cogolin, servent d'orienteurs. La nuit tombe, bientôt totale. La marche sur des pistes imaginaires et dépourvues de tout point de repère a quelque chose d'hallucinant. Chacun, matériel à dos, suit avec peine la trace de celui qui le précède. En tête du 1er bataillon, le commandant de Rocquigny utilise un nouveau procédé de signalisation : moderne Poucet, il déroule de temps en temps quelques mètres de papier blanc, emprunté à un rouleau que l'intendance américaine, si prévoyante qu'elle soit, ne destinait certes pas à cet usage… « Un véritable *rallye-paper* », écrira-t-il dans son compte rendu d'opérations !

À l'aube du 20 août, les tirailleurs commencent à descendre les pentes désolées et grandioses qui mènent vers la mer. À 8 heures, les deux compagnies qui forment tout le 3e bataillon dévalent sur Le Revest-les-Eaux. Nul Allemand n'y veille sur la tour Sarrazine : le petit détachement de *Feldgendarmerie* est en train de faire son marché !

1. RSAR : Régiment de spahis algériens de reconnaissance.

2. RTA : Régiment de tirailleurs algériens. Le 7e RTA est commandé par le colonel Chappuis.

Mais au sud du Revest, l'ennemi se ressaisit. Il bloque notre progression à hauteur des villas de Dardennes et de la chapelle Saint-Pierre, en bordure de la poudrière, énorme obstacle qui barre l'entrée de l'étroite vallée du Las par laquelle on entre dans Toulon.

De son côté, le 1er bataillon qui s'est déployé à l'ouest du 3e (commandant Ruault) s'est engagé dans le défilé entre le mont Caumes et le Bau de Quatre-Heures. Au début de l'après-midi, il s'empare du carrefour des Quatre-Chemins à l'entrée nord-ouest de Toulon. Une de ses compagnies, dont le chef a emprunté l'uniforme d'un agent de police résistant pour aller faire sa reconnaissance, bloque à l'usine hydraulique le débouché de la vallée du Las. La poudrière est donc isolée, mais elle interdit toute liaison directe entre les deux bataillons. Une autre compagnie occupe les lisières nord du faubourg de l'Oratoire, face à la croupe des Arènes, l'un des plus importants centres de résistance de l'adversaire dans Toulon.

Ainsi le détachement Linarès, par un coup d'audace magnifique, a porté le fer dans le flanc de la défense ennemie. Mais ce n'est encore, pour employer un terme d'escrime, qu'une « boutonnière » car son dispositif est bien léger et ses liaisons plus que précaires.

Heureusement, plus à l'ouest, le sous-groupement Bonjour a fermé le premier battant de l'unique porte qui relie Toulon à l'extérieur. Dès le début de la matinée, il s'est emparé du carrefour du Camp, puis il s'est rabattu vers la ville en descendant la nationale 8. En fin de journée, le 3e RSAR enlève, après un bref engagement, le village du Beausset où le rejoint, dans la nuit, le 7e régiment de chasseurs d'Afrique débarqué depuis quelques heures.

La réussite de cette large manœuvre d'encerclement autorisait l'optimisme. Celui-ci est particulièrement vif au groupement Larminat.

Pour lui aussi, la journée a été bonne, mais moins décisive et beaucoup plus dure.

La division Brosset, conformément aux ordres reçus, a commencé le débordement et l'encerclement d'Hyères. Sur sa route, une première brèche avait été ouverte, dès le 18 août, par le groupe des commandos, encore à la disposition du corps américain. Dans un fol assaut, 60 hommes avaient enlevé la batterie de Mauvannes, forte de quatre canons de 150 de marine, tué une cinquantaine de ses servants et capturé une centaine de survivants. Cet exploit fantastique avait porté un coup sensible à la défense d'Hyères. Mais, le 20, la charnière de cette défense, le mont Redon, se dresse en face de nous, intact.

Sa réduction est le début obligatoire de l'action. Elle incombe à la 2e brigade de la DFL[1], la brigade Garbay, dont le bataillon de marche n° 5 (BM 5 – capitaine Bertrand), parvient à enlever la position ennemie et à s'y maintenir malgré plusieurs contre-attaques. Toutefois, à sa droite, en dépit de l'appui du 22e bataillon de marche nord-africain (22e BM NA – commandant Lequesne) de la brigade Delange (1re brigade), le bataillon de marche n° 11 (BM 11 – capitaine Boucard) se heurte aux casemates bétonnées des Pousselons et ne peut dépasser le couvent de Maubelle.

Au sud, la 4e brigade du colonel Raynal s'est trouvée également arrêtée par le Golf Hôtel, immense bâtisse qui barre la route des Maures et dont les murs gris émergent sinistrement au-dessus des pins maritimes. Malgré deux attaques violentes, l'approche à moins de 400 mètres en demeure impossible.

Plus heureux, le bataillon de marche n° 21 (BM 21 – capitaine Oursel) peut, en fin de jour, s'infiltrer en suivant la voie ferrée jusqu'aux premières maisons d'Hyères, dans le quartier de la Lazarine.

Deuxième élément du groupement est, la 9e DIC – qui n'est encore qu'un bataillon renforcé appartenant au régiment Salan (6e régiment de tirailleurs sénégalais – 6e RTS), appuyé par les chars du commandant de Beaufort – met toute la journée à vaincre les fortes résistances implantées au nord de Solliès-Pont. Au prix de violents combats, elle atteint à la nuit la partie du village située à l'est du Gapeau où elle s'accroche sous les feux provenant de La Farlède et des hauteurs de Solliès-Ville[2].

---

1. La 1re division française libre (DFL) a conservé la terminologie britannique : une brigade y est l'équivalent d'un régiment d'infanterie. La DFL comprend trois brigades portant les nos 1 (colonel Delange), 2 (colonel Garbay) et 4 (colonel Raynal).

2. Ce même après-midi et dans ce même secteur, l'hôpital de campagne 422, conduit par le médecin-colonel Robert, adjoint du médecin-général Guirriec, directeur du service de santé de l'armée, a l'audace de s'installer en pleine ligne de feu, au séminaire de la Navarre. Coupée de l'arrière par des bombardements incessants, cette formation aura grand-peine en fin de journée à se reporter à la station de Cuers, d'un accès plus facile pour les blessés.

Je ne cite cet exemple que pour mettre en lumière l'allant de tous les services égal à celui des unités combattantes. Dès le 21 août, dépôts de ravitaillement et de matériel

Sans surestimer ces résultats chèrement acquis, le fait que Toulon soit aux trois quarts encerclé laisse escompter la chute rapide de la place. En conséquence, je diffuse à 20 heures de mon PC de Pierrefeu mon ordre d'opérations n° 7 qui, tout en soulignant que la prise du grand port de guerre demeure l'objectif immédiat et essentiel, prévoit l'articulation ultérieure de l'armée pour l'attaque contre Marseille, 1re DFL à gauche, groupement de Monsabert à droite, la coordination de la manœuvre devant revenir, dès après la prise de Toulon, au général de Larminat.

Mais celui-ci considère déjà que « la question prise de Toulon est réglée[1] » et qu'il s'agit de traverser la ville au plus vite.

C'est dire l'élan avec lequel la lutte reprend dès les premières heures du 21. Cependant la résolution allemande n'a pas faibli.

Il faut trois assauts meurtriers à la 2e brigade pour dépasser la ligne qu'elle a atteinte la veille et se frayer un chemin vers la Crau. Devant la 4e brigade, le Golf Hôtel résiste toujours...

Dans l'après-midi, une concentration d'artillerie dirigée de l'ouvrage de Mauvannes par le colonel Navereau, commandant l'artillerie du groupement de Larminat, se déchaîne. Plus de 1 000 obus s'abattent sur ce repaire. Enfin, après quarante heures de résistance, c'est l'hallali : les 160 survivants cèdent à l'assaut d'une compagnie du bataillon du Pacifique.

Pendant que se déroule cette bagarre sauvage, la pénétration amorcée dans Hyères s'est poursuivie. En fin de journée, la ville est tout entière entre nos mains grâce aux BM 21 et 24. Et le 1er bataillon de Légion étrangère (1er BLE – commandant de Sairigné) de la brigade Delange aborde le mont des Oiseaux.

Pour sa part, à la 9e DIC, le sous-groupement Salan, maintenant plus solide, a remporté lui aussi des succès sérieux âprement mérités. Un de ses bataillons a enlevé à l'abordage Solliès-Ville et la crête de la chapelle Notre-Dame. Il les a conservés malgré quatre ou cinq contre-attaques. Un autre a traversé dans la vallée du Grapeau le réseau continu de barbelés derrière lequel se relaient tous les 200 ou 300 mètres des nids de mitrailleuses. Aussitôt les blindés de Beaufort ont sauté sur cette brèche.

---

seront implantés, malgré l'insignifiance des moyens de transport débarqués, en pleine zone d'action des divisions.

1. Ordre d'opérations n° 3 du groupement « L » (de Larminat) du 20 août 1944. Pour cette raison sans doute, le général de Larminat désirait se porter, de sa personne, le plus tôt possible à Marseille que le CC 1 et le 7e RTA étaient sur le point d'aborder.

Par la grand-route, c'est la ruée. « Toulon, 14 kilomètres », lit-on sur les bornes... Mais, dès La Farlède, le peloton de tête Destremau est coincé : le premier char, détruit, obstrue la circulation et, derrière la colonne arrêtée, les Allemands se sont hâtés d'abattre deux platanes. Toute une opération doit être montée pour dégager les engins pris au piège. Elle réussit pleinement, mais elle nous coûte huit chars moyens.

La Farlède enlevée, nos blindés se regroupent. L'objectif est La Valette. Le capitaine de Pazzis, avec un peloton de chars légers et ce qui reste de chars moyens, s'élance. À 16 heures, on apprend par sa radio qu'il a détruit des armes antichars à la Pierre-Ronde. Un dernier message, capté à grand-peine, à 19 h 15, annonce qu'il est dans La Valette. Sa radio, déjà très faible, tombe en panne. C'est le silence, de plus en plus angoissant – un silence qui durera quarante-huit heures, le temps qu'il faudra à l'infanterie pour conquérir pas à pas la route refermée derrière les blindés qui, à bout d'essence et de munitions, tiendront seuls durant ces deux longs jours, embossés dans le village...

Pendant que s'accomplissait ce fait d'armes, le groupe de commandos entraîné par le lieutenant-colonel Bouvet en réussissait un autre, non moins remarquable et plus immédiatement payant. Après une progression harassante qui avait duré un jour et deux nuits, il était arrivé à s'infiltrer jusqu'à la dépression située immédiatement au nord de l'arête du Coudon. Puis, s'élevant sous un soleil torride le long des flancs du rocher, il avait à 14 heures donné l'assaut à l'ouvrage est, défendu par 120 hommes de la *Kriegsmarine*. Accrochage violent et d'abord incertain. Sous les obus, le capitaine Ducournau se décide à quitter ses chaussures et à escalader à la corde les murs du fort, hauts de 10 mètres. Avec un petit groupe de grenadiers qui l'imitent, il pénètre dans l'ouvrage et se bat au corps à corps dans la première enceinte, puis dans les galeries souterraines qui sont nettoyées à la grenade. À 15 h 30, quand les *Kriegsmarine* se résolvent à capituler, six seulement seront trouvés indemnes. Mais, à la minute de se rendre, leur chef a lancé le signal : « Tirez sur nous. » Un violent tir d'artillerie s'abat alors pendant plusieurs minutes sur le fort, frappant indistinctement Allemands et Français et, parmi ceux-ci, le lieutenant Girardon, l'un des héros de l'assaut qui venait de faire tomber le pivot de la manœuvre sur Toulon.

Ainsi, pour la 9e DIC comme pour la DFL, cette journée du 21 août, coûteuse et âpre, prend fin sur des résultats importants. Dans toute sa profondeur, la première position ennemie est traversée.

Sur la face opposée de la place forte, un résultat comparable a été acquis, heureusement à moindres frais. Détaché par le colonel Bonjour, le 7e RCA, régiment Van Hecke, renforcé par un escadron du 2e RSAR, est descendu du Beausset jusqu'à Bandol. Dès 9 h 30, ses chars occupent la plage où, soumis à de violents bombardements, ils n'en barrent pas moins la route côtière aux groupes de fuyards qui cherchent à s'échapper de Toulon en direction de Marseille. Cette fois, le dernier pan de la porte est fermé. Toulon est définitivement dans la nasse.

Dans le même temps, la deuxième fraction du sous-groupement du colonel Bonjour, composée de son propre régiment, le 3e RSAR et d'un escadron de destroyers détaché du 7e chasseurs, occupe Sainte-Anne-d'Évenos. Puis, trouvant les gorges d'Ollioules infranchissables, le commandant Mauche qui conduit ce détachement laisse devant elles un « bouchon » et s'engage dans la montagne. Le fort du Pipaudon est tourné par le sud, Évenos est dépassé. À midi, filtrant par le Broussan et les Pomets, il arrive aux Quatre-Chemins où Linarès l'accueille avec joie.

Dorénavant, le régiment Linarès, renforcé d'autre part du bataillon de choc[1] qui arrive de Corse, se trouve moins « en enfant perdu ». Il se couvre sur son flanc gauche en enlevant le château de la Ripelle sur la route de La Valette et en établissant à proximité un solide barrage. D'autre part, il occupe le hameau de Dardennes. Pourtant, la poudrière demeure imprenable. Nous ne sommes qu'à 100 mètres de l'entrée de l'ouvrage, mais 100 mètres à la guerre c'est parfois l'infini…

Malgré cette menace en son centre, le commandant du 3e RTA pousse des éléments dans Toulon. Groupe par groupe, deux compagnies de choc et une section de tirailleurs s'infiltrent jusqu'au carrefour des Routes. Une section et deux tanks-destroyers atteignent la voie ferrée de Toulon à Marseille. Les combats de rues commencent.

La réaction allemande est extrêmement violente. Des Arènes comme du Malbousquet, *minen* et obus arrivent sans cesse réglés par des obser-

1. Commandé par le capitaine aviateur Hériard-Dubreuil, en l'absence du lieutenant-colonel Gambiez resté provisoirement en Afrique du Nord pour y former de nouvelles unités de choc.

vateurs auxquels aucun de nos mouvements n'échappe. Mitrailleuses et *Panzerfaust* appuient de brusques contre-attaques. Avant la nuit, il faut replier les pointes les plus aventurées. Mais rien ne nous fait abandonner ni les Quatre-Chemins ni « les Routes » ni le quartier de l'hôpital militaire.

Non seulement l'investissement est maintenant total, mais déjà, de toutes parts, nous étreignons l'adversaire.

Le démantèlement (22 et 23 août). – Toutefois, nous sommes encore loin d'en avoir terminé.

Le 22 août commence dans le secteur est sur une impression très favorable. Dans la plaine entre Hyères et La Garde, l'avance de la 1re FDL est d'abord rapide[1]. Mais bientôt la violence des tirs d'artillerie provenant du Touar et du Pradet montre que la deuxième position ne sera pas moins dure à enlever que la première.

Au milieu des bois de pins en flammes, la 2e brigade parvient à s'emparer de l'éperon est des hauteurs du Touar. À sa gauche, la brigade Raynal réduit les organisations du Pradet mais elle échoue devant La Garde. Une organisation qui avait pénétré dans le village ne peut y tenir en face d'une contre-attaque. Ce n'est qu'à 21 heures qu'un nouvel assaut du bataillon d'infanterie de marine du Pacifique (BIMP – commandant Magendie) nous en rend maîtres.

Sur tout son front, Brosset est de nouveau étroitement au contact. Il décide alors de concentrer ses moyens pour percer coûte que coûte le 23, et de confier à la brigade Garbay l'enlèvement du massif du Touar.

À 9 heures, Garbay attaque. Tout de suite l'avance dans le terrain accidenté est rendue très difficile par les tirs violents et de plein fouet des pièces d'artillerie sous béton et les feux d'infanterie. L'adversaire résiste avec acharnement. L'incendie embrase pins et buissons. Au milieu des flammes, dans le tonnerre des éclatements des obus et des explosions de

---

1. Le 21 au soir, le général de Larminat m'a demandé à être déchargé de sa mission de coordination entre la 9e DIC et la DFL pour pouvoir se rendre à Marseille. J'ai fait droit à son désir mais en précisant qu'il n'aurait à remplir à Marseille qu'un rôle d'information tant que la 3e DIA y agirait seule comme grande unité d'infanterie. Il me paraissait, en effet, superflu d'établir un échelon hiérarchique supplémentaire entre le général de Monsabert et l'armée. Sur le front de Toulon, la conséquence du départ du général de Larminat fut que je repris le commandement direct des divisions Brosset et Magnan.

dépôts de munitions, les coloniaux du bataillon de marche n° 4 (BM 4 – commandant Buttin) et du bataillon de marche n° 5 progressent pourtant, mètre par mètre. Vers 15 heures, « exténués mais triomphants », ils couronnent l'ensemble du massif.

Exploitant aussitôt ce succès, le bataillon du Pacifique entre à son tour en ligne. À 17 heures, il attaque la région de Mauranne, couverte de fossés et de réseaux de fils de fer barbelés. À la tombée du jour, il s'aligne entre Nole et le clos Pouvenel.

Glorieuse journée mais extrêmement sévère. Partout, bien que sentant la partie perdue, l'Allemand s'est fait hacher sur place. Et ces quelques kilomètres de « reconquête » coûtent à la DFL 55 tués, dont 6 officiers, et 195 blessés.

Il reste d'ailleurs de sérieux noyaux de résistance au sud de la zone tombée entre nos mains. Mais peu importe à Brosset. Ses efforts joints à ceux de Magnan viennent d'ouvrir la route de Toulon. Seul en jeep, il fonce vers la ville, y entre, puis revient chercher ses éléments de tête :

– Allez-y, leur crie-t-il, j'ai déjà embrassé au moins 200 filles !

De fait, quelques détachements filtrent à travers les dernières défenses ennemies par la Palasse et Saint-Jean-du-Var et arrivent dans Toulon. Parmi eux, se trouve le commandant Mirkin, de l'état-major de la DFL qui, mettant à profit sa parfaite connaissance de la langue allemande, réussit un superbe coup de bluff et obtient la reddition sans combat du gros point d'appui de l'arsenal terrestre, grâce à l'arrivée opportune d'un petit élément de la 9e DIC.

Car, pendant ces deux jours, la 9e DIC n'a cessé de rivaliser avec la DFL.

Parti des abords de La Farlède, le 22 au matin, le sous-groupement Salan a pour mission d'agir en direction de La Valette. L'artillerie allemande, qui garde le bénéfice des hauts et des vues, sanctionne de ses tirs tous nos mouvements. Sous son feu meurtrier, La Farlède est nettoyée, le hameau de Grands conquis, les points d'appui de Pierrascas et des Moulières enlevés. À hauteur de Pierre-Ronde, les blindés épaulés par le 2e bataillon du 6e RTS[1] (commandant Gauvin) font sauter un gros verrou de dix bouches à feu. À 16 heures, une ligne jalonnée par la Platrière, la

1. RTS : Régiment de tirailleurs sénégalais.

Calabre et le château de Redon est atteinte mais ne peut être dépassée. Nos pointes extrêmes sont stoppées à 600 mètres de La Valette.

Au nord de la localité, le ravin des Minimes constitue une véritable position fortifiée comprenant tout un ensemble d'organisations enterrées et souterraines. Le 3e bataillon du 6e RTS (commandant Communal) ne peut faire plus – et c'est beaucoup – que de prendre la hauteur de Baudouvin.

Mais les chars sont obsédés par le désir de rejoindre ceux qui, depuis la veille, sont encerclés à La Valette. Beaufort lance le peloton de chars légers du lieutenant Rouland. À quelques centaines de mètres du village une giclée de gros obus souffle le char *Bretagne* qui marche en tête. Le tank effectue un fantastique virage et culbute sur sa droite tandis qu'une de ses chenilles vole en éclats. Pourtant, à l'intérieur, les quatre hommes d'équipage ne sont qu'abrutis par le choc. Le pilote et son aide, cruellement brûlés par des projections d'huile bouillante, réussissent à sortir et se font cueillir par un cercle d'Allemands le doigt sur la détente de leurs mitraillettes. Mais, Raymond, chef de bord, et son tireur Deperne restent coincés dans la tourelle. Deperne, la tête en bas, à demi assommé par les obus tombés de leurs alvéoles, écrase Raymond de tout son poids. Le malheureux a les doigts d'une main coincés dans la porte. « Prenez votre couteau, chef, et coupez-moi les doigts. » Raymond refuse catégoriquement. Alors, sans mot dire, Deperne saisit son propre couteau, l'ouvre avec ses dents et, phalange après phalange, il coupe…

Pendant que se déroule ce dramatique épisode, le commandant de Beaufort réussit à franchir avec deux chars légers les lignes adverses et à rejoindre le détachement de Pazzis. Mais, derrière lui, la brèche étroite se referme. L'infanterie ne peut suivre.

Après une courte nuit où le duel d'artillerie est à peu près constant, l'effort reprend le 23 au matin. Il reste vain aux Minimes où le 1er bataillon (commandant de Saint-Germain) et le 3e bataillon du 6e RTS, malgré l'appui des commandos qui, descendant du Coudon, ont tourné le centre de résistance par l'ouest, ne peuvent que s'infiltrer très légèrement sans parvenir à déloger l'ennemi de ses tanières.

Par contre, nous sommes plus heureux à La Valette. Salan a rameuté tous les chars disponibles pour soutenir l'attaque du 2e bataillon du 6e RTS. Leur progression est rendue malaisée par les innombrables fossés, clôtures, haies de cyprès et bassins qu'utilisent les *snipers*. Mais les équipages n'hésitent pas à s'exposer à bout portant à leurs tirs. Le sous-lieutenant Boin, du régiment d'infanterie coloniale du Maroc (RICM – lieutenant-colonel Le Puloch), l'œil arraché par une balle, commande encore ses chars au micro lorsqu'on le dégage de sa tourelle...

Vers midi, les Sénégalais parviennent à crever les lisières sud et ouest et à reprendre enfin contact avec les blindés de Pazzis, installés, selon l'expression même des exécutants, comme « un ver dans le fruit » dans le centre de la localité depuis plus de quarante heures.

En même temps, une compagnie déborde La Valette par le sud, dépasse Beaulieu et entre dans les faubourgs est de Toulon. Sept chars légers du RICM la dépassent, traversent la ville d'un trait et poussent jusqu'aux abords de l'arsenal maritime où ils « donnent la main » aux unités du groupement Monsabert. Puis ils regagnent Saint-Jean-du-Var, ramenant 30 prisonniers à titre de témoins.

Mais le régiment colonial de chasseurs de chars (RCCC – colonel Charles) ne veut pas être en reste avec le RICM. Les TD de l'un de ses escadrons participent à la prise du château de Fontpré où sont capturés 4 canons de 105, 2 de 155, 3 antichars de 25 et 37 mm, et 120 prisonniers. Sans perdre de temps, les Sénégalais dépassent alors Beaulieu et arrivent au contact des défenses du premier réduit intérieur, le fort Sainte-Catherine.

Quant au peloton de reconnaissance du RCCC – deux automitrailleuses et quelques jeeps – il estime qu'il ne doit pas remettre au lendemain ce qu'il peut faire le soir même.

À 19 h 30, il démarre à toute vitesse et, faisant feu de toutes ses armes dans toutes les directions, échappant aux mitrailleuses et aux antichars qui défendent les principaux carrefours, il ne s'arrête qu'au cœur de Toulon, sur la place de la Liberté. C'est son irruption qui permet au commandant Mirkin de faire prisonnière la garnison de l'arsenal terrestre... et de l'évacuer jusqu'à nos lignes.

À ce moment, le centre de la ville présente l'aspect le plus confus. Car si les troupes de Brosset et de Magnan font la course pour y accéder, on pense bien que celles de Monsabert ne les ont pas attendues pour y prendre pied.

Nous les avons laissées, le 21 au soir, dans les faubourgs. Bien que l'artillerie n'ait cessé durant toute la nuit de les harceler, « chocs » et tirailleurs n'en sont pas moins gaillards pour « remettre ça » au matin du 22.

Le capitaine Lefort, du bataillon de choc, forme deux colonnes. Lui-même en conduit une jusqu'à la place du Colonel-Bonnier (que les vieux Toulonnais continuent à appeler place d'Espagne) pour bloquer à son origine la nationale de Marseille. Le 1er bataillon du RTA assure la sécurité de ses communications avec le carrefour des Routes.

La seconde colonne, aux ordres du capitaine Carbonnier, s'infiltre à travers toutes les petites rues. Par équipes, par groupes de deux ou trois, voire isolément, les chasseurs se répandent un peu partout, à la gare, place de la Liberté, boulevard de Strasbourg, à la poste et jusqu'à la place Noël-Blache dans les quartiers est de la ville. Aidés de patriotes qui font avec enthousiasme le coup de feu, ils sont à leur affaire dans ce combat très spécial. C'est une guerre de Peaux-Rouges contre les *pillboxes* édifiés un peu partout aux croisements de rues ou auprès des principaux bâtiments publics, contre les *snipers* dissimulés sur les toits ou dans les caves, contre les voitures ou les camions qui tentent de circuler encore. À la *gammon*[1], à la grenade incendiaire, à la mitraillette, au fusil-mitrailleur, le sort des uns et des autres est réglé et le maximum de désordre jeté chez l'adversaire. Peu à peu, celui-ci se retranche dans ses bastions et n'en sort plus que pour de brèves contre-attaques qui donnent lieu, de notre part, à de très provisoires replis « élastiques ».

Toutefois, Lefort estime sagement que la nuit serait dangereuse à l'excès pour cette poussière de gangsters héroïques semée à travers toute la ville. Il regroupe donc ses éléments sur les points d'appui de l'avenue du XVe -Corps et de la place d'Espagne. Seul un groupe continue à faire la guérilla avec l'appoint de FFI. Un autre, qui n'a pu décrocher, s'enferme en face du palais de justice sans lâcher les 53 prisonniers qu'il a capturés dans la journée.

Mais tous les « chocs » n'ont pas été engagés dans ces combats urbains. La 3e compagnie a, au contraire, passé sa journée à faire de la montagne. Démarrant de Dardennes vers 10 heures, elle a gravi les pentes nord du Faron et terminé son ascension par l'escalade des 40 mètres de la falaise abrupte qui couronne tout le versant. Elle a trouvé vide le fort du Faron. Par contre, celui de la Croix-du-Faron est occupé par une centaine d'hommes. Vers 10 heures du soir il capitule, tandis qu'une fraction de la

1. Grenade antichar.

compagnie redescend vers Toulon en dégringolant les pentes sud-ouest du mont et prend liaison avec les FFI installés au fort Saint-Antoine.

... Ce n'est pas tout encore pour les « chocs ». Car leur 4e compagnie est de l'affaire de la poudrière – la plus dure de cette journée et peut-être de toute la bataille pour Toulon.

On se rappelle la position occupée par cet ouvrage, sorte de « brisant » sur lequel viennent échouer de part et d'autre les 1er et 3e bataillons du 3e RTA. Adossé aux pentes ouest de la vallée du Las, il est entouré d'un mur d'enceinte élevé qui longe la route du Revest à Toulon. Dans la cour d'entrée, quatre trous sombres au flanc de la falaise marquent l'orifice de quatre larges galeries qui s'enfoncent profondément sous terre. Ce sont ces galeries qu'une garnison improvisée, faite d'éléments hétéroclites – fantassins, artilleurs, marins, sapeurs, radios, ouvriers de l'arsenal, employés de l'intendance, boulangers, manutentionnaires – a transformées en forteresse et va défendre jusqu'à la démence.

Le premier soin du colonel de Linarès, au début de la journée du 22, est de resserrer son étreinte autour de ce bastion. Le 3e bataillon du 3e RTA l'investit au nord et à l'ouest, le 1er bataillon au sud. Reste le côté est, c'est-à-dire les pentes du Faron qui font face à l'entrée de l'ouvrage. À 9 h 30, la compagnie Torri y est établie. L'une de ses sections s'en est détachée pour donner l'assaut.

Mais chaque fois qu'un groupe prétend approcher de l'entrée, des rafales nourries partent des galeries et, dans un grand bruit de moteur, deux chars en sortent comme des diables d'une boîte. En outre, une centaine de tireurs d'élite sont cramponnés sur les superstructures.

Il faut d'abord régler le compte de ceux-ci. Chasseurs et tirailleurs les visent comme à la cible et le 2e groupe du 67e régiment d'artillerie les martèle inlassablement. Et pourtant, les morts seuls cessent le combat.

À 17 heures, la situation est la suivante : une galerie paraît vide, une autre est écroulée ; de la troisième, les chars, vraisemblablement endommagés par des grenades incendiaires lancées par les groupes d'assaut des « chocs », n'osent plus sortir ; reste la quatrième où se tient le gros de la garnison qui en défend les abords sans aucun signe de défaillance. Dans la cour intérieure, des camions brûlent. Sur les superstructures trente obstinés continuent à interdire l'approche aux tirailleurs qui cherchent à venir surplomber l'entrée des galeries.

Il faut en finir.

Linarès amène de la zone qu'il tient dans Toulon deux chars du 3e RAAR et deux TD du 7e RCA. Accompagnés par une section de la 1re compagnie du 3e RTA ces engins avancent au plus près et arrosent de toutes leurs armes le centre et les défenses supérieures de la poudrière.

Foudroyés à bout portant, les derniers défenseurs extérieurs agitent enfin un drapeau blanc. Nous couronnons l'ouvrage.

Mais nous ne sommes pas encore à l'intérieur. Les tirailleurs qui arrivent jusque dans la cour sont repoussés à la grenade. Bien plus, les défenseurs des galeries se sont aperçus de la reddition de leurs camarades des superstructures et ils se hâtent de réclamer le tir de leur artillerie. Un violent bombardement des batteries côtières s'abat aussitôt sur les assaillants.

Il est 20 h 30. La nuit est maintenant presque tombée. Le sous-lieutenant Laflèche vient sous le feu des armes automatiques reconnaître à travers les mines un passage pour son TD de tête, fait demi-tour, puis l'amène en bonne position. Cette fois, c'est la fin. Tirant de quelques dizaines de mètres, le canon de 76,2 envoie ses obus à toute volée dans les galeries. À 21 heures, celle du sud explose. La plupart de ses occupants sont carbonisés. Les survivants tentent une sortie en masse que nos fusils-mitrailleurs enrayent. Alors, confondus dans un même élan, tirailleurs et « chocs » avec leurs grenades et leurs mitraillettes, sapeurs avec des lance-flammes se ruent pour l'ultime assaut. Tout homme qui ne se rend pas sur-le-champ est abattu. À 21 h 45 tout est terminé : la Poudrière est conquise.

L'intérieur de l'ouvrage n'est plus qu'un immense charnier couvert de décombres, où règne une épouvantable odeur de mort et que dévorent les flammes qui font à tout instant sauter des caisses de munitions.

Deux cent cinquante cadavres jonchent le sol, alors que le nombre des prisonniers ne se monte qu'à 180 dont plus de 60 sont grièvement blessés. C'est un spectacle dantesque qui, d'un seul coup, réveille en moi les plus tragiques souvenirs de Douaumont et de Thiaumont, en 1916. Et il est admirable que nos hommes, dont beaucoup en sont à leur premier combat, aient égalé d'emblée les poilus chevronnés de Verdun.

Ils avaient devant eux des adversaires qui n'étaient pas inférieurs à ceux qu'avaient vaincus leurs pères : « Nous nous sommes défendus, voilà… Je suis officier, lieutenant. C'est la guerre pour moi comme pour vous, messieurs », répond l'un des défenseurs à qui l'on demande les raisons de cette résistance héroïque et désespérée…

Maintenant que cette menace sur ses arrières est liquidée, Linarès peut concentrer tous ses moyens pour accélérer l'occupation définitive du centre de Toulon.

Toutefois, le 23, au lever du jour, ce sont les Allemands qui prennent l'initiative. Dès 6 heures, la garnison de l'arsenal maritime attaque le point d'appui le plus avancé des « chocs », au carrefour de l'avenue du XVe-Corps et du boulevard Louis-Picon. Les deux sections Bonnard et Fournier qui l'occupent sont sévèrement touchées et doivent se resserrer sur la place d'Espagne. L'un des groupes de la section Bonnard, à bout de munitions, est tourné par les arrières de la maison où il s'embusque. Sauvagement, les Allemands font sortir les survivants et, en pleine rue, les fusillent de quelques rafales de mitraillettes. Par miracle, Bonnard n'est que grièvement blessé. Mais le sergent-chef de Lacroix-Laval, le sergent Demazel, le caporal-chef Calvet, les chasseurs Guesta, Planche et Arnoult tombent, victimes de ce lâche assassinat[1].

À toute force, l'ennemi cherche à se frayer un passage vers l'ouest. Mais notre barrage de la place d'Espagne tient bon et, sous les coups de notre artillerie, les assiégés dispersés se replient sur l'arsenal maritime et le Malbousquet. Ce sera leur dernière sortie.

À midi, un conseil de guerre réunit Linarès, Bonjour, Mauche, Rocquigny et Lefort. Il s'agit de régler les modalités de « la prise de possession » officielle de la ville en s'installant définitivement dans son centre. Et comme chacun a été à la peine, Linarès répartit les missions de telle sorte que chacun soit aussi à l'honneur. Pourtant, la peine n'est pas finie...

Le détachement interarmes que commande Lefort et auquel les FFI apportent une aide précieuse ne progresse, en effet, que par bonds successifs sous le feu des armes allemandes qui enfilent les principales artères. L'avance est lente mais régulière. Finalement, trente fantassins avec un char léger et un TD parviennent place de la Liberté et hissent les couleurs françaises sur la sous-préfecture, quelques instants avant d'être rejoints par les éléments de la 9e DIC et de la 1re DFL.

Comme tout le monde, je ne veux pas attendre davantage pour entrer dans la ville. J'en visite les quartiers nord où le moral et l'ardeur de nos troupes m'émerveillent.

1. Une plaque rappelle aujourd'hui le souvenir de ces héros et la barbarie de leurs meurtriers.

Mais notre « prise de possession » reste encore bien légère. La nuit manque de charmes pour nos éléments incrustés dans la ville – et plus encore, on s'en doute, pour les Allemands qui y restent traqués.

Car eux ne peuvent plus se faire aucune illusion. Ils savent que rien ne les sauvera de la mort ou de la capture et qu'aucun secours ne leur arrivera plus désormais du dehors : dans la journée, le détachement Van Hecke, renforcé par une fraction du 2e bataillon du 3e RTA (commandant Valentin), dernier bataillon débarqué de ce régiment, a fait sauter le bouchon allemand qui barrait encore la nationale 8 dans les gorges d'Ollioules et a obtenu la reddition du fort de Pipaudon. La route directe Toulon-Marseille est désormais ouverte sans coupure à nos forces – et à elles seules.

Il ne reste plus à nos ennemis qu'à se terrer dans les défenses intérieures de Toulon pour obéir jusqu'au bout aux ordres de leur Führer.

La réduction définitive. – La nature nouvelle de la bataille appelle un remaniement de notre dispositif. La réduction des centaines d'obstacles, allant des vieux forts à la Vauban jusqu'aux blockhaus individuels, que les nazis tiennent toujours dans la ville, demande à être opérée de la façon la plus systématique. Elle doit donc être confiée à un seul chef.

Monsabert est tout entier à Marseille et Brosset a besoin d'une journée encore pour liquider les gros flots qui subsistent dans son secteur, à Sainte-Musse et au cap Brun en particulier, ainsi que sur le littoral.

En conséquence, c'est à Magnan et à la 9e DIC que je fais appel pour la vaste opération de nettoyage qui reste à accomplir. D'ailleurs, les « marsouins », pour qui Toulon est une capitale sentimentale, ne sont pas loin de penser que cet honneur leur revient. Mais la DFL, qui a tant lutté pour parvenir aux portes de la ville et qui a laissé plus de 900 des siens, tués ou blessés, à ses abords, le pense aussi. En lui imposant le sacrifice de ne pas prendre toute sa part de la victoire, je me promets à moi-même de lui donner bientôt sa revanche. Elle l'aura à Lyon…

À Magnan, je prescris de relever au plus tôt les éléments de la 3e DIA que commande Linarès pour qu'ils puissent rejoindre sans délai le gros de leur division à Marseille. Jusque-là, ils seront à ses ordres. Ils formeront un sous-groupement jumelé avec le groupement tactique Bourgund. L'un et l'autre, sous la conduite du général Morlière, commandant l'ID 9, auront la charge de la partie ouest de Toulon. Les colonels Salan et Le Puloch auront à remplir une mission semblable dans la partie orientale.

À la vérité, il serait sans doute fastidieux de suivre dans le détail, comme nous l'avons fait jusqu'à présent, la progression de chacun de ces détachements. Il nous suffira d'en rapporter les étapes essentielles – non sans souligner la somme d'héroïsme qu'elles représentent.

Le 24 août, tombent le fort Sainte-Catherine, le fort Lamalgue et les Arènes, croupe fortifiée creusée d'une multitude d'abris d'où le 4ᵉ sénégalais du colonel Bourgund fait sortir, comme des lapins d'un terrier, 34 officiers et 1 000 hommes.

Dans le même temps, les Minimes sont occupés par deux bataillons du 6ᵉ RTS. Ce résultat vaut plus qu'une mention car il ajoute encore à la gloire de l'équipage du char *Bretagne* : c'est, en effet, aux quatre rescapés du char incendié qu'il a fait prisonniers que le commandant allemand d'un des multiples réduits de cette forteresse finit par se rendre « pour éviter un inutile massacre » et ce sont eux qui connaissent la revanche de livrer leurs 150 gardiens provisoires aux Sénégalais.

Malgré de Linarès, volontiers prudent pour les autres, j'estime que le moment est venu de faire mon « entrée » officielle à Toulon. Mais M. Diethelm entend bien être de la partie, en sa double qualité de commissaire à la Guerre et de chasseur à pied habitué à marcher à l'avant-garde. Nous partons donc côte à côte dans ma jeep, accompagnés d'un officier affecté depuis la veille à mon cabinet, le commandant William Bullitt, l'ancien ambassadeur des États-Unis qui a sollicité du général de Gaulle l'honneur de servir dans l'armée française[1].

L'opération s'avère bientôt sportive. À partir du quartier Saint-Antoine, nous entrons dans la bagarre. Et lorsque nous arrivons à la voie ferrée, il n'est d'autre moyen de la traverser qu'à plat ventre. Chacun s'en trouve rajeuni. Nous atteignons cependant les alentours de la place du Colonel-Bonnier où nous nous mêlons aux « chocs » qui, pour pousser vers l'arsenal maritime, doivent enlever une à une, en d'âpres engagements, les maisons transformées en centres de résistance par l'ennemi. Puis, nous finissons par gagner l'avenue Vauban. Au n° 1, se dresse, à

1. S. Exc. William Bullitt, qui sert sous l'uniforme français, restera auprès de moi jusqu'à la victoire finale. Il sera pour nous tous le compagnon le plus loyal et l'ami le plus fidèle.

moitié démoli, l'ancien hôtel de la subdivision. Pendant deux heures, j'en fais mon PC. Et c'est là que je donne à Magnan, à de Linarès et à de Beaufort mes ordres pour l'achèvement de la réduction de Toulon[1].

Au retour, nous avons la satisfaction d'assister au défilé des prisonniers capturés par le 4e sénégalais sur la hauteur des Arènes ; et en remontant vers Dardennes, nous nous arrêtons devant les entrées des galeries encore fumantes de la Poudrière qui exhalent toujours leur effroyable senteur de mort...

La journée du 25 voit nos éléments déboucher sur le port. De furieux combats se déroulent dans la presqu'île du Mourillon et à l'intérieur de l'arsenal maritime, immense cité dont les différents blocs doivent être conquis successivement. Au crépuscule, nos fantassins sont au pied du fort de Malbousquet qu'ils encerclent étroitement. Appuyé par l'argument-massue d'une concentration de quinze minutes des feux de toute l'artillerie disponible, un de nos officiers somme le commandant de l'ouvrage de se rendre avant que l'assaut soit donné. Le colonel allemand, que nos obus ont gravement blessé, accepte. L'évacuation de la garnison est fixée au lendemain matin.

Cet exemple est contagieux. Presque partout, l'adversaire sent la partie définitivement perdue et accepte d'entamer des pourparlers de reddition. Mais non sans réticences ni exceptions. Au fort d'Artigues, le lieutenant-colonel adjoint au commandant s'est refusé le 24 à toute conversation et une attaque n'a pu venir à bout ni de son obstination ni, malheureusement, de l'ouvrage. Mais le 25, le commandant lui-même est joint directement... par téléphone. Le chef des transmissions de la 9e DIC a découvert la coupure du câble et l'a réparée. Il faut dire qu'il connaît le quartier : il y a sa maison ! Le colonel Salan en profite pour lancer lui-même l'ultimatum : « Passé 19 heures, mes Sénégalais recevront l'ordre de vous massacrer tous ! » La menace fait réfléchir. Mais de longues palabres sont encore nécessaires pour obtenir la cessation du combat et rédiger les termes de la capitulation qui deviendra effective le 26 à 8 heures.

Cette journée du 26 est celle de l'écroulement définitif.

Au Malbousquet, 1 400 prisonniers, auxquels ont été accordés les honneurs de la guerre, défilent devant le colonel Bourgund et ses

1. La municipalité de Toulon a tenu à rappeler l'événement en apposant une plaque sur la façade de l'hôtel de la subdivision.

Sénégalais du 4e RTS. À d'Artigues, le colonel Salan, radieux, préside à la même cérémonie et dénombre 19 officiers et 485 hommes de troupe.

L'arsenal du Mourillon, écrasé par nos 155, fait sa soumission à 11 h 30.

Au cap Sicié, les garnisons du fort de Six-Fours et de la batterie du Brégaillon – 17 officiers et 600 hommes – se rendent vers midi au colonel Van Hecke. Un groupement de la 9e DIC que commande le colonel Voillemin, du 13e RTS, ratisse la presqu'île au cours de l'après-midi.

Seuls la pointe de l'Éguillette, le fort Napoléon et la batterie du Balaguier offrent quelque résistance.

Même vaincus, les Allemands ne perdent pas leur morgue. Lorsque les 210 hommes de la batterie du Peyras sortent du fort après avoir détruit leurs armes, ils se redressent encore pour crier : « *Heil Hitler !* »

Mais, à la nuit, les coloniaux couronnent les hauteurs qui avaient été, en 1793, l'objectif de Bonaparte. Cette fois, elles ne serviront plus à tirer à boulets rouges sur les vaisseaux de la flotte anglo-espagnole mouillée dans la rade, mais à en ouvrir l'accès à l'escadre de l'amiral Lemonnier qui, une fois les passes dégagées et déminées, y pénétrera bientôt. Notre armée éprouve un légitime orgueil à rendre à notre marine ce grand port, témoin de ses fiertés et de ses deuils, libéré sans que l'ennemi ait eu le temps de lui infliger de nouvelles destructions. Ce retour émouvant est confirmé par la venue de M. Jacquinot qui n'attend pas la fin des combats pour installer l'amiral Lambert à la préfecture maritime.

Dans la matinée du 27 août, nos troupes victorieuses défilent dans Toulon devant les commissaires à la Guerre et à la Marine, au milieu d'un enthousiasme indescriptible. Et pourtant le tonnerre de l'artillerie assourdit la foule en fête car, de l'autre côté de la rade, la presqu'île de Saint-Mandrier résiste toujours.

Depuis le 18, l'aviation alliée n'a cessé, en dépit d'une DCA meurtrière, de lancer des centaines de tonnes de bombes sur les casemates qui protègent ses pièces de 340. La flotte s'est jointe à ce déchaînement. À partir du 21, le bombardement a été quasi ininterrompu. Toute la zone qui entoure le cap Cepet n'est plus qu'un immense chaos d'où émergent les squelettes calcinés des pinèdes. Mais à l'abri dans les galeries bétonnées, où se sont finalement réfugiés l'amiral Ruhfus et son état-major, les *Kriegsmarine* continuent imperturbablement leur service.

Chose inouïe, l'amiral est considéré comme un « fugitif » (*Flüchtling*) par la garnison qui lui dénie tout droit au commandement pour avoir abandonné son quartier général de La Valette à l'approche des chars et des Sénégalais et s'être réfugié à Saint-Mandrier, en traversant la rade dans une barque. Cette situation influence son moral. Vers 20 heures, il accepte de faire recevoir l'émissaire que lui dépêche le colonel Le Puloch. À 23 h 45, il se résout à capituler sans conditions.

L'épilogue se joue le lendemain 28 août, à 8 heures du matin : une colonne de 1 800 marins dont 40 officiers présente sa tête aux Sablettes, première étape de la captivité.

Je fais aussitôt comparaître l'amiral Ruhfus et lui donne trois heures pour me fournir le plan détaillé des champs de mines dont la presqu'île est infestée. Sans ambages, je le préviens que, passé ce délai, il sera fusillé si, dans ce secteur, un seul de mes hommes saute sur une mine allemande.

Trois heures plus tard, j'avais les plans. Et pas un seul de mes hommes ne sauta à Saint-Mandrier sur une mine allemande.

Faut-il dire à quel point l'Histoire, couchée sur le papier, reste morte au regard des souvenirs et, plus encore, de la réalité insaisissable en ses aspects fugitifs et multiples ? Quelques-uns de ceux qui furent les artisans de cette première bataille sur le sol de Provence trouveront peut-être que j'ai insuffisamment souligné la part que leurs unités y ont prise. Mais aucun, je l'espère, ne me reprochera d'avoir sous-estimé l'héroïsme dépensé par tous les combattants. Et c'est là certainement l'essentiel, car la rapidité même de notre succès, acquis à une heure où l'opinion française, privée de liaison, concentrait son attention soit sur des péripéties locales, soit sur l'immense nouvelle de la délivrance de Paris, a trop souvent fait croire qu'il avait été obtenu facilement de la faiblesse d'un adversaire démoralisé et d'avance consentant.

Les faits demeurent. Huit jours de luttes ininterrompues. De notre côté, 2 700 Français, dont 100 officiers, tués ou blessés. Chez les Allemands, des milliers de cadavres et plus de 17 000 captifs. Un matériel énorme et un butin de centaines de canons. Finalement, le plus grand port de guerre de l'Europe occidentale conquis et ouvert aux forces alliées pour servir de base à de nouvelles victoires. Le témoignage est irrécusable.

Ce témoignage suffit à magnifier le courage de nos soldats. Mais leur fierté légitime ne saurait leur faire méconnaître l'appui trouvé auprès de la population varoise. Et je ne pense pas seulement à son accueil exaltant, à sa complicité sympathique. Je pense expressément à l'aide proprement militaire fournie par la fraction combattante de cette population enthousiaste.

Si, en raison de la densité de l'occupation allemande, le Var n'a pas donné aux FFI des bataillons aussi nombreux que d'autres régions, ceux qu'il avait pu constituer sous les ordres du colonel Lelaquet s'avérèrent braves et efficaces.

J'ai déjà dit combien précieux avaient été pour le succès du débarquement l'exactitude et l'intelligence des renseignements transmis, avant le Jour J, par la Résistance. Au cours de la bataille même, ce concours ne fit que croître en importance.

Ce sont les FFI qui, dans la nuit du 19 au 20 août, conduisent les tirailleurs de Linarès à travers la montagne désertique du nord de Toulon puis qui les aident à nettoyer les approches de Dardennes. Ce sont eux qui, à l'intérieur de la ville, font le coup de feu avec nos « chocs », harcèlent l'adversaire, attaquent ses véhicules ou même prennent part à l'attaque de ses points d'appui comme au fort Lamalgue ou au château de l'Aiguillon.

Ce sont les FFI qui, avec les Sénégalais, empêchent l'ennemi de faire sauter le pont de l'Escaillon, en coupant sous le feu la mèche lente adaptée à la charge explosive.

C'est le groupe hyérois du lieutenant Sivirine-Vallier qui obtient le 23 août la capitulation d'une des plus grosses batteries côtières, celle de la Badine, à l'extrémité de la presqu'île de Giens, et en ramène 154 prisonniers.

Exemples choisis entre beaucoup d'autres. On y lit la vaillance des fameux « terroristes » – mais aussi la fraternité qui d'instinct s'établit entre eux et nos soldats. Beaucoup d'ailleurs demandent à s'engager dans nos unités afin de pouvoir continuer la guerre. La ville d'Hyères à elle seule fournit 150 de ces volontaires à la 1re DFL.

Ainsi, la victoire de Toulon, capitale pour nos armes parce que décisive pour l'évolution de toute la campagne de France, nous apporte au surplus la promesse de ce qui sera bientôt l'« amalgame ». Et Marseille déjà confirme cette promesse.

Car, au moment même où s'achève cette première bataille, une seconde, menée simultanément et sur le même rythme, touche aussi à son terme victorieux.

La libération de Marseille

« Toulon, *puis* Marseille... » Les plans initiaux n'avaient jamais envisagé que la conquête successive des deux grands ports. La faiblesse relative des effectifs débarqués ainsi que la nécessité de s'assurer à coup sûr, dans le minimum de temps et de toute façon avant l'automne, la possession d'une première grande base d'opérations avaient imposé cette succession dans l'effort. Elles m'avaient conduit, on l'a vu, à concentrer au départ tous mes moyens disponibles – d'ailleurs numériquement restreints – contre Toulon, en prévoyant toutefois un éclairage et une couverture en direction de Marseille.

Mais, dès la soirée du 19 août, cette mission se trouve amorcée avec un tel succès qu'il faut bien se demander si nous ne sommes pas en face d'une de ces « occasions favorables » dont j'ai prôné l'« exploitation hardie ». Les spahis de Bonjour sont aux approches du carrefour du Camp sur la grand-route entre Toulon et Marseille, sensiblement à mi-chemin entre les deux villes... C'est plus qu'une occasion : une tentation.

Monsabert brûle d'y succomber et me presse de le laisser marcher immédiatement sur l'objectif n° 2. Mais l'objectif n° 1 garde sa priorité absolue et il ne saurait être question de distraire aucune des unités qui lui sont consacrées. Le commandant de la 3e DIA ne peut donc disposer que du premier échelon de sa division, amputé du sous-groupement Linarès, et des trois groupements de tabors marocains qui commencent à débarquer. Même en le renforçant, ainsi que je le fais après ma conférence de Saint-Tropez avec le général Patch, du *Combat Command* Sudre, c'est peu pour affronter Marseille.

Car Marseille n'est pas qu'une immense ville aux longs faubourgs. Elle est devenue un véritable camp, inséré, comme Toulon, dans un double système défensif. Sur chacune des quatre grandes routes qui y entrent, des positions de verrous ont été établies par les Allemands qui ont su donner le maximum de valeur à leurs fortifications de campagne et à leurs ouvrages bétonnés en tirant le meilleur parti des moindres obstacles tels que carrières, mines, usines, clôtures, etc. Ces puissants barrages bloquent la route d'Aix à sa jonction avec celle de Salon (éperon du Fouresta), celle de Saint-Raphaël à La Pomme, Cadolive et Peypin, celle de Toulon à

Aubagne, celle enfin du littoral à Carpiagne et au col de Gineste. Derrière ces « bouchons », dans la ville même, de part et d'autre de l'axe Canebière-Vieux Port que commande le fort Saint-Nicolas, ce ne sont que blocs et casemates, articulés autour de deux réduits principaux, les installations du port au nord, la colline de Notre-Dame-de-la-Garde au sud.

L'ensemble de ces positions, que soutiennent 150 à 200 canons allant du 75 au 220, est occupé par une garnison renforcée, puisque aux effectifs permanents, fournis en majeure partie par la *Kriegsmarine*, sont venues se rallier la presque totalité de la 244e *Infanterie Division* ainsi que des unités isolées de quatre autres ID mises à mal lors du débarquement.

Vraiment on n'a pas le droit de se lancer à l'aventure contre un pareil obstacle... Mais on n'a pas le droit non plus de stopper net un élan prometteur. Par-dessus tout, il importe de ne laisser à l'ennemi aucun répit, aucune possibilité d'initiative qui lui permettraient de se ressaisir et, notamment, d'envoyer vers Toulon des renforts provenant de la région de Marseille.

C'est pourquoi, tout bien pesé, je prescris à Monsabert dans la nuit du 19 août de pousser avec la dernière vigueur sa manœuvre enveloppante contre Toulon mais aussi de marcher dès le 20 sur Aubagne, clef de voûte de la défense extérieure de Marseille.

S'adressant à un chef de cette trempe et à des troupes enivrées par l'émoi du débarquement, cet ordre équivaut à l'ouverture d'une écluse. L'action qui va allumer une seconde bataille à l'autre bout de la Provence se trouve automatiquement déclenchée. À partir du 21 août, les premiers éléments débarqués de l'armée française livreront donc dans le même moment, sur un front de 80 kilomètres, les deux batailles pour les deux grands ports.

Ici comme là, l'opération se déroulera en trois temps : celui de l'investissement, celui du resserrement et celui de l'assaut. Toutefois, le fait que les défenses extérieures de la ville forment non point une ligne continue mais une série de « môles », barrant les axes routiers principaux et laissant place à de profondes infiltrations, imprimera à la lutte un caractère moins méthodique qu'à Toulon, et les diverses phases de la progression, tout en restant fort visibles, n'auront pas la même vigueur systématique.

Le 20 août, dès le lever du jour, le carrefour du Camp est enlevé. Bonjour en repart aussitôt avec le 3e spahis et le 7e chasseurs vers le Beausset et Bandol pour achever, dans les conditions que l'on sait, l'encerclement de Toulon. Mais le CC 1 du général Sudre qui arrive, repris au 6e CAUS, continue la progression vers l'ouest, ouvrant la marche au 2e *Regimental Combat Team* de la 3e DIA, celui du 7e tirailleurs algériens du colonel Chappuis et aux tabors du général Guillaume. Dès ce moment est réuni le « trinôme » qui nous donnera Marseille.

À 11 heures du matin, après un bref engagement, la cuvette de Cuges-les-Pins est dépassée. Vers 15 heures, une casemate qui barrait le col de l'Ange est culbutée. Avant la nuit, les blindés de Sudre arrivent devant Aubagne.

Derrière eux et jusqu'aux plages de débarquement, c'est une véritable « course au canon ». Jamais la route des Maures n'a autant justifié son nom... Sur toute sa longueur serpente une file ininterrompue et pittoresque de goumiers, trottinant en longues colonnes par un, mélangés à leurs mulets, pieds nus, les godillots pendus autour du cou en sautoir ou accrochés au ceinturon avec le casque anglais. À l'infini, *rezzas* et *djellabas* rayées achèvent de donner au paysage une parenté africaine. Mais, à partir de Collobrières et de Pierrefeu, c'est à qui se « motorisera », en frétant tous les véhicules disponibles, civils ou militaires. La « cavalerie berbère », si jalousement protégée par le général Guillaume contre la curiosité inquisitrice des commissions d'armistice, brûle de se jeter sur les « barres » et les « plans » de Provence qui couvrent Marseille comme elle s'est jetée dans le massif du Petrella au lendemain du Garigliano. Spécialistes de la manœuvre par les lignes de crêtes, les goumiers vont aussi se révéler maîtres dans une spécialité nouvelle pour eux : l'enlèvement des ouvrages fortifiés, rude et hélas ! coûteuse tâche dans laquelle ils seront toujours efficacement appuyés par les artilleurs de montagne du 69e RAA, en particulier par ceux du groupe Duvoisin.

Cette hâte n'est pas inutile, car Aubagne est un sérieux obstacle. L'attaque en a commencé dès les premières heures du 21, menée par le régiment de chars et le bataillon porté du CC Sudre de la 1re DB. Mais ces deux unités, 2e cuirassiers du colonel Durosoy et 3e zouaves du commandant Létang, se sont heurtées à une défense très étoffée qu'assurent trois bataillons de la *Wehrmacht* appuyés par des 88 et du 105. Tous les abords sont minés. Dans les champs avoisinants où poussent à profusion des poteaux antiparachutistes que nos hommes ont tôt fait de baptiser « les asperges de Rommel », on voit partout l'inscription bien connue *Achtung Minen* !

À 10 heures, nos éléments sont parvenus dans le quartier de l'église, dans la partie nord-est de la ville, mais ne peuvent progresser davantage. Partout, les chars sont bloqués. Une action sérieuse à base d'infanterie s'avère nécessaire.

Précisément, le 2e groupement de tabors marocains du colonel de Latour arrive au col de l'Ange. Aussitôt il reçoit l'ordre de déborder Aubagne par le nord et le sud.

À 13 heures, cette seconde attaque démarre. Tout de suite, le combat se développe avec une extrême violence. Dans le terrain coupé de clôtures et de haies qui limitent les vues, l'accrochage se fait à bout portant. Des hommes tombent, des chefs surtout. Au 1er tabor, deux capitaines sur trois sont tués. Au 15e tabor, une contre-attaque ennemie arrive jusqu'au PC où secrétaires, brancardiers, transmissionnistes la repoussent à la grenade. Mais, à 18 heures, ce même tabor pénètre dans la ville par le nord, après avoir pris d'assaut des positions où étaient installées dix-neuf pièces d'artillerie. Le 1er tabor, de son côté, borde les lisières sud. Il faudra pourtant toute la nuit encore et la matinée du lendemain pour venir à bout de la résistance allemande.

« Comment voulez-vous, déclarera le colonel Westphale, chef de la défense, fait prisonnier au cours de la bataille, que mes pauvres garçons puissent se mesurer avec vos troupes africaines, manœuvrières et aguerries ? »

Tandis que se déroulait ce gros et très dur engagement, le reste du CC 1 formant le sous-groupement de Laprade remontait la vallée de l'Huveaume jusqu'au carrefour de La Pomme pour tenter d'en redescendre vers Marseille par la nationale 8 *bis*. Il allait la trouver cadenassée, à 2 kilomètres du carrefour, par les deux gros centres de résistance de Cadolive et de Peypin.

Mais si les blindés ne peuvent passer, l'infanterie peut dépasser. De part et d'autre de la route, dans le massif abrupt et dénudé qui forme la chaîne de l'Étoile, Monsabert jette deux bataillons du 7e régiment de tirailleurs algériens – le régiment du Mona Casale. À travers pics et barres, les hommes de Chappuis vont rééditer l'exploit de leurs camarades du 3e RTA au nord de Toulon.

Pour compléter l'investissement, Guillaume doit diviser ses tabors en deux groupements qui agiront aux deux ailes de nos forces. Le 1er GTM du colonel Leblanc qui a « déboîté » vers la Sainte-Baume et Cadolive, marchera en direction de Septèmes pour y atteindre la route d'Aix à Marseille et aborder cette ville par le plein nord. À l'inverse, le 3e GTM du colonel Massiet-Dubiest cherchera à l'atteindre par le sud, par Cassis et le littoral, zone dans laquelle il sera rejoint par de Latour dès qu'aura pris fin le nettoyage d'Aubagne.

Le 22 août, les événements se précipitent. Dans la nuit une délégation de patriotes marseillais parvient à franchir les lignes et apporte au PC de la 3e DIA des précisions sur l'insurrection nationale qui a éclaté dans toute la grande cité. Mais les FFI peu nombreux et très insuffisamment armés, réclament le secours immédiat de nos troupes. D'autre part, il paraît urgent d'appuyer l'action des deux bataillons du 7e RTA lancés la veille en « enfants perdus » dans la montagne. L'un d'eux, le 3e bataillon du commandant Finat-Duclos, est tombé à proximité d'Allauch dans les bras des maquisards du « camp d'Attila », agents de police, gendarmes, marins, ouvriers en bleu ou en short. Maintenant, seul et très en l'air dans la banlieue, il est aux prises avec de sérieuses résistances ennemies, est contre-attaqué et a dû former le carré autour du hameau des Olives. Quant au second, le 2e bataillon du 7e RTA (commandant Bié) qui, 10 kilomètres plus au nord, arpente les calcaires désertiques du Pilon du Roi, on ne sait rien de lui...

Devant cette situation, le général de Monsabert profite de ce que la prise d'Aubagne par les goumiers du colonel de Latour ouvre la voie directe pour engager droit sur Marseille le 1er bataillon du 7e RTA (commandant Martel) et le CC 1 de Sudre. Mais la grand-route est signalée comme défendue et minée. Pour en éviter les risques, la colonne empruntera la petite route secondaire, sinueuse et bordée d'habitations, qui chemine le long de la rive nord de l'Huveaume.

Cet itinéraire est effectivement libre. L'ennemi reste invisible. Sous les acclamations d'une foule sans cesse grandissante, une véritable marche triomphale commence. Des FFI en vélomoteur fraient le passage. Un officier britannique qui arbore fièrement l'insigne du 7e tirailleurs et porte un éclatant foulard écossais autour du cou, suit avec sa voiture radio, prêt à déclencher sur tout objectif qui lui serait désigné le tir des canons de l'escadre alliée qui croise au large.

Marche triomphale sans doute, mais qui n'est pas sans me causer quelque inquiétude... Certes mes directives prônent l'audace. Mais, à la vérité, cette fois l'audace touche à la témérité. Il y aurait grande imprudence à aventurer ces quelques forces que ne suit aucune réserve au milieu des mille pièges de Marseille.

À l'heure où l'on est, et si satisfaisante que soit la situation autour de Toulon, je ne peux plus conserver l'espoir un instant caressé de voir le port de guerre enlevé assez rapidement pour qu'un regroupement de toute l'armée puisse être réalisé à temps contre Marseille[1]. Monsabert ne peut donc escompter le renforcement, à bref délai, de ses moyens actuels. Bien plus, le général Patch m'a prévenu de l'apparition de la 3e *Panzerdivision* à l'ouest d'Aix-en-Provence qu'occupe la 3e DIUS du général O'Daniel. Il m'a demandé de couvrir son flanc gauche et a élargi à cet effet ma zone d'action jusqu'à la Durance en me prescrivant de relever la division O'Daniel qui opère en avant de nous entre cette rivière et la mer. Pour faire face à la menace blindée allemande et gagner au plus tôt notre créneau sur le Rhône en liaison avec les Américains, il me faut étoffer du Vigier dont le CC 2 est réduit à la moitié de ses chars, l'autre moitié opérant avec la 9e DIC devant Toulon. Je ne peux le faire qu'en lui restituant la plus grosse fraction du CC 1.

Telles sont les préoccupations qui me guident lorsque je me rends, dans l'après-midi du 22 août, à une conférence que j'ai organisée à Gémenos, où j'ai convoqué Larminat, Monsabert et Guillaume au PC du général Sudre[2]. Celui-ci est installé dans la coquette hostellerie du Relais de la Madeleine, sur la terrasse de laquelle je suis quelque peu stupéfait et, je puis bien le dire, choqué de voir de grands garçons oisifs et de jolies filles en tenue légère siroter nonchalamment des boissons glacées, indifférents aux hommes qui se battent et qui meurent à quelques kilomètres de là.

---

1. J'ai indiqué précédemment qu'au soir du 20 août, la chute rapide de Toulon avait pu être envisagée et que, pour cette hypothèse, j'avais fixé le dispositif à adopter. Tandis que la 9e DIC serait restée à Toulon pour en assurer le nettoyage et la garde, la 1re DFL se serait aussitôt portée contre Marseille et en aurait attaqué les défenses est, la 3e DIA et les goumiers prenant alors à leur compte l'encerclement par le nord.

2. Le général du Vigier, convoqué également, n'a pas été touché à temps et n'a pu assister à cette conférence. À l'issue de celle-ci, je lui ai adressé d'urgence une lettre personnelle, lui précisant tout ce que je venais d'y décider.

Je commence par mettre un peu d'ordre dans ce décor, puis fixe sans équivoque les rapports de commandement. Le général de Monsabert restera chargé de l'action contre Marseille aussi longtemps que la 1re DFL ne pourra participer à cette bataille. La mission de coordination prévue pour le général de Larminat ne deviendra effective qu'après l'arrivée éventuelle de Brosset[1].

Je précise ensuite que la pénétration dans la ville ne devra être effectuée qu'avec des moyens suffisants et après raccourcissement de notre investissement jusqu'à une ligne que je trace sur la carte et qui marque à peu de chose près la limite entre les faubourgs et la ville proprement dite. D'ailleurs, plus nous pourrons attirer l'ennemi sur la périphérie et plus nous éviterons les combats de rues, les destructions qu'ils entraînent et les risques terribles qu'ils font peser sur la population civile.

Pour nettoyer la ville, Monsabert ne conservera du CC 1 que deux escadrons de *Sherman*, le reste de ce groupement blindé repassant sous les ordres du général commandant la 1re DB à partir du 23 août. Je donne ordre de constituer immédiatement avec ces derniers éléments un groupement léger pour s'emparer sans délai de l'aqueduc de Roquefavour, à l'ouest d'Aix, afin de protéger cet ouvrage d'art essentiel à l'alimentation en eau de Marseille. Le commandant de Laprade du 2e cuirassiers est chargé de cette mission.

Ces instructions verbales sont confirmées par écrit dès mon retour à mon PC de Pierrefeu[2]. Apprenant à la nuit que le 1er groupement de tabors marocains et le CC 1 ont fait sauter le verrou de Cadolive-Peypin à la suite d'une opération particulièrement vigoureuse et brillante – qui nous livrera au total 800 prisonniers – je prescris en outre à du Vigier de s'articuler dès le lendemain au nord-est de Marseille, dans une position centrale d'où il pourra soit concourir à l'action de la 3e DIA contre la ville, soit agir en direction du Rhône et d'Avignon.

À certains moments, la difficulté pour un chef est de faire avancer ses troupes. Mais à d'autres, elle est de les retenir…

1. En fait, dès le lendemain 23 août, le raidissement de la résistance opposée à Toulon par les forces de l'amiral Ruhfus ne me permettra plus d'escompter, comme je l'avais prévu, l'engagement de la division Brosset dans la bataille de Marseille.

2. Ordre n° 179/3 Opan. Voir annexe III.

À l'heure où mes instructions sont rédigées, le 22 août au soir, la tête de la colonne venant d'Aubagne est parvenue aux lisières est de Marseille, dans le faubourg de Saint-Julien. La grande ville est là toute proche, proie tentante et, semble-t-il, offerte. La nouvelle de l'arrivée de nos soldats s'est répandue comme une traînée de poudre dans toute la ville. Par centaines, hommes et femmes ont contourné les postes allemands pour venir acclamer l'armée libératrice et hâter sa venue. Cet accueil délirant est un véritable appel.

Le 23, au lever du jour, le colonel Chappuis commandant le 7e RTA qui est en tête de cette avant-garde formée du 1er bataillon de son régiment (bataillon Martel) et d'un escadron du 2e cuirassiers n'y tient plus. Il se laisse littéralement aspirer par la foule méridionale au milieu de laquelle tirailleurs et blindés ont peine à se frayer un passage et plonge d'un trait vers la cité.

À 8 heures, ses éléments débouchent au carrefour de la Madeleine, à l'entrée du boulevard qui porte ce même nom et que prolonge la Canebière. La ligne « à ne pas dépasser sans ordres » est déjà mordue !

Chappuis est un vieux soldat chevronné et discipliné. Il n'ignore pas ma consigne, mais il se rappelle aussi que j'ai naguère réclamé qu'on ne laisse pas passer les occasions favorables. Justement, Monsabert, en lui transmettant mes directives, a pris son ton le plus enjoué pour lui dire : « Mais si vous en avez l'occasion... » Toujours cette histoire d'occasions... Or, jamais l'occasion ne lui a paru plus évidente : les Allemands ne se montrent pas et les FFI le supplient d'accourir à la rescousse. « D'ailleurs, écrira-t-il plus tard dans l'historique de son corps, si le chef vivait la situation présente, il condamnerait l'inaction. »

Ainsi justifié, Chappuis décide de foncer. À 10 heures, les Algériens et les chars sont sur la Canebière et descendent vers le Vieux Port.

Alors, brusquement, l'ennemi sort de sa léthargie et, de toutes parts, réagit violemment.

Il ne peut plus être question de revenir en arrière ni de laisser cette poignée d'hommes isolés dans l'immense cité. Cela d'autant moins qu'à la même heure, les deux autres bataillons du 7e RTA qui ont exécuté le mouvement tournant par la montagne sont eux-mêmes stoppés dans la banlieue nord-est par de sérieuses résistances.

Dès que j'ai connaissance de cette situation, j'autorise Monsabert, lui-même d'accord sur ce point avec du Vigier, à engager dans Marseille le reste du CC Sudre. En outre, je prescris la relève immédiate par la 9e DIC des éléments de la 3e DIA combattant dans Toulon et leur transport d'urgence sur l'objectif n° 2. Enfin, je pousse les goumiers en direction des lisières sud-est et est de la ville pour happer le plus possible à l'extérieur de l'agglomération les forces ennemies.

Pendant ce temps, aussi bien pour marquer sa résolution de jouer la partie à fond que pour répondre aux élans habituels de son caractère, Monsabert s'installe de sa personne au quartier général de la 15e Région militaire, à côté de la préfecture. Il est ainsi en plein cœur de la ville… et au beau milieu du dispositif ennemi, sous la protection symbolique de quelques *half-tracks* et de quelques fusils-mitrailleurs, mis en batterie sur les trottoirs pour tenir en respect les *snipers* de la *Wehrmacht* ou de la milice.

Cette audacieuse pénétration « en doigt de gant » dans l'agglomération marseillaise coupe en deux l'ensemble du système défensif adverse. Un fil tendu d'Aubagne au Vieux Port sur près de 20 kilomètres le sépare en deux fractions. Mais ce n'est encore qu'un fil et pas un filet. Au nord comme au sud, les Allemands restent solidement installés dans leurs réduits intérieurs intacts sans même que nous soyons maîtres des nombreuses positions fortifiées de la périphérie. La seule route que nous puissions emprunter serpente entre les bouchons antichars qui barrent toujours les grands axes. Et contre les 150 canons de la défense, nous disposons tout juste de 30 canons de 105. À la vérité, on ne sait trop qui de nous ou de l'ennemi est réellement encerclé…

Mais, grâce à Dieu, le commandement allemand ne paraît pas analyser avec précision le rapport des forces. Il est tellement abasourdi par la brusquerie de notre irruption que son moral s'en trouve ébranlé. Déjà, d'ailleurs, il a été miné par le soulèvement populaire auquel il doit tenir tête depuis deux jours. Dès le 21, en effet, les FFI – marins, pompiers, sergents de ville, Marseillais de toutes origines – ont commencé à attaquer voitures et patrouilles isolées. Ils se sont emparés d'armes, ont dressé des barricades, mis la main sur la préfecture et contraint peu à peu les nazis à leur abandonner des quartiers entiers et à s'enfermer dans leurs ouvrages : mouvement qui facilite grandement la tâche de nos unités puisqu'elles trouvent en face d'elles une défense cristallisée en des points précis.

Dans les abris pour sous-marins de Mourrepiane où il a installé son PC enterré, le général Schaeffer, commandant la 244e *Infanterie Division* et chef du secteur fortifié de Marseille, hésite sur son devoir. Le 20 août, le général Kniess, commandant le 85ᵉ *Armee Korps*, lui a réitéré l'ordre impératif du Führer de voir Marseille défendue, comme Toulon, « jusqu'à la dernière cartouche » pour empêcher les Alliés de disposer des bases portuaires indispensables au développement ultérieur de leur offensive. Tandis que la 19ᵉ armée allemande retraitera vers le nord, Marseille doit constituer une poche imprenable. Mais l'entourage immédiat du général Schaeffer n'est pas unanime à accepter cette mission de sacrifice et certains ne cachent pas qu'ils estiment vain de prolonger coûteusement une résistance désormais sans espoir.

Informé que des pourparlers avaient été engagés, le 22, entre les FFI et les Allemands, le colonel Chappuis décide de les reprendre à son compte, et charge son officier de renseignements, le capitaine Crosia, un prêtre lorrain intrépide, d'établir le contact. Crosia ne cherche pas des moyens compliqués. Bien que la poste soit tenue par 200 ennemis résolus, il réussit à y pénétrer et à obtenir la communication téléphonique avec Schaeffer... Celui-ci, stupéfait, accepte de négocier et, à cet effet, conclut une suspension d'armes d'ailleurs toute relative.

Mais, au fort Saint-Jean où a lieu la rencontre entre le général de Monsabert et son adversaire, l'accord ne peut se réaliser. L'Allemand « finasse » et prétend entreprendre une étude commune des mesures destinées à « ménager la population civile ». Le Français n'accepte que la reddition sans conditions. À 19 h 15, le combat reprend, souligné par les premières salves du bombardement de destruction dont le chef du secteur fortifié de Marseille a annoncé le déclenchement à l'issue de l'entrevue.

Dès lors, comme Toulon, la bataille de rues va s'engager – en même temps que va se poursuivre la lutte pour la réduction des derniers ouvrages de la ceinture extérieure.

Ainsi, deux actions distinctes se dérouleront simultanément : l'une à l'intérieur de la ville où nos éléments chercheront à fuser en tous sens pour élargir leur zone d'occupation et abattre un à un les réduits de l'adversaire ; l'autre à la périphérie où leur mission sera de démanteler les positions toujours tenues par l'ennemi, d'achever l'encerclement de la place et de raccourcir progressivement notre front d'investissement.

La première de ces actions, l'action urbaine, sera menée par le gros du 7ᵉ tirailleurs et le CC Sudre, renforcés à partir du 25 août par deux bataillons du 3ᵉ tirailleurs, relevés de Toulon. La seconde, l'action périphérique, sera essentiellement l'œuvre des tabors marocains, poussant tant du nord, dans la région de Septèmes et de l'Estaque, que du sud, en provenance de Cassis.

Pour suivre au plus près le déroulement de cette bataille et la conduire directement en même temps que celle de Toulon, je porte, le 24 au matin, mon PC de Pierrefeu à Aix-en-Provence. En m'y rendant, je m'arrête le 23 au soir à Aubagne, où je passe une partie de la nuit.

L'enchevêtrement même de ces engagements simultanés en rendrait malaisée l'analyse chronologique. On me pardonnera de tenter d'en brosser un tableau d'ensemble – avec la crainte d'ailleurs de savoir mal rendre la part que chacun sut prendre au succès de tous. Mais si, comme je l'espère, les combattants ont gardé l'esprit qui les animait alors, ils se soucieront moins de me voir dresser un impossible palmarès que de retrouver le juste écho de leur ardeur commune.

Dans Marseille, la journée du 24 août fut une sorte de phase intermédiaire consacrée au nettoyage des quartiers occupés la veille et à la mise en place du dispositif d'attaque pour le lendemain.

Des deux grands réduits où l'Allemand s'est retranché avec une richesse intacte de moyens – la colline de Notre-Dame-de-la-Garde et les 6 kilomètres d'installations du port – c'est le premier qu'il nous faut d'abord enlever puisqu'il domine le second. Le relief fait du promontoire si cher au cœur de tous les Marseillais la véritable clef de la défense.

Le 25 août, à 7 heures du matin, l'attaque démarre. Au nord et à l'est de la colline, les Algériens du bataillon Martel, les sapeurs de la 2e compagnie du 82e bataillon du génie et de nombreux FFI volontaires progressent difficilement dans les rues étroites. Sur tous les abords de la basilique, l'ennemi lance sans scrupule une grêle d'obus de tous calibres, alors que notre artillerie s'interdit pareil sacrilège. À 13 heures, l'escadron Fougère[1] du 2e cuirassiers entame l'action par le boulevard Gazzino. Les

1. Le capitaine Fougère devait être tué en Allemagne, à la veille de la victoire, le 23 avril 1945. Je cite son nom glorieux parmi tant d'autres parce qu'une unité, le 2e escadron du 2e régiment de cuirassiers, symbolise douloureusement l'héroïsme de la 1re armée : sur un effectif réglementaire de 144 officiers et hommes de troupe, elle devait, en effet, perdre au cours des campagnes de France et d'Allemagne, 39 tués dont 5 officiers, parmi lesquels ses trois capitaines successifs, et 76 blessés.

Sherman du peloton Laporte sont en tête, accélérateur à fond. Touché de plein fouet par un projectile antichar, le *Jeanne-d'Arc* qui ouvre la marche explose à proximité des degrés du sanctuaire. Au même moment, un épais nuage noir enveloppe celui-ci ; les Allemands viennent de déclencher le jet de feu des douze lance-flammes qui en interdisent l'approche. Trop tôt heureusement pour que nos engins ou nos hommes puissent être touchés. Le char n° 2, *Jourdan*, continue sa progression. Pas longtemps : une mine lui arrache sa chenille et l'immobilise à son tour. Avec une témérité magnifique, le chef de bord, le maréchal des logis Lolliot, bien que blessé, s'extirpe de la carcasse, court jusqu'aux grilles de la basilique et, avec l'aide d'un FFI, y déploie un drapeau tricolore.

Derrière les blindés, le 1er bataillon du 7e RTA gravit la pente sous les feux croisés des armes automatiques. À coups de grenades, les tirailleurs anéantissent les Allemands dans leurs tanières ou contraignent les survivants à en sortir pour être faits prisonniers. Ils finissent par atteindre les grilles et par pénétrer dans l'intérieur de l'église... À 16 heures, l'aspirant Ripoll et le sergent-chef Duval hissent les trois couleurs sur le dôme de la « Bonne Mère » au-dessus duquel de gros fusants des batteries côtières ennemies éclatent sans arrêt.

Sur la face sud de la colline, la progression est plus difficile encore. Là, c'est le bataillon Valentin, du 3e tirailleurs, appuyé par l'escadron Ardisson du 2e cuirassiers qui mène l'assaut. Il parvient à enlever l'éperon de Gratte-Semelle mais l'ouvrage du Roucas-Blanc le sépare du sommet et ses feux bloquent toute tentative d'avance. La journée s'achève sans que la décision ait pu être emportée. Le lendemain seulement une nouvelle attaque fera tomber le Roucas-Blanc et sa batterie, et nous assurera la complète possession du promontoire de Notre-Dame-de-la-Garde.

Sans attendre toutefois cet instant, le général Schaeffer a « accusé le coup » et avoué la colère que lui cause la perte de cette position capitale. Dans la soirée du 25, il fait parvenir au général de Monsabert une lettre dans laquelle il a l'inconscience de déclarer que « si les Français continuent à occuper les abords de la basilique, il se verra dans l'obligation de faire ouvrir le feu contre eux et qu'il en résultera des dommages pour Marseille ».

Cette menace est quelque peu impudente de la part d'un chef qui, depuis quarante-huit heures, fait tirer sur toute la ville. Le chantage moral qu'elle comporte indigne le commandant de la 3e DIA. Sa réplique est cinglante et péremptoire : « Les Français, répond-il, occupent les emplacements tenus quelques heures plus tôt par les Allemands. La responsabilité de la destruction de Notre-Dame-de-la-Garde reviendra au général Schaeffer et à lui seul. »

« Une telle destruction, ajoute Monsabert, ne peut d'ailleurs ni différer ni changer le sort de la garnison allemande de Marseille. »

Pendant que tombe ce premier pilier de la défense, le « grignotage » se poursuit de l'autre côté de la Canebière. Le 3e bataillon du 7e RTA, après avoir liquidé, en venant d'Allauch, une série de fortins et fait, en quarante-huit heures, 770 prisonniers – c'est-à-dire plus que son propre effectif –, a plongé à son tour dans la ville par les Chartreux et par la Belle de Mai. Il assiège, dans le quartier de la gare Saint-Charles, les retranchements du Racati et du Canet où dix canons de 88 sont en position. Nos obusiers de 105 cherchent à les réduire au silence et, pour mieux régler les tirs tout en évitant la destruction des ouvrages avoisinants, le commandant du bataillon, commandant Finat-Duclos, et son artilleur de liaison, le capitaine Gèze, s'approchent au plus près des lignes ennemies ; tous deux payent de leur vie leur généreuse témérité.

Mais c'est que chacun a le souci d'épargner au maximum les populations au milieu desquelles il faut bien que se poursuive la bataille. Extraordinaire atmosphère, en vérité, que celle de ces combats, tout en même temps pittoresques et meurtriers. En quelques mètres, l'on passe de l'enthousiasme d'un boulevard délivré à la solitude d'une avenue mitraillée. En quelques tours de chenilles, le même char, couvert de fleurs, est pris d'assaut par de jolies filles rieuses ou pris à partie par un 88. Un peuple entier est dans la rue, curieux, ardent, courageux et fluctuant. Un *sniper* qui, du haut d'une maison, ajuste les voitures militaires lancées à toute allure provoque aussitôt un attroupement intéressé. Puis un tir de fusants gifle le ciel et vide brusquement le quartier. Le moindre coup de feu déclenche une fusillade générale. Parfois, d'un coup de 75 dans une fenêtre, un tireur de char calme sans réplique l'excitation d'un immeuble...

La foule est ainsi faite, insoucieuse du danger jusqu'à ce qu'il fonde sur elle. Sans discontinuer, les batteries lourdes de l'Estaque, des îles du Frioul et du cap Croisette bombardent l'agglomération. Ici ou là, aveugle, tombe une avalanche d'obus. Une maison s'effondre, des éclats fusent, blessant les passants, criblant les toits, brisant les vitres. Puis la mort change de quartier.

Prise d'enfilade par les canons du fort Saint-Nicolas, la Canebière est particulièrement malsaine. Déserte, jonchée de débris de toute nature, parsemée çà et là des carcasses calcinées de véhicules imprudents au-dessus desquelles pendent comme des lianes les fils des tramways, la célèbre artère ne se franchit qu'au pas de course ou à pleins gaz. Les liaisons sont malaisées... Aller au PC du général de Monsabert est un sport dangereux qui impose fréquemment le plat ventre.

Dans toute cette ardente confusion, les FFI qui, dès le premier moment, se sont mis spontanément à la disposition du commandant de la 3e DIA, combattent avec vaillance aux côtés des troupes. Par groupes de 150 à 200, ils sont répartis entre les divers éléments d'attaque et leur apportent, par leur connaissance des lieux et par leur audace, un très réel concours.

Peu à peu, l'ennemi se voit acculé à la mer. Et il ne peut chercher son salut dans la fuite car, à l'extérieur de la ville, le cercle se referme inexorablement.

C'est dans la banlieue nord que se dresse le plus solide barrage, au carrefour de la Gavotte, où convergent les routes d'Aix et de Salon. L'organisation Todt a mis deux ans à construire un énorme ouvrage en béton de 3 à 4 mètres d'épaisseur, la « Feste » Fouresta. Il se prolonge vers le nord-ouest par une suite de casemates bétonnées qui s'alignent sur la crête de la Nerthe, englobant les localités charmantes qui portent les noms imagés de Tante Rose et de Moulin du Diable. L'ensemble de la position qu'occupent quatre bataillons, aux ordres du colonel von Hanstein, chef du secteur nord, couvre le PC de Mourrepiane et les innombrables batteries lourdes qui s'échelonnent sur l'arc de cercle côtier de l'Estaque.

Pour réduire ce puissant ensemble, il faudrait des *Sherman*, des tanks-destroyers, de la grosse artillerie. Mais les quelques moyens de cet ordre dont nous disposons sont tous accaparés par l'opération de Notre-Dame-de-la-Garde. Et rien ne peut en être distrait au profit du groupement de tabors de Leblanc ni du bataillon Bié du 7e tirailleurs qui maintenant sont au contact de cette charnière.

Pratiquement isolé du gros de son régiment, amputé de son armement lourd depuis le début de son raid en montagne, à court de munitions, le bataillon Bié commence un siège de quatre jours devant la « Feste » Fouresta, truffée de mitrailleuses antiaériennes, ceinturée de barbelés et de mines, armée de huit pièces de 88.

Attaques et contre-attaques se succèdent sans trêve sous la chaleur torride de l'été méditerranéen, dans l'âcre poussière blanche soulevée par les rafales qui écrêtent les murs et labourent le sol calcaire de cette région de fours à chaux, de carrières et de cimenteries.

Les Allemands mettent un acharnement insensé à se défendre. S'infiltrant dans les ruelles, ils guettent tous nos déplacements et sanctionnent la moindre imprudence. Des chiffres douloureux révèlent cette âpreté : en une seule journée, la 5e compagnie du 7e RTA perd 23 tués et 33 blessés.

Quelques centaines de mètres plus au nord, devant les fortifications de la Nerthe, la bagarre n'est pas moins sévère. Les maisons ont été transformées en réduits d'où les mitrailleuses dominent les creux verts des jardinets et interdisent toutes les rues. Pour leur prise de contact, le 24, les goumiers du 1er GTM laissent sur le terrain 100 tués ou blessés, dont 5 officiers. Le valeureux colonel Rousset, commandant l'artillerie de la 1re DB est mortellement blessé sur la rive d'un canal en reconnaissant lui-même la position d'une batterie que le général du Vigier a détachée pour soutenir l'action.

Le 25 août, Leblanc parvient à s'assurer de la route de Martigues, dernière porte par laquelle la garnison de Marseille pouvait encore, de façon précaire, communiquer avec l'extérieur. Le 26 – bien que toujours réduit à ses seuls moyens – il tente de s'emparer des bétons de Tante Rose, mais il se fait refouler.

L'adversaire commence cependant à donner des signes de lassitude. Ce même jour, vers 17 heures, deux blessés allemands se présentent à nos avant-postes, porteurs d'un message. Le colonel von Hanstein se déclare impuissant à soigner tous ses blessés et demande aux Français d'envoyer une ambulance pour les évacuer. L'interception de deux messages radio apporte l'explication de cette démarche insolite : le premier de von Hanstein à Schaeffer rend compte que tous ses médecins ont été tués et réclame des moyens ; le second de Schæffer à Hanstein fait savoir que ces moyens ne peuvent être fournis... Généreux, Leblanc accorde l'ambulance sollicitée qui, en trois voyages, ramène 20 blessés graves dans nos lignes.

Tandis que se prolonge, au nord de Marseille, ce piétinement meurtrier, les 2e et 3e GTM progressent nettement au sud.

Marchant d'abord sur deux axes sensiblement parallèles, ils ont escaladé par des sentiers de chèvres les massifs escarpés de Saint-Cyr et de la

Gradule. À coups de mortier, ils ont fait tomber les derniers chaînons de la ceinture des défenses extérieures. En dépit de réactions sévères, ils débouchent, le 24, dans les faubourgs.

Sur la nationale 8, au 2e GTM, le 11e goum du 6e tabor (lieutenant-colonel Edon) se fait violemment accrocher à la hauteur de l'agglomération de Saint-Loup. Pris à revers par les feux d'armes lourdes embossées dans le parc du château, il doit se barricader en hâte dans celui-ci. La situation y devient pour lui assez critique lorsque le 1er tabor du commandant Méric arrive heureusement à son aide. S'étendant rapidement, la lutte se poursuit avec violence durant toute la journée. Le reste du 6e tabor qui vient à la rescousse vers 16 heures achève pourtant de fixer le sort. À 20 heures, le chef du centre de résistance accepte de se rendre sans condition au colonel de Latour : il n'est autre que le général Boie, commandant du secteur défensif sud et chef de la *Kommandantur* de Marseille, l'homme dont les proclamations s'étalent encore sur tous les murs de la grande cité. Derrière lui, nos Marocains font sortir d'un immense souterrain, parfaitement protégé et aménagé, 50 officiers dont 3 colonels et 1 156 sous-officiers et hommes de troupe.

Encore un effort et les troupes de Latour et de Massiet-Dubiest atteignent le littoral. Les deux groupements se tournent alors le dos : Massiet-Dubiest avec le 3e GTM se rabat vers le sud, Latour et son 2e GTM se relèvent vers le nord.

L'opération sud est un véritable écouvillonnage de la côte où pullulent les ouvrages, entre la plage du Prado et le cap Croisette. Avec l'appui des canons de la flotte, Vieille-Chapelle, la Pointe-Rouge, le château de Montredon sont successivement réduits. Le 27, l'action se concentre sur le fort Napoléon, à la pointe du cap Croisette. Ce dernier lambeau du « mur de la Méditerranée » résiste désespérément et les batteries des îles Pomègues et Ratonneau lui apportent un ultime soutien. Ce n'est que le 28 à 9 heures que le fort capitule. Le 3e GTM contrôle alors toute la côte où il a fait près de 1 500 prisonniers.

De son côté, Latour a commencé par enlever non sans mal l'hippodrome du parc Borély, champ de courses devenu champ de bataille puis, appuyant sa gauche à la mer, il est venu donner la main, dans Marseille même, aux Algériens pour nettoyer avec eux le secteur compris entre Notre-Dame-de-la-Garde et la pointe du Pharo.

L'Allemand a fait de ces vieux quartiers aux rues étroites et tortueuses, dédale de ruelles et de jardins, un véritable labyrinthe fortifié. Il y offre, dans une multitude de petits points d'appui bien camouflés qu'il faut conquérir un à un, une résistance obstinée. Mais les assauts successifs des goumiers et des tirailleurs marquent une irrésistible progression. Le château Talabot, le vallon des Roches, l'Angélus, Endoume, la Réserve, Malmousque, la caserne Audéoud sont conquis de haute lutte.

Le 27 vers midi, l'ennemi est acculé au Vieux Port et le fort Saint-Nicolas se trouve étroitement investi par le 6e tabor qui le serre au sud et la 3e compagnie du 7e RTA qui est massée sur sa face est. Spécialiste des prises de contact délicates, le capitaine Crosia a déjà réussi à pénétrer dans l'ouvrage et à obtenir du commandant de la garnison l'évacuation de plusieurs centaines de vieillards, de femmes et d'enfants réfugiés dans un souterrain, le tunnel du Carénage. Sans vivres et sans soins depuis plusieurs jours, ils y auraient été exposés à une mort certaine en cas d'attaque en règle de notre part.

Mais, cette attaque, les assiégés ne l'attendront pas. À 17 heures, un drapeau blanc est hissé sur le fort et, quelques instants plus tard, 300 hommes se rendent au 11e goum.

Cette journée du 27 août est d'ailleurs une journée décisive car en même temps que nous finissons de libérer toute la partie sud de Marseille, la chute du bastion de la Nerthe marque l'effondrement de la résistance dans la partie nord.

À vrai dire, les moyens mis en œuvre sont maintenant sérieux. L'achèvement de la bataille de Toulon le 26 août et le débarquement de nouvelles unités de réserve générale d'artillerie me permettent de concentrer sur les derniers éléments de la défense allemande un nombre imposant de canons de 155, courts et longs[1]. Pour sa part, le général de Monsabert, qui a récupéré les éléments de sa 3e DIA venant de Toulon, profite de l'évolution favorable de la situation à Marseille pour regrouper

1. Les ordres donnés prévoyaient la constitution d'un groupement d'artillerie fort de cinq groupes lourds, aux ordres du général américain Bank commandant la 13e brigade US d'artillerie qui fait organiquement partie de notre artillerie de réserve générale d'armée. Ce groupement devait entrer en action, au complet, le 28 août à midi et contrebattre les batteries côtières encore intactes, spécialement celles des îles Pomègues et Ratonneau. En capitulant avant l'intervention d'ensemble de cette masse, le général Schaeffer évita un véritable anéantissement de ses dernières forces.

les unités qui ont rempli victorieusement leur mission et les employer au renforcement de celles qui n'ont pu encore achever la leur. C'est ainsi que, dans la nuit du 26 au 27, il peut mettre à la disposition du colonel Leblanc deux pelotons de chars et un peloton de tanks-destroyers du CC 1. En outre, les goumiers, agissant en liaison avec les tirailleurs que vient d'amener Linarès, bénéficieront de l'appui des feux de l'artillerie navale.

Cette fois, le 1er GTM a de solides atouts dans son jeu.

Dès les premières lueurs du jour, le 27, son attaque démarre contre les casemates de Tante Rose et du Moulin du Diable. Les Allemands, plutôt que de reculer, se font littéralement tuer sur place – avec un courage qui mérite l'hommage. Plusieurs se laissent écraser par les chenilles des chars. D'autres, perchés sur le toit des maisons ou grimpés dans les arbres, attendent que les blindés ne soient plus qu'à quelques mètres d'eux pour leur lancer à bout portant les fusées de leur *Panzerfaust*. Le sous-lieutenant Mousnier est tué dans son char tiré de si près que le tireur ennemi qui l'a atteint est lui-même blessé par l'explosion. Et pas une arme lourde ne tombe entre nos mains sans avoir été mise hors d'usage par ses derniers servants...

Pourtant, à 13 heures, les Marocains sont maîtres de toute la crête de la Nerthe. En fin d'après-midi, ils sont au contact des bétons du Verduron et des Dévots où l'adversaire se cramponne désespérément.

À la nuit, le colonel von Hanstein renouvelle sa requête de la veille. Pour la seconde fois, il demande une ambulance et, de surcroît, il sollicite une suspension d'armes pendant le transport des blessés. L'*Oberzahlmeister*[1] qui apporte son message avoue que le moral de la garnison est très bas et que non seulement les hommes mais un certain nombre d'officiers sont très montés contre l'obstination du général Schaeffer.

Leblanc profite de ces renseignements pour répondre en des termes qui ne peuvent qu'achever de décourager les survivants :

> Il m'est impossible, dit-il, en substance, d'évacuer chaque soir vos blessés, car leur nombre ira sans cesse en croissant alors que mes moyens sanitaires eux n'augmentent pas. C'est donc la dernière fois que je réponds à votre appel. Demain, notre artillerie lourde et notre artillerie de siège, rendues disponibles par notre victoire à Toulon,

1. Officier payeur.

> vous réduiront en un tel état qu'il sera vain de songer à transporter les blessés...

Mais déjà Hanstein a compris. Et Schaeffer commence à comprendre.

Certes, il tient toujours la « Feste » Fouresta et le formidable réduit que constituent les installations portuaires, avec leur réseau de casemates, de mines et de barbelés, leurs énormes stocks de vivres et de munitions, et leur garnison de 11 000 hommes. Il conserve également des batteries côtières dont l'activité ne se dément pas malgré la violence de nos bombardements[1]. Mais les quatre cinquièmes de la ville sont en notre pouvoir et le rapport des forces ne cesse de se modifier en notre faveur.

Rien ne peut plus nous empêcher, Schaeffer s'en rend compte, de rassembler en une force irrésistible notre aviation et nos navires, notre artillerie lourde et nos blindés, toute notre infanterie enfin, pour sonner l'hallali terrifiant qui marquera irrésistiblement sa défaite et la mort de ses soldats.

Va-t-il fuir ? Un accident curieux le laisse un instant supposer[2]. Mais il ne semble pas que ce chef obstiné soit de ceux qui acceptent de se sauver en abandonnant leurs hommes. Puisque toute résistance s'avère dorénavant sans espoir, et que ses subordonnés directs, réunis en conseil de guerre, sont unanimes à réclamer qu'elle prenne fin, le commandant du secteur fortifié de Marseille se décide à parlementer.

---

1. Pendant les dernières journées de cette bataille, l'aviation et la flotte alliées martèlent sans arrêt les batteries de côte allemandes et, plus particulièrement, celles des îles de Pomègues et de Ratonneau qui jouaient à Marseille un rôle analogue aux batteries de la presqu'île de Saint-Mandrier à Toulon. Par vagues de cent appareils, les Mitchell déversent leurs bombes sur ces redoutables positions, prises également à partie par les navires de guerre : en un seul jour, le cuirassé *Nevada* lance sur ces petites îles 200 coups de ses plus gros canons.

2. Le 27 août, un sous-marin fut signalé au large du Frioul et l'hypothèse fut aussitôt faite que le général Schaeffer se trouvait à bord. Se transformant en marins, les artilleurs du général Besançon commandant l'AD 3, se mirent à tirer à vue directe sur ce submersible tandis que, ravis de pouvoir, pour une fois, justifier la consonance navale de leur appellation, les tanks-destroyers du 7e chasseurs lançaient contre lui leurs obus « perforants explosifs ». Mais le sous-marin plongea...

Le 27 août, à 20 h 30, deux officiers de son état-major se présentent au PC de la 3e DIA où l'on s'affaire à achever la mise au point d'un plan d'attaque pour la « bataille des quais ».

Ils apportent une lettre, adressée au général de Monsabert, dans laquelle son adversaire commence par reconnaître que « la situation a sensiblement évolué depuis l'entretien du 23 ».

> Une résistance prolongée, ajoute-t-il, me paraît sans objet en présence de la supériorité de vos armes. Je vous demande de faire arrêter le tir de 21 heures à 8 heures de façon à mettre au point les conditions de la reddition pour le 28 avant midi, afin d'obtenir de vous une décision qui me permette de me rendre dans l'honneur – ou bien de continuer à combattre jusqu'au bout.

Monsabert accorde la suspension d'armes et prévient le général Schaeffer qu'il l'attendra jusqu'au lendemain matin à 8 heures. Puis, dans le silence de cette première nuit sans luttes, il dicte le projet des conditions de capitulation qu'il me soumet : livraison de toutes les armes et de tous les ouvrages, interdiction de toute destruction supplémentaire, en particulier dans les installations du port, enlèvement des mines et des pièges à la charge des troupes allemandes, reddition de la garnison en unités constituées à partir de 13 heures. Je donne mon accord et, pour reconnaître la vaillance déployée par la 244e *Infanterie Division*, j'autorise son chef à conserver son arme personnelle.

Le 28 août, à 7 heures, celui-ci se présente à l'hôtel du XVe -Corps, accompagné de son chef d'état-major et du commandant de la base maritime. Il écoute attentivement les clauses qui lui sont lues et les accepte. À 8 heures, le général Duval, commandant l'infanterie de la 3e DIA, le reconduit à son PC.

À l'heure dite – 13 heures – commence à travers les rues de la ville l'interminable défilé des prisonniers qui gagnent, sac au dos et en ordre, le camp Sainte-Marthe, pendant que les cloches de toutes les églises sonnent à pleine volée la libération de la deuxième ville de France.

Le 29 août, alors que la fumée des combats achève à peine de se dissiper, une cérémonie d'action de grâces est célébrée à Notre-Dame-de-la-

Garde[1]. C'est ensuite sur le terre-plein du Vieux Port une prise d'armes grandiose, présentée par le général de Monsabert.

Lorsque j'arrive sur le front des troupes, accompagné de M. Diethelm et du commissaire à l'Intérieur d'Astier de la Vigerie, *La Marseillaise* éclate, la première entendue dans la ville libérée, une *Marseillaise* triomphante qui fait vibrer le cœur de chacun d'une émotion indicible.

Puis, c'est à partir de la rue de la République, tout au long du quai des Belges, le défilé inoubliable, poignant, de tous les artisans de cette seconde victoire – tirailleurs de la 3e DCA, goumiers des tabors marocains, cavaliers, zouaves et artilleurs de la 1re DB – suivis de la masse bigarrée, fiévreuse, bouleversante des FFI, entre les deux haies d'une foule innombrable, en délire, hurlant sa joie et son enthousiasme, et que le service d'ordre n'arrive pas à contenir...

Avec Marseille, c'est la Provence entière qui crie l'allégresse de sa complète délivrance. Les quelques unités allemandes qui avaient réussi à sortir de la ville avant que se referme l'étau n'ont pu garder longtemps l'espoir de regagner le *Vaterland.* Car, lancé sur le Rhône, le général du Vigier l'a atteint à Arles et à Tarascon dès la nuit du 24 août et en Avignon le 25. Depuis le 26, il franchit le fleuve et achève de ramasser les débris errants de l'orgueilleuse *Wehrmacht.* Vraiment, Marseille marque la fin de la bataille dont mon télégramme du 28 août au général de Gaulle résume en ces termes l'issue victorieuse : « Dans le secteur de l'armée B, aujourd'hui J + 13, il ne reste plus un Allemand qui ne soit mort ou captif. »

Il n'y a que douze jours, en effet, qu'ont commencé de débarquer les éléments de tête de l'Armée française, et neuf jours que celle-ci est entrée dans la bataille – neuf jours de combats incessants qui lui ont suffi pour remporter deux victoires simultanées et pour remplir intégralement la mission initiale qui lui était confiée.

Cette mission, elle l'a accomplie sans ménager ses efforts ni ses sacrifices, avec le constant souci d'épargner au pays déjà tant meurtri et mutilé de nouvelles pertes en vies humaines comme de nouvelles dévastations dans ses villes et ses villages.

---

1. J'ai été prévenu trop tard de cette cérémonie organisée par le général de Monsabert et j'ai eu, en ce jour de victoire, quelque tristesse de n'avoir pu assister à cette messe d'action de grâces.

Quatre mille des siens, tués ou blessés, ont été mis hors de combat. En regard, l'ennemi a perdu plusieurs milliers de tués et nous laisse 37 000 prisonniers dont 700 officiers. Deux de ses divisions sont complètement anéanties. Et l'avance sur l'horaire prévu est d'une telle ampleur qu'elle va se répercuter sur toute la campagne.

C'est par là que la victoire de Provence apparaît dans sa réelle importance. En imposant à la lutte un rythme extraordinaire de rapidité, en empêchant l'ennemi de jamais se ressaisir et de jouer de ses réserves, nos soldats n'ont pas seulement affirmé leur supériorité et remporté des succès locaux considérables : ils ont littéralement hâté l'heure de la victoire finale.

Car, un mois au moins avant les prévisions les plus favorables, Marseille et Toulon changent de camp[1]. Dorénavant, les Alliés disposent en Méditerranée d'une immense base qui double celle de Normandie et va contribuer à approvisionner toutes les troupes engagées sur le théâtre européen. Hitler, qui met tous ses espoirs dans les délais qui lui laisseront le temps de réaliser ses fameuses mais nullement chimériques « armes secrètes », a perdu une manche décisive. Par le débouché que l'armée française vient de conquérir, les troupes de la coalition ne cesseront de recevoir toujours plus d'armes et de matériels. Les chiffres officiels ont été donnés par le chef d'état-major général de l'armée américaine, le général Marshall, dans son rapport d'opérations au Congrès : nos rapports du Midi ont assuré pendant huit mois le transit de 14 divisions et le déchargement moyen de 18 000 tonnes de ravitaillement *par jour.*

Cet apport énorme permettra au commandement de mener de bout en bout une continuelle bataille offensive dans laquelle l'armée française tiendra sans désemparer le « créneau » que lui a mérité sa victoire en Provence.

---

1. Les deux ports avaient évidemment été l'objet de terribles destructions opérées par l'adversaire. À Marseille, les terre-pleins des neuf bassins de la Joliette n'étaient plus qu'un indescriptible chaos de fers tordus, de béton crevassé, de câbles enchevêtrés. Tous les quais étaient disloqués éventrés par plus de 2 000 grosses mines. Cinq cent mille mètres carrés de hangars étaient effondrés et toutes les installations ferroviaires ou électriques étaient inutilisables.

En outre, 170 épaves obstruaient les divers plans d'eau alors que tout le matériel de levage (257 grues) avait été saboté.

Et cependant, dès le 15 septembre, les premiers *Liberty ship* prenaient leurs postes d'amarrage le long des môles hâtivement aménagés. Quant au dragage des mines dans le port de la Joliette, commencé le 26 août, en pleine bataille, il était terminé le 3 septembre.

CHAPITRE VI

SEPT CENTS KILOMÈTRES DE POURSUITE

Si tous les plans avaient été dressés avec minutie, tant pour le débarquement lui-même que pour l'engagement contre Toulon, à l'inverse tout ce qui se rapportait aux opérations ultérieures n'avait fait l'objet que de directives extrêmement vagues. Jamais, ni à Alger ni à Naples, je n'avais pu obtenir du haut commandement allié de précisions à cet égard. À plus forte raison, n'avais-je reçu aucune instruction préparatoire. On en restait à la seule orientation ébauchée dès la mise en chantier du plan « Anvil » qui envisageait, sans en définir les modalités, une exploitation « toutes forces réunies » en direction générale de Lyon et de Vichy.

Jusqu'à un certain point, cette incertitude s'expliquait. Puisque le *planning group* prévoyait un délai de soixante jours pour dépasser la Durance, il pouvait paraître superflu de donner à l'avance des ordres relatifs à la poursuite... Mais, surtout, la direction stratégique à fixer à la « force 163 » ne pouvait être arrêtée *a priori* de façon rigoureuse tant qu'on ignorait les résultats acquis par les armées du général Eisenhower puisqu'en dernière analyse le but à atteindre était d'opérer la jonction avec celui-ci.

Quoi qu'il en soit, lorsque fut assurée, à une vitesse inespérée, la victoire de Provence, cette absence de prévisions rendit nécessaire le recours aux improvisations. Il n'en fût pas résulté sans doute d'inconvénient majeur si la modicité des moyens débarqués, et spécialement la pénurie en carburant et en unités de transport n'étaient venues trop souvent freiner les initiatives que permettait la situation.

Pour ma part, dans mon instruction personnelle et secrète (IPS) du 6 août, j'étais allé à la limite de ce que je pouvais faire, en donnant pour objectif à mon armée « le débouché » vers Avignon. Je l'avais fait *proprio motu,* mais non par hasard, et mon intention était trop formelle pour que j'hésite aujourd'hui à l'expliquer avec quelques détails.

Il était bien évident que, si rapide que puisse être la chute de Toulon et de Marseille, l'Armée française se trouverait retardée devant ces deux places, tandis que nos alliés américains, nullement rivés au littoral, auraient la faculté de s'élever vers le nord, à travers des régions dépourvues de défenses organisées. Notre mission initiale avait donc l'inconvénient de nous maintenir en dessous de leur dispositif, c'est-à-dire de nous enfermer sous une sorte de « trappe » d'où j'avais la volonté précise de me dégager le plus rapidement possible, en reprenant la marche vers l'ennemi non pas derrière nos amis, mais au moins à leur hauteur.

En cherchant à atteindre le Rhône d'Avignon, position clé de tout le Midi, j'entendais recouvrer ma liberté d'action en m'assurant le tremplin de départ de multiples manœuvres et, en particulier, de celles qui pouvaient être lancées vers les régions centrales de la France.

Au surplus, je restais dans la logique du dispositif initial des forces franco-américaines puisque, après le débarquement, le gros du corps Truscott devait amorcer sa poussée vers le nord en partant de la droite de l'armée B. Seule sa division de gauche, la 3e DIUS, devait opérer sur le même méridien que nous pour couvrir notre action contre les places de la côte.

Enfin, je trouvais dans le fait que l'armée B était seule à posséder une division blindée, c'est-à-dire l'arme par excellence de l'exploitation, une justification supplémentaire de mon souci de tenir le débouché nécessaire au déploiement d'une opération de cavalerie de grande envergure.

Cette hantise du Rhône d'Avignon ne me faisait pas cependant perdre de vue une autre direction intéressante pour nos forces, celle du Vercors et de Grenoble. Le rapport fait à Naples par le colonel Zeller avait mis en évidence l'importance militaire et psychologique qui s'attachait à cette région et lorsque les Américains parlaient de l'éventualité de me lancer sur la route Napoléon, je ne rejetais pas l'hypothèse – mais je l'assortissais d'une réserve fondamentale : je ne concevais cet axe que comme limite est de ma zone et ne souhaitais pas être placé à sa droite où j'étais menacé d'être enlisé dans les Alpes pour des missions défensives ingrates et d'être définitivement privé du « créneau » actif auquel mon armée, parce qu'elle était l'Armée française, me paraissait avoir droit.

Au fur et à mesure que se manifesteront, à partir du 25 août, les conceptions du commandement américain, ces idées maîtresses ne feront que s'ancrer davantage dans mon esprit : à tout prix, il me fallait sortir de la trappe – me décoller du sud des Alpes – et arriver dans les moindres délais le plus au nord possible.

Cette dernière considération m'amènera même à supporter temporairement l'écartèlement de forces qui me sera imposé. Car, si normale qu'elle soit, la progression sur deux axes pourra doubler, *a priori*, nos chances de récupérer rapidement notre indépendance d'action.

Mais ce dispositif, en vérité inédit et peu orthodoxe, n'était évidemment tolérable que durant le très court délai nécessaire à la reprise du contact avec l'ennemi par nos unités. À partir de cet instant, le regroupement de toute l'armée sur la direction la plus favorable répondait à une exigence stratégique et logique impérative.

Enfin, nul n'aurait compris qu'en un moment si rare de notre Histoire, les décisions proprement militaires du commandant français de l'armée libératrice puissent faire abstraction des réflexes de notre fierté nationale qui nous incitaient à tout faire pour arriver premiers dans la course à l'objectif essentiel, constitué par l'Alsace et le Rhin, en passant par l'objectif intermédiaire de Lyon.

Telles étaient, en résumé, mes pensées et, pour tout dire, mes arrière-pensées. Je crois qu'il n'était pas superflu de les exposer avant de rapporter les phases de la poursuite, car certains aspects de celle-ci se trouveront éclairés par ce préambule.

Contrairement à ce qui a été affirmé parfois, le commandement allemand n'avait donné aucun ordre de repli à ses troupes au moment du débarquement. Tout au contraire, entre le 15 et le 20 août, les reconnaissances aériennes révélèrent un mouvement continu de renforts vers la tête de pont provençale.

Mais à partir du 20 août, la partie dut apparaître perdue sans rémission au général Wiese. C'est pourquoi, en même temps qu'il transmettait aux garnisons de Toulon et de Marseille l'ordre du Führer de résister à outrance, il décidait le repli général de ses autres unités et l'évacuation du Midi de la France.

À cette date, en effet, les illusions ne sont plus permises. Les trois divisions américaines se sont ruées « en éventail » vers le nord et le nord-ouest. Si, dans cette dernière direction, la 3e DIUS, se heurtant à une résistance appréciable sur la basse Durance, n'a pas encore dépassé Aix, en revanche, vers le nord, les 36e et 45e DIUS, ainsi que la *Task Force* Butler, ont fait de rapides progrès. Elles ont atteint, le 19 août, la zone Manosque-Forcalquier-Sisteron-Digne et poussent vers Grenoble sans désemparer.

Comme, dans le même moment, l'armée Patton, à l'aile droite des armées débarquées en Normandie, dépasse Orléans et continue son avance vers l'est, tout espoir d'échapper à la capture ou à l'anéantissement ne peut plus résider, pour la 19e armée allemande, que dans une retraite rapide vers Lyon, Dijon et les Vosges.

Pratiquement, de part et d'autre du Rhône, le général Wiese doit faire remonter la valeur de cinq divisions d'infanterie et une *Panzerdivision*, la 11e.

D'abord rameutée de la région toulousaine pour contre-attaquer nos forces débarquées, cette grande unité blindée n'arrive dans la région d'Avignon, le 20 août, que pour recevoir la double mission de couvrir la retraite et d'escorter les colonnes d'infanterie dans la vallée du Rhône.

C'est qu'en effet le danger ne vient pas seulement du sud, par où progresse la 3e DIUS. Profitant de la position débordante de son aile droite, le général Patch décide, le 21 août, de faire opérer à la 36e DIUS et à la TF Butler un changement de direction de 90 degrés : au lieu de poursuivre leur marche sur Grenoble, elles se rabattront sur Livron et Montélimar afin d'attaquer par l'est le flanc de l'adversaire.

Ce mouvement de rabattement place celui-ci dans une situation tragique. La tête de ses convois est encore à Orange que Butler arrive à Livron, c'est-à-dire à 60 kilomètres plus au nord. La route lui est coupée...

Malheureusement, elle ne l'est que par des éléments très légers et qui, par manque de moyens, ne peuvent être rapidement renforcés. Bandant toutes ses énergies, le commandement allemand commence par occuper en force Montélimar, puis tente de s'ouvrir le passage vers Valence en crevant le filet qui l'obture. Pendant six jours, du 23 au 28 août, son infanterie et ses chars s'en prennent aux « bouchons » que les Américains ne cessent de rétablir après chacun des *rushes* qui parviennent à les faire momentanément sauter. D'autre part, quelques éléments réussissent à Montélimar à passer sur la rive droite du Rhône : finalement si la plus grande partie du personnel arrive à filtrer à travers les mailles trop lâches du filet, les convois autos, les trains sur la voie ferrée Marseille-Lyon, impitoyablement matraqués par l'aviation américaine, ne peuvent échapper à l'anéantissement. Les routes de toute cette région et spécialement la nationale 7 sont couvertes d'une suite ininterrompue de véhicules incendiés, de blindés hors d'usage, de canons démolis. Devant le pont détruit sur la Drôme, sur la voie ferrée, trois trains ne forment plus qu'un énorme amas de ferraille, au milieu duquel émergent les gueules de cinq gros canons d'ALVF[1]. Sur des dizaines de kilomètres, ce n'est qu'un inextricable enchevêtrement de carcasses tordues et de cadavres calcinés – le cimetière apocalyptique de tout le matériel de la 19ᵉ armée à travers lequel seuls les *bulldozers* seront capables de rétablir un chemin.

Pendant tout le temps qu'a duré cette bataille, les forces américaines qui n'y ont pas été engagées ont dû arrêter leur marche vers le nord. Depuis le 22 août, Grenoble libérée marque la limite de la progression. C'est que la 45ᵉ DIUS, réduite à deux *Combat Team*, doit se couvrir à l'est, vers le Lautaret et Guillestre, face à Briançon et au col de Larche tandis que l'*Air Borne Task Force* prolonge la couverture jusqu'à la mer. Il ne peut être question de réduire davantage ce dispositif minimum car l'ennemi se renforce de toute évidence sur les Alpes où arrivent en hâte de nouvelles unités nazies.

Mais, le 28 août, l'armée B est en état d'intervenir. La poursuite proprement dite va s'engager. À la différence de la bataille pour Toulon et Marseille qui fut exclusivement française, elle va être franco-américaine. Elle comportera trois phases nettement différenciées, dont les deux premières conduiront nos unités d'abord au nord de la transversale Lyon-Genève (28 août-3 septembre), puis devant la trouée de Belfort et jusqu'au contact des armées de Normandie (4-14 septembre), et dont la troisième verra le regroupement de toute notre armée entre les Vosges et la frontière suisse (15-20 septembre).

De la Méditerranée à Lyon et au Jura

On sait déjà que, pendant le déroulement de la bataille des ports, les éléments disponibles de la 1ʳᵉ division blindée (1ʳᵉ DB) et les unités blindées de réserve générale qui leur étaient adjointes avaient très exactement

1. Artillerie lourde sur voie ferrée.

obéi à mes intentions. S'élevant toujours plus vers le nord-ouest, le général du Vigier les avait amenés sur le Rhône d'Arles et de Tarascon le 24 août et sur celui d'Avignon le 25.

C'est dans la soirée de ce même jour que parvint à mon QG d'Aix l'ordre d'opérations n° 3 par lequel le général Patch, de son QG de Brignoles, donnait ses premières instructions pour la poursuite. L'économie de ce document peut se résumer en trois propositions :

– le 6e corps d'armée américain recevait mission de bloquer la vallée du Rhône à hauteur de Montélimar, de reconnaître les axes routiers vers Roanne et Le Puy et de s'emparer de la ligne col de Larche-Briançon-Les Échelles-Lyon jusqu'à relève par l'armée B ;

– l'armée B devait achever la conquête de Toulon et de Marseille, y maintenir des garnisons et se tenir prête à faire mouvement *vers l'est* pour relever les unités américaines ;

– toutefois, elle était en outre chargée de s'emparer des passages du Rhône dans la région d'Arles et *de reconnaître en force vers Nîmes-Remoulins et, en direction du nord, le long de la rive ouest du Rhône.*

Cet ordre, pour l'essentiel, confirmait mes craintes de voir le gros de l'armée B employé à tenir les itinéraires derrière les divisions américaines et à couvrir celles-ci face aux Alpes. Nous restions bien « sous la trappe ». Seule une porte était entrouverte, celle par laquelle nous devions reconnaître « en force » à l'ouest du Rhône.

Je décidais donc aussitôt de confier cette reconnaissance à deux divisions, la 1re DB déjà à pied d'œuvre et la 1re division française libre (1re DFL) rendue disponible par l'évolution favorable de la bataille de Toulon. Le groupement temporaire ainsi constitué aux ordres du général du Vigier recevait la consigne de franchir le Rhône entre Avignon et Tarascon, et de pousser sur les directions d'Alès, de Pont-Saint-Esprit, de Montélimar et, éventuellement, de Montpellier.

À peine ces mouvements s'amorçaient-ils dans les conditions que je dirai bientôt que, le 28 août, le général Patch diffusait un nouvel ordre complétant celui du 25.

Ce *Field Order* n° 4 marque la fin de la « phase méditerranéenne » des opérations dévolues aux troupes franco-américaines du sud et l'ouverture de la « phase européenne » dont le premier acte doit être la jonction de toutes les forces alliées débarquées sur le continent : la réalisation en est confiée au 6e corps américain.

En conséquence, par Grenoble et Valence, le 6e CAUS débordera largement Lyon par l'est, s'emparera de la ville, puis marchera vers Autun, Dijon et Langres à la recherche de l'armée Patton.

Quant à l'armée B, à l'exception de son « groupement de reconnaissance » envoyé vers Montpellier et Narbonne avant de remonter vers le nord, elle passera complètement à la droite des divisions du général Truscott, relèvera les unités en position sur les Alpes, y compris la division Airborne, prolongera la couverture en Maurienne et en Tarentaise, et flanc-gardera le 6e corps le long de la frontière suisse en s'élevant de Grenoble vers Bourg-en-Bresse et Besançon.

Je n'avais pas été consulté sur la mise au point de ces directives. Placé devant le fait accompli, j'obtins, non sans de sérieuses discussions, que leur fussent apportées une rectification, une précision et une modification conformes à ce que l'on sait de mes intentions permanentes :

– une rectification : il fut entendu, dès le 28 août, que le groupement de reconnaissance ne se contenterait pas de « battre l'estrade » à l'ouest du Rhône, mais participerait à la prise de Lyon en complétant par l'ouest et le nord-ouest l'encerclement de la ville abordée du sud et de l'est par les Américains ;

– une précision : le 29 août, au cours d'une conférence tenue à Brignoles sous la présidence de sir Maitland Wilson accompagné du général Devers, il fut admis qu'une fois Lyon tombé, le groupement du Vigier roquerait vers la droite pour rejoindre le reste de l'armée B et que celle-ci, ainsi regroupée, aurait en propre la zone d'action comprise entre la frontière suisse et la Saône avec, pour direction stratégique, Bourg-en-Bresse, Besançon, Belfort et l'Alsace ;

– une modification : le 1er septembre, il fut enfin décidé que je n'aurais pas à relever la division aéroportée entre le col de Larche et la mer, ce qui eût bien été la plus ingrate et la plus paralysante des tâches.

Tel quel, le plan continuait à présenter pour nous de gros inconvénients. D'abord, il fractionnait nos forces en deux tronçons placés de part et d'autre du corps américain et, par le fait, doublait toutes les difficultés de liaison, de communication et de ravitaillement inhérentes à une poursuite sur de grandes distances. Mais, surtout, il donnait au gros de notre armée le même axe de progression qu'à la division de droite de Truscott, la 45e DIUS, et écartait l'espoir d'une reprise de contact avec l'ennemi aussi longtemps que le 6e corps n'aurait pas nettement dépassé l'étranglement

Lyon-Genève et déboîté vers la gauche. Seuls, les éléments de du Vigier avaient les coudées franches – sous cette réserve que leur progression devait, au départ, être retardée par le franchissement du Rhône et par l'obligation de reconnaître vers Montpellier et Narbonne.

Quoi qu'il en soit, les ordres reçus me forçaient à adopter un dispositif peu commun, correspondant à la triple mission qui m'était impartie. Mon ordre général d'opérations n° 24 du 29 août le précisa de la façon suivante : à l'extrême droite, un premier groupement, constitué par la 2e division d'infanterie marocaine (2e DIM – général Dody) en cours de débarquement, assurera la couverture sur les Alpes ; à sa gauche, une deuxième colonne, formée de la 3e division d'infanterie algérienne (3e DIA) suivie ultérieurement de la 9e division d'infanterie coloniale (9e DIC), rattrapera par Grenoble les Américains et poussera derrière eux jusqu'à ce qu'elle ait la possibilité de se glisser à leur droite pour marcher vers Ambérieu et la Franche-Comté ; enfin, de l'autre côté du corps Truscott et du Rhône, le groupement du Vigier utilisera au maximum sa liberté de mouvement selon les directives déjà indiquées.

Entre autres problèmes, cet écartèlement posait celui de l'articulation du commandement. Pour le régler temporairement, je décidai de confier le contrôle des mouvements des deux groupements de droite à mon chef d'état-major, le général Carpentier, que j'envoyais avec une fraction du QG de l'armée à Uriage, tandis que je restais moi-même à Aix pour garder le contact avec le PC Patch et suivre personnellement les opérations du groupement du Vigier. Mais ce fractionnement ne faisait que souligner l'urgence de la mise en place des deux corps d'armée prévus à notre ordre de bataille définitif. Je mandai donc le général Béthouart, resté en Italie, et désigné pour prendre la tête du 1er corps que je pensais former avec mes divisions de droite. Quant au 2e corps, je le confiais, le 1er septembre, au général de Monsabert, avec la responsabilité de l'action sur la rive droite du Rhône.

Cette action, on s'en souvient, avait débuté dès le 26 août – et il me faut, maintenant qu'a été exposée l'élaboration progressive des plans d'opérations, revenir quelque peu en arrière pour reprendre à leur origine les opérations elles-mêmes.

Elles avaient commencé par un tour de force. Car c'en était un vraiment que de faire passer par deux divisions, dont une blindée possédant des matériels lourds de plus de 30 tonnes, un fleuve de 250 mètres de large, au cours impétueux, dont tous les ponts sans exception avaient été détruits.

L'entreprise paraissait d'autant plus irréalisable qu'aucun matériel approprié n'était encore débarqué : Le *planning* qui n'avait envisagé l'hypothèse de franchissement de cours d'eau important qu'au bout de longues semaines, jouait contre nous. En outre, les unités divisionnaires du génie n'avaient pas la moitié de leurs effectifs, celles de l'armée moins encore. On ne pouvait compter que sur des moyens de fortune mis en œuvre par un personnel réduit.

C'est ce que certains ne manquent pas d'objecter. Mais, comme je l'ai exposé, franchir le Rhône est la condition *sine qua non* pour que l'armée B sorte de la « trappe ». Balayant tous les arguments techniques, je prescris donc au général Dromard, commandant le génie de l'armée, de réaliser l'impossible.

D'emblée, celui-ci me comprend. Sous son énergique impulsion, les sapeurs se mettent à l'œuvre pour hâter la reconnaissance des points de passage possibles et pour recenser les matériels récupérables.

Le 26 août, trois franchissements sont décidés, à Arles, à Vallabrègues et en Avignon. Tout ce qui subsiste des matériels d'équipage de l'ancienne École de pontonniers d'Avignon sabotés par les Allemands avant leur départ, la moindre péniche percée comme une écumoire, quelques remorqueurs sabordés, des planches éparses, en un mot tout ce qui peut flotter est inventorié, rassemblé, réparé par les sapeurs du colonel Ythier commandant le 101e génie et par ceux du lieutenant-colonel Duplessier commandant le génie de la 1re DB (88e bataillon), aidés par les mariniers et les charpentiers de la région.

Ce même jour, les premiers passages commencent en Avignon. La traversée s'effectue par moyens discontinus : portières, péniches, bacs à traille. Je crois de mon devoir de me rendre sur les lieux à plusieurs reprises, de jour et de nuit, pour activer au maximum toutes choses, tant j'ai la conviction de la nécessité absolue pour nous de passer le plus tôt possible et en force sur la rive ouest du Rhône.

La régulation des mouvements fait l'objet de tous mes soins de même que la fixation des priorités de passage : d'abord le 2e RSAR[1], puis le batail-

1. RSAR : Régiment de spahis algériens de reconnaissance.

lon, l'escadron de TD et une batterie d'artillerie du *Combat Command* Kientz (CC 2) de la 1re DB. Sans un instant d'interruption, les va-et-vient se succèdent qui jettent blindés et infanterie de l'autre côté du fleuve : et je crois pouvoir affirmer qu'en ces heures fiévreuses, pas une minute ne fut perdue, grâce à nos sapeurs qui se montrèrent infatigables et admirables d'ardeur, d'ingéniosité et de virtuosité technique.

Le 28 août les points de franchissement reconnus à Arles et à Vallabrègues commencent à être également utilisés. Ce même jour, l'arrivée d'une compagnie de camions amphibies *Ducks* permet l'ouverture d'un quatrième point de passage à Aramon. Mais une crue subite de la Durance vient encore compliquer la tâche en rendant indispensable le remplacement du gué de Rognonas par une passerelle puis par un pont de chevalets.

Partout, l'infanterie passe rapidement. En revanche, le débit de ses véhicules reste encore très lent... Enfin, le 30 août, le colonel Ythier, commandant le 101e régiment du génie, a la fierté de livrer au trafic un véritable pont lancé tout près d'Avignon, dans des conditions invraisemblables d'ingéniosité et d'audace, sur lequel défileront en quarante-huit heures 3 500 véhicules de la 1re DB et de la 1re DFL. Cette fois, avec l'aide de 8 LCM[1] américains qui ont remonté le fleuve depuis son embouchure et qui arrivent à Arles le 1er septembre, ce qui paraissait insurmontable est accompli[2].

Les premiers éléments du 2e régiment de spahis algériens du colonel Lecoq qui ont abordé la rive droite le 26 août, ont aussitôt reconnu Roquemaure et Remoulins, abandonnés par l'adversaire. Le 28, renforcés par des zouaves du 1er bataillon de zouaves portés, ils atteignent Bourg-Saint-Andéol et Saint-Martin-d'Ardèche, alors que le sous-groupement de Laprade, qui a repris à son compte l'important nœud de communication de Remoulins, s'éclaire vers Uzès. L'infanterie de la 1re brigade de la DFL se regroupe après avoir franchi le Rhône à Aramon et le régiment de reconnaissance de cette division, le 1er régiment de fusiliers marins (1er RFM – capitaine de corvette de Morcier), se met en route vers Lunel et Nîmes.

1. *Landing Craft Material :* bateaux de débarquement pouvant contenir deux chars.
2. Le pont lancé en Avignon ne permettait que le passage des véhicules légers (9 tonnes et au-dessous). Les véhicules lourds (chars, automoteurs, etc.) durent tous être passés par moyens flottants.

Le 29, le général du Vigier qui, d'un coup de *Piper Cub* a pris contact avec le général Truscott pour régler la marche sur Lyon, installe son PC à Bagnols-sur-Cèze. Lecoq marque un temps d'arrêt mais derrière lui nos forces se resserrent. Dans le Languedoc, le détachement de la 1re DFL dont le lieutenant-colonel Simon, commandant le 8e RCA[1], a pris la tête, atteint sans encombre Montpellier et continue sa marche facile sur Béziers.

Le 30 août, du Vigier donne le signal du départ. Il a réparti ses forces en trois colonnes, avec l'intention de progresser la gauche en avant. Au CC 2, suivi en principe du *Regimental Combat Team* n° 2 (RCT 2 – colonel Garbay), il fixe pour axe de progression Alès-Langogne-Le Puy-Saint-Étienne-L'Arbresle. Parallèlement à lui, le détachement Lecoq suivi du *Regimental Combat Team* n° 1 (RCT 1 – colonel Delange) empruntera l'itinéraire Uzès-Aubenas-Vals-les-Bains-Saint-Chamond. Quant à la route nationale 86, en bordure du Rhône, elle est attribuée au *Combat Command* n° 1 (CC 1 – général Sudre) qui aura à assurer la liaison avec le 6e corps d'armée du général Truscott.

Pratiquement, le manque de carburant qui commence à se faire sentir et le nombre trop limité des camions vont, dès le début, être le principal obstacle à la rapidité de la progression. Les RCT de la 1re DFL en particulier s'en trouveront très affectés. Faut-il ajouter que l'enthousiasme naturel en un tel moment invitait à quelques fugues provoquées par les plus louables motifs, tels que celui de recruter des volontaires pour grossir les rangs des unités ? Et puis, c'était si merveilleux de retrouver la France...

Néanmoins, dès le 30 août, les ravitaillements sont poussés sur Avignon où s'ouvrent le 1er septembre un dépôt d'essence et un dépôt de vivres. De plus, un groupe de transport (le groupe 505), un détachement de la 701e compagnie d'essence, l'hôpital de campagne n° 421 et la formation chirurgicale de Mme Spears[2] sont mis à la disposition du 2e corps d'armée pour lui assurer pendant son mouvement le maximum d'autonomie.

Quoi qu'il en soit, chaque commandant d'unité doit accomplir des acrobaties pour répartir au mieux le peu d'essence qui lui parvient des

1. RCA : Régiment de chasseurs d'Afrique.

2. Mme Spears, femme du général anglais Spears, a suivi la 1re DFL avec sa formation chirurgicale en Tripolitaine et en Italie et a débarqué avec elle en France.

plages où les Américains, eux-mêmes surpris par les besoins inopinés de cette poursuite et soucieux de satisfaire à leurs propres demandes, se montrent parcimonieux. On siphonne les véhicules en panne ou non indispensables pour faire le plein des éléments de tête. On organise des navettes, on se débrouille !

De ce seul point de vue déjà, l'itinéraire excentrique prévu pour le CC 2 offre de sérieux inconvénients. Mais il en présente un plus grave encore, qui est de retarder la poussée en force de tous les éléments disponibles sur Lyon où il importe pourtant d'arriver sans délai. Le 31 août, je me rends à Bagnols où m'accompagne le général de Monsabert qui, dès le lendemain, prendra le commandement du 2e corps et où le général du Vigier, venant de Vals, me rejoint tard dans la soirée. Je prescris à du Vigier de resserrer son dispositif sur sa droite en évitant de « pousser en montgolfière » vers Le Puy, et en prenant Saint-Étienne pour limite ouest.

En même temps, je lui annonce que, dorénavant, un groupement tactique temporaire, formé du 2e dragons, du régiment d'infanterie coloniale du Maroc (RICM – lieutenant-colonel Le Puloch) et du groupe naval d'assaut, sous les ordres du colonel Desazars de Montgaillard et actionné directement par l'armée, prendra à son compte le nettoyage du Languedoc et du Roussillon. Je ne fais qu'exécuter là des instructions reçues du gouvernement qui semble se préoccuper spécialement de la situation locale aux abords de la frontière espagnole : mais il ne faut pas que cette mission secondaire nuise à l'exécution de la mission principale sur Lyon. Et c'est ce qu'à l'issue de cette conférence de Bagnols confirmera encore expressément ma directive d'orientation n° 2.

Cette soirée de Bagnols-sur-Cèze mérite une mention à un autre titre. C'est là que je rencontrai le commandant Vigan-Braquet, chef du maquis « Ardennes », ainsi dénommé pour mieux cacher à l'Allemand que ses hommes étaient originaires du Gard... Tous étaient volontaires pour lier leur sort au nôtre. D'emblée, je les incorporai. Noyau du futur 20e BCA[1], le maquis « Ardennes » était ainsi la première unité FFI intégrée officiellement à l'armée B.

Dans sa nouvelle formation, le groupement du Vigier utilise bien sa journée du 1er septembre. Le plus souvent, c'est le contenu des réservoirs

1. BCA : Bataillon de chasseurs alpins.

qui fixe la limite extrême des progressions. Lecoq a ses reconnaissances vers Rive-de-Gier et ses autres éléments vers Saint-Chamond. Le CC 2 qui s'est rabattu vers l'est est à 9 kilomètres au sud de Saint-Étienne. Seul, le CC 1, vers Saint-Péray, en face de Valence, est, par la force des choses, un peu à la traîne. Mais un de ses pelotons a eu, dans la journée, l'occasion de prêter main-forte à des FFI pour faire prisonniers quelques milliers d'Allemands attardés.

En bref, au moment où se constitue le 2e corps d'armée, malgré maintes difficultés que je ne puis songer à rapporter, nos troupes ne sont plus qu'à une cinquantaine de kilomètres de Lyon. En dépit de leur retard initial et du handicap du franchissement du Rhône, elles ont donc, à peu de chose près, rattrapé le 6e corps US dont la division de gauche, la 36e DIUS, arrive à Saint-Symphorien-d'Ozon, tandis que la 45e DIUS, amorçant un vaste débordement, a dépassé Ambérieu.

Ainsi est réalisée la première de mes intentions : nous porter à hauteur des éléments américains et, à leur côté, retrouver l'autonomie de notre marche contre l'ennemi.

Mais on ignore encore si le général Wiese défendra Lyon dont l'investissement se dessine. Pour l'instant, il essaie d'endiguer l'avance alliée sur le point le plus sensible pour lui, c'est-à-dire là où elle menace sa liaison avec l'Alsace. Utilisant à nouveau sa 11e *Panzer*, il la lance sur le flanc de la 45e DIUS qu'il cherche à rejeter au sud de l'Ain. Il n'y réussit pas, mais profite du temps d'arrêt qui résulte de sa contre-attaque pour accélérer la retraite de ses colonnes de Lyon vers Dijon. Cependant cette retraite même ne fournit pas la preuve qu'il veuille abandonner la grande ville sans combat. Et les FFI de la région clandestine R 1, conduits par le colonel Descours[1], ont hâte de participer à une action d'ensemble qui mettra un couronnement à leurs longs et héroïques efforts en les amenant à donner la main à leurs camarades de la Résistance lyonnaise.

Leur insistance, si conforme à mes propres desseins, n'est pas étrangère à la décision que prend, le 2 septembre au matin, le général de Monsabert qui, après de rapides adieux à sa chère 3e DIA, vient d'arriver au PC du 2e corps, installé à Privas. En exécution de la directive d'orientation n° 2 que je lui ai fortement commentée à Bagnols et qui fixe les conditions

1. « Bayard » dans la Résistance. Le colonel Descours commandait la zone alpine de R 1 dont le chef régional était le colonel Alban.

dans lesquelles Lyon doit être abordé, il prescrit à la 1re DFL d'investir le soir même la ville par les hauteurs ouest et nord-ouest, en étroite coopération avec les FFI. Dans le même temps, la 1re DB couvrira l'action à distance en faisant écran face à l'ouest par où peuvent toujours déboucher des colonnes retraitant du sud-ouest, et surtout en occupant Villefranche et les ponts sur la Saône entre cette ville et Lyon. Ces instructions données, Monsabert porte son PC avancé à Saint-Étienne où les éléments du groupement Lecoq[1] sont entrés la veille au soir, au milieu de l'allégresse générale. Le PC est ensuite poussé à Saint-Galmier.

En réalité, la 1re DFL, d'ailleurs considérablement retardée par la crise dramatique des transports, n'aura pas à s'engager. Lorsque, par l'itinéraire prévu, elle pénétrera dans Lyon, le 3 septembre à 8 heures du matin, le commandement allemand aura réussi à en retirer ses dernières troupes. Depuis la veille au soir, les FFI de Bayard y bordent la rive gauche du Rhône dont tous les ponts sont détruits.

Les combattants sans uniforme ont ainsi la fierté légitime d'entrer en tête dans la grande cité qui avait mérité d'être appelée la capitale de la Résistance. Avec délicatesse, la 36e DIUS, qui en a atteint les portes à l'est et au sud, arrête son mouvement pour laisser à la DFL l'étrenne d'un enthousiasme indescriptible. Et je consacre cette priorité en nommant Brosset commandant d'armes de Lyon.

Mais, plus au nord, les blindés connaissent une autre sorte de joie, celle de reprendre enfin le contact avec l'ennemi.

L'honneur en revient d'abord, le 2 au soir, au 2e RSAR qui a mission de couper, au plus près de l'agglomération, les routes au nord de Lyon. Ses pelotons foncent sur les carrefours de la nationale 6 et sur Tassin-la-Demi-Lune, y bousculent des bouchons antichars et incendient quelques véhicules de la *Wehrmacht*. Mais nos automitrailleuses dispersées ne peuvent prétendre à interdire le passage dès que se présentent des éléments lourds. Une forte colonne réussit à monter vers Villefranche : au tour du CC 2 du colonel Kientz de lui barrer la route.

Le CC 2 en effet, après avoir atteint L'Arbresle, a découplé ses reconnaissances vers la Saône. Hélas ! son régiment de chars, en panne sèche,

1. Le groupement Lecoq comprend le 2e régiment de spahis algériens de reconnaissance (2e RSAR), le sous-groupement de Laprade du CC 1, une compagnie du 1er bataillon de zouaves portés du CC 2, et une batterie du 68e régiment d'artillerie (68e RA).

manque à l'appel. Son absence seule empêchera de recueillir le bénéfice total de la longue poursuite.

L'escadron d'automitrailleuses du capitaine Moutis du 3e RCA que soutient la compagnie Landowski du 1er bataillon de zouaves, s'empare du carrefour de Marcilly et lance un peloton jusqu'à la gare de Saint-Germain-au-Mont-d'Or. Mais, dans la nuit, la colonne allemande que n'a pu arrêter le 2e RSAR parvient à forcer, non sans peine, ce second barrage et à récupérer provisoirement le carrefour. Pourtant, elle n'est pas au bout de ses malheurs. Car un escadron détaché du 2e RSAR patrouille déjà depuis plusieurs heures entre Anse et Villefranche et précède les éléments du CC Kientz qui le rejoignent dès l'aube du 3 septembre.

À 6 heures du matin, l'accrochage se produit à Anse. Il va se poursuivre des heures durant, avec des alternatives diverses selon l'importance des groupes ennemis qui tentent de se frayer un passage. Mais ceux-là mêmes qui finissent par forcer le barrage retombent 6 kilomètres plus loin sur notre détachement de Villefranche qui bouche les issues nord et ouest de la ville et tient le pont sur la Saône, pris intact par un coup de surprise.

Pendant toute la journée, le combat reste indécis. Au centre de l'agglomération, l'ennemi s'est retranché et se cramponne, le sacrifice de l'AM *Belliqueuse* qui enfonce le portail du collège de Montgré achève de jeter dans ses rangs le désarroi. En fin d'après-midi, Villefranche est entièrement nettoyée et la dernière colonne allemande échappée de Lyon, définitivement anéantie.

Deux mille prisonniers, plusieurs centaines d'Allemands tués, des dizaines de véhicules de combat ennemis flambant comme des torches : tel est le tableau de chasse dont peuvent s'enorgueillir la poignée de zouaves, les quelques automitrailleuses et tanks-destroyers constituant la tête de la division du Vigier qui fut – soulignons-le – remarquablement épaulée au cours de ces ardents combats d'Anse et de Villefranche par le bataillon FFI du Charolais du commandant Claude.

Notre poursuite par la rive droite du Rhône et de la Saône n'a pas été vaine.

Elle ne l'a pas été davantage à la droite de notre dispositif.

À vrai dire, pour les éléments de la 2e DIM appelés à assurer la couverture sur les Alpes, le mot de « poursuite » n'est pas exactement adapté.

Sans causer d'inquiétudes réelles, le flanc alpin appelle l'attention. Les Américains ne le tiennent qu'avec des forces extrêmement ténues et dispersées. Le 29 août, celles-ci ne peuvent s'opposer à deux forts coups de main par lesquels les Allemands redeviennent maîtres de Briançon et menacent Barcelonnette.

Ces incidents, joints aux renseignements qui arrivent sur les mesures prises par le commandement ennemi pour étoffer son dispositif entre la Méditerranée et le lac de Genève, exigent de promptes précautions. Je demande donc au général Dody de faire mouvement sans attendre le débarquement de l'ensemble de sa division. Dès le 30 août, son premier *Combat Team*, dont le 4e régiment de tirailleurs marocains forme le noyau, quitte les plages pour gagner les avancées de Gap. Vingt-quatre heures plus tard, la relève des unités américaines est terminée. Avec le concours des groupements FFI dauphinois – qui portent sur leurs fanions le nom glorieux de Vercors et qui formeront dans peu de semaines, avec ceux de la Savoie et de la Haute-Savoie, la 27e division alpine – nous tenons Prelles, le col de l'Izoard, le col de Vars, avec nos gros entre Guillestre et Embrun. La liaison est prise avec la division Airborne à Saint-Paul-d'Ubaye, tandis que, vers le nord, la *Task Force* Bibo[1] occupe le Monetier et barre le Lautaret. Un groupe d'artillerie lourde appuie notre *Combat Team* et un groupement de tabors marocains s'apprête à le renforcer. Dorénavant, les Allemands se tiendront tranquilles…

D'ailleurs, Béthouart arrive par avion d'Italie et me rejoint à Aix, aux premières heures du 1er septembre, au moment où je rentre de Bagnols-sur-Cèze. C'est un vieil Alpin. Pour son retour en France, je le charge provisoirement de coordonner les opérations de couverture dans les Alpes en attendant de pouvoir lui donner le commandement de notre aile droite en direction de Belfort. Il devra reprendre rapidement Briançon, se porter en Maurienne puis nettoyer la Tarentaise – toutes choses qui seront faites dans les jours suivants. Pour l'y aider, je lui donne le RCT 1 de la 3e DIA, celui de Linarès : en fait, il en utilisera un bataillon, vers Bourg-Saint-Maurice et le Petit Saint-Bernard.

Et c'est fort heureux, car la 3e DIA n'a pas trop de tous ses moyens pour mener à bien le raid-express qu'elle a commencé, elle aussi, le

1. Groupement temporaire de protection du flanc, commandé par le lieutenant-colonel Harold S. Bibo.

30 août, et auquel cette fois s'applique, au sens plein, la dénomination de « poursuite ».

Initialement, l'obligation de maintenir une garnison temporaire à Marseille – le 7ᵉ RTA – et la rareté des camions ne permettent que la mise en route d'un groupement de 6 000 hommes, confié au colonel Bonjour. En plus de son 3ᵉ RSAR, Bonjour dispose du *Regimental Combat Team* n° 3, comprenant, en dehors des classiques éléments de toutes armes, le 4ᵉ régiment de tirailleurs tunisiens (4ᵉ RTT) que le colonel Guillebaud vient seulement d'amener d'Italie, trop tard pour qu'il participe aux batailles de Provence, et qui brûle de ne pas être longtemps en reste avec ses émules de la division, le 3ᵉ RTA et le 7ᵉ RTA.

Dans l'état des renseignements parvenus le 30 août, la mission du groupement Bonjour ne saurait être que générale et prudente. Il ne lui est demandé que de se porter dans la région de Grenoble et d'être prêt à continuer son mouvement sur Ambérieu par Morestel et Lagnieu, si la 45ᵉ et la 3ᵉ DIUS n'encombrent pas la route.

Mais, à leur arrivée à Grenoble, Bonjour et Guillebaud apprennent que la 45ᵉ DIUS a franchi le Rhône supérieur et tient Ambérieu ainsi que Meximieux, sur la rive droite de l'Ain. Sans attendre que le compte rendu de cette situation ait pu parvenir jusqu'au lointain PC de la 3ᵉ DIA, ils décident d'exploiter à fond et de pénétrer dans le créneau qui s'ouvre à la droite des Américains. S'intercalant au travers de leurs colonnes sur la grand-route Grenoble-Bourg-en-Bresse qui nous est commune, le RCT 3 traverse le Rhône et s'installe, le 31 au soir, à Belley, Lagnieu et Ambérieu. Le gros du 3ᵉ RSAR couvre son flanc droit en poussant des éléments légers sur la route qui longe la rive ouest du lac du Bourget et en poussant le long du Rhône jusqu'à Culoz et Seyssel.

Le 1ᵉʳ septembre, la vitesse se ralentit quelque peu, car le groupe de transport mis à la disposition du colonel Guillebaud redescend vers la côte pour embarquer le RCT 1 du colonel de Linarès. Toutefois, Nantua est occupé par le 4ᵉ RTT et la liaison sérieusement prise à gauche, au sud-est de Bourg-en-Bresse, avec la 45ᵉ DIUS.

Devant cette dernière, la violente contre-attaque de la 11ᵉ *Panzer* à laquelle j'ai fait allusion à propos de la prise de Lyon stoppe toute avance. Bourg-en-Bresse et Pont-d'Ain demeurent toujours au pouvoir des Allemands qui cherchent à se donner de l'air en réduisant la tête de pont sur la rive droite de l'Ain. Nos alliés, en dépit de tout, se tiennent à Meximieux; mais ils ne peuvent plus se rabattre vers l'ouest pour aller donner la main, au nord de Lyon, à notre 2e corps. La résistance nazie les incite à remonter toujours plus haut vers la droite pour tenter un débordement.

Ce faisant, ils se maintiennent dans la zone d'action qui devait nous être dévolue. Il nous reste pourtant le couloir du Jura. Le général Besançon qui vient de prendre par intérim le commandement de la 3e DIA entend s'y engager à corps perdu. Bonjour repart à toute allure. Le 2 septembre à midi, deux de ses escadrons sont à Saint-Claude et coiffent à Saint-Laurent-du-Jura une centaine d'Allemands qui se rendent. Un autre escadron pousse des patrouilles sur Lons-le-Saulnier et Poligny. Et l'infanterie suit de son mieux.

Cette journée apporte deux événements essentiels: d'une part, le contact est repris; d'autre part, gagnant le match de vitesse engagé avec le 6e corps d'armée américain, dont la droite est toujours violemment accrochée sur l'Ain, la 3e DIA se trouve maintenant à l'extrême pointe de la 7e armée, en flèche vers le nord-est, sur la direction stratégique fixée à l'armée B.

Le 3 septembre, l'avantage ne fait que se confirmer. Lons-le-Saulnier, Champagnole, Morez sont libérés par les spahis de Bonjour et les tirailleurs de Guillebaud.

Plus à l'est, le RCT 1 de Linarès entre en jeu. Parcourant avec son 3e RTA sur camions une région que les vaillants FFI des « deux Savoies » ont déjà libérée en partie, chassant ou capturant les troupes allemandes ou italiennes, il brûle les étapes. Il traverse Chambéry, Aix-les-Bains sous les hourras de la population, dépasse Rumilly, franchit le Rhône à Collonges, arrive à Gex, grimpe le col de la Faucille, atteint le poste frontière de la Cure et, en liaison avec les FFI de Franche-Comté, pousse des détachements vers le lac des Rousses et le bois d'Amont, d'autres vers Morez pour bloquer les nombreux groupes d'Allemands et de Cosaques à leur solde qui, devant la pression de Bonjour, tentent de gagner la Suisse.

En même temps qu'il lance son gros vers le nord, de Linarès découple des reconnaissances du 7e RCA sur sa droite. À Annecy, celles-ci sont accueillies par l'héroïque bataillon des Glières du commandant Godard. Plus au nord, un contact émouvant est pris avec le maquis de Saint-Julien-en-Genevois qui a chassé, dès le 23 août, l'adversaire de toute la zone comprise entre le Salève et la frontière suisse.

Le RCT 1 a parcouru 170 kilomètres dans la seule journée du 3 septembre. Maintenant, notre décalage vers le nord par rapport à la 45ᵉ DIUS, toujours accrochée devant Bourg-en-Bresse, est de plus de 60 kilomètres : trois semaines après le débarquement, nous poussons une pointe menaçante vers la trouée de Belfort où nous allons peut-être arriver avant les débris de la 19ᵉ armée allemande en retraite dans la vallée de la Saône et dans celle du Doubs...

Tel est du moins le grand projet que je caresse déjà depuis quarante-huit heures et dont, dans la nuit du 1ᵉʳ au 2 septembre, j'envisage la réalisation avec le chef adjoint de mon état-major, le colonel Valluy. Je rédige un projet de directive basé sur le déploiement de toute l'armée B entre Saône et Suisse, avec deux corps d'armée disposant chacun d'un CC de la 1ʳᵉ DB et axés, le 2ᵉ corps sur Dôle, Besançon et Vesoul, le 1ᵉʳ corps sur Pontarlier-Montbéliard et Belfort – le 1ᵉʳ régiment de chasseurs parachutistes (1ᵉʳ RCP – lieutenant-colonel Faure) intervenant dans l'affaire pour être largué sur les lisières est de la trouée de Belfort.

Puis, je fais un saut dans le Languedoc. Je dois en effet contrôler la situation dans cette région et je veux vérifier l'action – d'ailleurs sans histoire – du détachement Desazars. Cette inspection me procure la joie d'un court arrêt à Montpellier... Que de chemin parcouru depuis le 11 novembre 1942 où j'en étais parti vers les Corbières, avec la volonté de soustraire les régiments de la 16ᵉ Région militaire à l'obligation de se laisser faire passivement prisonniers dans leurs casernements et où l'annulation par un ministre félon des ordres de l'état-major général, conformes aux exigences de l'honneur militaire, avait paru entraîner l'anéantissement de notre armée ! Toutefois, ce 2 septembre, ce n'est point le désir de prendre une revanche sur le sort qui m'anime, mais le besoin de partager l'immense allégresse d'une population que j'ai quittée dans la détresse et d'affirmer avec elle que la foi en la France finit toujours par triompher.

Pourtant, je n'ai pas le droit de m'arrêter aux émotions du passé ni à l'enthousiasme du présent. Après quelques heures inoubliables vécues à Montpellier même, et un aller et retour à Perpignan où je ne découvre aucune confirmation des craintes qu'on avait éprouvées en haut lieu, je me hâte de regagner mon PC. À peine y suis-je de retour, dans l'après-midi du 3 septembre, que j'apprends le brusque changement apporté par le général Patch aux opérations précédemment prévues pour le 6ᵉ corps américain et pour l'armée B, et l'interversion de leurs missions respectives.

L'arrivée devant la trouée de Belfort et la jonction avec les armées débarquées en Normandie

Ces missions étaient fort précises depuis la réunion tenue à Brignoles le 29 août et à laquelle avait pris part sir Maitland Wilson. Venu en France pour préparer la transmission de ses pouvoirs stratégiques sur la 7e armée au profit du général Eisenhower, le commandant suprême du théâtre méditerranéen avait voulu que la soudure avec l'armée Patton fût assurée par le corps Truscott, de telle sorte que, dans le dispositif final des armées alliées, les forces américaines soient côte à côte et l'armée française à l'aile extrême du front occidental.

C'est pourquoi la libération de Lyon devait entraîner l'infléchissement vers la gauche du 6e corps et le regroupement vers la droite de toutes nos unités.

Mais, dans la nuit du 2 au 3 septembre, le général Truscott commandant le 6e corps US fait valoir au général Patch les possibilités offertes par son avance en Bresse pour « continuer à poursuivre implacablement l'adversaire sur l'axe Lons-le-Saunier-Besançon-Belfort afin de l'empêcher de s'échapper vers l'Allemagne ».

Avec le dépassement de la ville de Lyon par les forces françaises et américaines, se trouvent épuisées les prévisions du *planning* établi par l'état-major de la 7e armée américaine, dont le chef se trouve dès lors dans l'obligation d'improviser une nouvelle manœuvre. Le général Patch donne aussitôt son agrément à celle que lui propose le général Truscott, d'autant plus qu'il craint que le mouvement de rocade qu'aurait à effectuer notre 2e corps d'armée pour s'orienter vers le nord-est n'entraîne un ralentissement temporaire des opérations.

Ainsi, oubliant le travail déjà accompli et les positions d'ores et déjà gagnées par les deux RCT de la 3e DIA, le général Patch dans l'espoir de saisir ce qu'il appelle « une occasion fugitive », annule toutes ses instructions précédentes et inverse les zones d'action antérieurement fixées : il donne pour direction au 6e corps d'armée US Besançon-Belfort, et à l'armée B celle de Mâcon-Chalon-sur-Saône-Dijon-Épinal-Strasbourg.

Je ne puis dire que ce changement m'agrée : il retarde le regroupement de l'armée et présente, d'autre part, le désavantage de maintenir à l'ouest de la Saône notre 1re division blindée alors que sa présence sur l'axe essentiel de poursuite, vers l'Alsace, paraîtrait logique. Mais il n'y a pas lieu de discuter puisque au moment où ce contrordre me touche, Truscott a déjà reçu un blanc-seing et a commencé vigoureusement la mise à exécution du nouveau plan.

Maintenu de part et d'autre du 6e corps américain, je tiens à marquer ma position en créant sans plus attendre notre 1er corps : il entrera officiellement en action le 6 septembre à 0 heure et comprendra la 3e DIA, la 9e DIC, et, au fur et à mesure que ses éléments pourront être retirés des Alpes, la 2e DIM.

À ce 1er corps, je prescris de se maintenir sur la direction Besançon-Belfort, « en vue de réaliser au mieux le but stratégique recherché par le général commandant la 7e armée ». Quant au 2e corps, il devra atteindre au plus tôt Dijon, le seuil de Langres, Jussey, Épinal, cherchant la liaison avec l'armée américaine de gauche[1] vers Chaumont-Neufchâteau, s'assurant en tout état de cause la trouée de Charmes à gauche et, à droite, la route vers l'Alsace de Colmar.

En d'autres termes je cherche à pousser mes deux corps d'armée vers le Rhin en « exploitant à fond en direction des trouées de Saverne et de Belfort », de part et d'autre du 6e CAUS que je ne désespère pas de « coiffer » à l'arrivée sur ces objectifs.

Le général Patch approuve mes ordres et précise que le 1er CA disposera des itinéraires à l'est de l'axe Besançon-Belfort. Les détails seront réglés directement avec le général Truscott dont le *fair play* ne se dément jamais.

En face de nous, le général Wiese devine exactement la menace. Et l'homme connaît son métier.

Ce n'est plus seulement sa 19e armée qu'il doit sauver du désastre : vers la Bourgogne reflue également la 1re armée allemande, se repliant en grand désordre du centre et du sud-ouest de la France. De Bayonne à Nantes, sauf les garnisons sacrifiées des ports atlantiques, toute la *Wehrmacht* fuit. Trois divisions et d'innombrables unités territoriales ou de services, formées en *Marschgruppen*, les uns motorisés, les autres à pied, tentent de rallier en dépit des constantes attaques de nos maquis et de

1. Ce texte est celui du télégramme n° 395/3-S que j'envoyais le 3 septembre au soir au général de Monsabert. L'armée américaine qui y est visée est celle que le 2e CA devait trouver *sur sa gauche*, c'est-à-dire, celle qui fermait *la droite* des armées débarquées en Normandie, l'armée Patton.

l'aviation, la zone Montbard-Dijon-Autun. C'est à Wiese qu'il incombe de tenir ouverte le plus longtemps possible la porte du Heimat.

Par-dessus tout, il lui faut empêcher que le gond n'en soit arraché. Le gond, c'est la trouée de Belfort. Son objectif n° 2 sera donc d'en interdire l'approche. Mais, en même temps, son objectif n° 2 sera de s'opposer à ce que le battant ne se referme trop rapidement. Pour cela, il va chercher à poser des « cales » successives, à la hauteur de Beaume puis à celle de Dijon. Par chance, il n'a pas à se préoccuper beaucoup d'une fermeture venant du nord car, de ce côté, l'armée Patton le borde sans le presser, les plans du général Eisenhower ne comportant pas à l'origine de poussée vers le sud-est.

Wiese dispose aussi d'un autre atout : le repli le rapproche de ses bases et, à chaque étape, il peut utiliser les énormes stocks accumulés durant quatre années d'occupation. À l'inverse, les forces qui l'assaillent sont maintenant à des centaines de kilomètres des plages d'où provient la totalité de leurs approvisionnements auxquelles ne les rattache aucune voie ferrée utilisable. Il faudra des semaines pour remettre en état le réseau, et jusque-là, Français et Américains se trouvent tributaires des camions qui finissent, dans leurs incessantes navettes, par dévorer plus d'essence qu'ils n'en peuvent apporter sur la ligne de feu.

Or le moindre répit est capital pour les Allemands qui réorganisent en hâte et avec la plus grande énergie leurs unités dès qu'elles ont pris un peu de champ. Gagneront-ils les quelques heures indispensables pour éviter le knock-out ? S'ils y parviennent, ce ne sera pas notre faute !

La poussée vers Belfort. – Car, le 4 septembre, c'est un nouveau bond de 60 kilomètres qu'effectue la 3e DIA. Le général Duval qui la commande en attendant l'arrivée du général Guillaume[1] met tous ses moyens en ligne. Avec Bonjour, dont le groupement est dissous, il forme une avant-garde chargée d'éclairer ses deux RCT, Guillebaud à gauche, objectif : le camp du Valdahon ; Linarès à droite, objectif : Pontarlier, puis Morteau.

Devant Guillebaud, le contact est rompu. En fin d'après-midi, son bataillon de tête, le 3/4e RTT rejoint les spahis à Ornans après une

1. On se souvient que le 1er septembre le général de Monsabert a pris le commandement du 2e corps d'armée. Pour le remplacer à la tête de la 3e DIA, j'ai désigné à la même date le général Guillaume qui ne quitte qu'à contrecœur ses fidèles goumiers marocains. Le commandement des GTM est dès lors assuré par le colonel Hogard.

marche que l'accueil des populations jurassiennes rend triomphale. Mais, à sa droite, le canon tonne : Linarès doit attaquer.

Son premier sous-groupement rencontre, en effet, une sérieuse résistance à Mouthe qu'occupe un *Kampfgruppe* bien doté en armes antichars et renforcé de nombreux éléments, en particulier de douaniers auxquels cette petite ville a été donnée comme point de rassemblement. Le lieutenant-colonel Goutard, qui conduit le sous-groupement, a monté une manœuvre de débordement pour attaquer l'obstacle par le nord et l'ouest. Mais la mise en place demande toute la matinée et, malgré l'appui précieux du groupe FTP Benoît, la disproportion des forces est flagrante. Un premier assaut, lancé à 14 heures, échoue. Il est repris un peu plus tard, cette fois avec l'aide d'un escadron du 3e RSAR. La lutte est d'autant plus acharnée que sont plus visibles les marques des atrocités commises par les Allemands. Nos morts – et notamment le maire de Mouthe qui vient d'être fusillé sans motif – sont bientôt vengés : une centaine de cadavres, 300 prisonniers, c'est tout ce qui reste du *Kampfgruppe*. Le surplus a pu fuir vers la Suisse.

Sans désemparer, car la nuit tombe, Goutard repart vers Pontarlier dont il atteint les lisières sud vers 21 heures. Il y prend liaison avec l'autre sous-groupement du RCT 1 que le commandant Destrémeau a amené de Saint-Claude vers les faces ouest et nord de la ville. L'investissement est ainsi largement amorcé. L'attaque pourra avoir lieu au petit jour.

De fait, le 5, dès 7 heures, elle se déclenche. Image du chaos européen créé par la folie de Hitler, Pontarlier est défendu par des Allemands et par des Cosaques de l'armée Vlassov alors que des Ukrainiens appartenant à cette même armée rallient nos rangs et se battent avec nous ! Successivement, les divers points d'appui, manœuvrés avec audace et habileté, tombent entre nos mains. Peu après midi, notre succès est total.

Goutard s'arrache aussitôt à l'allégresse des habitants. Avec une dizaine de véhicules, il fonce vers la gloire… Il traverse Morteau, arrive à Maîche. Déjà, il se voit à Delle. Hélas ! il n'a avec lui qu'une compagnie – et l'ordre lui parvient de ne pas dépasser Maîche.

C'est que, sur la gauche, les choses ne vont pas toutes seules.

En arrivant à Ornans, le 4 septembre au soir, le colonel Guillebaud a employé le procédé le plus sûr pour se renseigner sur l'ennemi : il a décroché le téléphone, laissé intact par les Allemands, et a appelé le directeur des postes de Besançon puis la receveuse du Valdahon ! Celle-ci lui signale la présence d'un millier d'hommes au camp et l'existence d'un petit poste au carrefour d'Étalans, sur la grand-route venant de Besançon. Dans cette ville, arrive la 11e *Panzerdivision*. Il s'agit de se hâter si l'on veut pouvoir couper les lignes de retraite adverses.

Le colonel Bonjour répartit son monde de façon à border les lisières sud du camp et à interdire les routes qui vont de Besançon vers l'est et le sud-est. Vers minuit, il parvient à Nods où ses premiers éléments sont aux prises avec un convoi allemand. L'engagement est confus mais, en définitive, tourne à notre entière faveur : aucun renfort ne peut plus gagner Pontarlier et nous tenons, avec Nods et Épenoy, deux nœuds de routes importants.

Faisant confiance, pour assurer ses arrières, aux spahis et à la queue de son RCT qui doit serrer sur Ornans – le Valdahon, Guillebaud interprète dynamiquement l'ordre que lui adresse le général Duval. « La division, indique celui-ci, manœuvrera de façon à couper au plus loin la retraite de l'ennemi sur la nationale 73 (route de Dole-Besançon à Belfort)… La situation autorise toutes les audaces. » Trois chars légers, un bataillon et demi d'infanterie, dont une seule compagnie à la fois peut être transportée par camions, une batterie de 105, une section du génie, c'est tout ce dont dispose dans l'immédiat le commandement du RCT 3. C'en est assez pour qu'il décide d'abattre de nuit les 35 kilomètres qui le séparent encore de Baume-les-Dames.

À 1 heure du matin, par un clair de lune splendide, ce petit sous-groupement démarre. Une avant-garde s'est assurée par surprise du carrefour d'Étalans. À 4 h 30, la colonne – quatorze véhicules au total ! – arrive en vue de Baume, à 2 kilomètres du pont sur le Doubs. La route est barricadée. À 6 heures, les chars de l'aspirant Capdaspe, montés par des grappes de Tunisiens, foncent, foudroient le poste de garde, s'emparent du pont, débouchent sur la place de l'Église, détruisent à la grenade incendiaire deux automoteurs. À 9 heures, bien que les Allemands se soient, comme d'habitude, ressaisis et occupent toujours le carrefour principal de la ville, notre tête de pont a pris de la consistance grâce à l'apport d'une deuxième compagnie de Tunisiens et d'une batterie de 105 ainsi qu'au concours de la compagnie FFI du capitaine Besançon qui a immédiatement rallié notre pointe d'avant-garde. La nationale 73 est coupée : il reste à attendre la prochaine arrivée du complément du sous-groupement.

Vers 10 heures, un train de munitions et de matériel entre en gare, venant de Besançon. Nos canons le prennent pour cible et l'incendient à la sortie d'un tunnel, bloquant sous celui-ci un second train qui le suivait. Ainsi le temps n'est pas perdu, mais il commence à paraître long, car les compagnies de renfort ne sont toujours pas signalées. Et pour cause ! Elles ont affaire ailleurs...

En effet, le commandement ennemi, qui vraisemblablement n'a pas encore réalisé notre irruption, vient d'être servi par le hasard. Sans doute dans le dessein de rester maître de la ligne Besançon-Pontarlier dont il ignore que nous la tenons déjà en plusieurs points, il jette sur elle les éléments dont il dispose autour de Besançon. Le convoi défait à Nods devait former la tête de ces éléments. Mais, derrière lui, il y a du « dur » : un *Kampfgruppe* de la 11e *Panzer* avec une douzaine de chars *Panther* et de l'infanterie portée.

Cette force, dans la matinée du 5, tombe en plein sur le flanc des unités qui font mouvement pour rejoindre le colonel Guillebaud dans Baume. La 11e compagnie du 4e RTT qui se trouve en queue de colonne est accrochée à Étalans. Elle réussit à s'y maintenir mais s'y trouve encerclée, et les chars nazis se mettent à escadronner dans toute la zone pour faire leur jonction avec la garnison du camp du Valdahon.

Durant toute la journée, les combats se déroulent, violents et désordonnés. Le commandant du 2/4e RTT, le capitaine Tiéri, est tué au volant de sa jeep. Et les *Panther* profitent de ce que nos TD n'ont pu encore arriver dans le secteur, faute de carburant, pour pousser des pointes dans toutes les directions.

Dès qu'il se rend compte de ce qui se passe, le général Duval réagit en prélevant chez Linarès qui achève l'affaire de Pontarlier le maximum de moyens et spécialement un escadron de TD du 7e RCA. Il les oriente en hâte vers sa gauche pour éviter qu'elle ne soit enfoncée dans des conditions d'autant plus graves que Guillebaud est isolé, à 25 kilomètres plus au nord et que, lui aussi, est en danger.

Car le groupement blindé qui exécute, sans qu'il le sache encore, un carrousel dans son dos n'est pas le seul que puisse mettre en ligne la 11e *Panzer*. Alerté sur la situation à Baume, le commandement allemand se hâte d'engager un deuxième *Kampfgruppe* qui entre en action vers 14 heures. Bientôt nos trois chars légers et deux canons de 57 sont détruits, le pont du Doubs est interdit. À la nage et sous un feu meurtrier, il faut repasser sur la rive gauche de la rivière, puis se mettre en « hérisson » sur les falaises qui la dominent. De là, on peut tenir et continuer à barrer par des tirs à vue la grand-route de Belfort. Mais les munitions diminuent[1]...

La journée a été chaude[2]. Que réserve le lendemain ?

Une heureuse surprise d'abord. Dans la nuit, la garnison allemande du Valdahon a abandonné le camp, et, sous la protection des chars, a retraité vers le nord. La route de Baume-les-Dames est maintenant libre et tout le RCT 3 de Guillebaud peut se ressouder.

Mais une déception aussi : c'en est fini de la poursuite ininterrompue. La 11e *Panzerdivision* se cramponne maintenant tout le long de la traversale Clerval-Pont-de-Roide-Porrentruy qu'elle verrouille. Bloqué au sud du Doubs, le RCT 3 s'emploie à ratisser d'ouest en est la chaîne du Lomont. Quant au RCT 1, s'il parvient à prendre pied sur la rive droite, il ne peut faire plus que de s'installer à Saint-Hippolyte et à Noirefontaine. En fin de journée, le 3e spahis – qui a nettoyé la zone du Valdahon et capturé à Landresse le chef de la *Feld-Kommandantur* de Besançon le lieutenant-général von Felbert, avec un bataillon territorial – dépasse quelque peu les Algériens, mais se trouve arrêté devant Pierrefontaine, entre Pont-de-Roide et la frontière suisse.

L'événement le plus marquant de cette journée de préstabilisation se passe à l'extrémité orientale de la chaîne du Lomont où Linarès prend la liaison avec un groupement FFI qui, sous les ordres du commandant américain « Paul », tient depuis trois mois, en dépit de son isolement et de multiples attaques allemandes, ce plateau escarpé et le vieux fort qui le couronne. Cet exploit, digne d'admiration, nous livre un incomparable observatoire sur la plaine de Montbéliard et le « chien de garde » de la trouée de Belfort. La 3e DIA est en vue de la Terre promise : mais, pour

1. Pour l'ensemble de la 3e DIA, il restait le 5 septembre au soir, une demi-unité de feu d'artillerie et un quart d'UF d'infanterie. (L'unité de feu équivaut aux besoins en munitions d'une journée de combats moyens.)

2. Signalons que, ce même jour 5 septembre, une soixantaine de parachutistes du bataillon français Conan, dépendant de la brigade britannique *Special Air Service* exécutèrent un coup de main sur le pont de Clerval, à 15 kilomètres en amont de Baume-les-Dames. Mais eux aussi, durement contre-attaqués, ne purent se maintenir. Leur intervention qui ne m'avait pas été signalée à l'avance ne fut connue de l'armée B que quelques jours plus tard.

l'instant, à bout de souffle après sa formidable randonnée, elle ne peut y pénétrer.

L'avance vers Beaune. – Mais la vallée même de la Saône, dans son cours inférieur, est le champ d'action de notre 2e corps.

Nous l'avons laissé, au soir du 3 septembre, au moment où lui parviennent mes ordres télégraphiques consécutifs au changement de l'axe de poursuite et où ses éléments les plus avancés viennent de libérer Villefranche. Devant lui, les queues de colonne de la 19e armée continuent à fuir. Sur sa droite, quelques éléments bousculés par les Américains refluent vers Mâcon et Tournus. Sur sa gauche, on signale de gros convois en marche, remontant du Sud-Ouest.

Mais le 2e corps n'a pas pour seul ennemi l'Allemand. Il doit compter aussi avec le plus efficace allié de celui-ci : la panne sèche !

Comme un leitmotiv agaçant, la formule revient sans cesse dans les comptes rendus de toutes les unités : « Plus d'essence... plus de gas-oil... »

Malgré tout, le général de Monsabert prescrit à la 1re DB de se porter sur Mâcon et à la 1re DFL, étalée jusqu'à Nîmes, de se regrouper en tenant un RCT motorisé prêt à suivre le sillage des blindés.

Ceux-ci, durant la journée du 4, progressent facilement. Nous sommes en pleine Saône-et-Loire où, depuis des semaines, des maquis remarquablement organisés et actifs ont, dans de larges zones, devancé l'heure de la libération.

Par la nationale 6, le CC 1 de Sudre dépasse Mâcon et gagne la région de Tournus avec pointe à Sennecey. Plus à l'ouest, le CC 2 de Kientz s'est arrêté, moteurs calés, vers La Roche-Vineuse. Mais le 2e RSAR de Lecoq, un peu plus riche, peut atteindre Buxy, à une quinzaine de kilomètres au sud-ouest de Chalon.

À divers signes, il est aisé de deviner que le contact sera bientôt repris – et durement.

On aborde, en effet, la ligne où le général Wiese a résolu de faire tête afin de conserver la libre disposition de Chagny et de Beaune, nœuds de communication vitaux pour l'écoulement des forces du Sud-Ouest. Disposant de la 716e *Infanterie Division* renforcée, il lui a donné l'ordre de tenir jusqu'au 6 septembre inclus, entre Le Creusot et Chalon.

Cet espoir sera déçu. Le 5, en effet, Sudre, d'abord bloqué au sud de Chalon, manœuvre par l'ouest et finit, après une journée de durs engagements, par nettoyer complètement la ville. Lecoq, de son côté, stoppé devant Givry par une résistance acharnée, la brise à la nuit lorsque le CC 2 le rejoint enfin. La ligne de Wiese est rompue en ses deux points essentiels. Il nous en a coûté assez cher en matériel – heureusement beaucoup moins en hommes. Mais le désordre chez l'ennemi est inextricable.

Pourtant, il ne se reconnaît pas battu. Faisant la part du feu, il organise en toute hâte durant la nuit une nouvelle position jalonnée par le cours de la Dheune. Il y rassemble la poussière de trois ou quatre divisions et un échantillonnage de toutes les armes, y compris les aviateurs « rampants » et quelques marins de l'École de navigation maritime des Sables-d'Olonne ! Mais tous ces soldats qui gardent le sens de leur devoir sont appuyés par une bonne artillerie.

Le 6, le dispositif de la DB reste le même que la veille. Le sous-groupement Vallin du CC 1 progresse sur la route directe de Chalon à Beaune par Demigny, éclairé à droite, vers Allerey et Saint-Loup par le sous-groupement Létang. À Saint-Loup comme à Demigny, il faut des heures de vifs combats pour franchir la Dheune. Une fois au nord de la rivière, un nouveau bond de quelques kilomètres s'avère encore possible. Mais plus on se rapproche de Beaune, plus le freinage se fait violent. Notre élan ne peut rien contre les centres de résistance installés dans les villages immédiatement au nord de cette ville.

Une fois de plus, le CC 2 est hors d'état d'appuyer comme il le voudrait le mouvement tenté sur l'axe principal, car sa misère reste grande. Mais il s'aligne sensiblement à la hauteur du CC 1 et, après avoir traversé Chagny, termine sa course aux abords de Meursault.

Au surplus, il ne lui est plus loisible de concentrer tout son effort vers le nord. De multiples indices et des renseignements certains soulignent la nécessité de se préoccuper aussi de l'ouest où la pression de l'ennemi retraitant par le Massif central et la Loire devient progressivement plus sensible.

Les ordres complémentaires des 6 et 7 septembre et la fin des opérations actives dans le secteur du 1er corps. – La situation en est là lorsque le PC de l'armée B regroupe enfin, le 6 septembre, ses tronçons d'Aix-en-Provence et d'Uriage à Mâcon. J'y arrive moi-même dans l'après-midi après avoir séjourné vingt-quatre heures à Lyon, où j'ai passé en revue, accompagné de M. Yves Farge, commissaire de la République, les unités de Brosset et les FFI, au milieu d'une population qui célébrait avec une ferveur bouleversante sa liberté retrouvée.

À Mâcon, on connaît évidemment très exactement ce qui se passe devant le 2ᵉ corps. Par contre, les comptes rendus reçus du 1ᵉʳ corps retardent quelque peu. On sait que des accrochages sérieux se déroulent au Valdahon et à Baume-les-Dames, mais on en ignore encore l'issue.

En tout cas, il est clair que tout doit être fait afin de gagner la course de vitesse engagée avec l'adversaire pour lui couper définitivement ses lignes de repli. Tous les ordres, verbaux ou écrits, que je donne dans la soirée et dans la nuit et que condense, de bonne heure le 7, mon ordre général d'opérations n° 38, ont pour but d'atteindre coûte que coûte ce résultat.

À Monsabert, je réitère mes instructions antérieures, visant la progression sur Dijon et Épinal. En outre, je lui prescris de se flanc-garder solidement sur sa gauche, en liaison avec les FFI, en direction de Paray-le-Monial, Autun, Montbard, Châtillon-sur-Seine.

À Béthouart, j'écris : « Bravo pour la manière rapide dont tu te portes sur Belfort. Il importe d'accélérer encore... Jette-toi d'urgence dans la trouée... Arrange-toi avec le 6ᵉ CAUS pour qu'il ne te gêne pas... Je te pousse le RICM et le RCCC. »

Je répartis, en effet, tous les moyens possibles entre mes deux corps d'armée. Je les renforce l'un et l'autre par le maximum d'artillerie, et tandis que j'envoie au 1ᵉʳ corps le régiment de reconnaissance et le régiment de chasseurs de chars de la 9ᵉ DIC, je mets à la disposition de Monsabert le 2ᵉ dragons[1] et lui laisse le bataillon de choc.

Enfin, je décide de réunir en *pool* tous les véhicules de transport pour diriger sur l'avant un ravitaillement massif de carburant « égal au minimum à 1 500 mètres cubes » – c'est-à-dire, à la consommation de deux journées, car nous dévorons en moyenne plus de 600 000 litres d'essence par vingt-quatre heures. À cette fin, je stoppe les mouvements automobiles de la 9ᵉ DIC vers le nord et lui emprunte ses camions organiques ainsi que ceux des diverses unités de réserve générale, telles que les groupes d'artillerie lourde et de FTA. En outre, j'arrête pour deux jours le ravitaillement en vivres de l'armée.

1. On se souvient que le RICM et le 2ᵉ dragons avaient composé le groupement Desazars qui, sa mission en Languedoc terminée, venait d'arriver à L'Arbresle.

Mais toutes ces dispositions se révèlent insuffisantes pour débloquer notre aile droite décidément barrée par une résistance de plus en plus cohérente et vigoureuse.

Non seulement les nouvelles tentatives lancées, le 7 septembre, par la 3e DIA n'aboutissent qu'à des progressions minimes, mais de brèves contre-attaques allemandes jettent une certaine perturbation dans nos rangs. Alors que le 2/3e RTA s'apprête à attaquer Pont-de-Roide, un coup de main audacieux effectué par un *Panther* et quelques véhicules blindés bouscule un instant notre dispositif et coûte la vie au chef du bataillon, le commandant Valentin.

Pendant la nuit, l'activité ennemie ne se ralentit pas. Dès l'aube, les points d'appui installés par Goutard dans la boucle du Doubs au nord de la nationale 73 sont attaqués par des chars et se replient jusqu'à cette route. Plus à gauche, les Tunisiens sont également pressés à plusieurs reprises et doivent s'employer à plein pour maintenir intactes leurs positions.

Au cours des journées suivantes, la cristallisation du front se confirmera en dépit de tous les efforts du 4e RTT et du 7e RTA venu relever le 3e. Pourtant, le 12 septembre, le RCT Guillebaud appuyé par des TD du 7e RCA réussit encore après un premier échec, à faire tomber Pont-de-Roide. Mais la 11e *Panzer* qu'étoffent maintenant des régiments de la *Luftwaffe* à pied interdit aussitôt tous les débouchés. Il faut définitivement perdre l'espoir d'une reprise du mouvement, avant qu'ait pu être montée une opération de grande envergure.

J'en avais déjà eu le net pressentiment dès le 8 septembre, à la suite d'une visite que j'avais faite au général Patch, en train d'installer son PC à Lons-le-Saunier. Le chef de la 7e armée ne m'avait pas paru aussi résolu que pouvait l'être le général Truscott à continuer coûte que coûte la poursuite en direction de Belfort qui, au fond, n'était pour le commandement américain qu'un objectif circonstanciel, surgi de l'« occasion » perçue le 2 septembre. Il était, d'autre part, bien informé de l'intense activité déployée par les Allemands pour se consolider dans cette région et pour la mettre à l'abri d'un *rush* rapide.

Comme l'extension progressive vers l'est de la zone d'action américaine avait amené le général Béthouart à lier pratiquement le sort de ses manœuvres à celles du 6e corps américain, il était aisé de prévoir que notre 1er corps risquait d'être bientôt réduit à la défensive.

Je fis part de mon impression à Béthouart au cours d'une conversation radiotéléphonique puis par une longue lettre que je lui écrivis le 8, vers 23 heures. J'envisageais même alors de ne lui laisser – pour remplir les obligations prises vis-à-vis de nos alliés dont nous ne pouvions songer à dégarnir le flanc droit – qu'une division, et de varianter vers l'ouest les forces en cours de mouvement vers le 1er corps. Réflexion faite, je maintins la répartition antérieure, malgré mon désir de mettre fin le plus rapidement possible au fâcheux partage de l'armée B en deux paquets isolés, et malgré mon scepticisme sur les chances qui restaient à celui de droite de remplir à bref délai sa mission.

De fait, le 14 septembre, le général Béthouart est amené à suspendre les opérations de détail. La 9e DIC, qui a enfin pu rallier, commence à relever en secteur la gauche de la 3e DIA dont le général Guillaume a pris le commandement. Ainsi le 1er corps s'étoffe – et se repose. Peu à peu, les renforts serreront sur la tête, les arrières s'organiseront et les approvisionnements en munitions se constitueront[1]. Alors seulement, l'action redeviendra possible.

Béthouart envisage évidemment celle-ci en coopération étroite avec le 6e corps US. Stoppé lui aussi sur sa droite, Truscott pour le moment opère un large mouvement de conversion, vers le nord-est, mouvement qui a déjà livré à ses 3e et 36e divisions Besançon et Vesoul, et dont il attend un alignement général de son front sur une ligne nord-sud, allant de Faucogney à l'Isle-sur-le-Doubs. Son intention est d'établir là une base de départ pour l'attaque en force du camp retranché, à laquelle il compte sans doute voir associé notre 1er corps d'armée, agissant vers Delle, Altkirch et Montbéliard-Mulhouse.

Mais ce plan – qui eût appelé d'expresses réserves de ma part, notamment pour des raisons d'organisation de commandement – est à peine conçu que la nouvelle articulation du dispositif général allié résultant de la jonction des forces « Overlord » et « Dragoon » le rend caduc. Nous y reviendrons en relatant la troisième et dernière phase des opérations de poursuite, lorsque nous aurons rapporté la façon dont notre 2e corps d'armée a réalisé cette jonction.

1. Au cours des journées décisives des 6 et 7 septembre, l'artillerie de la 3e DIA ne disposait plus que de 25 coups par pièce !

La menace sur le flanc gauche. – Autun – Aux prises avec les arrière-gardes de la 19e armée allemande du général Wiese qui, du sud au nord, remplissent une mission retardatrice, et avec la majeure partie de la 1re armée du général von Blaskowitz qui, d'ouest en est, tente désespérément d'arriver avant que le couloir de retraite vers le Reich soit définitivement fermé, le 2e corps doit, à partir du 7 septembre, mener deux actions simultanées en rapport avec ce double effort de l'ennemi.

Traduisant mes instructions de Mâcon, Monsabert lance dans la journée du 7 septembre une série d'ordres particuliers. À la 1re DB, il réitère sa mission immédiate : prendre Dijon au plus tôt. Au lieutenant-colonel Demetz qui commande le 2e dragons qu'on renforce par un détachement de la 1re DFL, il confie la couverture du flanc gauche avec, pour objectif primordial, la prise d'Autun. Entre la zone d'attaque et la zone de couverture, la liaison sera assurée par la « cavalerie » de la DFL, à savoir le 8e RCA et une partie du 1er régiment de fusiliers marins. Le reste de la division Brosset, au fur et à mesure des possibilités, se regroupera dans la région de Chagny, prêt à appuyer, selon les besoins, la 1re DB ou le groupement Demetz.

À la 1re DB, les opérations du 7 sont relativement décevantes.

Au sud de Beaune où, devant le CC 1, la plaine forme un véritable glacis, Vallin et Létang ne peuvent progresser légèrement qu'au prix de pertes sérieuses, particulièrement à l'escadron de Boisredon du 2e cuirassiers et à l'escadron André du 3e chasseurs. À midi, ils sont aux abords de la ville, mais toute velléité d'avance se heurte à des résistances que seule l'intervention massive de l'artillerie pourrait prétendre à museler. Or, il ne peut être question de recourir à un moyen aussi destructeur contre une ville comme Beaune. Sudre fait arrêter les frais en espérant que le CC 2 l'aidera par la manœuvre.

Mais Kientz est lui-même aux prises avec les colonnes allemandes qui tentent de le bousculer pour passer. Autour de Saint-Léger et de Saint-Bérain, à une quinzaine de kilomètres au sud-ouest de Chagny où il a jeté une petite flanc-garde aux ordres du capitaine Henri Giraud, un violent accrochage se produit qui exige tous ses moyens. Accrochage peu banal, d'ailleurs, car c'est à un train blindé que se sont heurtés, à proximité de la gare de Saint-Bérain, deux TD du 9e RCA.

Entre les deux canons de 76,2 de nos tanks-destroyers et cette forteresse ambulante que la *Kriegsmarine* a réussi à convoyer depuis Bordeaux, la lutte est inégale. Le train compte deux automoteurs de 120 mm, quatre 105 sous tourelles et plusieurs canons automatiques jumelés. Et il précède cinq convois de transport !

Seul en face de cette avalanche, le lieutenant des Brunes tire tant qu'il peut la sonnette d'alarme... Un de ses engins est en panne. Mais l'autre, d'un coup heureux, parvient à endommager la locomotive du train blindé.

Stoppés, les Allemands débarquent des wagons plusieurs centaines d'hommes et cinq chars, et montent une attaque contre le village où arrivent en hâte nos premiers renforts ; *minen* et mitrailleuses quadruples de 20 mm appuient l'avance ennemie qui, par bonheur, manque de mordant. De notre côté, on se cramponne pour laisser au CC 2 le temps de rameuter ses moyens.

De fait, vers 18 heures, nos batteries prennent à partie, à vue directe, les six rames à l'arrêt. En quelques minutes, tout flambe. La débandade est rapide. Abandonnant leurs 180 wagons, leurs morts, leurs blessés et un énorme matériel où les armes abondent, les Allemands se dispersent au hasard et profitent du crépuscule pour fuir en désordre.

Fuite vaine d'ailleurs, et qui retarde de peu la capture. Vers le nord, en particulier, une autre fraction du CC 2, le 5e RCA et le 1er bataillon de zouaves aux ordres du commandant de Beaufort, progresse à travers les noms les plus fameux du vignoble bourguignon. Une consigne très « vieille France » lui a été donnée : « Surtout, n'écrasez pas les ceps ! » Consigne observée avec élégance. Partant de Meursault, nos blindés interceptent un détachement ennemi qui chemine vers Pommard, nettoie cette localité ainsi que Volnay. Un autre groupe détruit un deuxième convoi routier aux abords de Saint-Romain et un troisième à Petit-Auxey. Les Allemands fourmillent dans le secteur... Mais peut-on encore parler d'Allemands ? Parmi les centaines de prisonniers faits à la 159e *Reserve Infanterie Division* et à la 16e *Volks Grenadiere Division* figurent des Italiens « républicains fascistes » et... des hindous « libres » !

Après cette série d'échecs, la *Wehrmacht* cherche à esquiver de nouveaux coups droits. Le 8 septembre, à 8 heures, le commandant Vallin entre dans Beaune évacuée dans le courant de la nuit. Sur le chemin enfin ouvert, le 2e RSAR engage son escadron de tête qui arrive, vers 17 heures devant Nuits-Saint-Georges où le contact est repris et, plus à l'est, près de l'abbaye de Cîteaux dont le carrefour est interdit par un fort barrage.

Au CC 2 également, on se donne de l'air. Mais les uns après les autres, les véhicules s'arrêtent, à sec. Seul, au cours de cette journée du 8, le groupement de Beaufort réussit à s'engager et anéantit, entre Nolay et Ivry-la-Montagne, une colonne de plus de 500 hommes, escortant 19 canons et 150 véhicules divers.

Cette brillante action clôt la série des opérations du CC 2 sur le flanc de la 1re DB. Dorénavant, tout l'effort de la division pourra être concentré vers le nord car le groupement Demetz, maintenant à pied d'œuvre, décharge le général du Vigier des soucis que lui occasionnait sa gauche.

Le colonel Demetz a employé la journée du 7 à rallier sa zone d'action : à 21 heures, son régiment atteint Paray-le-Monial où l'attend un précieux renfort.

Car les volontaires des Forces françaises de l'intérieur des Pyrénées, de la Haute-Garonne, du Tarn, du Lot, de la Corrèze, ceux du Languedoc comme ceux du Limousin et du Massif central, tous également fiers d'avoir libéré leurs provinces sans appui direct des forces débarquées, estiment n'en avoir pas assez fait et se sont lancés, dans un élan spontané vraiment admirable, sur lequel je reviendrai plus longuement dans un chapitre ultérieur, à la poursuite des hitlériens qu'ils veulent reconduire jusqu'au Rhin. Équipés le plus souvent des dépouilles prises à l'ennemi, ils convergent, au nombre de 25 000, de tout le Sud-Ouest vers le Nivernais et le Dijonnais. Les uns font à pied des étapes forcées. D'autres – comme le corps franc Pommies, tête de la division légère de Toulouse – ont pu, grâce aux miracles accomplis pour eux par la SNCF, utiliser des voies ferrées jusqu'à La Palisse. Un bon nombre enfin se servent de véhicules de réquisition ou de récupération.

Tel est le cas du 8e dragons, groupe de reconnaissance motorisé de la colonne formée par les FFI de Corrèze, qui arrive à Paray-le-Monial, le 7 septembre, en même temps que le 2e dragons. Le chef d'escadron Merlat qui le commande se met aussitôt à la disposition du lieutenant-colonel Demetz qui l'incorpore d'emblée à son groupement. Celui-ci comporte en outre les éléments que lui a détachés la DFL, à savoir le 1er bataillon de la Légion étrangère du commandant de Sairigné, un escadron du 1er régiment de fusiliers marins et une batterie de 105.

Demetz décide de porter tout son effort sur Autun, point de passage quasi obligé de l'ennemi, et d'aborder cette ville à la fois par l'ouest et par l'est. Il forme en conséquence deux sous-groupements, destinés à se rejoindre au nord de l'objectif.

Le sous-groupement « Ouest » démarre le 8 septembre à 7 heures du matin. À 9 heures, il arrive à Étang où Demetz porte son PC. De là, la colonne se scinde : tandis qu'un groupe, conduit par le capitaine Hennion, doit barrer les routes de Château-Chinon et de Luzy, le second, aux ordres du capitaine Bondoux, reçoit mission de boucler celles du nord qui mènent à Saulieu et Arnay-le-Duc.

Hennion gagne rapidement le carrefour de la Guinguette, à un kilomètre de la sortie ouest d'Autun. Par contre, Bondoux est à peine en mouvement qu'il se heurte à La Fontaine-la-Mère à un convoi allemand qu'il taille en pièces. Retardé par cet incident, il ne parvient guère que vers midi à Saint-Forgeot et Dracy-Saint-Loup avec ses éléments blindés, la compagnie FFI Conti qui lui avait été donnée en soutien d'infanterie étant restée sur les lieux de l'engagement pour procéder à une fructueuse récupération d'armes.

Notre filet est donc fort léger et ses mailles trop lâches pour interdire toute infiltration aux petits détachements ennemis qui cherchent à s'échapper vers Dijon. Au carrefour de Dracy, la situation est même sur le point de se retourner. Une automitrailleuse isolée est en difficulté. Un premier agent de liaison est tué. Un deuxième est envoyé qui est sans doute le plus jeune soldat de l'armée – mon fils Bernard, âgé de seize ans, engagé volontaire par autorisation spéciale du général de Gaulle à la suite de son évasion par l'Espagne avec sa mère. À son tour, il est touché, grièvement blessé d'une balle. Mais le troisième réussit à passer sans encombre...

Pendant ce temps, le sous-groupement « Est » mené par le commandant Lambert achevait lui aussi son mouvement, occupait le gros carrefour des Renaudiats après y avoir bousculé un poste ennemi, et montait jusqu'à Curgy. Avant le milieu de l'après-midi, légionnaires de Sairigné et dragons bloquent solidement toutes les issues orientales d'Autun.

Dans la ville même, des combats sanglants se sont déroulés au cours de la matinée. Les maquis de Saône-et-Loire ont cherché à s'en rendre maîtres par surprise en l'abordant par le sud. Mais les nazis ont réagi avec violence et ont refoulé les assaillants en leur tuant 40 hommes et en faisant 35 prisonniers qu'ils ont abattus sauvagement dans les jardins du petit séminaire.

Ce crime réclame son châtiment. Dès 16 heures, Demetz reprend l'attaque à son compte. À l'ouest, Hennion s'empare du faubourg de Pont-Saint-Andoche, avec une compagnie du bataillon FFI Munier, tandis qu'au nord-est, Lambert avec une compagnie du bataillon Francot entre dans le faubourg de Saint-Symphorien et que deux de ses TD appuyés par le groupe FFI autunois du commandant Ferrand poussent jusqu'au cœur de la vieille cité et débouchent sur la place des Marbres.

Mais les Allemands sont nombreux et se cramponnent dans les quartiers nord.

Peu avant la nuit, le sous-groupement Lambert s'engage à nouveau et au complet. Arrêté au nord-est vers Saint-Pantaléon, il progresse en revanche sur sa gauche et arrive au contact du puissant centre de résistance installé à l'École de cavalerie. Toutefois, vers 21 heures, Demetz replie son monde sur les lisières de la ville pour éviter les accrochages désordonnés auxquels l'obscurité pourrait donner naissance.

Vers 22 heures, une grosse colonne allemande, soutenue par des canons antichars et des voitures blindées, tente de rompre le cercle en son point le plus faible, c'est-à-dire, vers le nord. Sur la route d'Arnay-le-Duc, l'échauffourée est très vive. Quelques groupes filtrent : ils seront rattrapés le lendemain.

Vers le sud, la nuit est plus agitée encore. Là, nous n'avons pas à faire face à une tentative de sortie de la garnison assiégée, mais à l'inverse, à l'arrivée d'une nouvelle colonne de l'armée von Blaskowitz qui cherche à se frayer un passage. Quatre mille hommes formant le *Kampfgruppe* Bauer veulent à tout prix franchir le carrefour de La Fontaine-la-Mère que tiennent un peloton de TD, les pionniers du 2e dragons et un escadron du groupe Merlat.

Tout de suite, l'accrochage devient extrêmement vif. À trois reprises, les Allemands attaquent de front le carrefour, en même temps qu'ils profitent de la nuit et de la nature du terrain pour s'infiltrer tout autour.

Le chef de peloton de TD qui remplace le lieutenant Peyronne, blessé le matin même, est un de mes anciens aides de camp, le lieutenant Teyssot. La veille du débarquement, il m'a supplié de le laisser rejoindre une unité combattante. D'un courage et d'un dévouement à toute épreuve, il est debout sur la plage arrière de son engin pour mieux diriger le tir de ses pièces... Il tombe mortellement atteint d'une balle en pleine poitrine.

Vers 4 heures du matin, bien que l'ennemi soit contenu, le colonel Demetz ordonne à son détachement dont les munitions s'épuisent de se replier sur Étang. Il n'y a plus de risque en effet que le *Kampfgruppe* puisse atteindre Autun avant le jour et prendre à revers nos postes qui, aux abords de la ville, font le siège de la garnison en attendant de lui donner l'assaut.

Effectivement, dès 7 heures, Lambert, Bondoux et Hennion entrent simultanément, chacun sur son axe, avec le flot des maquisards. À 9 heures, Autun est entièrement libéré et le colonel Demetz s'installe à la mairie. Rapidement, il se couvre vers le sud et l'ouest par les légionnaires de Sairigné et deux compagnies du corps franc Pommies.

C'est que la menace continue à venir de cette direction puisque Bauer a dû reprendre sa marche après le coup d'arrêt de La Fontaine-la-Mère.

Demetz ne veut pas lui laisser la disposition de la grand-route. Aussi donne-t-il au détachement replié à Étang l'ordre de faire mouvement sur Autun et d'y convoyer le ravitaillement en carburant attendu par les unités engagées depuis la veille.

Le commandant de Neuchèze commande ce détachement. Neuchèze ! Un preux et le drapeau vivant du 2e dragons. Évadé de France par l'Espagne, il a emporté, roulé autour de son corps, l'étendard du vieux régiment « Condé-Dragons ». Aujourd'hui, pour cette première mission tant attendue, il monte sur le *Notre-Dame de Paris*, le TD de Teyssot.

À nouveau, l'accrochage se produit vers La Fontaine-la-Mère. Le chef de char – brigadier-chef Gaglione – est tué. Aussitôt, Neuchèze le remplace. Quelques secondes plus tard, une balle en plein front lui apporte la mort des héros...

L'action se poursuit néanmoins et nos blindés nettoient les abords du carrefour. Puis ils rejoignent à Autun le gros du régiment. Laissant la ville sous la protection du bataillon de Sairigné et des FFI, Demetz entend ne pas s'y attarder et veut poursuivre vers le nord sa mission de flanc-garde du 2e corps.

Mais tandis qu'il progresse sans surprise vers Saulieu et que les fusiliers marins rattrapent, vers Commarin, un groupe allemand échappé la nuit précédente, une nouvelle pression s'exerce sur Autun : harcelé par les unités FFI du corps franc Pommies que commandent les lieutenants-colonels de Rougemont, de Clerck et Le Magny, le *Kampfgruppe* Bauer finit par arriver, le 10 septembre vers 8 heures, aux lisières ouest de la ville où les légionnaires l'attendent de pied ferme.

En réalité, l'enjeu de l'engagement dépasse ce qu'imaginent les exécutants. En effet, derrière Bauer, d'autres colonnes allemandes suivent. Si la première réussit à passer, notre succès initial à Autun sera compromis.

C'est pourquoi le général de Monsabert, renseigné par des reconnaissances aériennes, s'empresse de renforcer les moyens consacrés à la couverture de la ville. Tandis qu'il y envoie un groupe de 155 long, il prescrit à Demetz de suspendre son mouvement vers le nord et de revenir consolider sa conquête de la veille avec tout le poids de son régiment.

En exécution de cet ordre, reçu le 10 septembre au matin, Demetz fait demi-tour. Ses TD, conduits par le lieutenant Biosse-Duplan, arrivent à Pont-Saint-Andoche au bon moment pour appuyer l'action des légionnaires et des FFI de Pommies ainsi que pour bloquer une tentative allemande de débordement vers le nord. En même temps, nos 155, réglés par leur petit avion *Piper Cub*, font des ravages sur la queue de la colonne Bauer.

En quelques instants, celle-ci subit des pertes terribles. Cinq cents hommes sont mis hors de combat, les autres démoralisés et à bout de forces, abandonnent la lutte. À 14 heures, Bauer se rend sans conditions à Demetz devant qui défilent 3 200 prisonniers valides. Et sur des kilomètres, les routes sont jonchées de matériels que les FFI prospectent aussitôt avec enthousiasme.

Cet échec sanglant marque pour le deuxième échelon de la 1re armée allemande du général Blaskowitz l'abandon définitif de ses espoirs. La retraite vers l'Allemagne n'ira pas plus loin. Dorénavant, personne ne passera plus. Traquées par les maquis du Centre, remarquables de mordant et d'habileté, les troupes qui suivaient Bauer renoncent à forcer un impossible destin. Le général Elster qui les conduit prend contact avec le commandement américain dont il espère sans doute plus de mansuétude que des « terroristes » qui l'ont vaincu : le 11 septembre, 19 312 généraux, officiers et soldats de la *Wehrmacht* déposent leurs armes et vont se livrer, dans la région d'Orléans, à la 83e DIUS.

Ainsi, c'en est fini de la menace qui pesait sur le flanc de notre armée. L'action conjuguée, pour la première fois sur une vaste échelle, des Forces françaises de l'intérieur et de nos unités débarquées a permis de la liquider dans un minimum de temps. Désormais libre de souci de ce côté, le 2e corps tout entier peut se consacrer à sa mission essentielle de poursuite.

La prise de Dijon. – D'ailleurs, si la poursuite a été quelque peu freinée sur le front de la 1re DB, la cause en est moins dans la grosse affaire d'Autun que dans la perpétuelle disette d'essence.

Une fois le CC 1 arrivé aux abords de Nuits-Saint-Georges et du carrefour de Cîteaux, et le CC 2 sensiblement aligné à la même hauteur vers Ivry-la-Montagne – ce qui est, je l'ai dit, la situation le 8 septembre en fin d'après-midi – le général du Vigier tient, à Beaune, un conseil de guerre pour répartir entre ses subordonnés les rôles dans la manœuvre qui, par l'ouest et l'est, doit entraîner la prise rapide de Dijon.

Avant d'engager ses gros, du Vigier veut sagement tâter l'adversaire pour découvrir une faille dans ses postes d'arrière-garde. *A priori,* la faille doit se trouver dans les monts de la Côte-d'Or, au sud-ouest de Dijon. C'est donc par cet itinéraire qu'il envisage d'engager le détachement de reconnaissance qu'il confie au colonel Desazars. Mais ce détachement, composé du 2e spahis, du bataillon de choc, d'un peloton de TD et d'une section du génie, devra aussi éclairer la division vers l'est (canal de Bourgogne) et vers le nord (route nationale 74).

Pratiquement les reconnaissances confirment l'hypothèse. Le 9 septembre, vers 10 h 30, il est clair que les Allemands défendent solidement le canal de Bourgogne au nord-ouest de Saint-Jean-de-Losne et que leur dispositif tient bon à Nuits-Saint-Georges. Par contre, un escadron du 2e RSAR a suivi sans obstacle la petite route qui serpente à travers la Côte-d'Or et d'Urcy, qu'il a atteint facilement, il domine Pont-de-Pany où passe la grand-route de Paris, la nationale 5.

En conséquence, le général commandant la 1re DB décide d'accentuer son effort par l'ouest et de pousser les « chocs » dans cette direction. Toutefois, du 2e régiment de spahis, il ne laisse à Desazars que le 4e escadron, le reste du régiment étant employé à une mission d'éclairage vers la Saône.

À 17 heures, à Urcy que toute sa troupe a rejoint, Desazars divise son groupement en deux détachements : l'un, aux ordres du capitaine Hériard-Dubreuil commandant par intérim le 1er bataillon de choc, et comprenant les 2e et 3e compagnies de choc et l'escadron du 2e RSAR, marchera à travers bois et visera directement Plombières-lès-Dijon ; le second (1re et 4e compagnies de choc) descendra à la nuit d'Urcy sur Pont-de-Pany et Fleurey pour couper la nationale 5 et couvrir les arrières du premier.

À 23 heures, ce dernier détachement arrive sans coup férir à proximité de son objectif. Mais le capitaine Torri, commandant la 4e compagnie du bataillon de choc, qui marche en tête, saute sur une mine et est grièvement blessé ainsi que dix de ses chasseurs. Pour éviter de nouvelles pertes, le colonel Desazars, venu sur les lieux, fait remettre au jour l'installation à Pont-de-Pany. Par contre, la 1re compagnie de choc (capitaine Carbonnier) envoyée à Fleurey y prend position sans rencontrer de résistance.

Vers 1 heure du matin, le détachement Hériard-Dubreuil arrive de son côté à Plombières et pousse des reconnaissances vers Dijon. À 2 kilomètres des faubourgs, sensiblement à hauteur de Talant, ses patrouilles se heurtent à une barricade que flanquent des mitrailleuses et un canon antichar.

Arrivé sur les entrefaites à Plombières, Desazars donne ses ordres pour la journée du 10 : au capitaine Hériard-Dubreuil, qui reprend toutes ses compagnies sous ses ordres directs, il fixe pour axe de progression la nationale 5 et pour objectif la gare de Dijon ; le 4e escadron du 2e RSAR, commandé par le capitaine Baudoin, gagnera la route de Troyes, la nationale 71, et visera le cœur de la ville, la place Darcy.

Sur la nationale 5, les affaires commencent assez mal. En détruisant la barricade de Talant, nos obus de TD incendient deux camions de munitions qui obstruent la chaussée, à cet endroit fort encaissée. Et toute manœuvre de débordement se trouve interdite par les feux d'un gros centre de résistance ennemi, remarquablement installé sur les hauteurs de Talant.

Ce même point d'appui bloque également la nationale 71 où Baudoin ne peut que prendre pied. À peine y est-il parvenu qu'il reçoit dans le dos une colonne allemande venant de Saint-Seine-l'Abbaye et forte d'un millier d'hommes. Momentanément coupé de Plombières, il réagit avec vigueur et lance sur cet adversaire inopiné le lieutenant de Vaublanc avec trois automitrailleuses, un TD et un *half-track*. Dans le même temps, cinq jeeps armées sont envoyées de Plombières pour rétablir la liaison. Prise entre deux feux, la colonne est bientôt culbutée et cherche son salut dans une fuite à travers bois.

Mais le temps a passé. D'autre part, la division signale que le ravitaillement en carburant aura du retard. Enfin une nouvelle colonne nazie avec chars est à nouveau signalée sur les arrières.

Dans ces conditions, il semble prudent à Desazars de ne pas s'engager « en enfant perdu » dans une ville de l'importance de Dijon. Rassemblant, vers 16 heures, ses divers éléments, il décide de s'installer en force à Fleurey et à Pont-de-Pany et de remettre au lendemain la pénétration dans la capitale de la Bourgogne.

... Il partagera l'honneur de la libérer avec le CC Sudre. En effet, durant cette même journée du 10 septembre, celui-ci a occupé Nuits-Saint-Georges, évacué par l'ennemi[1], puis, dépassant Gevrey-Chambertin, a fini dans la soirée par reprendre le contact à Chenove, dans les faubourgs sud de Dijon.

Plus à l'est, le 2e RASR a franchi le canal de Bourgogne, cherché la liaison avec le 6e corps d'armée américain vers Auxonne et atteint la Tille à Genlis. Il ouvre le passage vers Arc-sur-Tille et l'est de Dijon au CC 2 dont l'engagement est prévu pour le 11.

Mais le commandement allemand a compris. Pressé par l'ouest et le sud, menacé d'enveloppement par l'est, il se hâte de décrocher ses derniers éléments. À l'aube du 11 septembre, les patrouilles du 3e chasseurs d'Afrique, parties de Chenove, trouvent le vide devant elles. Sous le carillon des cloches, la population dijonnaise en liesse acclame les hommes du sous-groupement Vallin, du sous-groupement Durosoy, venu par Longvic, du détachement Desazars, avec le bataillon de choc – tous ceux de du Vigier dont l'action, convergente et coordonnée avec autant d'initiative que de strict souci d'exécution de mes directives, a permis la délivrance de la capitale de la Bourgogne sans qu'elle ait eu à l'acheter au prix de nouvelles souffrances.

La liaison « Dragoon – Overlord » et le débouché sur le plateau de Langres. – Mais il n'est pas possible de s'attarder à la joie... Du Vigier s'y arrache en portant sans délai son PC à Norges, à 10 kilomètres au nord de Dijon que garde le détachement Desazars et où s'installe le général de Monsabert. Dès le début de l'après-midi les deux *Combat Command* reprennent la marche en avant, CC 1 vers Langres, CC 2 vers Mirebeau. Devant eux, le 2e RSAR procède à des reconnaissances lointaines.

---

1. Il vaut la peine de signaler qu'un peloton de spahis avait réussi à pénétrer dans Vosne-Romanée dès la veille et à s'y enkyster dans la défense allemande pendant vingt-quatre heures.

À la nuit tombante, Sudre se trouve sur la ligne Is-sur-Tille-Lux, que Kientz prolonge jusqu'à Mirebeau. Quant à Lecoq, il a lancé du monde à Gray, Prauthoy, Grancey-le-Château et Recey-sur-Ource.

En arrière, et toujours en mal d'essence, le 1re DFL se regroupe vers Buxy. Son RCT 1 a pu toutefois rallier Pont-de-Pany. Mais le reste de la division est loin au sud.

Plus à l'ouest, Demetz occupe Sombernon avec pointe avancée à Saint-Seine-l'Abbaye. Il continue à disposer des éléments FFI qui ont contribué sous ses ordres à la prise d'Autun tandis qu'en accord avec le général Cochet, délégué militaire du Gouvernement provisoire pour les Forces de l'intérieur du théâtre d'opérations sud, j'affecte l'ensemble des FFI venant du sud-ouest avec le « groupement Schneider » au 2e corps d'armée.

Le compte rendu de cette importante journée serait incomplet si j'omettais de signaler l'arrivée en *Piper Cub* dans nos lignes, vers Sombernon, d'un officier de la 2e division blindée. Il est porteur d'un état de renseignements rédigé par le colonel Dio, chef du CC sud de la division Leclerc. Celle-ci marche sur Contrexéville et Épinal, à l'extrême droite de l'armée Patton et Dio qui la couvre a des éléments à Châteauvilain et Châtillon-sur-Seine.

Ainsi, une cinquantaine de kilomètres seulement séparent encore les forces « Dragoon » et celles d'« Overlord ». On peut escompter leur liaison pour le lendemain.

Effectivement, le 12 septembre, un peloton de l'escadron Savary, du 1er régiment de fusiliers marins (1re DFL), envoyé à Montbard signalé comme tenu par les FFI, y voit arriver vers 13 heures un peloton du 1er régiment de marche de spahis marocains, le régiment de reconnaissance de la division Leclerc. La vérité historique oblige de dire que ce premier contact avec des éléments de la 2e DB fut pris dans Montbard par une femme, et certes une vaillante : le lieutenant Éve Curie, qui servait depuis le débarquement en qualité d'officier de liaison à l'état-major de l'armée, et qu'accompagnait le correspondant de guerre de Villiers[1], dans une jeep mêlée au peloton du 1er RFM.

1. Frère du sous-lieutenant Jean-Pierre Aumont, l'acteur bien connu, qui était l'officier d'ordonnance du général Brosset.

Plus à l'ouest, sur la route de Troyes, à Dijon, un *half-track* du régiment de marche du Tchad, venant de Châtillon par Nod, stationne devant le presbytère d'Aisey-sur-Seine quand y passe une voiture de l'armée B occupée par un officier envoyé en liaison à Paris. Et la modeste cure sert de cadre à cette rencontre historique.

Poursuivant peu après sa route vers le sud, le même *half-track* croise vers 17 heures, à Chanceaux, une jeep qui s'arrête. C'est le général Brosset en personne qui est au volant et qui court vers sa maison familiale qu'il n'a plus revue depuis tant d'années. Sur ses indications, le véhicule poursuit sa randonnée jusqu'à Saint-Seine où stationne le gros de l'escadron Savary.

Enfin, toujours au cours de ce même après-midi, liaison est prise également avec les Américains du 106ᵉ groupe de reconnaissance tant par un peloton d'A M de l'escadron de Bondoux (2ᵉ dragons) entre Saulieu et Clamecy que par les Américains eux-mêmes à Autun.

Ainsi, au soir du 12 septembre, les deux grandes forces d'invasion débarquées en Normandie et en Provence n'en forment plus qu'une. Le fil qui les relie est encore ténu, mais les liens ne vont pas tarder à se faire plus solides, au-delà de Langres qu'aborde la 1ʳᵉ DB.

Dans cette direction aussi, la journée du 12 septembre n'a pas été perdue. Comme toujours, il a fallu économiser l'essence et c'est le 2ᵉ spahis qui a été ravitaillé par priorité afin de poursuivre ses missions de reconnaissance. Ses escadrons sont partout : sur la nationale 67 où le 4ᵉ escadron dépasse Longeau et vient buter contre les résistances extérieures de Langres à Saint-Geosmes ; à l'ouest de la grand-route, où le 2ᵉ escadron sillonne largement les alentours de Recey et d'Auberive ; à l'est où le 3ᵉ escadron ne trouve à Champlitte qu'une patrouille venue pour y détruire le pont sur le Salon et qu'il capture sans peine avant de poursuivre son mouvement jusqu'à quelques kilomètres du carrefour de la Folie, sur la nationale 19 qui relie Langres à Vesoul.

En réalité, cette pénétration du 3ᵉ escadron traduit assez inexactement la situation car cette zone est infestée d'Allemands. À gauche de Champlitte et jusqu'à Chalindrey, un gros *Kampfgruppe* que commande le sinistre général von Brodowski, le bourreau d'Oradour, tient tous les passages sur le Salon. Au sud et jusqu'à Dampierre, quelques éléments retardateurs de la 716ᵉ division du général Richter protègent le repli de cette grande unité vers Combeaufontaine. Si la route de Champlitte à la

Folie s'est trouvée libre, c'est que, limite entre Brodowski et Richter, elle n'a été tenue par aucun des deux…

Quoi qu'il en soit, nous avons su profiter du trou et, dans l'ensemble, les renseignements justifient une prompte action contre Langres défendu par le *Kampfgruppe* Ottenbacher. Dans la nuit du 12 au 13 septembre, le général du Vigier en fixe les modalités entre Sudre, le commandant d'Astier de la Vigerie, chef du groupe de commandos de France qui vient d'arriver de Provence avec une fraction de ses hommes et le colonel de Grouchy, chef des FFI de la Haute-Marne.

Le 13, à 6 h 45, deux pelotons de spahis viennent tâter le solide barrage de Saint-Geosmes où les 88 de la *Flak* les accueillent. Mais un escadron du 2e cuirassiers enveloppe le village en même temps que notre artillerie ouvre le feu sur toutes les résistances qui s'y manifestent. Vers 10 h 30, celles-ci sont réduites. Laissant aux commandos le soin du nettoyage, les spahis repartent pour un nouveau bond jusqu'aux portes de Langres que les forces du sous-groupement Durosoy débordent largement par l'ouest et par l'est.

À l'ouest, bien avant midi, l'escadron Fougère du 2e cuirassiers et la compagnie Quinard du 3e zouaves débouchent sur les hauteurs de la Vierge qui dominent la ville. Au canon, nos chars canardent les fuyards sur les routes de Vesoul et de Neufchâteau que l'escadron du Boispéan ne va pas tarder à couper.

Derrière Boispéan, Sudre pousse le sous-groupement Létang, soit trois compagnies du 3e zouaves et le 4e escadron du 2e cuirassiers. Depuis le temps, on commence à savoir encercler les villes !

À 14 heures, l'étreinte paraît suffisante pour que Sudre estime le moment venu de donner l'assaut à la citadelle qui barre complètement l'entrée sud de Langres. Deux escadrons du 2e spahis, avec Lecoq des sapeurs, quelques FFI et une cinquantaine de parachutistes américains se trouvent là par on ne sait quel hasard. Le 1er groupe du 68e d'artillerie est chargé d'une préparation d'un quart d'heure.

L'ennemi ne réagit pas. Il laisse approcher les assaillants qui attaquent la citadelle par le sud jusqu'aux chevaux de frise qui protègent la porte de la vieille citadelle de Vauban. Puis, soudain, à bout portant, il déclenche un infernal tir d'interdiction d'infanterie et de *minen*. Le capitaine Baudoin, magnifique entraîneur qui marche en tête d'une patrouille de son escadron, est tué presque aussitôt. D'autres tombent près de lui : il faut décrocher.

Mais si, de ce côté, nous enregistrons un échec, il n'en est pas de même au nord de la ville par où Durosoy a réussi à pénétrer avec des détachements FFI et au sud-est par où Létang est également entré. Vers 17 h 30, leurs deux sous-groupements opèrent leur jonction, capturent l'état-major allemand de la place et attaquent à revers la citadelle. Les chars de l'escadron Fougère anéantissent un canon de 105 et arrosent les superstructures de l'ouvrage. La défense est violente, mais courte. Peu après 18 heures, la garnison hisse le drapeau blanc.

L'infléchissement vers l'est. – Peut-être se souvient-on encore que mes ordres du 7 septembre avaient fixé comme axe d'exploitation au 2e corps, après la prise de Langres, Épinal et la trouée de Charmes.

Mais le mouvement d'infléchissement vers le sud opéré depuis cette date par l'armée Patton et l'introduction à sa droite de la 2e DB, lancée elle-même sur Épinal, obligeaient à modifier quelque peu notre direction de marche en l'orientant davantage vers l'est.

Ce changement avait été précisé dans l'ordre d'opérations diffusé, conformément à mes instructions, le 12 septembre à minuit par le général de Monsabert.

Répercutant cet ordre dans l'après-midi du 13, le général du Vigier décide d'amorcer immédiatement « son mouvement de conversion autour du CC 2 pour se mettre sur sa nouvelle direction, sensiblement ouest-est ».

En conséquence, sans attendre la fin de la prise de Langres par Sudre, il prescrit à Kientz de se porter par un premier bond sur le Salon et en fin de journée sur la nationale 19, en s'éclairant sur l'Amance au nord du carrefour de la Folie et en se reliant au 6e CAUS vers Combeaufontaine et Port-sur-Saône.

Kientz forme aussitôt deux sous-groupements qui démarrent tous deux aux environs de 16 heures. Le commandant Barbier, à gauche, doit marcher sur Fayl-Billot en franchissant le Salon à Leffond et Coublanc ; Beaufort, à droite, doit emprunter la nationale 460 pour rejoindre par Champlitte le 3e escadron du 2e spahis installé au carrefour de la Folie.

Très vite, Barbier se heurte durement au gros du *Kampfgruppe* von Brodowski. Plus de deux heures sont nécessaires pour qu'il se rende maître des points d'appui de Leffond et de Coublanc. Et si Beaufort ne rencontre devant lui aucune résistance comparable, par contre son flanc gauche est constamment menacé.

À la nuit, Kientz doit se résoudre à suspendre les opérations. Car il serait imprudent à l'excès de s'engager dans une zone que Brodowski défend âprement et qu'infestent par surcroît de multiples éléments du *Kampfgruppe* Ottenbacher refoulés de Langres et de ses abords.

Ces éléments ne sont pas sans causer de sérieux ennuis à nos spahis, arrivés depuis le matin à La Folie d'où leur chef, le capitaine de Baulny, a détaché deux pelotons à Fayl-Billot. Tous les fuyards refluent sur cette poignée d'hommes qui ont la prétention de leur interdire la route. Vers 18 heures, leur pression se fait si forte que notre petit barrage ne peut plus tenir. Mais il ne tardera pas à être rétabli : venu à la rescousse dès le début de la nuit, le 1er escadron du 3e chasseurs d'Afrique, élément de reconnaissance du CC 2 donne la main à Baulny. Après une échauffourée de deux heures, nos blindés tiennent à nouveau le village et le carrefour qu'éclaire la lueur de quelques véhicules ennemis incendiés.

À l'aube du 14 septembre, la situation est précise : les hommes de Brodowski restent pelotonnés en « hérisson » au sud-est de Langres, autour du gros massif de la forêt domaniale de Bussières inscrit dans le triangle formé par les nationales 19 et 460 et la départementale 17.

Dès 7 heures, les deux sous-groupements du CC 2 attaquent sur deux directions perpendiculaires. Barbier partant du village de Maatz, dont il s'est assuré la possession dans la nuit, progresse du sud au nord ; Beaufort, de Genevrières, pousse de l'est vers l'ouest.

Sous cette double pression, l'ennemi est bientôt bousculé et se sauve en désordre vers le nord. À midi, Kientz a atteint ses objectifs. À cheval sur la route de Langres – Vesoul, il borde l'Amance et lance des reconnaissances jusqu'à Jussey et Port-sur-Saône qu'occupent des unités de la 36e DIUS.

Le CC 1 a lui aussi terminé le mouvement qui lui a été prescrit ; il tient Varennes-sur-Amance et les falaises à l'est de Langres. Plus au nord, deux escadrons du 2e spahis prennent contact avec la 2e DB à Chaumont et à mi-route entre Langres et Neufchâteau.

Tel est le dispositif d'ensemble de la 1re DB au moment où parviennent les ordres du général Patch remaniant l'articulation des troupes franco-américaines et ouvrant la troisième phase de la poursuite. Mais l'exécution de ces ordres que nous allons résumer dans le paragraphe suivant ne met pas fin aux opérations de nettoyage qui s'imposent dans cette zone truffée de débris de *Kampfgruppen* disloqués. Ces opérations se poursuivront jusqu'au 19 septembre et entraîneront la capture de centaines de prisonniers. L'un des derniers sera Brodowski lui-même, capturé au nord de Jussey par le lieutenant de Buzonnières du 2e spahis. Hélas! le criminel échappera à la justice des hommes : quelques jours plus tard, en cherchant à s'évader de la citadelle de Besançon, il tombera tué net par une vigilante sentinelle sénégalaise.

Le regroupement entre les Vosges et la Suisse (15-20 septembre)

Réalisée moins d'un mois après le débarquement de Provence, la jonction des forces « Overlord » et « Dragoon » entraînait, avec l'unification du « second front », la constitution d'un seul théâtre d'opérations occidental.

De longue date, il avait été décidé que le commandement en chef de ce théâtre incomberait au général Eisenhower à qui serait transférée l'autorité jusque-là reconnue à sir Maitland Wilson sur les forces du sud. À l'aile droite du front, celles-ci formeraient un nouveau groupe d'armées, le 6e GAUS, confié au *deputy* du commandement en chef allié en Méditerranée, le lieutenant général Jacob L. Devers.

Installé à Lyon depuis le 10 septembre, le général Devers y reçoit, le 14, l'ordre de prendre ses fonctions à partir du 15, à 1 heure du matin. Dès cet instant, le 6e CAUS sera placé sous le contrôle « opérationnel » du SHAEF[1], tout en continuant à dépendre de l'AFHQ[2] pour son administration et son ravitaillement.

Pour nous, cette nouvelle articulation du commandement entraîne une conséquence essentielle : l'armée française acquiert définitivement son autonomie tactique. Mise désormais à égalité avec la 7e armée américaine, elle relève au même titre que celle-ci et de façon directe du 6e groupe d'armées[3].

---

1. *Supreme Headquarters Allied Expeditionary Forces*, Commandement suprême des forces alliées du théâtre d'opérations occidental.

2. L'AFHQ ou *Allied Forces Headquarter*, on s'en souvient, est l'organe de commandement du théâtre méditerranéen duquel dépend, en particulier, l'Italie.

3. Dans les projets initiaux (Cf. chap Ier), l'autonomie devait également s'étendre aux questions de ravitaillement, mises à la charge d'une base française, la « base 901 ». Mais, à l'expérience, ce système se révéla peu conforme à nos intérêts, en raison de la disproportion de nos moyens propres par rapport aux moyens de nos alliés. C'est pourquoi,

Du même coup, nous allons enfin pouvoir troquer notre dénomination, banale et devenue incompréhensible, d'armée B, contre un nom plus digne de ce que nous représentons. À ma demande, le général Devers décide, le 19 septembre, que l'ancienne armée B sera dorénavant appelée *1re armée française,* sous réserve de l'approbation du général de Gaulle. Celui-ci ratifiera officiellement, le 24 septembre à Besançon, cette décision à partir du 25 septembre[1].

Je n'ai pas à rappeler qu'au cours de la poursuite, le général Patch avait eu le projet de resserrer les forces françaises à la droite de son dispositif et de placer le 6e corps US à la gauche, de telle sorte qu'au moment de la liaison avec l'armée Patton, les grandes unités américaines puissent d'emblée former un tout continu.

On sait maintenant les raisons d'opportunité qui retardèrent la mise en application de ce projet. Mais le dernier acte de commandement du chef de la 7e armée sur l'ensemble des forces « Dragoon » fut de le rendre exécutoire. C'est ce que traduisait son ordre général d'opérations lancé le 14 septembre, en accord avec le général Devers et moi-même, toujours soucieux de voir regrouper le plus rapidement possible mes deux corps d'armée.

Par cet ordre, la 1re armée française recevait la mission de faire roquer son 2e corps vers l'est à travers les arrières du 6e corps américain afin de le souder au 1er corps face à la trouée de Belfort, tandis que Truscott continuerait sa progression vers le nord, en direction de Saint-Dié et de Strasbourg.

le 23^octobre 1944, je fis adopter par le général Devers une organisation nouvelle qui fontionna de façon satisfaisante jusqu'à la fin de la guerre : pour notre ravitaillement en « denrées et matériels américains », la base 901 s'intégrait dans la *Continental Advance Section* (Conad), base américaine « supportant » le 6e groupe d'armées, et travaillait en pool avec elle. Par contre, pour les ravitaillements « d'origine spécifiquement française », elle conservait son indépendance.

Les fournitures de cette seconde catégorie présentaient d'ailleurs une importance considérable, étant donné que les livraisons américaines étaient calculées sur les effectifs de notre armée tels que les avait fixés le plan de réarmement et ne devaient pas tenir compte de leur renforcement par le rattachement d'unités FFI.

1. Au début de septembre, l'armée B s'était vu baptiser « armée française du Sud ». Mais ce titre était rapidement devenu paradoxal au moment où nous ne cessions de progresser vers le nord. Pratiquement, il ne devait jamais entrer en vigueur.

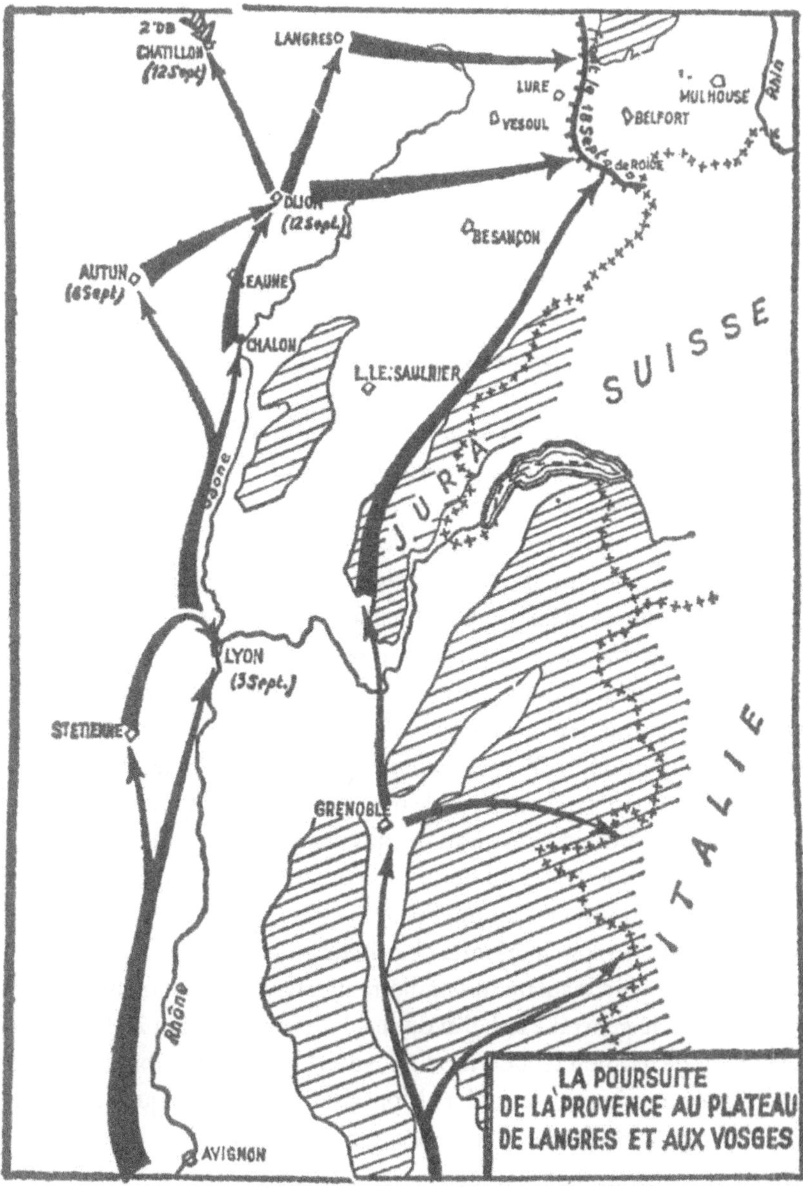

Il ne s'agissait donc ni tout à fait d'une relève, ni tout à fait d'un dépassement, mais des deux à la fois assortis d'un cisaillement de deux corps d'armée axés perpendiculairement.

Ces instructions étaient sans doute conformes à la situation et auraient pu malaisément être différentes. Toutefois, elles n'étaient pas sans inconvénients.

J'aurai ultérieurement l'occasion d'analyser la double conséquence que comportait à terme l'orientation divergente imprimée aux forces franco-américaines. On verra, en étudiant la bataille des Vosges, qu'elle allait entraîner l'étirement progressif de mon armée pour éviter de perdre la liaison avec l'armée Patch, de plus en plus engagée vers le nord – et, en examinant les conditions de notre entrée en Allemagne, qu'elle devait nous placer devant le Rhin inférieur, c'est-à-dire là où l'obstacle du fleuve se double de celui de la Forêt-Noire. Mais, au comptant déjà, l'exécution du mouvement prescrit soulevait des difficultés sérieuses.

Difficultés matérielles, d'abord : la rareté du carburant impose des déplacements par à-coups, au rythme des ravitaillements ; la destruction des ouvrages d'art limite le nombre des itinéraires utilisables ; l'obligation de laisser s'écouler par priorité les convois américains rend nécessaire une réglementation acrobatique de la circulation.

Difficultés tactiques surtout : dans la zone qui nous est impartie à la suite des Américains, une division, la 45e DIU, est pratiquement stabilisée, vers Baume-les-Dames, et ici le problème est simple. Par contre, une autre division, la 3e, est en pleine progression et là le problème est compliqué, parce qu'il convient de reprendre le contact avec l'ennemi en traversant cette division et qu'au surplus notre 1re DB, à qui va incomber cette mission, possède une composition organique totalement différente de celle d'une division d'infanterie.

Quoi qu'il en soit, il importe de se hâter.

Nous risquons d'autant moins d'être en retard qu'avant même de recevoir l'ordre du général Patch, j'ai donné, le 13 septembre, à 23 heures, au cours d'une réunion tenue à mon nouveau PC de Dijon, toutes instructions préparatoires au général de Monsabert. Je n'ai plus qu'à les confirmer, ce que je fais, dès le 14, dans les termes suivants[1] :

> 1° La décision a été prise de regrouper l'armée française à la droite (sud) du dispositif général. En conséquence, le 2e corps, suspendant

1. Ordre particulier n° 49 en date du 14 septembre 1944.

sa progression vers le nord, fera mouvement vers l'est en vue de se porter à la gauche du 1er corps;
2° La 1re DFL relèvera la 45e DIUS.
Mouvement à partir du 16 septembre par les itinéraires:
Nord: Auxonne, Dole, Besançon;
Sud: Chalon, Lons, Pontarlier, Baume-les-Dames.
La 1re DB, se flanc-gardant au nord en recherchant la liaison avec le 15e CAUS[1], poussera au plus tôt ses gros dans la région de Jussey en vue:
a) de faciliter la progression de l'aile gauche du 6e CAUS au nord de Vesoul en menaçant de flanc les résistances ennemies qui s'opposeraient éventuellement à cette progression;
b) d'être prête à se porter par Port-sur-Saône et Vesoul dans la région de Lure, en traversant la zone actuelle des 36e et 3e DIUS.

Le même ordre prescrivait au dernier échelon débarqué de la 1re DB, échelon qui n'était pas arrivé à temps pour participer à la poursuite et qui comprenait essentiellement le *Combat Command* n° 3, de se porter directement vers la région Vesoul-Lure.

Il serait fastidieux de suivre dans le détail les multiples mouvements auxquels vont donner lieu ces directives et les ordres successifs d'application diffusés par le 2e corps. L'opération déclenchée était, je viens de le dire, techniquement délicate, mais elle relevait plus du 4e bureau que du 3e. Il suffit que j'en indique le résultat final, tel qu'il apparaît le 19 septembre à minuit.

À cette heure, le général Brosset prend le commandement de son nouveau secteur, après relève de la 45e DIUS. Immédiatement à la gauche du corps Béthouart, sa 1re brigade tient la ligne Isle-sur-le-Doubs-Villechevreux, à 8 kilomètres à l'est jusqu'à mi-chemin entre Villersexel et Lure. Le reste de la division est maintenu en réserve.

Quant à la 1re DB, son CC 2 jalonne sensiblement le chemin de grande communication n° 10 jusqu'au sud de Lure que son CC 1 déborde à l'est sur les deux nationales qui mènent à Champagney et Mélisey. Le CC 3

1. Le 15e CAUS est le corps d'armée de droite de la 3e armée américaine (armée Patton) et c'est à lui qu'appartient la 2e DB.

attend dans la région de Mâcon l'essence indispensable pour rejoindre le gros de la division.

Enfin, le 2e RSAR reste chargé de la couverture du flanc nord de l'armée jusqu'à ce que le 6e CAUS ait étroitement réalisé sa liaison avec le 15e. Ses postes s'échelonnent vers Vauvillers, Monthureux, Darney.

Ainsi de la frontière suisse au nord de Lure, toute la 1re armée française est en ligne, cette fois carrément orientée vers l'est. La 7e armée américaine, provisoirement réduite au seul 6e corps, achève dans le même temps le mouvement de conversion qui la porte, par Plombières, jusqu'à Épinal, 3e division au sud, 36e au centre, 45e au nord. De là, elle devra chercher à pénétrer en Alsace par la trouée de Saverne vers Strasbourg, par Saint-Dié, et le col de Saales vers Molsheim, par Gérardmer et la Schulcht vers Colmar. La 1re armée française, elle, visera Belfort et Mulhouse, 1er corps au sud par Delle, 2e corps au nord par le col de Bussang.

Au matin du 20 septembre, tout le front du 2e corps d'armée s'anime pour resserrer le contact avec l'ennemi. Hélas ! il ne faut pas longtemps pour le prendre de façon étroite... Immédiatement à l'est de la rocade l'Isle-sur-le-Doubs-Lure, la *Wehrmacht* a établi une position continue soutenue par des feux denses d'artillerie et de mortiers, protégée par des champs de mines. Le « Führer » a donné à ses soldats, hâtivement regroupés dans le 4e *Luftwaffe Feld Armee Korps*, l'ordre de défendre les avancées de Belfort jusqu'à la dernière goutte de sang. Pour Monsabert comme c'était déjà le cas pour Béthouart la poursuite est terminée. Une bataille d'usure va commencer.

Elle sera longue et dure – d'autant plus longue et d'autant plus dure qu'en face d'un adversaire renforcé et fanatisé, nos unités ne se complètent que lentement, à la cadence, impossible à accélérer, prévue par le plan de débarquement. Les quatre divisions qui sont engagées depuis le début attendront des semaines encore avant de récupérer tous leurs moyens. Une cinquième, la 4e division marocaine de montagne, entame à peine ses transports et la 5e division blindée suivra. Quant à la 2e DIM, il lui faut continuer à protéger nos lignes de communication en tenant l'immense front des Alpes.

Renforcée de goumiers et d'excellents bataillons FFI, elle a employé le mois de septembre à nettoyer les hautes vallées et à refouler les Allemands vers les cols frontières. Le général Dody a fait reprendre Briançon et occcuper Modane. Le général Carpentier qui lui succède au commandement de la 2e DIM dans le courant du mois et qui est lui-même remplacé à la tête de mon état-major par Valluy, promu général, poursuit son action. En Maurienne et en Tarentaise, le groupement Piatte a poussé ses avant-postes jusqu'aux abords du Petit Saint-Bernard et de l'Iseran d'une part, de Pralognan, de Lanslebourg et du col du Mont-Cenis, dont l'ennemi a fait sauter le tunnel, d'autre part ; plus au sud, le groupement Molle tient le Briançonnais, le Queyras et l'Ubaye où il se relie à la 1re *Air Borne Task Force*. Partout, l'avance a exigé des efforts sérieux et souvent coûteux. Le 3e tabor marocain, en particulier, est en deuil de son chef admiré, le lieutenant-colonel de Colbert, tombé le 15 septembre près d'Abriès, en Queyras.

Trois semaines d'efforts incessants et de succès ininterrompus ont conduit nos troupes de la Provence jusqu'au Jura et au pied des Vosges. Vingt-cinq départements français, près du tiers de notre territoire national, ont été reconquis. Des milliers de bourgs et de villages, quelques-unes parmi nos plus grandes villes se reprennent à vivre librement sans que de nouvelles ruines aient aggravé la détresse provoquée par une longue occupation. Les 1re et 19e armées allemandes ont subi des pertes irréparables, laissé entre nos mains près de 16 000 prisonniers et tout autant à nos camarades du 6e corps US. Sans même tenir compte de tous ceux à qui nous avons, vers Autun, barré la route et qui étaient plus de 20 000, c'est près de 100 000 hommes que nous avons capturés à Wiese et à Bloskowitz depuis le débarquement. Leurs morts se comptent par milliers.

En regard, depuis le 29 août et jusqu'au 19 septembre, 500 tombes françaises dont celles des FFI et 1 657 tombes américaines jalonnent notre Voie de la Liberté.

À considérer les résultats, chacun à la 1re armée éprouve une légitime satisfaction et une joie qu'exalte celle, indicible, des populations délivrées. Et pourtant, à ces sentiments se mêle un peu de déception, à la veille d'un automne qui s'annonce précocement maussade comme s'il voulait mieux faire sentir à tous que c'en est fini des chevauchées de Fructidor. N'était-il pas possible de faire mieux encore et de n'arrêter son élan qu'après avoir forcé le seuil de l'Alsace et atteint les bords du Rhin ?

À la vérité, l'immense vague partie de la Méditerranée n'est pas seule à mourir. Celle qui a déferlé depuis la Manche est aussi au bout de sa course. De la mer du Nord à la Suisse, 51 divisions alliées sont obligées de marquer un temps d'arrêt devant les positions fortifiées en hâte, avec une maîtrise à laquelle il faut bien rendre hommage, par la *Wehrmacht*, habile à profiter de notre lassitude forcée.

C'est que la disproportion croissante entre la longueur des communications et les moyens de transports utilisables est arrivée au point où elle entraîne l'asphyxie de la ligne de feu. Le succès même se paye. La rapidité de l'avance déroute les prévisions des spécialistes de la « logistique ». Ils ne peuvent en quelques jours rebâtir les ponts, réparer les voies ferrées, dégager les fleuves ou les canaux. Il leur reste le camion, mais le camion lui-même a ses limites... Nous les avions atteintes.

Regardant devant nous, nous avions le devoir d'être insatisfaits. Mais, jetant un regard en arrière, nous avions le droit d'être fiers.

TROISIÈME PARTIE

LES RUDES SEMAILLES D'AUTOMNE

Devant nous, l'Alsace!

Ces simples mots, qui résument la situation, suffisent à écarter toute tentation de transformer en « pause » un arrêt momentané.

La pause serait l'acceptation d'un relâchement de l'effort avant le succès final. L'idée n'en vient à personne.

De justesse, l'ennemi a réussi à fermer ce qu'il dénomme dans son jargon « la porte de Bourgogne ». Sa prétention de nous l'interdire est d'autant plus insupportable qu'elle traduit son dessein d'inclure l'Alsace dans les frontières politiques du Reich sur lequel il se replie. Aucun répit n'est donc concevable aussi longtemps que l'Allemand n'aura pas été refoulé au-delà du Rhin.

Le 13 septembre déjà, c'est le Rhin que j'ai donné pour objectif au général de Monsabert, au début du mouvement de conversion de son corps d'armée. Et c'est toujours le Rhin que je prends pour objectif de toute la 1re armée française dans mon instruction personnelle et secrète n° 2 du 17 septembre[1].

Mais il faut se rendre à l'évidence: le Rhin n'est pas immédiatement à notre portée. Une nouvelle phase de la guerre s'ouvre dont l'évolution victorieuse suppose la réunion de multiples moyens, donc l'observation de délais minima.

Ces conditions vont paraître dures à une troupe habituée au succès et qui, soudain condamnée à marquer le pas, a le loisir de prendre conscience de sa réelle fatigue.

La cadence des opérations, depuis sept semaines, a mis à rude épreuve les carcasses... Au surplus, pour la grande majorité de nos unités, la campagne de France a suivi la campagne d'Italie sans autre trêve que quinze

1. L'IPS n° 2 fait l'objet de l'annexe n° 4.

jours d'entraînement intensif. Pratiquement, elles n'ont pas « dételé » depuis le début de l'année ou, pour le moins, depuis Pâques.

Plus encore que les hommes, qui trouvent dans l'exaltation de leur moral la force de supporter allégrement l'épuisement des combats et des nuits sans sommeil, le matériel demande grâce. Les camions qui ont roulé sans répit, les chars, dont les chenilles ont parcouru des centaines de kilomètres, réclament réparations et révisions. Recomplètement aussi, car il y a des manquants... Mais il faudra attendre longtemps leur remplacement !

Tous les arrières sont à organiser, en particulier les dépôts. La jauge des réservoirs est à zéro comme les dotations de coffres. Malgré les efforts surhumains du 4e bureau supérieurement animé par le colonel Allard, les dépôts dits « avancés » n'ont pas encore, au moment où s'achève la poursuite, dépassé Saint-André-le-Gaz, entre Grenoble et Lyon, à plus de 275 kilomètres du front. Avant même de songer à constituer des stocks, pourtant indispensables, il faut quotidiennement accomplir un miracle : assurer l'acheminement des 1 500 tonnes de carburant, de munitions et de vivres que notre armée dévore chaque jour.

La seule voie ferrée qui ait pu être remise en état dès eptembre est la ligne de montagne à voie unique qui, par Sisteron, relie Aix-en-Provence à Grenoble. Encore est-elle coupée en deux endroits où de longs transbordements sont nécessaires. Avant la fin du mois sa tête est poussée jusqu'à Lons-le-Saunier mais nous partageons cette artère avec les Américains et nous n'y disposons que d'un faible crédit en trains légers.

Sans perdre une heure, le génie français, le génie américain et la SNCF ont conjugué leurs efforts pour réparer la grande ligne Paris-Marseille à quoi s'accrochent nos espoirs anxieux. La tâche est immense. À partir du début d'octobre, elle est pourtant couronnée de succès, puisque le trafic est d'abord rétabli jusqu'à Lyon, puis continué jusqu'à Baume-les-Dames par des crochets imprévus qui passent – affaire de ponts – à Paray-le-Monial, Dijon et Besançon.

En bordure du Rhône et de la Saône, on se hâte aussi de construire un pipe-line par où arrivera la précieuse « benzine ». Son parcours progresse de 15 kilomètres par vingt-quatre heures, ce qui est remarquable. Mais le chemin est encore plus long que celui de Tipperary !

Peu à peu, l'amélioration se fait sentir. Toutefois, on ne peut escompter avant la mi-octobre le resserrement de tous nos services vers l'avant et l'établissement d'un réseau de communications capable de satisfaire de façon convenable à l'essentiel de nos besoins.

Pour comble de malchance, un automne anormalement précoce et humide vient ajouter à notre misère. Sans transition, le soleil éclatant de la Méditerranée a fait place à la pluie quasi ininterrompue et au froid. Pour tous, l'épreuve est pénible, car les vêtements de rechange sont encore sur les plages provençales et beaucoup continuent à porter leur tenue d'été, la seule qu'ils aient avec eux. Mais cette température est surtout cruelle pour nos Sénégalais de la 9e division d'infanterie coloniale (9e DIC – général Magnan) et les coloniaux de la 1re division française libre (1re DFL – général Brosset) qui grelottent sur les plateaux du Jura ou dans la boucle du Doubs. Septembre n'a pas pris fin que déjà on signale, dans ces unités, des cas de gelure des pieds. La pluie ne s'en prend pas d'ailleurs qu'aux hommes : les crues d'octobre emporteront les ponts provisoires et noieront tout dans la boue.

Enfin, il n'est pas jusqu'à la nature du sol qui ne nous soit hostile. Habitués aux djebels rocailleux de l'Atlas ou aux pitons des Abruzzes, nos soldats d'Afrique se sentent perdus dans les forêts sombres où ils s'orientent avec tant de peine et où la mort vient par traîtrise lorsqu'un obus fuse au faîte d'un sapin.

Tout contribue donc à rendre la tâche plus dure. Le moral lui-même se ressent fatalement des circonstances. On pense au foyer lointain, à la permission qui ne vient pas, à l'arrière que la guerre semble si peu préoccuper depuis qu'elle s'est un peu éloignée et où une foule de jeunes gens demeure tranquillement passive. On se met à douter d'une prochaine reprise de la marche en avant et l'on sent rôder autour de soi la perspective d'un redoutable hivernage.

Pourtant, en dépit de ces difficultés que je viens à peine d'esquisser, un double effort se poursuit, l'effort laborieux des semailles qui préparent secrètement une rapide et féconde moisson.

Effort tactique d'abord car, pour changer de forme, les opérations ne se ralentissent pas. De droite, de gauche, tout en allongeant sans cesse notre front, pour conserver la liaison avec le 6e corps d'armée américain, nous ne renonçons pas à chercher le trou par lequel le dispositif ennemi pourra être enfoncé ou tourné. Et lorsque l'espoir de le trouver devra être abandonné, il restera à maintenir notre pression et à grignoter ses avancées afin d'acquérir des positions favorables au déclenchement d'une offensive générale.

Dans le même temps, notre armée commence l'énorme travail d'amalgame qui lui donnera une puissance accrue et son caractère final. Par dizaines de milliers, elle accueille les FFI et entreprend l'évolution qui, dans le respect loyal de leurs originalités natives, aboutira à une synthèse complète et franche.

De ces deux efforts parallèles, peut-être serait-il logique d'exposer d'abord le premier, pour montrer la continuité des opérations militaires. Mais la part grandissante prise à celles-ci, dès octobre, par les unités des Forces françaises de l'intérieur rattachées à leur 1re armée, m'incite à rapporter d'abord le second. Certes, il faudra beaucoup plus d'un mois pour le mener à bien et mon récit anticipera sur la marche des événements. Mieux vaut pourtant, je crois, préciser une fois pour toutes l'importance et les conditions de l'entrée des FFI dans la 1re armée française que de risquer de minimiser leur rôle en tardant à aborder cette étude.

CHAPITRE VII

L'AMALGAME

Le problème de l'« amalgame » était fort complexe et délicat, mais il ne nous prenait pas au dépourvu.

J'ai dit brièvement, dans le premier chapitre de ce livre, le soin que nous avions mis en Algérie à créer par avance, dans la mesure du possible, les conditions morales et psychologiques d'une rapide compréhension entre notre armée reconstituée outremer et les forces combattantes de la Résistance intérieure. Tel avait été, je le rappelle, l'objet essentiel de l'École de cadres de Douera. Son action n'avait pu évidemment s'étendre que sur une fraction des officiers et sous-officiers appartenant aux divisions stationnées en Afrique du Nord, à l'exclusion de leurs camarades engagés dans la campagne d'Italie. Mais son influence avait suffi pour répandre un certain état d'esprit et pour ébaucher les rudiments d'une « doctrine ».

C'est à Lyon, au lendemain de la libération de cette ville, que j'eus pour la première fois l'occasion d'en exprimer publiquement les grandes lignes. Interrogé par une rédactrice du journal *Le Patriote*, connue alors sous le pseudonyme de Nicole qu'elle avait brillamment porté dans la clandestinité et qui n'était autre que Mme Madeleine Braun, je résumai ma conviction en des termes dont il n'est peut-être pas superflu de reproduire l'essentiel[1] :

> Jamais, disais-je, nous ne ferons une absorption pure et simple des FFI... Il est indispensable de conserver leur nom, leur mystique et la fierté de leurs groupements... Étant donné les circonstances

1. *Le Patriote de Lyon*, numéro du 9 septembre 1944.

> actuelles de notre armée en guerre, il ne faut pas changer sa structure. Individuellement ou en corps constitués, les groupes FFI conservant leur particularisme viennent volontairement s'intégrer dans notre armée... Dès que les conditions le permettront, il y aura une synthèse à réaliser avec ce qu'ils représentent et ce que nous représentons, avec la plus généreuse compréhension des uns et des autres... À tous les mérites, à toutes les qualités de combattant qu'ils ont acquis dans la vie du maquis, nous leur demandons d'ajouter un effort d'ordre et de discipline, afin que le pays reconnaisse déjà en eux une part reconstituée de l'armée de demain.

Et mon interview se terminait par ces mots :

> À aucun prix, nous ne devons décevoir ces hommes et laisser s'éteindre cette flamme admirable qui s'est allumée. Par conséquent, tout de suite ces garçons des FFI peuvent former des unités supplétives venant au combat avec notre armée régulière. J'insiste sur ce fait que ce ne peut être une intégration dans l'avenir, mais une synthèse où ils garderont leur particularisme et leur autonomie. Rien ne pourra être fait dans l'avenir, la France nouvelle ne pourra pas se sculpter sans avoir dans sa propre matière cette glaise faite de toutes les douleurs, de cet instinct de conservation de la race et de la grandeur française.

J'avais tenu à affirmer explicitement la nécessité de la compréhension réciproque car telle était bien la condition première de toute réalisation effective.

L'armée « régulière » était justement fière de sa tenue, de sa discipline et de sa force. En règle générale, les grades y avaient été acquis chèrement et les récompenses y avaient été rares. Les préoccupations politiques, un moment soulevées par le grand drame de l'Obéissance, avaient été fondues au creuset de la guerre, menée avec une ardeur unanime et un loyalisme total. Le sens du devoir, sous toutes ses formes, y était exceptionnellement vif et une profonde fraternité d'armes s'y associait intimement au respect de la hiérarchie : en bref, rien qui fût moins « naphtaliné » que cette armée, mais rien non plus qui fût plus représentatif des vertus militaires traditionnelles.

Telles n'étaient point, telles ne pouvaient pas être les caractéristiques des unités FFI. Condamnées à naître et à vivre dans le secret, mises hors la loi par l'ennemi et par ses complices, elles avaient surtout développé des vertus militaires révolutionnaires, celles des partisans. Par la force des choses, la personnalité des chefs avait joué un rôle déterminant et avait imprimé chaque maquis d'un sceau différent. Leur trait commun était l'audace alliée à l'esprit d'indépendance.

Il était fatal que la communauté d'idéal patriotique ne fût pas à elle seule suffisante pour empêcher les réticences mutuelles obligatoirement engendrées à l'origine par des tendances, toutes valables ou, en tout cas, respectables en soi, mais par nature divergentes. De part et d'autre, des réserves étaient à vaincre.

Pour nos régiments débarqués, l'extrême variété des organisations FFI, leur discipline au moins particulière, la diversité de valeur de leurs groupements, la pauvreté de leur équipement, la criante insuffisance de leur armement et de leur matériel, l'hétérogénéité de leur encadrement, la facilité avec laquelle avaient été souvent attribués les grades supérieurs et, dans certains cas, le caractère ostensiblement politique de leurs aspirations heurtaient le sens militaire classique de beaucoup d'officiers dont quelques-uns exagéraient par réaction leur rigueur réglementaire. Objectivement d'ailleurs, la plupart de ces faits, qui étaient autant d'obstacles opposés à une harmonie spontanée, rendaient malaisé l'emploi des formations maquisardes dans le cadre bien tracé de nos unités.

À l'inverse, il serait contraire à la vérité d'imaginer que les FFI se sentaient tous attirés vers l'armée par un penchant irrésistible. Beaucoup certes, ne demandaient qu'à s'unir à elle de la façon la plus intime. Mais un certain nombre, parmi les chefs surtout, marquaient une froideur qui, chez quelques-uns, allait jusqu'à l'hostilité. La part qu'ils avaient prise aux combats libérateurs ne les incitait pas seulement, et à juste titre, à vouloir conserver leur individualité. Leurs succès, appréciés souvent avec une optique locale, établissaient à leurs yeux l'excellence du système militaire que les circonstances les avaient amenés à bâtir, et qu'ils entendaient substituer au système traditionnel, considéré comme périmé.

Abstraction faite de toute arrière-pensée personnelle, quelques-uns estimaient être qualifiés – et seuls qualifiés – pour doter la France de son armée nouvelle, faite à l'image des maquis. L'un de ces chefs, parmi les plus importants, commençait une « instruction provisoire sur l'organisation générale des FFI » par cette phrase révélatrice : « Les Forces françaises de l'intérieur doivent donner naissance à l'Armée française. » À l'heure où les hommes de nos divisions approchaient de Dijon, une telle formule, qui semblait faire fi et de la gloire qu'ils venaient d'acquérir et même de leur existence, ne pouvait leur être agréable, pas plus que ne leur plaisaient certains articles publiés par des journaux contrôlés par des FFI et qui exhalaient sans nuances un relent d'antimilitarisme avivé par la rancœur laissée par la défaite de 1940 et par la passivité de novembre 1942.

D'autre part, la comparaison entre les puissants moyens dont étaient dotées nos divisions et ceux qu'avec tant de peine avaient réussi à se constituer les maquis créait chez ceux-ci un sentiment d'envie bien compréhensible et un complexe d'infériorité qui se mariait curieusement avec cette propension doctrinale à incarner les forces de l'avenir.

Enfin, il faut bien reconnaître que souvent les Régions militaires en voie de reconstitution n'entendaient pas se dépouiller des bataillons qu'elles arrivaient à mettre sur pied au prix des plus grands efforts et dont la présence sur leur territoire garantissait seule le maintien de leur autorité.

Qu'on me comprenne bien : en tout ceci, je ne juge pas ; j'analyse, avec une froideur voulue, mais nullement excessive. Et les divers éléments de cette analyse sommaire et sans passion établissent pour le moins que le succès de l'amalgame n'était pas obligatoire.

Mais ce succès, je le voulais de toute mon âme parce que je le savais nécessaire. Nécessaire, il l'était matériellement parce que notre armée avait besoin d'accroître ses effectifs et, pour commencer, de les maintenir en comblant ses pertes, en remplaçant ses Noirs inadaptés au climat hivernal de l'Est et en relayant l'Afrique du Nord arrivée à l'extrême limite de ses possibilités. Nécessaire, il l'était moralement parce que la jeunesse de France avait le droit de prendre part de la façon la plus active à une guerre qui fixait son avenir et dont il eût été inadmissible qu'elle fût seule à ne pas porter le poids, alors que, sur notre sol même, les jeunesses de notre Empire et du monde anglo-saxon se sacrifiaient généreusement. Nécessaire, il l'était encore parce que le dynamisme et la générosité admirables de cette jeunesse révélée par la Résistance n'étaient dus qu'à la France et qu'il eût été impardonnable qu'ils fussent inemployés, gâchés, ou pire encore, utilisés pour des aventures. Enfin, il y allait de l'avenir de notre armée et de son unité – mieux encore de l'avenir des rapports entre l'Armée et la Nation.

Il fallait donc capter ces deux courants également vigoureux pour les associer, rapprocher les deux tendances pour les enrichir l'une par l'autre. C'était une croisade à entreprendre qui exigeait imagination, persuasion… et autorité.

L'entreprise était sans précédent. Cent fois, l'Armée avait dû admettre dans son sein les éléments les plus disparates et forger des régiments homogènes avec des soldats différents par l'âge, la formation et les opinions. Au fond, c'est là son rôle permanent et la reconstitution de nos forces en Afrique du Nord venait d'exiger sur une grande échelle le recours à ce « brassage ». Par contre, jamais l'Armée n'avait eu à faire une place à des unités constituées pratiquement en dehors d'elle, par des cadres en majorité improvisés, avec un esprit original, et selon des méthodes propres qu'il importait de respecter.

Pour cet amalgame organique, si je puis dire, il n'existait aucun gabarit préconçu et il eût été infiniment dangereux de chercher à en établir un d'après des données théoriques. Seul un empirisme, souple comme la vie, pouvait dégager des solutions valables et offrir peu à peu une traduction sincère des principes que nous voulions appliquer.

Durant de longues semaines, la conduite de cette évolution allait prendre le meilleur de mon temps.

Mon premier soin fut de constituer des organes de commandement indispensables pour me seconder dans une mission dont ne tenaient certes pas compte les tableaux d'effectifs normaux d'un état-major d'armée.

Le 30 septembre, je désignai, pour me servir d'« adjoint » pour les affaires FFI, le général Molle, commandant l'infanterie divisionnaire de la 2e division d'infanterie marocaine (2e DIM)[1] et lui donnai comme

1. Fin 1944, l'état-major du général Molle fut remplacé par un bureau FFI, dont le chef, nommé par M. Diethelm fut le colonel Rebattet-*Cheval*, et qui fut à son tour supprimé en mars 1945. À partir de ce moment, il n'y eut plus à la 1re armée d'organe spécial pour traiter des problèmes FFI, en dehors d'une section « Personnel » dépendant directement du 1er bureau dont le chef actif était le colonel Pinson. Ceux qui se posèrent encore furent réglés directement par les bureaux compétents de l'état-major, en liaison avec mon cabinet où le commandant Monod-*Malivert* était spécialement chargé de suivre cette question.

second le colonel Henri Mahnès, mon ancien chef d'état-major de la 14e division en 1940. J'organisai, d'autre part, un bureau du matériel, chargé de centraliser les problèmes d'habillement, de campement, d'armement, de transport, particuliers aux FFI, et je créai des centres d'instruction au camp du Valdahon et à la Valbonne.

C'est que les difficultés à résoudre augmentaient à une cadence accélérée, en proportion du nombre des formations FFI qui, de toutes parts, demandaient à se rattacher à nous.

J'ai déjà cité les noms des premiers arrivés, maquis des Ardennes du commandant Vigan-Braquet, bataillon du Charolais du commandant Ziegel-*Claude*[1], groupement du Lomont du commandant *Paul*, avec son bataillon des « Foulards rouges ». Et j'ai fait allusion, lors du récit des combats d'Autun, à l'intervention puissante des maquisards du Sud-Ouest. Sans prétendre à dresser la liste détaillée de tous les groupes accourus des quatre coins de la France, il est nécessaire et juste que j'en brosse un tableau rapide, tout en m'interdisant de retracer leurs faits d'armes respectifs, sous peine d'entreprendre l'histoire de la Résistance dans la moitié de notre pays !

Dans ce raccourci, deux régions surtout se signalent par l'importance de leurs apports massifs : les Alpes et le Sud-Ouest.

Dans les Alpes, les maquis ont été avant tout le sursaut naturel d'un esprit militaire resté vivace grâce à l'action d'officiers fidèles à leur mission. Chacun de ces maquis ou presque est la résurrection de nos admirables bataillons de chasseurs ou d'infanterie alpine et, pour une large part, ce sont les cadres de ces bataillons entrés dans la clandestinité depuis novembre 1942 qui les ont fait naître et les animent. En Savoie et en Dauphiné, au sens strict des mots, c'est vraiment l'« Armée secrète » qui a héroïquement lutté contre la *Wehrmacht* et qui attend comme première récompense de la libération de redevenir l'Armée tout court.

Treize bataillons se relèvent ainsi au grand jour dès le début de eptembre, ardents et aguerris, convenablement armés, surabondamment encadrés, et tenant solidement avec une parfaite connaissance de la montagne les secteurs de Tarentaise, de Maurienne et de la haute Durance. Tous mériteraient d'être cités ainsi que leurs chefs, placés sous

1. Le premier des deux noms est le nom véritable ; le second, imprimé en italique, est le pseudonyme le plus habituellement porté dans la clandestinité.

les ordres du colonel Descours commandant la région clandestine R 1 (Lyon)[1] et de son adjoint pour les forces des Alpes, le colonel Valette d'Osia. Comment ne pas mentionner au moins parmi eux les deux bataillons des Glières du commandant Godart, nés des traditions du 27e BCA[2], et le bataillon du Vercors en qui le commandant Costa de Beauregard a fait revivre le 6e BCA?

Derrière ces demi-brigades[3], d'autres bataillons sont en voie de formation. Si leur équipement est moins satisfaisant, leur encadrement est souvent de même qualité, et leur combativité identique. Au total, en^octobre, les Alpes, l'Ain, la Drôme et l'Ardèche auront mis sur pied une trentaine de bataillons formant corps, groupant plus de 20 000 hommes.

Ces unités représentent pour notre couverture sur les Alpes un incomparable atout. Elles en forment le gros et permettent de réduire au minimum les éléments de la 2e division d'infanterie marocaine (2e DIM – général Carpentier) puis de la 4e division marocaine de montagne (4e DMM – général Sevez) qui y sont également affectés pour en constituer l'ossature[4].

---

1. Le territoire français avait été divisé par le BCRA (Bureau central de renseignements et d'action, dépendant directement du général de Gaulle, et chargé d'organiser, animer et coordonner la Résistance intérieure) en régions militaires clandestines. Au sud de l'ancienne ligne de démarcation, ces régions étaient désignées par la lettre R (exemple: R 1 : Lyon; R 2 Marseille, etc.). Au nord de cette ligne, elles étaient désignées par les lettres D pour l'est de la France, A pour le nord, P pour le Bassin parisien, M pour la Bretagne et la Normandie et B pour la Vendée et le Bordelais.

2. BCA.: Bataillon de chasseurs alpins.

3. Ces demi-brigades étaient au nombre de cinq: les deux bataillons des Glières appartenaient à la 1re demi-brigade (Savoie et Haute-Savoie) du lieutenant-colonel de Galbert; la 2e demi-brigade (Drôme) était commandée par le lieutenant-colonel de Lassus; la 3e demi-brigade (Isère) du lieutenant-colonel Le Ray comprenait, parmi ses bataillons, le 6e BCA; la 4e demi-brigade du lieutenant-colonel Marielle-Tréhouart était formée des bataillons provenant du Rhône et de l'Ardèche, enfin le lieutenant-colonel de Sury avait constitué la 5e demi-brigade avec les bataillons de l'Ain.

Ces unités alpines disposaient de deux groupements de cavalerie, le groupe d'escadrons de La Ferté, venu de Saône-et-Loire, le 2e cuirassiers du capitaine Thivollet présent aux combats du Vercors et qui se joindra à la 1re armée.

4. La région R 2 (Marseille) avait également constitué cinq bataillons alpins qui opérèrent dans l'Ubaye et la Tinée, sous le commandement dynamique du commandant Lécuyer, alias *Sapin*. Mais, par suite de la présence dans cette zone après la libération de l'*Air Borne Task Force*, le rattachement de ce groupement à la 1re armée fut moins

Malgré l'importance de ces effectifs, que leur parfaite connaissance de la montagne destinait à rester sur place, cette même région trouve encore le moyen de fournir à nos divisions des renforts appréciables. Le maquis de Chambarrand du capitaine Mariotte, le bataillon de Chartreuse du commandant de Loisy, le maquis de Provence, le commando Courson de Villeneuve, le commando de Légion Lacaze, le commando Hermine et le 2e cuirassiers ou groupement Thivollet apportent un enrichissement supplémentaire d'environ 3 000 combattants à la 1re armée. Et, plus tard, au moment de la grave menace qui pèsera en janvier contre Strasbourg, le 159e régiment d'infanterie alpine (ex-4e demi-brigade alpine du colonel Marielle-Tréhouart) et le groupement d'escadrons de La Ferté viendront des Alpes renforcer temporairement la défense de la ville.

Bien différent dans son essence est l'élan qui a jeté sur les arrières de l'ennemi en retraite les FFI du Sud-Ouest. Certes, le corps franc Pommies (CFP) qui en représente l'élément le plus homogène et qui, dans les Pyrénées, a poursuivi pendant de longs mois une action méthodique de résistance singulièrement efficace, s'apparente quelque peu par sa composition, sa structure et son esprit, aux unités alpines. Mais il est l'exception : les groupements divers qui, avec lui, montent de la région de Toulouse cherchent moins des références dans notre passé militaire qu'ils n'ambitionnent d'incarner une armée nouvelle.

À peine libérée, par ses propres moyens, cette région de Toulouse – R 4 – a donné naissance à une « division légère », dont les premiers éléments sont mis par le colonel FFI Ascher-*Ravanel* sous le commandement du colonel Redon-*Durenque*. Tous les départements entrent dans sa composition : les Pyrénées avec Pommies-*le Bordelais*, le Tarn avec la demi-brigade Ben Tata-*Ajax*, et la demi-brigade Trioche, l'Aveyron avec le bataillon Marc de Decazeville. Et toutes les formations de la Résistance aussi : AS, FTPF, ORA, OCM[1], Veni, Libération… Ces bataillons, aux effectifs fort variables, et qui portent généralement le nom de leur chef, forment l'infanterie de cette division légère. Elle comporte en outre

---

formel et complet qu'en ce qui concerne les unités de la région de Lyon. Il fut tactique et non administratif.

1. AS : Armée secrète.
FTPF : Francs-tireurs et partisans français.
ORA : Organisation de résistance de l'Armée.
OCM : Organisation civile et militaire.

deux groupes de reconnaissance, nés de la reconstitution du 3e dragons de Castres (Dunoyer de Segonzac) et du 3e hussards de Montauban (Marcus), ainsi que quelques éléments de transmissions, du train et des rudiments de services.

Dans le Lot-et-Garonne, la « brigade Main Noire » (Montagnier) se prépare à renforcer cette première colonne.

Mais l'exemple est contagieux. Partout, un même souffle d'enthousiasme mobilise des volontaires décidés à ramener l'envahisseur jusqu'au Rhin. Dès le 31 août, deux officiers envoyés d'Alger par le BCRA[1] s'efforcent de coordonner ce mouvement dont notre histoire n'offre sans doute pas d'équivalent. Ancien délégué au COMAC[2] le général Chevance-*Bertin* prend le commandement territorial de tout le Sud-Ouest et désigne son compagnon, le colonel Schneider, pour « coiffer » les formations qui s'y lèvent et conduire leur poursuite contre l'ennemi.

En effet, à la colonne R 4, viennent bientôt s'adjoindre les colonnes R 3, R 5 et R 6.

R 3 c'est le Languedoc, la Lozère et l'Aveyron, les Pyrénées-Orientales. À mon passage à Montpellier, le 2 septembre, j'avais espéré décider quelques unités de cette région à se joindre directement et sans délai à nous, et j'avais même mis à leur disposition, pour assurer leur transport, un certain nombre de camions, le plus précieux de mes trésors dans ce début de la poursuite. Mais R 3 entendait avoir sa représentation spécifique : ce sera la « brigade du Languedoc » du colonel Thomas-*David*. Forte initialement de 7 bataillons, elle comptait une unité qui ne pouvait que m'être spécialement chère, « le maquis de la Montagne Noire », formée par le capitaine de Kervanoel avec un gros pourcentage d'anciens stagiaires de l'École de cadres que j'avais créée à Carnon lorsque je commandais la 16e division militaire de Montpellier. Avec eux, je retrouvais mes « fidèles » du 11 novembre 1942[3]...

1. BCRA : Bureau central de renseignements et d'action.

2. COMAC : Comité militaire de l'armée clandestine. Organisme dépendant du Comité national de la Résistance (CNR) et spécialement chargé des questions militaires.

3. La fidélité de ces garçons ne m'avait pas abandonné dans le malheur. Dès le début de 1943, c'est-à-dire quand je me trouvais en prison à Riom, ils avaient constitué de petits maquis auxquels ils avaient eu l'émouvante pensée de donner le nom de « Maquis de Lattre » qu'ils avaient tenu à conserver au sein de « la Montagne Noire ».

À la demande de Kervanoël, ancien capitaine au 3e dragons de Castres, j'envoyai ce

R 5 c'est, au sens large, le Limousin. Les maquis y ont été nombreux et actifs. Ceux de basse Corrèze ont joué un rôle spécialement utile, notamment au lendemain du débarquement de Normandie, quand ils ont infligé quarante-huit heures de retard aux *Panzer* de la division *Das Reich*. Le colonel Vaujour-*Hervé* en amène trois demi-brigades à trois ou quatre bataillons, ainsi que le groupe de reconnaissance du commandant Merlat qui a repris, on l'a vu à propos des combats d'Autun, l'écusson du 8e dragons.

Enfin le Centre, ou R 6, intensifie contre les *Kampfgruppen* qui le traversent encore l'action de guérilla entreprise depuis des mois et qui a eu au mont Mouchet son sanglant sommet. Dans le Berry, le colonel Bertrand a réformé son 1er régiment d'infanterie (1er RI) de 1942 et, à sa droite, le colonel Fayard-*Mortier* est engagé dans le bec d'Allier. Son « groupe mobile d'Auvergne », appelé aussi « division FFI d'Auvergne » compte quatre demi-brigades, un groupement d'artillerie de l'ancien 4e RA de Clermont, rassemblé par le commandant Dupoux, et le bataillon de garde mobile républicaine du commandant Thiollet qui vient de Vichy...

Tels sont les éléments d'origines, de valeurs et de constitutions infiniment diverses, sur lesquels le colonel Schneider vise à étendre progressivement sa suzeraineté, ce mot emprunté au vocabulaire médiéval étant très certainement celui qui définit le mieux la forme particulière de son autorité. Pris par l'ambiance, Schneider aurait même tendance à comprendre son rôle vis-à-vis du commandement de l'armée comme le comprenaient les grands féodaux dans les guerres de la vieille monarchie... Mais, dès le 11 septembre, à Mâcon, les choses sont mises nettement au point : en accord avec le général Cochet délégué militaire du Gouvernement provisoire pour la zone sud[1], venu à mon PC, je prends directement sous mes

---

groupement au camp du Valdahon d'où, le 1er novembre 1944, il rejoignit le 8e dragons du commandant Merlat pour y former un escadron constitué.

1. Le général d'aviation Cochet était investi, depuis le 15 août, du commandement de l'ensemble des Forces françaises de l'intérieur de la zone sud vis-à-vis desquelles il possédait les pouvoirs impartis au général Kœnig en zone nord.

Le général Cochet a toujours été pour moi un ami sûr et fidèle. Je l'avais bien connu en 1939 à la 5e armée, dont il commandait les forces aériennes et antiaériennes, et nos relations d'affectueuse confiance n'avaient fait que s'affirmer après l'armistice de 1940. Dès cette époque, il entreprenait dans le Massif central sa courageuse action de Résistance et venait souvent m'entretenir alors que je commandais les troupes de la 13e division militaire à Clermont-Ferrand, de ses espoirs et des premiers résultats qu'il obtenait.

ordres cette vigoureuse « féodalité » surgie des combats clandestins autour de quelques « seigneurs » et qui nous vaut un contingent supplémentaire de 25 000 hommes.

Mais si des provinces où la 1re armée française n'est pas passée envoient vers elle de si gros contingents, on se doute bien que les régions libérées par nos troupes ne peuvent demeurer en reste avec elles. Sous l'énergique impulsion du commandant de la Ferté-*Ferent*, la Saône-et-Loire donne dès les premiers jours de eptembre le 1er bataillon du Charolais du commandant Ziégel-*Claude* qui aux côtés du 2e régiment de spahis algériens de reconnaissance et du *Combat Command* Kientz participe vaillamment à la libération de Villefranche. Deux semaines plus tard, le commandant Bazot-*Laurent*[1] amène son « commando de Cluny » composé de maquisards ayant chassé dès le 10 août l'ennemi de la petite ville médiévale. Puis, dans le courant d'octobre, le 2e bataillon du Charolais (capitaine Monti) rejoint la 1re armée française dans les Vosges, de même que le « bataillon du Louhannais » du commandant Daumont qui devient le 2e bataillon de chasseurs à pied (2e BCP). Enfin, à la même époque, le commandant de la Ferté constitue avec sa compagnie de garde et des résistants de la région de Mâcon le 5e régiment de dragons, avec lequel il part pour le secteur des Alpes, après avoir passé le commandement des FFI du département au lieutenant-colonel *Allain*.

La haute Bourgogne et la Franche-Comté lèvent de nombreuses phalanges, car la lutte clandestine y a été organisée de longue date par M. Jean Bouhey, commissaire de la République désigné pour ces régions, et par d'ardents patriotes qui l'ont rejoint à son PC secret de Semur, Jean Mairey, Guyot, Roclore, Beaudoin et Mathieu. De l'Yonne, du Morvan, de la Côte-d'Or qui relèvent de la Région D 1, dont le chef militaire est le jeune lieutenant-colonel Claude Monod-*Morait*[2] et où à Dijon même l'esprit de Résistance a trouvé un vigoureux animateur en la personne

---

Arrêté en 1941 et emprisonné par Vichy, il réussissait à s'évader à la fin de l'année 1942 et à gagner l'Afrique du Nord.

1. Bazot-*Laurent* avait pour adjoint le commandant Aimé Broyer dit « Mémé » chez qui Claudius Petit et moi avions trouvé à Manziat, en^octobre 1943, la plus généreuse et secrète hospitalité en attendant l'avion qui devait nous emmener en Angleterre.

2. Le lieutenant-colonel Monod rejoindra personnellement la 1re armée française au début de l'année 1945 et trouvera une mort glorieuse en Allemagne au 4e RTM le 2 avril à Graben.

du chanoine Kir, accourent d'importantes unités : ce sont d'abord à la fin eptembre le 1er régiment du Morvan du colonel Chevrier-*Sadoul*, issu des maquis de l'Auxerrois, et la compagnie Ferry qui renforce le 1er bataillon de choc ; puis, dans la première quinzaine d'octobre arrivent le 2e régiment du Morvan constitué par le commandant Alizon-*Guy* dans la Côte-d'Or et le « groupement des volontaires de l'Yonne », appelé aussi régiment de l'Yonne du commandant Adam-*Roger*. Quant à la Haute-Marne, Chaumont nous envoie le bataillon Renaud et Langres une grosse compagnie.

La Franche-Comté pour sa part ne se borne pas à fournir le groupement du Lomont dont il a déjà été parlé. Cette province qui fait partie de la région « D 2 » (Besançon) commandée par le lieutenant-colonel Barthelet dit « *Boulaya* »[1] a également mis sur pied un « groupement frontière », chargé de la surveillance de la frontière franco-suisse, et le régiment de Franche-Comté. Ce dernier placé sous les ordres du colonel *Lagarde*, de son nom véritable Sarrazac-Soulas, rassemble Jurassiens et Dolois ; plus tard il sera renforcé par un bataillon de mineurs de Saint-Étienne du commandant *France*.

Par la force des choses, le reste de la France, en cette période où les relations demeurent encore si précaires, se trouve moins aimanté par notre armée. De l'Ouest et du Nord, ce sont des isolés ou de petits groupes qui la rejoignent, plutôt que des unités constituées. Toutefois, l'Indre-et-Loire mérite une mention spéciale avec l'arrivée du groupement Gilles et l'apport très valable des hommes du trop fameux Lecoz.

Paris, qui a cependant déjà tant donné de sa meilleure jeunesse à la 2e DB, ne résiste pas à l'attraction. Durant l'automne, en dehors de très nombreux engagés volontaires, la capitale nous envoie des formations qui constituent une synthèse de son esprit de résistance et de lutte.

De Neuilly où il s'est organisé au château de Madrid, le bataillon 12/22 rejoint le 1er octobre les commandos d'Afrique, précédant de peu le bataillon 26/22 du mont Valérien et le 19e BCP que le commandant Moillard a formé à l'École militaire.

Dans les premiers jours d'octobre également, le commandant de Gayardon frète discrètement des camions et file jusqu'à Gray avec son

---

1. Le lieutenant-colonel *Boulaya* a succédé à la tête de la région « D 2 » au colonel Maurin arrêté et déporté le 15 août 1944 par la Gestapo.

bataillon du lycée Janson de Sailly où, aux côtés de ceux de la bourgeoisie parisienne, voisinent quelques-uns des noms de la vieille aristocratie française.

Peu après, je reçois un émissaire du colonel Fabien, l'ancien membre des Brigades internationales, qui s'est illustré aux côtés du colonel Roll-Tanguy, chef des FFI de l'Île-de-France[1] lors de la libération de la capitale. Avec ses 3 000 gars de la banlieue parisienne, de Billancourt notamment, Fabien se trouve à Metz, auprès de l'armée Patton, où sa colonne, la « brigade de Paris » a pris le nom de « groupement tactique de Lorraine ». Il me fait part de son ambition de combattre dans les rangs de la 1re armée française. Sans hésiter, je fais droit à cette demande. Le 10 décembre, Fabien et son groupement débarquent à Vesoul. Je les passe en revue : l'ardeur et la franche allure de ces hommes – parmi lesquels se trouvent des gosses de moins de dix-sept ans – sont émouvantes. Comme j'ai accueilli les Parisiens de Janson de Sailly, je les accueille du même cœur, fraternellement. Mon armée est à l'image de toute la France.

Il n'y manque évidemment pas les représentants du dernier coin du territoire qui reste à délivrer et le plus cher à nos cœurs. Évacués ou expulsés de leurs provinces, ou encore obligés de les fuir pour ne pas servir dans les rangs ennemis, Alsaciens et Lorrains se regroupent, partout où ils ont dû se réfugier, pour hâter l'instant de leur retour dans la petite patrie. André Malraux, devenu le colonel *Berger*, arrive à la tête de la « brigade indépendante d'Alsace-Lorraine » qu'avec l'aide du colonel Jacquot, il a levée dans la région de Périgueux et de Toulouse. Du même secteur de Toulouse-Montauban, viendra également le groupement Voulgre dont un bataillon est surtout composé de fonctionnaires locaux pressés de reprendre en Alsace leurs postes pour assurer sans hiatus la marche des administrations locales dès l'entrée de nos troupes[2]. Clermont-Ferrand,

---

1. Le colonel Roll-Tanguy viendra lui-même à la 1re armée française à la fin de mars 1945. Affecté au 151e RI, comme adjoint au colonel, il prendra part avec ce régiment à la campagne d'Allemagne.

2. Ce retour à l'administration française en Alsace, après plus de quatre ans de domination nazie, posait *a priori* des problèmes dont le règlement était évidemment de la compétence des pouvoirs civils, mais que le commandant en chef de l'armée n'avait pas le droit d'ignorer. Pendant^octobre 1944, j'eus auprès de moi, pour les affaires d'Alsace, un conseiller d'une particulière compétence, en la personne de M. Robert Schuman. Je lui avais demandé de me rejoindre à Besançon, et c'est le lieutenant-colonel Montel,

où les réfugiés de Strasbourg sont également nombreux, donne naissance au bataillon Oziol ou bataillon alsacien de la 13e Région militaire. Enfin, nos compatriotes exilés en Suisse arrivent en foule dès que la frontière du Jura est rouverte et composent le groupement Georges, appelé aussi groupe mobile d'Alsace-Lorraine[1] ou encore 1er bataillon de chasseurs à pied.

Cette énumération, que je m'excuse d'avoir dû faire si sèche, n'est pas complète. Elle ne tient compte que des principaux apports et néglige cent petits groupements qui, souvent, se rallièrent directement à l'un ou l'autre de nos régiments et en complétèrent les effectifs. D'autre part, elle laisse de côté les unités d'origine FFI mises sur pied à l'intérieur et qui furent ultérieurement affectées de façon durable ou temporaire à la 1re armée. Tout en les tenant moralement comme des nôtres, il est juste que nous fassions à ces unités une place à part, puisque, organisées en dehors de nous, elles ne nous posèrent pas les mêmes problèmes d'amalgame que toutes celles que je viens d'indiquer.

Elles n'en jouèrent pas moins, en certaines circonstances, un rôle dont j'aurai à dire l'importance. En janvier 1945 spécialement, au plus fort de la crise pour Strasbourg, une grosse fraction de la 10e division d'infanterie (10e DI), que formait avec des FFI de la région parisienne le général Billotte tint, sous le commandement de celui-ci et dans des conditions extrêmement difficiles, un large secteur dans les Vosges. Le 5e régiment d'infanterie (5e RI – lieutenant-colonel Emblanc) et le 24e régiment d'infanterie (24e RI – lieutenant-colonel Bablon) s'inscrivirent ainsi dans la liste des unités FFI de la 1re armée, avec la 4e demi-brigade de chasseurs du commandant Petit qui leur était adjointe. Dans le même moment, le 81e RI nous arrivait de Montpellier avec le colonel de Chambrun-*Carrel*, puis le 126e régiment d'infanterie (126e RI) de Brive avec le colonel Godefroy.

Plus tard, lors du franchissement du Rhin, un régiment alsacien au passé glorieux, le 23e régiment d'infanterie (23e RI – colonel Lalande), et le 60e régiment d'infanterie (60e RI – colonel Jarry) de Besançon nous seront affectés pour participer à la garde du cours supérieur du fleuve.

---

attaché à mon état-major comme chef du *Signal Center*, qui était allé le chercher dans sa retraite clandestine des environs de Lyon.

1. Un autre 1er BCP a été constitué à Paris. Ce dernier formera avec le 4e BCP la 4e demi-brigade de chasseurs dont il est fait mention ci-dessous.

Enfin, aux dernières heures de la campagne, nous accueillerons les gars du Nord de la belle 1re DI du général Caillies, mise sur pied au début d'avril 1945 dans la région de Bourges.

Mais nous n'en sommes pas encore là ! En ce début d'automne de 1944, ces perspectives n'existent que dans un avenir incertain et le présent nous presse. Il s'agit de parer aux innombrables difficultés qui surgissent chaque jour, au fur et à mesure que de nouveaux maquis nous font confiance et, dans leur hâte de continuer la guerre avec nous, viennent gonfler nos effectifs.

Et d'abord, que représente au juste ce surcroît d'effectif ? Il faudra des semaines pour le savoir avec exactitude. Les mots usuels n'éclairent ici en rien puisque les mêmes sont employés en des sens différents. Tel bataillon compte 1 200 hommes, tel autre à peine 300. Et leurs chefs eux-mêmes ne sont pas toujours en état de fournir des statistiques précises.

Les grades portés dans le maquis étant fonction de l'importance numérique de la troupe, il n'est pas impensable que quelques-uns aient été tentés de surévaluer leurs unités… D'autre part, chaque chef a pour ses hommes d'impérieux besoins et il nous sait, hélas ! trop pauvres pour les satisfaire tous. Comment ne pas chercher, dans cette extrémité, à se prémunir contre les abattements certains en chiffrant largement ses demandes ? C'est humain. Mais l'incertitude tient encore à une cause plus profonde. Croit-on que Pierre l'Ermite ait jamais su, à une unité près, les effectifs de ses premiers croisés ? Les grands mouvements spontanés s'accompagnent d'un minimum de formalités administratives. Au moment de quitter leur région, de vieux maquisards ont préféré rester, tandis que des volontaires se présentaient nombreux pour partir. Personne n'a rien signé. Tous ceux qui l'ont voulu sont donc venus, souvent persuadés d'ailleurs que le Reich allait promptement s'effondrer. Mais puisque rien ne les liait, rien ne les empêchait non plus de rentrer chez eux, comme rien n'empêchait les commandants d'unités d'adopter en cours de route de nouvelles recrues. Il en résultait des fluctuations incessantes.

Le décret portant statut des Forces françaises de l'intérieur promulgué le 23 septembre 1944 mit bon ordre à cette situation en rendant obligatoire la signature d'engagements volontaires individuels pour la durée de la guerre. Mais son application ne fut pas instantanée et des hésitations se manifestèrent durant plusieurs semaines.

Finalement, d'après les pointages et les recoupements les plus sérieux, un peu plus de 137 000 FFI entrèrent au total dans les rangs de la 1re armée. Dès le 20 septembre, 40 000 l'avaient rejointe, plus de 60 000 au 15^octobre et 75 000 avant la fin de novembre.

La prise en charge d'un tel sureffectif par rapport aux tableaux de la *troop list*[1] représente pour le 4e bureau la quadrature du cercle. D'une part, il reçoit des services américains des fournitures correspondant à l'importance des unités venues d'Afrique du Nord. D'autre part, il doit répartir ces fournitures invariables entre des parties prenantes sensiblement plus nombreuses. Il n'a donc d'autre choix que d'augmenter ses moyens ou de réduire la part affectée à chacun.

Pour le ravitaillement en vivres, ce choix n'est pas concevable. Aux rations américaines, l'intendance ajoute les vivres français nécessaires par exploitation des ressources locales faites en accord avec le ravitaillement général. Cette dualité complique sa tâche, surtout en matière de répartition, mais, à vrai dire, il n'y a rien là d'insoluble. Il est seulement décidé que les rations américaines, plus maniables et d'un emploi plus commode, seront réservées par priorité aux unités engagées, quelle qu'en soit l'origine.

Pour l'habillement et surtout l'armement, la solution n'est malheureusement pas aussi simple car, en ces domaines, les « ressources locales » sont à peu près inexistantes. L'armement récupéré sur les Allemands est disparate et limité. Quant aux stocks de vêtements provenant de l'armée de l'armistice, ils sont insignifiants et déjà épuisés. Les fabrications nouvelles seront réclamées par les régiments FFI restés à l'intérieur ou affectés au front de l'Atlantique. La logique est donc de nous tourner vers nos alliés pour en obtenir des dotations supplémentaires.

Dès sa prise de commandement, le général Devers comprend l'intérêt majeur de l'appui que nous lui demandons. Mais la décision ne dépend pas de lui. Elle dépend de Washington.

Or, à Washington, la gigantesque machinerie de la guerre mondiale repose sur une planification rigoureuse. Toute modification aux programmes de fabrication, d'affectation et de transport représente *a priori* une perturbation. On prend note des besoins nouveaux pour les satisfaire

1. Liste qui ne prévoyait d'approvisionnements en ressources américaines que pour les 256 000 hommes des unités prévues par le programme d'Anfa.

dans des plans ultérieurs mais on hésite à changer l'ordonnance de ceux qui sont en cours.

En^octobre, le SHAEF[1] approuve un projet établi en accord avec moi par le 6e groupe d'armées, et qui prévoit l'équipement de 52 000 hommes supplémentaires répartis pour la plupart en six bataillons normaux (à savoir un régiment d'infanterie à trois bataillons portés d'infanterie de division blindée) et, avec un armement réduit, en une vingtaine de bataillons légers. Ainsi s'amorce une longue discussion dont il est impossible de rapporter toutes les phases et qui ne devrait pratiquement s'achever qu'avec la guerre elle-même.

Ces tractations mettent en jeu la double voie militaire et diplomatique. Le Gouvernement provisoire, l'état-major de la Défense nationale et celui de la Guerre, chacun à son plan, y sont mêlés et, à ces échelons, les demandes de la 1re armée ne sont pas seules envisagées. Au bout du compte, elles le sont si peu que le temps passe sans qu'aucun équipement nouveau arrive.

Il faut donc faire flèche de tout bois car les besoins eux n'attendent pas. Sans désespérer de l'éventuel envoi de collections d'effets américains, je décide au début d'une saison d'hiver qui s'annonce rude, d'affecter à mes ex-maquisards la plus grande partie de la « maintenance » de mon armée.

Plus riche que l'intendance française, l'intendance américaine n'attend point que capotes, pantalons et blousons soient hors d'usage pour en assurer le remplacement. Elle entretient dans les armées un certain pourcentage d'effets en surnombre, la maintenance, afin que les corps aient en tout temps à leur disposition immédiate les pièces d'équipement qui peuvent leur être utiles.

Attribuer aux FFI cette maintenance, ce n'est pas à proprement parler, déshabiller Paul pour habiller Pierre. Mais c'est indiscutablement condamner Paul et Pierre à ne pas pouvoir renouveler leur garde-robe !

Le service de l'intendance de la 1re armée, dirigé par l'intendant général Benoiton, s'acquitte au mieux de cette tâche délicate qui, mécontentant les uns, ne donne pas cependant toujours pleine satisfaction aux autres. Mais nécessité fait loi. Lorsqu'il s'agit d'assurer la victoire de son pays, mieux vaut, je pense, accroître le nombre des combattants que

1. *Supreme Headquarters Allied Expeditionary Forces* : Commandement suprême des forces alliées du théâtre d'opérations occidental.

d'assurer la perfection de leur tenue. Au surplus, il eût été inadmissible que l'armée débarquée disposât de tout en abondance et qu'à ses côtés les FFI demeurassent en loques. Une certaine égalisation était un élément indispensable d'unité morale.

Mais cette égalisation (à vrai dire très relative, car les régiments inscrits sur la *troop list* disposaient d'une avance assez considérable) ne pouvait s'opérer que dans le cadre de la 1re armée. Beaucoup, dans ses rangs, s'étonnèrent parfois de paraître moins luxueusement entretenus que leurs camarades des divisions américaines ou de la 2e division blindée. S'ils ne la connaissaient déjà, ils viennent de trouver ici l'explication de cette différence de traitement qui valut à la France des bataillons supplémentaires.

Et encore, si cette disparité n'a pas été plus considérable, ce fut grâce à l'amicale compréhension du colonel Lodge, toujours si soucieux de résoudre nos difficultés, qui obtint non sans peine du G 4[1] du 6e groupe d'armées, la livraison d'importants lots d'habillement et notamment de plusieurs milliers de pantalons dont nos FFI avaient le plus impérieux besoin.

Hélas ! le même procédé n'est pratiquement pas utilisable pour l'armement, car, dans ce domaine, la maintenance correspond à des nécessités permanentes de combat, et risquer de diminuer la puissance de feu des uns sous prétexte d'augmenter celle des autres serait insensé. On ne peut faire mieux que d'utiliser au maximum le matériel de combat pris à l'ennemi, concurremment avec celui, très hétéroclite, amené par les groupements FFI. Mais cette récupération fournit surtout de l'armement léger d'infanterie. Encore celui-ci n'est-il pas, la plupart du temps, immédiatement employable, car il faut le rassembler, l'uniformiser, souvent le remettre en état et lui trouver les munitions correspondantes, ce qui présente parfois de très sérieuses difficultés.

En ce qui concerne les mortiers, les mitrailleuses lourdes, les pièces d'artillerie et les canons antichars, qui sont en général détruits au moment de leur capture, les possibilités de récupération sur l'adversaire sont plus limitées et les déficits en matériels lourds restent importants chez les unités FFI.

---

1. 4e bureau du 6e groupe d'armées.

C'est donc dans la question de l'armement que réside l'insurmontable obstacle, qui limite à la fois le nombre des maquisards que nous pouvons incorporer et plus encore les missions que nous pouvons leur confier.

Car ces maquisards nous avaient ralliés pour remplir des missions de guerre, et leur impatience à les recevoir allait de pair avec la nécessité où nous nous trouvions de leur en donner sans délai.

On sous-estimerait singulièrement, en effet, les difficultés matérielles qui viennent d'être exposées si on se contentait de les analyser en soi et, en quelque sorte, à l'état pur. Il ne s'agissait pas de les résoudre sur le papier ou, si l'on préfère, à l'arrière et d'attendre leur solution pour envoyer à nos divisions en ligne des renforts constitués au mieux. Ce procédé n'eût rien changé au fond des problèmes, mais il eût été commode pour les traiter avec méthode. Malheureusement, il n'était pas question d'y recourir, car la plupart des unités FFI à organiser, à instruire et à amalgamer se trouvaient déjà elles-mêmes en ligne sans qu'on pût songer à les en retirer.

Tout devait donc être mené de pair dans le feu même de la bataille. Il fallait, pour s'inspirer d'une phrase célèbre, que l'amalgame soit « une organisation qui combatte » !

Et c'était bien une raison de plus pour que les formes en soient multiples, en fonction de l'expérience et des circonstances de la guerre.

Cette diversité de formules n'allait pas sans heurter des esprits soucieux de solutions cartésiennes. Une thèse simple ne manquait pas de partisans : pourquoi ne pas rassembler les FFI dans le cadre de grandes unités indépendantes ? La colonne Schneider n'était-elle pas justement l'ébauche déjà bien tracée d'une division nouvelle ?

Personnellement, je me méfiais des thèses.

Je ne vis qu'avantage à ce que les FFI des Alpes soient ainsi regroupés par le colonel Valette d'Osia, d'abord en une « division alpine » puis, officiellement à dater du 17 novembre 1944, dans la 27e division d'infanterie alpine (27e DIA), maintenue sous les ordres de la 1re armée française. La valeur des unités en cause, la qualité de leur encadrement, la relative richesse de leurs dotations en matériel, leur adaptation aux conditions de la guerre en montagne et aussi la nature bien différenciée du secteur auquel elles étaient affectées justifiaient pleinement cette solution dont on n'eut qu'à se louer. La 27e DIA put vivre de façon autonome avec un renforcement normal en moyens organiques fournis par l'Armée.

Mais, d'une façon générale, on n'improvise pas des divisions avec leur dosage d'armes, leurs lourds services et leurs rouages de commandement ; ou bien, on se paye de mots.

D'autre part, la fragmentation obligatoire des unités dans la Résistance ne donnait aucune base morale à un regroupement divisionnaire. Nulle part, la coordination effective des opérations ne s'était située à un tel échelon. Le créer après coup n'eût été qu'une construction artificielle, procédant d'un esprit de synthèse, pour ne pas dire d'une idéologie et aboutissant finalement à une juxtaposition et non à un amalgame.

Nul autant que moi n'avait le respect de la personnalité originale des maquis. Mais cette personnalité n'existait qu'à l'échelon élémentaire des groupements qui avaient mené la lutte de partisans sous les ordres d'un seul chef, et qui avaient acquis par une communauté réelle de vie et de risques une cohésion effective d'où découlaient le meilleur de leur dynamisme et leur valeur militaire. Or ces groupements avaient le plus souvent des effectifs de l'ordre du bataillon.

Mon premier projet fut donc – tout en m'interdisant de les morceler – de les égaliser autant que possible, de leur donner sensiblement la structure interne du bataillon, puis de les rattacher de façon habituelle à une unité plus importante de l'armée régulière, en principe à un régiment.

Par ce procédé, je pensais que des liens solides s'établiraient et qu'une certaine mise en commun de moyens se réaliserait, n'impliquant pas l'appauvrissement des corps de rattachement mais, au contraire, leur enrichissement en personnel.

Toutefois, j'avais l'état d'esprit du chimiste penché sur ses éprouvettes et vérifiant les réactions du papier de tournesol. Lorsque les réactions étaient favorables je consacrais l'expérience ; lorsqu'elles ne l'étaient point, je cherchais autre chose.

Je fis tous mes efforts pour que la formule réussît dans les unités blindées. Leur insuffisance en infanterie était apparue de façon certaine au cours des premières semaines de bataille où, plus d'une fois, des engins n'avaient pu manœuvrer rapidement des obstacles par suite de l'absence de fantassins. Leur renforcement en infanterie organique était une nécessité et les bataillons FFI, habitués aux opérations brusques, aux coups de main de la guérilla, étaient spécialement qualifiés pour les fournir.

Quelques tâtonnements furent inévitables avant d'aboutir aux jumelages judicieux. Finalement, le résultat fut fonction de l'effort et de la bonne volonté du commandement. Il fut surtout satisfaisant à la 5e division blindée (5e DB – général de Vernejoul) et, plus encore, dans les régiments blindés de réserve générale.

Par contre, dans l'infanterie, la « greffe » ne prit généralement pas. Les bataillons rattachés se sentaient malheureux, un peu « parents pauvres » auprès de nos régiments qu'ils déséquilibraient. Seuls s'avérèrent solides la constitution de trois groupements de choc par l'adjonction des groupements de Gayardon, de Cluny et Courson de Villeneuve aux commandos d'Afrique, aux commandos de France et au bataillon de choc – et le remplacement de deux bataillons nord-africains du 9e régiment de zouaves (colonel Aumeran) par deux bataillons formés par la brigade FFI Corrèze-Limousin et que rejoignent les volontaires d'un maquis de la banlieue parisienne, celui de Saint-Ouen.

En réalité, cette dernière expérience découlait d'un principe différent puisqu'il s'agissait d'un remplacement et non d'un rattachement. Et l'application la plus large de cet autre procédé un peu forcé d'amalgame eut lieu à l'occasion du blanchiment de nos régiments coloniaux.

J'ai déjà indiqué que, dès le début de la stabilisation, la 1re division française libre (1re DFL – général Brosset) et, plus encore, la 9e division d'infanterie coloniale (général Magnan) se trouvèrent en face d'un problème qui appelait une solution urgente, celui de la relève de leurs troupes de couleur, incapables de supporter les rigueurs de l'hiver continental.

Ce n'était pas une mince affaire. À la DFL, le blanchiment devait porter sur cinq bataillons d'infanterie venus du Cameroun, de l'AEF et de Djibouti ainsi que sur de nombreux éléments de l'artillerie, du train et du bataillon médical, soit, au total, sur 6 000 hommes. À la 9e DIC, il devait être plus important encore puisque c'étaient 9 200 Sénégalais qu'il convenait d'y relever et d'envoyer sans retard dans le Midi.

À la vérité, ni le général Brosset ni le général Magnan n'avaient attendu pour commencer une campagne active de recrutement qui allait leur apporter à tous deux de nombreux engagés volontaires. Lyon, Chalon-sur-Saône, Besançon, les Ardennes et la Bretagne fournirent à la DFL un nombre de jeunes soldats appréciable mais encore insuffisant. Il fallut le compléter par l'intégration en bloc d'unités FFI. L'opération fut dans une certaine mesure simplifiée par le fait que, depuis le 16 septembre, le maquis Chambarrand, le 2e bataillon du Charolais, le groupement Thivollet constituaient à la 1re DFL sous les ordres du lieutenant-colonel

Babonneau une « brigade volante » dont la plupart des éléments prirent naturellement la place de ceux qui quittaient la division, comme firent également les hommes du 4e bataillon du 1er régiment du Morvan. En outre, le groupement Lacaze vint renforcer les effectifs de la 13e demi-brigade de Légion.

De même, à la 9e DIC, des bataillons entiers de Sénégalais furent, du jour au lendemain, remplacés par des bataillons FFI. Celui de Guyenne du commandant Noutary devient le 2e bataillon du 6e RTS. Le maquis « Chartreuse » du commandant de Loisy devient le 2e bataillon du 13e RTS, tandis que le maquis de Provence remplace d'un bloc 300 hommes du 1er bataillon de ce même régiment. Le bataillon de Chaumont se mue en un bataillon du 6e RTS, la compagnie FTP de Langres se retrouve compagnie du 4e RTS[1] et la compagnie Sartout du maquis du Lomont escadron porté supplémentaire du régiment d'infanterie coloniale du Maroc (RICM – lieutenant-colonel Le Puloch). Partout, des ancres de marsouins fleurissent auprès des croix de Lorraine de maquisards.

Parfois, la relève des compagnies de Sénégalais par ces unités peut s'opérer dans un cantonnement de l'arrière. Mais la substitution est si générale et si rapide que, le plus souvent, c'est en ligne qu'elle doit s'effectuer. Et l'on assiste alors à ce spectacle extraordinaire : jusque dans des trous, à quelques centaines de mètres de l'ennemi, des gamins s'en vont prendre la place des Sénégalais et en reçoivent séance tenante capotes, casques, armes… et consignes.

Mais si la troupe doit être blanchie, il n'en est pas de même des cadres. La 9e DIC conserve évidemment son fort encadrement européen – et reçoit en outre l'encadrement FFI. Il en résulte une surabondance, en officiers notamment, qu'il faut « normaliser ». On ne peut demander à tous d'imiter le rare exemple du maquis de Chartreuse dont tous les officiers, Loisy en tête, remettent en bloc leurs grades à la disposition du commandement. La généralisation d'une telle solution n'eût d'ailleurs pas atteint le but recherché. Celle qui prévalut était de bon sens : des officiers en surnombre furent envoyés au camp du Valdahon pour suivre un stage de perfectionnement, à l'issue duquel ils revinrent, confirmés, dans leurs

1. RTS : Régiment de tirailleurs sénégalais.

unités, soit pour y combler des pertes, soit pour y relever des camarades envoyés à leur tour en stage.

Avant la fin d'octobre, le blanchiment était virtuellement terminé. Il était si complet qu'il eût été paradoxal de maintenir la dénomination de « Sénégalais » à des régiments où l'on eût en vain cherché un Noir. Aussi, sur ma proposition, le ministre de la Guerre décida-t-il, le 1er novembre 1944, que les 4e, 6e et 13e régiments de tirailleurs sénégalais deviendraient respectivement les 21e, 6e et 23e régiments d'infanterie coloniale.

Restait cependant à régler le cas des nombreux bataillons dont j'ai dit précédemment que l'adoption par des régiments d'infanterie s'était avérée décevante.

Fidèle à ma méthode expérimentale, je cherchais alors à les regrouper progressivement en régiments FFI, en tenant le plus grand compte des recrutements régionaux et en m'efforçant de leur fournir les compléments de cadres et de spécialistes qualifiés dont ils avaient besoin. Assez vite, la cohésion de ces unités se révéla satisfaisante et mon armée se trouva disposer grâce à elle d'une quinzaine de régiments d'infanterie et du personnel de plusieurs groupes d'artillerie de réserve générale.

Parmi ces régiments d'infanterie, j'eus l'idée d'en choisir trois pour rajeunir mes divisions nord-africaines sur la brèche depuis le début. Trois régiments de tirailleurs, particulièrement éprouvés, le 8e tirailleurs marocains de la 2e DIM, le 7e RTA[1] à la 3e DIA et le 1er RTA à la 4e DMM furent désignés pour regagner l'Afrique où ils pouvaient revenir la tête haute, couverts de gloire. Mais ils laissaient en France leur armement et leur matériel et le passèrent en compte à trois régiments FFI qui, peu à peu, avaient calqué leur organisation sur celle de nos régiments de type américain : l'ancienne colonne Fabien à laquelle j'avais fait donner le numéro du régiment que j'avais naguère commandé à Metz, le 151e, le corps franc Pommies devenu le 49e régiment d'infanterie, et le 27e régiment d'infanterie, formé par la réunion du régiment de Franche-Comté et du 1er régiment du Morvan. Ainsi les divisions nord-africaines devenaient-elles mixtes, avec deux régiments indigènes et un régiment métropolitain.

1. RTA : Régiment de tirailleurs algériens.

Cet amalgame particulier, préparé à partir de décembre 1944, fut définitivement réalisé en février 1945. Il parut alors possible, avec d'autres régiments aguerris, de donner vie à ce qui, plusieurs mois plus tôt, aurait été utopique, c'est-à-dire à une division FFI. Nous étions en Alsace, à Mulhouse et à Colmar : notre victoire nous donnait le droit de ressusciter la division de Colmar et de Mulhouse, la 14e DI, ma division de 1940, celle de l'héroïque résistance de Rethel.

C'est le général Salan qui reçut cette mission dont il s'acquitta de la façon la plus heureuse. Avec les FFI de Daumont, de Georges et de Malraux, il refit la 3e demi-brigade de chasseurs à pied, confiée au colonel Jacquot. Bien qu'artilleur, le colonel Manhès prit le commandement du 35e régiment d'infanterie qui groupait des éléments des régiments de Bourgogne et de l'Yonne ainsi que des bataillons Ajax et du Charolais. Colliou n'attendait que cet instant pour redonner aux « Diables Rouges » du 15-2 leur place traditionnelle. Et le 4e RA lui aussi revit le jour, par regroupement des artilleurs disséminés dans divers maquis, notamment dans la colonne Montagnier-Main Noire et dans le groupement Dupoux.

Seul, ne put revivre, en raison du changement de structure des divisions, le 25e groupe de reconnaissance divisionnaire de 1940. C'est le 12e dragons de Dunoyer de Segonzac[1] qui fut choisi pour former le régiment de reconnaissance de cette nouvelle grande unité.

J'aurais voulu pouvoir mettre dans cet exposé plus de couleur et de chaleur. Car on ne peut rien imaginer de plus chaud ni de plus coloré que ce passionnant et long effort accompli pour capter une force toute vibrante et tumultueuse sans la déformer et pour l'amener – avec des moyens infimes – à se dépasser elle-même sans se perdre.

Ce fut une bataille. Bataille contre les routines, les partis pris, les intransigeances. Bataille contre la pénurie, l'anarchie, la facilité. Et ce fut une victoire – peut-être celle qui m'a donné le plus de joie parce qu'elle fut une victoire de l'esprit de synthèse et de la fraternité française.

Elle exigea ténacité, ingéniosité et foi. Foi surtout car le scepticisme des uns rejoignait l'hostilité des autres. Je pourrais dire le nom de tel de mes divisionnaires qu'il me fallut ramener vigoureusement dans la

1. Ce régiment me rappelait lui aussi un passé bien émouvant, puisque c'est sous son étendard que j'avais commencé comme lieutenant la Grande Guerre, en août 1914.

ligne et celui d'un colonel FFI qui eût été heureux de trouver parmi ses hommes un volontaire pour m'abattre. Quelques semaines plus tard, ce divisionnaire était l'apôtre le plus convaincu de l'amalgame et ce colonel l'ami le plus chaleureux. Ainsi les cas d'exception se fondirent bientôt au milieu d'une immense bonne volonté générale, d'une ferveur que ne découragèrent pas de longues attentes, des impatiences impossibles à satisfaire, ni même la sanglante réalité des premiers engagements à armes inégales.

Je sais qu'on m'a parfois reproché mes « faiblesses » pour les FFI, le temps que je leur consacrais et jusqu'aux nuits passées à recevoir des colonels de vingt-huit ans... Il est vrai qu'il m'est arrivé, dans le même temps, d'en faire attendre de plus chevronnés. Mais ceux-ci étaient des privilégiés qui faisaient la guerre – magnifiquement – avec ce qu'il fallait pour la faire. Et les autres étaient des « mal lotis » à convaincre ou à réconforter, ombrageux souvent, insuffisants quelquefois, généreux presque toujours, derrière lesquels s'était groupée une jeunesse héroïque et pure, l'élite même de notre adolescence qui, volontairement, voulait se battre sans chaussures et presque les mains nues.

Pourquoi m'excuserais-je d'avoir eu pour eux de la tendresse, de l'admiration ? Leur attitude a prouvé que j'avais eu raison de leur faire confiance.

Car ces garçons venus de la Résistance, dont la plupart n'avaient pas vingt ans, ont été splendides. On verra bientôt ce qu'ils se montrèrent capables d'accomplir – et Dieu sait dans quelles conditions ! – dans les Vosges d'abord, puis en Alsace et, avec une maîtrise grandissante, jusqu'à la fin de la campagne. Et l'on verra du même coup comment s'est affirmée, avec une vigueur que les années écoulées ne font que renforcer, l'âme commune de l'armée « Rhin et Danube » née de l'amalgame intime et fraternel de nos 250 000 soldats venus de l'Empire et de nos 137 000 FFI.

CHAPITRE VIII
LA BATAILLE DES VOSGES

On sait déjà comment la campagne de la Libération, entamée au pas de charge dans la furie des batailles de Toulon et de Marseille, suivie d'une véritable course au clocher avec nos camarades américains dans la remontée du Rhône et de la Saône, s'est trouvée freinée par l'allongement de nos communications et surtout par notre avance sur les prévisions du *planning* initial. Maintenant à bout d'essence et de munitions, sinon de souffle, nous nous heurtons aux résistances rapidement organisées par les Allemands en avant de Belfort. Une nouvelle phase s'ouvre, celle de la bataille des Vosges.

Phase dure et décevante, où les difficultés de tous ordres se multiplient constamment, dans l'âpreté de combats ininterrompus et la rudesse d'un automne vosgien particulièrement hostile.

Bataille à première vue confuse, aux épisodes heurtés, pour qui ne la replace pas dans la lumière d'un immuable dessein, poursuivi à travers les variations d'une situation en constante évolution.

Née de l'impatience d'entrer en Alsace et de l'espoir d'y pouvoir pénétrer sans attendre que soient rassemblés des moyens indispensables au forcement du verrou de Belfort, sans cesse affectée par le glissement vers le nord, le long des Vosges, de l'armée Patch, et, de ce fait, privée de sa force à chaque fois que le courage de nos troupes semble enfin avoir raison de l'extrême opiniâtreté de l'ennemi, c'est la bataille du mauvais sort.

Mais c'est finalement la bataille qui force le sort en créant la vaste diversion à l'abri de laquelle se préparera la victorieuse offensive de Belfort.

Nous avons laissé notre récit des opérations à la fin de la poursuite alors que, du 15 au 20 septembre, le 2e corps d'armée vient prendre place immédiatement à la gauche du 1er corps d'armée.

Ce regroupement de la 1re armée en face de la trouée de Belfort est évidemment la condition préalable indispensable au déclenchement de la bataille pour l'Alsace.

Mon intention est de m'ouvrir la voie vers la haute Alsace en masquant le camp retranché lui-même et en le manœuvrant par les deux ailes. Si cette manœuvre ne réussit pas, elle préparera l'attaque, devenue alors inévitable, du camp retranché en amorçant le débordement par le nord et par le sud.

En conséquence, le 17 septembre, mon instruction personnelle et secrète n° 2 (IPS n° 2) donne ordre au 1er corps d'armée Béthouart de se tenir prêt à agir par le couloir entre le Doubs et la frontière suisse, sur la direction de Pont-de-Roide-Delle (objectif minimum)-Altkirch, et au 2e corps d'armée du général de Monsabert de s'apprêter à marcher sur Giromagny-le Ballon d'Alsace et le col de Bussang, soit pour atteindre le plateau de Rougemont (objectif minimum), soit pour s'emparer des hautes vallées de la Doller et de la Thur et se rendre maître de la région de Cernay « qui ouvre la route de Mulhouse et celle de Colmar » : but optimum.

Pour préparer le débouché du 2e corps dans cette zone essentielle, le 1er régiment de chasseurs parachutistes (1er RCPL colonel Faure) sera largué quarante-huit heures avant l'heure H au-dessus de Thann et de Cernay. Après avoir bloqué dans cette zone les voies de communication, il progressera, en fonction de la situation générale, soit vers Mulhouse, soit vers les vallées vosgiennes afin de donner la main aux éléments venant du Ballon et de Bussang.

La répartition des missions commandant celle des moyens, mon IPS n° 2 prévoit le renforcement en infanterie du 2e corps et lui affecte la 2e division d'infanterie marocaine (2e DIM – général Carpentier) dès relève de celle-ci dans les Alpes par la 4e division marocaine de montagne (4e DMM – général Sevez) en cours de débarquement. Mais d'assez longs délais étant à prévoir, je pare au plus pressé le 21 septembre, en mettant à la disposition du général de Monsabert toutes nos unités de réserve générale et d'infanterie : 2e groupement de tabors marocains (2e GTM), bataillon de choc et groupe de commandos d'Afrique. En outre, je hâte le regroupement dans son secteur des unités FFI.

Par contre, je donne au général Béthouart la masse principale de l'artillerie lourde de réserve générale, puisqu'il aura, dès l'abord, à rompre au sud du Doubs une position continue et organisée en profondeur. Ajouté à ses artilleries divisionnaires, ce renforcement lui assure 16 groupes dont 10 lourds. De son côté le 2ᵉ corps en a pour sa part 11 dont 4 lourds.

Ces chiffres sont toutefois modestes, si la résistance à vaincre devait se révéler sérieuse. Or, la 1ʳᵉ armée française étirée sur plus de 360 kilomètres – dans les Alpes, de Barcelonnette au lac de Genève et devant Belfort, du Lomont à Servance – doit créer et entretenir un front offensif de 75 kilomètres ! Sur ce front ses 330 canons ne lui permettent donc pas une densité d'artillerie très considérable… Mais surtout en cette fin eptembre, la crise des transports dont j'ai parlé plus haut fait durement sentir ses effets. Aucun volant n'a pu encore être constitué dans les dépôts de l'armée qui distribuent à l'avant la totalité de ce qu'ils reçoivent de l'arrière en quantité encore nettement insuffisante. Force est donc d'attendre que les stocks se constituent. C'est la condition préalable au déclenchement de l'offensive.

Cette attente inévitable aura de lourdes conséquences, car tandis que l'opération se prépare au rythme imposé par les transports, le glissement vers le nord de l'armée américaine voisine va contraindre la 1ʳᵉ armée française à s'étendre sur sa gauche, l'entraîner à y engager offensivement le 2ᵉ corps d'armée à partir du 25 septembre, et à renforcer progressivement celui-ci de toutes les forces disponibles.

C'est par ce mécanisme que s'amorcera et se développera l'engrenage de la bataille des Vosges, pendant le sursis imposé à l'opération prescrite pour la trouée de Belfort.

Durant les journées des 20, 21 et 22 septembre, les opérations sur le front du 2ᵉ corps (auxquelles il a été fait allusion dans les dernières pages consacrées à la poursuite) n'ont d'autre objet que de préciser le contact avec l'adversaire. Partant, *grosso modo*, de la route de Lure, à l'Isle-sur-le-Doubs, la 1ʳᵉ division française libre (1ʳᵉ DFL – général Brosset) ne fait pas plus de 3 ou 4 kilomètres avant de le trouver, sous forme d'une ligne continue protégée par des barrages denses d'armes automatiques et d'artillerie et par d'innombrables mines, combinées sur tous les itinéraires avec des abattis. Plus au nord, la 1ʳᵉ division blindée (1ʳᵉ DB – général du Vigier) est également bloquée peu au-delà de Mélisey, sur la route de Lure au Thillot, et bien en deçà de la côte Magny sur la route de Lure à Ronchamp. Tout le mordant de nos unités, qui éprouvent des pertes sensibles, ne peut venir à bout de cette résistance : le 23 septembre, la ligne de feu se stabilise sur tout le front du 2e corps.

Cependant, dans la matinée du même jour, une lettre adressée par le général Truscott au général de Monsabert marque la première intervention au cours de cette période de la lourde hypothèque que va sans cesse constituer pour nous le mouvement des Américains de la 7e armée US se déplaçant vers le nord. Cette hypothèque pèsera de plus en plus sur la conduite de nos opérations, et orientera bientôt nos efforts dans un sens différent de nos prévisions.

Avant d'entrer dans le détail des incidents et des décisions successives qui vont entraîner le gauchissement de toute notre manœuvre, je crois utile d'éclairer la succession des événements par une vue d'ensemble sur la stratégie de l'aile droite des armées alliées pendant cette période. Depuis que la 7e armée s'est regroupée à ma gauche, l'effort général américain est orienté vers la Lorraine, sur une direction presque sud-nord. Plus ou moins consciemment, l'action sur l'Alsace n'est envisagée que comme un débouché ultérieur par Saverne sur Strasbourg, une fois les Vosges dépassées. Bien sûr, le commandement américain ne demanderait pas mieux que de nous voir forcer le seuil de Belfort et déboucher en haute Alsace, mais en même temps, par un réflexe très humain, il regroupe progressivement ses forces sur sa direction principale et, puisque nous lui sommes subordonnés, il n'hésite pas à mettre à notre charge la mission ingrate et de plus en plus extensive de couvrir son flanc droit. Bien plus, l'attaque américaine souffre aussi de la pénurie des moyens de transport ; et les services alliés – dont nous dépendons – anxieux de nourrir l'offensive de la 7e armée US, font dériver sur le secteur américain une fraction importante des munitions et de l'essence qui nous seraient indispensables pour notre attaque. Ainsi l'armée française, étirée sur un front de plus en plus large, voit ses possibilités d'offensive s'amenuiser progressivement. Notre situation à l'aile du dispositif allié nous replacera plus tard, lors du franchissement du Rhin, dans des difficultés analogues.

Mais revenons à la situation nouvelle qu'amorce le corps d'armée Truscott le 23 septembre. Celui-ci a, en effet, poursuivi sa progression vers le nord-est. Ses trois divisions ont atteint le cours de la Moselle, mais avec plus ou moins de difficultés, selon qu'elles l'abordaient plus ou moins près des Vosges. Tandis que, de part et d'autre d'Épinal, la

45e DIUS[1] a réussi à franchir la rivière et que la 36e DIUS a pu également le faire en aval de Remiremont, la droite de cette grande unité reste accrochée sur la rive ouest. Quant à la 3e division US du général O'Daniel, c'est elle qui s'est heurtée à la résistance la plus forte, puisque c'est elle aussi qui devait agir au plus près de la montagne et de la trouée de Belfort. Elle est parvenue toutefois à déborder par la gauche les marais de Faucogney et à s'emparer du fort de Rupt qui, en face du village du même nom, surplombe directement la vallée. Mais notre gauche n'est qu'à Mélisey. Il en résulte un décrochement très net qui ne peut aller qu'en croissant entre le 6e corps d'armée américain et le 2e corps d'armée français.

Or, pour que le 6e corps puisse continuer à s'élever par sa droite en direction de Gérardmer, il est indispensable que son flanc sud soit couvert au plus près par les Français, et notamment que nous assurions sa sécurité sur la Moselle du Thillot : telle est la requête logique que Truscott adresse, par sa lettre du 23, à Monsabert et que celui-ci me transmet aussitôt.

Il est impossible de ne pas donner une réponse favorable à cette demande. J'en accepte donc le principe. Mais je dois veiller à ce qu'un déclenchement prématuré de notre attaque par les Vosges ne compromette le sort de l'offensive générale que je prépare, et qui ne pourra pas démarrer avant l'arrivée des munitions et du carburant nécessaires, c'est-à-dire, au mieux, avant huit jours. Dans les instructions verbales[2] que je donne au général de Monsabert le 23 septembre au soir, je limite donc à un *Combat Command* de la 1re DB[3] et à un *Regimental Combat Team* (RCT) de la 1re DFL[4] la participation du 2e corps à l'opération réclamée par nos alliés. Ce CC s'engagera sur l'axe Mélisey-Le Thillot, soulagé par une action locale de couverture, menée par un RCT de la 1re DFL contre le village de Lyoffans, au sud de la nationale 19.

Déjà, ce surcroît de charges imposées au 2e corps me force à prélever à son profit sur les munitions destinées au 1er corps d'armée. De plus, je mets à la disposition du général de Monsabert le 1er régiment de chasseurs parachutistes du lieutenant-colonel Faure qui, déjà déçu dans ses espoirs en Italie, à l'île d'Elbe et au débarquement de Provence, et voyant s'éloi-

1. DIUS : Division d'infanterie américaine.
2. Voir annexe n° 5.
3. 1re division blindée.
4. 1re division française libre.

gner l'éventualité d'une opération parachutée, a sollicité l'honneur de combattre sans plus attendre.

Le 24 septembre, le général de Gaulle vient effectuer sa première visite à la 1re armée française depuis le débarquement. Il a ainsi l'occasion de prendre contact avec les troupes et de récompenser une partie des acteurs de la rapide campagne que nous venons de mener victorieusement. J'ai moi-même la joie de recevoir de ses mains la croix de Compagnon de la Libération, tandis que le général Brosset est promu officier de la Légion d'honneur au cours d'une prise d'armes devant le château de Bourmel, appartenant à la famille de Moustiers, près de Rougemont, où le général de Monsabert a installé son PC.

Le 25 à l'aube, s'engage l'action de liaison demandée par Truscott. En principe, il ne doit s'agir que d'une affaire d'importance limitée. Mais, par l'enchaînement des circonstances, celle-ci va se transformer progressivement en une bataille d'envergure.

Toute opération de ce genre ne peut se régler que par contact personnel des chefs intéressés. C'est pourquoi le général de Monsabert s'entend directement avec le général Patch pour charger les généraux du Vigier et O'Daniel de préciser les détails. Procédure normale à condition que les accords conclus se maintiennent dans le cadre général que j'ai fixé.

Cependant, le général du Vigier, impatient sans doute d'opérer avec sa division enfin complétée par l'arrivée de son troisième *Combat Command*, va engager dès le début, non pas l'unique *Combat Command* que j'avais alloué pour l'opération avec un RCT de la 1re DFL, mais la totalité de ses forces : la gauche de la DFL sera épaulée sur l'axe Lure-Champagney par le CC 2[1] de Kientz. Le CC 3 du général Caldairou qui, débarqué en deuxième échelon, reçoit le baptême du feu, accomplira l'effort principal sur la route de Mélisey à Plancher-les-Mines par Fresse couvert au nord par le 3e régiment de chasseurs d'Afrique (3e RCA – Lt-colonel Fouchet) orienté sur Le Thillot. Quant au CC 1 de Sudre, l'accord passé entre du Vigier et O'Daniel prévoit qu'il viendra prendre place derrière les Américains vers Corravillers et que, de là, il se rabattra vers Château-Lambert et Le

1. CC : *Combat Command.* Il est rappelé que chaque division blindée (DB) est articulée en trois *Combat Command*, comprenant chacun un régiment de chars, un bataillon d'infanterie portée, un groupe d'artillerie automotrice, et des éléments de reconnaissance, de tanks-destroyers (TD), du génie, et des services.

Thillot dès que l'infanterie de la 3e DIUS aura pu arriver à la hauteur de Ferdrupt.

Ces dispositions, qui dépassent singulièrement mes instructions, amorcent déjà la future bataille des Vosges par l'entrée en ligne de moyens importants. Sans doute l'allant des généraux de Monsabert et du Vigier est-il à l'origine de cette initiative que je ne connaîtrai qu'après coup et qui influera beaucoup sur la suite de nos opérations. Il est sûr d'ailleurs que la période de poursuite que nous venons de vivre a encore renforcé le goût de l'initiative qui est la marque des tempéraments de chef... Et pourtant, dans la nouvelle phase qui s'ouvre, la pauvreté de nos moyens doit imposer la stricte économie des forces et la complète convergence des efforts que peut seule permettre une exécution attentive des ordres du commandement, dans une parfaite discipline intellectuelle.

Quoi qu'il en soit, la bataille s'engage donc spontanément, par une série d'actions séparées qui constitueront une sorte de large combat de reconnaissance sur toute la gauche du 2e corps d'armée.

En fait, les blindés du CC 3 ne peuvent songer à progresser tant que ne seront pas tombées les résistances accumulées au débouché de Mélisey et contre lesquelles des attaques frontales resteraient sans effet. C'est pourquoi Caldairou tente de prendre d'écharpe tout le dispositif ennemi en lançant son 2e bataillon de zouaves – commandant Arfouilloux – du sud vers le nord par les fourrés du mont de Vannes. Malgré un sérieux appui d'artillerie, la progression de la journée ne dépasse pas un kilomètre.

La nuit n'interrompt pas les combats. Le commandement allemand, qui a compris l'importance de ce secteur, en a confié la défense à des unités d'élite qui s'y accrochent furieusement et ne le cèdent que mètre par mètre. Ce n'est que le 26, en fin de journée, que les zouaves parviennent aux lisières nord du bois, à un kilomètre environ de la route Mélisey-Plancher-Bas, près du hameau des Renards. À leur gauche, les maquisards de Vigan-Braquet se sont emparés du carrefour de Belonchamp. Et plus au nord, le 3e chasseurs d'Afrique avec l'aide des bataillons Turban et Munier du corps franc Pommies pousse vers Servance après avoir conquis durement les hameaux de Mélay et de la Mer.

Ce même jour, le 26 septembre, le 30e RI de la 3e DIUS atteint vers midi, au sud-ouest de Ramonchamp, le point où le CC 1 doit le relever pour reprendre à son compte la conquête de la rive gauche de la Moselle vers Château-Lambert.

Dans le secteur de la 1re DFL et du CC 2, les deux journées se soldent par la prise des villages de Lyoffans, Magny, d'Anigon, Palante, Andornay et Lomontot, enlevés de haute lutte à la suite de toute une série d'attaques. Afin de ménager des réserves à la division Brosset, le général de Monsabert introduit à sa droite le premier régiment de la 2e DIM arrivé à pied d'œuvre, le 4e régiment de tirailleurs marocains (4e RTM – colonel Bridot). Le front de la DFL se trouve raccourci d'autant.

Le prix payé pour l'obtention de ces résultats montre la rapidité avec laquelle le général Wiese a réussi à organiser une position défensive solide, relativement profonde et continue. En réalité, avec la plus grande énergie, il a remis en ordre les débris des grandes unités rescapées de sa longue retraite et employé au mieux les renforts accourus de l'intérieur du Reich. Réquisitionnant d'autre part de la main-d'œuvre civile dans la population française et utilisant à fond les moyens des formations Todt, il a poursuivi avec fièvre l'équipement d'une double ligne protégée elle-même par un glacis d'une douzaine de kilomètres, sorte de position avancée sur laquelle il n'a pas craint de concentrer le gros de sa 19e armée afin de gagner le temps voulu pour parachever les travaux de sa *Hauptkampflinie.* Ce sont quatre divisions qui occupent devant nous ces avancées et aux chefs desquelles Hitler a promis, le 21 septembre, le poteau d'exécution si elles venaient à lâcher pied.

Pourtant notre élan est sur le point de porter ses fruits. En particulier, l'« écouvillonnage » du mont de Vannes par le 2e zouaves ouvre au CC Caldairou les possibilités qu'il ne laisse pas échapper. Le 27 septembre, il progresse sur la petite route de Belonchamp à Plancher-les-Mines et dépasse Fresse. Le 28, malgré les destructions et la résistance opiniâtre d'éléments retardateurs, il parvient au col de la Chevestraye. À droite et à gauche de la route, les zouaves d'Arfouilloux et les maquisards de Vigan-Braquet ont avancé parallèlement à travers bois, tandis que plus au nord le 3e régiment de chasseurs d'Afrique a nettoyé Servance et que les hommes de Pommies approchent du Haut-du-Them, sur la route de Château-Lambert et du Thillot.

Il est vrai que, dans le même temps, la tentative faite par le CC Sudre pour atteindre ces mêmes villages en remontant la vallée de la Moselle n'a pas remporté les succès escomptés. Sur la route de Corravillers à Château-Lambert, le sous-groupement de tête a été brutalement barré et son chef, le commandant de Laprade, a été tué. Une violente contre-attaque a exigé l'engagement de toute l'infanterie disponible, y compris un bataillon de la brigade Malraux. Mais les éléments de la 3e DIUS qui n'ont pas encore rallié le gros de la division à l'est de Remiremont, ont pu pénétrer dans Ferdrupt et grimper sur la crête de la forêt de Longegoutte qui marque la ligne de partage des eaux entre la Moselle et son affluent la Moselotte.

Dans la partie sud de la zone de bataille, le CC 2 a contourné le bois de la Nannue et la 2e compagnie de zouaves a enlevé la chapelle de Ronchamp, sur un piton qui domine cette localité. Au sud de celle-ci, la division Brosset n'est plus qu'à 500 mètres du hameau d'Eboulet et tient bon à Frédéric-Fontaine en dépit des contre-attaques que multiplient les Allemands embusqués dans les massifs forestiers qui leur fournissent une excellente place d'armes.

En résumé, sans qu'on puisse encore parler de décision, la journée du 28 s'achève sur des résultats appréciables. La progression du 2e corps d'armée a créé un saillant très net jusqu'à Plancher-les-Mines qui menace de débordement le dispositif ennemi. La violence des réactions de celui-ci, qui lance des coups de boutoir répétés contre le flanc sud de la poche et qui déploie une activité aérienne inhabituelle, traduit d'ailleurs sa réelle inquiétude.

Malgré un terrain peu propice à l'action des blindés, un temps détestable et des obstacles de toute nature, la 1re DB de du Vigier, efficacement épaulée par la DFL de Brosset, a crevé sur un point la position avancée de Wiese, et fait sauter le premier verrou donnant accès aux cols des Vosges. Une occasion s'offre à nous…

Mais, pour la saisir à pleines mains, il faudrait des forces fraîches, alors que toutes les réserves du 2e corps sont déjà dépensées. Du Vigier manque d'infanterie et ses blindés sont à bout de souffle. Monsabert, qui avait dès le début engagé tous ses moyens disponibles, a dû lui donner jusqu'à sa compagnie de garde. Par ailleurs, il n'a guère ménagé les munitions dont chaque jour il réclame davantage à mon 4e bureau. Dans les seules journées des 28 et 29, 650 tonnes seront consommées par le 2e CA alors que la cadence des apports de l'arrière n'est encore pour toute l'armée que d'environ 500 tonnes par jour.

Cependant, la situation favorable de sa gauche ne fait que renforcer le commandant du 2e CA dans son intention d'accentuer sa manœuvre par les Vosges. Puisqu'il n'a plus aucune réserve, il ne peut alimenter son effort offensif qu'en prélevant des troupes sur la partie passive du front qu'il tient devant Villersexel, avec l'appoint du plus grand nombre possible d'unités FFI. Pour ce faire, il étend le secteur de la 1re DFL par son ordre général n° 24 qui fixe à la ligne Lure-Plancher-col du Ballon la limite entre la 1re DB et la 1re DFL.

Ainsi, le mouvement ascendant des Américains avait entraîné l'engagement d'une importante fraction du 2e corps d'armée de Monsabert, et, celui-ci, attiré par l'espoir de l'occasion favorable que paraît présager le succès local de Plancher-les-Mines, se prépare à accentuer son effort. Mais comme ses moyens sont déjà presque tous dépensés, il va maintenant tendre à aspirer à lui les ressources disponibles de la 1re armée.

À l'heure où nous sommes, pourtant, je n'ai nullement renoncé à l'application du plan énoncé dans l'IPS n° 2. C'est toujours à une action coordonnée de mes deux corps d'armée agissant de part et d'autre de Belfort que s'arrêtent mes intentions et c'est en vue de cette manœuvre que je poursuis le rassemblement de mes moyens.

Or tous les renseignements recueillis sur l'ennemi confirment le renforcement croissant du dispositif adverse. L'âpreté des combats livrés à notre gauche en est une première manifestation. L'échec de coups de main tentés par les Sénégalais et les Tunisiens à notre droite, sur le front du 1er corps, en est une autre. Il semble même que ce soit dans cette zone, spécialement dans le couloir de Delle, sur les coupures du Gland et de l'Allaine, que l'*Hauptkampflinie* ait d'ores et déjà atteint le plus de solidité et de profondeur.

Dans ces conditions, la rupture de vive force ne se conçoit plus maintenant qu'après avoir réuni des moyens considérables, permettant de fournir un effort prolongé et d'agir sur un front suffisamment large pour empêcher le commandement allemand de jouer de ses réserves en les concentrant sur un point déterminé. Un approvisionnement initial de quatre unités de feu pour chacune de nos divisions est, en matière de munitions, le minimum raisonnable. C'est du moins le point de vue formel du général Béthouart, et je suis du même avis.

Mais 4 UF représentent 15 000 tonnes. Leur acheminement ne sera possible qu'à partir du 1re octobre, après le rétablissement de la ligne Paris-Marseille, et à la cadence de 1 000 tonnes par jour. De ce seul point de vue, hélas ! impérieux, le déclenchement n'est donc pas concevable avant le 20 octobre – date à laquelle d'ailleurs la résistance de la *Wehrmacht* aura eu le temps d'acquérir un maximum de puissance.

La tournure favorable prise par les événements à l'aile gauche de l'armée n'offre-t-elle pas dans ces conditions une possibilité d'éviter de si longs délais et de brusquer une décision que notre hâte de libérer des populations encore à la merci des nazis répugne à reporter si loin ? Ne permet-elle pas au minimum de distraire une partie des forces ennemies de mon front d'attaque ?

Tel est mon état d'esprit et telles sont les questions que je me pose lorsque, le 28 septembre, je me rends en fin d'après-midi à Rougemont, au PC de Monsabert. J'ai demandé à Béthouart de venir m'y rejoindre, mais un incident de route l'en empêchera.

Monsabert est un diable d'homme, en pleine forme, exalté par le feu de l'action à laquelle il se donne tout entier. Il m'expose la situation : selon lui, la percée réalisée vers Plancher-les-Mines situe l'extrémité de l'aile droite des forces allemandes défendant la trouée de Belfort. Plus au nord, le dispositif ennemi paraît discontinu et s'accroche surtout à la défense des nœuds de communication donnant accès aux cols des Vosges, comme c'est le cas du Thillot. D'ailleurs, les Américains comptent atteindre à bref délai Le Tholy et Gérardmer, en attaquant de part et d'autre de la route Remiremont-Gérardmer (route nationale 417) : l'avance par les Vosges est non seulement possible, mais elle est la seule immédiatement possible.

Je résume à mon tour : la manœuvre par les hautes Vosges offre deux avantages essentiels. *Primo* : elle peut être déclenchée sans délai, parce qu'elle exige une moindre participation de l'artillerie que le forcement du couloir de Delle, donc une moindre consommation de munitions. *Secundo* : elle surprend l'ennemi, occupé à endiguer la poussée du 1er CA à l'est de Lure, et déjà alerté par nos préparatifs dans le secteur du Doubs.

En d'autres termes, le report de l'effort de la 1re armée de la droite sur sa gauche peut amener la pénétration en Alsace avant les grands froids et entraîner l'économie d'une bataille de rupture à échéance incertaine dans la trouée de Belfort, en menaçant d'encerclement les divisions allemandes qui la défendent.

Et puis cette conception correspond à une possibilité de manœuvre qui me hante et dont la première révélation se rattache pour moi au souvenir d'une reconnaissance clandestine effectuée en Alsace annexée en 1913, alors que j'étais jeune lieutenant au 12e dragons : la porte vosgienne de la haute Alsace, c'est le ballon de la Schlucht, commandé par le Hohneck, et d'où l'on domine déjà Munster. Cette action par la Schlucht en débouchant de Gérardmer, que les Américains prétendent libérer à bref délai, m'apparaît l'aboutissement idéal de cette manœuvre par les Vosges dès que, comme on peut déjà le pressentir, nos voisins dans leur remontée vers le nord nous auront cédé cette partie de leur zone d'action.

Cette analyse me détermine. Tout en continuant à préparer l'exécution de mon plan primitif pour le cas d'insuccès, je décide de tenter l'opération par les Vosges en direction de la Schlucht, en prenant Gérardmer pour tremplin aussitôt que les Américains l'auront libéré et m'auront livré le passage.

Comme on le verra, malgré tout l'espoir que je plaçais dans cette action et mon insistance pour la rendre possible, cette conception ne pourra être réalisée. Gérardmer, dont je voulais faire le pivot de ma manœuvre, cessera d'être un objectif essentiel pour les Américains qui, aspirés vers le nord, renonceront à en chasser l'ennemi ; en même temps, nos alliés étendront ma zone d'action dans des conditions telles que je n'aurai plus les forces nécessaires pour atteindre la ville. Je serai donc contraint de me résigner à une manœuvre plus modeste, mais aussi moins riche de possibilités. Et Gérardmer, qui vit à ce moment-là des heures de lourde épreuve, placée à la charnière mouvante de deux armées dont les directions divergent, et qui de ce fait passera à plusieurs reprises d'une zone d'action à l'autre, ne sera finalement libéré, malgré tous mes efforts, que trop tard, hélas ! après que les Allemands l'auront évacué et détruit.

Quoi qu'il en soit, je prends sans attendre les mesures préparatoires à l'exécution de la manœuvre arrêtée, c'est-à-dire que je donne les ordres[1] nécessaires pour constituer au nord de notre zone d'action une réserve d'armée formée de troupes fraîches. Dans ce dessein, je prélève sur le 1er corps d'armée, la 3e division d'infanterie algérienne (3e DIA) du général Guillaume et le 3e GTM[2] du colonel Massiet-Dubiest, et sur le 2e corps d'armée le 2e GTM (colonel de Latour), les parachutistes du lieutenant-colonel Faure et les « chocs » du lieutenant-colonel Gambiez. Ce groupement représente donc la valeur de deux divisions. En revanche, pour éviter que le 2e corps d'armée ne vienne à dépenser la 2e DIM, je la place

1. Ordres verbaux donnés le 28 septembre et qui seront confirmés par l'instruction personnelle et secrète n° 3 du 29 septembre. Cette dernière porte en sous-titre : « Confirmation des ordres verbaux donnés le 28 septembre par le général commandant l'armée. »

2. GTM : Groupement de tabors marocains.

sous les ordres de Béthouart qui verra sa zone d'action s'accroître vers le nord au fur et à mesure de l'arrivée des éléments de cette grande unité. De la sorte, Monsabert sera donc bientôt libéré de toute préoccupation entre Vosges et Doubs et Béthouart pourra se consacrer à la préparation de l'offensive pour la trouée de Belfort, dont j'avais fixé les grandes lignes dans mon IPS n° 2.

Cela fait, je me hâte, avant de diffuser les ordres d'exécution, de me rendre le 29 septembre auprès du général Devers, installé de sa personne à Vesoul, au PC du général Patch, en attendant d'être en mesure de faire fonctionner son état-major de groupe d'armées à Vittel. Et je lui expose mes intentions.

Me fondant sur la piste prochaine de Gérardmer par les Américains, je pense déboucher de cette région vers le Hohneck, puis nous assurer la maîtrise de la route des Crêtes d'où nous marcherons sur Guebwiller, en vue de pénétrer en Alsace entre Rouffach et Cernay. Après quoi, nous prendrons à revers Belfort et exploiterons vers Mulhouse pour couper aux Allemands leurs lignes de repli vers le Rhin.

Le général Devers me donne l'assurance que la prise de Gérardmer par la division O'Daniel sera un fait accompli dans les quarante-huit heures et qu'aussitôt cette ville sera remise à la 1re armée française comme base de départ de son attaque.

Mais le commandant du 6e groupe d'armées me communique le texte de la « lettre d'instruction n° 1 » qu'il vient de signer. Cette lettre n'est que l'application des instructions qu'il a lui-même reçues, le 27, du SHAEF. La mission essentielle dévolue au 6e groupe d'armées étant de protéger le flanc sud du 12e groupe d'armées (général Bradley) qui s'apprête à reprendre l'offensive, l'intention du général Devers est de procéder, avec ses deux armées, à deux efforts divergents pour déborder les Vosges par la trouée de Saverne et celle de Belfort, la jonction devant se faire en plaine d'Alsace. En conséquence, la 7e armée US (où le 15e CAUS, prélevé sur l'armée Patton, est adjoint au corps Truscott) devra s'emparer de Lunéville puis de Strasbourg ; la 1re armée française devra protéger la droite de Patch, continuer ses attaques par la trouée de Belfort, s'emparer de Mulhouse et de Colmar – sans manquer de couvrir la frontière des Alpes où son secteur se trouve accru encore. Pour répondre à un désir que j'avais exprimé quelques jours plus tôt, la lettre d'instruction prévoit enfin que lors de la conquête de Strasbourg, « la 7e armée devra prendre les dispositions voulues pour assurer la participation la plus appropriée de la 1re armée française à cette opération ».

Cette instruction n'est pas applicable dans l'immédiat, en ce qui nous concerne, pour les raisons que j'ai développées un peu plus haut. En outre, elle accroît encore la divergence entre l'action des deux armées. C'est ce que je n'ai pas de peine à faire admettre au général Devers qui approuve le principe de la manœuvre de Gérardmer que je viens de lui proposer. Mais, tenu par les directives du commandement suprême, il ne peut que maintenir à la charge de la 1re armée française la mission de couverture du sud de Patch. Or, plus que jamais, la 7e armée US est orientée sud-nord, c'est-à-dire amenée à glisser parallèlement à la chaîne des Vosges alors que la 1re armée française doit nécessairement pour entrer en haute Alsace, que ce soit par la trouée de Belfort ou par les Vosges, agir initialement d'ouest en est.

Une telle divergence de nos directions respectives, qui font entre elles un angle de 90 degrés, ne peut manquer d'éloigner les Américains de la 1re armée française, donc d'augmenter mon front, ce qui va tendre à m'affaiblir, et par voie de conséquence à paralyser mes efforts. Cette situation n'est pas sans me causer de sérieuses préoccupations.

Les événements ne vont pas tarder à dépasser mes inquiétudes.

En effet, dans la matinée du 30 septembre, le général Patch me rend visite à Besançon. Il m'indique les énormes difficultés que rencontre la 3e DIUS dans sa progression vers Gérardmer. Deux de ses régiments se heurtent au nord de Saint-Amé et du Syndicat à une résistance extrêmement violente d'éléments de deux divisions allemandes. O'Daniel est donc obligé de resserrer son front et me demande, pour ce faire, de relever le plus tôt possible ses unités qui opèrent dans la région de Rupt et la forêt de Longegoutte.

Cette extension est singulièrement prématurée à mon goût. D'une part, la relève qu'elle va entraîner n'est possible qu'à la condition de la faire assurer par des éléments prélevés sur le groupement de manœuvre que je viens d'avoir tant de peine à constituer et qui déjà sera appauvri d'autant. D'autre part, les nouvelles reçues du 2e corps font état d'un raidissement général et d'un renforcement rapide de l'ennemi qui nous a contre-attaqués efficacement au col de la Chevestraye, nous bloque devant Le Thillot et Château-Lambert, et tient bon devant

Ronchamp. Le moment est donc bien peu opportun pour une extension de notre front.

Toutefois, je ne puis refuser cette extension puisque la couverture m'incombe. D'ailleurs, j'espère toujours une chute prochaine du Thillot qui couvrirait la droite de notre action vers le Hohneck et nous autoriserait à faire des économies d'effectifs, je m'engage donc à envisager à bref délai la relève qui m'est réclamée.

Mais, dans la soirée, un fait nouveau vient rendre caduques les prévisions de ce premier accord.

Convoqué à Vesoul à une conférence, j'y apprends du général Devers qu'il a l'intention de reporter plus au nord le centre de gravité de la 7e armée US, d'axer le 6e corps d'armée US, son corps d'armée sud, sur Saint-Dié et, en conséquence, de demander à la 1re armée française de reprendre à son compte non pas seulement le secteur de droite de la division O'Daniel, mais bien le secteur total de cette division, retirée pour être ensuite réintroduite par surprise devant Saint-Dié.

Ces projets augmentent notre front de combat d'une trentaine de kilomètres sans aucune contrepartie. Ils ont en outre le grave inconvénient de faire abandonner par les forces américaines la région de Gérardmer avant de l'avoir libérée comme ils l'avaient promis. Nous ne pourrions donc plus déboucher de Gérardmer qu'après en avoir chassé l'ennemi, ce qui dépassait mes forces. Ce serait donc l'abandon de la manœuvre prévue car l'extension de notre front nous interdirait de nourrir une action offensive sérieuse et nous obligerait à nous cantonner dans une défense fragile, en face d'un adversaire de plus en plus mordant et agressif. Mon émotion est d'autant plus vive que je ne puis que constater l'insuffisance de nos ravitaillements en carburant et surtout en munitions, résultat de la modicité du tonnage qui nous est pratiquement consenti par les services de la base américaine sur la seule voie ferrée à faible rendement fonctionnant à l'époque, la voie ferrée des Alpes.

Dès mon retour à mon PC, le 30 septembre, je condense mes observations sur ces deux points – opérations, ravitaillements – dans deux notes que je fais porter de nuit au général Devers.

Dans la première, je marque fortement l'impossibilité d'étendre une nouvelle fois et sans délai les limites d'un corps d'armée durement engagé et qui, en deux jours, vient de perdre 180 tués et 680 blessés. Je rappelle d'autre part que la manœuvre française est forcément liée à certaines obligations pour la 7e armée et que, si cette dernière renonce à prendre Gérardmer, elle doit du moins et au minimum maintenir son action en direction de cette ville en amarrant sa droite à Saulxures-sur-Moselotte pour s'emparer successivement de Rochesson et du Tholy.

Dans ma seconde note, je me contente de citer des chiffres : entre le 20 et le 28 septembre, les trois divisions de la 7e armée ont reçu en moyenne un ravitaillement par voie ferrée de 2 102 tonnes/jour. Les cinq divisions de la 1re armée – dont les besoins normaux s'élèveraient à près de 3 000 tonnes, en ont reçu 968 ! Cette insuffisance ne peut être compensée par les transports auto du train de l'armée, qui au prix d'efforts inouïs, arrivent cependant à monter journellement 200 tonnes sur le long trajet de 600 kilomètres qui sépare l'armée des plages de Provence.

De tels arguments et de tels faits ne laissent pas indifférent un homme aussi loyal que le général Devers. Dès réception de ces documents, il décide de surseoir à l'extension de notre zone jusqu'à la route Remiremont-Gérardmer. D'autre part il donne des ordres pour que nos approvisionnements soient assurés de façon plus normale et pour qu'à l'avenir ils soient réguliers.

En réalité, la bonne exécution de ces ordres demandera encore quelques jours, et je profiterai de la visite rapide que le général Marshall fera le 8 octobre au PC du 2e corps d'armée pour le mettre au courant des insuffisances de nos ravitaillements. Le général Marshall se montrera d'abord surpris d'une réclamation qu'il n'avait visiblement pas escomptée, mais il en sentira tout le bien-fondé et me promettra d'y remédier. Cette promesse sera tenue, car, entre-temps, le général Devers aura eu le temps d'organiser à l'état-major de son groupe d'armées une section logistique qui permettra de ne plus faire dépendre la 1re armée française des services de la 7e armée US, et de répartir les ressources, et surtout les capacités de transports ferrés, plus équitablement.

Pendant que je tente ainsi d'écarter de la 1re armée française les difficultés nouvelles que lui créent les décisions du commandement, je me vois dans l'obligation, dès le 20 septembre, de réviser mes projets antérieurs. Depuis plusieurs jours déjà, je sens que la manœuvre par Gérardmer et la Schlucht va nous échapper. Puisque l'armée voisine continue son glissement vers le nord, l'extension de notre front devra être acceptée tôt ou tard, ce qui va réduire très nettement la force de mon groupement offensif.

Je n'ai donc plus les moyens de la manœuvre que j'avais espérée par Gérardmer et par la Schlucht. Bien plus, la seule libération de Gérardmer excéderait mes possibilités.

Je constate avec tristesse que je vais donc être obligé d'abandonner l'espoir que j'avais mis dans l'opération qui avait fait l'objet de mes ordres du 28 septembre. Si je veux maintenir mon attitude offensive, je dois me contenter d'une manœuvre plus modeste.

Or Monsabert, dont l'ardeur ne s'est pas ralentie et qui garde malgré tout sa confiance entière dans une action par les Vosges, me fait entrevoir de nouvelles possibilités qui, par leur envergure plus limitée, cadrent mieux avec mes moyens. Il me propose d'utiliser comme nouvelle base de départ, non plus, hélas! Gérardmer, mais la ligne de partage des eaux entre la Moselle et la Moselotte, c'est-à-dire la crête de Longegoutte, sur laquelle nous devons relever les unités de droite de la 3e DIUS. De là, nous pouvons encore agir en direction du Hohneck par Cornimont, La Bresse et la vallée de la Moselotte ce qui pourrait nous ouvrir un débouché sur l'Alsace.

Ce projet n'est qu'un pis-aller, mais il est encore à la mesure de mes moyens. Je décide donc de me rabattre sur le projet que Monsabert vient de m'exposer.

Je traduis cette décision par mon IPS n° 3, diffusée le 1er octobre[1] qui, outre les objectifs indiqués ci-dessus, précise que la manœuvre de la gauche du 2e corps sera ouverte au sud par l'accrochage de sa droite dans la région de Champagney, et allégée par une série de petites actions d'infanterie menées par le 1er corps pour fixer l'ennemi et le tenir en haleine dans la trouée de Belfort.

L'application de ce nouveau projet, qui va donner naissance à une phase très dure de la bataille des Vosges, ne conduira pas aux résultats espérés, car la résistance ennemie s'affirmera plus solide et plus continue que ne l'escomptait Monsabert, et notre engagement sera en partie désorganisé par les flottements parfois tragiques auxquels donneront lieu à notre aile gauche les relèves successives des unités américaines.

---

1. L'IPS n° 3 avait été rédigée le 29 septembre, mais sa parution avait été différée jusqu'au 1er octobre, en raison des discussions qui avaient eu lieu lors de la conférence tenue à Vesoul au PC de la 7e armée US.

Le 2 octobre, Monsabert donne donc ses ordres pour l'opération à laquelle je viens de me rallier. À son aile marchante, il place évidemment les éléments frais que j'ai prélevés sur le 1er corps à son bénéfice ainsi que ceux que je lui avais fait réserver qui réunissent à la 3e DIA[1] les 2e et 3e GTM et le bataillon de gardes mobiles Thiollet. L'ensemble de ces forces constitue le groupement Guillaume. Ce groupement d'attaque se voit ainsi définir sa mission :

– dans un premier temps, déboucher de la crête de Longegoutte, pousser vers Longemer à cheval sur la Moselotte puis, se couvrant face à Gérardmer, prendre pied sur la route des Crêtes, entre le Hohneck et le Schweisselwasen ;

– dans un deuxième temps, déferler sur Guebwiller et l'Hartmannswillerkopf.

De son côté, la 1re DB – renforcée des parachutistes, des « chocs », des commandos, de la brigade indépendante d'Alsace-Lorraine *Berger-*Malraux, du corps franc Pommies et du 1er bataillon du Charolais – a pour mission de couvrir au plus près le flanc sud du groupement Guillaume, d'abord en s'emparant du Thillot, puis en se portant vers la vallée de la Thur par les cols de Bussang et d'Oderen.

Enfin, la 1re DFL maintiendra la liaison avec le 1er corps vers Champagney et liera son effort à celui de la 1re DB en occupant le ballon d'Alsace et en descendant la vallée de la Doller vers Masevaux[2]. On verra que toutes ces dispositions *a priori* seront profondément modifiées dans la réalité.

En fait, Brosset, durant toute cette période d'élaboration des projets définitifs, n'a pas stoppé son action. Après trois jours de combats très violents, il est enfin maître, le 4 octobre, de la totalité de l'agglomération industrielle de Ronchamp-Eboulet-Recologne-la Houillère. Plus au nord, il n'a pu reconquérir le col de la Chevestraye, mais tient bon à un kilomètre à l'ouest et occupe un front continu à travers les bois de Fresse.

---

1. 3e division d'infanterie algérienne.

2. L'ensemble de ces mesures fait l'objet de l'ordre général d'opérations n° 29 du 2e corps établi le 2 octobre au reçu de mon IPS n° 3 mais diffusé seulement le 4 octobre, après aboutissement des pourparlers engagés entre commandements américain et français.

De même, sur le front de la 1re DB et à sa gauche, si les opérations ont été ralenties, elles n'ont pas été arrêtées. En fait, la bataille générale se trouvera bientôt engagée par suite du nouvel enchaînement des circonstances.

Ce qui domine celles-ci est la fixation de notre limite avec les Américains.

Je ne puis accepter l'idée de me voir imposer à chaque moment et inopinément une limite nouvelle. Je cherche donc à réaliser avec nos voisins un accord qui permette une certaine fixité dans nos prévisions. On verra que cette espérance, cependant raisonnable, ne pourra jamais être satisfaite. Or, le 3 octobre, le général Patch vient me retrouver à Besançon pour mettre au point les modalités de notre appui réciproque. Lui-même doit faire face à des résistances d'un exceptionnel acharnement. Rien que dans le secteur de Saint-Amé-Le Syndicat, l'un des régiments de la 3e DIUS, le 30e, a perdu en deux jours 400 hommes. Le chef de la 7e armée a donc hâte de resserrer ses unités et de nous voir gagner vers le nord.

Parfaitement conscients l'un et l'autre de nos difficultés respectives, nous finissons par conclure un *gentlemen-agreement*. Les Français relèveront immédiatement les deux bataillons du 7e régiment d'infanterie américaine (7e RIUS) engagé dans la région de Ferdrupt et la forêt de Longegoutte, la relève du reste de la division O'Daniel étant remise à plus tard. D'autre part, il est entendu que cette division devra faciliter le débouché de Guillaume au nord de la Moselotte par des opérations locales à l'extrême sud de son secteur.

C'est ce que traduit le télégramme que le général Patch envoie dès son retour à son PC le 4 octobre à 0 h 10 : « Les troupes américaines s'empareront, y disait-il, des hauteurs situées au nord de la Moselotte dans la région de Thiefosse... Ces objectifs atteints, elles seront aussitôt relevées par les troupes françaises[1]. »

Malheureusement, ce texte devait être rapidement amendé. Un second télégramme reçu douze heures plus tard le rectifiait en prévoyant seulement une « poussée » vers Vagney et le sud-est sans maintenir l'obligation d'atteindre un objectif déterminé[2].

Cette restriction s'expliquait évidemment par la prévision des obstacles que ces opérations allaient rencontrer. Mais elle contribuait à hypothéquer encore davantage, dès le départ, notre offensive. Après

1. Télégramme n° 14 299 de la 7e armée US.
2. Télégramme n° 14 313 de la 7e armée US.

avoir dû renoncer à voir délivrer Gérardmer et donc à l'espoir d'y prendre notre élan vers notre objectif du Hohneck, il nous faut non seulement démarrer 25 kilomètres plus au sud et en oblique par rapport à cet objectif, mais encore avec la préoccupation constante de protéger notre flanc nord. Encore la réalité est-elle plus fâcheuse que nous l'imaginons.

En effet, à la suite d'un malentendu inexplicable, les deux bataillons du 7e RIUS qui tenaient, légèrement d'ailleurs, Ferdrupt et les hauteurs de Longegoutte où nous devions les relever les 4 et 5 octobre, ont brusquement, et sans que nous en soyons avertis, quitté leurs positions dans la nuit du 2 au 3 et du 3 au 4 pour se diriger vers Remiremont. C'est notre base de départ qui est ainsi retombée dans le *no man's land.*

De toute urgence, le commandant de l'unité française la plus voisine, le colonel Desazars de Montgailhard, qui remplace depuis la veille à la tête du CC 1 le général Sudre nommé adjoint au général du Vigier, lance du monde à Saulx et à Rupt-sur-Moselle pour en tenir les ponts, ainsi que dans Ferdrupt.

Alerté, Monsabert donne l'ordre à la 3e DIA de porter immédiatement un bataillon dans la région de Rupt. Mais, déjà, il est trop tard pour réparer tout le mal.

La journée du 4 octobre, première journée de bataille, est en effet décevante.

Primitivement, ce jour-là, ne devait avoir lieu qu'une opération de la 1re DB contre Le Thillot. Conçue avec une certaine ampleur, elle reposait sur la combinaison d'une triple action aboutissant à l'encerclement de la localité. Les parachutistes du lieutenant-colonel Faure devaient se placer à l'extrême droite des Américains, sur la crête de Longegoutte, dans la partie qui porte le nom de la forêt du Géhan, puis se rabattre sur le nord du Thillot. Le sud devait en être abordé par le sous-groupement Durosoy venant de Château-Lambert et l'est par la gauche du CC 3 ayant pour objectifs initiaux le ballon de Servance et Fresse-sur-Moselle. Déclenchée à 6 h 30, cette opération se solde par un échec. Rien ne peut venir à bout des défenses allemandes de Château-Lambert et de Servance.

Les parachutistes, cependant, ont cherché à prendre pied comme prévu dans la forêt du Géhan, tandis qu'à leur gauche les avant-gardes du 3e RTA et du 7e RTA[1] montaient vers la crête de Longegoutte avec

---

1. RTA : Régiment de tirailleurs algériens.

l'illusion d'y trouver encore des Américains. Mais les uns et les autres ne sont pas longs à déchanter : ce sont des balles allemandes et des *minen* qui les accueillent et les arrêtent devant la lisière des bois. En fin de journée, nos tirailleurs sont partout cloués au sol à mi-pente. Seuls, les parachutistes ont pu trouver une faille et se sont avancés en flèche jusqu'au col de Morbieux.

Devant l'échec de la 1re DB contre Le Thillot et la tournure prise par les événements dans le secteur de Longegoutte, le général de Monsabert décide de concentrer tous ses efforts au nord de la Moselle. Prenant acte de l'insuffisance des effectifs d'infanterie de la DB et de l'engagement anticipé et forcé de la 3e DIA, il donne l'ordre au général du Vigier de limiter à des actions de couverture ses tentatives au sud de la vallée[1], pour renforcer l'action des parachutistes au nord, et au général Guillaume de s'établir sur les lisières septentrionales de la forêt de Longegoutte pour se préparer à franchir, le 6 octobre, le cours de la Moselotte.

Guillaume a prévu l'engagement en premier échelon de deux groupements tactiques. À l'est, il a placé le général Duval, commandant l'infanterie divisionnaire de la 3e DIA (ID 3), qui dispose du 3e RTA et du 2e GTM formant le groupement tactique n° 1 (GT 1). À l'ouest, le colonel Chappuis commande le groupement tactique n° 2 (GT 2) comprenant son propre régiment, le 7e RTA et le 3e GTM. Restent en réserve le 4e RTT[2] et les blindés de la 3e DIA (3e RSAR et 7e RCA)[3], qui constituent le groupement tactique n° 3 (GT 3).

C'est donc dans cette formation que commence la lutte – une lutte tout de suite acharnée, haletante, sans merci, qui évoque irrésistiblement le souvenir glorieux mais tragique des sombres batailles vosgiennes de l'hiver de 14-15.

L'adversaire direct du général Guillaume est le général allemand L'Homme de Courbières, commandant la 338e division d'infanterie, chef énergique et résolu. Il a su ressouder des unités diverses que soutiennent

1. C'est au cours de l'une de ces actions que fut grièvement blessé, au Haut-de-Parère (sud de Xonrupt) le lieutenant-colonel Jacquot, adjoint au colonel *Berger*-Malraux, commandant la brigade indépendante d'Alsace-Lorraine.

2. 4e régiment de tirailleurs tunisiens (colonel Guillebaud).

3. 3e régiment de spahis algériens de reconnaissance et 7e régiment de chasseurs d'Afrique (tanks-destroyers).

des bataillons de mitrailleuses lourdes et qui utilisent au mieux les possibilités défensives multiples qu'offrent les forêts et le relief du terrain.

Le 5, après avoir conquis au corps à corps les pentes sud de Longegoutte, nos troupes s'approchent de la crête. Mais le 6, L'Homme de Courbières recourt à une tactique à laquelle nous le verrons rester fidèle : il lance carrément sa division entière à la contre-attaque sur tout le front.

Dans la partie ouest de la forêt, le groupement Chappuis bloque les grenadiers allemands. Mais, à l'est, ceux-ci s'enfoncent entre le col de Morbieux et celui du Rhamne, coupant ainsi notre dispositif en deux et isolant nos éléments avancés, le 1er RCP[1] et le 2e bataillon du 3e RTA. Pendant trente-six heures les deux adversaires qui se menacent mutuellement d'encerclement s'affrontent en des combats sous bois confus et violents. En définitive, la situation se rétablit à notre avantage : au soir du 8 octobre, le groupement Guillaume couronne l'ensemble de la crête de Longegoutte. Il a conquis… sa base de départ.

Mais il n'a pu obtenir ce succès qu'au prix de cinq jours de bataille et en engageant la presque totalité de ses forces. Il a dû faire appel au 4e RTT pour couvrir les arrières des deux groupements tactiques puisque, dans leur dos, Le Thillot tient toujours. En outre, il a fallu constituer un groupement tactique n° 4 (GT 4), confié au colonel Bonjour et formé du 3e RSAR, du 2e dragons et du bataillon Pator du régiment de Franche-Comté, afin de maintenir la liaison avec les Américains. Par les petits chemins forestiers ce groupement blindé a atteint les approches ouest de Thiefosse ; la menace qu'il fait peser sur la Moselotte assurera la sécurité du flanc nord de l'attaque que Guillaume va maintenant lancer pour tenter de franchir en amont la rivière.

Cette attaque s'ébranle dès le 9, par un temps abominable. La pluie, le brouillard et même la neige alternent ou se conjuguent. On avance dans l'eau.

Mais on avance tout de même. À la gauche du secteur, Bonjour passe la Moselotte vers Pubas et pousse jusqu'à Trougemont, sur la GC 34 qui se dirige vers La Bresse. Au centre, les Tunisiens de Guillebaud, les Algériens et les goumiers de Chappuis forcent aussi la rivière entre Thiefosse et Saulxures. À droite, le colonel Agostini, qui depuis quelques jours rem-

1. 1er régiment de chasseurs parachutistes.

place au commandement du 3e RTA le colonel de Linarès nommé sous-chef d'état-major de la 1re armée, se fraie opiniâtrement un passage, en liaison avec les parachutistes de Faure, vers la sortie de la forêt du Géhan où l'ennemi, tapi dans des abris en rondins à peu près invisibles, résiste avec frénésie.

Le 10 octobre, un espoir très net se présente à notre gauche. À midi, le 2e dragons du colonel Demetz dépasse de 2 kilomètres le village de Planois. Va-t-il être possible de foncer par le GC 34 jusqu'à La Bresse et de faire tomber d'un seul coup par ce mouvement latéral toute la chaîne de hauteurs qui, au nord et au nord-est de Saulxures, commande ce nœud de communication ?

Pour exploiter cette chance, il serait en effet indispensable de concentrer nos efforts dans cette zone où le dispositif allemand paraît céder et d'y renforcer nos fantassins pour conquérir les crêtes entre lesquelles passe la petite route de La Bresse. Mais une véritable fatalité semble s'acharner sur nos entreprises, car, bien loin de pouvoir se concentrer, le 2e corps doit une fois de plus se disperser afin de répondre à une extension nouvelle de son front vers le nord.

Le *gentlemen-agreement* conclu le 3 octobre ne prévoyait, on ne l'a pas oublié, qu'un sursis à la prise en charge par la 1re armée française de tout le secteur tenu par la division O'Daniel. Or, le 10, la 7e armée américaine, considérant qu'elle remplit ses engagements à notre égard, fait connaître son intention de reporter incessamment sa limite sud à la ligne Fougerolles-Remiremont-Le Tholy-Gérardmer fixée par le 6e groupe d'armées le 30 septembre.

Force nous est bien de nous incliner : d'un commun accord il est entendu que la mesure deviendra effective dans la nuit du 13 au 14 octobre.

Elle ne prend pas au dépourvu le général de Monsabert qui, au vu des premiers indices de cette nouvelle extension, a créé, le 9, un nouveau groupement destiné à couvrir sa gauche. Ce groupement, commandé par le colonel Lecoq, est composé essentiellement d'unités FFI soutenues par le 2e régiment de spahis algériens de reconnaissance (2e RSAR)[1].

---

1. Le groupement Lecoq se verra successivement renforcé par le régiment de Segonzac, le détachement Gilles du maquis d'Indre-et-Loire, les bataillons Trioche, Marc et Ajax de la colonne R 4 et un bataillon du corps franc Pommies.

Mais il aura maintenant à tenir les 10 kilomètres supplémentaires qui séparent notre limite actuelle de Julienrupt, nouvelle limite du front. C'est dire que, peu épaulé et privé de renforts frais, Guillaume ne sera plus en mesure d'alimenter l'attaque en direction de La Bresse. Il va donc être condamné à se borner aux actions indispensables pour couvrir les positions qu'il vient de conquérir et pour protéger la précieuse route de Remiremont à Saulxures qui est son artère vitale. En d'autres termes, il ne peut faire plus que de s'assurer les crêtes au nord de la Moselotte.

C'est un terrain que l'héroïsme des maquisards vosgiens vient de rendre sacré. Trois semaines plus tôt, 83 d'entre eux sont tombés à la « Piquante Pierre », à Noire Goutte et à la Tête-du-Rondfaing, après une lutte désespérée soutenue durant quatre jours à un contre dix.

Là où ils sont tombés, les tirailleurs se battent maintenant pour les venger. Du 11 au 14 octobre, attaques et contre-attaques se succèdent. Le froid et la pluie ne cessent d'ajouter leur somme de souffrances et de difficultés à celles qu'impose la résistance farouche de la *Wehrmacht*. Le gros de la 3e DIA et les tabors finissent pourtant par s'emparer solidement de la Piquante Pierre, de Rondfaing, de la Tête des Cerfs et du droit de Cornimont. En même temps, le 3e RTA du colonel Agostini met la main sur la tête de Chapechatte, achève de concert avec le 1er RCP la terrible conquête de la forêt du Géhan et libère la localité de Cornimont.

Nous sommes donc sur le balcon qui surplombe à l'ouest le cours supérieur de la Moselotte. Mais l'extrême fatigue de la 3e DIA interdit de lui demander de fournir à nouveau l'effort principal. Pour la relayer quelque peu – hélas ! il ne peut être question de la relever – j'autorise Monsabert à engager le 6e régiment de tirailleurs marocains (6e RTM – colonel Baillif[1]) que j'avais prélevé sur la 4e DMM[2] au moment où je lui faisais relever la 2e DIM dans les Alpes.

Or, le commandant du 2e corps d'armée croit toujours possible de disloquer le front ennemi. Il espère encore faire brèche dans la ligne sur laquelle les Allemands ont la prétention de nous arrêter durant tout l'hiver ; la *Winter Linie*. Il décide donc de s'emparer au plus vite des crêtes

1. En réalité il s'agit du RCT 3 de la 4e DMM (6e RTM, 1er groupe du 64e régiment d'artillerie [64e RA], une compagnie du génie, un élément de transport).

2. Division marocaine de montagne.

orientales de la Moselotte, puis d'exploiter en direction du Rainkopf, du Grand Ventron et du Grand Drumont.

En outre, l'assaut sera donné à la position Château-Lambert-Le Thillot où l'ennemi s'est fortement retranché.

Se couvrant maintenant face à Gérardmer, la 3e DIA renforcée du 6e RTM[1] agira sur l'axe des têtes des Cerfs-Haut-du-Faing-Le Rainkopf, alors que la 1re DB disposant du 1er RCP et du groupe de commandos d'Afrique s'engagera vers Travexin-Ventron-Oderen et la vallée de Saint-Amarin.

Le 16 octobre, pour ouvrir aux blindés la route de La Bresse, le 6e RTM du colonel Baillif part en tête sur le Haut-du-Faing, butte allongée et couronnée d'un bois épais qui, de ses 1 003 mètres, commande la haute Moselotte, La Bresse et Xoulce. Il est encadré au nord par le 2e GTM du colonel de Latour, au sud, par le 3e RTA du colonel Agostini. Simultanément, l'infanterie de choc de la 1re DB attaque de part et d'autre de la vallée de Ventron.

Une fois de plus la pluie tombe à torrents. Pourtant les Marocains parviennent à proximité du sommet du Haut-du-Faing, les commandos enlèvent le Haut-du-Tonteux et les parachutistes la cote 1011. Par contre, le 4e RTT est cloué sur ses positions de départ de la Tête-du-Rondfaing.

Le 17, le 6e RTM achève la conquête du Haut-du-Faing. Mais dans les vallées, les Allemands ne cèdent pas d'un pouce. D'ailleurs, un instant surpris par ce nouveau coup droit, ils n'ont pas tardé à se ressaisir. Ils font affluer toutes leurs réserves disponibles y compris deux bataillons de détenus politiques désireux de se racheter et qui, l'avant-veille, se trouvaient encore à Karlsruhe. Partout, l'adversaire ordonne la contre-attaque – qui partout échoue. Mais jamais encore le heurt n'a été aussi sanglant. Si un seul bataillon nazi a laissé sur les pentes 70 pour 100 de ses effectifs, le 6e RTM à qui la prise du Haut-du-Faing a coûté une centaine de pertes, laisse sous les sapins déchiquetés de cette crête 700 tués et blessés pour la conserver. Car l'artillerie allemande s'est renforcée et ses tirs dans les bois sont particulièrement meurtriers pour des troupes qui, arrêtées dans leur attaque, n'ont pas encore eu le temps de se construire des abris couverts. Et dans les bois du Haut-du-Tonteux, le groupe de commandos d'Afrique laisse de son côté 92 morts.

---

1. 6e régiment de tirailleurs marocains.

Cette dernière tentative infructueuse où s'est dépensé un magnifique régiment qui s'était illustré en Italie et qui était resté frais depuis le débarquement, me démontre que les espoirs qu'entretient le 2e corps d'armée ne cadrent plus avec les réalités. L'occasion qui s'était produite n'a pu être saisie à temps. La rupture dans les Vosges n'est plus possible et il me faut arrêter l'opération.

Sans doute, l'état-major du 2e corps d'armée continue-t-il à voir dans cet acharnement de l'ennemi la preuve de l'angoisse que lui cause notre mouvement. Cette fois, pense-t-il, c'est bien la *Winter Linie* elle-même qui est crevée, et il justifie cette opinion par les interrogatoires des prisonniers ou des déserteurs qui se font de plus en plus nombreux. Il estime que si je lui donnais encore quelques unités fraîches et des munitions, nous toucherions enfin à la route des Crêtes… Mais toutes ces attaques me rappellent trop les coûteuses illusions de la fin de 1914 et je crains qu'il n'y ait encore là qu'un nouveau mirage.

D'ailleurs, les unités que le 2e CA me demande, je ne les ai pas. Toute notre infanterie a été engagée. Les aurais-je qu'il est maintenant trop tard dans la saison pour obtenir par les Vosges un accès rapide en Alsace. Au surplus, de nouvelles préoccupations dont je parlerai dans un instant viennent brusquement faire irruption dans mes calculs pour renforcer ma décision de ne pas continuer notre effort dans les Vosges. Le 17 octobre à midi, je fais donc savoir au général de Monsabert que l'opération « Vosges » n'ayant pas abouti aux résultats escomptés, j'ai pris la résolution de suspendre l'offensive et de retirer à bref délai au 2e corps d'armée une partie des moyens actuellement à sa disposition[1]. La bataille des Vosges, en tant que devant nous donner *directement* la décision, est terminée.

Les préoccupations nouvelles auxquelles je viens de faire allusion se rattachaient aux indications reçues concernant les intentions du haut commandement.

Il m'est, en effet, communiqué que, désireux de pouvoir utiliser le port de Bordeaux, le SHAEF prépare la réduction des poches de l'Atlantique et que le Gouvernement provisoire, pour des raisons d'intérêt national,

---

1. Les unités enlevées au 2e CA sont les suivantes : 1re division blindée, 6e RTM, bataillon de choc, commandos d'Afrique, 2e dragons, corps franc Pommies et brigade indépendante d'Alsace-Lorraine *Berger*-Malraux.

a obtenu que seules les troupes françaises soient engagées dans ces opérations qui seront dirigées par le 6e groupe d'armées. On me prévient donc qu'aux Forces françaises de l'Ouest rassemblées par le général de Larminat sera adjointe la 1re DB dont le mouvement vers le sud-ouest est prévu pour la fin d'octobre. Et il est même question que la 1re DFL me soit enlevée.

En outre, le général Devers m'avertit qu'il compte prochainement récupérer l'*Air Borne Task Force*, toujours dans les Alpes et que, bientôt, il confiera à la 1re armée française la responsabilité complète de cette frontière jusqu'à la Méditerranée.

Ainsi, il me faut prévoir pour un avenir prochain, avec un front qui s'est accru de 40 kilomètres dans les Vosges et d'autant dans les Alpes[1] et qui s'étend donc maintenant sur 440 kilomètres, une très grave réduction de mes effectifs déjà si restreints, réduction d'autant plus dramatique qu'elle ne sera pas compensée par la puissance de mes moyens de feux. Bien que l'approvisionnement en munitions se soit considérablement amélioré depuis le début du mois, un strict contrôle des munitions s'impose encore.

Dans ces conditions, un temps d'expectative est nécessaire. Poursuivre l'offensive n'aboutirait qu'à « casser » davantage et sans résultats déterminants les magnifiques troupes de la 1re armée.

Toutefois, on ne saurait se résoudre à la passivité. Le 28 septembre, lors de la conférence tenue à Rougemont, j'avais expressément annoncé à mes subordonnés qu'au cas où la manœuvre par les Vosges n'aboutirait pas aux conséquences espérées, je reprendrais mon plan primitif d'action en force dans la trouée de Belfort. Dès le 10 octobre, j'en avais relancé l'étude. Aussi, le 17, ma décision de stopper Monsabert s'accompagne-t-elle d'une décision corrélative de renverser le point d'application de notre effort.

Je reprendrai cet exposé avec quelques détails dans le chapitre suivant. Mais ma pensée du moment se trouve précisée sans apprêt dans une lettre que je fis porter, le 19 octobre, par mon chef d'état-major, le général Valluy, au général de Gaulle.

---

1. La limite sud du front alpin de la 1re armée française fixée le 28 août à la ligne Barcelonnette-col de Larche exclus (ordre d'opérations n° 4 de la 7e armée US) est portée depuis le 26 septembre à la ligne Allos-Saint-Étienne-de-Tinée, ces deux localités incluses.

Les opérations entreprises dans les Vosges depuis la fin de eptembre, écrivais-je au chef du Gouvernement provisoire, ont entamé sérieusement les défenses ennemies sans toutefois trouver la fissure qui aurait permis le franchissement des crêtes et la descente en Alsace. Elles se soldent pour ces trois dernières semaines par près de 2 000 prisonniers et très largement le double de tués étant donné l'acharnement allemand, devant notre front depuis la dernière relève (25 septembre).

« En fait, les Allemands ont amené très rapidement des renforts, corrigeant ainsi leur infériorité numérique initiale et remplaçant des unités en retraite et désorganisées par des troupes fraîches, jeunes et très gonflées. Ils font d'ailleurs le maximum de frais à cet égard devant les Français, les prisonniers en témoignent tous. Nous avons actuellement en face de nous plus de 55 000 combattants, appuyés par plus de 25 groupes d'artillerie largement approvisionnés et un nombre étonnant de canons automoteurs et de chars.

La résistance ennemie a été d'ailleurs favorisée par un mauvais temps exceptionnel, tandis que notre offensive perdait de sa densité par suite des demandes successives d'étirement de ma gauche que j'ai dû partiellement subir malgré tous mes efforts. J'ai actuellement un front qui atteint 120 kilomètres à la suite des retraits successifs de la droite américaine. Et j'ai toujours la 4e DMM dans les Alpes.

Le renforcement allemand devant ma gauche, opéré par des éléments venant du sud du secteur, s'est fait principalement au détriment de la région de Montbéliard.

Il en résulte une possibilité – que je vous propose de saisir – de donner à l'adversaire un nouveau coup de boutoir en reportant inopinément mon effort dans cette zone...

Nos troupes ont un moral magnifique qu'il ne faut pas décevoir. Enfin et surtout, je suis très préoccupé du sort des populations ouvrières françaises qui sont devant ma droite. Tous les jours, je reçois des émissaires qui nous supplient de venir – les renseignements affluent sur les affreux tourments dont elles sont l'objet et sur leur attente angoissée de la Libération.

Dans ces conditions, j'envisage de monter à bref délai (entre le 28 octobre et le 1er novembre) une action de rupture menée par le 1er CA renforcé de la 5e DB et de moyens supplémentaires dont l'objectif immédiat serait la Lisaine et le but lointain les débouchés est

> de la trouée de Belfort, si les circonstances le permettent. Le général Valluy pourra vous donner sur la carte toutes précisions sur ce projet. Pour le mener à bien et pour économiser nos maigres effectifs, je donnerai à Béthouart le maximum de moyens matériels – une trentaine de groupes d'artillerie à 5 UF (dont l'approvisionnement conditionne le délai) – et rechercherai le maximum de surprise…
>
> Ainsi que je vous en ai rendu compte par télégramme, je libère progressivement la 1re DB. Vous devinez combien elle va me manquer, mais je me suis entièrement soumis à vos raisons d'ordre national.
>
> J'emploierai, au cours de l'opération envisagée, 6 à 8 bataillons FFI, les plus cohérents et aguerris, dans les secteurs passifs du 1er CA – 4 autres vont être employés de même sur le front du 2e CA. Je me garde de faire plus pour le moment afin de ne pas les décevoir par des engagements prématurés. Tout le reste est mis à l'instruction, pour une période que je prévois de l'ordre de deux mois…

L'intention que j'exprime au général de Gaulle de rechercher « le maximum de surprise » s'unit à mon vif désir de tirer tout le parti possible des sacrifices consentis dans les Vosges. Ces sacrifices n'ont pas été directement récompensés : que, du moins, ils servent indirectement à assurer la victoire.

C'est pour cela que je demande au 2e corps de conserver à sa défensive un caractère nettement agressif afin de camoufler à l'ennemi nos intentions réelles et de le maintenir dans cette conviction que nous nous obstinons à rechercher la décision par la montagne.

Effectivement, divers signes nous montrent que l'inquiétude allemande ne se calme pas. On sent que l'adversaire s'attend à une reprise imminente de notre offensive dans ce secteur. Tandis que nous en retirons la 2e DB, le corps franc Pommies et la brigade Malraux qui passent en réserve d'armée, lui, à l'inverse y fait monter une division fraîche qui arrive de Norvège, la 269e.

Cet état d'esprit sert trop exactement nos desseins pour que nous fassions quoi que ce soit qui puisse le faire cesser. Tout au contraire, une demande américaine vient à point nommé pour nous permettre de le renforcer. Le 27 octobre, dans une conférence tenue à Vittel, le général Devers m'informe que la 7e armée US lancera prochainement une offensive générale en direction de Strasbourg et qu'auparavant, elle s'assurera une base de départ favorable, notamment en s'emparant des hauteurs à l'est de Gérardmer, opération qui serait grandement facilitée par l'appui de l'aile gauche française. Je promets aussitôt notre concours pour une attaque à objectif limité qui permettrait peut-être de dégager enfin Gérardmer.

L'objectif qui est choisi d'un commun accord – la conquête des hauteurs de Rochesson – présente pour nous l'intérêt de dégager définitivement notre centre de communication de Vagney.

Pour cette opération, j'accorde des moyens spéciaux au 2e corps : la brigade de choc du colonel Gambiez (comprenant le bataillon de choc et les commandos de France), un bataillon du 6e RTM, le CC 6 de la 5e division blindée (5e DB) et l'artillerie des 1re et 5e DB. Ces unités renforceront celles avec lesquelles Guillaume mènera l'affaire : le 4e RTT, le 2e GTM, le 2e RSAR, le 3e RSAR et le 1er bataillon de Légion étrangère (commandant de Sairigné) que Monsabert enlève temporairement à la 1re DFL.

Déclenchée par surprise, le 3 novembre à 8 heures du matin, l'attaque se heurte partout, malgré l'appui considérable de notre artillerie et des forces aériennes françaises, à une opposition violente[1]. Vraiment, l'ennemi considère bien le secteur des Vosges comme le secteur essentiel. Ses 198e et 269e divisions y dressent un barrage compact qu'il faut quarante-huit heures de combats furieux pour entamer sérieusement. Mais le 5, l'objectif est partout atteint ou même dépassé. Nous tenons Rochesson, Menaurupt et les crêtes avoisinantes d'où trois contre-attaques allemandes lancées le 6 et deux le 7 ne parviennent pas à nous déloger.

Mais déjà, dans le plus grand mystère, toutes les unités de renforcement que j'avais mises à la disposition du 2e corps d'armée ont quitté le secteur, et de nuit font mouvement vers la droite de notre front. Le bruit du dernier acte de la bataille des Vosges couvre les ultimes préparatifs de l'acte nouveau qui, demain, va se jouer devant la trouée de Belfort.

---

1. Dans les premières heures de cette attaque, fut tué l'aspirant Guyon. Il avait été mon aide de camp à Besançon et venait de me quitter pour prendre le commandement d'un peloton du 2e RSAR.

Dans le petit cimetière qu'entretient la piété émouvante des habitants de Rupt-sur-Moselle, la plupart des 800 morts du groupement Guillaume dorment côte à côte à l'ombre de la Croix et du Croissant.

Leur sacrifice payait d'un prix élevé la libération de cinquante localités vosgiennes et la conquête de deux vallées, mais nous n'avions pas réalisé notre espoir de franchir les Vosges avant l'hiver, et Gérardmer n'était pas délivré[1]. Cependant, si le 2e corps d'armée, à cause des difficultés continuellement renouvelées que j'ai cru nécessaire de retracer, ne trouva pas dans les Vosges la récompense de son acharnement, et s'il n'eut pas la joie méritée d'entrer le premier en Alsace, c'est à lui pourtant que l'Alsace doit en partie sa délivrance. En anéantissant une division ennemie, en attirant dans la montagne six bataillons venus de la trouée de Belfort, quatre prélevés sur le front du 6e corps d'armée américain, sept amenés d'Allemagne et une division rapatriée de Norvège, en concentrant devant lui toute l'attention et la majeure partie des moyens de l'Allemand, il a durement pris à son compte la préparation de la Victoire. Sans la bataille des Vosges, en^octobre 1944, ni la chevauchée vers le Rhin, ni l'écrasement de la *Wehrmacht* à Belfort et en haute Alsace n'eussent, dès novembre, été possibles.

1. Gérardmer ne sera libéré que le 20 novembre par le groupement du colonel Lecoq (2e RSAR, 3e bataillon du régiment de Franche-Comté et bataillon Marc de l'Aveyron).

QUATRIÈME PARTIE

LA LIBÉRATION DE L'ALSACE

LA BATAILLE DE BELFORT ET DE MULHOUSE

CHAPITRE IX
LES FRANÇAIS PREMIERS AU RHIN

La genèse de l'offensive

Déjà, par le chapitre précédent, on connaît l'essentiel de l'évolution qui donna naissance au plan définitif d'offensive en direction de la haute Alsace. Mais l'importance du sujet veut que la genèse en soit exposée avec précision.

Je ne reviendrai pas sur le projet initial qu'avait matérialisé mon instruction personnelle et secrète n° 2 (IPS n° 2) du 17 septembre – si ce n'est pour souligner qu'au moment où se déroulait la tentative de percée par les Vosges, ce projet continuait d'inspirer les multiples travaux que je faisais établir par mon état-major.

Le 9 octobre, une étude commune des 3e et 4e bureaux examinait les conditions d'un débordement nord de la trouée de Belfort par Servance et le ballon d'Alsace, suivi de la prise à revers du camp retranché. Solution à certains égards séduisante, mais qui était subordonnée à une extension du secteur américain vers le sud, jusqu'au Thillot, afin de permettre la concentration de nos moyens. Autant dire qu'elle était du domaine du rêve...

Les 11 et 15 octobre, mon état-major me soumettait d'autres projets basés sur le principe d'une action en force dans le secteur du Doubs. À la même époque, le général Laffargue venu dès le début de eptembre se mettre à ma disposition en attendant de recevoir une affectation du ministre, et que j'avais chargé d'étudier une opération dans ce même esprit, me présentait des suggestions intéressantes.

Moi-même, j'avais eu quelques jours auparavant la révélation des conditions dans lesquelles devait être menée une offensive dans le secteur du Doubs, destinée à forcer la trouée de Belfort et à pénétrer en haute Alsace.

J'étais en effet monté le 3 octobre au fort du Lomont pour y inspecter le groupement FFI qui en avait pris le nom, et, de cet observatoire unique, la manœuvre à réaliser m'avait sauté aux yeux.

Le vaste plateau qui s'étend depuis le pied de la montagne du Lomont jusqu'aux abords de l'Allaine, et qui présente une succession d'ondulations recouvertes de larges bandes boisées, me parut se prêter admirablement à une manœuvre d'infanterie. Ce plateau est borné sur la gauche par les hauteurs jalonnant le camp retranché de Belfort, tandis qu'à droite il affleure la frontière helvétique. De ce côté, j'étais *a priori* assuré de n'être pas exposé à une manœuvre de débordement de mon flanc puisque je savais qu'animée d'un fier patriotisme et conduite par un chef éminent, l'armée suisse s'opposerait à toute violation de son sol national. Depuis eptembre d'ailleurs, la Confédération avait renforcé encore sa mobilisation et le général Guisan avait concentré des unités importantes dans la région de Porrentruy, l'Ajbie[1].

Pouvant de la sorte éliminer toute crainte sur mon extrême droite, je n'en trouvais que plus d'intérêt à la zone française qui borde la Suisse et qui, s'étendant en pente vers la direction de Delle, offrait des possibilités certaines d'exploitation vers la Suarcine et la haute Alsace. Enfin, à l'extrême gauche, en fond de décor, la silhouette des contreforts vosgiens, descendant vers Belfort, suggérait également un débordement de cette place forte par le nord.

À mi-chemin entre le Lomont et Belfort s'inscrivait avec netteté l'alignement des localités et des cités ouvrières de la région industrielle de la Lisaine et de l'extrémité de la boucle du Doubs, avec les agglomérations d'Héricourt, de Montbéliard-Sochaux et d'Audincourt. J'eus le sentiment immédiat qu'il fallait à tout prix dépasser la Lisaine : car buter sur cette coupure eût été, en effet, pour toute cette population ouvrière de

1. Ces renseignements devaient bientôt m'être confirmés par une voix singulièrement autorisée, celle de M. René Payot. Je reçus, en effet, le prestigieux directeur du *Journal de Genève* au début d'octobre à Besançon – et cette visite allait être suivie de beaucoup d'autres, à chacun de mes PC successifs. Mais, dès cette première rencontre, ma gratitude envers ce grand artisan de la victoire du moral français, se doubla d'une amitié personnelle que le temps n'a fait que renforcer.

plus de 100 000 âmes, ajouter aux souffrances de l'occupation les ruines et les deuils de la bataille.

Par conséquent, si entre le Doubs et la frontière suisse, l'affaire pouvait être menée en souplesse et revêtir même la forme d'actions fragmentaires, par contre au nord du Doubs je ne pouvais déclencher l'offensive que si j'étais absolument certain de pouvoir franchir la Lisaine et de la dépasser largement pour mettre la région Montbéliard-Héricourt en dehors de la zone des combats. Une telle opération n'était donc concevable que si tous les facteurs de sa réussite étaient réunis : forces suffisantes, munitions abondantes et circonstances atmosphériques favorables permettant la rapidité dans l'action et une bonne observation d'artillerie.

Les conditions dans lesquelles devait être menée une offensive dans ce secteur m'étaient apparues si parfaitement évidentes que j'avais demandé au général Béthouart de me rejoindre à l'observatoire ; mais, absent de son PC, il n'avait pu être touché. Cependant au cours des jours suivants, j'étais remonté avec lui à deux reprises au fort du Lomont. Je lui avais expliqué ma conception de l'opération et j'avais discuté avec lui des moyens à y appliquer. Le commandant du 1er corps d'armée avait été convaincu, comme je l'avais été moi-même, des excellentes possibilités de manœuvre offertes par le terrain et, sans attendre, il devait étudier l'action à mener par son corps d'armée dans le cadre général que je lui avais exposé.

Ainsi orienté, et parallèlement à mon 3e bureau, Béthouart s'était mis à creuser la question et y avait attelé ses divisionnaires. Dès la première semaine d'octobre, Carpentier soumettait un « avant-projet d'une opération offensive » entre le Doubs et la ligne Villafans-Faymont-Châlonvillars, opération fort bien montée et qui eût été confiée dans l'esprit du commandant de la 2e division d'infanterie marocaine (2e DIM), à sa propre division et à la 5e division blindée (5e DB – général de Vernejoul). Le 16 octobre, le commandant du 1er CA m'apportait un projet complet d'offensive de son corps d'armée, envisageant une phase de rupture nous portant sur la Lisaine et une phase d'exploitation nous amenant jusqu'à Mulhouse.

J'avais donc rassemblé et pesé toutes les données du problème, lorsque le 17 octobre je pris la détermination de mettre un terme aux efforts du 2e corps d'armée et de chercher la décision à l'aile droite de l'armée sur le front du 1er corps.

Une semaine plus tard, le 24 octobre, après une mise au point minutieuse, j'adressais au général Béthouart l'instruction personnelle et secrète n° 4[1].

Mon intention y est ainsi définie :

> Profiter du déplacement du centre de gravité des forces ennemies du sud vers le nord, pour *préparer dans le plus grand secret et déclencher par surprise* une attaque dans le secteur du Doubs, ayant pour objet immédiat de soustraire à l'occupation allemande les populations de la région industrielle de Montbéliard-Sochaux et de raccourcir notablement le front de l'armée. Au cas où, ces résultats acquis, une exploitation du succès paraîtrait possible, elle serait entreprise sans délai en vue de s'emparer des débouchés est de la trouée de Belfort dans la région de Valdieu-Dannemarie. La réduction des défenses de la place de Belfort serait menée simultanément.

En conséquence, le 1er corps d'armée reçoit la mission de rompre le dispositif ennemi entre la bouche du Doubs et les forêts de Granges et de Saulnot, de mettre la main sur la Lisaine – et de conjuguer cette action principale avec une action secondaire menée entre le Doubs et la frontière suisse, afin de s'emparer de l'agglomération Montbéliard-Sochaux ainsi que des hauteurs dominant la vallée de l'Allaine au sud de Morvillars et de Delle.

En cas de succès, l'exploiter sans délai sur la direction Montbéliard-Montreux-Dannemarie en vue d'atteindre la ligne Rougemont-Dannemarie-Seppois et réduire simultanément les défenses de Belfort après les avoir débordées.

Les moyens supplémentaires mis à la disposition du 1er corps sont importants et de qualité. En dehors de tous ceux qu'il a d'ores et déjà sous ses ordres, le général Béthouart recevra, en effet, toute la 5e DB, un *Combat Command* de la 1re division blindée (1er DB) et deux régiments blindés, le 7e régiment de chasseurs d'Afrique (7e RCA) et le 1er régiment de spahis algériens de reconnaissance : voilà pour la cavalerie. En infanterie, il recevra un *Regimental Combat Team* (RCT) de la 4e division

1. L'IPS n° 4 fait l'objet de l'annexe n°6.

marocaine de montagne, celui du 6e RTM[1], le 1er groupement de tabors marocains (1er GTM)[2], le groupement de choc Gambiez et le 9e régiment de zouaves[3]. En artillerie, je lui fournirai un renforcement de 11 groupes, sans compter un ou plusieurs groupes que je compte obtenir des Américains.

Ces moyens ne seront, dans toute la mesure du possible, mis en place que « dans les deux dernières nuits précédant l'attaque, de façon à se réserver jusqu'au dernier moment le bénéfice de la surprise ».

Quant au corps d'armée de Monsabert, il recevra en temps utile des directives particulières pour sa participation à l'opération. En attendant, bien qu'il ait suspendu ses opérations offensives dans les Vosges, je lui prescris d'y maintenir une « attitude agressive pour fixer les réserves de l'adversaire ».

Le 27 octobre, j'allais à Vittel pour mettre au courant de mes intentions le général Devers.

Lui-même venait de recevoir du SHAEF[4] les instructions arrêtées par le général Eisenhower, en vue d'une reprise générale de l'offensive en novembre. Les trois groupes d'armées du front occidental devront successivement se mettre en mouvement, du nord au sud. Au début du mois, le 21e groupe d'armées du maréchal Montgomery cherchera à dégager les accès du port d'Anvers en nettoyant les îles zélandaises encore tenues par les Allemands, puis attaquera en direction du sud, entre Meuse et Rhin. À sa droite, le 12e groupe d'armées du général Bradley lancera ses trois armées en direction du Rhin de Düsseldorf, de Cologne et de Mayence. Quant au groupe d'armées Devers, il devra s'emparer de Strasbourg et continuer à couvrir le flanc sud de Bradley.

C'est donc dans ce cadre stratégique que le chef du 6e groupe d'armées examine l'IPS que je lui soumets. Connaissant l'étirement de la 1re armée française et sa fatigue, son intention personnelle n'était de lui demander qu'un effort limité, destiné à faire sentir sa pression à l'extrême droite du front allié, tandis que la 7e armée US serait chargée de l'attaque principale sur la direction Épinal-Strasbourg. Mais devant ma volonté d'obtenir

1. 6e régiment de tirailleurs marocains : colonel Baillif.
2. Commandé par le colonel Leblanc.
3. Commandé par le colonel Aumeran.
4. *Supreme Headquarters Allied Expeditionary Forces.*

une rupture des lignes allemandes sur le Doubs et de faire irruption dans la trouée de Belfort, il entérine avec empressement mon plan et décide de l'intégrer dans la « lettre d'instruction » n° 2 qu'il prépare. Il donne ordre, en conséquence, de m'affecter un groupe de 240 *howitzer* et une batterie de 203 *gun*[1] qui doivent prochainement arriver d'Italie. Enfin, il m'informe que le déclenchement des attaques sur le front du 6e groupe d'armées aura lieu aux alentours du 12 novembre.

Il me donne, d'autre part, son accord pour régler, par entente directe avec le général Patch « une participation française convenable à la prise de Strasbourg[2] ».

Pendant que s'élaborent de la sorte les ordres véritables, mon état-major apporte un soin égal à rédiger toute une série d'ordres faux destinés à camoufler à l'ennemi nos intentions réelles.

Avec un sérieux incomparable – car l'enjeu est sérieux ! – nous montons ce que les très rares initiés appellent, non sans humour, le « plan de déception ». Il a pour but de donner à l'adversaire une impression de sécurité totale dans le secteur du Doubs et de l'inciter, par contre, à conserver toute sa vigilance dans le secteur des Vosges. Des mouvements simulés d'unités et des installations de PC fictifs se font ostensiblement dans la région de Remiremont. À Plombières, un détachement de la 5e DB[3] installe des pancartes, flèche des itinéraires et use largement de la radio. Toute cette activité ne doit pas échapper aux espions ennemis – et si, par hasard, ils ne le voyaient pas les agents de notre SR seraient là pour leur ouvrir les yeux.

Bien mieux, nous allons porter à domicile des documents d'une authenticité indiscutable. Le 20 octobre, je signe, imperturbable, l'instruction personnelle et secrète n° 3 *bis* dans laquelle j'annonce ma décision de « poursuivre sans désemparer et en y consacrant le maximum de forces la manœuvre à travers les Vosges ». Le seul destinataire est... le général Wiese – qui faillit bien, d'ailleurs, ne jamais recevoir cette marque d'attention. En effet, l'agent qui avait « réussi » à nous subtiliser cette pièce

1. *Howitzer:* obusier ; *Gun:* canon à longue portée.

2. C'est au courant de cette conférence du 27 octobre que fut également décidée l'affaire de Rochesson, ainsi qu'il a déjà été indiqué au chapitre précédent.

3. 5e Division blindée.

sensationnelle, passant les lignes dans le secteur de la 2e DIM[1], fut arrêté par les Marocains du 8e régiment de tirailleurs marocains (8e RTM – colonel de Berchoux). On pense bien qu'il n'échappa qu'avec la plus grande peine à leur justice expéditive !

Mais, par la Suisse, les risques sont moindres. Nous employons cette filière pour faire parvenir à Belfort une « directive d'orientation n° 4 » où je tente de reculer les limites du machiavélisme. J'y expose, en effet, qu'une action de force dans le secteur sud « exigerait des moyens extrêmement puissants sans que l'on puisse espérer un succès en profondeur » ; qu'il importe donc de poursuivre notre effort à travers les Vosges – mais que, pour induire l'ennemi en erreur, il faut porter des unités dans la partie sud de la zone de l'armée.

Par la même voie, tombent entre les mains du 2e bureau allemand des ordres particuliers renforçant les moyens du 2e corps et une « directive d'orientation n°5 » qui présente l'action sur Rochesson entamée le 3 novembre comme le début d'une offensive d'envergure de la 1re armée française dans les Vosges de Gérardmer[2].

Enfin, le 12 novembre, et non sans de longues hésitations, je couronne le « plan de déception » en diffusant un ordre du jour à la 1re armée qui annonce que la période tant attendue des départs en permission s'ouvrira avec la deuxième quinzaine de novembre.

Cette fois, hélas ! la « déception » sera pour mes soldats que la précarité des transports avec l'Afrique du Nord prive des permissions auxquelles ils aspirent si légitimement. Mais l'ensemble de ces mesures produit l'effet escompté : du 20 octobre au 14 novembre, l'OKW qui donne dans le panneau renforce sa défense dans les Vosges et tient le secteur du Doubs pour « tranquille ». On verra même que cette conviction était à ce point ancrée dans l'esprit du commandement allemand qu'il persistera après le démarrage de notre offensive.

Bien entendu, nos vrais projets sont entourés d'un secret total. Auprès de moi, seule une poignée d'officiers est dans la confidence. Enfermés comme des candidats au prix de Rome, ces officiers travaillent en prise

1. 2e Division d'infanterie marocaine.

2. En réalité, notre conquête des hauteurs de Rochesson, objectif limite et fixé d'accord avec la 7e armée US, avait été achevée le 5 novembre et j'avais arrêté là cette opération.

directe avec moi, dactylographiant eux-mêmes, enregistrant et portant directement mes ordres à leurs destinataires.

... Il est toujours malaisé de conserver un secret, mais peut-être ne mesure-t-on pas exactement le mérite que nous y avons dans le cas particulier. En effet, l'entêtement que nous semblons apporter à nous enfoncer dans les Vosges provoque dans les rangs de l'armée, et, davantage encore, dans certains milieux civils qui ne sont pas tous des cercles du Café du Commerce, des récriminations et des critiques acerbes. Les légendes vont leur train... À Paris, on répète volontiers que je suis fou, en Suisse que je vais être limogé. Il fallait pourtant rester impassible et muet.

Sans doute est-il plus difficile encore de paraître rester sourd aux appels pathétiques qui ne cessent de nous parvenir des territoires occupés. Au péril de leur vie, des ingénieurs de la Société Peugeot gagnent nos avant-postes pour m'avertir que les Allemands commencent à déménager les machines des usines de Sochaux et pour me supplier d'agir sans retard. Chaque jour, nous accueillons au camp du Valdahon des jeunes gens évadés par la Suisse et qui redisent le martyre des populations, les réquisitions massives de biens et de main-d'œuvre, les déportations, les cruautés de la Gestapo et de la milice. Lorsqu'on nous décrit la terreur qui règne partout, les fusillades de patriotes à Montenois, Sainte-Marie, Présentevillers, l'immense espérance qu'on met en notre armée et qui cherche toutes les formes pour nous toucher – jusqu'au SOS que nous apportent les flancs d'une bouteille confiée par les habitants de Voujeaucourt aux flots du Doubs – il est dur de ne pouvoir apaiser tant de misère et soutenir tant d'énergies par un mot de confiance, une promesse d'aide prochaine. Mais le secret est à ce prix.

Toutefois, ni les ruses de guerre ni la loi du silence ne sauraient suffire à nous l'assurer. Il y faut aussi un minimum de moyens.

Or les nôtres sont minces et nous ne sommes même pas sûrs de les conserver.

Annoncé pour la première fois dans une lettre personnelle du général de Gaulle datée du 7 octobre, le retrait d'une division au profit du front de l'Atlantique représentait déjà pour nous une menace très lourde. Mais le 28 octobre, c'est une tout autre affaire. Un télégramme de l'état-major général de la Défense nationale nous avertit, en effet, qu'un accord est sur le point d'intervenir avec le SHAEF aux termes duquel le renforcement des Forces françaises de l'Ouest comportera « un QG de corps d'armée, avec transmissions et commandement des services – celui du 2e CA en principe – deux divisions, soit la 1re division française libre (1re DFL – général Brosset) et une division blindée, l'artillerie de corps du 2e CA avec un renforcement d'artillerie lourde américaine ». Serait-ce le signe avant-coureur d'une dissolution projetée de la 1re armée française ? La seule fiche de consolation que nous apporte ce télégramme dans son dernier paragraphe ne manque pas d'ironie : « Le retrait d'un organe de commandement de corps d'armée entraînant des difficultés certaines de commandement sur votre front, il y aurait intérêt à obtenir du 6e groupe d'armées un raccourcissement de votre front. » Bien sûr ! Mais je savais par avance la réponse du général Devers.

Chargé, le 2 novembre, du commandement de cette opération à laquelle est donné le nom d'opération « Indépendance », celui-ci m'adresse, dès le 6, une lettre personnelle avec la liste des unités qu'il compte m'enlever. Le désastre dépasse toutes les craintes. Ce n'est pas seulement de la 1re DFL et de la 1re DB[1] que la 1re armée serait amputée, mais encore du 9e zouaves, d'un régiment de reconnaissance de CA, d'un état-major de groupement d'artillerie avec trois groupes de 155 et de GPF, de deux régiments de tanks-destroyers (TD), de deux groupes de FTA[2], d'unités du génie et de multiples services dont trois hôpitaux et deux groupes de transport – soit largement 60 000 hommes dont 45 000 combattants. Commencement d'exécution le 11 novembre !

La mise en application de ce projet équivaudrait à l'écroulement de tous nos espoirs. Le 7 novembre, je bondis à Vittel, prêt à plaider, avec véhémence s'il le faut...

Ma cause est bonne d'ailleurs. Comment imposer à la seule 1re armée la charge totale de fournir les effectifs nécessaires à « Indépendance » ? Pourquoi ne pas y associer la 7e armée en lui demandant de se priver provisoirement de sa division française, la 2e division blindée (2e DB – général Leclerc), soit qu'on envoie celle-ci dans l'Ouest, soit qu'on la désigne pour relever chez nous la 1re DB si cette dernière doit définitivement nous quitter ? Et comment étirer davantage encore le front de nos divisions d'infan-

1. 1re division blindée (général du Vigier).
2. Forces terrestres antiaériennes (DCA).

terie en nous privant même d'un régiment de réserve générale comme le 9e zouaves ? En tout état de cause, comment songer à nous imposer une si grave amputation à la veille d'une offensive ? Qu'au minimum les dates prévues pour les départs soient révisées pour que les GU[1] désignées ne partent qu'après avoir participé à l'attaque contre Belfort.

Le général Devers ne peut pas ne pas me comprendre. Il se refuse à toucher à la 2e DB qu'il réserve pour l'action sur Saverne, mais il décide de supprimer de sa *troop list* le 9e zouaves, le régiment de reconnaissance de CA et un hôpital d'évacuation. Surtout, il accepte que le départ de la 1re DB soit repoussé au 16 novembre et celui de la 1re DFL[2] au 30.

Pour la 1re DB, le résultat me paraît insuffisant. J'ai, en effet, été confidentiellement prévenu[3] que le 6e groupe d'armées américain (6e GAUS) fixait au 13 novembre le début des attaques des 7e et 1re armées. Je ne disposerais donc des blindés du général du Vigier que durant trois jours de bataille et j'en serais privé à l'heure où, si tout va bien, pourrait commencer l'exploitation. Mon 4e bureau se penche à nouveau sur le plan de transports préparé et se fait fort de le comprimer assez pour gagner cinq jours sur les délais prévus. Le régulateur du G 4[4], le colonel Chapman, est un ami : il donne un avis favorable. Le 12 novembre, le général Devers accepte de reporter le déplacement au 21.

Et puisque je traite cette question, je l'expose jusqu'au bout. Le 19 novembre, devant l'évolution de notre offensive, le commandant du 6e GAUS décidera de suspendre jusqu'à nouvel ordre tous les mouvements de troupes destinées à l'opération « Indépendance ». Le 20, il m'enverra le chef de son 3e bureau, le général Jenkins, avec le colonel Fuller et le lieutenant-colonel Lodge, pour procéder à une étude en commun de cet épineux problème. Après discussion, je ne puis faire autrement que de me résoudre à laisser partir la 1re DFL mais je m'obstine à réclamer le maintien de la 1re DB. Finalement, le général Devers transigera en renvoyant à décembre le départ de du Vigier[5], mais en fixant au 28 novembre le

1. GU : abréviation de « grande unité ».
2. 1re division française libre.
3. Par le lieutenant-colonel Lodge, au cours de sa liaison à Besançon le 6 novembre.
4. 4e bureau du 6e groupe d'armées.
5. L'offensive von Rundstedt dans les Ardennes devait faire abandonner ce projet et la 1re DB combattra jusqu'à la victoire finale dans les rangs de la 1re armée française. Mais cette offensive devait aussi entraîner le report de l'opération « Indépendance » qui,

rassemblement de la DFL dans la zone de Vesoul, en vue de son embarquement pour l'Ouest. On verra ultérieurement combien cette hypothèse pèsera sur la manœuvre du 2e corps.

Parallèlement à cette discussion capitale, une autre se poursuit, relativement à l'occupation du secteur des Alpes. À plusieurs reprises déjà, j'ai fait allusion au désir de nos alliés de récupérer leur formation aéroportée, toujours en position entre le col de Larche et Nice, et à leur intention de mettre à ma charge le front du sud-est depuis la frontière suisse jusqu'à la Méditerranée. Le 13^octobre, une note vient fixer la date de cette relève de la 1re ABTF (*Air Borne Task Force*) par la 1re armée française : elle devra être effective le 11 novembre à midi.

Décidément, si je m'étais laissé faire, ce 11 novembre 1944 aurait été un jour néfaste pour ma pauvre armée !

Le 17 octobre, je propose que cette relève dans les Alpes du Sud, au climat relativement doux, soit opérée par les Sénégalais provenant du blanchiment de la 9e division d'infanterie coloniale (9e DIC – général Magnan) et de la DFL. Mais le général Devers m'objecte qu'il n'a ni l'équipement ni le matériel indispensables pour reformer ces Sénégalais en unités. Il me suggère de consacrer à cette mission toute la 4e division marocaine de montagne (4e DMM – général Sevez) ou, si je tiens à conserver sur mon front principal le 6e RTM, de remplacer celui-ci par le 9e zouaves.

Or, bien loin de songer à renvoyer du monde dans les Alpes à la veille de l'offensive d'Alsace, je n'ai qu'une idée qui est de récupérer la 4e DMM, dès que la 27e division d'infanterie alpine sera suffisamment confirmée et que l'hiver l'aura mise à l'abri d'opérations ennemies importantes. J'essaye donc, ici encore, de gagner du temps. Dans ce dessein j'adresse, le 2 novembre, un message au groupe d'armées, demandant instamment de reporter à fin novembre la relève projetée.

Le général Devers doit être sans illusions… Au surplus, il sait mieux que personne ce que risque de nous enlever le front de l'Atlantique. Se rendant compte que, à force de faire, la valeur offensive de la 1re armée finira par être en danger, il se retourne vers le SHAEF et en obtient la

---

d'abord envisagée pour le 1er janvier 1945, n'aura lieu qu'en avril, avec la participation des régiments de la 2e DB.

44e brigade d'artillerie antiaérienne: c'est elle qui, le 21 novembre, libérera la 1re ABTF de sa mission trop statique – et l'armée française de la menace d'être appauvrie au profit d'un front secondaire.

Afin de laisser à mes subordonnés une entière liberté d'esprit, j'avais pratiquement gardé pour moi seul et mes collaborateurs les plus intimes tous ces graves soucis. J'en avais à peine informé le général Béthouart que je voyais pourtant à peu près tous les jours, pendant qu'il préparait son attaque de corps d'armée.

C'est donc en faisant abstraction de l'éventuel retrait d'unités que le commandant du 1er CA traduit les directives données par mon IPS n° 4 du 24 novembre et rédige son ordre général d'opérations n° 8, diffusé le 31 octobre.

La 2e DIM – la plus fraîche de nos divisions d'infanterie – reçoit la mission principale. C'est à elle qu'incombera la tâche de rompre le dispositif ennemi au nord du Doubs. Une fois la main mise sur la Lisaine, elle tentera de sauter par surprise sur Belfort ou, au moins, de masquer la place et d'en atteindre les arrières. Débordant par le nord l'agglomération Montbéliard-Sochaux, elle visera à s'ouvrir un accès dans la coulée du canal du Rhône au Rhin.

En plus de ses moyens propres, le général Carpentier disposera de deux *Combat Command* (CC) de la 5e DB, les CC 4 (colonel Schlesser) et CC 5 (colonel Desazars), de trois unités FFI (régiment de Bourgogne, bataillon Vigan-Braquet et 5e bataillon du Lomont) ainsi que d'une très importante artillerie et d'un sérieux renforcement en génie.

À la droite de la 2e DIM, la 9e DIC agira entre le Doubs et la Suisse sur une ligne parallèle à la frontière et jalonnée par les villages de Villars-lès-Blamont-Abbévillers-Grandvillars. Ultérieurement, elle poussera des blindés en direction de la vallée de l'Allaine, vers Delle et Morvillars, et s'ouvrira, elle aussi, une route dans la coulée du canal du Rhône au Rhin.

Au minimum, son attaque devra concourir à la libération de Montbéliard en lançant vers le nord un crochet destiné à rejoindre, en arrière de la ville, à hauteur de Vieux-Chermont, celui que de son côté la 2e DIM rabattra vers le sud.

En outre, à l'intérieur de la boucle du Doubs, une action secondaire sera menée pour dégager largement la région de Pont-de-Roide.

On n'a pas oublié que la 9ᵉ DIC, à l'instant où nous sommes, « change de peau » et opère son blanchiment. Comme je veux éviter le plus possible d'engager directement dans le combat les jeunes recrues françaises de cette division, le général Magnan reçoit des renforts d'infanterie particulièrement solides : le 6ᵉ RTM, le 9ᵉ zouaves en forment l'essentiel, avec la demi-brigade Auvergne et les 4ᵉ et 6ᵉ bataillons du Lomont. En outre, le *Combat Command* n° 2 (CC 2 – colonel Kientz) de la 1ʳᵉ DB et le régiment colonial de chasseurs de chars (RCCC – lieutenant-colonel Charles) lui assureront une sérieuse force blindée. Quant à son artillerie, elle sera étoffée par un bataillon de mortiers chimiques américains[1] et trois groupes de 105. Enfin, deux compagnies du génie s'ajouteront à son génie divisionnaire.

J'apporte un soin tout spécial à la liaison avec le 2ᵉ corps d'armée. Sur la gauche du 1ᵉʳ CA s'étend, en effet, un terrain extrêmement touffu, recouvert par l'épais manteau forestier des bois de Saulnot et de la forêt de Granges. Béthouart devra y engager un groupement spécial qui, placé sous les ordres du général Molle, comprend le 1ᵉʳ spahis algériens renforcé du 19ᵉ bataillon de chasseurs à pied (19ᵉ BCP – commandant Moillard) et d'un escadron de TD du 7ᵉ chasseurs, le groupement de choc Gambiez, le 1ᵉʳ Corrèze-Limousin, commando de Cluny[2], le régiment de l'Yonne (commandant Adam-*Roger*), le bataillon de Gayardon et les cinq compagnies de l'École de cadres du camp du Valdahon que dirige le commandant Quinche.

Avec l'appui d'une partie de l'artillerie de la 1ʳᵉ DFL, ce groupement devra agir en souplesse dans la forêt de Granges en restant en contact avec la 1ʳᵉ DFL et la 2ᵉ DIM. Les « chocs » auront pour mission particulière de mettre la main sur le barrage de Champagney afin d'empêcher l'inondation de la vallée de la Lisaine, puis de se tenir prêts à sauter sur le massif et le fort du Salbert, au nord-ouest de Belfort.

Enfin, explicitant le paragraphe de mon IPS relatif au sens à donner à notre exploitation éventuelle, l'ordre général du 1ᵉʳ corps indique

---

1. Bataillon de 48 pièces de mortiers d'un calibre voisin de 105 mm (4,2 pouces), tirant des obus au phosphore blanc, à la fois explosifs, fumigènes et incendiaires d'une très grande efficacité.

2. Le commando de Cluny prendra, le 5 janvier 1945, la dénomination de « 4ᵉ bataillon de choc » jumelé avec le 2ᵉ bataillon de choc ; il forma avec ce dernier un groupement placé aux ordres du commandant Quinche (groupement de choc n° 2).

qu'une fois atteinte la ligne Belfort-coupure de la Lisaine, il faudra saisir toute occasion « pour découpler tous les blindés disponibles et exploiter à fond les résultats obtenus, en direction générale de Dannemarie, afin d'atteindre la ligne générale Rougemont-Dannemarie-Seppois ».

Peut-être a-t-on remarqué que le général Béthouart a pris soin de ne pas distribuer à ses divisionnaires toutes les réserves que lui a affectées l'armée. S'il ne conserve à sa main que le 1er GTM[1] et le *Combat Command* n° 6 (CC 6 – colonel Tritschler) de la 5e DB, par contre il a rassemblé sous les ordres du général Dumas, commandant l'artillerie de corps, une partie importante des groupes qui lui ont été attribués. La valeur de dix groupes, allant du 240 H au 90 FTA, articulés en trois groupements, est ainsi rassemblée pour harceler les arrières de l'ennemi, neutraliser ses observatoires lointains et interdire les points de passage de la Lisaine – et, bien entendu, pour remplir la tâche normale de contrebatterie qui incombe à toute artillerie lourde de corps d'armée (ALCA).

L'action de l'artillerie sera complétée et prolongée par celle de l'aviation. Organisé depuis la fin eptembre, le 1er corps aérien français du général Gérardot qu'épaulent plusieurs formations américaines, mettra ses 120 chasseurs, ses 80 bombardiers et ses 20 avions de reconnaissance au service du 1er corps « terrestre » qui en attend non seulement la couverture de ses mouvements, mais la maîtrise de l'air dans toute la haute Alsace.

Pour ma part, je garde à ma disposition le 2e groupement de tabors marocains (2e GTM – colonel de Latour) et le 4e régiment de tirailleurs tunisiens (4e RTT – colonel Guillebaud), prélevés sur le 2e corps, le 7e RCA[2] que j'avais d'abord envisagé de donner au 1er corps mais que j'y remplace par le 2e dragons, et surtout la 1re DB – provisoirement privée de son CC 2 et de ses groupes d'artillerie automoteurs. En stationnement dans le triangle Luxeuil-Vesoul-Lure, elle a ordre d'être en mesure de se porter, sur préavis d'une heure, dans la région de Clerval d'où, sur instruction de l'armée, elle devra se tenir prête à foncer soit sur Héricourt, soit sur Delle, en vue d'une exploitation en direction de Dannemarie.

Les cartes ont donc été distribuées et rangées avec le maximum de soin. Actif et efficace comme à son habitude, le colonel Allard a pris toutes

1. 1er groupement de tabors marocains.
2. 7e régiment de chasseurs d'Afrique.

dispositions pour que les services dépendant du 4e bureau préparent les moyens voulus pour soutenir le jeu. Il accumule peu à peu dans les dépôts les munitions qu'avec la fièvre d'Harpagon il réussit à économiser. Nos pièces auront six unités de feu, une dans les coffres, trois sur les positions de batterie, deux dans les dépôts d'armée. Le carburant est également stocké au plus près des lignes avec d'infinies précautions pour en laisser ignorer la présence aux espions nazis. Six groupes chirurgicaux sur huit glissent vers le sud. Les compagnies lourdes de réparation et les compagnies-magasins du matériel s'échelonnent sur la grand-route Baume-Besançon-Dole : les arrières sont organisés – et prêts à pousser en avant.

Il reste cependant à faire monter jusqu'à leurs bases de départ les nombreuses troupes, volontairement maintenues hors de la zone du 1er corps. C'est dans les trois dernières nuits précédant l'attaque que la mise en place doit s'effectuer.

Nuits sombres de novembre… C'est une affaire énorme que de régler dans un ordre impeccable et sans attirer l'attention de l'ennemi le mouvement de milliers de véhicules et de dizaines de milliers d'hommes. Le 3e bureau de l'armée l'a prise à son compte – car c'est une véritable opération – en liaison étroite avec le 4e bureau et le « bureau des mouvements », spécialement créé au 1er corps. Suivant un horaire rigoureux, soumis à une discipline de route draconienne, tous feux éteints, les convois roulent vers le Doubs.

La neige et la pluie qui tombent sans arrêt camouflent quelque peu cette circulation anormale. Mais, bien plus encore, elles la compliquent. Saturée d'eau, la campagne se couvre d'inondations. Le jour même où sont lancés les premiers ordres de mouvement, le 9 novembre, le Doubs et ses affluents entrent brusquement en crue. À Saint-Hyppolyte le pont est emporté. Celui de Clerval ripe sous la poussée du courant et devient inutilisable. Entre Baume-les-Dames et l'Isle-sur-le-Doubs, les communications sont interrompues.

Sur nos cartes d'état-major, des hachures bleues de plus en plus larges marquent les débordements. L'angoisse augmente… Sera-t-il humainement possible d'attaquer, comme l'a décidé le 6e groupe d'armées, le 13 novembre ? Sera-t-il même possible d'être en place pour cette date ?

Le général Béthouart ne le pense plus. Le 11 novembre vers midi, il me fait remettre une « note sur les conditions et les buts de l'attaque projetée » dans laquelle il propose d'ajourner l'offensive.

Ses raisons sont sérieuses : impossibilité d'accrocher les tirs par suite de l'absence de toute observation terrestre ou aérienne ; impossibilité pour les chars de quitter les routes ; impossibilité d'établir, selon les plans élaborés, des ponts sur les rivières atteintes – si on les atteint. C'est tout le sort de la bataille qui est menacé et son objet principal – la libération rapide de la région industrielle de Montbéliard et sa mise hors de la zone de combat – qui est en péril.

Dans le cas où, pourtant, il serait indispensable d'attaquer en même temps que nos alliés, le général Béthouart suggère de limiter notre action à la contrebatterie et au bombardement des centres de résistance avancés ainsi que des champs de mines.

Il est inutile, je pense, d'insister sur la réaction que provoque chez moi cette lettre. Dès le début de l'après-midi, je me rends accompagné de mon chef de 3e bureau, le lieutenant-colonel de la Boisse, au PC du général Béthouart, à Guillon-les-Bains.

Évidemment, l'optimisme ne règne pas ce soir-là à l'état-major du 1er corps d'armée. Béthouart me développe les raisons qui ont inspiré sa note. Pour lui, avec le mauvais temps qui persiste et les inondations qui continuent à s'étendre, le succès de notre attaque est extrêmement aléatoire, et il ne me cache pas qu'à son sens la sagesse est de remettre purement et simplement l'opération à une date ultérieure.

Mais ai-je le droit de surseoir au déclenchement de notre offensive ? N'est-ce pas s'exposer à voir tous nos projets – c'est le cas de le dire – partir au fil de l'eau ? Car le 6e groupe d'armées ne manquera pas de m'enlever les unités qu'il me réclame pour les fronts de l'Ouest et du Sud-Est, et alors je n'aurai plus les forces suffisantes pour réaliser mes plans. D'autre part, puis-je laisser souffrir plus longtemps les populations qui nous sachant tout proches, attendent leur délivrance avec une fièvre croissante ? La fin de leur martyre ne justifie-t-elle pas à elle seule le risque à courir ? Enfin, ne dois-je pas montrer notre loyale et constante volonté de coopération envers nos alliés, vis-à-vis desquels je me suis engagé à attaquer à partir du 13 novembre ?

Malgré tout ce qu'elles ont de raisonnable, je ne crois pas devoir m'incliner devant les objections du général commandant le 1er CA. Pour tous les motifs que je viens de donner, j'estime n'avoir pas le droit de reporter le début de l'offensive.

C'est ce que j'explique à Béthouart auquel je fixe un programme minimum. Le 13 novembre, son corps d'armée entreprendra une série d'opérations en partant de la droite, c'est-à-dire dans le secteur de la 9ᵉ DIC. J'ai déjà indiqué plus haut pourquoi ce secteur paraît préférable pour le démarrage de notre offensive : tant que le mauvais temps interdit toute observation pour notre artillerie, je ne suis pas certain en effet de pouvoir, au nord du Doubs, développer une action m'amenant d'emblée à dépasser la Lisaine. Comme je veux absolument éviter d'être stoppé devant la rivière et de placer la région de Héricourt-Montbéliard au plein cœur de la bataille, l'offensive sera donc entamée au voisinage de la frontière suisse, ce qui présente l'avantage d'amorcer le débordement par l'est de la zone industrielle en question.

D'autre part, je pense que dans des conditions de temps et de terrain aussi mauvaises, les jeunes Français de Magnan surmonteront mieux au départ les obstacles de la boue, de l'inondation, du froid et de la neige que les Marocains. L'affaire lancée et l'élan donné, les solides tirailleurs chevronnés de Carpentier sauront alors mener à bien la dure bataille de rupture dans le secteur principal de l'attaque au nord du Doubs.

Ainsi le 1ᵉʳ corps d'armée sortira d'abord des fonds de Pont-de-Roide. Son attaque s'étendra ensuite progressivement à partir du 14 novembre au secteur de la 2ᵉ DIM, depuis le Doubs jusqu'à la forêt de Granges. Je laisse donc au général Béthouart la liberté de déterminer, en fonction des conditions atmosphériques du moment, l'heure du déclenchement de l'opération et lui-même pourra à cet égard accorder une certaine latitude à ses commandants de division. En tout cas, il devra économiser au maximum son infanterie en l'échelonnant fortement en profondeur et en la faisant appuyer puissamment par l'abondante artillerie que j'ai mise à sa disposition.

Mais je précise bien au général Béthouart que si, dans sa première phase, notre offensive ne peut être menée dans la forme décisive prévue par mon IPS n° 4 du 24 octobre, il n'en reste pas moins que le 1ᵉʳ CA devra constamment être en mesure de profiter de toute occasion favorable pour disloquer et rompre, par tous moyens, le dispositif ennemi en vue de faire irruption en plaine d'Alsace. C'est pourquoi je lui prescris de porter dès le 14 novembre ses forces blindées à distance d'intervention, prêtes à être engagées.

Pour ne pas dévoiler nos intentions à l'adversaire, je donnerai l'ordre à Monsabert de se montrer aussi actif que possible vers Plancher-Bas et Champagney, en usant au maximum de son artillerie.

Avant de quitter Guillon-les-Bains, j'exprime au général Béthouart ma foi, en dépit de toutes les difficultés, dans le succès de notre entreprise. Je lui dis toute la confiance que j'ai dans sa science éprouvée de fantassin, et dans l'efficacité de son plan de feux d'artillerie établi par le général Dumas, commandant l'artillerie du 1er CA. Ne dispose-t-il pas de deux magnifiques divisions d'infanterie fraîches : la 9e DIC composée de jeunes volontaires ardents et enthousiastes sur lesquels s'exerce l'influence rayonnante du général Magnan et tout le dynamisme de chefs de corps qui sont l'élite de notre armée coloniale ; la 2e DIM, unité solide et fortement aguerrie, bien dans les mains du chef manœuvrier qu'est le général Carpentier ? Au surplus, la première de ces grandes unités est renforcée par deux des plus beaux régiments de l'armée, le 6e RTM déjà couvert de gloire et le 9e zouaves tout brûlant de montrer sa valeur. Quant à la division marocaine, elle bénéficie de l'appoint de tous les « chocs ». Rarement offensive a été montée avec autant de minutie, de précautions et de secrets, et, malgré le temps épouvantable, chacun doit, comme moi, ne pas douter.

Toutes les instructions que j'ai d'ailleurs laissées par écrit au général commandant le 1er CA, je les lui confirme ce soir même du 11 novembre par mon ordre d'opérations n° 148 auquel je joins un nouveau tableau de répartition des moyens : je donne encore au corps d'armée Béthouart le groupe de commandos d'Afrique, que j'avais jusque-là conservé en réserve d'armée et je porte ses renforcements en artillerie à 16 groupes dont 3 de FTA, destinés à être utilisés pour le tir à terre.

En plein accord de pensée avec moi, Béthouart prévient ses divisionnaires des modifications que j'ai apportées à mes ordres primitifs. Dans une note d'orientation, il leur précise les premiers objectifs que nous avons déterminés à Guillon-les-Bains et dont ils devront se rendre maîtres : hauteurs d'Écurcey, de Roches-lès-Blamont, et bois de Glay à l'est du Doubs ; hauteurs d'Écot et lisières nord des Grands Bois dans la boucle de la rivière ; lisières des bois à l'ouest de Gonvillars, Arcey et Montenois dans le secteur de la 2e DIM. Et il laisse à Magnan, par qui doivent commencer ces poussées progressives, le soin de fixer l'heure H.

Mais, le 13 novembre, le jour se lève sur un paysage nordique. Depuis des heures, la neige tombe sans arrêt et ses flocons serrés bouchent l'horizon à quelques mètres. Toute attaque est matériellement impossible, aussi bien dans le secteur sud qu'au nord du Doubs.

Ainsi, la journée qui devait marquer le début de l'offensive libératrice de l'Alsace n'entrera pas dans les annales de la 1re armée française... Si, pourtant, mais à un autre titre. De bonne heure, en gare de Besançon, arrive un train spécial amenant jusqu'à nous M. Winston Churchill qu'accompagne le général de Gaulle. Dans la tourmente, par des routes où les voitures s'enlisent et dérapent, le cortège officiel finit par gagner Maîche, puis le camp du Valdahon. Amical mais transi, le Premier britannique sur qui veille avec amour sa charmante fille Mary, me dit au moment du départ : « Vous n'allez tout de même pas faire attaquer par un temps pareil ? » Ferme en ma décision, mais fidèle à ma consigne de secret, je me hâte de lui répondre : « Il n'en est pas question, monsieur le Premier. »

Tout de même, l'apostrophe du vieux lutteur me hante dans la nuit...

La rupture (14-17 novembre)

14 novembre. – La tempête marque un temps d'arrêt mais le ciel reste gris et chargé de nuages bas. Anxieux, Carpentier et Magnan interrogent la météo.

Vers 8 heures, une pâle éclaircie se produit et les nuages qui traînaient au sol se lèvent un peu. Carpentier réussit à faire prendre l'air à deux *Piper Cub* qui accrochent les tirs d'artillerie. Non seulement il paraît possible de lancer les attaques de la 9e DIC, mais surtout l'action en force au nord du Doubs, où le temps s'est amélioré, semble pouvoir être déclenchée sans plus attendre.

Carpentier n'y tient plus. Il propose de saisir l'occasion et de fixer l'heure H à midi ; Magnan qui demande deux heures de délai supplémentaire sera prêt à 14 heures.

Par téléphone Béthouart me rend compte de cette situation et des intentions de ses divisionnaires. Je les approuve aussitôt.

En face de nous, l'Allemand est enfoncé dans la neige. C'est la 338e *Volksgrenadiere Division* (VGD) qui tient les lignes sur 30 kilomètres, de la frontière à la nationale 83[1]. Chacun s'y prépare à prendre, tranquillement, ses quartiers d'hiver.

Consciencieux, son chef, le général Oschmann, a quitté le matin son PC de Vieux-Charmont pour inspecter ses avant-postes dans le bois du Cédrier vers Bretigney. Soudain un bombardement d'une violence inouïe le force à se terrer dans un trou avec son officier d'ordonnance. Il est 11 h 20.

Pendant une heure, le feu d'enfer ne se ralentit pas. Oschmann ne sait que penser. Il a dans sa sacoche ses notes personnelles auxquelles il a confié sa certitude que l'armée française, épuisée, étirée et affaiblie par le manque d'instruction des recrues FFI, s'organise défensivement… Lorsque enfin le tir s'apaise et qu'il se risque à sortir de son abri, le bois du Cédrier est plein de Marocains. À l'instant, une rafale de mitraillette l'étend raide mort. Son aide de camp lève les bras : sur lui se trouvent, précieux complément des « impressions » de son chef, la carte renseignée du dispositif de la 338e VGD et les derniers ordres donnés.

Coup heureux qui montre combien a été totale la surprise de l'adversaire et dont la réussite revient au 8e régiment de tirailleurs marocains (8e RTM). Celui-ci s'est élancé comme prévu à midi à l'assaut. Au centre de la 2e DIM qui attaque entre Gémonval et le Doubs sur un front étroit de 10 kilomètres, il appartient au groupement de Berchoux avec un bataillon du régiment de Bourgogne et trois groupes de 105. À sa gauche, vers le nord, le groupement Chappuis[2], également appuyé par trois groupes,

1. On a là un cas typique du procédé employé par l'OKW pour « rénover » une division arrivée à la limite de l'usure. Ce qui en reste est intégré sur place, à titre de renfort, dans la GU la plus voisine qui prend le secteur à son compte. L'état-major devenu ainsi disponible est alors envoyé dans un nouveau secteur pour « coiffer » des *Kampfgruppen* et les réorganiser en régiments. Pratiquement, ne demeurent donc de l'ancienne division que l'état-major et les numéros organiques des corps qui sont attribués aux régiments reformés.

En moins de deux mois, l'opération a été réalisée deux fois avec la 338e division, une première fois après qu'elle eut été anéantie dans la région de Montélimar, une seconde après qu'elle eut été cassée dans les Vosges. À cette occasion le général Oschmann a remplacé le général L'Homme de Courbière et a pris le commandement des *Kampfgruppen* et *Einheiten* du front du Doubs. La brigade de *Luftwaffe* von Oppen en constitue la pièce maîtresse.

2. Le colonel Chappuis commande l'infanterie divisionnaire de la 2e DIM (ID 2) depuis le 12 octobre 1944.

attaque les bois du Fays, en dessous des Gonvillars, avec le 4e régiment de tirailleurs marocains (4e RTM – colonel Bridot), le 3e régiment de spahis marocains (3e RSM – colonel Pique-Aubrun) et un bataillon de chacun des régiments de Bourgogne et de Corrèze-Limousin. À sa droite, le 5e régiment de tirailleurs marocains (5e RTM – colonel Piatte) et le bataillon Vignan-Braquet du groupement Piatte visent la conquête du mont Tuchot, entre Beutal et Lougres.

Malgré la neige qui retombe, fantassins et cavaliers abordent les points d'appui allemands. Au nord, chez Chappuis, le 3e RSM est bloqué devant Gémonval et le 4e RTM qui a conquis Marvelise ne peut en déboucher. Mais, plus au sud, le 8e RTM, après un âpre corps à corps, occupe Bretigney puis Montenois, dans le même temps que le 5e RTM enlève Beutal et traverse les bois du Tuchot.

C'est le groupement Piatte qui coiffe le détachement de liaison, une compagnie du 1er bataillon du 6e régiment d'infanterie coloniale (6e RIC), que la 9e DIC a placé au nord du Doubs. Immédiatement de l'autre côté de la rivière, le général Magnan qui garde en réserve le régiment d'infanterie coloniale du Maroc (RICM – lieutenant-colonel Le Puloch) et quatre bataillons a, lui aussi, réparti ses forces en trois groupements : 6e RIC, demi-brigade d'Auvergne (colonel Colliou), un escadron de TD, un groupe d'artillerie et une compagnie du génie, avec le colonel Salan pour viser le Doubs de Colombier-Fontaine ; deux bataillons, le 2/21e RIC[1] et le 4e bataillon du Lomont, plus un groupe d'artillerie, avec le colonel Bourgund à l'articulation de son centre ; enfin, 9e zouaves, 6e RTM, 1/21e RIC, 2/23e RIC[2] soit huit bataillons, sept groupes d'artillerie, un escadron de TD du RCCC[3] et deux compagnies du génie avec le général Morlière pour l'effort principal sur Glay.

Mais dans le secteur de la 9e DIC, c'est en fait seulement aux abords du Doubs que s'est levé le brouillard qui reste accroché aux contreforts du Jura. Aussi Magnan ne déclenche-t-il que l'attaque de son groupement ouest, celui de Salan, qui liera son action à celle de la 2e DIM. Ses deux autres groupements démarreront, si le temps le permet, le lendemain matin.

1. 2/21 RIC : 2e bataillon du 21e régiment d'infanterie coloniale (21e RIC). Le 21e RIC est commandé par le colonel Bourgund.

2. Le 23e RIC est commandé par le colonel Voillemin.

3. Régiment colonial de chasseurs de chars.

Décalée de deux heures par rapport à celle de Carpentier, l'attaque du groupement Salan se heurte à un ennemi en alerte, qui réagit tout de suite vigoureusement. Toutefois, le tir de barrage ne réussit pas à arrêter les jeunes marsouins du 6e RIC qui, à 16 heures, atteignent les lisières de Colombier-Fontaine et de Villars-sous-Écot. Le village d'Écot lui-même, bastion essentiel de la résistance ennemie, est enlevé de haute lutte par le 1er bataillon du commandant Lacheroy.

À la nuit qui tombe, glaciale, le front adverse est ébranlé sur 15 kilomètres et, vers Montenois, notre pénétration atteint une profondeur de 5 kilomètres. Ni le temps exécrable, ni les mines semées à profusion, ni le courage de la *Wehrmacht* n'ont rien pu contre la volonté et la fougue de nos hommes.

La grande bataille est donc engagée. Il importe d'autant plus de la poursuivre avec une vigueur accrue que les papiers trouvés sur le corps du général Oschmann nous renseignent exactement sur le dispositif de la 338e VGD et que la disparition de son chef doit ajouter au désarroi de celle-ci.

À Fallon, PC de la 2e DIM où j'ai suivi les opérations durant tout l'après-midi, je décide de mettre sans délai l'état-major de la 1re DB et le *Combat Command* n° 3 (CC 3 – colonel Caldairon) à la disposition du général Béthouart. Laissant à ses commandants de division une large initiative, ce dernier se borne à leur préciser leurs missions : renforcée du CC 4 et du CC 5, la 2e DIM poussera sur les deux axes route nationale 83 et chemin vicinal de Bretigney à Sainte-Marie. La 9e DIC achèvera de dégager la nationale 73 Pont-de-Roide-Clerval et, surtout, déclenchera son opération maîtresse qui, entre le Doubs et la Suisse, incombe au groupement Molière et au CC 2 de Kientz. Quant au groupement Molle, tout en assurant sa mission de liaison entre les 1er et 2e CA, il maintiendra un contact étroit avec l'ennemi.

Celui-ci n'a pas encore réalisé l'ampleur du coup qui lui est porté. Le général Wiese reste convaincu que le danger est pour lui dans les Vosges et il ne voit dans l'affaire dont est victime sa 338e division qu'un gros coup de main ou, peut-être, une attaque de diversion. Il laisse donc agir le corps d'armée intéressé, 85e AK[1] du général Kniess, qui se contente d'envoyer au général von Oppen, adjoint et successeur d'Oschmann, ses

1. AK : *Armee Korps*, corps d'armée allemand.

réserves propres, soit deux bataillons prélevés sur la 159e division et le 1 000e *Aufklärung Abteilung*[1]. Ces renforts devront colmater la brèche devant la 2e DIM. Pour ce qui est de la boucle du Doubs, von Oppen devra régler l'incident par ses seuls moyens, et contre-attaquer Écot avec des unités de sa division, spécialement avec des éléments du 757e *Infanterie Regiment* qui, aux abords de la frontière suisse, n'a pas été inquiété…

Ces ordres vont donner naissance à une extraordinaire nuit que le 6e RIC n'est pas prêt d'oublier. Dans l'obscurité la plus absolue, un combat sauvage s'engage à Écot. Les Allemands réussissent à pénétrer en plein village où l'état-major du 6e RIC fait le coup de feu avec les voltigeurs. Refoulés une première fois, ils reviennent à la pointe du jour. Certains de nos postes sont bousculés et, à nouveau, un combat de rues acharné et confus s'engage. Mais, peu à peu, la pénétration ennemie est stoppée et localisée, et deux groupes du régiment d'artillerie coloniale du Maroc peuvent entrer en action – à la cadence maximum. La « nuit d'Écot » se termine pour nous par un succès complet. Il est aussitôt exploité par la prise de Villars-sous-Écot et de Vermondans ainsi que par le nettoyage des Grands Bois, en coopération avec des chars du CC 3. La rocade Pont-de-Roide-Clerval est complètement dégagée.

Mais nous sommes le 15 novembre et, malgré le temps qui ne s'est guère amélioré, le centre et la droite de la 9e DIC se sont mis à leur tour en mouvement.

À 10 heures, le 9e zouaves surgit du village d'Autechaux et affronte Écurcey. Ce splendide régiment, qu'entraîne depuis des mois le colonel Aumerand, reçoit là le baptême du feu. Avec une folle vaillance, il traverse tirs d'artillerie et champs de mines et enlève un à un les réduits organisés dans chaque maison. À 15 h 30, son 1er bataillon (commandant de Francolini) est maître du village et de la crête qui le domine. Ce succès essentiel a coûté à celui-ci 39 tués et 69 blessés – près du quart de son effectif combattant…

À la gauche des zouaves, le 2/21e RIC a pu s'emparer des forges de Bourguignon. Par contre, à leur droite, le 6e RTM est aux prises, dans les bois au sud de Glay, avec un ennemi solidement installé dans des abris, si proches de la frontière suisse que notre artillerie ne peut les prendre

1. Unité de reconnaissance.

efficacement à partie, dans sa crainte d'envoyer ses projectiles en territoire helvétique. Malgré leurs efforts, les Marocains du colonel Baillif ne réalisent aucun progrès appréciable.

N'empêche : en s'emparant des bastions de Colombier-Fontaine, d'Écot et d'Écurcey, la 9e DIC a démantelé d'entrée de jeu la résistance allemande du Doubs. La route d'Hérimoncourt est entrouverte.

Au nord du Doubs, la 2e DIM a été aussi heureuse. Gémonval est entre les mains des Marocains du groupement Chappuis[1]. À leurs côtés, et bien que la 5e DB ait été retardée par l'importance des déminages indispensables à l'arrivée de ses chars jusqu'à la hauteur de l'infanterie, le CC 4 de Schlesser rejoint à temps la gauche du 8e RTM pour l'aider à enlever Arcey, Échenans et Desandans. À droite, le 2e bataillon du 8e RTM (commandant Moneglia) réussit également à entrer dans le bois du Chanois à l'ouest de Sainte-Marie. Mais ce village, transformé en forteresse, est tenu sans idée de recul. Il faudra, le lendemain, faire intervenir le CC 5. Son chef, le colonel Desazars de Montgaillard, vient aussitôt procéder aux reconnaissances nécessaires. Hélas ! un obus atteint ce magnifique officier, connu de toute l'armée pour sa fière énergie, son caractère et son intransigeante fidélité aux règles de l'honneur militaire, et le tue ainsi que plusieurs de ceux qui l'accompagnent.

Plus au sud, le 5e RTM est à Lougres et s'enfonce dans la forêt de Montbart où il refoule l'ultime réserve de la 338e VGD, une compagnie de fusiliers cyclistes et un bataillon accouru en hâte du secteur des Vosges.

Ainsi, sur l'ensemble du front du 1er corps d'armée, au soir du 15 novembre, la situation est excellente. De part et d'autre du Doubs, la ligne de résistance adverse est rompue et vers Arcey, aux abords de la route nationale 83, la position de soutien est entamée. En un point seulement, au voisinage de la frontière suisse, nous n'avons pas progressé. Comme une écharpe accrochée par un clou, la droite de la 9e DIC reste prise aux « bunkers » ennemis adossés, au sud de Glay, à la frontière suisse.

Ce clou, nous comptons bien le faire sauter le lendemain.

Béthouart, ce soir-là, n'a pas le loisir de fignoler un ordre général d'opérations. En style télégraphique, il ordonne :

1. 4e RTM, 3e RSM, un bataillon de chacun des régiments de Corrèze-Limousin et de Bourgogne.

– à Carpentier, d'accentuer sa progression vers Héricourt, Montbéliard, le mont Bart, et d'élargir son front vers le nord par des actions latérales destinées à réduire les résistances de la région Marvelise-Gémonval ;

– à Magnan, de profiter de l'avance de la 2e DIM pour poursuivre son action dans la boucle du Doubs, en y engageant des éléments du CC 3 et, ainsi couvert sur sa gauche, de pousser sur Hérimoncourt, en vue de déborder et de faire tomber les ouvrages établis le long de la frontière.

Chacun a confiance. Demain les blindés donneront…

Effectivement, le 16 novembre au matin, l'entrée en action des chars est partout décisive.

Le long de la nationale 83[1], le CC 4 attaque vigoureusement et atteint Aibre. Cette poussée débloque toute la gauche de la 2e DIM qui fait un bond de 5 kilomètres.

Poursuivant son avance, le CC 4 se rabat vers Laire, sur les arrières du centre fortifié de Sainte-Marie. Cette pression apporte un concours appréciable au CC 5 qui s'en prend directement au village. La résistance y est acharnée et notre première vague d'assaut est refoulée. Mais, dans l'après-midi, nous gagnons maison par maison – chaque îlot ne tombant qu'avec la mort de ses défenseurs. Vers 16 heures, tout est nettoyé.

Le CC 5 s'oriente alors vers Montbéliard. À la nuit, il est aux limites de Présentevillers – proche du 5e tirailleurs marocains qui a progressé méthodiquement dans la forêt du mont Bart et n'est plus qu'à 2 kilomètres du fort qui le couronne et sur lequel l'artillerie de corps d'armée ne cesse de concentrer ses feux.

Dans la boucle du Doubs, l'engagement d'éléments du CC 3 Caldairou donne aux opérations un tour également favorable. Ses chars et le 6e RIC s'alignent en fin de journée sur la route Voujeaucourt-Bourguignon.

Mais l'événement principal s'est produit à l'est où, malgré une violente contre-attaque de flanc, le 2/9e zouaves du commandant Leguay réussit à aborder Roches-lès-Blamont et à en déloger les Allemands après de durs combats de rues.

Le 2/23e RIC (commandant de Loisy) a suivi le mouvement et a pu s'infiltrer à travers le bois de Châtel, infesté de mines. De là, il prend

1. Route Besançon-Héricourt-Belfort.

à partie les fortins embusqués le long de la frontière suisse et fait sauter le verrou qui depuis quarante-huit heures stoppait la progression du 6e RTM. Dès lors, le front s'ébranle là aussi et, le soir, les Marocains sont aux abords de Glay.

Cette évolution, Béthouart et moi-même l'avons suivie pas à pas dans les PC de divisions où nous nous sommes rendus pendant la journée. J'ai le sentiment que la bataille de rupture approche de sa fin et que des possibilités d'exploitation peuvent s'offrir d'un moment à l'autre. Je rends donc à du Vigier le dernier *Combat Command* de sa division – le CC 1 de Gruss – que j'avais jusqu'ici conservé entre mes mains, et je décide de faire démarrer la droite du 2e corps d'armée. En outre, d'accord avec Béthouart, je modifie l'organisation du groupement chargé de la liaison avec la 2e CA, et confié au général Molle.

Ce dernier prendra le commandement d'un « groupement spécial d'exploitation », mis à la disposition de Carpentier pour tourner les résistances installées sur la route Crévans-Saulnot et pour sauter sur le pont de la Lisaine à Chagey. Molle disposera pour cette mission, en dehors de la brigade de choc Gambiez (bataillon de choc et commandos de France) qu'il conserve, du CC 6 Tritschler et du groupe de commandos d'Afrique.

La liaison entre les deux corps d'armée, qui reste à la charge du 1er CA, sera alors assurée par un « groupement nord » confié au colonel Maulnier-Condroyer (1er RSAR, 19e BCP, 1er Corrèze-Limousin, commando de Cluny, régiment de l'Yonne, appuyés par un escadron de TD du 2e dragons). Progressant par Faymont et Lomont, en pleine forêt de Granges, il réalisera la soudure entre la 2e DIM et la 1re DFL.

Celle-ci, la division Brosset, exécutera mon ordre du 11 novembre qui prévoyait une opération sur Champagney. Quant à la 2e DIM, elle s'assurera les passages de la Lisaine entre Héricourt et Montbéliard et bourrera au maximum vers Belfort sur la route 83. La 9e DIC achèvera le nettoyage de la boucle du Doubs et, surtout, poursuivra son action sur l'axe Roches-lès-Blamont-Hérimoncourt pour traverser le Gland, atteindre Abbévillers et y faire déboucher ses chars.

Cette fois, le commandement allemand comprend la gravité de sa situation. Pour lui, la possession de la ligne Lisaine-Gland, première position du système défensif de Belfort, est capitale. À tout prix, il entend tenir Héricourt. De toutes parts, il rameute vers ce point tout ce qu'il a sous la main : deux bataillons de la 189e division, deux bataillons de mitrailleurs dont un de forteresse, trois compagnies antichars, quatre bataillons du génie, engagés comme infanterie – et tout ce qui traîne dans la région, y compris l'inénarrable *Ohren-Bataillon*, le bataillon des sourds destiné à assurer les services des ouvrages de Belfort et dont les hommes, tous durs d'oreille, sont commandés par des officiers dont l'un souffre de rhumatismes, un deuxième d'une sciatique, le troisième d'une affection cardiaque !

Et pourtant ces unités, pour disparates qu'elles soient, se battent avec acharnement.

Il faudra au 8e RTM, soutenu par les chars du CC 4, toute la matinée et une partie de l'après-midi du 17 novembre pour s'emparer de Trémoins et de Tavey sur la route d'Héricourt. Cependant, filtrant parmi les résistances, deux pelotons du 1er cuirassiers (colonel du Breuil) suivis de quelques camions où sont montés des tirailleurs du 2/8e RTM, réussissent à arriver vers 11 heures jusqu'à Héricourt même et à sauter sur le pont de la Lisaine. Cette irruption est si soudaine que l'ennemi n'a pas le temps de faire jouer la mise à feu. Mais, retranché dans les maisons de la rive droite de la rivière, il riposte furieusement à coups de *Panzerfaust* qu'il utilise aussi bien contre les Marocains que contre les blindés. Isolés, ses éléments s'agrippent au pont qu'ils conservent en dépit de tout, en attendant l'arrivée du gros du CC 4.

Celui-ci n'en a fini avec les défenseurs de Tavey que vers 16 heures. Au même moment, suivi de mon chef de cabinet, le colonel Olié, et du commandant Bullitt, mon fidèle compagnon en ce genre de randonnées, j'arrive aux nouvelles au PC de Schlesser. Les renseignements y restent contradictoires. Décidé à en avoir le cœur net, je pousse jusqu'à Héricourt où, à la nuit tombante, je rejoins le 2e bataillon du régiment de marche de la Légion étrangère (II/RMLE – commandant Charton) qui se dispose à attaquer au-delà du pont.

À droite de celui-ci, l'un de nos chars achève de brûler[1]. Son rougoiement éclaire les silhouettes des légionnaires qui, méthodiques, avancent irrésistiblement entre les rafales ennemies et, à coups de grenades,

1. Près de ce char dans lequel il venait d'être gravement brûlé aux yeux, se trouvait, maîtrisant stoïquement sa douleur, le commandant Dorange, chef du détachement blindé du 1er cuirassiers. Bullitt fut le premier à l'apercevoir. Il le fit monter dans ma voiture et en quittant Héricourt, je l'emmenai à l'hôpital de Besançon.

conquièrent une à une, avec le calme des soldats qui connaissent à fond leur métier, les maisons de la grand-rue.

Bullitt est radieux de se trouver ainsi mêlé à ce combat de pointe. Et, personnellement, j'admire sans réserve le splendide travail auquel se livrent les hommes de Charton. Quant à Olié, il rêve sans doute au jour où il aura la fierté de prendre le commandement de ce régiment...

Au bout de plus d'une heure, refoulés, submergés, les Allemands s'effondrent. À la faveur de la nuit, quelques groupes fuient vers Belfort, abandonnant morts et blessés.

Héricourt est à nous ! De part et d'autre de la ville, d'autres éléments du CC Schlesser et du 8e RTM ont également franchi la Lisaine. Les têtes de pont réalisées à Saint-Valbert, Bussurel et Béthoncourt se relient les unes aux autres. Nous tenons la rive est sur 8 kilomètres de front et 2 de profondeur. Plus au nord, la rivière est également abordée par le « groupement spécial d'exploitation » qui, freiné par la lenteur obligatoire des déminages, a tout de même pu arriver jusqu'à Luze, tandis que Maulnier-Condroyer ratissait la forêt de Granges et s'emparait, conformément à sa mission, de Faymont et de Lomont.

Mais la journée ne se terminera pas sans un succès plus important encore. Marchant de pair avec le CC 5 que commande le colonel d'Oléon depuis la mort du colonel Desazars, le 5e RTM a réduit un à un tous les points d'appui du mont Bart, enlevé le fort, libéré le village de Bart et atteint, à 17 heures, Sainte-Suzanne et ses cités ouvrières. La nuit va tomber mais Montbéliard est là, tout proche. Le colonel Piatte risque le paquet. Il découple ses compagnies Garde et Demange qui, appuyées par les chars des escadrons Davout et Saint-Germain du 1er chasseurs d'Afrique, débordent d'abord la ville par l'ouest puis, brusquement, se rabattent sur sa face nord où la défense est moindre. En un instant, celle-ci est neutralisée et nos Marocains se ruent dans l'agglomération. Les FFI locaux n'attendaient que leur approche pour agir : par un coup d'audace infiniment intelligent, les maquisards du groupe des « Pingouins », Strasser, Billerey, Gallizia, Zenner, Tournier, Montagnon, qui ont à venger l'un des leurs, Roger Riegel, abattu la veille par la *Feldgendarmerie,* ont bondi sur les ponts de la Lisaine et ont empêché les Allemands de faire jouer les dispositifs de mise à feu. Il reste, en pleine nuit, à cueillir les derniers nazis qui cherchent à se cacher ou à se sauver.

Que devient pendant ce temps la droite, la 9e DIC ? Elle n'est pas en retard. Le 23e RIC et deux escadrons du CC 3 ont liquidé les résistances de la boucle du Doubs. Le général Magnan en a profité pour pousser aussitôt le 1er groupe du régiment d'artillerie coloniale du Maroc (RACM) sur la rive est afin de soutenir au plus près le 23e RIC dans son attaque contre Bondeval. Mais le 9e zouaves n'a pas voulu perdre sa place de « leader ». Bloqué dans sa progression vers Hérimoncourt au-delà de Thulay qu'il a brillamment enlevé en dépit d'un fort barrage d'artillerie, il manœuvre. Conduit par Aumerand transformé en voltigeur de pointe, il s'enfonce dans les bois qui dominent Hérimoncourt à l'ouest du Gland – puis saute brusquement sur la petite cité. En un quart d'heure, l'affaire est réglée.

Elle l'a été si promptement que le CC 2, renforcé du RICM[1], n'est pas à pied d'œuvre pour exploiter ce passage sur le Gland et pour filer sur l'Allaine. Ce n'est qu'à 15 heures qu'il rallie les zouaves. Il se scinde alors en deux groupes. Celui du lieutenant-colonel de Beaufort prend à revers le village de Vaudoncourt qu'un bouchon antichar veut lui interdire et met la main sur Seloncourt et Dasle. Le second, conduit par le lieutenant-colonel Le Puloch, s'empare sans coup férir d'Abbévillers et aide le 6e RTM à conquérir Glay.

Cette fois, la rupture des défenses ennemies du Doubs est consommée. La 1re armée française, au soir du 17 novembre, a atteint son premier objectif. Au prix de 273 tués et de 1 297 blessés, elle a arraché aux Allemands le pays industriel de Héricourt-Montbéliard et les cités Peugeot de Hérimoncourt, Seloncourt et de Valentigney et porté la bataille largement au-delà de ces agglomérations dont les habitants fêtent déjà dans l'allégresse leur libération. Elle y est parvenue, une fois de plus, en restant fidèle au souci national dont elle a fait sa loi : sans imposer de nouvelles souffrances aux êtres ni de nouvelles destructions aux biens.

Avec la minutie dans la préparation, la méthode et la vigueur dans l'exécution, un autre facteur a joué un rôle déterminant : le facteur surprise. Nos artifices ont porté à cent pour cent. C'est à peine si Wiese et Kniess consentent enfin à se rendre à l'évidence. Au lieu de garnir les puissantes lignes qu'ils avaient aménagées, ils ont engagé leurs disponi-

1. Régiment d'infanterie coloniale du Maroc.

bilités par petits paquets et comme à regret. Ils nous attendent toujours dans les Vosges. Dans la matinée du 17 novembre encore un de nos officiers fait prisonnier – et qui sera d'ailleurs libéré le surlendemain par notre avance – s'entend dire par un officier du 2e bureau du 85e AK : « Nous savons bien que les Français cherchent un succès de prestige et veulent montrer à Churchill qu'ils sont capables de prendre quelques villages ; nous ne croyons pas qu'ils visent Belfort. »

C'est ce qu'on va voir !

L'exploitation

Ce même 17 novembre, avant de me rendre à Héricourt, je me suis arrêté vers midi à Fallon, au PC de Carpentier où se trouve également Béthouart. Celui-ci estime, au vu des comptes rendus qui parviennent coup sur coup, que le moment est venu de découpler la 1re DB à travers la brèche ouverte par la 9e DIC. Son intention est de regrouper les trois *Combat Command* du général du Vigier, de les étoffer par le RICM, le RCCC, le 9e zouaves et le 6e RTM, et de lancer ce groupement d'exploitation depuis Abbévillers sur Morvillars-Dannemarie. La 9e DIC nettoiera les arrières et couvrira le flanc gauche de la 1re DB, notamment en poussant des têtes de pont au nord du canal du Rhône au Rhin, ce qui apportera en outre une aide à la 2e DIM axée vers la Savoureuse et Belfort. J'approuve ces dispositions qui prennent aussitôt valeur d'ordres.

Rentré à Besançon, je mets immédiatement en chantier avec mon 3e bureau l'ordre général pour l'exploitation.

Je fixe mon premier objectif de l'armée, les débouchés est du camp retranché de Belfort, c'est-à-dire la ligne Rougemont-Dannemarie-Seppois. Jusqu'à ce qu'elle soit atteinte, l'exploitation sera conduite par le général commandant le 1er corps.

Ensuite, l'objectif d'armée sera la ligne Ribeauvillé-Colmar-le Rhin de Brisach à la Suisse. Je conduirai directement cette seconde phase de l'exploitation en agissant sur trois groupements de forces, 1er CA, 5e DB, 2e CA.

Le 1er corps d'armée se voit donner pour mission initiale « d'exploiter rapidement et en force sur la direction générale Montbéliard-Dannemarie en vue de s'emparer du seuil de Valdieu» et, simultanément, «de réduire les défenses de la place de Belfort».

La ligne La Chapelle-sous-Rougemont-Dannemarie-Seppois atteinte, qui constitue son premier objectif de corps d'armée, «il passera sans délai à l'exploitation sur les directions Dannemarie-Chalampé et Dannemarie-Huningue, en vue de mettre aussitôt que possible la main sur les ponts du Rhin en évitant si besoin est l'agglomération de Mulhouse qui sera nettoyée ultérieurement. Une fois le Rhin de Chalampé atteint, le 1er CA se tiendra prêt à remettre la 1re division blindée à la disposition de l'armée en vue de son engagement ultérieur sur la direction de Sélestat-Strasbourg».

La 5e DB, recevant du 1er corps la possession du «seuil» de Valdieu, agira sur les directions Cernay-Colmar et Cernay-Neuf-Brisach, avec mission de s'assurer des ponts sur le Rhin dans la région de Brisach.

Le 2e corps d'armée devra prendre pied sur le plateau d'Étueffont-Rougemont par Giromagny. Sa droite s'orientera alors vers Cernay et Colmar, tandis que, par sa gauche, il cherchera à forcer successivement les passages des Vosges à Bussang et à la Schlucht.

Lorsque cet *ordre général d'opérations* n° 159 parvient le 18, vers 15 heures, au PC du général Béthouart, celui-ci a déjà pris l'initiative d'adresser à ses divisionnaires des «directives pour l'exploitation profonde» que son état-major a préparées depuis le 31 octobre et qui diffèrent évidemment de façon assez sensible de celles que je lui envoie puisqu'elles n'envisagent l'exploitation dans la plaine d'Alsace que dans le cadre du 1er corps d'armée. Après avoir reçu mon ordre et m'avoir rencontré à Montbéliard où le général Devers et moi-même sommes reçus par la municipalité dans les conditions les plus émouvantes, Béthouart s'empresse de mettre ses instructions en harmonie avec celles de l'armée. Il prescrit à la 2e DIM de réduire méthodiquement les défenses de Belfort avec la participation du groupement Molle reconstitué dans son intégralité et de prévoir, pour le 19, la remise à la disposition du général commandant la 5e DB des CC détachés auprès d'elle. Ainsi regroupée, la 5e DB exploitera en direction de Cernay, par Bourogne et Fontaine, point dont j'ai souligné expressément l'importance, capitale à mes yeux. Cette zone sera atteinte en principe directement par le sud de Belfort ou, si la résistance rencontrée sur cet itinéraire est trop forte, par Montbéliard en utilisant, jusqu'à la hauteur de Valdieu, les axes dégagés par la 1re DB.

Pour cette dernière, le nouvel ordre du 1er corps d'armée se borne à confirmer les missions énoncées par les « directives pour l'exploitation profonde ». La coïncidence de celles-ci avec mon ordre général n° 159 n'est pourtant pas absolue car il est prévu dans les instructions du général Béthouart « d'occuper si possible Mulhouse par surprise », alors que, on l'a vu, je donnais priorité à l'arrivée au Rhin de Chalampé à Huningue, plaçant en seconde urgence le nettoyage de la ville même de Mulhouse.

Quoi qu'il en soit, trois actions simultanées démarrent ce 18 novembre sur le front du 1er corps : la réduction du camp retranché par la 2e DIM, la course vers le Rhin par la 1re DB, la mise en route de la 5e DB vers Cernay *via* Fontaine.

Belfort (18-21 novembre)

Alors que pour rompre les lignes adverses, le général Carpentier avait ramassé ses troupes sur un front étroit et utilisé les blindés en soutien de l'infanterie, il juge le moment venu de s'étaler plus largement et de profiter du court délai pendant lequel il conserve les cavaliers pour confier à ceux-ci la conduite du combat sur son centre et sa droite.

Son intention se résume en trois mots : sauter sur Belfort. Son dispositif en trois groupements : groupement Schlesser avec le CC 4, le 8e RTM et le 1er GTM agissant par la nationale 83 pour s'emparer de la ville et des forts de sa face sud-ouest ; groupement d'Oléon avec le CC 5 renforcé du 5e RTM Belfort par le sud en suivant de Montbéliard à Fontaine le canal du Rhône au Rhin ; groupement Chappuis enfin, débordant la place par le nord avec CC 6 Tritschler, Gambiez et Bouvet.

À la guerre, la ligne droite est rarement le plus court chemin. Schlesser est à peine engagé sur la grand-route à la sortie d'Héricourt que ses avant-gardes sont bloquées par le fort du mont Vaudois et les bois du Salamon. Ceux-ci peuvent être enlevés par les Marocains du 8e régiment de tirailleurs du colonel de Berchoux mais le fort résiste à tous les assauts de son 2e bataillon. Pendant trois jours, la nationale reste sous le feu des défenseurs fanatiques de l'ouvrage. Ils ne se rendront que le 21, alors que Belfort sera tombé. Une surprise nous attendra, celle de trouver le commandant du fort prisonnier d'un de ses sous-lieutenants qui l'a empêché de capituler et a lui-même galvanisé la résistance.

Mais si le centre de la 2e DIM a été ainsi complètement arrêté, les ailes ont pu heureusement avancer. Dès le 18 novembre, d'Oléon a fait avec son CC 5 un saut de Montbéliard jusqu'à la Savoureuse, recevant au passage l'accueil enthousiaste de la population ouvrière de Sochaux. Sur la rivière, en très forte crue, tous les ponts sont coupés ainsi que ceux du canal de la haute Saône. Le bataillon Clément (1/5e RTM) réussit pourtant à passer et à occuper le village de Brognard. Le 19 avant l'aube, il attaque Allenjoie si âprement défendu qu'il lui faudra presque toute la journée pour s'en emparer. Même alors, les Allemands continueront à tenir l'admirable position des Grands Bois sur l'éperon situé dans l'angle Savoureuse-Lisaine.

Ce n'est donc qu'une tête de pont que nous avons pu acquérir à l'est de la Savoureuse. Quant à la progression vers le nord, par Châtenois, elle est interdite par le fort du bois d'Oye qui, lui aussi, tiendra jusqu'au 21 novembre, jour où un assaut du 3/5e RTM l'enlèvera grâce à une reconnaissance du terrain faite la veille, avec une audace magnifique, par le commandant de la 11e compagnie, le capitaine Jayet.

Ainsi, la décision n'a pu être obtenue ni par l'ouest ni par le sud. C'est par le nord qu'elle est venue, avec le groupement Chappuis.

Celui-ci a d'abord eu toutes les peines du monde, le 18 novembre, à sortir des mille pièges accumulés dans les bois de Saulnot, puis à forcer à Chagey le passage de la Lisaine. Ce n'est qu'en fin de journée que le 4e RTM parvient à y ouvrir la route au CC 6, aux « chocs » et aux commandos.

Le 19, ceux-ci bousculent les éléments retardateurs et s'emparent de Buc et de Châlonvillars sur la nationale 19 où le groupement Molle fait également surface après quatre jours d'opérations dans la forêt de Granges.

Châlonvillars, c'est la banlieue de Belfort. Chappuis s'y sent chez lui et rajeuni : n'est-ce pas à Belfort qu'a commencé sa vie militaire ? Tout dans le paysage lui est familier – sauf pourtant un redoutable fossé antichar, large de 7 mètres, qui, à 100 mètres au-delà du canal de la haute Saône, barre le plateau depuis les pentes du Salbert jusqu'à Bavilliers.

Chappuis a son plan. Au groupe des commandos d'Afrique de Bouvet, il demandera de franchir de nuit le canal de la haute Saône puis de s'emparer du fort du Salbert. En même temps, la brigade de choc Gambiez sautera sur Essert et permettra l'aménagement d'un passage sur le canal pour les blindés ainsi que le comblement du fossé antichar sur la nationale 19. De la sorte, le CC 6 pourra, au jour, pénétrer directement dans Belfort, l'un de ses sous-groupements (commandant Gombeaud) progressant vers la ville par Bavilliers.

Mais ce plan suppose remplir une condition : le maintien à la disposition de Chappuis du CC Tritschler. Or l'ordre de regrouper la 5e DB est applicable immédiatement.

Le commandant de l'ID 2 essaie de convaincre son divisionnaire. Mais Carpentier n'a pas qualité pour décider. Devant l'insistance de son lieutenant, il m'appelle au téléphone. La conviction de Chappuis est communicative : j'accepte de lui laisser le CC 6 jusqu'au lendemain, 20 novembre, à midi. Passé ce délai, son maintien à la 2e DIM serait impossible car il compromettrait la mission confiée à la 5e DB.

Chappuis n'en demande pas plus. Revenu à Châlonvillars, il met à exécution sa manœuvre audacieuse.

À partir de 21 heures, les commandos d'Afrique harcèlent bruyamment les défenseurs du Salbert. Le charivari dure jusqu'à 3 heures du matin. Puis tout se tait et se rendort. C'est ce qu'attend Bouvet. À partir de 4 heures, porteurs de cordes et d'échelles, ses hommes gravissent dans le plus grand silence les pentes abruptes. Harassé et rassuré, le bataillon allemand qui en garde le sommet se repose... En quelques instants, avant d'avoir pu se réveiller, il est totalement kidnappé.

Maître du fort par ce coup de culot, Bouvet y maintient une garnison suffisante et lance sa compagnie Métivier vers le faubourg de Cravanche. Elle y entre sans beaucoup de mal et pousse l'une de ses sections dans la partie nord de Belfort. Pendant une heure, elle y sème la stupeur et le désordre. Mais, à 11 heures, les choses se gâtent. Un bataillon nazi et quelques automoteurs traquent cette poignée d'hommes et la forcent à regagner Cravanche où un point d'appui fermé est rapidement organisé.

Mais la disproportion des forces est trop sensible. Métivier est sur le point d'être débordé.

Tout à coup – il est 15 heures environ – le miracle se produit. Des chars français, couverts de gars du bataillon de choc font irruption dans

Cravanche, le traversent en bousculant les Allemands et poursuivent leur rush vers Belfort.

Importance des impondérables ! C'est par la nationale 19 et nullement par Cravanche que ces blindés du CC 6 devaient primitivement aborder la ville. Et il s'en est fallu de quelques centimètres seulement pour qu'il en soit ainsi : exactement des 5 centimètres qui manquaient à la largeur d'un passage existant sous le canal de la haute Saône et découvert par les « chocs », près d'Essert, pour permettre à un bulldozer d'arriver jusqu'au fossé antichar et de le combler. Les commandos de France du commandant de Foucaucourt ont bien enlevé le passage sous le canal, dépassé le fossé antichar et conquis Essert, malgré une très dure contre-attaque d'un bataillon de *Luftwaffe*, mais le bulldozer est resté en carafe devant le canal.

Si le bulldozer est ainsi bloqué, les chars, moins larges, peuvent emprunter le tunnel. Ce que voyant, Chappuis a varianté son plan. Renonçant provisoirement à la poussée par la route nationale, il a lancé une partie du 6ᵉ RCA du colonel Renaudeau d'Arc par Cravanche qu'il sait entre les mains des commandos d'Afrique. C'est ce qui vaut à Métivier son salut – et à l'ennemi la surprise de nous voir faire irruption, à 16 heures, par l'avenue Jean-Jaurès.

Notre premier char saute, mais les suivants guidés par de valeureux FFI, parmi lesquels il convient de citer Edmond Auguié, s'emparent des ponts sur la Savoureuse avant que le génie allemand ait pu se ressaisir. Le bataillon de choc en assure la garde pendant que les commandos d'Afrique nettoient le quartier de l'Alsthom et que le 2ᵉ escadron du 6ᵉ RCA patrouille près de la voie ferrée. Bientôt, le 3ᵉ escadron arrivera à son tour, venant d'Essert où le fossé antichar a pu finalement être comblé après que le fameux bulldozer a réussi à franchir le canal sur un pont *Treadway* lancé par nos sapeurs. Il occupe le fort et les cités des Barres ainsi que l'usine à gaz. Nous sommes donc solidement implantés dans les parties nord-ouest de la ville. Au nord, le bataillon FFI Courson de Villeneuve[1], descendu du Salbert, a pu occuper la partie de Valdoie située

1. Le bataillon FFI Courson de Villeneuve était jumelé avec le groupe de commandos d'Afrique et formait avec ce dernier un groupement placé aux ordres du colonel Bouvet, futur groupement de choc n° 3.

sur la rive droite de la Savoureuse, mais n'a pas réussi à empêcher la destruction du pont.

La nuit n'est pas faite pour dormir. Dans celle du 20 au 21 novembre, les accrochages ne cessent pas. Vers 5 heures du matin, la 4e compagnie du bataillon de choc pénètre dans la manutention, y surprend des boulangers de la *Wehrmacht* en train de cuire leurs fournées avec une conscience professionnelle voisine de l'inconscience et y met la main sur des stocks formidables de vivres et de matériels divers, en particulier sur plusieurs milliers de réveille-matin provenant des usines Japy mais dont la présence n'empêche d'ailleurs pas les gardes-magasin de ronfler dans leurs lits.

Avec le jour, les combats de rues reprennent plus d'ampleur. À 9 h 20, la *Kommandantur* est enlevée, la préfecture libérée. Le maire de la ville, le capitaine Dreyfus-Schmitt, de l'état-major de la 4e DMM, arrivé avec nos premiers éléments, n'attend pas un instant de plus pour reprendre son écharpe et ses fonctions. Cependant les derniers défenseurs de la vieille cité s'enferment dans le château et refusent de se rendre.

Chappuis et Renaudeau d'Arc estiment qu'il est inutile de perdre leur temps à les débusquer. L'essentiel est maintenant de mettre la main sur les sorties est de Belfort.

Mais le commandement allemand a pu, *in extremis*, faire occuper solidement sur cette face les ouvrages du système Serre de Rivière qui se flanquent admirablement. Ni le 21 novembre, ni le 22, pendant que le 4e RTM et le 3e RSM achèvent vigoureusement de nettoyer la ville, nous ne parviendrons à en déboucher. Les quelques heures perdues par le bulldozer d'Essert nous valent maintenant des jours de piétinement sanglant. C'est le 25 novembre seulement que Belfort libéré sera complètement dégagé, lorsque l'ennemi abandonnera ses positions sous la menace d'encerclement que lui feront courir d'une part l'aile sud du 2e corps parvenu à Rougemont, d'autre part la masse du 1er corps arrivé sur le Rhin.

Bientôt, les cloches de la ville carillonneront et annonceront le *Te Deum* que, le 1er décembre, après m'avoir fait l'honneur de m'accueillir sous le porche de l'église Saint-Christophe, chantera Son Éminence le cardinal Tisserand. Cinq mois plus tôt, à Rome, je l'avais invité à venir en France rendre visite à notre armée, et ce Lorrain, dont la foi patriotique s'était même aux jours les plus sombres manifestée avec éclat, n'avait eu garde d'oublier sa promesse. Hôte depuis huit jours de mon PC, il avait eu la joie d'y retrouver son ancien professeur, le vaillant évêque de Strasbourg, Mgr Ruch. En cette matinée de Belfort, l'aumônier du 20e corps pendant la Première Guerre mondiale, déjà miné par la maladie, mais tout entier à l'émotion de rentrer enfin dans le diocèse dont les nazis l'avaient banni quatre ans plus tôt, évoquait Moïse au seuil de la Terre promise.

Mais lui, du moins, allait avoir l'infini bonheur d'étreindre l'objet de son attente mystique : depuis douze jours déjà, la France était revenue en Alsace.

La course au Rhin-Mulhouse (18-21 novembre)

Dès qu'il a été touché par l'ordre que, de Fallon, le général Béthouart lui a adressé dans l'après-midi du 17 novembre, le général du Vigier a décidé de lancer vers Delle son CC 2, parvenu au-delà d'Hérimoncourt.

Les ordres qu'il a reçus du général commandant le 1er CA l'orientent davantage vers Morvillars. Mais il estime que la défense de Belfort va amener une rétraction de l'ennemi vers la place forte et qu'en conséquence le « trou » est à rechercher le plus loin possible de celle-ci et le plus près possible de la frontière suisse.

Il fait à peine jour, le 18, lorsque le groupement de Beaufort, toujours à la gauche du CC Kientz, débouche de Vaudoncourt. Jusqu'à Dampierre, tout va bien et cette localité est enlevée à 9 heures et demie. Mais, au-delà, la résistance se fait opiniâtre. La colonne du commandant de Menditte éprouve de très grosses difficultés à franchir le ruisseau du Rondelot puis à progresser jusqu'à Méziré. À la sortie nord du village, devant Morvillars, le freinage est total.

Plus à droite, une colonne conduite par le commandant Barbier enlève Montbouton, Beaucourt, Badevel, Fesches-l'Église, bouscule les éléments antichars qui prétendaient lui interdire l'entrée de Grandvillars, s'empare des ponts sur l'Allaine et s'arrête à la nuit aux abords de Boron.

Mais le calcul du général du Vigier s'avère exact : c'est en bordure de la Suisse, dans la direction confiée à Le Puloch, que l'avance a été la plus payante.

Le Puloch n'a pas même attendu l'aube. Avec un cran remarquable, il a mis son groupement en route depuis Abbévillers dès 3 heures du matin.

À 4 heures, il enlève Croix, à 6 heures Saint-Dizier, à 8 heures Lebetain. À 9 h 30, son groupement est devant Delle.

L'accès de la ville est interdit par un fossé antichar bien battu. Pourtant, à 10 h 40, un peloton à pied du RICM le franchit et, suivi de trois canons de 57, se lance vers l'agglomération. Les Allemands y fourmillent, mais le pont est à nous.

Pendant une heure, nos coloniaux et les zouaves du 1er bataillon porté harcèlent les *Panzerjäger* qui se sont ressaisis. Mais, avant midi, nos chars viennent les rejoindre après que le fossé a été comblé. En trois quarts d'heure, nous sommes maîtres de la place qu'achève de nettoyer le 2e bataillon de zouaves, arrivé sur ces entrefaites.

Négligeant les 250 prisonniers qu'il vient de faire, Le Puloch découple ses reconnaissances vers l'est. Prises à partie presque aussitôt, elles réussissent cependant à gagner Faverois, Courtelevant, Suarce et Joncherey.

Cette avance de 30 kilomètres nous assure, sauf à Morvillars, la possession de l'Allaine. L'Alsace nous tend la main.

D'après mon ordre général n° 159 qui vient de lui parvenir – et dont elle est directement destinataire, puisqu'elle est appelée à passer aux ordres de l'armée une fois le Rhin de Chalampé atteint – la 1re DB doit pénétrer en Alsace sur les directions de Dannemarie-Chalampé et de Dannemarie-Huningue. Du Vigier décide donc de remonter vers le nord une partie de ses forces pour avoir du monde sur le premier de ces deux axes.

C'est au CC 2 qu'il confie cette mission. Avec le 9e zouaves, il s'emparera de Morvillars, Valdieu et Dannemarie d'où il saisira toute occasion d'atteindre Altkirch. Glissant sous lui le long de la frontière suisse, le CC 3 du colonel Caldairou qui a serré au plus près de la tête de la DB, exploitera sur l'axe sud, vers Huningue : tels sont les ordres pour le 19 novembre.

Sur la gauche, les résultats sont décevants. Les zouaves d'Aumerand avancent jusqu'à 300 mètres des lisières sud de Morvillars mais y subissent un barrage de *minen* et de *Flak* qui interdit tout mouvement. Par le nord, Beaufort réussit à pénétrer dans la localité et à la déborder jusqu'à Froide-Fontaine, enlevée après un bref mais violent engagement, et jusqu'à Brebotte. Barbier de son côté l'a débordée par l'ouest et occupe Boron et Vellescot. Mais la jonction à l'intérieur de Morvillars demeure impossible : les Allemands restent solidement accrochés sur la rive gauche. La route de Dannemarie ne s'est pas ouverte, malgré les efforts accomplis qui coûtent aux unités du colonel Kientz 30 tués, 60 blessés et 11 chars.

Caldairou, par contre, connaît la gloire...

De son côté, il a fait trois groupements sensiblement identiques qu'éclairent sur trois axes parallèles l'escadron de reconnaissance du 3e RCA et des éléments du RCIM. Le groupement nord, conduit par le lieutenant-colonel de Lépinay, marchera sur Courtelevant-Lepuix-Friesen-Tagsdorf-Kembs. Le groupement centre du commandant Gardy – mon ancien chef de 3e bureau à Tunis en 1941 – visera le Rhin de Rosenau par Courtelevant-Seppois-Jettingen et Bartenheim. Enfin le groupement sud (commandant Dewatre) aura pour objectif Huningue en passant par Courtelevant-Réchésy-Moos et Ferrette.

Le défilé de tous ces véhicules sur le pont de Delle exige des délais. Ce n'est guère avant midi que le groupement de Lépinay peut prendre le départ. Dès 13 heures, le contact est trouvé sur la ligne Lepuix-Pfetterhouse où l'ennemi se montre coriace ; à la nuit, il a cependant été écrasé à Lepuix, à Friesen et à Largitzen.

De son côté. Dewatre a pu enlever Pfetterhouse et Moos. Mais il doit s'arrêter à Mœrnach après y avoir essuyé de vives escarmouches.

Reste Gardy.

Dès 14 heures, l'escadron du RICM qui le précède a bousculé un fort bouchon installé à l'usine électrique de Seppois, puis conquis Seppois lui-même. L'honneur en revient aux coloniaux du colonel Le Puloch. Honneur entre tous désiré : *Seppois est le premier village d'Alsace que nous retrouvons*. Les nazis nous l'ont chèrement disputé, mais en vain. Leurs 50 morts et leur centaine de blessés n'ont pu nous empêcher de déchirer enfin la frontière sacrilège ressuscitée par Hitler.

De fouler le sol alsacien, nos chars s'emballent. Accrochage à Bisel : 60 prisonniers. Nouvel accrochage à Feldbach, puis à Waldighoffen. L'Ill est franchie. À 17 heures, presque sans avoir rencontré de nouvelles résistances, nous sommes à Jettingen.

Alors, c'est la charge. À toute vitesse, un détachement commandé par le lieutenant de Loisy et comprenant un peloton de *Sherman* et une section du 1er zouaves fonce vers l'est. Helfranzkirch, Kappelen, Bartenheim... Quelques rafales de mitrailleuses sur des isolés. Encore 6 kilomètres.

Rosenau. Quinze prisonniers stupéfaits. Encore 500 mètres. Un rideau d'arbres... Le Rhin!

Quelques instants plus tard, le gros du groupement Gardy arrive à son tour, tous phares allumés dans la nuit maintenant tombée, et la batterie du capitaine Caire du 2e groupe du 68e régiment d'artillerie n'attend pas davantage pour envoyer joyeusement de l'autre côté du fleuve les premières salves d'obus qui tombent en Allemagne depuis 1940.

Ah! en cet instant – 19 novembre 1944, 18 h 30 – que de misères vengées! En tête de toutes les armées alliées, la 1re armée française est arrivée au Rhin.

Le cœur en fête, Caldairou donne ordre à ses deux autres groupements de rallier par la route, si brillamment dégagée, la zone de Kembs et du sud de la Harth. « Tous ces mouvements s'effectueront cette nuit, tous phares allumés. »

Pendant tout l'après-midi de ce 19 novembre, j'ai eu la préoccupation de pousser les PC en avant. De passage à L'Isle-sur-le-Doubs où se trouve celui du 1er corps, j'invite le général Chevillon, chef d'état-major du général Béthouart, à s'installer le jour même à Beaucourt, où il a lui-même pensé à se rendre. De même, Magnan me paraît bien loin à Pont-de-Roide et je suggère au 1er corps de le faire avancer jusqu'à Dampierre. Quant au PC de l'armée, son échelon « tactique » s'installera le soir même à Montbéliard.

Les « transmissions » fournissent un effort inlassable pour établir sans retard les réseaux de communication. Un bataillon de monteurs travaille avec acharnement dans un terrain non encore complètement déminé, et pousse ses antennes au plus près des points atteints par nos troupes. Ce sont des missions périlleuses – des missions de combat. En les accomplissant, le commandant Leduc, adjoint au chef des transmissions de l'armée et le lieutenant-colonel Suhard, commandant du bataillon de monteurs, tombent au champ d'honneur, le premier abattu par la rafale de mitraillette d'un *sniper*, le second déchiqueté par une mine.

C'est donc par téléphone que je joins le général Béthouart dans la soirée. Après lui avoir donné les raisons qui m'ont décidé à hâter le déplacement de son PC, je lui précise que ses objectifs immédiats sont d'atteindre le Rhin de Chalampé avec la 1re DB et d'ouvrir à la 5e DB la route Fesches-Fontaine, avec franchissement du canal du Rhône au Rhin vers

Montreux, en engageant au minimum, pour cette opération, un bataillon soutenu par un groupe d'artillerie.

Pour être sûr d'être bien compris de mon commandant de 1er CA, je lui fais porter dans la nuit par Linarès une lettre où j'insiste sur le caractère essentiel, impératif, de cette mission :

> Pour toi, double mission :
> – M'ouvrir le plus tôt possible la voie à la 5e DB, entre Fesches et Montreux-le-Jeune, direction Fontaine, par tous moyens : infanterie, artillerie, franchissement. La 5e DB, moins le CC Tritschler laissé provisoirement à la division Carpentier, « restera sous tes ordres pour le franchissement du canal du Rhône au Rhin et la montée vers la zone de Fontaine, mais elle repassera aux ordres directs de l'armée dès qu'elle aura franchi la route Fontaine-Dannemarie, conditions prévues par l'ordre général n° 159 du 18 novembre.
> Ta mission propre de CA reste Mulhouse et le Rhin : voir ordre général n° 159.
> Pour qu'il puisse se concentrer sur l'exécution de cette double mission essentielle, je lui annonce que je le déchargerai dès le lendemain matin de la responsabilité des opérations de Belfort. La 2e DIM et le CC 6 formeront un groupement spécial aux ordres de l'armée.

Et je termine ma lettre par cette phrase :

> Mais je t'en prie, comprends-moi bien, il te faut absolument me faire passer cette 5e DB ; pousser la 1re DB – pour son objectif, et aussi pour avoir l'espace permettant d'avancer la 9e DIC…

En même temps, j'envoie par le lieutenant-colonel de la Boisse, au général du Vigier, qui a porté son PC à Delle, une copie de cette lettre à laquelle je joins un mot personnel :

> Bravo de tout cœur. Les chars de la 1re DB et du RICM seront entrés les premiers en Alsace ! Quel frémissement d'émotion, quelle fierté, quelle joie !
> Je vous envoie en communication copie de la lettre que j'adresse ce soir au général Béthouart pour que vous soyez orienté. Les ordres

> correspondants vous arriveront dans la matinée. Mais ceci est ma manœuvre d'armée. Adaptez-vous-y bien tous.
> Je sais que le CC 3 et le RICM sont parfaitement dans le mouvement en avant. Faites-leur-en bien mes compliments ainsi d'ailleurs qu'au RCCC.
> Par contre Kientz, compte tenu des difficultés de sa tâche, semble s'être attardé devant des résistances qui auraient pu être plus rapidement surmontées par la manœuvre... Attention de ne pas laisser faire des attaques frontales avec une infanterie dont nous devons être avares...

Dès que m'arrive, le 20 à 4 heures du matin, la nouvelle de la prise de Rosenau, je donne par écrit des instructions à mon 3e bureau pour qu'il prépare aussitôt un ordre général d'opérations qui confirmera et précisera tout ce que j'ai dit et écrit à Béthouart. L'engagement de la 5e DB à la gauche de la 1re et la possession de la tête de pont de Fontaine me paraissent dorénavant les conditions majeures du succès puisqu'en dépendent d'une part l'élargissement et la consolidation de notre couloir vers le Rhin, d'autre part notre poussée directe dans la plaine d'Alsace.

Pendant ce temps, le général du Vigier, en possession de mes instructions contenues dans l'ordre général n° 159 et dans les lettres que lui a apportées le chef de mon 3e bureau, dispose ainsi ses *Combat Command:*
– CC 2 sur Dannemarie par Magny et Suarce ;
– CC 1 sur Altkirch et Illfurth ;
– CC 3 sur Mulhouse et l'Île Napoléon.

Le RICM dépassera le CC 3 et éclairera vers Burnhaupt, Cernay et Ensisheim. Le RCCC et des éléments des 3e et 9e RCA assureront la protection de l'itinéraire vital de Seppois-Waldighoffen en constituant de forts bouchons antichars au nord de Seppois et vers Hirsingue.

De bonne heure, le matin du 20, Caldairou a ses trois groupements rassemblés autour de Bartenheim. Pour remplir sa mission qu'il résume laconiquement par la phrase : « Le CC 3 va s'emparer de Mulhouse », il garde l'articulation qu'il avait adoptée la veille : à gauche, Lépinay visera Brunstatt, à la sortie sud de Mulhouse sur la nationale 432 ; au centre, Gardy agira sur Zimmersheim et les lisières sud-est de la ville, à droite Dewatre marchera vers Habsheim et l'Île Napoléon à l'est et au nord-est.

L'attraction de la grande cité alsacienne accapare donc presque toutes les forces de Caldairou. Il ne garde en réserve que le 2ᵉ bataillon du 6ᵉ RTM. C'est à la compagnie Colonnier de ce bataillon, renforcée d'un peloton de TD, qu'il confie la mission de progresser sur la route nationale n° 68, entre le Rhin et la Harth, vers Bantzenheim, et de s'emparer, si possible, du pont de Chalampé. Mission bien lourde eu égard à la faiblesse des moyens de ce « groupement n° 4 »...

À 13 h 30 les diverses colonnes se mettent en route. L'avance s'opère tambour battant. À 16 heures, les objectifs aux alentours de Mulhouse sont atteints.

Dewatre a même largement dépassé le carrefour de l'Île Napoléon. Il entre à Battenheim, pousse jusqu'à 2 kilomètres d'Ensisheim et ne demande qu'à attaquer la défense que les Allemands y ont improvisée. Mais Caldairou, auprès de qui se trouve du Vigier, lui passe par radio l'ordre de se maintenir à la hauteur de Battenheim et de s'emparer, sur sa gauche, des villages de Sausheim et Baldersheim. Ce qu'il fait après avoir écrasé un bataillon allemand de « protection » et un détachement d'élèves sous-officiers.

Sa position au nord et au nord-est de Mulhouse coupe les voies de repli aux nombreux services installés dans la ville, QG arrière de l'armée Wiese. L'irruption de Gardy entré par Riedisheim, y a jeté un désordre indescriptible. Mais, dans cette agglomération étendue, ses chars s'enfoncent sans pouvoir débusquer, avant la nuit, les multiples îlots de résistance. Devant eux, sautent les ponts sur le canal.

Dans l'obscurité, avec l'aide efficace des FFI du Haut-Rhin, du commandant Winter-*Daniel*, le nettoyage se poursuit, donnant lieu à des incidents multiples. Le plus pittoresque est, sans contredit, celui de l'arrivée de Caldairou et de son seul officier adjoint, revolver au poing, dans le vaste immeuble où est installée la *Feldpost*... Vingt hommes y sont tranquillement en train de trier le courrier et, au-dessus d'eux, 60 autres dorment avec sérénité ! En un instant, le commandant du CC 3 fait 80 prisonniers, hébétés, qui ont peine à réaliser que les coups de feu entendus par eux depuis quelques heures n'étaient pas ceux d'un exercice de la *Wehrmacht*.

Le 21, à la première heure, les chars de Gardy réussissent à franchir le canal sur des ponts incomplètement détruits et ne font qu'un bond jusqu'à l'Ill et la Doller. Ils commencent alors à s'attaquer au quartier des casernes où des formations multiples et nombreuses se sont solidement retranchées. Avec l'aide du 2/6e RTM ils enlèvent successivement la caserne de police puis la caserne Coehorn. Mais tous les efforts échouent devant la caserne Lefebvre.

Lépinay, cependant, a profité de l'itinéraire conquis par Gardy pour pénétrer dans la ville d'où il se rabat vers l'ouest. Il va s'installer défensivement de Reiningue et Lutterbach.

À l'est, Dewatre tient les points acquis la veille mais est violemment contre-attaqué à Battenheim. Un *Kampfgruppe* appuyé par une dizaine de chars y presse le détachement mixte du RCCC et du RICM à qui a été confiée la garde du village. Des zouaves et des *Sherman* doivent en hâte monter de Baldersheim pour bloquer ce violent retour offensif de l'adversaire.

Toute seule, sur la route qui longe le Rhin à l'est de la Harth, la compagnie Colonnier connaît des vicissitudes semblables. Si elle a pu, le 20, pousser jusqu'à Hombourg, elle est accrochée, le 21, dès qu'elle prétend reprendre sa marche en avant. Elle réussit pourtant à se rapprocher des lisières d'Ottmarsheim, mais s'y heurte à une opposition infranchissable. Elle n'est qu'à 4 kilomètres de Chalampé et 2 500 mètres de l'embranchement ferroviaire capital où convergent les lignes de Mulhouse, d'Ensisheim et de Fribourg.

Ainsi la résistance allemande commence partout à se ressaisir. Mais, avant de poursuivre l'exposé des tentatives entreprises par le CC 3 pour tenter de la vaincre, il nous faut reprendre les événements auxquels, sur sa gauche, sont mêlés le CC 1 du colonel Gruss et le CC 2 du colonel Kientz.

Au matin du 20, le CC 2 a trouvé Morvillars évacué. L'ennemi a profité de la nuit pour s'échapper – mais aussi pour se rétablir solidement non loin de là. Beaufort le retrouve à la sortie de Vellescot, Barbier à l'entrée de Suarce. L'avance est donc insignifiante.

Plus à droite, le CC 1 obtient des résultats plus substantiels. Gruss a su l'amener pour midi autour de Waldighoffen. C'est là que le rejoint le général Sudre, adjoint du général du Vigier et porteur des ordres de ce dernier qui donne pour mission au CC 1 la prise d'Altkirch et d'Illfurth.

Se couvrant face au nord et à l'ouest par le groupement Vallin[1] qui tient Bettendorf et réussit, non sans mal, à prendre pied à Hirsingue, Gruss monte sa manœuvre par l'est. Il lance Durosoy par Schwoben vers Wittersdorf et, immédiatement à sa droite, Létang par Franken vers Tagsdorf. À la tombée du jour, après quelques incidents secondaires, ces localités sont entre nos mains. Nous sommes donc en bonne posture pour attaquer le lendemain matin Altkirch.

Toutefois, l'affaire se révèle dure chez Durosoy, le 21. Des chars *Panther* et des troupes de la 30e *Waffen SS Division*, jusque-là en réserve d'armée, incendient nos deux premiers *Sherman* et rendent impossible l'accès de la ville par l'est. Mais Vallin, venant d'Hirsingue, est plus heureux. Il force les défenses sud et entre dans les rues d'Altkirch, prenant à revers les adversaires de Durosoy. Ceux qui ne sont pas capturés se replient sur Aspach qu'une reconnaissance trouve puissamment tenu. Par contre, Létang a pu, en manœuvrant par la droite, s'avancer jusqu'à Illfurth sans trop d'histoires.

Durant la journée, le CC 2, relevé dans la zone de Vellescot par la 5e DB, s'est porté à son tour vers Waldighoffen où le général du Vigier a mis son PC. Il doit, en principe, aller rejoindre le CC 3 vers Mulhouse. Mais il est à peine arrivé à Waldighoffen que parvient une nouvelle inquiétante encore que pas tout à fait imprévue : des commandos allemands avec de gros chars se sont infiltrés sur nos arrières et ont coupé la route de Delle à Bâle vers Courtelevant.

Cette route est l'aorte de la 1re DB. Du Vigier s'empresse donc de dépêcher Beaufort pour la dégager et pour tenir la petite rocade qui longe la frontière suisse par Réchésy et Pfetterhouse.

À Courtelevant, le travail est déjà fait grâce aux coloniaux et au CC 4. Par contre, la route de Pfetterhouse n'est pas « claire ». Et les conséquences de ces infiltrations sont sérieuses : non seulement le ravitaillement du CC 1 et du CC 3 a été interrompu pendant toute la journée, mais le CC 2, obligé de faire marche arrière, ne peut aller relever le CC 3 à Mulhouse et le décharger des missions de nettoyage dans lesquelles il s'attarde, au détriment d'une exploitation vers le nord.

1. Une compagnie du 3e bataillon de zouaves, un escadron de Sherman du 2e cuirassiers et un peloton de TD.

Pour compléter ce tableau de la situation dans le secteur de la 1re division blindée en cette fin de journée du 21 novembre, il reste à dire le rôle joué par le 1er régiment de spahis algériens, enlevé le 19 au groupement Molle et mis à la disposition du général du Vigier qui l'emploie à couvrir son flanc sud.

Le 20 à 4 heures du matin, il s'est engagé au-delà de Mœrnach, atteint la veille au soir par Dewatre, vers Ferrette et Huningue. Il ne lui en a coûté que quelques bandes de mitrailleuses pour disperser les isolés et les gardes-frontières rencontrés sur son chemin. Dès midi, il est devant Saint-Louis.

Deux ou trois compagnies d'un *Alarm-Bataillon* ne résistent pas devant les blindés du colonel Bonvalot. Mais elles se replient sur Huningue, plus solidement tenu. La première automitrailleuse qui s'en approche est détruite et les ponts sur le canal sautent avant que les spahis aient pu s'en emparer.

Dès lors, malgré des tentatives répétées, les blindés doivent s'avouer impuissants à franchir les derniers 1 500 mètres qui les séparent encore du Rhin. La prise de Huningue et de Village-Neuf exige infanterie et artillerie. Elle ne sera réalisée que le 30 novembre et ce seront les marsouins du 6e RIC qui réduiront cette ultime tête de pont nazie dans le sud de l'Alsace.

L'engagement de la 5e DB

Que s'est-il donc passé pour que l'ennemi ait repris pied vers Courtelevant par où, pourtant, toute une division blindée avait pu passer ?

« 5e DB : tête de pont à Fontaine. » Durant toute la journée du 19 novembre, durant toute la nuit du 19 au 20 novembre, je n'ai cessé de répéter ce leitmotiv qui résume tous mes espoirs d'une rapide poussée vers Cernay, de la consolidation définitive du couloir de Seppois – et aussi de la chute accélérée de Belfort tourné par l'est.

Dans son ordre général d'opérations n° 14 du 19 au soir, le général Béthouart a donné au général de Vernejoul, commandant la 5e DB, l'ordre « de pousser sur l'axe Fontaine-Cernay après avoir franchi l'Allaine à Grandvillars et si possible à Morvillars… L'irruption rapide de la 5e DB sur Cernay, de même que celle de la 1re DB sur Mulhouse conditionne tout le succès de la campagne d'Alsace ».

La 5e DB brûle d'autant plus de s'élancer que, pour la première fois depuis son arrivée en France, elle va être engagée en tant que grande unité. Bien loin de redouter la bataille, elle a plutôt la crainte d'arriver après la bataille. La *Wehrmacht* n'est-elle pas en pleine déroute ? Il faudra galoper pour en rejoindre les débris...

Cet optimisme inspire des ordres et des formations qui sous-estiment quelque peu la force de résistance du rude adversaire qu'est l'Allemand. Dans sa hâte de trouver le contact, le général commandant la 5e DB décide de découpler des éléments d'« exploitation » constitués par le 1er régiment étranger de cavalerie (1er REC), une compagnie du RMLE, une section du génie et un escadron de *Sherman* du 1er chasseurs d'Afrique. Conduit par le colonel Miquel, commandant du REC, ce « groupement de reconnaissance » se portera « par Montbéliard et Grandvillars dans la région de Fontaine-Foussemagne après avoir forcé, si nécessaire, et rétabli le passage du canal dans la région de Montreux-Vieux ». Après quoi, il agira sur l'axe La Chapelle-Cernay-Isenheim-Neuf-Brisach, sans manquer d'éclairer sur Guebwiller et sur tous les débouchés des Vosges jusqu'à hauteur de Colmar...

Derrière Miquel, le CC 5 se portera vers Masevaux pour verrouiller les directions de Giromagny et du ballon d'Alsace, le CC 4 suivra la nationale 83 jusqu'à Cernay et le CC 6 se découplera parallèlement à lui à l'est de cette route, vers Bernwiller et Wittelsheim.

Le 20 novembre, le gros du groupement Miquel quitte Dampierre-les-Bois à 6 heures et franchit l'Allaine à Grandvillars. Presque aussitôt après Froidefontaine, il est salué de coups de mortiers partis du nord du canal. Il parvient néanmoins à Brebotte, où il relève les éléments du CC 2 qui l'occupent, et à Bretagne.

À peine y est-il arrivé qu'il y est sérieusement pris à partie. Avant qu'il ait pu s'avancer vers Montreux, le pont sur le canal saute mais il n'est que partiellement détruit. Des automitrailleuses essayent donc de le franchir, malgré le tir des armes automatiques installées dans les maisons avoisinantes. Elles font quelques prisonniers, SS et grenadiers de la 198e division descendue précipitamment des Vosges, mais ne peuvent parvenir sur la rive nord du canal. Il devient obligatoire de monter une attaque.

Celle-ci est déclenchée à midi trente. Un de nos canons d'assaut est démoli alors qu'il s'approche du pont à demi ruiné. Deux automitrailleuses qui cherchent à le contourner s'enlisent et achèvent d'obstruer le passage.

Pourtant les légionnaires de la 3e compagnie du RMLE et le commando du « peloton spécial » de la 5e DB traversent à la nage le canal et le ruisseau Saint-Nicolas qui le double. La réaction ennemie est terriblement vive. Le capitaine Quillet, commandant de la compagnie, son lieutenant, son adjudant sont tués. Un sergent-chef regroupe les survivants – une trentaine d'hommes – et avec eux détruit un canon, fait plusieurs prisonniers et entre à la mairie de Montreux.

Mais, brusquement, l'ennemi contre-attaque. Un bataillon, peut-être deux, tombe sur cette phalange héroïque. Hélas ! les légionnaires sont réduits à la valeur d'une section pratiquement sans soutien, alors que j'avais prescrit pour cette opération primordiale l'engagement, au minimum, d'un bataillon et d'un groupe d'artillerie... Le repli s'impose. Les légionnaires laissent dans cette affaire de Montreux 34 tués ou disparus et le « peloton spécial », 8 morts.

À plusieurs reprises, le colonel Miquel a réclamé de sa division des renforts. Malheureusement, ceux-ci sont bien en peine d'arriver. Dans leur optimisme en effet, – la 1re DB ne court-elle pas à la même heure sur Mulhouse ? – les états-majors du 1er CA et de la 5e DB ont estimé que le débouché du CC 5 puis du CC 4 au-delà du canal du Rhône au Rhin s'opérerait sans difficulté et qu'il n'était pas nécessaire d'imposer sur la route Montbéliard-Grandvillars-Montreux des mesures de circulation particulières.

Mais le blocage du groupement Miquel se répercute jusqu'à l'Allaine et, dès Grandvillars, les itinéraires sont encombrés par ses véhicules, ainsi d'ailleurs que par ceux du CC 2 qui n'ont pas encore dégagé la région de Brebotte, Grosne et Vellescot. La tête du CC 5 n'avance que par à-coups et tous les éléments qui bourrent vers l'avant ne tardent pas à se télescoper. Bientôt, sur la route de Montbéliard à Grandvillars, s'allonge une longue file compacte de véhicules immobilisés.

Tout essai de faire déboîter des unités d'infanterie ou d'artillerie, qu'il faudrait pousser vers Bretagne, se traduit par des enlisements dans les champs détrempés et des embouteillages supplémentaires.

À la chute du jour, cependant, des éléments du CC 5 finissent par arriver à Bretagne où Miquel a dû s'enfermer et où il est durement pressé. La situation s'y rétablit peu à peu – mais l'occasion est manquée...

Non seulement la tête de pont de Fontaine n'a pas été créée mais l'ennemi a eu le temps de reprendre l'initiative. Des reconnaissances le trouvent installé dans les bois de Chavannes-les-Grands et de Suarce. Derrière le canal dont il a gardé la maîtrise, des divisions accourent et des blindés…

Cet échec compromet la réalisation de mes espérances. Il s'agit de les ressaisir.

Par des routes affreusement encombrées, j'arrive jusqu'à Dampierre où j'ai convoqué, pour 21 heures, Béthouart, du Vigier, de Vernejoul, Magnan et Kientz.

La première chose à faire est de sortir la 5e DB de son impasse et, pour cela, de lui donner de l'air. Le CC 2 devra donc dégager toute la rive droite de l'Allaine et la 1re DB accorder priorité sur tous les ponts, y compris celui de Delle, aux colonnes de la 5e. Il en résultera évidemment une gêne pour du Vigier mais la manœuvre d'armée impose cette hiérarchie dans les urgences.

Ainsi débloquée, la 5e DB devra s'ouvrir la direction de Cernay et de Colmar, tandis que la 1re DB poursuivra son exploitation sur Chalampé, Brisach et les ponts du Rhin.

Toutefois, j'envisage une variante pour le cas où le passage du canal du Rhône au Rhin s'avérerait trop dur : dans cette hypothèse, la 1re DB se rabattrait de Mulhouse vers Cernay et la 5e viendrait alors se substituer à elle à Mulhouse pour remonter la plaine d'Alsace au plus près du Rhin.

De toute façon, la 9e DIC continuera à assurer la couverture du flanc gauche du 1er corps sur le canal, à l'exception d'un RCT qui passera aux ordres de la 1re DB pour tenir le Rhin de Bâle à Kembs.

Mais, le 21 novembre, le CC 5 dont le colonel Mozat a pris le commandement le matin même, ne peut encore que s'employer progressivement. Partout, aux alentours de Suarce et de Chavannes où une section du 9e zouaves est presque anéantie, il trouve un ennemi installé en force.

Devant le CC 4, comme nous le savons déjà, la situation est encore moins favorable. Quand il finit par traverser l'Allaine à Delle et qu'il s'avance vers Courtelevant, le combat y fait rage. Son intervention, précédant de peu celle du CC 2 que nous avons précédemment signalée, permet de rejeter l'assaillant de part et d'autre de la route Delle-Saint-Louis (nationale 463), mais Suarce et Lepuix ont dû être abandonnés sous la pression d'un régiment *Feldgrau* et *Jagdpanther*, par les faibles éléments coloniaux du RICM qui y attendaient nos chars. Tout ce que le CC 4 peut faire est de bloquer l'avance ennemie devant Faverois.

Une sérieuse menace se dessine donc, dès cet après-midi du 21 novembre, contre nos lignes de communication avec le Rhin et Mulhouse. C'est une véritable bataille que le 1er corps d'armée va avoir à livrer pour en assurer la liberté.

Mais, avant d'en retracer les péripéties et pour donner une exacte vue de l'ensemble de notre situation, il est nécessaire de jeter sans plus attendre un regard sur le front du 2e CA et d'indiquer succinctement les résultats acquis à notre aile gauche par le général de Monsabert.

L'action du 2e corps d'armée du 14 au 22 novembre

Alerté le 11 novembre, actionné le 16, le 2e corps ne se met effectivement en mouvement que le 19.

Réduit à la 1re DFL et à la 3e DIA sans autre renforcement que quelques régiments FFI et étalé sur plus de 60 kilomètres, il est, en effet, tributaire de ses voisins, le 1er corps d'armée et, dans une moindre mesure, la 7e armée américaine.

À partir du 17 novembre, divers indices relevés devant la 1re DFL font penser que l'ennemi s'apprête à décrocher ou, du moins, qu'obligé de prélever à la hâte des unités pour les porter devant le 1er corps il allège considérablement son dispositif.

Brosset charge le corps franc Pommies et le 1er régiment du Morvan du colonel Chevrier-Sadoul de maintenir le contact dans la région du Thillot et de Miellin. Mais c'est plus au sud qu'il a ordre de faire effort, en donnant la main au groupement Molle.

Il articule donc sa division de façon à engager, le 19, le RCT 2 du colonel Bavière sur Fresse, le col de la Chevestraye et Giromagny tandis que le RCT 3 Raynal attaquera par Champagney et Plancher-Bas. Delange suivra en deuxième échelon derrière Bavière.

À Champagney, les avant-postes ont bien été évacués mais la localité est toujours sérieusement défendue. Néanmoins, le bataillon du Pacifique la déborde puis la nettoie. L'ensemble du RCT 3 se trouve, en fin de journée, sur la coupure du Rahin.

Bavière a eu la tâche plus facile. Il trouve le col de la Chevestraye inoccupé et pousse sans coup férir jusqu'à la crête qui domine Plancher-les-Mines. Le 20, il s'empare de ce bourg et escalade les pentes qui le séparent d'Auxelles-Haut, dans le même temps que Raynal s'approche d'Auxelles-Bas. La DFL n'est plus qu'à 2 kilomètres de la Savoureuse et elle s'est presque alignée sur la 2e DIM.

Durant toute la journée, selon son habitude, Brosset a parcouru le front de sa division au volant de sa jeep, stimulant en personne ses éléments de tête. Entre Plancher-Bas et Champagney sa voiture s'enlise. Il la troque aussitôt contre celle d'un détachement de la circulation routière et repart de plus belle. Soudain, il aperçoit à quelques mètres de lui un fourneau de mine. D'un brusque coup de volant, il cherche à l'éviter... Mal réglée et emportée par la vitesse, la jeep dérape sur le sol glissant, se retourne sur le parapet du Rahin et tombe dans la rivière que les pluies ont transformée en torrent. Malgré des secours immédiats le courant entraîne à la dérive dans des tourbillons le corps du chef de la 1re divison française libre.

Cruauté imprévisible du destin! La mort qu'il narguait chaque jour depuis des années saisit par traîtrise ce magnifique soldat dans une heure de victoire – de cette victoire dont il n'avait jamais douté et qu'il avait hâtée de toute la force de son caractère intrépide.

La stupeur et la consternation sont générales. « Nous resterons dignes de nos morts », proclame le colonel Garay qui prend aussitôt le commandement de la DFL.

De fait, comme si le tragique accident qui les endeuillait ajoutait encore à leur âpre vaillance, ceux qu'au matin de sa mort Brosset appelait « les plus vieilles et les plus jeunes troupes de la nouvelle Armée française » redoublent d'efforts. Le 21 novembre, le RCT 2 s'empare de Lepuix-Gy, coupe la route du ballon d'Alsace et atteint les confins de Giromagny. Le 22, il y entre et y est rejoint presque aussitôt par le RCT 3. Tous deux se déploient largement : au soir, ils occupent à l'est de la Savoureuse une large tête de pont qui forme saillant par rapport aux positions atteintes ce même jour par la 2e DIM, empêchée de sortir de Belfort par les ouvrages de la ceinture orientale du camp retranché.

Dans le très large secteur de la 3e DIA également, des progrès ont été acquis. Profitant de l'avance des Américains au nord, le général Guillaume a fait, le 15 novembre, occuper par le groupement Lecoq le village du Tholy que l'ennemi a presque complètement incendié avant de l'abandonner. De même, le régiment de Franche-Comté s'approche, le 17, de La Bresse où l'incendie fait rage. La plupart des hommes de cette grosse commune ont été déportés tandis que les femmes, les vieillards, les enfants étaient poussés vers nos lignes. La 3e DIA les accueille à Cornimont dans un état de dénuement et de fatigue bouleversant.

Partout devant nous la tactique de la « terre brûlée » est appliquée, pour l'opprobre du général Wiese qui l'a ordonnée et de ses subordonnés qui l'appliquent.

Le 20 novembre, le 2e RSAR du colonel Lecoq soutenu par le 3e bataillon de Franche-Comté et le bataillon Marc de l'Aveyron entre dans Gérardmer. Et dans cette ville à laquelle tant d'efforts obstinés pendant la bataille des Vosges n'ont pu hélas ! épargner le martyre, nos spahis et nos FFI apportent les premiers secours aux 8 000 personnes sans ressources entassées dans les 110 maisons que le maire est parvenu à sauver de la rage destructrice du général major Schiel.

Plus au sud, le 3e RTA avance dans la vallée de Rochesson et le 7e RTA pénètre dans La Bresse.

La division Guillaume est alors en état d'exercer la double pression prévue par l'ordre général n° 159 de l'armée, l'une, principale, destinée à nous donner les cols de Bussang et d'Oderen pour permettre le débouché sur Munster et Colmar, l'autre, secondaire, destinée à maintenir la liaison avec la droite de l'armée Patch et à nous donner la Schlucht.

Ce second mouvement est, d'ailleurs, nettement entamé. Le 21 novembre, le 2e spahis arrive jusqu'aux ruines de Longemer et le régiment de Franche-Comté occupe le col de la Grosse-Pierre. L'ennemi n'a laissé devant nous que des régiments étirés. La 19e division a décampé après avoir commis ses crimes. Wiese l'a envoyée contre le 1er corps.

Les réactions allemandes et la manœeuvre d'encerclement de Burnhaupt (22-28 novembre 1944)

Le plan ennemi de notre riposte

Rien de ce qui suit ne serait compréhensible si l'on n'avait pas présente à l'esprit la forme du front occupé par la 1re armée au soir du 22 novembre.

Très *grosso modo*, ce front peut être comparé à un U majuscule.

De Giromagny au confluent de la Savoureuse et de l'Allaine, en passant par Belfort, la branche gauche de cet U est sensiblement rectiligne. La branche droite, un peu plus courte, a également, d'Altkirch à Mulhouse, un tracé assez net. Mais entre les deux branches, le dessin de la courbe est beaucoup moins sûr et le trait plus mince.

Il est sans doute audacieux de paraître résumer des manœuvres d'armée par des voyelles... La chose est pourtant ici possible, si l'on accepte une schématisation extrême. Car le général Wiese va mettre tout son acharnement à briser la courbure à l'endroit où elle se rapproche le plus de la frontière suisse, de telle sorte que les deux branches séparées se ramènent à deux I parallèles dont celui de droite serait alors facile à effacer. Ce que voyant, et tout en fournissant au 1er corps les moyens voulus pour s'opposer localement à cette rupture des lignes, je vais mettre toute ma volonté à resserrer jusqu'à les souder les deux extrémités supérieures de l'U, de telle sorte que les forces engagées par Wiese se trouvent finalement enfermées dans un O.

Dès qu'il se rend compte de l'ampleur de notre offensive, le commandant de la 19e armée allemande réagit avec une vigueur et, il faut le reconnaître, avec une intelligence indiscutables.

D'abord, il balaie impitoyablement les sous-ordres qu'il juge responsables du désastre. Le 85e *Armee Korps* est dissous et le général Kniess est expédié avec tout son état-major vers le Limoges nazi. De même, disparaissent le commandant de la 189e division, et la plupart des chefs de corps de cette grande unité ainsi que de la 338e.

Ensuite, Wiese se constitue une masse de manœuvre. Audacieusement, il prélève dans les Vosges ses deux meilleures divisions, les 198e et 269e, les renforce avec la 30e *Waffen SS* qui vient d'être refondue dans la région de Sélestat, et appuie l'ensemble avec une brigade de chars *Jagdpanther* ou *Panther* entièrement neufs que l'*OKW* lui envoie en droite ligne de Nuremberg[1]. Et il place ces forces dans le cadre d'un nouveau corps d'armée, le 63e AK, que commande le général Schalk.

Son intention est de cimenter les deux parois d'un couloir délimité à l'ouest par la ceinture orientale du camp retranché de Belfort prolongée jusqu'à la très solide position des Grands Bois dans l'angle Savoureuse-Allaine, et à l'est par le canal du Rhône au Rhin entre Montreux et Brininghoffen, avec Dannemarie comme môle principal – puis d'engager tous ses moyens disponibles dans ce couloir afin d'atteindre la frontière suisse au saillant de Porrentruy et de couper nos forces en deux tronçons.

Ainsi s'explique le durcissement brusque et très réel auquel nous nous sommes heurtés au débouché de Belfort et sur le cours inférieur de la Savoureuse. Et ce sont les premiers éléments des divisions de contre-attaque qui sont intervenus contre le groupement Miquel à Montreux, comme ce sont ceux de la paroi est qui, n'ayant pu conserver Altkirch, se sont du moins rétablis aussitôt à Aspach.

Les combats du 21 novembre autour de Courtelevant que nous avons déjà rapportés prennent dès lors leur juste importance. Ce ne sont pas des incidents locaux dus à quelques infiltrations mais la pointe de la première contre-attaque de la 19e armée allemande.

Cette première contre-attaque s'est déroulée sur trois axes : tandis que le gros de la 198e division allemande s'installait solidement à Chavannes, à Chavanattes et dans la zone des étangs et des bois à l'est de Vellescot, la 30e *Waffen SS* descendait la vallée de la Largue jusqu'à Friesen et l'usine électrique de Seppois pour s'y heurter à une résistance obstinée du RCCC et du 1er bataillon du 6e RTM, placés sous les ordres du lieutenant-colonel Charles. Entre ces deux poussées, un groupement particulièrement dynamique, commandé par un officier jouissant de la pleine confiance de Wiese, le major Grossjohann, était chargé de porter le coup principal. Effectivement, il a repris Suarce et Lepuix aux quelques pelotons qui y avaient établi des bouchons, et c'est lui qui a provoqué le gros accrochage de Courtelevant.

À la nuit, Schlesser réussit un coup d'audace. À 21 heures il fait charger, tous phares allumés, à pleine vitesse les 5 chars de l'adjudant-chef

1. Certains chars détruits par nous portent des immatriculations indiquant le 11 novembre 1944 comme date de sortie d'usine.

Harmand (1er cuirassiers) auxquels s'agrippent les légionnaires du lieutenant Hallo (1er RMLE). Faisant feu de tout son armement, ce détachement dégage en quelques instants en une course folle les routes de Courtelevant et de Réchésy et réussit à faire passer un convoi d'essence destiné à la 1re DB. Mais les abords immédiats de ces deux artères nous échappent et dans toute la zone règne l'insécurité.

Sans juger la situation alarmante, le 1er corps d'armée l'estime assez sérieuse pour monter immédiatement une riposte.

Le 22 novembre, au matin, le CC 4 attaque Lepuix en partant de Courtelevant et de Réchésy. Le sous-groupement Laimay du CC 5 qui lui a été adjoint s'élance en trombe et, avant 9 heures, culbute les éléments du groupement Grossjohann installés à Lepuix. De là, la progression continue, difficile, vers Suarce qui est repris à 15 heures.

Des reconnaissances, poussées alors vers Chavanattes, y prennent liaison avec le CC 5 qui, après des combats très violents et avec l'aide des 2e et 3e bataillons du 9e zouaves, vient de reconquérir de haute lutte Chavannes et Chavanattes. C'est là, en principe, le premier acte d'une « action convergente et massive en direction de Dannemarie » ordonnée par le 1er corps pour dégager son flanc gauche jusqu'au canal. Mais la reprise du mouvement vers Magny s'avère impossible – et d'autre part, la convergence envisagée et qui devait résulter d'une attaque concomitante de la 1re DB d'Altkirch vers Dannemarie ne se produit pas, cette division n'ayant pas été touchée par les ordres en temps utile.

D'ailleurs, elle-même n'a pas son entière liberté d'action. L'attaque de la 30e *Waffen SS Division* a repris violemment contre Friesen et nous a fait perdre le nord du village où viennent s'embosser trois *Jagdpanther*. Mais les pelotons de TD Voisin et Roussel et le peloton de reconnaissance Vernant du RCCC contre-attaquent et détruisent deux de ces trois chars. Les tirailleurs du capitaine Lorenzi (1er bataillon du 6e RTM) se lancent à l'assaut avec une confiance redoublée : à 16 heures, Friesen est à nouveau en entier entre les mains du groupement Charles.

Dans le secteur de Mulhouse, le CC 3, sans être sérieusement pressé, est inquiété par diverses infiltrations qui rendent nécessaire le resserrement de son dispositif. Au mépris de tous les risques qu'il court et dont notre contrebatterie n'est pas le moindre, M. Eugène Maurer, chef de gare de Grunhutte, nous signale par téléphone les mouvements des trains amenant des troupes d'outre-Rhin[1]. Grâce à son courage, nous connaissons ainsi avec exactitude le renforcement des moyens de l'ennemi qui se livre, au surplus, à une préparation « psychologique » en nous inondant de tracts défaitistes. Repliant donc deux de ses éléments qui sont « trop en l'air », Caldairou concentre Dewatre dans le triangle Mondenheim-Île Napoléon-Kreuzstrasse. À sa gauche, Gardy s'installe défensivement aux lisières nord de la ville. Au sud, Lépinay s'affermit dans Dornach et Brunstatt et se couvre à Morschwiller. Quant à la compagnie Colonnier (5e compagnie du 6e RTM), à court de munitions et menacée sur ses arrières, elle a dû revenir à Petit-Landau et s'y organiser en point d'appui fermé.

En résumé, cette journée du 22 novembre – si elle ne nous a pas apporté la reprise du mouvement en avant – a brisé les espoirs de Wiese. Nos lignes de communication ont été solidement rétablies et les unités engagées contre nous en Suarcine ont été écrasées. Les 200 tués, les 720 prisonniers, les 7 chars et les 8 canons de *Pak*[2] qu'il laisse sur le terrain illustrent la sévérité des combats qu'a menés avec succès la 5e DB, au prix de 49 tués, de 139 blessés et de 4 chars.

Devant ces résultats, on s'estime en droit, au 1er corps, d'envisager pour le 23 le nettoyage de toute la rive sud du canal et la prise de Dannemarie.

Mais, malgré la gravité de son échec, le chef de la 19e armée allemande ne renonce pas à son dessein. Dès le début de la matinée, il relance deux régiments, moins éprouvés que les autres, dans la vallée de la Largue. À 10 heures, Friesen est débordé par l'ouest. Bientôt la nationale 463 est coupée entre Seppois et l'usine électrique et la départementale 24 auprès de Pfetterhouse.

Dès qu'il a connaissance de ces événements, le général Béthouart donne, à 12 h 25, ordre à la 9e DIC de nettoyer les bois de chaque côté de

1. Grunhutte est une station située à l'intérieur des lignes ennemies dans la forêt de la Harth, à 8 kilomètres au nord-est de Mulhouse, sur la voie ferrée Chalampé-Mulhouse. Jusqu'au jour où les bombardements couperont les fils téléphoniques, c'est-à-dire pendant une semaine, la gare de Grunhutte restera ainsi reliée à Mulhouse, à l'insu des Allemands.

2. Artillerie antichar.

la route entre Courtelevant et Seppois, et à la 1re DB d'assurer la sécurité de la route Bisel-Pfetterhouse.

En réalité, à l'instant où sont rédigées ces instructions la bataille est déjà engagée, à l'initiative du lieutenant-colonel Gauvin, commandant le 2e bataillon du 6e RIC. Marchant en tête du régiment, désigné pour aller tenir le Rhin au sud de Kembs, Gauvin a trouvé ses itinéraires bouchés et a entrepris derechef de les dégager.

Mais l'obstacle se révèle considérable. Dans les bois touffus qui bordent la chaussée près de Pfetterhouse, 20 mitrailleuses lourdes et 50 *Panzerfaust*[1] sont terrés. Lorsque les coloniaux veulent aborder les lisières, ils sont assaillis à bout portant par une ligne d'infanterie extrêmement nourrie. Sous la pluie battante, il faut renoncer à une opération qui risquerait d'être terriblement coûteuse.

Pour la deuxième fois, les routes du Rhin sont donc coupées. Derrière le 6e RIC s'immobilisent tous les renforts et ravitaillements envoyés à la 1re DB.

Celle-ci, pourtant, les attend avec une certaine impatience car sa situation se tend de plus en plus. Autour d'Altkirch, le CC 1 a pu faire quelques prisonniers, mais s'est heurté partout, vers Aspach et Ballersdorf, à des résistances infranchissables. À l'ouest de Mulhouse, un groupement confié au commandant de Labarthe, et comprenant des éléments des 3e et 9e RCA[2], a réussi à conquérir une tête de pont au nord de la Doller, à occuper la gare de Lutterbach ainsi que le village de Heimsbrunn. Mais, à l'est de la ville, Dewatre est vivement secoué. Ses points d'appui de Mondenheim et de l'Île Napoléon sont, après une forte préparation d'artillerie, attaqués par des blindés et des élèves sous-officiers de l'École de Colmar. Une contre-attaque est nécessaire pour maintenir l'intégrité de nos positions. Et l'agressivité de l'ennemi n'en est pas sensiblement diminuée : le général du Vigier estime qu'elle reste assez inquiétante pour justifier l'envoi à Mulhouse du CC 2, jusque-là chargé de la protection des axes de communication dans la région de Waldighoffen. Il y relèvera le groupement Dewatre dont les éléments reprendront leur place dans le CC 3 ressoudé.

1. Fusées antichars allemandes, du même genre que les *Bazooka* américains.

2. 3e régiment de chasseurs d'Afrique (régiment de reconnaissance) et 9e régiment de chasseurs d'Afrique (tanks-destroyers).

Dans la ville même de Mulhouse enfin, l'ennemi s'accroche toujours frénétiquement à la caserne Lefebvre. Le colonel Baillif qui a pris en charge la défense du secteur urbain et qui dispose du groupement Gardy, de trois compagnies du 6ᵉ RTM et de ses unités régimentaires, monte une action contre ce réduit. À 14 heures, trois sections de Marocains pénètrent dans la cour du quartier par des brèches faites à coups de canon de tanks-destroyers et s'élancent dans les casernements. Mais tous les couloirs sont barrés de chicanes et enfilés par des armes automatiques. Nos hommes tombent : il faut absolument décrocher.

Pour aider les tirailleurs, un TD s'approche, dont l'équipage est presque aussitôt mis hors de combat. Un char s'engage alors dans la caserne. C'est celui du lieutenant de Loisy et son tir protège un instant le repli des voltigeurs. Mais deux coups de *Panzerfaust* l'atteignent... Ainsi tombe glorieusement en plein combat ce jeune officier qui avait eu la suprême fierté d'arriver le premier au Rhin, moins de quatre jours auparavant.

La tournure prise par les événements, tournure que souligne encore un échec du CC 5 devant Magny, amène le général Béthouart à placer en première urgence la sécurité des itinéraires Courtelevant-Seppois et Courtelevant-Réchésy-Pfetterhouse. Ses ordres pour le 24 novembre fixent à la 5ᵉ DB la mission de les dégager et de les tenir, avec le 6ᵉ RIC, jusqu'à relève par un groupement spécial de nettoyage, confié au colonel Colliou et fort du 152ᵉ RI, c'est-à-dire de l'ex-régiment FFI d'Auvergne, et du 4ᵉ spahis marocains (4ᵉ RSM – colonel Loth), régiment de reconnaissance de la 4ᵉ DMM, qui arrive directement des Alpes.

Sur la route départementale 24, entre Réchésy et Pfetterhouse, le dégagement commence le 24 novembre, à 9 heures, après un « marteau » de plus de 2 000 coups de canon. Le 2/6ᵉ RIC renouvelle sa tentative de la veille et se heurte à un ennemi aussi farouche. Dissimulés dans les taillis ou grimpés sur les arbres, les Allemands canardent nos marsouins et les FFI de la brigade du Languedoc[1] qui les épaulent. La progression ne s'en poursuit pas moins, lente et coûteuse, mais irrésistible. À 11 h 30, la route est libre et elle est aussitôt empruntée par les éléments de renforcement destinés au Rhin et à Mulhouse. À 13 heures, plus de 300 survivants du

---

1. On se souvient que la brigade du Languedoc est commandée par le colonel *Thomas*-David. Cette unité formera plus tard le 80ᵉ RI.

308ᵉ *Infanterie Regiment* cherchent leur salut en passant en Suisse. Leur fanatisme est tel que la plupart réclament leur rapatriement immédiat en Allemagne pour reprendre la lutte. Requête évidemment vaine, mais qui montre bien la qualité de l'adversaire que nous avions eu à vaincre.

Sur la nationale 463, dont le nettoyage est confié au CC 4, les chars arrivent assez aisément à Seppois d'où ils continuent leur marche jusqu'à Altkirch en vue d'attaquer Dannemarie à revers. Dans leur sillage marche le groupement Colliou qui opère aux abords de la centrale électrique et installe au nord de la route un rideau de protection avec deux bataillons du 152ᵉ RI, le troisième allant renforcer le point d'appui de Friesen. L'ensemble sera étoffé par l'arrivée des deux bataillons de chasseurs à pied du groupe mobile d'Alsace du commandant Georges[1].

L'objectif de première urgence que s'est assigné Béthouart est donc atteint. Et c'est heureux, car à Mulhouse du Vigier connaît, ce même 24 novembre, des moments difficiles.

La nuit y a été agitée. Deux gros coups de main sur le carrefour de l'Île Napoléon ont été contenus de justesse et, dès le début de la matinée, quelques coups de réglage confirment l'imminence d'une attaque.

On sait, au surplus, par le chef de la station de Grunhutte, que trois trains de troupe et de matériel sont arrivés à Chalampé, et par les rescapés d'une reconnaissance envoyée par le RICM que des chars et des fantassins nombreux sont en place dans la forêt de la Harth, à l'est d'Habsheim.

Ce village est pris à partie à 11 heures. Schlierbach, plus au sud, l'est à 14 heures, Rixheim à 16 heures, l'Île Napoléon à 17. Partout, les chars du CC 2 et notre artillerie repoussent les assaillants – la brigade blindée *Feldhernnhalle*[2] et au moins trois bataillons, le 2ᵉ *SS Ersatz Bataillon* et les *Kampfgruppen* Diemer et Reutlingen.

En fait, l'ambition de l'adversaire a été de prendre Mulhouse en tenailles et d'en pincer les accès sud. Aussi, le CC 3 porté sur la face ouest

---

1. Au moment où ces unités prenaient position, l'ennemi déclencha un bombardement de *minen* sur la route 463. Le général Devinck, adjoint au général de Vernejoul, qui se rendait auprès du CC 4 fut blessé par un éclat.

2. Cette brigade blindée, qui porte le nom de la brasserie de Munich où Hitler fonda le parti national-socialiste, fait ainsi sa première apparition devant la 1ʳᵉ armée française ; nous la retrouverons constamment sur notre front jusqu'à la libération totale de l'Alsace.

a-t-il, lui aussi, été attaqué. Il a réussi à se maintenir à Lutterbach mais a dû évacuer Heimsbrunn, pour se rétablir à Morschwiller.

Malgré l'importance de ces pressions combinées, la 1re DB a conservé pratiquement ses positions. Mais elle a cruellement déploré l'absence d'infanterie qui lui eût permis de poursuivre les unités allemandes après leurs échecs et de desserrer largement leur étreinte.

Toutefois, du Vigier envisage l'avenir avec optimisme car le 1er corps d'armée lui annonce l'envoi de renforts substantiels : les bataillons 1 et 3 du 1er RTM[1], le 3e bataillon du 6e RTM[2], le 2e BCP FFI[3] et le 4e RSM. La reprise du mouvement en avant sur Ensisheim et Brisach lui paraît donc possible à bref délai.

Pour ma part, durant ces journées des 21, 22 et 23 novembre, tout en attachant leur juste importance aux difficultés de Béthouart, je n'avais cessé de pousser celui-ci à poursuivre avec la plus grande énergie l'exploitation vers le nord.

J'avais appris, le 21 novembre au soir, l'heureux développement de la manœuvre de la 7e armée américaine et la poussée de la 2e division blindée dans les basses Vosges. En prévision du débouché de Leclerc dans le nord de l'Alsace, j'avais aussitôt cherché à lui donner la main le plus rapidement possible en accélérant la montée de la 1re armée française.

En conséquence, mon ordre général d'opérations n° 163 du 22 novembre 0 heure avait précisé ainsi la mission du 1er corps : exploitation sur les directions de Colmar et Brisach, puis de Strasbourg, avec préparation de franchissement du Rhin dans la région de Brisach. Quant au 2e corps, il avait reçu ordre, d'une part d'agir par sa gauche vers le centre de l'Alsace par la Schlucht et Bussang, d'autre part d'aider au passage du 1er corps au nord du canal en accentuant son avance vers Rougemont et Aspach-le-Pont d'où il aurait à redresser sa marche vers Colmar.

Si l'évolution souhaitée ne s'était pas produite sur le front du 1er corps, en raison des contre-attaques de la 19e armée allemande, par contre les

1. Le 1er régiment de tirailleurs marocains (1er RTM) est commandé par le colonel Deleuze, son 1er bataillon par le commandant Bastiani, et le 3e par le commandant Lenormand.

2. Commandant Diebold.

3. Commandant Daumont.

résultats obtenus sur le front du 2e corps – et spécialement de la 1re DFL – allaient à l'inverse autoriser des développements importants.

En s'emparant de Giromagny, le 22 novembre, la 1re DFL a, en effet, créé une brèche dans les lignes allemandes de la Savoureuse et amorcé sur ce point un débordement par le nord du camp retranché de Belfort dont le plan oriental continue à arrêter la 2e DIM.

Pour coordonner la manœuvre, je place celle-ci[1] sous les ordres du général de Monsabert qui gardera, en outre, le CC 6 aussi longtemps que les difficultés éprouvées par le reste de la 5e DB empêcheront le regroupement utile de toute cette grande unité blindée.

Les ordres de Monsabert pour le 23 novembre prévoient un effort général sur tout son front, avec l'intention d'« ouvrir la porte au CC 6, soit au sud sur l'axe Dambenois-Fontaine, soit au nord sur l'axe Giromagny-Rougemont-le-Château ».

La porte sud résiste obstinément. Le groupement Piatte[2] qui opère dans l'angle du canal de la haute Saône mettra deux jours pour s'emparer de Trétudans mais se brisera, en dépit d'assauts répétés et sanglants, sur la position des Grands Bois qui reste imprenable.

De même, au nord immédiat de Belfort, une tentative du groupe des commandos d'Afrique pour enlever le fort de Roppe échoue tragiquement. Le commando du capitaine Mongraham, chargé de l'opération, se heurte au cours de l'approche dans la forêt d'Arsot à un gros bataillon allemand, lui-même en marche pour contre-attaquer nos positions à la sortie nord de Belfort. Un combat de rencontre terriblement inégal s'engage : en deux heures, 5 officiers sur 6 sont tués et l'ensemble de l'engagement nous coûte 50 morts.

Tout à fait au nord du 2e corps, devant la 3e DIA, l'opposition ennemie demeure également efficace. Le seul changement, appréciable, obtenu le 23, l'a été par le 3e RTA qui a enlevé le fort de Château-Lambert.

Par contre, les progrès accomplis par la DFL entrouvrent une « porte nord ».

---

1. On se souvient que, depuis le 20 novembre, la 2e DIM et le CC 6 de la 5e DB formaient un groupement placé directement aux ordres de l'armée.

2. 5e RTM, bataillon FFI Vigan-Braquet, demi-brigade FFI Corrèze-Limousin, un escadron de TD du 2e dragons et groupe d'artillerie 2/63.

Dans la partie de son secteur la plus proche de Belfort, elle s'est, elle aussi, heurtée à un mur infranchissable. Le bataillon du Pacifique n'a pu conserver Éloie, un instant atteint, et le RCT Raynal n'a avancé que de quelques centaines de mètres au-delà de Rougegoutte, franchissant un fossé antichar sur la route de Grosmagny. Mais, à l'autre extrémité du secteur, le RCT Delange a escaladé les pentes du ballon d'Alsace et dépassé la source de la Doller, auprès de Sewen. À sa droite, le groupement de choc Gambiez a, lui aussi, progressé sous bois, enlevant à la nuit le hameau de la Madeleine.

Reprise le 24 novembre sous des giboulées de neige et de pluie alternées, cette action, dont le démarrage s'était avéré si difficile, aboutit rapidement à des résultats payants : tandis que le 1er bataillon de la Légion de la 1re DFL se rend maître du sommet du ballon d'Alsace, Gambiez rabat ses « chocs » vers le sud et le sud-ouest. Le commando lourd du capitaine Fournier mord dans la partie septentrionale de Rougemont, et le groupe de l'adjudant Lévêque (section Libersa de la 4e compagnie de choc) anéantit dans une embuscade une compagnie allemande entre cette localité et Étueffont dont le détachement Clauzon[1] tient les premières maisons.

Cette prise à revers des défenses adverses qui s'opposaient au RCT 3 entraîne, dans la journée, leur écroulement. Après de durs combats, Raynal s'empare de Grosmagny et Bavière de Petit-Magny ; la route de Rougemont-le-Château est aux trois quarts conquise.

La manœuvre de Burnhaupt

C'est là un sérieux succès mais, tout compte fait, le bilan de nos efforts est mince. L'ensemble des Vosges n'a pas bougé, la paroi est des fortifications de Belfort n'a pas cédé, la résistance ennemie s'est durcie dans la région de Mulhouse et notamment dans la Harth, et, si nos communications ont pu être rétablies, elles n'en restent pas moins précaires.

Dans ces conditions, peut-on encore escompter une reprise rapide de l'exploitation sur les directions primitivement prévues de Cernay-Colmar et d'Ensisheim-Brisach ?

---

1. Une section de chacune des compagnies du bataillon de choc.

À Montbéliard, devenu le rendez-vous des personnalités alsaciennes impatientes de regagner leurs postes, nul ne veut en douter. Déjà, le maire de Mulhouse, le « Père » Wicky, en est parti pour reprendre, le 21 novembre, ses fonctions dans sa ville où M. Fonlupt-Esperaber, préfet nommé du Haut-Rhin, s'installe également, en attendant le moment d'entrer à Colmar. Le maire de cette cité, M. Richard, compte bien y arriver en même temps que lui ; l'envie qu'il porte à son collègue Wicky, s'accroît encore lorsque M. Charles Frey nous quitte en hâte pour regagner Strasbourg libérée le 23 novembre par le raid fameux du général Leclerc.

Il est vrai que cette progression de la 7e armée américaine au nord de l'Alsace, largement aidée par notre propre avance[1], paraît ouvrir les possibilités d'une rapide libération de toute la province. Pour l'assurer, il suffirait que quelques-unes des divisions de Patch, et notamment la 2e DB, portent leur poids vers le sud, à notre rencontre, c'est-à-dire sur les arrières de la 19e armée allemande, tout entière arcboutée contre nous. Sous ces deux pressions convergentes Wiese ne pourrait tenir. Mais la direction stratégique donnée à la 7e armée qui doit couvrir Patton à droite de la Sarre l'oriente, à l'inverse, vers le nord, sur Wissembourg et la Lauter. Et Leclerc ne reçoit, après la prise de Strasbourg, que la mission de couvrir, à hauteur de la vallée de la Bruche, le flanc du 15e corps d'armée US auquel il est rattaché.

Dès lors, l'espoir d'une vaste manœuvre coordonnée des deux armées du 6e groupe – l'une remontant au sud, l'autre descendant du nord – doit être tenu pour provisoirement exclu. C'est à la 1re armée française seule que continuera d'incomber toute la charge de détruire les forces de Wiese. Et puisque celui-ci a engagé ses gros vers le fond de la poche que dessine notre front, dans le dessein évident de la crever, nous ne pouvons dans l'immédiat tendre à autre chose qu'à l'enfermer dans cette poche.

Si, en effet, à partir de Mulhouse d'une part et de la région de Rougemont-Masevaux d'autre part, les 1er et 2e corps d'armée s'appuyant à la Doller réussissent à opérer rapidement leur jonction vers Soppe-le-Bas-Burnhaupt, c'est tout le 63e *Armee Korps* et ses renforcements qui seront enserrés entre les mâchoires d'un étau et voués à la destruction.

---

1. Eisenhower, *Croisade en Europe*, édition française, p. 382.

Dans l'après-midi du 23 novembre, je fais part pour la première fois de cette perspective à Béthouart et à Monsabert, afin qu'eux-mêmes puissent orienter dans ce sens l'esprit de leurs subordonnés. Ce n'est encore à ce moment qu'un projet, mais les renseignements reçus dans les heures suivantes achèvent de le mûrir : le 24 novembre à midi, je diffuse l'ordre général d'opérations n° 167 qui précise de façon complète le but et les modalités de cette nouvelle manœuvre d'armée.

Tout en assurant la sécurité de ses communications en s'emparant de Dannemarie et en renforçant sa couverture sur le Rhin ainsi que l'occupation de Mulhouse, le 1er corps d'armée « devra profiter des avances du 2e CA pour agir sur la direction Morschwiller-Burnhaupt ».

Le 2e corps d'armée poursuivra vigoureusement son action en direction de Burnhaupt par la Doller et Rougemont pour faire sa jonction avec le 1er CA et continuant son action avec ce dernier « assurer l'encerclement et l'anéantissement des éléments ennemis de la trouée de Belfort ». Il devra ensuite atteindre et occuper Thann et Cernay.

Dans cet ordre, je confirme à Béthouart la mise à sa disposition des renforcements que nous connaissons déjà, et dont le plus capital est évidemment la 4e DMM prélevée sur les Alpes, à l'exception d'unités d'artillerie et de quelques services qu'il est indispensable de laisser en renforcement à la 27e division alpine du secteur des Alpes confié au général Bondis[1].

Pour sa part, Monsabert reçoit le bataillon Janson de Sailly du commandant de Gayardon[2], qui rejoint la brigade de choc Gambiez.

Entrant pleinement dans ces vues qui conviennent à son tempérament offensif, le général de Monsabert décide d'exercer l'effort de son corps d'armée sur l'axe Grosmagny-Rougemont-Lauw-Aspach-le-Pont, tout en s'éclairant vers Thann et Cernay. En même temps, il cherchera à gagner les hautes Vosges par le ballon d'Alsace et Fellering pour maîtriser la vallée de la Thur, d'Oderen à Thann.

---

1. Le général Bondis dispose pour assurer la défense du secteur des Alpes des unités suivantes : 27e DIA commandée par le colonel Valette d'Osia ; 69e RA ; le groupe 2/RACAOF (155 court) ; deux batteries de FTA ; deux compagnies muletières ; deux sections de transport automobile et des éléments du 8e bataillon médical.

2. Le bataillon Janson de Sailly prendra le 6 janvier 1945 le dénomination de « 2e bataillon de choc ».

Sa conception de manœuvre est donc parfaitement nette. Mais son exécution se trouve compliquée de la façon la plus regrettable par l'obligation où il est de prévoir le très prochain retrait de la 1re DFL.

Nous sommes, en effet, au 24 novembre et c'est le 28 qu'en application des instructions du 6e groupe d'armées US, la division Garbay doit commencer à se rassembler autour de Vesoul pour s'embarquer vers les poches de l'Atlantique. Il est donc grand temps de prévoir sa relève.

C'est en jouant sur les limites entre les divisions que le commandant du 2e corps d'armée réalisera le retrait progressif de la 1re DFL. La 3e DIA étendra graduellement sa zone d'action vers le sud-est et la 2e DIM vers le nord-est. Ainsi, celle de la 1re DFL ira-t-elle en s'amenuisant pour finir en pointe aux abords de Lauw. La réalisation de cette relève par extinction devra, sous réserve d'aménagements de détail, être effective le 26 novembre.

Jusque-là, Monsabert entend utiliser la DFL en lui faisant continuer sa progression vers Rougemont et Lauw, tant par poussée directe sur cette direction que par manœuvres successives de débordement par les vallées descendant des Vosges, exécutées par les « chocs » de Gambiez.

La 2e DIM fournira l'effort principal, avec l'appui du CC 6 Tritschler. Se couvrant face aux défenses de Belfort, et, ultérieurement, de Dannemarie, elle reprendra à son compte, après dépassement, la mission impartie à la DFL, le CC 6 visant pour sa part Pont-d'Aspach et Burnhaupt.

Quant à la 3e DIA, renforcée du 1er GTM, elle poursuivra méthodiquement la conquête des crêtes et devra être en mesure le plus tôt possible de poursuivre son mouvement vers Fellering.

Tels sont les ordres de Monsabert pour le 25 novembre.

Mais la journée commence par une surprise heureuse ; dans la nuit, l'ennemi a décroché sur la presque totalité du front du 2e CA.

Le danger d'enveloppement que notre avance sur Rougemont fait courir à l'adversaire cramponné aux ouvrages est de Belfort, à la ligne de la Savoureuse et aux défenses de l'éperon des Grands Bois, a, en effet, amené le général Wiese à prescrire un repli général de ses forces sur une position d'arrêt. En cours d'organisation, cette position est jalonnée, au nord du canal du Rhône au Rhin, par le ruisseau Saint-Nicolas, cours d'eau qui, par Fontaine, descend de Rougemont-le-Château jusqu'à Montreux-Vieux – et, au sud du canal, par la Suarcine.

Le décrochage s'est effectué avec tellement de soin que, devant la 2e DIM, le contact est perdu. Au nord-est de Belfort, le 8e RTM ne le reprend qu'en fin de journée à Angeot et Larivière. Au sud-est, il ne sera même retrouvé par le 5e RTM qu'au début du 26, au-delà de Cunelières et de Montreux-Château.

De même, la 3e DIA peut avancer sans encombre dans les secteurs de La Bresse, de Cornimont et du Thillot. Par contre, la résistance ennemie ne présente aucun fléchissement à l'est de Gérardmer.

En présence de cette situation, Monsabert a le souci d'accentuer sa pression sur sa direction essentielle de Rougemont pour ne pas laisser à son adversaire le temps de se rétablir. C'est pourquoi, dans la matinée, il prescrit à la 2e DIM renforcée du CC 6 de pousser le plus rapidement possible sur la nationale 83 et sur la route de Rougemont pour atteindre la région de Burnhaupt – et à la 1re DFL d'employer tous ses moyens, y compris la brigade Gambiez, sur Thann par Massevaux et Bourbach-le-Haut.

Toutefois tant de destructions et de pièges ont été accumulés par la *Wehrmacht* dans la zone abandonnée par elle que la progression de la 2e DIM ne peut s'opérer aussi rapidement que le pensait le commandant du 2e corps. Le CC 6, que l'ordre d'attaque trouve engagé sur les pistes rayonnant autour du hameau de la Madeleine par où il escomptait tourner les résistances d'Étueffont, a une peine infinie à redescendre sur la grand-route de Rougemont qu'il n'atteint pratiquement qu'à la nuit.

En bref, dans le secteur de la 2e DIM, le bilan de la journée du 25 novembre ne se solde que par la reprise du contact.

Cependant, à la DFL, Garbay – qui reçoit ce même jour ses étoiles – a lancé la brigade Gambiez sur Massevaux par la forêt. À la tombée du jour, le groupe de commandos de France du commandant de Foucaucourt aborde la petite ville que défendent sans esprit de recul deux régiments de la 159e division allemande. Très vite, de violents et meurtriers combats de rues s'engagent dans l'obscurité.

Pour appuyer les commandos de France, le lieutenant-colonel Gambiez envoie à la rescousse les compagnies du bataillon Janson de Sailly qui vont recevoir ainsi leur baptême du feu. Foucaucourt a prévu pour ces renforts des missions d'occupation dans les intervalles ou sur les arrières de ses commandos.

Mais, voulant donner la mesure de leur ardeur et de leur courage, ces intrépides « marie-louise » du commandant de Gayardon – bientôt blessé lui-même – se portent spontanément au plus fort des combats de rues, sous les tirs meurtriers des fusants. Vingt-sept tombent ainsi au cours de cet implacable engagement nocturne – vingt-sept nobles garçons de France auxquels le cardinal Tisserand et moi-même viendrons dès le lendemain rendre les derniers honneurs sur le lieu même de leur sacrifice.

Mais ces efforts sanglants n'ont amené, au matin du 26 novembre, que la prise des quartiers sud de Massevaux, sur la rive droite de la Doller. La chute du reste de la ville s'avérera extrêmement dure et ne sera acquise que dans la soirée du 26. Il est évident que la progression sur Bourbach, étant donné l'acharnement ennemi, ne pourra se poursuivre avec rapidité.

Si l'influence du repli allemand sur le ruisseau de Saint-Nicolas n'a pas été capitale devant le 2e corps, elle a été moins sensible encore sur le front du 1er corps.

En possession de mon ordre général n° 167, Béthouart a étendu, le 24 novembre au soir, le secteur de la 9e DIC jusqu'à la Largue. La 5e DB, relevée entre cette rivière et le canal, se regroupera pour attaquer Dannemarie à la fois par le sud, en partant de Friesen, et par l'est, en partant d'Altkirch. À sa droite, la 1re DB continuera à se consolider dans la région de Mulhouse et engagera au minimum un *Combat Command* sur la direction de Burnhaupt.

L'annonce du repli allemand derrière Belfort amène le commandant du 1er corps d'armée à penser que, devant lui également, l'ennemi a l'intention de décrocher et qu'en conséquence, il faut hâter l'exécution des ordres déjà donnés.

Mais il apparaît bientôt que cet espoir, logique cependant, est sans fondement. Les reconnaissances de la 9e DIC se heurtent, au sud du canal, au-delà de la ligne Chavannes-Suarce-Lepuix, à un ennemi toujours aussi vigilant et disposant de chars. La zone qu'il occupe, entre Suarcine et Largue, est singulièrement rétrécie, mais il la tient bien.

Pour sa part, la 5e DB met en place son dispositif d'attaque et lance quelques patrouilles blindées qui trouvent partout un contact étroit.

Quant à la 1re DB elle éprouve, elle aussi, de grosses difficultés à amorcer son mouvement sur Burnhaupt. Désigné pour cette opération et articulé en deux groupements, le CC 3 réussit néanmoins à progresser quelque peu. Le groupement de Lépinay[1] prend Didenheim puis Hochstatt et enlève Galfingue, malgré l'opposition de *Jagdpanther* et d'une infanterie mordante. Plus au nord, le groupement Labarthe[2] s'avance de Morschwiller jusqu'aux lisières d'Heimsbrunn – devant lesquelles tombe le commandant du 2e bataillon de zouaves, le capitaine Arnould, un ancien de l'état-major de ma 14e division en 1940.

Mais, malgré les obstacles qui demeurent, un vent d'optimisme souffle sur les PC. Un vent de fierté aussi car, durant toute cette journée du 25 novembre, le général Eisenhower accompagné du général Devers et du général Bradley, commandant le 12e groupe d'armées, a inspecté notre armée et rendu visite à plusieurs de nos grandes unités. Après l'avoir accueilli à Montbéliard, ce m'est une joie de lui présenter dans l'action mes principaux lieutenants – et plus encore de pouvoir transmettre à tous l'expression des félicitations chaleureuses que nous adresse le Commandant suprême des forces alliées pour les succès remportés depuis le 14 novembre par la 1re armée française.

Il me faut ce même jour annoncer au général du Vigier une nouvelle qui, pour heureuse qu'elle soit, ne va pas sans lui causer bien des regrets : la confiance du chef du Gouvernement provisoire lui vaut d'être le premier gouverneur militaire de Strasbourg libéré. Il est entendu, toutefois, qu'il ne rejoindra ce poste, à tant d'égards important, qu'ultérieurement et qu'il restera à la tête de la 1re division blindée jusqu'à la conclusion de la bataille en cours[3].

Or la bataille n'est pas finie. Elle ne le sera que lorsque aura été « fermée la pince » dans la région de Burnhaupt. Comme Fontaine l'avait été une semaine plus tôt, Burnhaupt devient le leitmotiv que je répète à tout instant. Mais j'y mets plus de force encore, car cette fois il ne s'agit plus de nous assurer une tête de pont pour développer et accélérer la bataille, il s'agit de conclure victorieusement celle-ci. Burnhaupt : par téléphone, par message-express, je ne cesse de redire ce nom, résumé de toutes les

1. Deux escadrons de chars du 2e RCA, une compagnie du 2e bataillon de zouaves, une batterie d'artillerie.

2. Deux escadrons du 3e RCA, un escadron du 9e RCA EM et une compagnie du 2e bataillon de zouaves, 3/6e RTM.

3. En attendant l'arrivée du général du Vigier, les fonctions de gouverneur militaire seront assurées par le général Schwartz nommé commandant du département du Bas-Rhin et qui rejoint Strasbourg le 26 novembre.

instructions que j'envoie à Béthouart et à Monsabert, et qu'eux-mêmes répercutent à leurs divisionnaires.

Et pourtant, malgré la confiance et l'ardeur de chacun, ce n'est pas encore le 26 novembre que la pince sera fermée – ni même le 27.

Le 26, en certains points, l'ennemi tente de reprendre une fois de plus l'initiative.

Dès 1 heure du matin, à la 1re DB, Lépinay est violemment contre-attaqué à Galfingue. Un second assaut se produit à 3 heures, avec de gros chars et une infanterie nombreuse. Pendant des heures, la lutte se poursuit dans l'obscurité complète. Au jour, nous restons maîtres du village, mais tout débouché vers Burnhaupt est impossible. En quelques instants, nous perdons une automitrailleuse et trois *Sherman.*

C'est que la *Wehrmacht* tient toujours Heimsbrunn ainsi que les bois avoisinants et que, par là, elle prend de flanc toutes les tentatives de Lépinay. Toute avance de celui-ci est donc subordonnée à l'action entreprise contre ces positions par Labarthe.

La lutte qu'engage ce dernier – vers 10 heures – est féroce. Heimsbrunn est défendu par le 269e bataillon de pionniers que renforce une compagnie du 654e bataillon de *Panzer* lourds. Ce n'est qu'à 16 heures, au prix de 60 tués et blessés et de la perte de 2 chars que les zouaves du capitaine Kleinmann (2e bataillon)[1], les tirailleurs du commandant Diebold (3/6e RTM) et les blindés des escadrons Dumont et Brisson (3e RCA) enlèvent ce centre de résistance et s'y installent pour la nuit.

À l'autre bout du secteur du 1er corps en Suarcine, à l'heure où le groupement Colliou rattaché à la 9e DIC s'apprêtait à quitter ses positions de protection des itinéraires pour progresser vers le nord, des renseignements apportés par des déserteurs lui signalent l'imminence d'une attaque. De fait, après une heure de préparation d'artillerie, quatre bataillons ennemis[2] appuyés par des chars et des automoteurs s'élancent, à 8 h 45, à l'assaut de la centrale électrique de Seppois.

À 9 h 30, à bout de munitions, ses défenseur doivent se replier à quelques centaines de mètres : une troisième fois, la route du Rhin est coupée !

---

1. Le 2e bataillon de zouaves porté est commandé par le capitaine Kleinmann depuis la mort du commandant Arnould tué la veille devant Heimsbrunn.

2. Deux bataillons du 305e IR et deux du 326e IR (198e *Infanterie Division*).

Une contre-attaque du 1er bataillon du 152e RI ne peut atteindre son objectif. Une section du bataillon médical de la 9e DIC est prise entre deux feux. Le médecin-capitaine Cheynel est tué, trois conductrices grièvement blessées. Mais le cran de l'une d'elles, Marie-Louise Bajeux, en impose à l'adversaire qui laisse passer leurs ambulances.

Spontanément, le commandant Georges pousse une compagnie du groupe mobile d'Alsace sur le point menacé, en avant duquel se concentrent les feux de l'artillerie de Magnan. Profitant du répit qu'il en retire, celui-ci alerte le 9e zouaves, le régiment de tous les coups durs, et prescrit à son 2e bataillon (commandant Leguay) de contre-attaquer d'ouest en est pour prendre de flanc la poussée ennemie pendant que le 15-2 agira de front contre la centrale électrique.

Bien réglée, cette opération aboutit à un complet succès. À 17 h 15, la centrale est reprise, la route dégagée : cette ultime tentative du commandement allemand lui a coûté des pertes terribles : dans les bois déchiquetés, c'est par centaines que se comptent les cadavres entassés par le feu meurtrier de nos canons.

Mais la 9e DIC a employé sa journée à régler cette affaire et ses unités en position le long de la Suarcine n'ont pu déboucher vers l'est tant a été violent le tir de l'artillerie adverse.

Par contre, entre la 9e DIC et la 1re DB, la division de Vernejoul a sérieusement secoué le môle de Dannemarie.

Agissant vers le nord, au départ d'Altkirch, le CC 5 s'est littéralement rué sur Aspach où il a fait 600 prisonniers, puis a réussi à créer une petite tête de pont au nord du canal et à s'emparer de Spechbach-le-Bas ainsi que de Brininghoffen.

Axé vers l'ouest, le CC 4, soutenu par la brigade FFI Malraux, s'est porté vers Dannemarie en deux colonnes.

La colonne Robelin, qui doit déborder largement par le nord cette petite ville, atteint Hagenbach et pousse même au-delà quelques éléments, bientôt isolés d'ailleurs par la destruction du pont sur le canal qu'ils avaient franchi par surprise. Toutefois, une fragile tête de pont est acquise.

La deuxième colonne, celle du colonel du Breuil, a pour mission de marcher directement sur Dannemarie. Mais, sur sa route, se trouve un formidable obstacle, le village de Ballersdorf, tenu par le 76e *Infanterie*

Regiment de la 30ᵉ *Waffen SS*, les automoteurs du 1 198ᵉ *Heeres Motor-Abteilung*, le 435ᵉ *Flak Abteilung* et la *Panzerspak Kompanie*. Un combat violent s'engage qui dure tout l'après-midi. Mètre par mètre, le village est grignoté : il ne sera complètement conquis qu'après que la *Panzerspak Kompanie* aura perdu 20 de ses 24 automitrailleuses.

Malgré l'âpreté de cet engagement, que ce seul chiffre suffit à indiquer, du Breuil n'attend pas son issue pour prélever sur ses forces un sous-groupement qu'il confie au commandant de Preval, avec mission de déborder Ballersdorf et d'attaquer immédiatement Dannemarie. Ce sous-groupement enlève au passage Gommersdorf, mord dans le quartier est de Dannemarie et, après bien des vicissitudes, se cramponne autour de la gare.

Ce coin enfoncé dans la ville permet, le 27, la reprise de l'action dans de bonnes conditions. Reportant ses éléments libérés par la prise de Ballersdorf sur le sud de Dannemarie et s'appuyant sur Preval à l'est, du Breuil saisit la ville dans une tenaille. Entre les deux pinces, de forts éléments de la 30ᵉ *Waffen SS*, soutenus par une compagnie de *Jagdpanther*, trois ou quatre groupes d'artillerie et un train blindé résistent désespérément. Une fois de plus, l'ennemi ne cède le terrain qu'après épuisement de tous ses moyens. Mais, à 13 heures, il est écrasé. Et le CC 4 se hâte de jeter un élément du RMLE sur la rive nord du canal et du ruisseau qui le longe pour rétablir les ponts indispensables à l'exploitation de ce succès.

Au nord de Dannemarie, le CC 5 a fait, pendant ce temps, du bon travail. Après une véritable bataille, il est entré dans Spechbach, puis dans Enschingen : c'est un caporal qui conduit la section de la 2ᵉ compagnie du RMLE qui y pénètre en tête... Tous les autres gradés sont tombés.

D'Enschingen, le groupement Laïmay descend sur Balschwiller et y anéantit le détachement de reconnaissance de la 30ᵉ *Waffen SS*. Le village est conquis et 110 prisonniers y sont capturés.

Cet ébranlement de la résistance allemande dans tout le secteur de Dannemarie facilite l'action de la 9ᵉ DIC qui ratisse les bois de l'Oberwald et remonte tout le « doigt de gant » de Suarcine. Le général Morlière, commandant l'ID 9, attaque vers le nord en venant de la centrale électrique de Seppois, avec le 23ᵉ RIC, le 9ᵉ zouaves, le 152ᵉ RI et le groupe mobile d'Alsace. Une fois déclenché ce mouvement, le colonel Bourgund pousse vers l'est en partant de Suarce avec le 21ᵉ RIC et le groupement Charles descend la vallée de la Largue depuis Friesen.

Partout, la progression est rapide. Cette fois, le fond de la poche allemande est résorbé. Valdieu est occupé et la liaison prise à Dannemarie avec la 5e DB.

Mais, dans sa partie supérieure, le flanc est tient toujours. Contre lui, du Vigier a cependant engagé toutes ses disponibilités, à savoir le CC 3 en entier et un groupement du CC 1 commandé par Durosoy. Appuyé par une concentration des feux de toute l'artillerie, Lépinay a réussi à déboucher d'Heimsbrunn mais, à chaque pas ou à chaque tour de chenilles, ses éléments se heurtent à des mines, à des abattis, à des bunkers qui donnent une singulière efficacité à la résistance fanatique des grenadiers et des *Panzer.* Il faut la journée entière et une suite ininterrompue d'engagements furieux que domine sans cesse le grondement des canons pour progresser de 1 500 mètres et atteindre la chapelle de Notre-Dame-du-Chêne. Du moins cette avance a-t-elle fait sauter les positions qui prenaient de flanc nos éléments de Galfingue et permis à ceux-ci de s'avancer jusqu'à Bernwiller. À leur gauche, Durosoy s'est assuré de Frœningen et a pris à Spechbach-le-Haut la liaison avec la 5e DB.

Ce grignotage obstiné réduit de plus en plus la distance qui sépare 1er et 2e corps, mais sans réussir pourtant à assurer leur jonction. Burnhaupt qui semble à portée de main reste toujours insaisissable.

Le 2e corps d'armée, en effet, connaît devant la paroi ouest de la poche des difficultés symétriques de celles auxquelles s'est heurtée la 1re DB. Et l'optimisme qui animait chacun au matin du 26 novembre s'est trouvé rapidement démenti.

Dans le secteur de la 2e DIM, le groupement Chappuis[1] chargé par Carpentier de l'effort principal sur Burnhaupt est bloqué pile dès ses premières tentatives, le 25 novembre, pour dépasser Rougemont. Le CC 6, pris de flanc par des tirs violents de *Pak* et d'artillerie lourde ne peut déboucher. Seuls, les tirailleurs du 4e marocains, en s'infiltrant par les bois, finissent par gagner la patte-d'oie au sud de Lauw et à s'y maintenir malgré des contre-attaques appuyées de blindés. Par contre, leurs camarades du 8e RTM ne peuvent se maintenir sur la petite tête de pont, un instant conquise au nord du ruisseau Saint-Nicolas, vers Angeot.

1. 4e RTM, CC 6 et deux groupes du 63e RAA.

À la DFL, le nettoyage de la haute vallée de la Doller est rendu extrêmement malaisé par des résistances ennemies accrochées sur les crêtes orientales de la vallée. Et, à Massevaux, où les « chocs » ont été renforcés par des TD du colonel Simon (8e RCA), les combats de rues se poursuivent, toujours aussi acharnés pour des résultats toujours aussi lents.

Seule la 3e DIA réalise une avance sensible, mais inférieure à ses espoirs. Articulée en quatre groupements d'exploitation, elle avait l'ambition de foncer sur Colmar par la Schlucht (groupement Hogard), sur Munster par le col d'Oderen (groupement Duval), sur Fellering par le col de Bussang (groupement Agostini) et sur Cernay-Guebwiller par la route des Crêtes (groupement Leblanc). Pratiquement, Hogard ne peut pas plus avancer vers la Schlucht que les éléments de la 3e DIUS avec lesquels il est en liaison sur sa gauche. Si Duval met facilement la main sur Ventron, il est stoppé à 2 kilomètres en avant du col d'Oderen – tout comme Agostini demeure bloqué devant le col de Bussang, après avoir libéré Le Thillot, Fresse, Saint-Maurice-sur-Moselle et la localité même de Bussang. Le succès le plus important revient au groupement Leblanc qui, avec le 1er GTM, a pu déloger l'ennemi de Rimbach et lancer ses patrouilles au-delà de ce village, c'est-à-dire sur les arrières des positions allemandes des cols de Bussang et d'Oderen.

Mais cette pointe est trop faible pour entraîner la rupture d'un front que la *Wehrmacht* tient avec une résolution frénétique. Le 27, nos lignes ne subiront aucune modification appréciable. Une attaque montée en souplesse par Chappuis, renforcé de Simon, pour enlever la position clé de Lauw se solde par un échec, malgré la vaillance dépensée par nos troupes débouchant de la patte-d'oie et de Massevaux qu'on achève de nettoyer.

Cette résistance farouche sur les deux flancs de la poche allemande, notamment à Heimsbrunn et Lauw, c'est-à-dire aux deux points où se porte précisément l'effort de fermeture de notre tenaille, trahit la volonté de Wiese d'assurer l'écoulement vers le nord de ses forces qui combattaient dans la trouée de Belfort, et leur rétablissement en plaine d'Alsace.

L'essentiel pour nous est de ne pas lui laisser le temps de se ressaisir.

> Il importe, souligne mon ordre général d'opérations n° 167 du 27 novembre au soir, tout en continuant l'action d'encerclement entreprise dans la région de Burnhaupt, d'empêcher à tout prix l'en-

> nemi de se rétablir en plaine d'Alsace, de bousculer et de déborder, sans lui donner de répit, les lignes de résistance auxquelles il pourrait encore s'accrocher, et de rechercher sans cesse vers le nord l'occasion favorable d'une nouvelle manœuvre d'encerclement.

C'est pourquoi, tout en prescrivant au 1er corps d'armée « de parachever le bouclage dans la région de Burnhaupt », je lui donne mission de lancer la 1re DB sur Cernay et Ensisheim, et de déborder par le nord la forêt de la Harth.

Parallèlement, le 2e corps d'armée « poursuivra sans désemparer les actions sur Burnhaupt et par les hautes vallées des Vosges pour déborder et encercler partout où cela sera possible les forces ennemies refluant du seuil de Valdieu ». Liant son action à celle de la 1re DB sur Cernay, il nettoiera la région boisée de la basse vallée de la Thur et portera ses gros sur la ligne Guebwiller-Soultz-Reguisheim.

Il est, d'autre part, prévu qu'à partir de la ligne Cernay-Ensisheim-Fessenheim, la 1re DB passera aux ordres de l'armée pour s'élever sur les deux itinéraires Brisach-Strasbourg et Colmar-Sélestat-Strasbourg, à la rencontre des unités de la 2e DB.

Ces dispositions sont conformes aux termes de la lettre d'instruction n° 3 que m'a adressée dans la journée le général Devers.

En effet, ce document qui donne pour objectif à la 7e armée la rupture de la ligne Siegfried à l'ouest du Rhin suivie d'un déploiement en force au-delà du fleuve, au sud de Mannheim, prescrit à la 1re armée française de « poursuivre la destruction de l'ennemi dans sa zone à l'ouest du Rhin ». Cette zone sera incessamment étendue de façon à y faire entrer Strasbourg et tout le front du Rhin, la 2e DB du général Leclerc devant être « placée sous le contrôle opérationnel de la 1re armée française le plus tôt possible ».

Dans l'esprit du commandant du 6e groupe, la jonction de ces deux armées et la libération totale de l'Alsace n'est plus qu'une question de jours. Et c'est bien aussi ce qu'on espère à tous les échelons. Cette perspective fait oublier la fatigue qui, après deux semaines de combats incessants et violents sous une pluie presque continuelle et glaciale, commence à peser lourdement sur toutes les unités.

Le 28 novembre, on repart donc, malgré tout, avec un élan nouveau. Sur le ruisseau de Saint-Nicolas, l'ennemi se dérobe en souplesse et les Marocains le talonnent.

Par contre, l'action convergente sur Burnhaupt, reprise à l'aube, se heurte à une opposition toujours aussi opiniâtre.

À 8 heures, Chappuis reprend son attaque contre Lauw avec le 4e RTM, et une fois encore ses tirailleurs sont stoppés devant le village. Mais en fantassin expérimenté, il sent que le coup qu'il vient de porter à l'adversaire a ébranlé celui-ci. À midi, après avoir concentré ses trois bataillons et le CC 6 qu'appuient trois groupes d'artillerie, il repart brutalement à l'assaut : cette fois l'Allemand lâche pied et toute la partie de Lauw située au sud de la Doller est conquise, non sans de furieux engagements.

C'en est assez pour permettre le « déboulé » du CC 6 sur Burnhaupt. Tritschler se rue sur Mortzwiller et Petite-Fontaine qu'il enlève et court ensuite sur Soppe-le-Bas.

Il ne sera pourtant pas le premier à atteindre ce village. Quand il y pénètre, celui-ci est déjà entre les mains du CC 4 de Schlesser.

Il est 14 h 30. La jonction si obstinément recherchée entre les forces du 1er et du 2e corps d'armée vient d'être réalisée.

Que s'est-il donc passé pour que cette liaison se trouve effectuée par les seuls *Combat Command* de la 5e DB, alors que, primitivement, l'étranglement de la poche devait incomber au CC 6 et à la 1re DB ?

Certes, aux premières heures de la journée, du Vigier a relancé le CC 3 et le groupement Durosoy du CC 1 sur Burnhaupt. Mais Labarthe, engagé dans les bois à l'est d'Heimsbrunn, est resté bloqué malgré ses efforts vers la chapelle de Notre-Dame-du-Chêne atteinte la veille et Lépinay n'a pu faire mieux que de gagner les lisières de la forêt en avant de Galfingue. Durosoy en a profité pour s'avancer vers Burnhaupt, mais il doit, à la nuit, renoncer à maintenir cette pointe aventurée, entre des bois que l'ennemi occupe toujours.

Par contre, Vernejoul, maître des passages sur le canal à Dannemarie, a découplé parallèlement son CC 4 et son CC 5 sur Soppe-le-Bas, le premier par la route de Guevenatten, le second par celle de Dieffmatten.

Mozat a débouché de Balschwiller au milieu de la nuit du 27 au 28. Par surprise au clair de lune, il a enlevé Ammertzwiller. Au jour, il attaque le groupe des agglomérations de Hecken-Geldwiller qu'il conquiert après un très chaud engagement qui dure jusqu'à 14 h 30. À 16 h 30, son groupement de tête, commandé par le chef d'escadron Ribes, s'empare de Dieffmatten, à 2 kilomètres à l'est de Soppe.

Schlesser, qui n'a pu s'élancer de Dannemarie qu'à 10 heures après avoir établi un passage sur le ruisseau de Wolfersdorf, se hâte pour arriver à la hauteur du CC 5 : il bouscule les défenseurs de Traubach et de Guevenatten et fonce sur Soppe-le-Bas.

Le village est tenu par les SS de l'École de Cernay et le 1er bataillon du 1 214e régiment de grenadiers. À coups de canons et de mitrailleuses, nos chars débusquent les Allemands des habitations. À 14 heures, le nettoyage est terminé et c'est au moment où les blindés du CC 4 s'apprêtent à poursuivre sur Mortzwiller qu'arrivent les chars du CC 6.

Ainsi est-ce à la 5e DB que revient l'honneur d'avoir « fermé la pince » sur le 63e corps d'armée allemand.

Coupées irrémédiablement de leurs arrières, ses unités qui n'ont pu échapper à l'encerclement tournoient dans les bois. Capturées le lendemain par les 5e et 8e RTM, elles vont rejoindre les quelque 10 000 prisonniers déjà tombés entre nos mains durant les trois jours précédents au cours de l'exécution de la manœuvre d'armée, et les 5 000 autres pris pendant la bataille de rupture et lors de la course au Rhin et sur Mulhouse.

Le 29 novembre, l'alignement de la 1re DB sur la 5e DB s'opérera sans difficulté avec l'entrée du CC 3 à Burnhaupt. Un moment, il apparaît que la ligne de la Doller va pouvoir être dépassée. Le CC 4 atteint, en effet, Pont-d'Aspach et lance quelques chars sur la rive nord. Mais c'est le CC 6 qui doit l'y relayer avec la 2e DIM et lorsqu'ils sont en état de le faire, le 30 au matin, ils trouvent les crêtes si solidement tenues qu'ils ne peuvent que conserver une petite tête de pont. De même, à Guewenheim, nous ne pouvons dépasser la rivière.

Aussi l'ordre général d'opérations n° 174 que je lance le 30 novembre souligne-t-il la nécessité de nous mettre à l'abri des réactions toujours possibles de l'adversaire en réalisant un dispositif solide et continu. Il y va de notre sécurité et du salut des populations alsaciennes libérées. Une fois cette garantie assurée, la manœuvre sera poursuivie sans délai par des actions de rupture successives, tous moyens réunis.

Mais, décidément, l'usure de ces moyens est trop sérieuse pour permettre d'enfoncer un ennemi maintenant raccroché à des lignes plus courtes. Au 2e corps, privé dorénavant de la DFL, la 2e DIM est violemment contre-attaquée à Bourbach-le-Bas et, si elle reste maîtresse du village, elle ne peut déboucher vers Thann et Cernay. Contre-attaquée, elle aussi, sur le Grand Ventron en tentant de déborder le tunnel de Bussang, la 3e DIA réussit pourtant à forcer les cols et à s'emparer de toute la vallée de la Thur, de Kruth à Saint-Amarin. Mais la remontée vers la seconde ligne de crêtes, celle du Grand Ballon et du Hohneck, est catégoriquement arrêtée, le 4 décembre, par des contre-attaques brutales qui nous maintiennent dans la vallée – tout comme en basse Alsace, la 2e DB, après une progression très pénible, est stoppée sur une ligne continue dont Sélestat situe la limite extrême.

De même, le 1er corps subit les conséquences du rapide renforcement de la résistance allemande. Chargée d'ouvrir la voie à une nouvelle avance de la 1re DB, la 4e DMM a entamé dans la forêt de la Harth une pénétration qui doit lui permettre d'en prendre à revers les lisières ouest d'où l'ennemi menace nos positions de Mulhouse. Mais dans l'immense étendue boisée que coupent des layons rectilignes battus par des feux de *Panzer*, le maintien des liaisons est difficile. Les infiltrations et les accrochages se multiplient, en même temps que notre 2e bureau signale l'arrivée de gros renforts à Chalampé.

Effectivement, le 3 décembre à 6 heures du matin, une forte attaque d'infanterie et de blindés débouche du nord-est et de l'est sur les positions de la 4e DMM. Quatre *Kampfgruppen* pour le moins et cinq compagnies de SS s'engagent à fond, isolent plusieurs de nos postes, font sauter celui du Pont-de-Bouc. Durant toute la journée, la bataille est aussi confuse qu'acharnée. Les pertes allemandes sont énormes mais les nôtres sont également graves. Le 1er RTM notamment paye un tribut bien lourd, ainsi que le CC 2 qui l'appuyait. Ces sacrifices ont permis le rétablissement de nos lignes sur la branche ouest-est du canal de Huningue, mais ils marquent provisoirement la limite de nos efforts.

... Efforts immenses et difficiles à exprimer. Vingt jours de batailles ininterrompues contre un ennemi dont l'opiniâtreté n'a pas connu une heure de défaillance et dont les réactions rageuses ne nous ont laissé aucun répit. Vingt jours de pluie, de froid, de boue. Partout, des inondations, des ruisseaux en crue, des terres détrempées.

Des morts : entre le 14 et le 28 novembre, 1 300 au total, dont 279 à la 2e DIM, 238 à la 5e DB, 97 pour le seul 9e zouaves. Et aussi, 4 500 blessés, 140 disparus, 1 691 évacués pour gelures, 2 824 pour maladies.

Des pertes en matériel sérieuses : 55 *Sherman*, 12 chars légers, une quinzaine de TD, autant d'automitrailleuses et près de 50 *half-tracks* jalonnent notre marche de leurs carcasses souvent dressées en face de l'un ou l'autre des 60 *Jagdpanther* et autres *Panzer* calcinés. En outre, des dizaines de nos engins ont été endommagés et tous ont besoin de révision.

Mais efforts couronnés de magnifiques résultats. La déception relative éprouvée dans les derniers jours ne peut faire oublier que les espoirs des premiers ont été dépassés au-delà de toute attente. En dépit de leur résistance acharnée, qui leur a coûté la mort de 10 000 hommes, la perte de plus de 120 canons et la capture de 17 000 prisonniers, les Allemands n'ont pas réussi à arrêter l'élan des libérateurs de la haute Alsace.

Car c'est là notre plus belle récompense. Après avoir sauvé Montbéliard, Sochaux, Delle de la ruine et des deuils, la 1re armée française a fait refleurir le drapeau tricolore de Belfort au Rhin – à Mulhouse, à Huningue, à Altkirch, à Dannemarie, à Massevaux, sur toutes les maisons à pignon des villages pittoresques du Sundgau. Elle a fait refleurir la joie dans les cœurs : joie intraduisible, à nulle autre comparable, si spontanée, si naturelle, si grave et enthousiaste à la fois, quelque peu retenue encore par la proximité de l'ennemi abhorré, et pourtant si franche, ardente et sincère... Jamais, nulle part, nos équipages de blindés, nos tirailleurs, nos légionnaires, nos goumiers et nos FFI n'ont connu pareil accueil, plein de tant de chaleur, riche de tant de générosité.

Et chacun n'en a que plus de hâte à parachever la délivrance de cette province qui sait payer de tant de gentillesse et d'amour les sacrifices offerts pour elle.

CHAPITRE X

LA POCHE DE COLMAR : LES OPÉRATIONS DE DÉCEMBRE 1944

En vertu des ordres qu'il reçoit du SHAEF, le général Devers, au début de ce mois de décembre, accorde priorité aux opérations de la 7e armée américaine. Auprès des perspectives d'entrée en Allemagne, la liquidation de la « poche allemande d'Alsace », qu'on ne tardera pas à appeler la « poche de Colmar », ne lui apparaît être qu'une opération secondaire à mener rondement – une action de nettoyage à l'échelle d'une armée.

Pour en faciliter l'exécution, le chef du 6e groupe d'armées décide de placer sous le même commandement l'ensemble des unités qui bordent cette poche. Par sa lettre d'instruction n° 4 du 2 décembre, il modifie en conséquence les limites de ses deux armées et met sous mes ordres deux des divisions que le général Patch avait orientées au sud de Strasbourg, la 2e division blindée (2e DB) du général Leclerc et la 36e DIUS[1] du général Dahlquist.

C'est la première fois, dans cette guerre, qu'un Français est appelé à exercer un commandement sur une grande unité américaine. J'apprécie à leur valeur cette marque de confiance et cette preuve de parfaite fraternité d'armes. Je sais, au surplus, ce que je peux attendre de la 36e DIUS, l'une des plus belles divisions de nos alliés, conduite par un chef solide, au regard pénétrant, réputé pour sa fermeté, sa loyauté et ses hautes capacités manœuvrières.

Mais l'affectation de la 1re armée des divisions Dahlquist et Leclerc coïncide avec le départ de la 1re division française libre (1re DFL) qui, selon les prévisions, doit suivre la 1re division blindée (1re DB). Elle se ramène

1. DIUS : Division d'infanterie américaine.

donc en fait à l'adjonction temporaire d'une division blindée. Or, par la prise en charge du secteur nord de la poche, notre front d'Alsace – celui des Alpes restant inchangé – se trouve porté à 200 kilomètres, c'est-à-dire augmenté de 80 kilomètres sur lesquels la 7e armée alignait jusque-là deux divisions d'infanterie et une division blindée et demie[1], plus de sérieux soutiens qui ne nous sont pas entièrement laissés. En pratique, l'ensemble de notre dispositif est donc sensiblement appauvri.

Cet allégement serait de peu d'importance si les estimations faites par les organes de renseignements étaient exactes. Le G 2 (2e bureau) du 6e groupe d'armées considère pour sa part que la *Wehrmacht* est décidée à évacuer l'Alsace et que sa vigoureuse opposition n'a d'autre but que de lui laisser le temps d'organiser solidement la défense de la rive droite du Rhin[2].

Malheureusement, telle n'est pas la réalité. L'OKW n'a nulle intention d'abandonner ses positions et l'on saura bientôt que Himmler en personne a été désigné par Hitler pour galvaniser la résistance et lui fournir tous les moyens nécessaires. Des troupes fraîches affluent de l'intérieur du Reich et viennent rapidement garnir sur tout son pourtour le grand arc de cercle que tiennent, en définitive, neuf divisions d'infanterie et deux brigades de chars. Le rapport des forces ne nous est donc favorable qu'en ce qui concerne le nombre des blindés ; mais cette supériorité numérique est réduite par le fait que les *Panther* et les *Jagdpanther* surclassent techniquement nos *Sherman* et nos TD. Elle est d'autre part singulièrement contrariée par les destructions opérées par l'ennemi et, bien plus encore, par l'étendue des inondations qui recouvrent toute la plaine d'Alsace et interdisent le déploiement de nos *Combat Command*, en dehors des chaussées.

D'autre part, ramassés sur eux-mêmes, les Allemands peuvent manœuvrer en lignes intérieures. Dans sa plus grande dimension, la poche compte 70 kilomètres. Quelques heures suffisent donc à nos

---

1. 36e et 103e DIUS, 2e DB et environ la moitié de la 14e DBUS.

2. Le 2 décembre, le *Summary Intelligence* du G 2 évaluait les forces ennemies présentes dans la poche de Colmar à 13 000 fantassins et 4 500 artilleurs… L'avenir immédiat allait singulièrement démentir l'optimisme de cette évaluation. Mais il semble qu'au SHAEF on soit toujours resté, plus ou moins consciemment, sous l'impression de cette indication initiale – ce qui expliquerait qu'on y ait si longtemps sous-évalué les difficultés résultant du rapport réel des forces.

adversaires pour porter des renforts sur un point menacé – ce qui nous condamne à en menacer plusieurs en même temps pour empêcher un jeu trop facile des réserves. Mais nous-mêmes ne pourrons manœuvrer les nôtres qu'en contournant les Vosges par leurs pentes occidentales.

Quoi qu'il en soit, le jour même où le général Devers m'adresse sa lettre d'instruction n° 4, j'achève la mise au point de mon instruction personnelle et secrète n° 5. Mon intention est « d'encercler et de détruire les forces allemandes encore engagées en Alsace et dans les Vosges ». Pour ce faire, la manœuvre consistera « à étrangler la tête de pont dans la région de Brisach en menant dans la plaine d'Alsace et au plus près du Rhin des actions puissantes convergeant du nord et du sud, à faire sauter simultanément les points d'amarrage du système de résistance ennemi à la limite de la plaine et de la montagne, et à maintenir dans les Vosges un contact étroit de l'adversaire en le pressant sur tout son front sur les directions convergeant vers Colmar ».

L'action débutera à partir du 5 décembre. Au sud Béthouart disposera, d'est en ouest, de la 9ᵉ division d'infanterie coloniale (9ᵉ DIC – général Magnan), de la 4ᵉ division marocaine de montagne (4ᵉ DMM – général Sevez) et de la 2ᵉ division d'infanterie marocaine (2ᵉ DIM – général Carpentier) appuyées par la 1ʳᵉ division blindée (1ʳᵉ DB – général Sudre) et le *Combat Command* n° 6 de la 5ᵉ DB (CC 6 – colonel Tritschler) ainsi que par diverses unités de réserve générale. Sa droite nettoiera la Harth et les rives du Rhin pour déboucher vers Brisach. Sa gauche fera sauter l'« amarrage » de Thann et de Cernay avant de se rabattre, elle aussi, vers Brisach.

Monsabert, au nord et à l'ouest, actionnera la 2ᵉ DB que je renforce du 1ᵉʳ régiment de parachutistes, la 36ᵉ DIUS et la 3ᵉ division d'infanterie algérienne (3ᵉ DIA – général Guillaume) grossie de nos trois groupements de tabors marocains (GTM). Il disposera également du *Combat Command* n° 4 de Schlesser. Par sa gauche, qui s'accroche au Rhin à hauteur de Plobsheim, le 2ᵉ corps d'armée poussera vers Marckolsheim et Brisach, et, par son centre, c'est-à-dire sur l'axe Sainte-Marie-aux-Mines-Kaysersberg, il fera tomber Colmar en évitant de l'attaquer de front. Une fois Colmar atteint, il bloquera les vallées vosgiennes et y enfermera les forces allemandes encore engagées vers le Bonhomme, vers la Schlucht et dans la vallée de Metzeral.

Au 1er corps, la sévérité des combats dans lesquels le 1er régiment de tirailleurs marocains (1er RTM) et le *Combat Command* n° 2 (CC 2) de la 1re DB ont été engagés dans la Harth depuis une semaine[1] conduit le général Béthouart à porter initialement son effort sur la gauche de son dispositif. Il prescrit, en conséquence, à la 2e DIM de faire tomber, en manœuvrant par les pentes est des Vosges, les centres de résistance de Thann puis de Cernay et d'ouvrir ensuite aux blindés du CC 6 une brèche en direction d'Ensisheim. Dans cette attente, la 1re DB se tiendra prête à franchir la Doller à Pont-d'Aspach pour s'engager sur l'axe Cernay-Wittelsheim-Ensisheim.

Retardée de quarante-huit heures par un temps affreux, l'attaque part le 7 décembre. Berchoux s'empare de Bitschwiller avec son 8e régiment de tirailleurs marocains (8e RTM) et les spahis du 3e régiment de spahis marocains et le commando de Cluny arrivent jusqu'à Rammersmatt. À Pont-d'Aspach, Piatte réussit à pousser des éléments du 5e régiment de tirailleurs marocains (5e RTM) sur la rive gauche de la Doller, grâce à un pont Bailey, brillamment lancé par le génie du corps d'armée. Mais, partout, l'importance des crues, le nombre des mines et pièges de toutes sortes et la violence de la réaction allemande empêchent une progression plus profonde.

Le 8 décembre pourtant, Chappuis qui coordonne l'opération de Thann réussit à faire prendre pied au 8e RTM dans le quartier nord-ouest de la ville et au nord de la Thur. Le 9, il engage le 4e régiment de tirailleurs marocains (4e RTM – colonel Bridot), dans cette petite tête de pont, vers Willer, de façon à concentrer sur Thann tout le 8e, renforcé par le 2/Bourgogne et appuyé par le 6e régiment de chasseurs d'Afrique (6e RCA) et par le 3e bataillon du régiment de marche de Légion étrangère (3/RMLE)[2].

L'adversaire profite sans vergogne d'un avantage que nous lui accordons délibérément. Notre artillerie a reçu, en effet, interdiction de tirer sur Thann de peur de mutiler l'incomparable flèche de dentelle de la ravissante église gothique. Fantassins et blindés doivent donc briser seuls une opposition acharnée qui ne prend fin que le 10 décembre au soir.

---

1. Voir chapitre précédent.

2. Ce bataillon est commandé par le commandant Boulanger, qui a remplacé le commandant Gombeaud, blessé le 20 novembre devant Belfort.

À la même heure, le groupement du colonel Pique-Aubrun (3e RSM, commando de Cluny DARR, 1/2 peloton du 8e RCA) achève, plus au sud, de se rendre maître du village de Rammersmatt tandis que le 5e RTM enlève avec brio Roderen.

Exploitant, le 11 décembre, la libération de Thann, une fraction du CC 6, formée principalement du 6e chasseurs du colonel Renaudeau d'Arc, s'empare de Leimbach puis d'Aspach-le-Bas où elle est rejointe par le *Combat Command* n° 3 de la 1re DB (CC 3 – colonel Caldairou).

Celui-ci participe à une opération d'ensemble que Béthouart vient de déclencher contre Cernay qu'il veut faire tomber en l'attaquant à la fois par le sud (CC 3) et par l'ouest (CC 6). Mais les progrès initiaux ne se confirment pas. Le 12, le CC 3 piétine devant l'asile d'aliénés de Cernay et le CC 6 devant les premières maisons de Vieux-Thann. Partout, la barrière est infranchissable. Et, dans la montagne, 4e et 8e RTM, brutalement contre-attaqués, éprouvent beaucoup de mal à maintenir leurs positions.

L'effort maximum a cependant été fourni. La 2e DIM a atteint la limite de ses forces et le reste du corps d'armée n'est pas en état de la relayer utilement. Sa faiblesse en infanterie et une pénurie désastreuse en munitions d'artillerie[1] condamnent le 1er corps à une défensive à laquelle a fait seule exception une belle opération conduite sur les bords du Rhin par le lieutenant-colonel Gauvin. Là, en avant du barrage de Kembs, l'ennemi a toujours conservé une petite tête de pont à Lœchlé et il n'a rien négligé pour la renforcer. Il tient également Niffer. Un gros coup de main lancé par le 23e régiment d'infanterie coloniale (23e RIC) contre ce dernier village a échoué le 5 décembre. Par contre, le 10, les 2e et 3e bataillons du 6e régiment d'infanterie coloniale (6e RIC)[2] avec un escadron

1. Pénurie désastreuse, en effet, et très spécialement en projectiles de 105, de beaucoup les plus usuels. Après nous avoir alloué, en ce calibre, pour la période du 1er au 10 décembre, trois unités de feu seulement, soit 45 coups par pièce et par jour, le 6e groupe d'armées nous avertit qu'en raison de l'insuffisance des arrivages, il ne nous livrera pour la deuxième décade de décembre qu'*une seule* unité de feu. Même en asséchant les dépôts de l'armée qu'il gère avec une infinie prudence, le commandant de mon artillerie, le général Chaillet, ne pourra assurer qu'un cinquième d'UF à chaque tube, soit 30 coups quotidiens !

2. Le 6e régiment d'infanterie coloniale est commandé par le colonel Salan. Le 2e bataillon du 6e RIC est aux ordres du lieutenant-colonel Gauvin et le 3e, à ceux du commandant Daboval.

de TD bousculent en quelques heures le centre de résistance de Lœchlé et s'emparent de l'usine électrique que les derniers Allemands évacuent en poussant des clameurs. Trois cent trente-sept ont été capturés par nos marsouins et plus de 50 gisent morts sur le terrain dont la conquête nous assure le contrôle complet du fleuve depuis Kembs jusqu'à la Suisse.

Le 1er corps d'armée ne renâcle donc pas, mais il n'en peut plus. Et le 12 décembre, je suis obligé de faire droit à la demande du général Béthouart qui me presse de lui laisser quelques jours de répit. Il repartira de l'avant à partir du 15, dans un mouvement synchronisé avec celui qu'à la même date déclenchera le 2e corps.

Car, pour celui-ci également, un changement de plan s'avère indispensable.

Lorsqu'il a pris, le 5 décembre, la responsabilité de sa nouvelle zone d'action, le général de Monsabert a trouvé la situation suivante :

Auprès du Rhin, la 2e DB a progressé, au-delà d'Obenheim jusqu'à Rhinau. Elle s'étend dans la plaine jusqu'à la route nationale 83 où elle est, au sud d'Ebersheim, en liaison avec la 36e DIUS. Celle-ci achève de nettoyer Sélestat après trois jours de rudes combats ; elle borde l'Ill jusqu'à Guémar et Ostheim, et elle tient le versant oriental des Vosges jusqu'à Ribeauvillé. À partir de Hunawihr, son front rentre dans le massif où, par Aubure, le nord de Fréland, le col des Bagenelles, l'ouest du col du Bonhomme, il rejoint le front de la 3e DIA étalée du Valtin à Moosch.

L'intention du commandant du 2e corps est de procéder en deux temps. Dans le premier, il visera Marckolsheim attaqué par le nord (2e DB) et par l'ouest (36e DIUS) couvert au sud vers Colmar par le CC 4 renforcé du 2e groupement de tabors marocains (2e GTM – colonel de Latour). Dans le deuxième temps, l'effort principal se portera sur Neuf-Brisach, le CC Schlesser enveloppant alors Colmar par l'est et par le sud, c'est-à-dire par Turckheim et par Sainte-Croix-en-Plaine.

Le 6 décembre, jour primitivement fixé pour le début de la première phase, c'est l'ennemi qui attaque. Furieusement, il essaie de reprendre aux Américains Guémar, Ostheim et Zellenberg. Non seulement il échoue, mais il perd Beblenheim. Toutefois, notre action vers Marckolsheim ne peut être amorcée, ni par la 3e DIUS qui doit s'engager à fond pour contenir ces assauts, ni par la 2e DB complètement immobilisée par les inondations.

Il en va de même le 7, où nos seuls progrès sont acquis dans la montagne. La droite de Dahlquist enlève le mont de Sigolsheim, et le groupement Schlesser, manœuvrant par le nord de la route du Bonhomme, fait irruption dans la vallée de la Weiss, à Hachimette.

Partout, l'adversaire reçoit des renforts. C'est cinq divisions et une brigade blindée qu'il aligne contre les troupes de Monsabert. La persistance du mauvais temps interdit au 1er corps aérien de bombarder les ponts du Rhin et de harceler les itinéraires. Trente bataillons frais arrivent ainsi avec la complicité de la nuit et du brouillard. *Nacht und Nebel...*

Le résultat est que, les 8, 9, 10 décembre, la situation reste stationnaire. Dans la plaine, la 16e division allemande fait l'impossible pour reprendre à la 36e division américaine le mont de Sigolsheim. Dans la montagne, chaque gain de terrain se paie d'un combat acharné. À ce prix, les goumiers du 2e GTM aux ordres de Schlesser enlèvent Lapoutroye et les hauteurs qui dominent Orbey par le nord; le 3e régiment de spahis algériens (3e RSAR – colonel Bonjour) entre dans le village du Bonhomme, mais les Allemands lancent de profondes infiltrations vers Aubure.

Tenant compte de ces données, le général de Monsabert est amené, le 11 décembre, à restreindre son plan. La division Leclerc se bornera à fixer les effectifs qui lui sont opposés « en lançant des attaques méthodiques et successives sur des villages tenus par l'ennemi ». Elle aidera par ce moyen indirect la division Dahlquist à forcer les résistances sur l'axe Kaysersberg-Andolsheim afin de déborder Colmar par l'est, le groupement Schlesser agissant de son côté sur l'axe Hachimette-les Trois-Épis-Turckheim-Herrlisheim pour compléter l'encerclement de la ville.

Mais, même sous cette forme ramassée, nos intentions restent trop ambitieuses. L'agressivité ennemie s'accroît toujours davantage et se traduit par de constantes contre-attaques. Le 11 décembre, contre-attaque contre le mont de Sigolsheim et tentative de franchissement du Rhin au nord de Rhinau. Le 12, contre-attaque contre Sélestat, contre Beblenheim, contre Riquewihr. Les 13 et 14, contre-attaques encore à Ostheim, Bennwihr, Mittelwihr et contre le mont de Sigolsheim. À chaque fois, nos positions sont maintenues ou, en définitive, rétablies, mais moyennant des efforts considérables. Et, à chaque fois aussi, l'interrogatoire des prisonniers qui tombent entre nos mains révèle un peu plus l'importance et la variété des renforts que l'armée Wiese reçoit de Constance, de Fulda, de Salzbourg, de Garmisch-Partenkirchen et d'ailleurs.

C'est à ces unités intactes que se heurte notamment le 1er bataillon du régiment de parachutistes rattaché au groupement tactique Vésinet, lorsque, le 13 décembre, il est lancé contre le village de Winternheim qui fait hernie dans le front entre Rhinau et la ferme Riedhof. Les parachutistes de Faure se trouvent bientôt engagés dans des combats d'une violence inouïe et d'autant plus meurtriers qu'ils ne disposent pas d'un soutien de chars. Ils finissent pourtant par rester maîtres du village mais il leur en a coûté des pertes terribles : 33 tués et 147 blessés sur un effectif combattant de 511 officiers et chasseurs.

Dans le massif des Vosges, le groupement Schlesser a obtenu des résultats sensibles, mais non décisifs. Le col et la route du Bonhomme sont à nous, ce qui laisse entrevoir une action efficace contre Kaysersberg. Par contre, du côté d'Orbey, la progression a été insignifiante et l'accès vers les Trois-Épis, *a fortiori* la percée vers Colmar, reste encore dans le domaine de l'espérance.

C'est dans la montagne également que s'est produit, en marge des opérations d'ensemble, un incident dramatique qui montre à la fois l'héroïsme de nos hommes et l'acharnement des Allemands. Dans la nuit du 3 au 4 décembre, un détachement du régiment de Franche-Comté a enlevé par surprise le point culminant des Vosges centrales, le Hohneck. L'hôtel qui le couronne est aussitôt transformé en réduit par la 1re compagnie du 4e régiment de tirailleurs tunisiens (4e RTT) qui relève les FFI. Pendant trois jours, tout reste calme. Mais peu après minuit, le 8, l'ennemi attaque soudain avec lance-flammes et *Panzerfaust.* Ce n'est qu'une première alerte, violemment contrée. Le 11, la récidive est plus grave. L'antenne du poste radio est détruite par un éclat et le téléphone coupé. Désormais, ce sera le silence.

Rien ne sera pourtant négligé pour venir en aide aux Tunisiens assiégés. Mais, dans la neige épaisse de plus d'un mètre, les tentatives du 4e régiment de tirailleurs tunisiens et du 7e régiment de tirailleurs algériens ne peuvent briser le cercle tracé par les Allemands autour de l'hôtel… Ce n'est qu'après la victoire qu'on connaîtra par le détail le récit des quatre journées et des quatre nuits farouches durant lesquelles les tirailleurs du capitaine Lartigau tinrent tête à tous les assauts, sans ravitaillement, sans service de santé, sans soutien utile, jusqu'à épuisement de leur dernière cartouche…

> Le raidissement accru de la résistance ennemie, consécutif à l'arrivée d'importants renforts de troupes fraîches (infanterie et chars) venant d'Allemagne, les inondations qui couvrent la plaine d'Alsace, la fatigue de nos unités laissent penser, à l'heure actuelle, qu'il ne sera peut-être pas possible d'obtenir la réduction totale de la tête de pont allemande à l'ouest du Rhin dans un délai immédiat.

Telle est la vision que je me fais de notre situation le 12 décembre. Elle me dicte un « plan minimum », exposé dans l'instruction personnelle et secrète n° 6, dont les lignes précédentes forment l'introduction.

Mon but est de sortir de la montagne, de venir au minimum border l'Ill et de libérer Colmar et Cernay. En cas de circonstances favorables seulement, la poussée jusqu'au Rhin de Brisach sera tentée.

L'effort principal de l'armée sera accompli par le 2e corps que je renforce de la 5e DB, moins le CC 6, et du 1er régiment de tirailleurs algériens (1er RTA – colonel Guénin) de la 4e DMM. Partant de la région de Kaysersberg, il devra faire tomber Colmar en le débordant largement pour lui éviter des destructions, puis descendre vers Rouffach pour y donner la main au 1er corps venant de Cernay.

Mon IPS réclame de nos forces aériennes une aide particulière, portant spécialement sur les ponts du Rhin et leurs abords. Cette mission me paraît si importante que j'écris au général Devers pour lui demander d'adjoindre aux groupes du général Gérardot les bombardiers dont dispose le 6e GAUS et de nous faire assurer le concours de la *Strategical Air Force.*

Mais c'est l'ensemble de notre situation que j'entends exposer par écrit à mon chef.

Une première fois, le 14 décembre, j'insiste auprès de lui pour qu'il soit sursis au prélèvement des unités désignées pour l'opération « Indépendance », et, en particulier, au départ de la 1re DB. Presque aussitôt, il m'accorde satisfaction, le SHAEF ayant lui-même proposé de reporter l'attaque des poches de l'Atlantique après la liquidation de la poche de Colmar.

Le 16, je lui dresse un véritable rapport. J'y analyse avec précision l'état de mes moyens, ceux de l'ennemi et les intentions possibles de celui-ci. Puis je lui résume mes préoccupations :

> Il faut à tout prix poursuivre les opérations pour garder l'initiative et en finir sans délai avec la poche allemande en Alsace.
> Pour le moment, tout en faisant face aux incessantes contre-attaques de l'adversaire, je continue et ne cesserai de poursuivre mes propres attaques malgré sa résistance acharnée.
> Je vous demande pour cela toute votre aide possible en munitions.
> Mais, pour en finir et rejeter d'une façon décisive l'ennemi au-delà du Rhin, j'estime indispensable que la 1re armée française dispose de deux divisions d'infanterie nouvelles, l'une dans le sud pour permettre une attaque vraiment vigoureuse, l'autre dans le nord pour renforcer l'infanterie dont les effectifs sont nettement insuffisants et où la 3e DIA, qui tient un front de plus de 60 kilomètres, est aujourd'hui épuisée et à la limite de ses dernières possibilités offensives... et aussi pour assurer les réserves indispensables.
> « Renforcé par ces deux grandes unités, je crois pouvoir affirmer que la réduction de la poche allemande sera obtenue très rapidement.
> « Sans elles, il me paraît bien difficile d'aboutir.

De tous ces soucis, je saisis également le chef du gouvernement. Mais en transmettant au général de Gaulle copie de ma lettre au général Devers, j'aborde avec lui de la façon la plus franche un autre sujet qui me cause, lui aussi, de très réelles préoccupations, celui du moral de la 1re armée que je ne cesse d'ausculter – sans le trop montrer, mais avec la plus extrême attention :

> D'un bout à l'autre de la hiérarchie et particulièrement chez les officiers, même de haut grade, l'impression générale est que la nation les ignore et les abandonne. Certains vont même jusqu'à s'imaginer que l'armée régulière venue d'outre-mer est sacrifiée de propos délibéré. Cette pensée affreuse n'est d'ailleurs pas profonde, on arrive facilement à convaincre les intéressés de la folie d'une telle idée ; mais, boutade ou non, il n'en demeure pas moins qu'elle hante certains esprits.
> « La cause profonde de ce malaise réside dans la non-participation apparente du pays à la guerre...

Et après avoir souligné les pertes subies par nos régiments nord-africains, déjà si éprouvés en Italie, pertes qui affectent tout spécialement l'encadrement français de ces unités, je poursuis en ces termes :

> Le combattant venu d'Italie ou d'Afrique du Nord voit ses camarades tomber autour de lui sans que jamais un Français de France vienne combler les vides causés par la bataille... Certes, il n'ignore pas que les unités FFI, maintenant en nombre substantiel, viennent se battre avec vaillance à côté de son régiment, mais, dans le créneau de son unité, il ne voit toujours personne venir recompléter les effectifs qui fondent.
> Le malaise est aggravé par la fatigue de quatre mois de campagne ininterrompue, sans aucune relève, et par des conditions atmosphériques particulièrement inclémentes.
> Sans préjuger des projets d'intégration de régiments FFI dans les grandes unités... le seul remède immédiat à cet état d'esprit dont la gravité ne saurait vous échapper, consiste à incorporer sans délai, dans chaque régiment nord-africain, les 700 ou 800 Français qui lui manquent.
> Je me permets d'insister d'une façon particulièrement instante auprès de vous pour que la 1re armée française reçoive au plus tôt les 8 000 ou 10 000 jeunes Français qui lui sont indispensables pour retrouver son équilibre moral et sa valeur combative du début de la campagne.

À cette lettre confiante et pressante, envoyée de Montbéliard le 18 décembre, le général de Gaulle répond dès le lendemain en termes amicaux :

> Mon cher Général, je ne suis pas surpris de la fatigue certaine de vos troupes, notamment des divisions nord-africaines. Il vous appartient, ainsi qu'aux Officiers généraux sous vos ordres de leur faire bien comprendre qu'elles ne sont nullement “abandonnées”, bien au contraire... Pour ce qui est des effectifs, vous recevrez pour les trois divisions nord-africaines les compléments “français” que vous demandez à incorporer dans les régiments...
> Vous êtes, comme toutes les armées alliées, dans un moment difficile. Vous en sortirez à votre gloire. Je compte être avec vous à Noël.
> Amicalement vôtre.

Par contre, la réponse du général Devers à ma lettre du 16 décembre marque quelque impatience :

> Le degré d'épuisement de vos forces ne pouvait être selon mon avis, m'écrit-il le 18 décembre, notablement différent de celui des divisions actuellement engagées avec les Allemands sur d'autres secteurs du front. Je constate cependant que des gains alliés se produisent autre part.
> Il ne doit plus y avoir de retard... Vous prendrez les mesures que vous considérerez nécessaires, avec les forces dont vous disposerez, pour assurer que les Allemands soient repoussés à l'est du Rhin en date du 1er janvier 1945.
> Je suis sûr que vous fournirez bientôt un effort de grande envergure et que vous obtiendrez le même brillant succès que vous avez obtenu en perçant la trouée de Belfort.

Pour comprendre la réaction du commandant du 6e groupe d'armées, il faut souligner la date de sa lettre. Le 18 décembre, il y a deux jours que Rundstedt a lancé son attaque dans les Ardennes. Sans en connaître encore toute l'importance le général Devers pressent que, selon toute vraisemblance, le général Eisenhower prélèvera sur son front plusieurs grandes unités et il a hâte de border le Rhin pour pouvoir économiser des effectifs sans toucher à ceux de la 7e armée qui progresse jusqu'à la Lauter et la ligne Siegfried[1].

Il n'en reste pas moins qu'en dépit du ton de sa lettre, le général Devers se rend mieux compte des difficultés de notre secteur qu'on ne le fait au SHAEF puisqu'il vient de prescrire la relève de la 36e DIUS, qu'il estime à bout de souffle, par la 3e DIUS du général O'Daniel. Malheureusement, aucune mesure semblable n'est possible dans le cadre des divisions françaises car toutes sont en lignes... Et ma demande de deux grandes unités nouvelles d'infanterie demeure insatisfaite.

---

1. À cette date, la 7e armée US a pris Wissembourg et commence à se heurter à la forte résistance du Westwall. Ses succès ont donc été brillants. Mais il convient d'indiquer qu'elle a attaqué sur un front de 100 kilomètres avec six DI, deux DB et de très forts soutiens, alors que pour un front de plus du double, la 1re armée française n'aligne que cinq DI et trois DB.

C'est donc sans accroissement de forces que l'action s'est rallumée dès le 15 chez Monsabert.

D'après nos prévisions, elle devrait reprendre également le 18 chez Béthouart. Mais celui-ci ne veut, à juste titre, s'engager que s'il dispose d'un minimum de munitions. Or ce minimum, il ne l'a pas et les dotations que m'alloue le 6e groupe d'armées US ne me permettent pas de le lui assurer. Alors qu'il lui faudrait pour le moins deux unités de feu, il dispose à peine d'une demi-unité de feu! Nécessité fait loi. Au cours d'une conférence tenue à Altkirch, je ne puis que prendre acte de cette véritable misère[1] et en tirer les inéluctables conséquences: le 1er corps n'attaquera pas et se bornera à maintenir l'adversaire en haleine par quelques patrouilles profondes.

Une nouvelle fois, le 2e corps d'armée doit en conséquence porter le poids principal de la bataille.

L'idée de manœuvre du général de Monsabert consiste à rompre le dispositif ennemi au nord-ouest de Colmar par un effort jointif de la 3e DIUS sur Ingersheim et de la 3e DIA sur les Trois-Épis. La rupture obtenue, O'Daniel poussera jusqu'à l'Ill, vers Horbourg et Guillaume vers Wintzenheim-Herrlisheim-Sundhoffen. La volonté de ne pas attaquer de front Colmar se révèle une fois de plus dans cette manœuvre en pince.

Au point de départ, tout l'effort de la 3e DIA va se concentrer autour d'un point: Orbey.

Étalé au fond d'une vaste cuvette où convergent les cinq ruisseaux qui donnent naissance à la Weiss, le village d'Orbey est avec ses alentours le point de passage obligé pour se rendre directement de Lapoutroie vers Colmar. Mais l'adversaire tient les bords ouest, sud et est de la cuvette. La progression suppose donc un effort par les crêtes accompagnant la poussée sur la localité elle-même.

C'est pourquoi le général Guillaume a constitué trois groupements destinés à mener une action coordonnée:

1. Voir précédemment. Au lieu des 30 coups par pièce de 105 qui lui étaient alloués, le 2e CA en a consommé en fait une moyenne de 43, entre le 7 et le 14 décembre. Il s'ensuit que nos dépôts d'armée sont pratiquement vides: la situation de munitions du 15 décembre indique un stock (!) de 400 coups de 105. Il est vrai qu'à cette date nous n'avons pas encore perçu en totalité l'unité de feu allouée pour la période du 10 au 20 décembre.

– Un groupement est, avec le colonel Schlesser, son CC 4 et le 1er RTA du colonel Guénin qui arrive des Alpes ; couvert dans la forêt de Kaysersberg par les goumiers du colonel de Latour, il devra atteindre les Trois-Épis par l'est d'Orbey, c'est-à-dire par la Chapelle et par Labaroche.

– Un groupement ouest avec le colonel Bonjour, son 3e spahis, une grosse fraction du 2e spahis du colonel Lecoq, le 1er GTM du colonel Leblanc et les FFI jurassiens du groupe Pator ; sa mission est de tourner le cirque montagneux jusqu'au Longe, en passant par le lac Blanc, le lac Noir et au col du Wettstein.

– Enfin un groupement centre, constitué par le 4e RTT du colonel Guillebaud appuyé d'un escadron mixte de *Sherman* et de TD du CC 4. Selon les plans, il devra cueillir Orbey lorsque les mouvements d'ailes seront assez amorcés et remonter les pentes entre le Linge et le Grand Honack.

Mais, le 15 décembre, l'avance a été extrêmement difficile tant par la droite que par la gauche. Nombreuse et très mordante, l'infanterie allemande s'accroche partout. Brusquement, en fin de journée, c'est au centre que l'événement se produit. Le commandant Achte, du 3e bataillon du 4e RTT, croit soudain constater un fléchissement dans les résistances qui lui sont opposées à l'ouest du Grand Faude. Avec tous ses moyens, il bourre... Debout en tête de ses Tunisiens, il fait sauter le col de Bermon, enlève Rémonot et, à la nuit tombée, pénètre dans Orbey avec sa 10e compagnie (capitaine Morel) et les chars du capitaine Détroyat.

Ce coup ne suffit pourtant pas à briser l'ennemi qui contre-attaque sans trêve et se cramponne à tous les points hauts du terrain. Durant plusieurs jours, la bataille piétine, marquée de notre côté par des gains progressifs mais lents acquis à la suite de combats passionnés, comme celui au cours duquel Détroyat trouve une mort glorieuse[1].

Pendant ce temps, les Américains du 2e corps d'armée font preuve d'une égale agressivité. Profitant de ce que, pour commencer la relève de la 36e DIUS, le général O'Daniel a déjà mis à ses ordres un régiment de sa 3e DIUS, le 30e RIUS du colonel Lionel C. MacGarr, Dahlquist décide d'agir, le 16 décembre, avec quatre *Regimental Combat Team* au lieu des

1. Nous renvoyons les lecteurs désireux de connaître dans le détail cette bataille d'Orbey aux pages très fouillées que lui a consacrées le général Chambe, dans son ouvrage René Chambe, *Le 2e Corps attaque : Campagne d'Alsace 1944-1945*, 1948, p. 33-115.

trois dont il dispose normalement. En pleine nuit, le 30e RI s'engage par surprise contre Kaysersberg. À 9 heures, la petite ville est libérée avant que ses défenseurs aient eu le temps de se reprendre. Le soir, les Américains l'ont dégagée en s'emparant, au sud, de la crête du Sommersberg.

Ce beau succès incite le général de Monsabert à tenter dans cette région une exploitation rapide. Dans ce but, il rétrécit le front de la 36e DIUS en confiant Sélestat à la 2e DB et il pousse vers Kaysersberg le CC 5 du colonel Mozat, jusque-là maintenu en réserve de corps d'armée.

Le 17 décembre, Kientzheim est conquis. Mais Sigolsheim et Ammerschwihr restent également imprenables.

Ce n'est que le 18, à 18 h 30, que le charmant village d'Ammerschwihr, devenu village-martyr en raison de la violence des combats dont il a été l'enjeu, tombe entre nos mains.

Colmar n'est plus qu'à 8 kilomètres... Monsabert espère pouvoir s'infiltrer entre la ville et la montagne dans le couloir de la Fecht pour prendre à revers les défenses d'Orbey, puis glisser vers le sud, en direction de l'Ill... Mais Himmler est toujours derrière Wiese. À l'est d'Orbey, au sud de Kaysersberg, à Ammerschwihr, de nouveaux *Kampfgruppen* multiplient les contre-attaques et, indifférents aux pertes, s'engagent à fond pour nous barrer tous les chemins.

Cette recrudescence frénétique de l'activité ennemie n'est évidemment pas sans rapport avec le développement de l'offensive des Ardennes. Il s'agit de nous fixer et, à plus forte raison, de nous empêcher à tout prix de remporter un succès qui, en dehors même de son importance morale, aurait pour nous l'avantage d'entraîner un sérieux raccourcissement de nos lignes.

D'autre part, des renseignements émanant du 6e groupe d'armées signalent des largages de commandos parachutistes en divers points des arrières du front occidental. Vrais ou faux, ces renseignements imposent des précautions. Le 18 décembre, je dois organiser toute une position de sûreté destinée à verrouiller largement la trouée de Belfort. Quatre secteurs, confiés respectivement à Carpentier, à Molle, à Gambiez et à Quinche, recouvrent d'un quadrilatère défensif toute la large zone qui s'étend de Giromagny et de Massevaux à la frontière suisse de Delle et de Hérimoncourt. Leur mission est de protéger, outre tous les points sensibles de cette zone, la sécurité des communications, vitales pour notre armée, à travers la trouée de Belfort.

Il faut prévoir plus loin encore. Une rupture du front allié dans les Ardennes peut amener un rabattement de la *Wehrmacht* vers le sud pour couper les lignes de communication du 6e groupe d'armées. La perspective de cette menace m'amène, le 20 décembre, à retirer la 4e DMM[1] au 1er corps et à la placer en réserve d'armée dans la région de Luxeuil.

Dans ces conditions, les opérations du 2e corps sont vouées à une stagnation certaine. Les 20, 21, 22 décembre, Guillaume attaque encore et marque quelques progrès locaux. Mais les résultats sont disporportionnés avec l'effort.

Le 22, j'estime indispensable de tenir une conférence avec le général Devers. Accompagné de mon sous-chef d'état-major, le général de Linarès, et des colonels de la Boisse et Allard, mes chefs de 3e et 4e bureaux, je me rends à Phalsbourg, au PC du 6e groupe d'armées. Je soumets mes projets : arrêt momentané des actions du 2e corps, reprise au début de janvier de l'offensive par deux actions combinées issues des flancs nord et sud de la poche et convergeant sur Brisach, avec l'appui de deux divisions supplémentaires et de trois groupes d'artillerie.

Sur le fond, le général Devers me donne son plein accord qu'il confirme en rédigeant presque sur-le-champ sa lettre d'instruction n° 6 qui fixe le début de la nouvelle offensive au 5 janvier. De même, il m'attribue les groupes d'artillerie réclamés et une indispensable augmentation de munitions. Mais, pour les deux divisions, il ne peut ni les prélever sur la 7e armée à laquelle il vient d'être obligé de prescrire l'adoption d'une stricte défensive par suite de l'extension de son front jusqu'à Saint-Avold, ni les attendre du SHAEF qui bloque sur Bastogne toutes ses disponibilités.

Je lui demande alors de me rendre au moins la 1re division française libre : le soir même, ordre est donné au commandant des Forces françaises de l'Ouest de diriger d'urgence et par priorité tous les éléments de cette division sur Saverne.

Il me reste à arrêter Monsabert, ce que je fais le 24 décembre. En cette veille de Noël, l'adversaire se montre partout violemment agressif. Pourtant, la 3e DIUS achève, ce jour-là, de s'emparer de Bennwihr et

1. 4e division marocaine de montagne.

Schlesser gagne quelques centaines de mètres devant Labaroche. Mais rien de tout cela n'est décisif et il nous en coûte vraiment trop cher[1].

Je prescris donc au 2e corps de s'organiser défensivement et je reprends à la 3e DIA le 1er RTA, comme j'avais dû déjà, le 19 décembre, reprendre à la 2e DB le régiment de parachutistes, arrivé en un minimum de temps à la limite de l'usure. Il faut se hâter de reconstituer quelques réserves en vue de l'offensive de janvier.

... Peut-être même en aurons-nous besoin avant !

1. Il convient cependant de ne pas passer sous silence l'importance du nombre des prisonniers capturés, jour après jour, au cours de ces multiples engagements. Le 2e corps en fit exactement 5 568 dont 2 714 pris par les 36e et 3e DIUS, 2 772 par la 3e DIA, les tabors et les CC 4 et CC 5, et 82 par la 2e DB.

CHAPITRE XI

STRASBOURG SAUVÉ

La crise de commandement

Noël à Montbéliard. Dans mon petit PC de l'hôtel de la Balance, un souper intime a été organisé par les membres de mon cabinet. Cette nuit ne doit-elle pas marquer pour tous une halte de paix ?

Mais la guerre continue… Au milieu du repas, on m'apporte un télégramme du 6e groupe d'armées qui réclame une intensification immédiate de nos mesures défensives arrière. Tant pis : la veillée continuera sans moi.

À peine ai-je regagné mon bureau qu'arrive le lieutenant-colonel du Souzy, depuis quelques jours chef de notre mission de liaison auprès de l'état-major Devers[1]. Malgré l'égalité d'humeur dont il ne se départit jamais, il semble fort préoccupé.

C'est qu'à Phalsbourg, où est installé depuis le 14 décembre le PC avancé du 6e groupe d'armées, on s'inquiète. Le 19 décembre, pour permettre à Patton de contre-attaquer le flanc sud de von Rundstedt, le général Eisenhower a décidé de rétrécir le front de la 3e armée américaine et d'allonger en contrepartie celui de la 7e armée. Dorénavant, le général Patch doit tenir un front de 140 kilomètres, allant de Plobsheim sur le Rhin, au sud de Strasbourg, jusqu'à Saint-Avold par le saillant de Wissembourg, Bitche et Sarreguemines.

1. Depuis Naples, la mission de liaison auprès du commandement américain était assurée par le général de Hesdin, mon ancien chef d'état-major à Alger. Celui-ci l'avait quittée, le 13 décembre, pour prendre le commandement de la 4e division marocaine de montagne (4e DMM) devenu vacant par suite de la nomination du général Sevez aux fonctions de chef d'état-major adjoint de la Défense nationale.

Or il ne dispose que d'une DB, de six DI et d'un renforcement de trois *Task Force*, correspondant chacun à une infanterie divisionnaire.

L'inquiétude de l'état-major du 6e groupe d'armées est d'autant plus vive que de multiples signes révèlent que l'ennemi se livre à d'importants préparatifs offensifs dans la région de Bitche.

Celle de Souzy s'accroît du fait que les dernières consignes du SHAEF sont, en cas de forte pression, de céder du terrain plutôt que de compromettre l'intégrité des unités. Si l'attaque allemande a lieu, on peut dès lors redouter que la 7e armée ne soit bientôt amenée à effectuer un repli d'envergure.

Aussitôt après la messe de minuit, l'esprit plein de ces soucis, je monte à la citadelle où campe mon 3e bureau. Là, devant le petit brain-trust d'élite rassemblé autour du lieutenant-colonel de la Boisse, je fais le point et développe ma pensée. Elle est simple : si les Allemands déclenchent une offensive dans les basses Vosges, il faut prévoir qu'ils la conjugueront avec une action partant du flanc nord de la poche de Colmar. La réduction de celle-ci s'avère donc plus que jamais nécessaire.

Je jette alors sur la carte l'idée de manœuvre que je mûris déjà depuis de longs jours. Deux flèches maîtresses cisaillent la poche : l'une part de Guémar et pointe sur Brisach, l'autre part de Cernay et vise également Brisach. Des flèches moins appuyées couvrent ces deux actions principales, à l'est de Sélestat et de Kaysersberg pour la première, au nord-est de Thann et au nord de Mulhouse pour la seconde. Mais aucune flèche ne passe sur Colmar : la ville devra être débordée pour être libérée intacte.

À l'aube, toutes mes intentions sont reportées sur la carte et rien n'y sera plus changé. Le plan de Noël sera celui de la victoire de Colmar – en dépit des événements qui avancent.

Le 26 décembre, le général Devers vient me voir à Montbéliard. À peine a-t-il eu le temps de regagner Phalsbourg qu'il me convoque pour le lendemain matin à Vittel. Que se passe-t-il donc ?

Une chose importante. Pendant que le commandant du 6e groupe d'armées conférait avec moi, le général Bull, chef du 3e bureau du SHAEF, est arrivé par avion à Lunéville où, en l'absence de leur « patron », se sont aussitôt rendus son chef d'état-major et son chef de 3e bureau, les généraux Barr et Jenkins. Là, ceux-ci ont reçu l'ordre du représentant du général Eisenhower d'adopter une attitude strictement défensive et de ramener sur les pentes des Vosges la ligne principale de résistance du groupe d'armées – amputé d'ailleurs d'une division blindée et d'une division d'infanterie que le SHAEF entend mettre en réserve à sa disposition.

Mis au courant dès son retour à Phalsbourg, le général Devers a pris, avec beaucoup de célérité, toute une série de mesures, puis il a décidé de reporter son PC à Vittel. C'est pourquoi il me demande de le rejoindre dans cette ville, le 27 décembre à 10 h 30.

Après qu'il m'eut exposé la situation nouvelle créée par ces instructions supérieures, nous examinons quelles en sont les conséquences directes sur la 1re armée. La plus claire est qu'il faut surseoir au déclenchement de l'offensive sur Colmar prévue « pas plus tard que le 5 janvier ». Mais il en est une autre regrettable : pour compenser les prélèvements imposés par le SHAEF à la 7e armée, le général Devers décide de redonner à celle-ci la 2e division blindée. Le retour de la 1re division française libre me permettra d'en assurer la relève mais il ne correspondra plus à un accroissement de mes forces.

Reprenant les arguments que connaît bien mon 3e bureau, je ne manque pas de souligner combien il importerait d'enlever à l'ennemi la base de manœuvre que peut lui fournir la région de Colmar et, pour cela, de m'accorder les moyens que j'ai réclamés dans ma lettre du 16 décembre. Le commandant du groupe d'armées ne discute pas le bien-fondé de mon argumentation. Il m'assure que « dès que la crise actuelle sera passée, priorité sera donnée à la réduction de la poche de Colmar ». Mais il ne peut faire plus.

Enfin, avant que nous nous séparions, il me fait connaître les grandes lignes de la nouvelle lettre d'instruction qu'il est en train de mettre au point et qu'il compte, dans l'après-midi, aller soumettre, d'un tour d'avion, au général Eisenhower en personne.

Effectivement, le 28 dans la matinée, m'arrive à Montbéliard cette lettre d'instruction n° 7. Elle est tout entière consacrée à prévoir, en cas d'attaque sérieuse de l'ennemi, une manœuvre en retraite :

> Le 6e groupe d'armées reste sur la défensive, prêt à céder du terrain plutôt qu'à compromettre l'intégrité de ses forces. À l'ouest de la région de Bitche, la position principale suit le tracé général de la ligne

> Maginot. Au sud de Bitche, elle s'appuie sur les pentes est des Vosges, en direction du sud, jusqu'à la région ouest de Colmar ; de là, elle épouse le tracé général du front actuel jusqu'au voisinage de Thann, puis les pentes des Vosges jusqu'à la zone nord de Belfort ; elle englobe enfin la trouée de Belfort pour aboutir vers Delle.

En avant de cette ligne, à organiser « avec priorité d'efforts et de matériel », ne sont prévues que des « positions intermédiaires », trois en principe, à considérer comme positions successives d'avant-postes. La première de ces « positions intermédiaires » correspond au tracé actuel du front. Mais, tout comme les deux suivantes, elle devra être évacuée en cas d'attaques puissantes.

L'abandon de toute l'Alsace libérée est donc prévu dans cet ordre qui spécifie : « S'efforcer, tout en conservant l'intégrité de ses forces de tenir Strasbourg et Mulhouse. Cette prescription est valable tant que l'intégrité des forces n'est pas compromise pour le retrait sur une position arrière. »

Je savais le haut commandement américain sous le coup de la surprise des Ardennes et avant tout soucieux de ne pas laisser une seconde fois enfoncer son front par absence de profondeur. Je pouvais donc à la rigueur comprendre que des états-majors exagérassent les prévisions pour éviter une nouvelle crise. Mais le danger de cette méthode est de créer par avance une psychose de retraite. C'est pourquoi je me gardai de communiquer quoi que ce fût de la lettre de ces instructions, me refusant à donner de la consistance à des hypothèses, concevables en tant que vues de l'esprit, mais sacrilèges pour des cœurs français.

Aussi mon ordre général n° 201 du 30 décembre ne peut-il passer pour une traduction littérale de la lettre d'instruction n° 7… Nulle part, il n'y est fait allusion à un repli, nulle part l'expression « avant-poste » n'y est employée. La mission de l'armée est définie en ces termes : « *Maintenir l'intégrité du front actuel* en portant l'effort principal de la défense, d'une part en haute Alsace *pour couvrir la trouée de Belfort*, d'autre part en basse Alsace *pour couvrir Strasbourg* et le flanc droit de la 7e armée. »

Mais, je mets également en valeur la nécessité de pouvoir conduire la bataille en profondeur et donc « d'établir des lignes de défense successives ayant pour but :

– De retarder au maximum l'adversaire au cas où il parviendrait à rompre notre dispositif initial ;
– De le bloquer, en dernière analyse, sur une position arrière préalablement occupée par des éléments de réserve d'armée ou de corps d'armée…

Ayant de la sorte concilié ma volonté de me battre sur la position actuelle, en Alsace, et le respect dû aux préoccupations stratégiques du haut commandement, j'adresse cet ordre général, à titre de compte rendu, au général Devers, en même temps qu'une longue lettre uniquement inspirée d'intentions offensives :

> L'offensive projetée en Alsace et actuellement ajournée doit demeurer pour nous la réalisation prochaine à laquelle notre volonté doit plus que jamais s'accrocher.
> Il me semble même que cette offensive constituerait la contre-mesure la plus efficace pour prévenir une attaque éventuelle préparée par l'adversaire dans le secteur du Rhin.

J'en examine alors minutieusement les conditions techniques puis je conclus par ces mots :

> En définitive, si la situation générale continuait d'évoluer dans le même sens favorable[1], je pourrais être amené à vous demander dans les jours qui vont suivre de reprendre la préparation de l'offensive projetée, en vue de son déclenchement dans un délai prochain.

Dans l'après-midi du 31 décembre, mon chef d'état-major, le général Valluy, porte à Vittel ces deux documents.

Il me rapporte, dans la matinée du 1er janvier, les préoccupations du général Devers, en présence de la menace d'une attaque allemande sur la direction Hombourg-Sarrebourg, menace que celui-ci fait valoir auprès du SHAEF pour en obtenir d'urgence un renforcement de ses moyens. Mais Valluy a quitté le PC du 6e groupe d'armées trop tôt pour apprendre que la crise redoutée a déjà éclaté.

---

1. Allusion à l'évolution de la situation dans les Ardennes.

En effet, le 31 décembre à 23 heures, six divisions d'infanterie allemandes et une *Panzer* ont attaqué le front Sarreguemines-Bitche-Bannstein-Beuhoffen, dans le dessein de s'emparer de la trouée de Saverne. Sous le choc, les unités américaines, fort étalées, cèdent un peu de terrain mais se replient en bon ordre.

Dans l'après-midi du 1er janvier, le général Eisenhower, alerté, téléphone au général Devers. Pour éviter que le 6e corps US, engagé à la droite de la 7e armée dans le saillant de Wissembourg, ne se trouve découvert par l'avance nazie, le commandant en chef donne l'ordre de le « replier promptement sur la position principale des Vosges » – ordre que, peu après, le général Devers, venu en avion à Saverne, répercute verbalement pour exécution au général Patch et au général Brooks, commandant du 6e corps. Ce repli sur les Vosges devra être effectif le 5 janvier au matin.

... C'est l'abandon du nord de l'Alsace. Et de Strasbourg !

Chose incroyable, près de trente heures vont s'écouler avant que je sois informé de ces instructions capitales.

Souzy lui-même, à Vittel, n'est au courant de rien. Le secret du repli est protégé, même vis-à-vis de notre mission de liaison... Son chef ne peut que me signaler par téléphone, le 2 janvier en fin de matinée, la fébrilité inhabituelle de certains bureaux...

Mais je suis assez inquiet pour estimer opportun de tenter auprès du général Devers une démarche personnelle. J'ignore, à l'instant où je l'accomplis, que Strasbourg est sacrifié mais je le sais menacé de l'être et cela suffit. Je mets donc toute ma conviction à écrire :

> Strasbourg constitue un symbole de la résistance et de la grandeur de la France. La libération de cette ville a été le signe définitif de la résurrection nationale française. Son abandon inciterait la France à douter de la victoire : il aurait en outre un retentissement mondial. Il exalterait le moral d'une Allemagne pourtant au bord de la défaite.
>
> « En raison de l'étendue de son secteur et de la faiblesse de ses moyens, la 1re armée française n'est pas actuellement en mesure de défendre directement Strasbourg, mais elle est décidée à faire tout ce qui est en son pouvoir pour couvrir la ville au sud. Cette volonté, elle la marque en établissant sa position principale de résistance sur le front actuel, le long du Rhin et en plaine d'Alsace.

> Elle compte, et je vous le demande personnellement de la façon la plus instante, que la 7e armée américaine fera l'impossible pour défendre Strasbourg avec la dernière énergie.

Puis, après avoir fait allusion au sort tragique des populations livrées aux représailles, je conclus par ces mots : « Que ce sort effroyable soit au moins épargné aux habitants de Strasbourg. L'honneur militaire et le prestige des armées alliées y sont engagés. »

En fait, alors que j'écris cette lettre, il y a des heures que le général Patch a reçu un message du 6e groupe d'armées confirmant les ordres verbaux de la veille et ainsi conçu :

> Le général Eisenhower craint que les divisions du secteur Haguenau ne soient sévèrement malmenées ou même culbutées en cas de pénétration ennemie au sud de Sarrebourg ou au nord de la poche de Colmar. Il tient essentiellement à ce que la position de Haguenau ne soit tenue que par des forces légères et que vos gros soient repliés sur la position des Vosges… Le temps presse et il y a urgence à réaliser ces mesures… Le gros de vos divisions doit donc être porté pour l'aube du 5 janvier sur les pentes des Vosges, sans vous préoccuper des répercussions politiques de cette mesure… Vous devez donc consentir à l'abandon de Strasbourg, et du terrain à l'est des Vosges…

Et je ne sais toujours rien !

Il est exactement 21 h 47 – le 2 janvier – quand me parvient le télégramme B 22 247 du général Devers m'informant enfin de l'ordre de repli donné par le commandement suprême allié et m'enjoignant de ramener la gauche de la 1re armée française sur les Vosges.

> Vous devez accepter, sur votre gauche, la perte du territoire à l'est des Vosges et replier les gros de votre aile sur la position principale des Vosges, de façon à vous trouver sur cette position au plus tard le 5 janvier au matin… Les positions avancées actuelles de votre aile gauche seront tenues avec des forces légères ultra-mobiles disposées

> de telle façon et pourvues de tels moyens de transports automobiles qu'elles puissent se replier rapidement devant toute forte action offensive allemande, en détruisant tous leurs emplacements dans leur retraite.

Ça, non.
Non possumus…

Je n'ignore pas, évidemment, que, dans l'absolu, ce repli stratégique peut se justifier par de sérieuses raisons militaires – encore que la seule perspective d'avoir à reconquérir pierre par pierre Strasbourg retombé au pouvoir des nazis soit aussi une sérieuse raison militaire de le condamner. Mais il est des circonstances où joue moins la raison raisonnante que la raison instinctive dictée par les réflexes de l'être. Je ne calcule pas : non seulement je ne replierai pas l'aile gauche de mon armée, mais je prendrai à ma charge la défense de Strasbourg.

À l'instant, avec mes collaborateurs les plus proches, nous examinons la situation. Peut-être pourrait-on lancer dans ce nouveau secteur la 4e DMM, théoriquement en réserve. Mais, en fait, elle n'est pas tout entière rassemblée et la lettre d'instruction n° 7 a mis sur elle une hypothèque en tant que réserve de groupe d'armées. D'autre part, je tiens essentiellement à ne pas me priver de toute chance de poursuivre nos projets d'attaque de la poche de Colmar.

C'est donc sur la 3e division d'infanterie algérienne que se porte mon choix. Elle est sur la brèche sans désemparer et sa fatigue est extrême. Mais c'est la solidité même. Bien sûr, Guillaume, chef à son image et ami fraternel, commencera par s'indigner, par faire valoir à juste titre la misère de ses régiments qui n'ont pas eu une semaine de repos depuis Toulon et pratiquement depuis le début de la campagne d'Italie, c'est-à-dire depuis un an… Et puis, comme les grognards de la garde, il marchera. Superbement.

Sitôt la décision prise, les 3e et 4e bureaux se mettent au travail. Pour le 3e, la grosse affaire est de savoir comment boucher le large trou créé dans les Vosges par le départ de la 3e DIA. On ne peut faire mieux pour le moment que d'y porter quelques unités FFI et d'étirer au maximum les ailes des divisions voisines…

Quant au 4e bureau, il lui faut assurer de toute urgence le transport de l'infanterie de la division Guillaume en contournant et en traversant les Vosges par des routes couvertes de plusieurs centimètres de verglas…

Chacun s'affaire à trouver une solution à ces redoutables problèmes quand, vers minuit, arrive à mon PC un officier de l'état-major de la Défense nationale, le commandant Allix, porteur d'une lettre manuscrite du général de Gaulle.

Cette lettre écrite tard dans la soirée du Jour de l'an est déjà vieille de vingt-quatre heures, mais l'abominable état des routes n'a pas permis à Allix d'arriver plus tôt. Telle quelle, elle n'en garde pas moins un puissant intérêt puisqu'elle établit l'identité de la décision que je viens de prendre avec les intentions que m'exprime le chef du gouvernement et qu'elle approuve à l'avance mon initiative :

> Paris, le 1er janvier 1945.
> Mon cher Général,
>
> Il n'est pas impossible que le commandement allié, redoutant d'exposer des moyens importants dans le saillant de Wissembourg, décide de replier la ligne de combat sur les Vosges à hauteur de Saverne.
> Un tel repli reviendrait à abandonner Strasbourg.
> Si des dispositions de cette nature pourraient être justifiables du point de vue de la stratégie anglo-américaine, il va de soi que l'Armée française, elle, ne saurait consentir à l'abandon de Strasbourg.
> Par lettre d'aujourd'hui, dont ci-joint copie, j'en avertis le général Eisenhower.
> Dans l'éventualité où les forces alliées se retireraient de leurs positions actuelles au nord du dispositif de la 1re Armée française, je vous prescris de prendre à votre compte et d'assurer la défense de Strasbourg.
> Veuillez croire, mon cher Général, à mes sentiments cordialement dévoués.
> Signé : De Gaulle.

Dans la lettre adressée au général Eisenhower, le général de Gaulle affirmait la même résolution :

> Sans contester que cet abandon (de Strasbourg) puisse éventuellement se justifier du point de vue stratégique de la part des armées alliées, le Gouvernement français ne peut évidemment laisser Strasbourg retomber aux mains de l'ennemi sans faire, quant à lui, tout ce qui lui est possible pour le défendre.
> [...] Je suis prêt à pousser de ce côté toutes les forces françaises en voie de formation qu'il me sera possible de prélever à l'intérieur, et en premier lieu la 10e division du général Billotte dont la tête se trouve à Reims. Ces forces seraient mises à la disposition du général de Lattre.
> Je suis assuré que vous leur fournirez le soutien nécessaire. Quoi qu'il advienne, les Français défendront Strasbourg.

Ces deux documents me sont infiniment précieux puisqu'ils établissent qu'à l'inverse des liaisons matérielles, la liaison intellectuelle, expression de la communauté de pensées, a joué parfaitement. Mais une très vive inquiétude demeure : en tant que commandant d'armée, je me trouve placé dans le cadre d'une coalition et tenu d'en respecter les règles. Dans cette coalition, j'occupe une place stratégiquement essentielle, celle de pivot droit de tout le front. Il ne me vient donc pas à l'esprit que je puisse faire la guerre en isolé. La loyauté envers la coalition, plus encore que les circonstances matérielles, me l'interdit.

Agir autrement reviendrait à mettre en péril la solidarité militaire des nations unies – mais aussi à placer dans une position intenable nos troupes de Strasbourg, obligées de s'enfermer dans la ville sans aucune liaison à l'ouest avec les unités américaines repliées sur les Vosges.

Il est dès lors capital que les mesures prises s'insèrent dans un plan d'ensemble adopté en accord avec le commandement américain, le repli décidé par celui-ci étant révisé ou, pour le moins échelonné, en fonction de la prise en charge par nous de notre nouveau secteur.

C'est ce que je câble sur-le-champ au général de Gaulle à qui je rends compte des ordres que j'ai reçus du général Devers :

> La décision du général Devers m'amène à vous demander instamment d'obtenir d'urgence et avant toute chose l'accord de SHAEF pour que mouvement de repli 7e armée soit limité pour l'instant à la ligne Strasbourg-canal, en vue de donner le temps à la 1re armée

> française de prendre à son compte une partie de la défense de cette ligne avec minimum de moyens appropriés – stop.
> J'envisage que la défense de Strasbourg nécessite entrée en ligne une division avec armement normal. Pour ce faire, division Billotte devrait relever dans les moindres délais 3e DIA sur partie ouest poche de Colmar, 3e DIA devrait être aussitôt portée sur Strasbourg, où elle prendrait à son compte la défense Rhin et canal jusqu'à Brumath. Cela implique en conséquence que 7e armée US assure défense entre Brumath et Vosges – stop.
> Enfin, 1re armée étant par sa droite pivot des armées alliées et devant en outre assurer la couverture de toutes les communications vers la Méditerranée, la décision de défendre Strasbourg dont je sens comme vous qu'elle s'impose impérativement, peut avoir des incidences telles pour la manœuvre d'ensemble qu'elle doit être prise d'extrême urgence en accord entre gouvernement français et commandement suprême allié – stop.
> En tout cas, vous pouvez être assuré que je veux défendre Strasbourg et que j'y appliquerai maximum de moyens. Fin.

Le télégramme expédié, j'en développe aussitôt la substance dans une lettre que je confie au commandant Allix :

> Je vous demande instamment d'intervenir personnellement auprès de SHAEF de manière qu'un accord intervienne rapidement… Cet accord me permettrait de concilier mon devoir de général français à l'égard de mon pays, de l'honneur de mon armée et de vous, mon chef politique et militaire, devoir que je ferai passer avant tout, avec mon devoir de soldat, mon devoir de discipline à l'égard du commandement suprême des armées alliées parmi lesquelles la 1re armée française tient une place stratégique essentielle.
> … Il reste absolument nécessaire qu'une division américaine assure la couverture de mon flanc gauche sur le canal de la Marne au Rhin, entre Saverne et Brumath.

Je crois que ma pensée n'était pas équivoque et que son expression, pour rapide qu'elle fût, ne traduisait aucune hésitation sur la ligne de conduite que j'étais résolu à suivre. D'ailleurs, les ordres donnés à la

3e DIA en témoignent. Tout faire pour sauver Strasbourg, tel est l'impératif catégorique. Mais tout faire pour sauvegarder la solidarité alliée dans le combat et éviter de « faire Stalingrad » seul dans les ruines de la cité assiégée, tels en sont les compléments logiques.

Aussi la réponse du général de Gaulle à mon télégramme, le 3 janvier, me parut-elle davantage le fait d'une insuffisante explicitation de mes propres sentiments que la conséquence d'une opposition de doctrine : « J'ai peu apprécié, me disait cette lettre, votre dernière communication… Si vous aviez été amené ou si vous étiez amené à évacuer l'Alsace, le gouvernement ne pourrait admettre que ce fût sans une grande bataille, même et je le répète si votre gauche s'était trouvée ou se trouvait découverte par le retrait de vos voisins. »

En réalité, notre accord sur le fond est si certain qu'au même moment toute l'énergie du chef du gouvernement s'emploie à atteindre les objectifs que j'ai, pour ma part, sentis nécessaires.

C'est, en effet, le 2 janvier à midi – douze heures avant moi – que le général de Gaulle a connu la décision américaine par l'intermédiaire du général du Vigier. Celui-ci, gouverneur nommé de Strasbourg, mais gardé en réserve de commandement par le général de Gaulle, depuis les événements des Ardennes, avait été chargé le 29 décembre d'une double mission qui devait l'amener successivement à Reims, à Montbéliard et à Vittel[1]. Après avoir passé la soirée du 31 décembre et le matin du 1er janvier à mon PC, du Vigier est arrivé en fin d'après-midi à Vittel, où le général Devers l'a mis au courant de l'exécution du repli sur les Vosges. Convaincu, comme il était naturel, que j'avais été moi-même prévenu, il n'a d'autre pensée que d'alerter en hâte le chef du gouvernement en rentrant à Paris, de toute urgence, par avion le 2 janvier à la première heure.

Les réactions du général de Gaulle sont immédiates. Il prescrit au général Juin de me transmettre l'ordre de prendre à mon compte la défense de Strasbourg et le charge d'en aviser le général Eisenhower.

Par un mystère resté inexplicable – et sans équivalent dans l'histoire des transmissions de cette guerre – le télégramme qui m'est destiné mettra vingt-sept heures à me parvenir[2]. Par chance, la lettre au général

1. Cette mission avait pour objet d'une part d'étudier les conditions de mise à ma disposition de bataillons FFI stationnés dans la région de Reims ; d'autre part de s'informer sur place de l'évolution de la situation au 6e groupe d'armées.

2. Télégramme n° 1/DN du 2 janvier 1945 : « Le général de Gaulle vous confirme

Eisenhower atteint plus rapidement son destinataire : c'est elle qui provoque la conférence de Versailles, le 3 janvier à 15 heures, entre le commandant suprême, M. Winston Churchill venu spécialement de Londres et le chef du gouvernement français.

Il appartient aux seuls acteurs de cette réunion historique d'en rapporter le déroulement. Pour ma part, j'en apprends vers 22 heures le résultat par ce télégramme de Juin :

> À la suite de la conférence tenue à SHAEF cet après-midi, commandement allié a envisagé dispositions nouvelles assurant couverture de Strasbourg. Général Devers a dû recevoir ordres dans ce sens.
> « J'accompagnerai demain jeudi 4 général Bedell Smith qui se rend au QG du général Devers dans l'après-midi. Je serais heureux de t'y rencontrer. Amicalement.

Il est malheureusement hors de question que je puisse me rendre à Vittel. Depuis deux jours, une menace de congestion pulmonaire, héritage bien connu des gazés de l'autre guerre, me condamne à garder le lit et c'est dans ma chambre que se réunit mon état-major. Mais Valluy me représentera.

D'ailleurs, la visite du général Shepard, chef d'état-major adjoint du 6e groupe d'armées, vers 22 h 30, commence à me laisser entrevoir le sens des décisions qui seront prises à cette conférence. Il m'annonce l'annulation des ordres de repli délibéré, sans pouvoir toutefois préciser par quels ordres nouveaux ils seront remplacés. Mais la mise de Strasbourg dans le secteur français peut être tenue pour acquise.

Je m'autorise aussitôt de cette conversation pour télégraphier au général de Gaulle :

> *Primo* : Ai pris cet après-midi mesures pour que 4e RTT soit en entier jeudi 4 janvier soir Strasbourg.

---

les ordres donnés dans sa lettre n° 6/DN 3/TS du 1er janvier 1945 et portés par un officier de mon état-major. Signé : général JUIN. » Expédié de Paris le 2 janvier à 12 h 27, ce télégramme chiffré parvient au *Signal Center* de Montbéliard le 3 à 15 heures et à mon cabinet, après déchiffrement, à 15 h 36. À ce moment, les premiers ordres à la 3e DIA sont donnés depuis dix-huit heures et Allix a eu le temps de regagner Paris.

Secundo : 3e DIA en raison armement sera chargée défense secteur Strasbourg – stop. Elle y aura deux CT le 5 et y sera complètement rassemblée le 7 janvier – stop. Général Guillaume y prendra commandement le vendredi 5 dans le cadre du 2e CA ainsi étendu.
Tertio : 1re armée française prend donc le 5 janvier responsabilité Strasbourg.
Quarto : Têtes de colonnes Billotte, aiguillées sur Remiremont pour secteur Schlucht-Bussang.
Quinto : Toutes mesures ci-dessus viennent avoir accord général Devers – stop. Limite nord Armée française passera entre Strasbourg et Brumath et sera fixée demain. Fin.

Effectivement, à Vittel dans la nuit du 4 au 5 janvier, les divers points pratiques en suspens trouvent leur solution. L'accord se fait d'autant plus aisément que si le général Devers a jusque-là exécuté à la lettre les instructions de repli reçues du général Eisenhower, il n'en mesure pas moins leur extrême gravité. Ce n'était pas de gaieté de cœur qu'il avait dû paraître insensible tant à mes objurgations – qu'était allé en particulier porter à son état-major le général de Linarès le 3 au matin – qu'aux nobles observations du général Patch. Il répugnait, en effet, au commandant de la 7e armée d'abandonner sans combat les populations délivrées par lui un mois plus tôt et c'est pourquoi il avait de lui-même suggéré la possibilité d'une défense sur la ligne Maginot.

C'est à cette solution que s'arrêtera en définitive le général Devers. Le 5 janvier à 3 heures du matin, il ordonne à la 7e armée de ne se replier au-delà de la ligne Maginot que sous la pression de l'ennemi, et pour tenir alors une « ligne Bitche-Bischwiller et bretelle suivant la ligne générale de la Moder entre Ingwiller et Haguenau ». Dans le cas où cette ligne même ne pourrait être maintenue, la position finale de défense s'établira en dernier lieu sur la ligne générale Bitche-Ingwiller-canal de la Marne au Rhin. Par le même télégramme, il ratifie l'envoi de la 3e DIA sur Strasbourg – un *Regimental Combat Team* s'y trouve depuis la veille – et sa relève par la division Billotte qui, selon les indications apportées par le général Juin, commencera ses débarquements dans la région de Remiremont ce même jour, à raison d'un train toutes les huit heures.

Désireux de s'entretenir directement avec moi, Juin, aussitôt terminée la conférence de Vittel, pousse jusqu'à Montbéliard où il arrive vers 13 heures. Il me précise lui-même les conditions des accords enfin conclus. Revenu avec lui, le général Valluy me remet la lettre personnelle, qu'au matin de ce même 5 janvier m'adresse le chef du 6e groupe d'armées :

Cher général de Lattre,

Je reçois et vous accuse réception de votre lettre du 2 janvier relative à la défense de la ville de Strasbourg.

Comme vous le savez, un plan de défense de Strasbourg a été discuté hier par votre chef d'état-major, à l'occasion d'une conférence tenue au PC du 6e groupe d'armées.

Je suis certain que vous penserez comme moi que la question a été examinée très à fond et que, pour le moment, je ne peux rien ajouter de nouveau ou de pertinent.

J'ai profondément apprécié la sincérité avec laquelle vous m'avez exposé vos opinions sur cette importante question.

Sincèrement. DEVERS.

Ainsi achève de se régler une crise dramatique. Elle prend fin par un resserrement de nos liens d'amitié et de confiance avec nos alliés américains, liens que l'action va porter à un degré jamais atteint d'intimité. Jamais, en effet, la solidité de la coalition, et son efficacité, ne seront plus remarquables qu'en ce mois de janvier 1945. Car si les Américains ont pu, au cours de ces journées anxieuses, constater notre résolution, ils ont pu aussi apprécier notre loyauté. Et nous, nous allons pouvoir admirer leur magnifique *fair play*.

Les opérations

Il est 16 heures, le 4 janvier, lorsque après avoir rapidement pris contact avec le général de Monsabert, le général Guillaume arrive à Strasbourg où l'angoisse se lit sur tous les visages. Deux officiers de mon état-major, le capitaine Herrenschmidt et le lieutenant Scherr, l'y ont précédé, porteurs de lettres où j'avertis de ma décision le commissaire de la République

Blondel, le préfet Haelling, le maire, l'évêque et le gouverneur provisoire, mon camarade de promotion Schwartz. Celui-ci a déjà déclaré qu'il se battrait jusqu'au dernier homme avec les troupes dont il dispose : la « brigade indépendante Alsace-Lorraine » du colonel *Berger*-Malraux[1], les FFI strasbourgeois du commandant François et le groupe d'escadrons de la garde du commandant Dancourt. Cependant, ces unités, que l'on sait prêtes à se sacrifier, ne représentent pas une force suffisante pour résister à une attaque en règle de la ville. Aussi, l'annonce que la cité sera défendue par la 1re armée française réconforte et réjouit ; mais l'inquiétude reste vive, car chacun a conscience du péril.

La réponse du maire à ma lettre est particulièrement révélatrice. Le maire, c'est Charles Frey, auquel m'attache une solide amitié personnelle depuis la crise de eptembre 1938 – celle de Munich – si gravement ressentie en Alsace. Il était fort lié avec le général Héring dont j'étais à l'époque le chef d'état-major[2] ; et en ces circonstances bien faites pour apprécier les caractères, des rencontres quotidiennes m'avaient permis d'admirer son équilibre, son courage et sa haute conscience civique. Tel il était alors, tel il se retrouve, mûri encore par les épreuves des cruelles années où l'occupation a refoulé sa mairie jusqu'à Périgueux, au milieu des réfugiés et des expulsés[3]. Il me répond en m'adressant une gravure de la cathédrale, tirée spécialement à l'occasion de Noël 1944, et sur laquelle il a écrit ces seuls mots, si pleins de sens dans leur sobriété : « Au général de Lattre, notre dernier espoir. »

De fait, la situation justifie toutes les alarmes. C'est en vain que le chef de la 3e DIA cherche la liaison avec le commandement américain : de la *Task Force* du général Linden qui tenait le secteur les jours précédents et qui est en train de remonter vers Haguenau, il ne reste que l'officier du

---

1. Depuis le 3 décembre, bien que Strasbourg fût en zone américaine, j'avais mis à la disposition du général Schwartz la « brigade indépendante Alsace-Lorraine ». Ses bataillons étaient déployés sur les faces est et sud de Strasbourg.

2. Le général Héring était gouverneur militaire de Strasbourg, membre du Conseil supérieur de la Guerre, et, en cette qualité, commandant désigné de l'armée d'Alsace (5e armée).

3. C'est pour moi un pieux devoir, à l'occasion de ce récit, de rendre hommage à la mémoire de Mme Charles Frey, morte au lendemain de la victoire, dont n'avait jamais douté son patriotisme si lucide et qui, jusqu'au bout, devait apporter à son mari le soutien de son énergie souriante, de son charme et de son intelligence.

courrier et une compagnie installée au port fluvial. C'est tout ce que nos alliés ont laissé à Strasbourg, qui pratiquement n'est tenu pour l'instant que par les unités dépendant directement du général Schwartz.

Aussi, lorsque arrivent vers 18 heures, après un voyage singulièrement difficile par les routes couvertes de neige ou de verglas du col de Saales et de Molsheim, les premiers GMC[1] du 4e régiment de tirailleurs tunisiens, Guillaume ne complique pas les ordres : « 1er bataillon au sud, 2e bataillon au nord, 3e bataillon en ville et au port », prescrit-il au colonel Guillebaud. « Et que les gens du port fassent du bruit, ajoute-t-il, qu'ils fassent du volume. »

Pratiquement, sur toute sa longueur, le Rhin est dégarni. Par suite d'extensions successives de son secteur, la *Task Force* Linden a étalé l'un de ses régiments de Plobsheim à Seltz, c'est-à-dire sur 60 kilomètres. Et dans la zone qui va dorénavant incomber à la 3e DIA, de Plobsheim à Gambsheim, nos troupes n'auront à « relever » que trois compagnies, l'une au fort Hoche, l'autre au port fluvial, la troisième à Kilstett-Gambsheim – une compagnie tous les 9 kilomètres !

Dans ces conditions, Guillaume éprouve plus d'inquiétude que de surprise en apprenant, le 5 janvier au matin, que plusieurs bataillons de la *Wehrmacht* franchissent le Rhin entre Kilstett et Drusenheim et attaquent nos alliés sur leur flanc. À midi, ces bataillons occupent déjà Gambsheim, Offendorf, Herrlisheim, Rohrwiller et arrivent aux abords de Weyersheim après avoir écrasé les quelques Américains qu'ils ont rencontrés et qui se sont fait bravement tuer sur place.

Le général Linden ne perd pas de temps pour monter une contre-attaque mais les moyens qu'il peut rassembler sont faibles. À 15 h 45, il lance un groupement de la valeur d'un petit bataillon avec un peloton de chars de Weyersheim vers Gambsheim – et un autre groupement analogue de Kilstett vers Gambsheim. De ce côté, 50 FFI de Strasbourg et les deux escadrons de la garde de Dancourt, envoyés par le général Schwartz, prennent part à l'affaire.

Mais déjà la tête de pont est solidement organisée. Des dizaines d'armes automatiques se révèlent, bloquant toute avance et rejetant les deux groupements sur leurs bases de départ, après leur avoir infligé des pertes sensibles. Le 4e escadron de garde notamment voit tomber en quelques instants son chef, le lieutenant Camours, et une vingtaine de gardes.

1. Camions.

Dans ces conditions, on pense bien que c'est naturellement vers le nord de Strasbourg que le général Guillaume oriente le 3e RTA dont les camions arrivent à partir de 21 heures, ayant le matin même quitté la vallée de la Thur et Bussang. Mais la situation est si imprécise que le débarquement s'opère en arrière du canal de la Marne au Rhin. Au jour, on recherchera le contact...

Ainsi la couverture de Strasbourg au nord est-elle infiniment fragile, et l'ennemi est à moins de 20 kilomètres de la ville.

Au sud, la situation n'est qu'apparemment plus brillante. De Plobsheim à Rhinau le long du Rhin, puis de Rhinau à Sélestat dans la plaine, la 1re DFL a relevé le 2 janvier la 2e DB. De son PC d'Obernai, Garbay actionne primitivement deux sous-secteurs, celui d'Erstein, confié au colonel Raynal, renforcé de la brigade Alsace-Lorraine, et celui de Sélestat, affecté au colonel Gardet, reliés l'un à l'autre par une charnière que tient le lieutenant-colonel Simon, à cheval sur l'Ill de Winternheim à Ebersheim. Mais, le 4 janvier, Garbay a dû engager sa brigade réservée, celle de Delange, pour occuper un troisième sous-secteur, de Sélestat à Beblenheim : c'est la conséquence d'un changement de limites entre la DFL et la 3e DIUS que le général de Monsabert a décidé, à la suite de l'extension du secteur du général O'Daniel jusqu'à la région du lac Blanc et du lac Noir pour y prendre la place laissée vacante par le départ du 3e RSAR, expédié avec toutes les unités organiques de la 3e DIA vers Strasbourg. De ce fait, la 1re DFL est étirée sur 50 kilomètres et n'a plus aucune infanterie en réserve. De ce côté aussi, la couverture est donc mince.

Elle l'est trop à mon gré. Le 5 janvier, je télégraphie au général commandant le 2e corps que l'importance et la vulnérabilité du secteur imparti à la DFL interdisent de l'étendre au-delà de Sélestat et qu'en conséquence la 3e DIUS doit reprendre à son compte la zone qu'elle vient de céder au colonel Delange.

En effet, en dehors du CC 5 et du CC 6[1], je suis dans l'incapacité de mettre à la disposition de Monsabert quoi que ce soit. Je n'ai pas trop de toutes les unités FFI pour tendre un fil quasi symbolique dans les Vosges

---

1. Le CC 5 était à la disposition du 2e CA depuis le 11 décembre. Quant au CC 6, il était en stationnement dans la zone de Lure et il éprouvera de sérieuses difficultés à faire mouvement jusqu'à Mutzig où il ne sera au complet que le 10 janvier.

Le CC 4 était indisponible, ayant été désigné pour rester en réserve de groupe d'armées dans la région de Remiremont.

à la place qu'occupait la 3e DIA et pour y attendre la mise en place des fantassins du général Billotte[1]. Par ailleurs, il serait vain de compter sur des nouveaux renforts, du moins dans des délais rapprochés[2].

Il faut donc tenir avec les moyens du bord et les utiliser au mieux.

Par chance, depuis 1938 je connais bien le terrain. Et je sais en particulier le caractère névralgique de l'affaire de Gambsheim.

Entrant dans des détails inhabituels à l'échelon de l'armée, je définis à Guillaume le « môle » à établir avant tout :

> Il importe au minimum empêcher à tout prix infiltration forêt Wantzenau – stop. L'ensemble fort Ney-Wantzenau-voie ferrée-Kilsett-lisières nord forêt Wantzenau doit être organisé et tenu comme un môle inviolable, étant l'accrochage de toute la défense nord de Strasbourg.
>
> « Gambsheim et la forêt de Gambsheim sont les avancées de ce système et il importe de les nettoyer d'ennemis...
>
> « Le môle ci-dessus défini se raccorde à celui de Brumath-Geudertheim et forêt de Herrenwald par plaine de Hœrdt où l'interdiction antichar doit être fortement réalisée, et verrou absolu fond de la poche Asile avec organisation autant que possible gros centres de résistance Hœrdt et Weyersheim[3].

---

1. L'arrivée en ligne de la 10e DI devait commencer dans la nuit du 9 au 10 janvier. En réalité, le général Billotte ne put arriver personnellement à la 1re armée que le 16. Il prit le commandement du secteur des Vosges centrales le 19 janvier à 0 heure. À cette date, il y avait treize jours que le général Guillaume assumait la responsabilité du secteur de Strasbourg.

2. Ce même 5 janvier, je prélevais dans les Alpes toutes les unités que l'état d'enneigement des cols permettait raisonnablement d'en retirer, soit le 159e RIA et le 5e dragons, plus le groupe d'artillerie que j'y avais laissé depuis le début de la campagne (2/RACAOF). En outre, le général Juin me promettait la 1re brigade de spahis à cheval. Mais la pénurie de moyens de transport et l'obligation d'obtenir du 6e GAUS les autorisations nécessaires retarderont l'exécution de ces décisions. Les alpins n'arriveront en gare de Molsheim que le 17 janvier et les spahis que le 20 à Lure d'où ils seront d'ailleurs dirigés dans la zone du 1er CA.

3. Extrait du télégramme n° 51/OP-3 du 6 janvier matin, adressé au 2e corps et à la 3e DIA.

Mais ce deuxième « môle » ne peut tenir que cimenté avec les Américains. En d'autres termes, c'est tout le problème, capital, de ma gauche qui continue à se poser.

Il est aigu car le 6e corps US connaît des moments difficiles. S'il occupe toujours les villages au nord de la forêt d'Haguenau, il a dû, sous la violence de la poussée allemande, céder au sud de Bitche, Wingen et Wimmenau, sur la Moder. Entre ce point et Gambsheim, se dessine une menace d'encerclement des arrières du corps Brooks, menace qui peut inciter à un repli rapide sur la ligne arrière Ingwiller-canal de la Marne au Rhin, c'est-à-dire sur les lisières mêmes de Strasbourg.

Pour parer à cette éventualité, je me rends le 6 janvier à Vittel, auprès du général Devers. Notre conversation prend aussitôt un tour vigoureux et franc. L'homme est direct, mais ce réaliste cache sous une apparence parfois rude un cœur sensible. Nous passons en revue les événements – puis je lui fais part de mes préoccupations en lui rappelant que lui-même est le petit-fils d'une Alsacienne. Avec émotion, il me donne l'assurance qu'en dépit des risques, le 6e corps d'armée américain couvrira le flanc gauche de la 1re armée et se battra sur la ligne Maginot.

D'ores et déjà, d'ailleurs, il s'y bat âprement. Des contre-attaques énergiques ont été déclenchées dans les basses Vosges et les Allemands de Wingen sont encerclés. Par contre, du côté de Gambsheim, selon l'expression du général Wiche, commandant la 79e DIUS qui coiffe la TF Linden, « les choses vont pauvrement ».

Ce n'est pas là cependant que l'incendie va s'allumer en premier lieu. Hitler en personne en a décidé autrement et son plan est ambitieux.

De l'offensive du 1er janvier à Bitche, dénommée opération « Nordwind », il attendait la chute de Phalsbourg et la possession de la trouée de Saverne. C'est en prévision de cet événement qu'il avait prescrit le franchissement du Rhin à Gambsheim pour qu'une action menée d'est en ouest à partir de ce point aboutisse à l'encerclement de toute la droite de la 7e armée américaine. Une attaque issue de la poche de Colmar vers Sélestat devait couvrir largement l'opération au sud.

Mais devant la résistance de Patch dans les basses Vosges, le Führer a dû varianter ses projets. Il a alors monté une vaste manœuvre en tenaille contre Strasbourg.

Au nord, la 1re armée allemande (groupe d'armées Blaskowitz) lancera un corps blindé de trois divisions sur la direction générale Wissembourg-Molsheim. Arrivé à hauteur de la tête de pont de Gambsheim, ce corps donnera la main à la division qui s'y trouve, la 553e *Volks Grenadiere Division* (du détachement d'armée *Ober-Rhein)* laquelle devenue son aile gauche, prendra spécialement à sa charge l'attaque directe contre la ville de Strasbourg.

Simultanément, au sud, la 19e armée engagera la 198e division et la brigade blindée *Feldhernhalle* vers Benfeld et Molsheim. Dès leur rencontre, les deux poussées se souderont pour marcher vers Phalsbourg et débloquer les divisions « Nordwind ». Au minimum et même si l'avance vers l'ouest est enrayée, la reconquête de Strasbourg sera assurée avec toutes les conséquences politiques et psychologiques qu'en attendent les nazis. La gloire en reviendra au général von Maur, commandant le détachement d'armées *Ober-Rhein* : c'est lui qui, chargé de la coordination des troupes engagées sur ce front et homme de confiance de Himmler, a lancé le 5 janvier l'ordre du jour destiné à électriser les hommes de la *Wehrmacht* : « Je compte sur vous pour pouvoir annoncer au Führer dans quelques jours que le drapeau à croix gammée flotte à nouveau sur la cathédrale de Strasbourg[1]. »

Le 7 janvier, cette double offensive démarre. Au nord, dans le secteur Wissembourg-Haguenau, c'est le 6e corps US qui en supporte tout le poids et nous aurons l'occasion de voir avec quelle vaillance. Au sud, c'est la DFL.

Celle-ci a malheureusement conservé le dispositif étiré dont je m'étais ému, le 2e corps n'ayant pas encore retransféré à la 3e division américaine le sud de Sélestat. Garbay va donc recevoir le choc en étant dépourvu de réserves.

Or le choc est violent. Dans l'aube glaciale, sur la plaine couverte de neige que l'éclatement des obus saupoudre de cernes noirâtres, des

---

1. Bien entendu, les plans allemands de l'offensive « Nordwind » et de la manœuvre contre Strasbourg n'ont été connus de nous dans leur ensemble que beaucoup plus tard, après la capitulation du Reich, grâce à la découverte par l'armée Patch des archives relatives à ces opérations. Sur cette base officielle, le colonel William Quinn, chef du G 2 de cette armée, put en reconstituer l'histoire détaillée, relatée dans le rapport d'opérations de la 7e armée US.

ombres fantomatiques avancent, ombres démesurées des chars peints en blanc, ombres innombrables des fantassins revêtus de cagoules.

Entre le canal du Rhône au Rhin et les bras de l'Ill, deux grosses colonnes progressent. À droite, au plus près du canal, ce sont les blindés de la brigade *Feldhernhalle* qui attaquent sur le sol gelé. Plus à gauche, vers l'Ill, l'action est surtout menée par l'infanterie de la 198e division.

Dès le début de la matinée, le colonel Raynal doit replier ses avant-postes de Friesenheim et de Witternheim. À 10 h 30, le bataillon d'infanterie de marine du Pacifique (BIMP – commandant Magendie) est violemment pris à partie à Rossfeld et Herbsheim. Il continuera à l'être durant toute la journée et une infiltration dans le second de ces villages ne sera liquidée, vers 16 h 30, qu'après une charge audacieuse de trois chars légers du 1er régiment de fusiliers marins (1er RFM capitaine de corvette de Morcier).

Entre-temps, les blindés ennemis ont progressé. À midi, ils essaient de franchir l'Ill à Osthouse et de gagner la route Sélestat-Strasbourg (nationale 83), mais le bataillon de marche n° 21 (BM 21) du capitaine Fournier leur barre le passage. Une heure plus tard, les mêmes blindés, qui se sont rabattus vers l'est pour tenter d'atteindre la nationale 68 (route Marckolsheim-Strasbourg), traversent le canal du Rhône au Rhin sur le seul pont dont la destruction n'ait pas joué, près de la sucrerie au sud-est d'Erstein, et s'engouffrent vers Krafft. Un autre détachement du BM 21 les y arrête sur le canal de décharge de l'Ill dont le pont, cette fois, saute... Heureusement : c'était la dernière coupure avant Strasbourg, distant de 15 kilomètres à peine.

Grâce à ce coup de frein et au fait que, nulle part, notre défense sur l'Ill n'a été entamée, les espoirs que l'adversaire avait pu placer dans la surprise sont déjoués. Ni vers Strasbourg ni vers Molsheim, il n'a pu remporter de succès décisif. Mais la situation n'en demeure pas moins pour nous critique, d'autant plus que, entre le canal et le Rhin, le bataillon de marche n° 24 (BM 24) du commandant Coffinier et un détachement de la brigade Alsace-Lorraine (commandos Monti et Dubourg), sans avoir été encore directement attaqués, sont coupés de leurs arrières, le premier à Boofzheim et à Obenheim, le second à Daubensand et Gerstheim.

« Défendre à tout prix Strasbourg », tel est le résumé de l'ordre détaillé donné par l'armée au soir de ce 7 janvier, premier jour de bataille. Pour l'exécuter, le général de Monsabert se hâte de rendre à la 3e DIUS le secteur sud de Sélestat, ce qui lui fait récupérer aussitôt une partie de la brigade Delange, puis il met en soutien de la DFL la fraction du CC 5 que les événements au nord de Strasbourg lui permettent de distraire au profit du sud, soit une vingtaine de *Sherman* et de TD, formant le détachement Bourgin[1].

Mais nos engins sont nettement surclassés par les *Jagdpanther* et les *Tigre*. On n'est pas long à s'en rendre compte quand, vers 14 h 30, le 8 janvier, notre contre-attaque forte du BM 11 et du détachement Bourgin démarre d'Osthouse – à nouveau attaqué sans succès le matin – vers Gerstheim et de Sand vers Obenheim. La colonne de Sand ne peut pratiquement pas déboucher et celle d'Osthouse doit se replier à la nuit sur sa base de départ, après avoir eu beaucoup de peine à aller jusqu'au canal. Il faudra recommencer le lendemain.

Toutefois, cette tentative a enlevé aux Allemands leur pleine initiative et ils ont dû, pour y parer, interrompre leurs assauts contre Herbsheim et Rossfeld.

Pas pour longtemps, d'ailleurs, car à 2 heures du matin, le 9, par un froid sibérien, Rossfeld est à nouveau attaqué. Une fois de plus, le bataillon du Pacifique tient bon et un fait d'armes magnifique du sergent Jouanny, accompli avec une poignée d'hommes et un TD du 8e régiment de chasseurs d'Afrique (8e RCA), lui rend à 5 h 30 le point d'appui du cimetière, un instant perdu. De même, un peu plus tard, la garnison d'Herbsheim reprend à l'ennemi les quelques maisons dont il avait réussi à s'emparer.

S'appuyant sur cette résistance opiniâtre, notre contre-attaque du 9 janvier va chercher à rétablir la liaison avec le BM 24. Les moyens ne sont hélas ! pas plus étoffés que la veille mais ils sont tous concentrés sur l'axe Sand-Obenheim. Par radio, Coffinier a reçu l'ordre de sortir de ce dernier village et d'aller sur le canal au-devant de la colonne envoyée pour le dégager. Mais, malgré toute une journée d'efforts, la jonction ne peut s'opérer. Si le BM 24 réussit à remplir sa mission, le bataillon de marche n° 11 (BM 11 – capitaine Boucard) et les blindés sont stoppés irrémédiablement par les chars lourds et l'infanterie qui les prennent à la fois de

1. Le lieutenant-colonel Bourgin commande le 1er régiment de chasseurs d'Afrique (1er RCA).

front et de flanc. À la chute du jour, nos éléments ont le plus grand mal à se regrouper à Benfeld.

Cette fois, la situation de nos postes à l'est du canal devient angoissante. Coffinier réclame un parachutage de vivres et surtout de munitions. Pour en faciliter la réussite, il reçoit de la division l'autorisation de ramener sur Obenheim même les éléments de Boofzheim.

Toutefois, il ne doit pas y avoir de doute sur les positions à tenir. Par télégramme personnel, je rappelle au général de Monsabert que notre ligne principale de résistance, face au Rhin, reste à l'est du canal, que celui-ci doit être considéré comme son soutien et que le cours de l'Ill « constitue dans cette région limite arrière votre position de résistance sur laquelle par conséquent bataille doit être livrée qu'en tout dernier ressort[1] ».

Ce télégramme n'est que le complément de l'ordre général d'opérations n° 221, diffusé depuis quelques heures, dont l'économie se résume en deux propositions : maintenir à tout prix le front actuel ; être prêt à déclencher au premier signe l'offensive générale.

Le 10 janvier, la DFL, ainsi orientée, va donc repartir pour la troisième fois à la contre-attaque. L'objet principal en est de relever à Rossfeld et Herbsheim le bataillon du Pacifique arrivé à épuisement complet, par un bataillon nouveau, le 1er bataillon de Légion étrangère du commandant de Sairigné (1er BLE), récupéré par suite de l'extension de la zone de la division O'Daniel. Puis, s'il est possible, on portera secours à Coffinier et à son BM 24.

Tous les blindés disponibles appuient l'action pour laquelle le 2e bataillon du régiment de parachutistes a été donné au général Garbay. À 16 heures, l'escadron Barberot, du régiment de fusiliers marins, sort de Benfeld et fonce à travers les bois que nettoient les parachutistes et le détachement Davout du 1er RCA Rossfeld est atteint. Dans la nuit, on se passe les consignes. À 4 heures du matin, les légionnaires ont pris la place de leurs camarades du BIMP qui passent à l'ouest de l'Ill.

Hélas ! rien ne peut plus être fait au profit du BM 24. Pour lui, la journée a été tragique.

---

1. Télégramme 65/OP-3 du 9 janvier 21 heures.

Furieux d'une résistance qui dure depuis quatre jours, l'ennemi a concentré contre Obenheim cinq bataillons et de nombreux chars. Après une « préparation psychologique », avec tracts et envoi de parlementaires, restée évidemment sans effet, il a déclenché le déluge de son artillerie. Au début de l'après-midi, l'appui du 1er corps aérien a apporté aux assiégés un moment de répit. Malgré un temps affreux, les « maraudeurs » sont venus larguer 72 *containers* dont beaucoup d'ailleurs sont tombés aux mains des Allemands, tant l'étau est serré. Mais, à 16 heures, l'assaut est général et il ne s'arrêtera plus. Pressée de toutes parts et en dépit de la disproportion des forces, la garnison se défend héroïquement. La radio de Coffinier apporte l'écho dramatique de cette lutte sans espoir : à 20 heures, les chars de la *Feldhernhalle* sont dans le village. À 21 heures, ils sont maîtres du carrefour central. Pourtant, dans les réduits, les derniers hommes valides se battent toujours. Ce n'est qu'à 23 heures que la radio s'arrête... Mais au lever du jour, le 11 janvier, des points d'appui tiennent encore.

Le sacrifice du BM 24 n'aura pas été vain car, par leur résistance héroïque, Coffinier et ses hommes ont brisé l'élan de la 198e ID et l'ont empêchée de fournir de nouveaux efforts contre la ligne de l'Ill. On peut saluer le fanion du BM 24, l'ancien bataillon de Djibouti : les défenseurs d'Obenheim l'ont nimbé de gloire[1].

Cette journée d'angoisse a vu jouer à plein non seulement la solidarité des armes mais aussi la solidarité des Alliés. En même temps que notre 1er corps aérien remplissait sa difficile mission d'Obenheim, les chasseurs bombardiers du 12e *Tactical Air Command* (12e TAC), chargé du « support » de la 7e armée US, s'employaient à fond au profit de la 1re DFL, mitraillant des rassemblements d'infanterie, détruisant un PC, anéantissant une colonne blindée sur le point de franchir le Rhin. Et cet exemple de parfaite camaraderie prenait plus de prix encore quand on savait les difficultés auxquelles, le même jour, avait à faire face l'armée Patch dans le secteur nord de la forêt d'Haguenau.

---

1. Seuls, deux officiers et une vingtaine d'hommes réussirent à s'échapper à la faveur de l'obscurité.

Dans la nuit précédente, celle du 9 au 10 janvier, les éléments de la brigade Alsace-Lorraine avaient de même filtré de Gerstheim, attaqué par une dizaine de chars, et regagné les lignes amies à Krafft.

De son côté, le général O'Daniel mettait spontanément à la disposition de la DFL les quelques chars dont il n'avait pas lui-même un impérieux besoin.

C'est donc la gratitude de la 1re armée que je vais d'abord exprimer au général Devers, le 11 janvier à Vittel. Mais j'y vais surtout pour lui demander plus encore.

Fidèle à ma pensée initiale, je continue, en effet, à croire que le plus sûr moyen de mettre un terme à l'offensive allemande serait de passer à notre tour à l'attaque. À cet effet, j'envisage de mettre en mouvement le 1er corps, mais j'aimerais que l'action de celui-ci fût jumelée avec une initiative symétrique du 2e corps. En bref, j'estime qu'il ne faut pas différer davantage l'exécution du « plan de Noël ».

Mais ce plan réclame, au minimum, pour être mené à bien, notre renforcement provisoire par une division d'infanterie, une DB et de l'artillerie : tel est l'objet de l'exposé que je fais au commandant du 6e groupe d'armées américain.

Celui-ci est pleinement convaincu et il me promet de s'entremettre auprès du SHAEF pour me faire obtenir satisfaction. On verra dans le chapitre consacré à la victoire de Colmar qu'il tint exactement sa promesse.

Toutefois, dans l'immédiat, il faut s'accrocher, sans plus. À mon retour de Vittel, j'apprends que si la journée du 11 n'a pas été marquée, chez Garbay, par des attaques de grande envergure, du moins les combats n'ont pas connu de cesse autour de Herbsheim et de Rossfeld, et le passage de l'Ill, devant Benfeld, n'a été interdit que de justesse, au prix de la destruction du pont. En outre, les interrogatoires de prisonniers annoncent l'imminence de l'entrée en jeu de deux nouvelles divisions, dont une de SS. Le renseignement paraît confirmé par l'identification d'éléments de la 269e division d'infanterie au sud-ouest de Benfeld.

Devant la menace, je réitère l'ordre fondamental : « Il faut à tout prix maintenir jours prochains intégrité position de l'Ill. de Krafft à Ebersheim. »

Au reçu de ce télégramme, le général de Monsabert considère que la défense de cette position n'impose pas la présence du 1er BLE sur la rive droite de la rivière où, complètement isolé, il risque de connaître le sort du BM 24.

En pleine nuit, il fait déboucher de Huttenheim le BM 11 qui, par surprise, arrive jusqu'à Rossfeld et Herbsheim, et dégage les légionnaires. Avant l'aurore, toute la DFL est rassemblée à l'ouest de l'Ill dont elle renforce fiévreusement les défenses.

En arrière, le 2e corps dispose les réserves que l'armée a pu lui fournir : le CC 6 qui achève d'arriver est regroupé avec le CC 5, deux bataillons du 7e RTA et un du 1er parachutistes sont en alerte autour d'Obernai. Plus loin, le 1er et le 2e groupement de tabors marocains sont prêts à barrer les cols des Vosges.

Et chacun attend le nouveau *rush*... qui ne se produira pas !

Quelques coups de main encore, des bombardements hargneux et puis, brusquement, tout s'apaise. Alors qu'au nord de Strasbourg, la bataille redouble, l'alerte au sud prend fin. Et le secteur de la DFL ne connaîtra plus, durant dix jours, que ce que les communiqués appellent une activité normale de patrouilles.

Aujourd'hui encore, le mystère n'est pas dissipé. Pourquoi ce changement inopiné d'attitude et cet arrêt subit ? Importance des pertes ? Lassitude des unités ? Absence de réserves ou crainte d'en avoir besoin au sud de la poche de Colmar ? Dissension dans le commandement ? Oppositions entre militaires et Himmler ? Toutes ces hypothèses sont plausibles, mais restent des hypothèses.

Une chose est certaine : cet échec de la 19e armée allemande est cruellement ressenti par le Führer qui le fait aussitôt payer. Remplacé par le général Rasp, le général Wiese, le rude adversaire que j'avais devant moi depuis le débarquement, disparaît subitement, avec tous les chefs de bureau de son état-major et la plupart de ses officiers. Peut-être Wiese n'avait-il pas suffisamment travaillé au succès de von Maur, l'enfant chéri de Himmler ? Après tout peu nous importe : l'essentiel est que la magnifique résistance de la DFL et des unités qui la soutenaient, le groupement Bourgin et la brigade Alsace-Lorraine du colonel Malraux, en barrant aux Allemands la route au sud de Strasbourg, ait contribué à protéger la flèche de la cathédrale de la nouvelle souillure du drapeau rouge à croix gammée.

Mais, à tout prendre, dans l'esprit du haut commandement allemand, l'offensive contre Strasbourg par le sud n'a jamais été que le complément de l'action principale déclenchée au nord.

C'est donc, du côté français, la 3e DIA qui est destinée à en subir la pression.

« Faut-il que la situation à Strasbourg soit jugée grave par le commandement français pour que celui-ci soit obligé de faire intervenir une division de choc comme la 3e DIA ! » ironise, le 7 janvier, Radio-Stuttgart.

Que la situation soit grave, ce n'est pas discutable. Mais l'hommage implicite rendu par la propagande de l'ennemi à la division Guillaume est bien fait pour stimuler notre confiance.

Cette journée du 7 janvier a d'ailleurs été importante à un double point de vue.

À la suite d'un accord passé entre le général Brooks commandant le 6e corps d'armée américain (6e GAUS)[1] et le général de Monsabert, il a été décidé qu'une attaque franco-américaine serait, pour la deuxième fois, lancée contre la tête de pont de Gambsheim. Débouchant de Bischwiller, le 314e RIUS aura pour objectif Drusenheim et Herrlisheim-Offendorf. Débouchant de Kilstett, un détachement du CC 5, aux ordres du chef de bataillon Daigny, commandant le 1er bataillon du régiment de marche de Légion étrangère (1/RMLE), et le 3e bataillon du 3e régiment de tirailleurs algériens (3/3e RTA) du commandant de Reyniès s'en prendront à Gambsheim.

Dans la matinée, l'infanterie américaine réussit à pénétrer dans Drusenheim mais une brusque contre-attaque avec chars ne la laisse maîtresse que de la partie nord du village. Quant à l'action prévue contre Herrlisheim, elle avorte, les Allemands étant partis à l'attaque contre le bataillon chargé de la mener quelques instants avant l'heure H fixée à celui-ci.

De ce fait, le groupement de Kilstett, placé sous les ordres du général Chevillon, commandant l'infanterie divisionnaire de la 3e DIA (ID/3), se heurte à un adversaire intact et nullement inquiété par ses arrières. Plusieurs batteries de *Pak*, camouflées dans les bois en bordure du Rhin, ouvrent brusquement le feu sur nos chars et en quelques minutes détruisent quatre d'entre eux et en endommagent trois autres. Néanmoins, les légionnaires de Daigny et les tirailleurs de Reyniès réus-

1. Le général Brooks a pris le commandement du 6e corps d'armée US depuis le 25 octobre, en remplacement du général Truscott affecté au 12e groupe d'armées.

sissent à aborder les lisières de Bettenhoffen, quartier sud de Gambsheim. Mais la situation de nos hommes, privés du soutien des blindés, est intenable. À la chute du jour, le groupement doit regagner Kilstett sur lequel une contre-attaque ennemie vient se briser coûteusement. Mais pour nous aussi, les pertes sont sérieuses : 49 tués et blessés au 3/3ᵉ RTA et 22 au détachement Daigny.

Toutefois, le résultat de cette tentative n'est pas purement négatif. Notre agressivité va contribuer à provoquer la passivité de la 553ᵉ division de grenadiers, pelotonnée dans sa tête de pont dans l'attente des développements de l'offensive déclenchée au nord de l'Alsace par la 1ʳᵉ armée allemande.

Car, ce même 7 janvier, la 79ᵉ DIUS, établie en ligne de cercle de Drachenbronn à Fort-Louis, a reçu dans son centre toute la 21ᵉ *Panzer*.

Assez rapidement, celle-ci est parvenue devant Hatten et Rittershoffen, positions clés dont la possession conditionne non seulement toute pénétration importante dans la forêt de Haguenau, mais toute progression profonde vers Saverne par le couloir situé entre ce gros massif forestier et les basses Vosges.

C'est le commencement d'une bataille farouche, aux péripéties mouvementées : les 7 et 8, tous les assauts allemands restent vains, mais le 9 Hatten est perdu le matin pour être reconquis le soir. Le 11, la 25ᵉ *Panzer* se joint à la 21ᵉ ; les deux villages sont encerclés et dépassés. Le 12 et le 13, la 14ᵉ DBUS intervient en hâte et rétablit les liaisons. Le 14, le duel continue, furieux, entre les blindés des camps adverses. Le 15, l'entrée en ligne de la 7ᵉ *Fallschirm Jäger Division* (7ᵉ division de parachutistes) entraîne la perte partielle et, à nouveau, l'investissement de Hatten. Mais avant la nuit, une nouvelle contre-attaque américaine rétablit pour l'essentiel la situation : huit jours de combats ininterrompus et particulièrement meurtriers se soldent par la perte du cimetière de Rittershoffen et de la corne est de Hatten.

Obstinés dans leur plan, les Allemands, durant toute cette période, n'ont pas cherché à gonfler la hernie de Gambsheim. Et ce répit inespéré a été utilisé par nous au maximum pour asseoir la défense rapprochée de Strasbourg.

Le dispositif improvisé le 6 janvier a été étoffé et consolidé. La 3ᵉ DIA s'est organisée en deux sous-secteurs. Celui du sud, confié au colonel

Bonjour[1], assure solidement les arrières de la DFL tout en protégeant la rive alsacienne du Rhin, de Plobsheim jusqu'au port de Strasbourg inclus. Là, commence le sous-secteur nord dont la responsabilité incombe au général Chevillon et qui, longeant le fleuve jusqu'à hauteur de Kilstett avant de s'infléchir vers l'ouest, comporte essentiellement les deux môles de Kilstett et de Hœrdt, avec une défense antichar profonde appuyée sur la Wantzenau, le « verrou » de l'asile d'aliénés et les lisières orientales du Herrenwald. Il est tenu par le 3e RTA et le 1er bataillon du 7e RTA[2].

En outre, le général du Vigier a pris effectivement, le 9 janvier, ses fonctions de gouverneur militaire de Strasbourg. En tant que tel, je l'ai désigné comme adjoint au général de Monsabert, afin de seconder spécialement celui-ci dans la défense du nord de Strasbourg et dans « la constante recherche et le maintien de la liaison avec les Américains sur la gauche ».

Au vrai, si l'on compare les effectifs et la longueur des lignes, la situation reste précaire… Le mieux est d'attaquer pour tenter d'écarter la menace.

Les Américains le font avec une inlassable opiniâtreté. Dès le 8 janvier, la *Task Force Power* se lance contre Herrlisheim où elle prend pied avec l'aide d'un CC de la 12e division blindée américaine (12e DBUS). Mais, dans la nuit du 9 au 10, elle en est délogée. Dès le matin du 11, elle y repénètre pour y subir presque aussitôt une nouvelle contre-attaque. Dans ces tournois violents, plus de 50 pour 100 des chars américains engagés sont perdus. Finalement, les lignes se stabilisent le 12 sur la Zorn, entre Rohrwiller et Herrlisheim.

Puisque la partie est dure, Brooks s'obstine. En accord avec Monsabert et Guillaume, il prépare pour la troisième fois une opération combinée

1. Le sous-secteur sud est défendu par le 4e régiment de tirailleurs tunisiens (4e RTT – colonel Guillebaud) renforcé du bataillon Garonne-Dupré (qui formera provisoirement le 2/4e RTT) du 2/7e RTA, de la brigade Alsace-Lorraine, du 3e RSAR, du 7e RCA (moins un peloton de TD) des 1er et 2/65e RA et de la compagnie du génie 83/1 ainsi que de FFI locaux.

2. Appuyés par deux escadrons de garde, un peloton de TD du 7e RCA, le 3/67e RA, la compagnie du génie 83/2 et des FFI locaux.

La division gardait en réserve le 3/7e RTA auquel s'ajoutera ultérieurement le 159e RI alpin.

qui est fixée au 15, puis au 16 janvier. À 9 h 30, la poche est pressée en trois points. Tandis que la 12e DBUS découple depuis Rohrwiller deux CC, l'un contre Herrlisheim, l'autre vers Offendorf, la 3e DIA relance une nouvelle fois le bataillon de Reyniès (3/3e RTA) de Kilstett sur Bettenhoffen, par l'ouest de la grand-route.

Partout, la réaction allemande est infernale. Sur notre front, les tirailleurs de la première vague sont littéralement cloués à hauteur d'un ruisseau dont le lit forme le seul et dérisoire accident de la plaine nue et glacée. Le moindre mouvement provoque un déchaînement de tirs exactement ajustés. C'est là que, d'une balle en plein front, est tué le lieutenant Louis de Bettignies, neveu et digne héritier de l'héroïne de la Première Guerre mondiale.

La 12e DBUS du général Allen n'a pas été plus heureuse et ses pertes sont graves. Toutefois, le 17 janvier, l'un des CC réussit à mordre dans le sud d'Herrlisheim. Mais il y est bientôt assailli de tous côtés et une tentative faite, le 18, pour le délivrer n'aboutit pas. En ce seul point et en trois jours, plus de 50 chars américains sont incendiés.

Comme nous avons dû nous replier au soir du 16 sur Kilstett, nos alliés doivent, dans la nuit du 18 au 19, se replier sur la Zorn.

C'est le moment qu'a choisi l'adversaire pour déplacer le centre de la bataille allumée au nord de la forêt d'Haguenau. Incapable de faire tomber la barrière de Hatten-Rittershoffen, il décide de porter tout son effort au plus près du Rhin pour établir vers Drusenheim la liaison avec ses éléments de la tête de pont.

Il y met le prix : la 10e *SS Panzerdivision*, une partie de la 7e division de parachutistes et deux « brigades de canons d'assaut » ouvrent cette voie à la 21e et à la 25e *Panzer* qui ont légèrement glissé vers l'est.

Le 17 janvier, ce 39e *Panzer Korps* s'engouffre dans le couloir de Seltz. Pendant deux jours, la TF Linden lui tient tête. Mais, le 19 à midi. Sessenheim tombe, Drusenheim est isolé… Les positions de la 553e VGD autour de Gambsheim ont cessé d'être une tête de pont pour devenir la pointe du front allemand de basse Alsace.

Von Maur, qui s'impatiente, veut à l'instant exploiter son succès et mettre à exécution le plan d'attaque est-ouest qui, le portant vers Brumath et Saverne, lui fera prendre à revers toutes les forces américaines stationnées au nord d'Haguenau et découvrira la gauche de l'armée française.

Dès 16h30, la 10e *SS Panzer*, qui a fait face à droite, se rue de Gambsheim et Herrlisheim vers Weyersheim et Rohrwiller.

Contre Weyersheim, 10 gros chars puis 17 autres suivis d'une nombreuse infanterie s'ébranlent. De Kilstett, nos observatoires suivent tous leurs mouvements. Que faire ? Nous ne pouvons assister à cette puissante attaque contre nos alliés comme on assiste au spectacle. L'aspirant Fontaine, officier de liaison du 2e groupe du 67e RA déchaîne le feu de toutes les batteries et, pour régler leurs tirs, fait tirer des obus fumigènes... Quelques-uns de ceux-ci tombent directement sur des *Tigre* qui flambent instantanément. En quelques minutes, dix chars sont ainsi détruits tandis que des fusants dispersent les fantassins. Les blindés qui en réchappent tournoient devant Herrlisheim où les TD de la 12e DBUS les accueillent. Il en va de même devant Rohrwiller.

Dans le crépuscule, l'aviation dûment alertée, intervient elle aussi. En piqué, les appareils du 12e TAC[1] et du 1er CAF mitraillent les rassemblements ennemis et déversent sur eux plus de 100 tonnes de bombes.

Il est 17h30. L'échec de la *Wehrmacht* est total. En une heure, la 10e *SS Panzer* a perdu à jamais 27 de ses chars.

Il n'en reste pas moins que la situation du 6e corps US est aventurée. D'une part, son front a pris la forme inquiétante d'un angle aigu assez étroit constitué par la convergence au nord-est de la forêt d'Haguenau, à Kauffenheim, de deux côtés, l'un horizontal qui passe par Philipsbourg, Wœrth et Hatten, l'autre oblique qui, à partir de Weyersheim, est jalonné par Rohrwiller et Soufflenheim. D'autre part, à l'articulation des secteurs américain et français, dans la zone capitale de Weyersheim-Bischwiller, la 12e DBUS est exténuée et terriblement affaiblie par la destruction, en trois jours, de 70 de ses blindés et par la mise hors de combat de 1 200 de ses hommes.

Soucieux, par-dessus tout, de caler sa charnière, le général Brooks renforce, dès la soirée du 19 janvier, ses positions de Bischwiller. Il y introduit en un temps record la 36e DIUS du général Dahlquist que vient de mettre à ses ordres la 7e armée. En outre, il demande à celle-ci l'autorisation de reporter sur le cours de la Moder, c'est-à-dire au sud de la forêt d'Haguenau, ses éléments qui sont encore en position au nord.

1. 12e *Tactical Air Command.*

La pression ennemie contre Soufflenheim et Kauffenheim, durant toute la journée du 20 janvier, amènera les généraux Devers et Patch à se résoudre à ce repli qui s'effectuera dans la nuit du 20 au 21.

Mais déjà von Maur donne de la tête dans une autre direction. Puisqu'il a trouvé interdite, à Weyersheim, la porte de l'ouest, il se résout à frapper à celle du sud, celle qui le conduira, uniquement mais directement, à Strasbourg.

Devant cette porte, un gardien : Kilstett.

Le 21 janvier, à 22 h 45, un bombardement intense s'abat sur le village qu'occupe le bataillon de Reyniès, renforcé d'une compagnie du 2e bataillon, la 6e du capitaine *Vincenot*-Valentin. Une demi-heure plus tard, malgré la violence de nos tirs de barrage, le régiment Marbach, composé d'élèves sous-officiers, attaque, soutenu par les chars de la 10e *SS Panzer*, les lisières nord de la localité et réussit à y mordre. Peu après, ce sont les lisières sud qui sont tâtées : à 2 heures du matin, le 22 janvier, la garnison de Kilstett est complètement encerclée et l'ennemi pousse son avantage jusqu'aux abords de la Wantzenau, à 13 kilomètres de la place Kléber...

Le général Chevillon n'a, pour toute réserve personnelle, que le 2e bataillon du 3e RTA, (lieutenant-colonel Destremau) amputé de sa 6e compagnie. Il décide de le faire contre-attaquer par les bois qui longent le Rhin. Mais, heureusement, un précieux renfort accourt.

La veille, en effet, inquiet des prodromes de l'affaire, le général du Vigier est allé s'en entretenir avec le général de Monsabert. Celui-ci l'a informé du retour à la 1re armée française de la 2e DB[1] – mise comme on sait à la disposition de la 7e armée US depuis le 1er janvier 1945 – et de son stationnement autour d'Obernai-Marlenheim. Cherchant aussitôt la liaison avec le général Leclerc, le gouverneur de Strasbourg lui a demandé d'étudier les conditions de l'engagement d'un de ses *Combat Command* dans le sous-secteur nord de la 3e DIA – ce que Leclerc a accepté immédiatement, en détachant un officier et un poste de radio au PC de Chevillon, à Schiltigheim.

C'est ce poste qui, dès 3 heures du matin, alerte le CC du colonel de Langlade. À 5 h 30, le sous-groupement du commandant Gribius quitte

1. La 2e DB était en effet rendue à la 1re armée française pour la réduction de la poche de Colmar.

Marlenheim avec deux escadrons du 12e chasseurs, deux compagnies du régiment du Tchad et un peloton de TD.

Leclerc lui-même se rend sur place avec Langlade. D'accord avec Chevillon et le colonel Agostini, commandant le 3e RTA, l'opération est montée. Elle s'amorce vers 9 heures.

Tout de suite la progression de la contre-attaque d'infanterie s'avère très difficile. De même, dès la sortie de la Wantzenau, la tête du groupement Gribius est stoppée. La parole reste, pendant un temps, à l'artillerie qui répond à un rythme accéléré à toutes les demandes que, de Kilstett, lui lance Reyniès. Mais l'artillerie ne peut suffire à tout. « Faites vite ! le *hallouf* est dans le douar » répète la radio des assiégés.

De fait, l'Allemand – *le hallouf* – a conquis la moitié nord et est du village par où ses chars sont parvenus sur la place de l'église. Au sud et à l'ouest, la pression ne se relâche pas et de plus en plus les compagnies font le hérisson. Et Reyniès, acharné, demande qu'on tire sur toute la localité indistinctement.

Mais, vers 11 heures, une fois liquidés les premiers obstacles qui l'avaient freinée au départ, la contre-attaque blindée démarre de façon foudroyante. Deux détachements foncent, l'un par la route, l'autre à sa droite. Débusquant les hommes du régiment Marbach, tapis dans la neige et pris entre les feux des assiégés et ceux des chars, ils entrent dans le village à 11 h 30, le traversent au plus court et, sur sa lisière nord, anéantissent au cours d'un duel éclair deux *Panther* et un char lance-flammes.

De deux bataillons allemands, il ne reste bientôt que des morts ou des prisonniers. Quelques-uns se cramponnent à la droite du village et dans une sablière où il faut encore faire de sérieux nettoyages. Les tirailleurs et leurs libérateurs se donnent la main pour les effectuer : à 17 h 30, tout est fini. La bataille de Kilstett est gagnée[1].

Pas plus qu'ils n'ont atteint Strasbourg par le sud, les Allemands n'ont pu l'atteindre par le nord.

Une dernière alerte se produira encore dans la nuit du 24 au 25 janvier. La 553e VGD essayera de rééditer contre Gambsheim le coup du 21, tandis que la 6e division SS de montagne, les 36e et 47e VGD, la 25e *Panzer*

1. Les éléments encerclés dans Kilstett avaient perdu le tiers de leurs effectifs, soit environ 180 hommes. L'ennemi laissait plus de 100 cadavres sur le terrain et 350 prisonniers entre nos mains.

Grenadier Division, la 7e division de parachutistes et la 10e *SS Panzer* tenteront de forcer les lignes du 6e corps d'armée américain, spécialement vers Ingwiller et Haguenau. Mais c'est l'ultime coup de boutoir de la bête aux abois, l'ultime effort pour reprendre Saverne et offrir Strasbourg en cadeau au Führer à l'occasion du douzième – et dernier – anniversaire de la Révolution nationale-socialiste. Devant Kilstett, l'attaque fait long feu. Et si, devant le 6e corps, l'affaire est plus chaude, le 27, le front primitif est partout intégralement rétabli[1].

Maintenant, c'est fini. D'ailleurs, autour de Colmar, s'est allumée depuis le 20 janvier la grande offensive qui va ôter au Reich ses dernières positions en Alsace centrale. Et à l'est, toutes les armées soviétiques se sont mises en mouvement.

Le 26 janvier, l'OKW devra non seulement signer l'aveu de son échec mais reconnaître que la guerre a pris le tournant définitif, celui qui conduit tout droit à l'irrémédiable catastrophe de la *Wehrmacht* et du nazisme.

C'est ce jour-là, en effet, que pour la première fois le commandement suprême allemand abandonne tout espoir de nouvelle offensive et décide de « réserver ses forces en vue des efforts défensifs à venir » – dont le premier est déjà celui que la *Wehrmacht* déploie autour de Colmar.

À ce revirement, la 1re armée française peut, en conscience, estimer qu'elle n'a pas été étrangère. Car l'alerte de Strasbourg n'a pas été, on vient de le voir, un incident local. Elle a marqué, avec l'attaque de Rundstedt dans les Ardennes, la tentative désespérée de l'Allemagne, après cinq ans de guerre, pour renverser le destin.

Si cette tentative avait réussi, les conséquences pour les Alliés occidentaux en eussent été considérables. Sans doute l'issue du conflit n'en eût pas été changée mais elle en eût été pour le moins retardée. Et cela suffit à faire mesurer les suites stratégiques et politiques de l'hypothèse.

Mais elle a échoué – de justesse – parce qu'avant même d'en avoir reçu l'ordre, la 1re armée française avait décidé de défendre, quoi qu'il advienne, Strasbourg et que, l'ayant décidé, elle confia cette défense, sans

1. Le 30 janvier, les Allemands évacueront Gambsheim que nous occuperons aussitôt, puis, sous la pression américaine, céderont Offendorf et Herrlisheim. À partir du début de février, le front se stabilisera sensiblement sur la Moder jusqu'au sud de Drusenheim.

perdre un jour et en prenant le risque de laisser découvert son centre, à l'une de ses vieilles divisions, aguerries et intrépides.

Elle a échoué aussi parce que, autour de Strasbourg et pour Strasbourg, la fraternité d'armes franco-américaine, un instant menacée, a trouvé son expression la plus étroite et la plus héroïque.

Janvier 1945, ce sont, en réponse à la hargne de von Maur et à la rage de Hitler, les cloches de la cathédrale de Strasbourg s'ébranlant pour sonner la victoire des Alliés et le glas du Reich.

CHAPITRE XII
LA VICTOIRE DE COLMAR

Avant le jour j

Il est sûr que, parmi les destinataires de l'ordre général n° 221 du 8 janvier 1945, beaucoup durent estimer que je manquais du sens des réalités ou, pour le moins, de l'opportunité.

Au plus aigu de la crise de Strasbourg, au lendemain du jour où les Allemands s'étaient avancés jusqu'à Krafft, il pouvait, en effet, sembler paradoxal de donner à une troupe condamnée à une défensive difficile la consigne d'être prête « à déclencher au premier signe l'offensive générale ».

Et pourtant, cette consigne répondait à une évidente logique.

Point n'est besoin de redire, en premier lieu, notre impatience à délivrer les populations du centre de l'Alsace. Car cette raison d'ordre moral était suffisante pour nous interdire l'inaction mais point pour nous fixer l'heure de l'action.

Par contre, la nécessité de soulager les unités aux prises avec l'ennemi et de priver celui-ci d'une base de manœuvre favorable à ses desseins d'agression interdisait de renvoyer *sine die* une attaque destinée à nous rendre l'initiative des opérations. À cet égard, bien loin de justifier un ajournement de notre offensive contre la poche de Colmar, la pression allemande sur Strasbourg en rendait l'exécution urgente, tant il était évident que la seule façon de dégager définitivement la première ville d'Alsace était de liquider les positions de la *Wehrmacht* à l'ouest du Rhin français.

En outre, la pauvreté même de nos moyens devait nous inciter à rechercher l'économie. Or la méthode la plus sûre était, sans aucun doute,

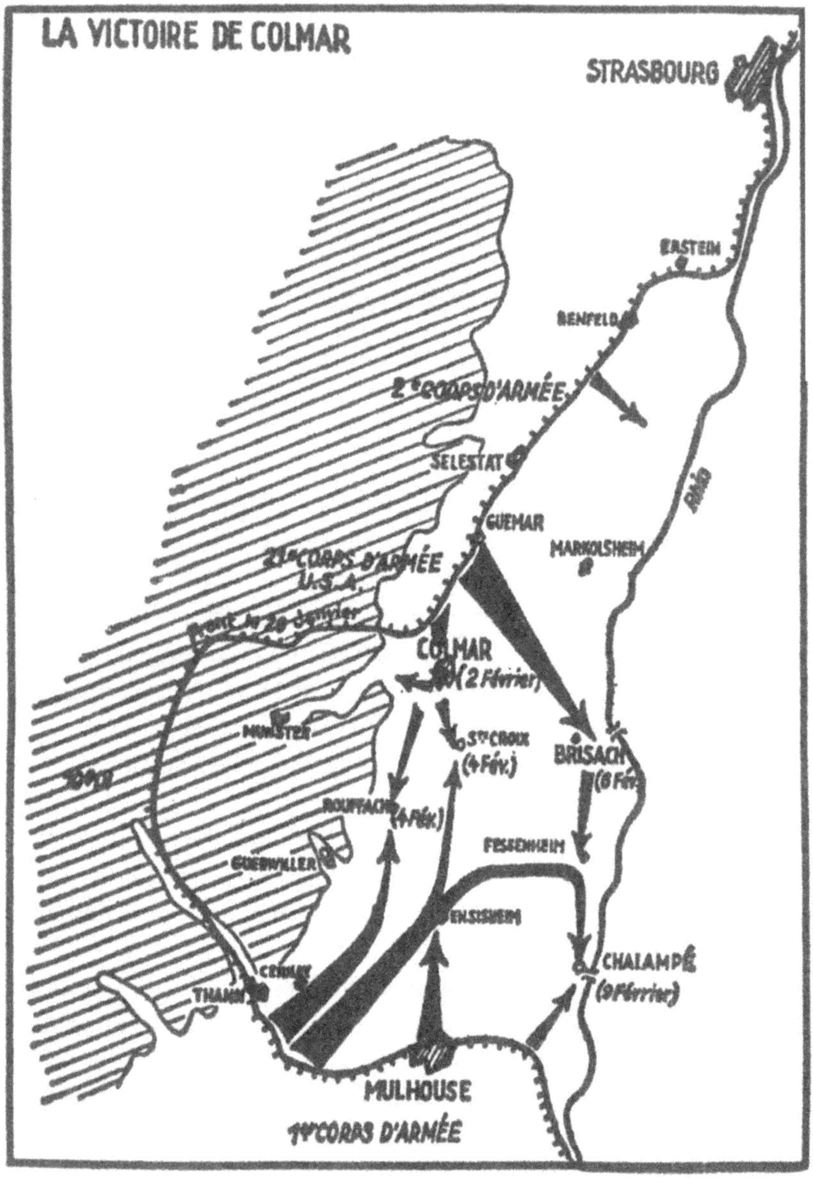

d'atteindre sur toute sa longueur dans notre zone le cours du fleuve afin de profiter de sa protection pour réduire au maximum la densité des troupes en ligne et pour pouvoir enfin assurer par roulement à nos unités un repos depuis si longtemps attendu.

Enfin, en regardant les choses de plus haut, la liquidation rapide de la poche de Colmar répondait à un intérêt national majeur. Car l'échec de l'offensive nazie dans les Ardennes rapprochait le moment où les groupes d'armées de l'ouest, ainsi que commençaient à le faire ceux de l'est, s'élanceraient pour porter au Reich l'estocade décisive. Il était impensable que seuls les Français soient alors absents de l'arène. Mais pour être prêts à y entrer à temps, il leur fallait d'abord supprimer l'obstacle qui continuait à les fixer en France même, sur la rive gauche du Rhin : ne pas *vouloir* la victoire de Colmar c'était s'interdire l'espérance d'une victoire d'Allemagne.

Les motifs psychologiques, tactiques, stratégiques et politiques s'ajoutaient donc les uns aux autres pour nous imposer l'exécution de nos projets d'offensive.

Le but étant ainsi hors de discussion, il convenait de mettre au point les moyens de l'atteindre.

On se rappelle que, le 11 janvier, j'allais à Vittel m'en entretenir avec le général Devers. Soucieux de parer au plus pressé, je lui exposais d'abord mon projet minimum qui était d'appliquer le corps Béthouart comme une sangsue au sud de la poche pour supprimer la congestion dont, au nord, souffrait le corps Monsabert. Mais ce n'était qu'un pis-aller : car le résultat souhaité ne serait pleinement obtenu que par l'action conjointe des deux corps, à la condition que celui du nord reçoive les renforcements indispensables.

Non seulement, le général Devers épouse ma façon de voir, mais il fait diligence pour satisfaire à mes besoins. Dans la nuit du 14 au 15 janvier, il me fait savoir qu'il m'accorde une nouvelle division d'infanterie et réaffecte à la 1re armée la 2e division blindée (2e DB – général Leclerc). Peut-être même pourrais-je disposer temporairement de la 12e division blindée américaine (12e DBUS – général Allen), au cas où l'action prévue pour le 16 contre Gambsheim serait heureuse.

Ces décisions ont été prises dans l'après-midi, à l'occasion d'une visite faite au PC du 6e groupe d'armées par le général Bedell Smith, chef d'état-major du général Eisenhower. Il m'est toutefois précisé que la division mise à ma disposition, la 28e division d'infanterie américaine (28e DIUS – général Cota), vient des Ardennes où elle a sérieusement « donné » et qu'en conséquence elle ne doit être utilisée, du moins primitivement, que dans un secteur défensif.

N'empêche : j'ai maintenant le minimum voulu pour agir et j'espère bien ne pas en rester là. Dès l'après-midi du 15 janvier, je convoque à Montbéliard un conseil de guerre.

Il y a là, avec mes principaux collaborateurs de l'état-major et des services de l'armée, tous les responsables du front sud : Béthouart, Carpentier, Sudre qui a remplacé du Vigier à la tête de la 1re division blindée (1re DB), Hesdin, successeur de Sevez à la 4e division marocaine de montagne (4e DMM), Morlière, commandant provisoirement la 9e division d'infanterie coloniale (9e DIC).

Je leur expose mon plan et ses idées directrices : ne laisser à l'Allemand aucune chance de s'échapper ; libérer Colmar intact. En conséquence, l'effort à faire devra consister à étrangler la poche le long du Rhin, là où elle s'alimente, c'est-à-dire dans la région de Brisach.

Dans cette direction, seront enfoncés deux « coins » convergents. Le premier le sera au sud par le corps d'armée Béthouart qui déplacera le centre de gravité du dispositif adverse et aspirera ses réserves. Puis, deux jours plus tard, le 2e corps entrera en action : ce décalage, nécessité par les délais de mise en place des renforts attendus, aura pour effet d'augmenter la surprise de l'ennemi.

Entre les deux masses d'attaque, dans les hautes Vosges, le front restera initialement passif. Il s'activera lorsque notre filet sera assez tendu auprès du Rhin pour que le moment soit venu de rabattre vers lui le poisson...

Cependant, nul ne se fait d'illusions sur l'acharnement que l'ennemi apportera à contrecarrer ce plan.

Notre 2e bureau que dirige le colonel Carolet a fini par connaître assez exactement l'ordre de bataille de la 19e armée allemande. En face de notre 2e corps, il a repéré le 64e *Armee Korps*, dont, depuis Colmar, le général Thumm actionne les quatre divisions[1], et en face du 1er corps, le 63e *Armee Korps* que commande le général-lieutenant Abraham et qui compte trois divisions[2].

1. Dans l'ordre et en allant de l'est (Krafft) au sud-ouest (vallée de Munster) la 198e *Infanterie Division* (198e ID), les 708e, 189e et 16e *Volks Grenadiere Divisionen* (VGD).

2. Du Valtin (au nord de la Schlucht) au Rhin de Niffer (au sud de Chalampé) : la 338e VGD (qui fait face aux unités de Billotte), la 159e ID et la 716e VGD.

En outre, on estime qu'une huitième division réservée stationne à l'intérieur du dispositif. Le fait s'avérera exact, à une nuance près : alors que nos spécialistes y voyaient la 269e division, assez usée, nos combattants auront affaire à la 2e division de montagne[1], à peine rapatriée de Finlande et absolument intacte.

En ce qui concerne le nombre des grandes unités d'infanterie, nous sommes donc au départ en état d'infériorité : 8 à l'ennemi, 7 à nous-mêmes[2]. Toutefois, l'équilibre se trouve plus que rétabli par l'apport des réserves générales. C'est, en effet, une soixantaine de bataillons de renforcement (dont une quarantaine FFI) que nous pouvons aligner contre une vingtaine du côté adverse.

Plus difficile est la comparaison qualitative. Dans les deux partis, les fantassins peinent depuis des mois et les briscards sont devenus rares. Nos divisions nord-africaines n'ont pas été revigorées et seule la 9e DIC par son blanchiment a bénéficié de la transfusion d'un sang jeune et neuf. Si nous avons nos « chocs » et nos parachutistes, la *Wehrmacht* a ses unités d'école de cadets et de sous-officiers ainsi que ses SS fanatiques. En bref, de part et d'autre, l'ensemble est solide quoique fatigué. Dans notre camp, la division la plus fraîche est sans doute la 3e DIUS du général O'Daniel, recomplétée et reposée.

Par contre, notre supériorité en blindés n'est pas discutable. À nos 1re, 2e et 5e DB[3] ne s'oppose que la valeur d'une *Panzer*. La 1re et la 2e DB ont leur matériel presque au complet, à l'encontre de la 5e qui, depuis les combats de Suarcine, a vu disparaître sans remplacement à peu près la moitié de ses engins. Néanmoins l'avantage reste grand : mais il est partiellement

---

1. 2e *Gebirge Division* (2e GD), division d'active comportant 80 pour 100 d'Autrichiens.

2. Rappelons une fois encore et pour la clarté de l'exposé la liste de nos divisions (dans le même ordre géographique que les Allemands) : 1re division française libre (1re DFL – général Garbay), 3e division d'infanterie américaine (3e DIUS – général O'Daniel), 28e division d'infanterie américaine (28e DIUS – général Cota), 10e division d'infanterie (10e DI – général Billotte), 4e division marocaine de montagne (4e DMM – général de Hesdin), 2e division d'infanterie marocaine (2e DIM – général Carpentier), 9e division d'infanterie coloniale (9e DIC – général Morlière). La 3e division algérienne (3e DIA – général Guillaume) n'interviendra pas comme grande unité dans la bataille et est engagée contre des troupes qui ne comptent pas à la 19e armée allemande.

3. 1re division blindée (général Sudre), 2e division blindée (général Leclerc), 5e division blindée (général de Vernejoul).

compensé par les caractéristiques techniques des chars allemands et, de toute façon, nous ne pourrons en tirer le bénéfice maximum dans la première phase de la bataille en raison de l'organisation du front et de l'état du terrain.

En définitive, c'est en artillerie que nous l'emportons le plus sûrement. Avec le renforcement assuré par le groupe d'armées, nous serons appuyés par 54 groupes auxquels répondront une vingtaine, non compris, il est vrai, quelques pièces lourdes en position sur la rive badoise du Rhin.

Grosso modo, le bilan des forces nous est donc favorable. Mais il serait incomplet si l'on faisait abstraction de deux facteurs qui, eux, jouent à plein contre nous : le terrain et le temps.

Pour le terrain, on connaît l'art exceptionnel que possèdent les Allemands de l'organiser et de l'utiliser. Il se prête d'ailleurs à merveille à la défensive car le futur champ de bataille, sans aucun relief propre à l'infiltration, n'est qu'un lacis de cours d'eau : rivières aux bras multiples, Fecht, Ill, Bennwasser, Blind, canaux de Colmar et du Rhône au Rhin. En outre, des bois nombreux, bois de l'Illwald, de Biesheim, de Widensolen, de Colmar, d'Elsenheim, d'Ohnenheim, de Riedwihr, de la Hardt forment autant de centres de résistance ou de bases de contre-attaques, comme les cent villages de la plaine, les cités ouvrières et les puits de mines de la banlieue industrielle de Mulhouse constituent autant de points d'appui cerclés ou de forteresses entre les mains d'une troupe combative. Au surplus, les ouvrages militaires ne manquent pas, depuis les anciennes casemates de 1914 ou de la ligne Maginot jusqu'aux blockhaus édifiés depuis peu et qui infestent les bois. Et bien entendu, fidèle à ses habitudes, l'ennemi a saupoudré le tout de pièges et de mines dont beaucoup d'un modèle récent en Bakélite, indétectables par les « pelles à tarte » dont se servent nos sapeurs.

Quant au temps, il est impossible de l'imaginer plus affreux. Si riante aux beaux jours, la plaine d'Alsace ressemble à une immense nécropole recouverte par la neige d'un épais drap de mort et d'où émergent les squelettes des arbres que hantent en croassant des nuées de corbeaux. Et le ciel, bas et constamment gris, ne s'allume qu'aux lueurs sinistres des incendies ou aux éclairs rouge sang des coups de canon.

Il fait 20 au-dessous de zéro, le vent souffle et il y a un mètre de neige. Celui qui dispose de l'abri d'une maison – et ce n'est pas l'assaillant – possède dans le combat un atout maître.

Cet hiver, réellement sibérien, est le meilleur allié de notre adversaire et celui-ci le sait. Dans un message adressé à ses cadres, le général Wiese n'a pas craint de le dire : « Le courrier, les permissions, Noël, tout cela reviendra lorsque l'issue de la bataille aura été décidée et que l'ennemi sera battu. Ce qui ne reviendra pas, c'est la chance que nous offre l'hiver... Qui gagnera cet hiver gagnera la guerre. »

Chance pour la défense, l'hiver est d'autant plus malchance pour l'attaque qu'il ne paralyse pas seulement le fantassin, le blindé, l'avion. Il complique, de façon terrible et dangereuse, le problème des transports et, par là, rend singulièrement plus difficile le ravitaillement de la ligne de feu pour qui doit, comme nous, tout apporter à celle-ci à travers les cols des Vosges.

Mais, jusqu'à un certain point, cette hostilité du sol et de la saison contribue à rendre improbable notre initiative. C'est un premier élément dans un plan de surprise que nous essayons de monter, tout en sachant qu'on ne peut en escompter des résultats comparables à ceux de novembre puisque, cette fois, nous nous en prenons à un adversaire ramassé dans une sorte de place d'armes propice à la manœuvre en lignes intérieures. Du moins faut-il le tromper sur notre dispositif et, puisque notre attaque commencera par le sud, lui faire croire que nous concentrons nos forces dans le nord.

C'est pourquoi la complaisance du chef du SR[1] de l'armée, le commandant Simoneau, lui assure la remise de mon ordre 887/OP-3 du 13 janvier qui annonce la montée de la 1re DB vers Strasbourg, renseignement confirmé par quelques mouvements simulés et par l'activité d'un réseau radio monté pour les besoins de la cause. De même, je réédite en petit le « coup de la permission » : au cours d'un déjeuner à Mulhouse, devant de nombreux convives, je souhaite à Béthouart un bon repos auprès des siens en Afrique du Nord.

Par contre, rien ne transpire de l'emploi de deux armes « secrètes ». Nous mouillerons dans le Rhin, à hauteur de Kembs, des mines flottantes, avec l'espoir – en fait déçu – qu'elles endommageront les ponts.

1. Service de renseignements.

Et surtout, nous utiliserons un nouveau projectile d'artillerie aux effets terribles sur le personnel à découvert, des obus *Pozit* à fusées magnétiques assurant de façon automatique l'éclatement de tous les coups à 30 mètres du sol. Là, il n'y aura pas de déception…

Pour être tout à fait sincère, le 3e bureau n'est pas encore en possession de toutes les données relatives à l'ordre de bataille ennemi quand il lui faut rédiger ses ordres. Mais le sujet lui est bien connu et, depuis l'IPS n° 5 du 2 décembre, il n'a cessé de l'étudier sous tous ses aspects.

L'instruction personnelle et secrète n° 7 du 15 janvier[1] qui sort quelques heures après la réunion de Montbéliard et en condense les conclusions est en conséquence un document copieux et précis. Il monte une véritable mécanique où s'engrènent une série d'actions méthodiques et convergentes.

De cet ensemble, le « plan de Noël » nous a déjà fait connaître les pièces maîtresses. Voici comment elles se décomposent :

1° Attaquant au sud, au jour J, le 1er corps[2] laissera passif le secteur de la Harth et du Rhin, à l'est de Mulhouse. Entre Mulhouse et Thann, il se couvrira à droite sur la direction Lutterbach-Battenheim, à gauche sur les contreforts est des Vosges, et concentrera ses moyens principaux entre Thann et Aspach-le-Bas pour agir en force sur l'axe Aspach-Wittelsheim.

a) Dans un premier temps, il devra rompre le dispositif ennemi entre Thann et la forêt de Nonnenbruch (exclus) et s'ouvrir le débouché au nord de la Thur en s'emparant du centre de résistance de Cernay ;

b) Dans un deuxième temps, il poursuivra son action

– d'une part, de Wittelsheim vers Ensisheim,

– d'autre part, de Cernay vers Ensisheim,

de façon à s'ouvrir le couloir entre les Vosges et la forêt de Nonnenbruch et à s'emparer des passages sur l'Ill entre Ensisheim et Meyenheim, à 6 kilomètres au nord ;

1. Voir annexe n° 7 : Instruction personnelle et secrète n° 7.

2. Renforcé du 3e groupement de choc (Bouvet), de la 4e demi-brigade de chasseurs (formation FFI commandée par le chef de bataillon Petit et affectée à la 1re armée depuis le 12 janvier en remplacement du troisième régiment d'infanterie de la 10e DI, non en état de faire campagne) et de deux groupes de 155 (1/66e RA et 2e RACAOF).

c) Simultanément, il se couvrira face à la forêt de la Hardt en alignant sa droite sur l'Ill de Mulhouse à Ensisheim et, face aux Vosges, en bloquant le débouché des diverses vallées. En outre, il nettoiera la région forestière et minière de Nonnenbruch en la débordant constamment par le nord.

Finalement, le « coin » que le 1er corps a mission d'enfoncer sera jalonné par une ligne Thann-Wattwiller-Hartmannwillerskopf-Rœdersheim-Meyenheim-cours de l'Ill jusqu'à Mulhouse. Après quoi commencera l'exploitation au-delà de l'Ill vers Brisach et la poussée vers Rouffach, point de jonction prévu entre le 1er et le 2e corps.

Durant toute la première phase, le 1er corps (PC Altkirch) devra « concentrer son action sur des fronts très étroits, en organisant sur les directions d'attaque le renouvellement ininterrompu des efforts en profondeur ».

2° À J + 2, le 2e corps (PC Schirmeck avec PC tactique à Ribeauvillé)[1] attaquera à son tour par le nord-ouest.

a) Initialement, il agira sur les deux directions Guémar-Marckolsheim, Ostheim-Jebsheim pour rompre le front adverse de part et d'autre de la forêt communale de Colmar ;

b) Puis, il enfoncera son coin jusqu'à la ligne Sigolsheim-Rosenkranz-Houssen-Wickerschwihr-canal de Colmar-canal du Rhône au Rhin jusqu'au nord-ouest de Marckolsheim-Ohnenheim ;

c) Ensuite, il poursuivra sans désemparer son effort vers Neuf-Brisach en vue d'atteindre au plus tôt à cette hauteur les passages du Rhin ;

d) Ayant dans le même temps masqué au nord-est la direction de Colmar, il cherchera alors à réduire la ville en la prenant à revers, par l'est, et à la dégager complètement en bouclant la vallée de la Fecht, à hauteur de Turckheim ;

e) Ces résultats acquis, il se tiendra prêt à exploiter d'une part de Neuf-Brisach sur Chalampé et sur Ensisheim, d'autre part de Colmar sur Rouffach ;

f) En outre, il procédera à la réduction de la poche que la progression vers Marckolsheim aura créée, au nord, entre cette localité et Erstein.

---

1. Renforcé par la 2e DB du général Leclerc, le 1er groupement de choc (Gambiez) et éventuellement la 12e DBUS du général Allen.

La machinerie principale est ainsi minutieusement agencée. Il reste à préciser le rôle d'une pièce complémentaire, le secteur des Vosges centrales, ce à quoi est consacrée l'IPS n° 8 du 18 janvier, spécialement destinée au général Billotte.

Les forces de ce secteur[1] devront, par des coups de main profonds, fixer devant elles les troupes allemandes pour éviter leur décrochage prématuré et leur intervention dans la plaine. Elles n'accentueront, sur ordre, leur pression en vue de nettoyer les Vosges qu'une fois assurées les avances du 1er et du 2e corps.

Enfin, le 18 janvier également, par un souci extrême d'éviter toute hésitation dans l'action, j'adresse à mes deux commandants de corps la « directive d'orientation n° 6 concernant l'action après rupture du dispositif ennemi ». J'y reprends, en les développant, les indications déjà données à cet égard par l'IPS n° 7 et qui se ramènent à deux propositions : courir aux ponts du Rhin ; réaliser le plus rapidement possible et le plus près possible du fleuve la jonction des branches de l'étau pour obtenir « la destruction ou la capture sinon de la totalité, du moins de la majeure partie des forces ennemies engagées dans la poche ».

Toujours ce même 18 janvier, le général Devers me fait parvenir sa lettre d'instruction n° 9 par l'entremise du chef de son 2e bureau, le colonel Harrisson.

Ce document entérine mon IPS que je lui ai, dans la nuit du 15 au 16, envoyée pour accord. Il en reprend les termes essentiels et fixe au 20 janvier le jour J.

Harrisson m'expose les sérieux motifs qui ont poussé à l'adoption de cette date. La violence des assauts allemands entre Hatten et le Rhin rend urgent le démarrage de l'attaque française. D'autre part, la 28e DIUS ne pourra m'être laissée que jusqu'au 27 janvier, 18 heures, le SHAEF[2] la reprenant à partir de ce moment. Mieux vaut donc ne pas attendre.

---

1. 10e division d'infanterie, c'est-à-dire 5e régiment d'infanterie (5e RI – colonel Emblanc), 24e régiment d'infanterie (24e RI – colonel Bablon), 2e bataillon du 9e zouaves (2/9e zouaves – commandant Legeay), 3e groupement de tabors marocains (3e GTM – colonel Massiet-Dubiest), corps franc Pommies, régiment du Morvan (colonel Chevrier-*Sadoul*).

2. *Supreme Headquarters Allied Expeditionnary Forces* : Commandement suprême des forces alliées du théâtre d'opérations occidental.

Personnellement, j'aurais bien attendu vingt-quatre heures de plus… Mais *O. K. !* Je réponds au général Devers : « Comptez-y bien. Le 1er CA attaquera le 20 au matin. »

Pourquoi avoir envisagé d'attendre vingt-quatre heures de plus ? Parce qu'en vérité, le 3e bureau propose et le 4e dispose. Sans lui, les plus beaux plans ne sont que vues de l'esprit.

Or la tâche du 4e bureau est lourde. Les dépôts d'armée sont concentrés dans la zone de Besançon-Clerval, la seule que le tracé de nos limites avec la 7e armée américaine ait laissé à notre disposition. De là, il faut pousser munitions, vivres et essence jusqu'aux corps d'armée avec un parc théorique de 1 280 camions dont 500 en moyenne sont, soit en réparation, soit détachés au profit de grandes unités subordonnées.

Le 12 janvier, à mon retour de Vittel où a été décidée l'attaque sud, j'ai posé la question au lieutenant-colonel Allard : « Quel est le délai minimum dont vous avez besoin pour apporter au 1er corps ce qui lui est indispensable pour passer à l'offensive ? »

Avec ses lieutenants, magnifiquement rodés pour ce genre d'exercice – le commandant Chanteau, chargé des munitions, le capitaine Brunet, grand maître des transports – avec les commandants des armes et des services de l'armée et spécialement avec le colonel Le Troadec, le directeur dynamique du matériel et mon brave Boucaud, commandant le train de l'armée, Allard fait ses calculs – au plus juste : il s'agit d'acheminer jusqu'aux alentours d'Altkirch et par des routes détestables au minimum 4 unités de feu de corps d'armée, soit 7 000 tonnes, trois jours d'essence soit 400 000 gallons (2 millions de litres), plus les rations alimentaires. Il s'agit, en outre, d'acheminer vers leurs futures zones d'action la 4e DMM, en stationnement près de Lure et la 4e demi-brigade de chasseurs.

Additions, divisions… Le 13, j'ai la réponse : six jours.

Mais le 14, le problème se complique. La mise à mes ordres de la 28e DIUS et de la 2e DB rend possible l'offensive nord. Ce sont donc deux batailles qu'il faudra préparer et nourrir, sans moyens de transports automobiles supplémentaires. Et la seconde de ces batailles ne pourra l'être qu'après contournement puis traversée des Vosges, soit de Besançon à Sélestat, via Vesoul, Luxeuil, Remiremont, Saint-Dié, Molsheim, après un parcours total de 250 kilomètres. Encore faut-il tenir compte que ces itinéraires se coupent avec des axes utilisés par la 7e armée et que de délicats problèmes de circulation sont à régler entre spécialistes.

Heureusement, les Américains continueront à « supporter » matériellement la 28e DI et la 2e DB. Mais, rien que pour les troupes françaises, près de 4 000 tonnes sont à acheminer, plus un million de litres d'essence.

Ce surcroît si lourd ne décourage pas Allard. Il ouvre instantanément des dépôts auprès de Schirmeck, utilise au maximum la voie ferrée Saverne-Molsheim-Schirmeck, qui vient à peine d'être remise en état, marie le rail et la route, installe des régulateurs, fixe des ordres d'urgence, fait organiser des stations de dépannage, prévoit tout, règle tout, sans oublier que la nécessité de garder le secret le force à des précautions retardatrices et lui interdit de mettre en mouvement, avant le jour J, les unités de réserve générale du matériel et du service de santé, aux déplacements trop caractéristiques.

Soudain, au milieu de cet immense labeur qui impose chaque jour au seul train de l'armée le transport de 125 000 tonnes-kilomètre, se produit un drame imprévu : le ravitaillement en essence de l'armée est brusquement arrêté. Le stock d'avance qui, le 13 janvier, couvrait la consommation de six jours, tombe à deux le 16 janvier. Le 18, il ne sera plus que d'un jour.

Dès que s'amorce cette crise, le colonel Cartier, directeur du service des essences, alerte avec angoisse la base 901, son chef, le général Granier, l'adjoint de celui-ci, le colonel Coudraux. Mais la base ne peut pas grand-chose car la cause de la catastrophe est de force majeure : c'est l'hiver. Deux crues successives du Doubs suivies d'un gel intense ont bloqué les péniches. De même, sont gelées les stations de pompage sur les pipe-lines américains. Et les perturbations causées au trafic ferroviaire par la neige et le froid ont immobilisé dans la zone des armées, durant trois jours, les wagons-citernes qu'on attend à Marseille pour les remplir.

Ainsi, à la veille du jour J, nous n'avons plus de carburant que pour vingt-quatre heures !

Mais chacun fait des prodiges et Allard accomplit le plus audacieux : sûr de pouvoir redresser cette situation, confiant dans les engagements pris par les services américains avec lesquels il travaille, il décide de « ne pas m'embêter avec ces questions techniques » pour ne pas ajouter ce souci à beaucoup d'autres... Il intervient avec la dernière énergie auprès du 4e bureau (G 4) du 6e groupe d'armées, obtient de celui-ci de nouvelles priorités, et bloque tous ses moyens automobiles disponibles pour le transport des carburants. Il ne me révélera le péril qu'après l'avoir conjuré, lorsque le 25 janvier il aura réussi à remonter le niveau des stocks jusqu'à 10 millions de litres – de quoi alimenter la bataille pendant huit jours.

Avec de tels collaborateurs, on peut tout entreprendre. Il n'empêche qu'un jour de plus n'aurait pas été inutile pour faire face à la tâche, d'autant plus que le général de Monsabert m'affirme que la mise en place des unités introduites dans son secteur ne pourra être complètement terminée que le 22 janvier au soir. Tant pis ! S'il en est vraiment ainsi, le 2e corps n'attaquera qu'à J + 3. Mais le général Devers peut compter sur nous : le jour J sera bien le samedi 20 janvier.

L'offensive du 1er corps d'armée

En possession de l'IPS n° 7, le général Béthouart n'a pas besoin de beaucoup plus de 24 heures pour mettre très minutieusement au point son ordre d'opérations de corps d'armée (OGO n° 25 du 17 janvier). Car, pratiquement, toutes les missions ont été fixées par l'armée et il lui appartient surtout de les répartir entre ses divisions.

La mission essentielle, l'action de rupture à entreprendre du sud-ouest vers le nord-est sur l'axe Cernay-Ensisheim, sera exécutée par la droite de la 4e DMM et par toute la 2e DIM. Laissant à la 4e demi-brigade le secteur passif allant de Moosch aux lisières nord de Thann, la division de Hesdin devra s'emparer de Vieux-Thann et manœuvrer par les pentes des Vosges pour envelopper Cernay par le nord. À sa droite, la division Carpentier, renforcée du *Combat Command* n° 2 de la 1re DB (CC 2 – colonel Lehr)[1], devra, de la gauche d'Aspach-le-Haut à la droite de Schweighouse, viser Wittelsheim et contribuer, par des actions de débordement, à faire tomber Cernay.

1. C'est également à la 2e DIM que le général Béthouart a affecté le groupement de choc n° 3 du lieutenant-colonel Bouvet (commandos d'Afrique et bataillon Courson de Villeneuve). Le CC 2 est commandé depuis le 31 décembre 1944 par le colonel Lehr, qui a succédé au colonel Kientz, désigné comme chef d'état-major du général du Vigier, gouverneur militaire de Strasbourg.

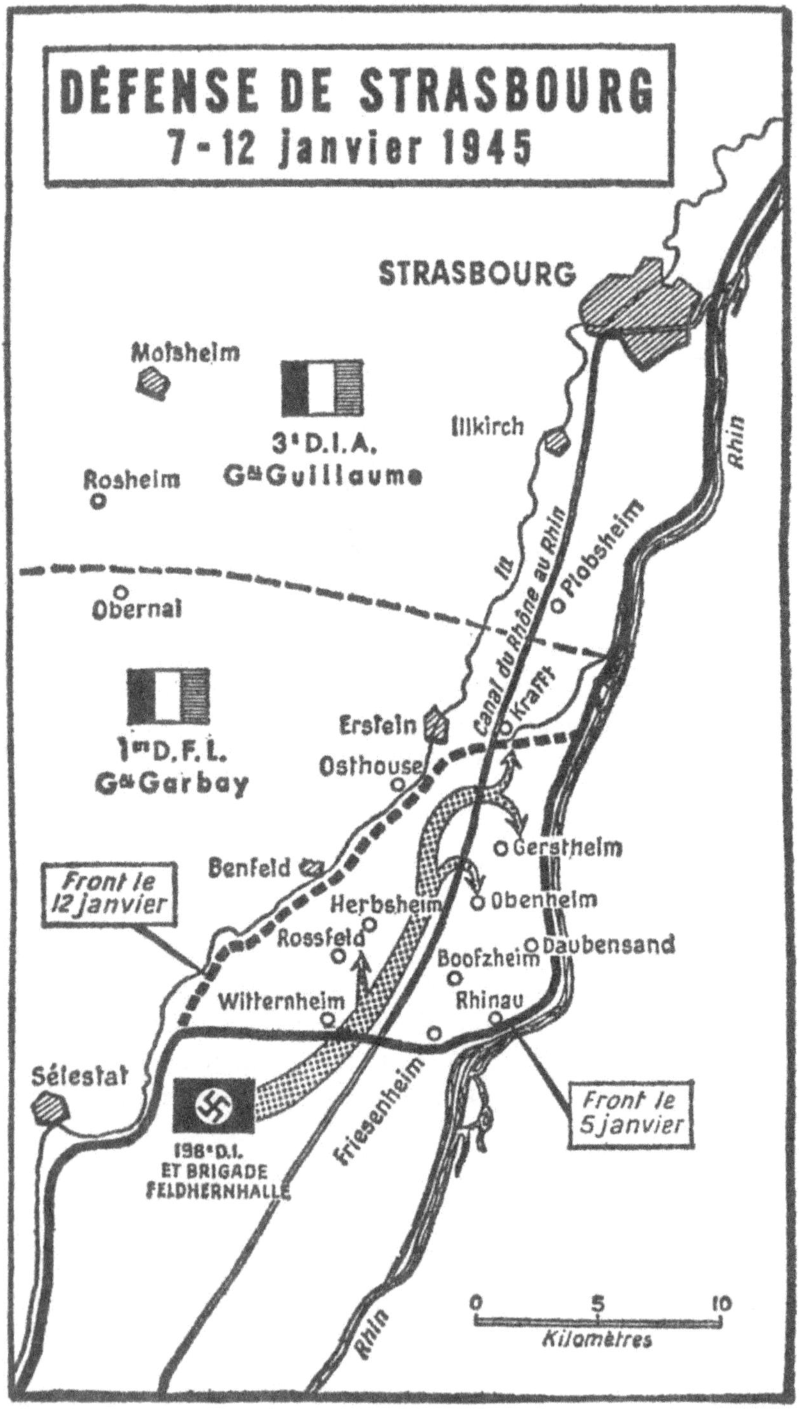
DÉFENSE DE STRASBOURG
7-12 janvier 1945
STRASBOURG
Molsheim
Illkirch
3e D.I.A.
Gal Guillaume
Rosheim
Rhin
Ill
Canal du Rhône au Rhin
Plobsheim
Obernai
Krafft
Erstein
1re D.F.L.
Gal Garbay
Osthouse
Gerstheim
Benfeld
Front le 12 janvier
Herbsheim
Obenheim
Rossfeld
Daubensand
Boofzheim
Witternheim
Rhinau
Sélestat
Friesenheim
Front le 5 janvier
198e D.I.
ET BRIGADE
FELDHERNHALLE
0
5
10
Kilomètres
Rhin

Les deux missions de couverture – face aux Vosges, une fois la rupture amorcée, et face à l'est – incomberont la première à la 4e DMM, la seconde à la 9e DIC. Reliée à la 2e DIM depuis la limite de celle-ci jusqu'à Lutterbach par un groupement FFI composé du 152e régiment d'infanterie (152e RI – colonel Colliou) et du 2e bataillon de chasseurs à pied (2e BCP – commandant Daumont), la division coloniale aura pour tâche de pivoter, à partir de Pfastatt, autour de la charnière de l'Île Napoléon, de façon à border le cours de l'Ill depuis son confluent avec la Doller jusqu'au sud d'Ensisheim, et d'assurer sur cette rivière la protection du corps d'armée contre les menaces venant de la forêt de la Harth.

À la droite de l'Île Napoléon – confiée en raison de son exceptionnelle importance à un régiment tout entier, le 21e régiment d'infanterie coloniale (21e RIC) du colonel Bourgund – la 9e DIC conservera une attitude purement défensive. Dans la Harth, la garde du canal de Huningue restera assurée par la brigade de Paris dont le colonel FFI Michelin-Jœger a pris la tête depuis la mort tragique du colonel Fabien survenue le 27 décembre[1], et par le 31e bataillon de chasseurs à pied (31e BCP – commandant Audibert). À partir de Niffer et jusqu'à Huningue, le long du Rhin, la surveillance continuera à être exercée par un groupement dépendant directement du 1er corps et qui, sous les ordres du colonel Bonvalot, comprend avec son propre régiment le 1er régiment de spahis algériens de reconnaissance (1er RSAR), deux régiments FFI, le 80e (*Thomas*-David) et le 81e (colonel *Carrel*-de Chambrun)[2].

Le général Béthouart conserve dans sa main le gros de la 1re DB dont ses ordres prévoient cependant l'engagement ultérieur au profit des divisions de Hesdin et Carpentier.

---

1. Une mine allemande d'un modèle insolite avait été découverte dans le secteur du 151e RI. Le colonel Fabien l'avait fait apporter à son PC et il examinait personnellement l'engin lorsque celui-ci éclata. Avec le colonel Fabien furent tués le lieutenant-colonel Dax, le capitaine Lebon, tous deux de l'état-major du 151e RI, et le capitaine Bianco, officier de liaison de la 9e DIC.

2. Le 81e RI avait été mis sur pied à Montpellier par le colonel FFI *Carrel*-de Chambrun, assisté du lieutenant-colonel Bousquet. Le lieutenant-colonel Gauvin prendra le commandement de ce régiment le 1er mars, et le colonel de Chambrun tiendra à servir sous ses ordres comme capitaine.

Tout compris, le front du 1er corps s'étend sur 80 kilomètres. Mais, en fait, les fronts d'attaque se ramènent à 22 dont 13 pour l'attaque de rupture et 9 pour l'action de couverture de la 9e DIC.

En avant de tout ce front, le 1re corps aérien français (1er CAF) du général Gérardot interviendra en attaquant les rassemblements ennemis ainsi que les voies de communication et, en première urgence, les ponts de Brisach et de Chalampé. Une véritable permanence de patrouilles de douze chasseurs-bombardiers apportera en outre son soutien immédiat aux unités engagées – si, du moins le temps le permet…

Hélas ! le temps n'a jamais été plus affreux que le 20 janvier. Au petit jour et pendant une demi-heure, 102 batteries exécutent la préparation d'artillerie réglée discrètement les jours précédents. Mais quand l'infanterie s'élance, les tourbillons de neige soulevés par un vent glacial rendent nulle la visibilité.

Pour la 4e DMM[1] et la 2e DIM, l'heure H a été fixée à 7 h 55. La surprise de l'ennemi paraît complète.

Le général de Hesdin lance le 1er régiment de tirailleurs marocains (1er RTM – colonel Deleuze) sur les pentes abruptes qui dominent Thann au nord-est. Une fois en possession du sommet, l'Herrenstubenkopf, ce régiment cherchera à atteindre Uffholtz et Wattwiller. Marchant originairement dans son sillage, le 1er bataillon du 1er régiment de tirailleurs algériens se rabattra sur Vieux-Thann par le nord, le 2e bataillon du même régiment l'abordant par le sud, en partant de Leimbach. Le 6e régiment de tirailleurs marocains (6e RTM – colonel Baillif) et le 3e régiment de spahis marocains (3e RSM – colonel Pique-Aubrun) restent provisoirement en réserve.

Très vite, les difficultés s'avèrent inouïes. La pire tient à l'épaisseur de la neige qui dépasse un mètre et sur laquelle les *minen* tombent dru. Pas un mulet ne réussit à suivre, beaucoup roulent dans les ravins. Pour les véhicules, il n'en est pas question. L'évacuation des blessés ne peut s'effec-

1. En étant prête à attaquer le 20 janvier à 7 h 55, la 4e DMM a réalisé un véritable tour de force. Dans son secteur d'attaque, elle avait relevé la 2e DIM l'avant-veille, et les commandants d'unités n'avaient disposé que d'une journée pour la mise en place de leurs troupes, leurs reconnaissances et l'établissement des plans de feux.

tuer qu'en les faisant glisser le long des pentes qui ressemblent bientôt à des toboggans sanglants. Dans ces conditions, la conquête de l'Herrenstubenkopf, réalisée à 13 heures, représente un épuisant tour de force.

Elle devrait permettre l'engagement du 1/1er RTA. Mais la tempête de neige devenue furieuse rend impossible toute orientation. Un feu infernal s'abat en outre sur les Algériens qui s'enlisent : le rabattement vers les lisières nord de Vieux-Thann échoue.

Livré à lui-même, le 2/1er RTA ne parvient pas davantage à en atteindre les lisières sud, d'autant plus que les chars n'ont pu l'accompagner. Les éléments de tête ne dépassent pas le carrefour situé à 500 mètres au sud de l'agglomération.

Les résultats sont donc insignifiants.

Ceux qu'a obtenus la 2e DIM sont heureusement plus satisfaisants.

Les deux régiments d'assaut, 4e régiment de tirailleurs marocains (4e RTM – colonel Bridot) à gauche, 5e RTM (colonel Piatte) à droite, ont assez rapidement progressé. Le 5e RTM notamment, pénétrant dans les bois de Nonnenbruch, a dépassé à 10 h 30 la route de Thann à Mulhouse et atteint, à 14 heures, la voie ferrée. Son avance est de l'ordre de 5 kilomètres et des contre-attaques débouchant de la cité J. Else ne peuvent la réduire. Le 4e RTM, pour sa part, a enlevé avec l'appui du CC 2 et après un très vif engagement l'asile d'aliénés au sud de Cernay. Si sa droite seule longe la voie ferrée, le reste de son front borde la route. Le succès est appréciable.

Il l'est plus encore à la 9e DIC où l'attaque a été conduite par le général Salan, commandant l'infanterie divisionnaire.

Pour cette grande unité, l'heure H a sonné à 7 h 45. Mais, à cette minute, il y a déjà une demi-heure qu'un coup de main remarquable lui a apporté un avantage préliminaire indispensable, un passage sur la Doller.

Car, en plus des obstacles que représentent pour elle la densité des localités et la multiplicité des vastes cités ouvrières, dans toute la banlieue nord de Mulhouse où elle doit agir, la division Morlière a sa base de départ située sur la rive sud de la Doller. Il lui faut donc, *ab initio*, se créer une tête de pont. Celle-ci lui est assurée par la compagnie Voisin (5e compagnie) du 23e régiment d'infanterie coloniale qui a franchi par surprise, à gué, l'eau glacée de la Doller et qui en un quart d'heure s'est emparée sur la rive gauche de la rivière de la teinturerie de Pfastatt, vaste rectangle clôturé de hauts murs et protégé par un champ de mines.

Immédiatement et pendant que s'abattait notre préparation d'artillerie, le génie a lancé des passerelles. À l'heure H précise, celles-ci sont utilisables tant par le 23e RIC du colonel Landouzy, marchant vers le nord et l'ouest sur Pfastatt et Lutterbach, que par le 6e régiment d'infanterie coloniale (6e RIC) du colonel Dessert chargé de se rabattre vers l'est, sur Bourtzwiller et Illzach. Presque en même temps, l'aménagement hâtif des berges permet le passage d'un sous-groupement du *Combat Command* n° 1 de la 1re DB (CC 1 – colonel Gruss) désigné pour appuyer ces deux régiments.

Partout, la réaction allemande est vive. Néanmoins, Pfastatt est conquis à 17 heures par le bataillon Allain (1/23e) et, quelques instants plus tard, Lutterbach par le bataillon de Loisy (2/23e). De son côté, le 1/6e RIC (commandant Lacheroy) se rend maître de Bourtzwiller après de violents combats de rues ; le 2e bataillon (commandant Daboval) prolonge aussitôt l'action en enlevant Illzach puis Kingersheim où il pénètre à 18 h 30.

Allons ! malgré quelques déceptions, la journée n'a pas été mauvaise. Peut-être, le ciel sera-t-il un peu plus clément demain. En tout cas, pour exploiter à fond les gains obtenus par les coloniaux, Béthouart les renforce par un second sous-groupement du CC 1 et leur prescrit de porter leur effort principal sur Ensisheim.

Non, le temps, ce 21 janvier, n'est pas plus clément que la veille. Et l'ennemi s'est partout durci.

À la 4e DMM, ni le 1er RTM, ni le 1er RTA ne progressent. Et les tirailleurs, frigorifiés par une nuit en montagne, doivent fournir un effort surhumain pour repousser les contre-attaques et éviter les infiltrations d'un ennemi mordant qui a sur eux l'inappréciable avantage de disposer d'abris bien aménagés.

À la 2e DIM, la journée est franchement mauvaise. Alors qu'à 7 heures du matin les unités se mettaient en place pour relancer leur attaque, une grosse colonne d'infanterie soutenue par un bataillon de chars lourds a brusquement déchiré la muraille de neige et surpris en plein mouvement le 3e groupement de choc. Sur le terrain verglacé qui n'a pu en quelques heures être organisé solidement, celui-ci ne peut se raccrocher qu'à la

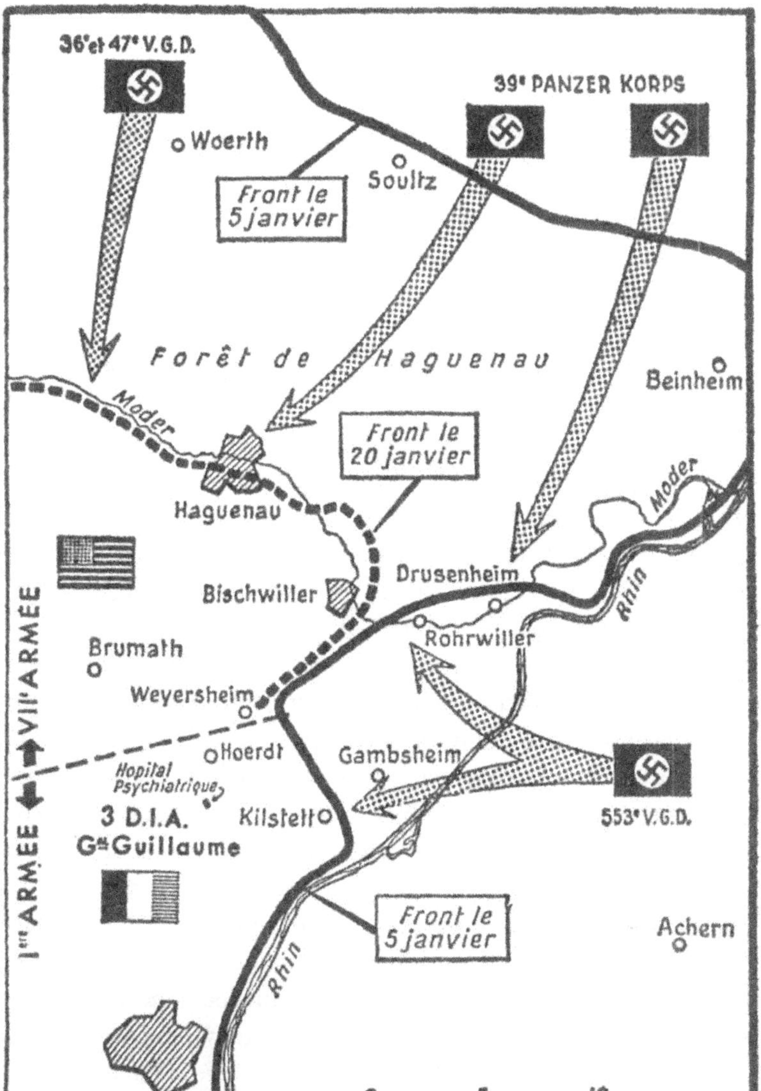
36e et 47e V.G.D.
39e PANZER KORPS
Woerth
Soultz
Front le 5 janvier
Forêt de Haguenau
Beinheim
Moder
Front le 20 janvier
Haguenau
Moder
Drusenheim
Bischwiller
Rhin
Rohrwiller
Brumath
Weyersheim
VIIe ARMÉE
Hoerdt
Gambsheim
Hopital Psychiatrique
1re ARMÉE
3 D.I.A.
Gal Guillaume
Kilstett
553e V.G.D.
Front le 5 janvier
Achern
Rhin
0 5 10
Kilomètres
STRASBOURG
DÉFENSE DE STRASBOURG
5-27 janvier 1945

ferme Lutzelhof et son repli entraîne celui de ses voisins. Finalement le 3/8e RTM colmate les lignes qui se rétablissent *grosso modo*, sur la route Thann-Mulhouse.

La 9e DIC, elle aussi, a été harcelée de contre-attaques. À Kingersheim notamment, une compagnie du 6e RIC, prise à partie par un bataillon renforcé et par des chars, a dû être dégagée par un détachement du CC 1. Mais là, aussi bien qu'à Illzach, nos positions restent intactes. Lutterbach est définitivement nettoyé. Plus à l'ouest, Reiningue est approché par le 15-2. Et surtout, au-delà de Pfastatt, le 3/23e RIC du commandant Voisard enlève de haute lutte la ferme Grossacker et le village de Richwiller.

Toutefois, ces résultats locaux ne peuvent cacher la vérité. À 21 heures, Béthouart arrive à mon PC. Il me rend compte qu'à la 2e DIM et à la 4e DMM les hommes sont épuisés. Comme les commandants de ces divisions, il doute de la réussite rapide de l'opération, étant donné les rigueurs de l'hiver exceptionnel, et c'est pourquoi il me suggère de suspendre l'offensive jusqu'au premier jour de beau temps.

Je sais que nos unités sont très éprouvées, qu'elles se battent par un froid glacial et au milieu d'une terrible tourmente de neige. Mais, pour moi, le devoir n'est pas douteux. Si je stoppais le 1er CA, c'est toute l'offensive qui se trouverait ajournée, car je serais obligé de surseoir aussi à l'attaque imminente du 2e CA. Nous aurions ainsi manqué à nos engagements envers nos alliés et, de surcroît, nous renoncerions à soulager le front de Strasbourg sur lequel la pression ennemie se resserre justement[1].

Je ne puis donc admettre aucun relâchement dans notre effort. Béthouart, qui a tôt fait de retrouver une solide confiance, en est bien convaincu et c'est avec lui que je pars dans la nuit pour rencontrer ses divisionnaires. Mon chef d'état-major, le général Valluy, nous accompagne.

À Mulhouse, où ils ont été convoqués, Morlière et Salan, ainsi que Sudre, s'affirment bien décidés à poursuivre leur action en dépit de la dureté des combats où sont engagés coloniaux et blindés.

Dans la tempête qui soulève en rafale des tourbillons de neige, par des routes que rien ne distingue plus de la plaine et dont, à tout instant, on risque de s'écarter, nous gagnons ensuite, après un voyage hallucinant

1. Nous sommes à l'heure même où se déclenche l'attaque allemande contre Kilstett.

de plus de trois heures, le PC de la 2e DIM à Soppe-le-Bas. J'y retrouve, auprès de Carpentier et de son état-major, le général de Hesdin auquel j'ai téléphoné depuis Mulhouse de venir nous attendre et qui reste solide.

Mais visiblement, au PC de Soppe-le-Bas, on a perdu la foi. Chacun insiste sur le temps exécrable et la fatigue qu'il entraîne pour réclamer avec insistance une pause. Le moment est assez dramatique et je dois mettre toute ma force à relever les énergies, à persuader – à commander.

Finalement, je laisse sur place Béthouart qui met ses ordres au point avec Carpentier et de Hesdin. Mais, avant de regagner Montbéliard, je me décide à achever ma tournée de pèlerin en allant jusqu'au PC de la 4e DMM, au sanatorium de Massevaux, redire mes « raisons de croire »... Il est près de 5 heures du matin quand j'y arrive. Pourtant, j'y trouve l'état-major en plein travail autour de son chef, le lieutenant-colonel Beaufre que les échecs de la veille n'ont en rien affecté. Avec un parfait sang-froid, il m'expose la situation qu'il envisage avec une confiance raisonnée : c'est au cours de cette nuit que je pus pour la première fois juger le caractère et la valeur de cet officier dont, par la suite, j'eus de si fréquentes occasions d'apprécier la remarquable intelligence.

Bref, on continuera résolument. Mais, pour tenir compte de la tournure prise par la bataille, j'autorise un glissement de la manœuvre vers la droite. Se mettant sur la défensive, la 4e DMM relèvera la gauche de la 2e DIM jusqu'à la ferme Lutzelhof et regroupera ses éléments isolés dans la montagne. La 2e DIM à Soppe-le-Bas, auprès de Carpentier, s'étendra elle aussi en coiffant le groupement 152e RI-2e BCP, jusqu'à la ligne Lutterbach (exclu)-cité de Richwiller – ce qui permettra à la 9e DIC, un peu resserrée, de se consacrer à la poussée sur Pulversheim et Ensisheim.

L'exécution de ce remaniement n'autorise, le 22 janvier, que des opérations de détail.

La plus importante est celle qui rend le colonel de Berchoux et son 8e régiment de tirailleurs marocains (8e RTM) épaulé par le 2e BCP maîtres de Reiningue. Commencée dès 9 heures, elle ne prend fin qu'à la nuit. De part et d'autre du village, le couvent d'Œlenberg est complètement encerclé et la station électrique de Lutterbach conquise par le 15-2.

De la même façon, à la 9e DIC, les 6e et 23e RIC renforcent et améliorent leurs positions vers le nord, spécialement en direction de la cité Anna, malgré plusieurs contre-attaques allemandes. La plus violente, menée par un bataillon de grenadiers soutenus par quatre *Jagdpanther*, a lieu vers 7 heures contre Kingersheim défendu par la 7e compagnie du 6e RIC. Nos jeunes marsouins se battent à un contre cinq, décidés à se faire tuer sur place plutôt que de faillir à leur consigne qui est de « tenir »[1]. Les munitions s'épuisent et les hommes sont à limite de résistance, quand surgissent les chars du peloton Duwez (2e régiment de cuirassiers) qui incendient deux *Jagdpanther* et mettent en fuite, aidés par les coloniaux, les assaillants. La situation est rétablie et les prisonniers capturés laissent entendre qu'un décrochage de la *Wehrmacht* est envisagé.

Aussi le général Béthouart se hâte-t-il de mettre tout le CC 1 à la disposition du général Morlière, ainsi que le 2e groupement de choc Quinche. Le *Combat Command* n° 3 de la 1re DB (CC 3 – colonel Caldairou) se rapproche également. Si l'occasion de pousser vers Ensisheim s'offre, elle pourra être exploitée. Quant à la 2e DIM, elle reçoit l'ordre d'entreprendre au plus tôt sa progression de Reiningue sur Wittelsheim. En prévision de son avance, la 4e DMM renforcera sa droite pour être en mesure d'agir directement sur Cernay.

Mais il est dit que l'ombre légère des espoirs sera toujours balayée par la désillusion… D'abord, le mauvais temps marque un degré de plus dans l'abominable, comme si celui-ci n'avait pas de limites. Et loin d'avoir rompu le contact, l'adversaire a accumulé les renforts.

On s'en aperçoit, le 23 janvier, à la densité et à la violence du barrage auquel se heurte la 9e DIC dans ses attaques contre la cité Anna et la cité Kuhlmann. Elle s'en rapproche mais ne peut s'en saisir. Seule la ferme Meyershof et la cité Richwiller passent entre nos mains, la première grâce au 23e RIC, la seconde par suite d'une action à revers exécutée par un groupement « blindé-choc »[2] aux ordres du colonel Durosoy.

---

1. C'est au plus fort de cette chaude affaire que le capitaine Béchard, futur secrétaire d'État à la Défense nationale et gouverneur général de l'AOF, prit le commandement de la 7e compagnie du 6e RIC, dont le chef, le lieutenant Anstett, venait d'être tué à son poste d'observation, dans le clocher de Kingersheim. Le capitaine Béchard restera à la tête de cette unité qui s'illustrera à nouveau le 3 février, lors de la conquête de la cité Sainte-Thérèse par le 2/6e RIC, et plus tard, après le franchissement du Rhin, en pays de Bade.

2. 2e cuirassiers, bataillon de choc Quinche, 2e compagnie du 2e bataillon de zouaves, un peloton de TD du 2e régiment de chasseurs d'Afrique (9e RCA).

Quant à la 2e DIM, tous ses moyens n'étant pas encore en place, elle s'est contentée de rectifier utilement son front en s'assurant le contrôle, au nord de Reiningue, de la route de Thann à Lutterbach.

Mais le 24 janvier, Carpentier déclenche une attaque en force contre Wittelsheim. Le 2/8e RTM enlève brillamment la mine de potasse de Graffenwald et le 1/8 la cité J. Else. Les immanquables contre-attaques sont partout repoussées.

Malgré son importance, celle que reçoit la 9e DIC dans son angle gauche, entre Meyershof et Richwiller, n'obtient pas plus de résultat. Il y a là pourtant la brigade blindée *Feldernhalle*, un bataillon de chars lourds et l'infanterie de la 716e division. Le choc est donc extrêmement brutal et, en particulier, la 3e compagnie du 23e RIC (capitaine Camors) est terriblement pressée dans les bâtiments de la ferme Meyershof durant toute la matinée. Mais à midi, coloniaux et blindés finissent par imposer leur volonté. En ce seul point, l'ennemi nous laisse 60 cadavres, les carcasses de 7 chars, 2 automitrailleuses et une centaine de prisonniers dont le propre chef de la brigade *Feldernhalle*.

Presque sans désemparer, le groupement Durosoy et le 23e RIC reprennent l'initiative et le font avec tant de fougue que, mordant quelque peu sur le secteur de la 2e DIM, ils s'emparent de la station de Richwiller, du puits Max et de la cité Amélie-II.

S'épaulant bien l'une l'autre, 9e DIC et 2e DIM sont ainsi en condition favorable pour pousser la première sur l'axe cité Anna-Wittenheim, la seconde sur l'axe cité J. Else-Wittelsheim. Tel est l'ordre que leur donne le 1er corps d'armée pour le 25.

À la 9e DIC, avant le jour, le colonel Salan a fait serrer les compagnies Voisin et Pascal du 2/23e RIC et les escadrons Bérard[1] et d'Annam du CC 1 que renforcent deux pelotons de TD du 9e régiment de chasseurs d'Afrique (9e RCA – lieutenant-colonel de Labarthe) au plus près des lisières sud de la cité Anna sur laquelle s'abat une préparation d'artillerie très fournie. À 7 h 20, ce groupement bondit littéralement, suivi du 1/6e RIC, et bouscule l'adversaire abruti. Deux heures plus tard, il tient

1. Le capitaine Bérard, commandant le 2e escadron du 2e cuirassier, devait être tué le lendemain d'une balle au front, à la tourelle de son char, lors de l'attaque de la cité Kuhlmann.

tout le bloc de plus d'un kilomètre carré, y compris son extrémité nord, la cité Fernand. À 13 heures, le puits Anna est également à nous, et, un peu plus tard, les deux puits Kuhlmann. Seule, la cité Kuhlmann reste inabordable. Malgré tout, c'est un très beau résultat à l'actif de la 9e DIC, parvenue à un kilomètre de son objectif de Wittenheim.

La 2e DIM a eu moins de chance dans son débouché. Placé sur l'axe principal cité J. Else-Wittelsheim, le 2/8e RTM n'a pu démarrer, comme prévu, à 9 heures, son chef, le commandant Moneglia, et plusieurs officiers rassemblés auprès de lui pour recevoir ses consignes, ayant été en même temps mis hors de combat. Il en est résulté forcément un retard. Mais, avec l'appui du CC 2, le 8e RTM parvient cependant dans la journée à arracher à l'ennemi et à conserver la cité Grassaergerste.

À sa droite, le 4e RTM et le groupement Durosoy – passé dans la nuit de la 9e DIC à la 2e DIM – a conquis puis reconquis le puits Amélie-I.

La division Carpentier, elle aussi, n'est donc pas à beaucoup plus d'un kilomètre des premières maisons de son objectif de Wittelsheim. Et, par surcroît, elle a enfin atteint la lisière nord-ouest de la forêt de Nonnenbruch.

Six jours d'efforts répétés, rendus terribles par la conjugaison singulièrement efficace de la défensive de l'ennemi et de l'offensive de l'hiver, n'ont pas été stériles. Nos bataillons – fatigués il est vrai et bien réduits du fait des pertes au feu et des évacuations pour gelures – sont maintenant à distance d'assaut de la position capitale qui cadenasse le môle de Cernay et commande la route de Rouffach. Le plus gros semble fait. Encore un bon coup et nous y serons.

Ce coup allait durer neuf jours…

Le 2e corps attaque

Si, dans ce premier round, l'Allemand a pu parer à notre direct du droit lancé par Béthouart, comment a-t-il encaissé le direct du gauche que, presque en même temps, lui décochait Monsabert ?

De ce côté, il est relativement plus vulnérable, en ce sens que 20 kilomètres à vol d'oiseau séparent notre base de départ de notre objectif stratégique de Brisach, alors que la distance est double en venant du sud. Cette considération confère à l'attaque du 2e corps un caractère décisif.

Pour lui donner son maximum de puissance, cette attaque a été concentrée sur un front de 12 kilomètres, du sud de l'Illwald à la ligne Bennwihr-Houssen. Par ce créneau initial, la 1re DFL et la 3e DIUS, la 5e DB[1] et un *Combat Command* de la 2e DB mèneront une manœuvre en trois temps :

– d'abord forcement du passage de l'Ill et établissement sur la rive droite d'une tête de pont (objectif O. 1) ;

– puis débouché en force au-delà de l'Ill pour atteindre le canal de Colmar et se rendre maître de ses passages (O. 2) ;

– enfin exploitation vers Brisach et le Rhin (O. 3) avec, en cas de circonstances favorables, libération de Colmar.

L'ordre d'opérations n° 113 du 2e corps en date du 19 janvier, qui a décomposé de la sorte la mission définie par mon IPS, a précisé également la tâche des grandes unités engagées.

Dans le premier temps, la DFL, renforcée du *Combat Command* Vésinet de la 2e DB (CC 5), reçoit mission de rompre le dispositif ennemi en agissant sur l'axe Guémar-Illhaeusern-Marckolsheim. Elle devra s'emparer du passage de l'Ill à Illhaeusern et couvrir ce passage, au nord en s'assurant de la lisière méridionale de l'Illwald, à l'est en traversant les bois d'Ohnenheim et d'Elsenheim.

À sa gauche, la 3e DIUS a ordre de mener un effort parallèle d'Ostheim sur Jebsheim, en traversant l'Ill à Maison-Rouge et en se couvrant face au sud vers Houssen et les bois de Riedwihr.

Dans le deuxième temps, la progression vers le canal de Colmar s'effectuera à gauche par la 5e DB[2] couverte par la DFL, et à droite par la 3e DIUS et le CC 4.

Dans le troisième temps, la DFL gagnera la rive du Rhin de Marckolsheim à Artzenheim et couvrira au nord l'action de la 3e DIUS

1. 1re division française libre, 3e division d'infanterie américaine et 5e division blindée.

2. Moins le CC 4 (général Schlesser) passé à la 3e DIUS et plus le 1er groupement de choc Gambiez et le 1er régiment de parachutistes Faure.

et de la 5e DB filant sur Neuf-Brisach et prêtes à se retourner vers Colmar et Turckheim.

Pour éviter les embouteillages sur les rares itinéraires pénétrants et spécialement devant les quatre lignes d'eau à franchir – la Fecht, l'Ill, le ruisseau de Riedwihr et le canal de Colmar – le général de Monsabert règle dans le détail les conditions d'engagement des quatre *Combat Command* de son corps de bataille : le CC Vésinet traversera l'Ill au pont 176 sur le chemin allant de Saint-Hippolyte à Ohnenheim, à la diligence du général commandant la DFL ; le CC 4 le franchira à la Maison-Rouge, sur ordre du général commandant la 3e DIUS ; le CC 6 puis le CC 5[1] le passeront successivement à Illhaeusern sur ordre du général commandant la 5e DB. Plan bien conçu, mais que les événements bousculeront quelque peu…

Le même ordre n° 113 fixe également l'attitude à tenir par les divisions placées sur les 108 kilomètres de front où nous ne prenons pas l'initiative d'attaquer, mais où rien ne nous garantit la passivité de l'adversaire. Trois secteurs y sont prévus :

– Le secteur « Nord » (3e DIA moins les éléments passés à la 2e DB, partiellement remplacés par le 159e régiment d'infanterie alpine)[2] qui conserve la mission de tenir et de couvrir Strasbourg ;

– Le secteur « Rhin-Sélestat » où la 2e DB amputée du CC Vésinet, mais renforcée du 4e régiment de tirailleurs tunisiens (4e RTT – colonel Guillebaud), de deux bataillons du 7e régiment de tirailleurs algériens (7e RTA – colonel Goutard), de la brigade Raynal de la DFL et d'un tabor, devra s'opposer à toute poussée vers Strasbourg ou Molsheim et être en mesure de nettoyer dès que possible « la poche résiduelle au nord du secteur d'attaque ». Son engagement pour l'exploitation vers le sud est également prévu ;

– Le secteur « Sud » dans lequel la 28e DIUS doit, jusqu'à nouvel ordre, se borner à fixer l'ennemi.

Par des décisions complémentaires, le commandant du 2e corps précise la mission du 12e *Tactical Air Force* (12e TAC), symétrique de celle que s'est vu assigner par Béthouart le 1er corps aérien français, et définit

---

1. CC 6 : colonel de Lavilléon ; CC 5 : colonel Mozat.
2. Arrivé du front des Alpes le 18 janvier pour renforcer la défense de Strasbourg.

le rôle du général du Vigier, son adjoint, pour prendre éventuellement le commandement d'un groupement tactique et pour faciliter les relations avec les forces américaines ou les autorités locales[1].

L'ensemble de ces dispositions ne subira avant le jour J – fixé en définitive au 23 janvier pour permettre la mise en place de toutes les unités – qu'un amendement; sur proposition du général O'Daniel, il est entendu que, dans la nuit précédant l'attaque, la 3e DIUS franchira par surprise la Fecht, qui ne semble tenue que par des avant-postes, de façon à être en mesure à l'heure H d'aborder la ligne de l'Ill où doit s'engager la vraie bataille.

Au cours de cette même nuit, je quitterai Montbéliard pour venir occuper un PC tactique réduit au minimum, à Rothau, près de Schirmeck, au pied du sinistre camp du Struthof où tant de patriotes subirent un martyre qu'il nous faut maintenant venger.

Compte tenu des forces dont il dispose, le général de Monsabert en a prévu un emploi judicieux. Mais ces forces sont-elles suffisantes? Je ne l'ai jamais pensé – et moins encore depuis le démarrage de l'offensive du 1er corps.

C'est un renforcement de deux divisions d'infanterie fraîches que j'ai, en effet, toujours tenu pour nécessaire et, en fait, je n'ai obtenu qu'une division fatiguée, la 28e division d'infanterie américaine (28e DIUS). Il est vrai que s'y ajoute la 2e DB. Mais, si intéressant que soit son apport, l'intervention des blindés ne saurait être initialement déterminante, en raison surtout de l'état du terrain qui les rive aux routes. Cette bataille ne peut pas ne pas être, par la force des choses, grosse mangeuse d'infanterie, et l'expérience du corps Béthouart ne fait que confirmer cette cruelle évidence.

L'accord des « techniciens » est, sur ce point, spontané. Le 18 janvier, j'avais envoyé à Paris mon chef de cabinet, le commandant Tron, haut fonctionnaire des Finances et esprit sage, pour remettre le texte de mon IPS au général Juin. M'en accusant réception le 20, le chef d'état-major général de la Défense nationale me fait part de son sentiment personnel:

1. Pour permettre au général du Vigier de se consacrer à ces fonctions, le général de Monsabert confia provisoirement le gouvernement militaire de Strasbourg au général Guillaume. Du Vigier, pendant toute l'offensive, multipliera inlassablement les liaisons, malgré la gêne que lui causera l'absence de moyens organiques de commandement.

> [...] L'affaire est bien montée et nous partageons ta confiance. Ne te semble-t-il pas toutefois que les moyens affectés à l'opération du nord sont un peu maigres, surtout en infanterie? C'est deux divisions US qu'on aurait dû te donner... J'en avais déjà fait la remarque à Bedell Smith à son retour du 6e groupe et il m'avait dit que tu étais d'accord avec Devers sur ce point. Ce n'est pas exact puisque Tron me rapporte aujourd'hui que tu avais toi-même demandé plus de moyens. S'il en est temps encore, tâche d'obtenir plus. [...]

Fort de l'assurance que je serai soutenu par Paris auprès du SHAEF, je décide aussitôt de redonner un nouvel élan à mes interventions quasi permanentes auprès du général Devers. Le 21 janvier dans la matinée, je lui envoie le général de Linarès pour le prier instamment, avec tous éléments de discussion à l'appui, d'obtenir du commandement suprême une division supplémentaire. Devers n'a plus grand besoin d'être convaincu : il est assez près de l'action pour l'être déjà. Devant Linarès, il téléphone au SHAEF. Mais celui-ci réserve sa réponse jusqu'au lendemain et le commandant du 6e groupe l'attend sans beaucoup d'illusion.

Toutefois, dès que je suis informé de ce délai de réflexion qui me laisse un espoir, je mets Juin au courant par un message qui se termine ainsi : « Te demande instamment vigoureuse action personnelle auprès du SHAEF, parallèle celle exposée ci-dessus pour obtenir satisfaction et me libérer d'un souci très réel pour développement et entretien mon opération. »

Quelques heures plus tard, dans la nuit, je relance mon sous-chef d'état-major sur les routes. Cette fois c'est à Paris que je l'envoie, porteur d'une lettre pour le général de Gaulle auquel j'expose tous les arguments qui militent en faveur de ma requête et à qui je demande d'user de son autorité pour la faire agréer.

Puis je me retourne encore vers Devers. Le 22 janvier, je lui écris :

> [...] Demain matin, le 2e CA déclenchera à son tour l'offensive. Plus que jamais, je fais appel à votre affectueuse compréhension de chef pour vous demander de tout faire pour que cette opération ne soit pas réduite à la valeur d'un geste, mais constitue une action puissante profonde. Elle ne le sera qu'étant largement alimentée en infanterie. [...]

La réponse arrive le lendemain 23 janvier, aimable mais décevante :

> [...] Je fais toute confiance à vos capacités pour que vous réduisiez, avec les forces dont vous disposez, la poche de Colmar.

Le SHAEF a refusé...

C'est donc, essentiellement et comme il avait été prévu, avec la DFL, depuis si longtemps sur la brèche, et avec la très belle 3e DIUS – qui elle, du moins, est reposée et a été renforcée par un quatrième régiment d'infanterie, le 254e RIUS – que Monsabert devra, au début, mener à bien son affaire.

Elle est d'ailleurs déjà engagée depuis quelques heures, exactement depuis le 22 janvier 21 h 30.

C'est O'Daniel qui a fixé lui-même cet instant. Pour ce « baroudeur », au visage taillé à coups de hache, dont tous les traits révèlent un dynamisme, une volonté et une énergie peu communs, et qui a su faire de sa division un outil d'une valeur exceptionnelle, cette heure est particulièrement évocatrice : à la même minute en effet, un an plus tôt, la 3e DIUS débarquait à Nettuno, au sud d'Anzio. Il y a eu du chemin parcouru depuis lors... et le cadre a changé. La neige, le verglas, le vent, le froid perpétuel ne rappellent en rien la Méditerranée. Mais l'ardeur combative est bien la même.

Dans un silence total, le 7e RIUS[1] du colonel John A. Heintges et le 30e du colonel Lionel C. MacGarr se rapprochent de la Fecht puis la traversent brusquement à Guémar. La surprise ennemie est complète. À 2 h 30 du matin, le 23 janvier, les deux régiments sont en entier à l'est de la rivière et se répandent dans la forêt communale de Colmar qu'ils balayent. Le 30e RIUS marche au nord, cherchant à atteindre l'Ill à la Maison-Rouge. Le 7e se rabat vers Ostheim pour l'attaquer à revers.

À l'heure H du corps d'armée, 7 h 30, l'acquit est déjà considérable. Dans Ostheim, « où chaque fenêtre cache un nid de tireurs d'élite », les combats font rage. Il faudra encore trois heures pour achever la conquête de ce village martyr dont les ruines sont surmontées d'un nid de cigogne,

1. RIUS : Régiment d'infanterie américaine.

symbole émouvant des revanches de la vie. Au sud, l'opération est couverte par la pénétration dans la partie supérieure du bois de Rothleibe.

Sur l'Ill, les résultats sont plus brillants encore. Le 1er bataillon du 30e régiment d'infanterie américaine (1/30e RIUS) a traversé la rivière à 1 500 mètres au nord de la Maison-Rouge et se rabat vers ce point par la rive droite, tandis que le 3/30 l'attaque directement par la rive gauche. À 11 h 45, la résistance allemande est écrasée et le pont sur l'Ill conquis, intact.

La progression continue, rapide et profonde. À 16 h 30, les fantassins américains abordent Riedwihr et Holtzwihr.

Mais, soudain, tout change. À 16 h 30, dix gros chars allemands avec de l'infanterie foncent sur le 3e bataillon à Holtzwihr, le coupent de ses arrières, le tronçonnent en plusieurs fragments. Privé de tout appui, il est fortement bousculé et ramené jusqu'à l'Ill.

Une demi-heure plus tard, à 17 h 20, le même incident se produit à Riedwihr au détriment du 1er bataillon. Aidé par le 2e, qui le suivait, celui-ci se dégage un peu plus aisément mais ne garde malgré tout qu'une petite tête de pont au nord de la Maison-Rouge, à la cote 178.

Cet échec est imputable à une seule cause, bien précise : l'absence d'un soutien de blindés. Et cette absence résulte elle-même d'un fâcheux accident. Construit en bois et insuffisamment renforcé, le pont de la Maison-Rouge s'est effondré d'un seul coup au passage du premier char. Le temps d'en construire un nouveau – et les contre-attaques allemandes se sont produites[1]...

Celle que le 7e RIUS a reçue à Ostheim a, par contre, complètement échoué. Dans cette zone, nous tenons les bois au nord de Houssen et le 254e RIUS a poussé jusqu'à la Weiss, approchant du château de Schoppenwihr : l'objectif O. 1 du corps d'armée y est atteint.

---

1. L'historique de la 3e DIUS rapporte les conséquences du « coup » avec une simplicité sympathique et topique : « Le 30e est mal en point et demande d'urgence poêles, couvertures, tentes pyramidales, café chaud et vêtements secs... mais aussi des fusils et des mitrailleuses, car le moral est intact » : « Oui, sir, disaient les hommes au général O'Daniel, ces s... de Kraut (boches) nous ont eus. Mais nous pouvons tenir et nous serons là demain matin. Ah ! si nous avions eu quelques chars ! »

Dans son secteur aussi, la DFL réduite à deux brigades[1] a fait un utile travail. Garbay l'a engagée en deux colonnes. Au nord la 2e brigade a franchi l'Ill à 9 h 30, à l'est de l'ancien moulin de Saint-Hippolyte, puis à la maison forestière de Junghurst et au point 176. Simultanément, la 1re brigade a pénétré dans les bois au nord-ouest d'Illhaeusern et s'en est emparée après une heure de lutte. À 11 h 30, les légionnaires du 1er BLE[2] ont fait irruption dans Illhaeusern même et en ont « coiffé » les ponts.

Malheureusement, la large bande de terrain qui vient d'être ainsi conquise est bourrée d'innombrables mines, en verre ou en matière plastique, que protègent par surcroît la neige et une couche de verglas épaisse de plusieurs centimètres. Il n'est d'autre façon de déminer qu'à la baïonnette, en sondant le sol. Le procédé n'est pas rapide. Et ce n'est que dans le courant de l'après-midi que les véhicules de combat commencent à rejoindre les fantassins.

Ceux-ci sont partout stoppés en avant du Bennwasser dont l'adversaire tient le confluent avec l'Ill, au cimetière d'Illhaeusern. À la tombée du jour, une contre-attaque ramène au village même les éléments qui avaient cherché à progresser plus à l'est. Mais les ponts – deux de 6 tonnes et un de 18 – sont solidement entre nos mains. Et c'est, en définitive, le résultat majeur de la journée, celui qui paraît préparer le mieux les développements du lendemain.

Pour les faciliter, je fais procéder à une légère rectification des limites entre les divisions : la 28e DIUS prendra à son compte le front jusqu'au château de Schoppenwihr ce qui permettra à O'Daniel d'engager sur l'axe d'effort de sa division son régiment de droite, le 15e RIUS, jusque-là chargé d'une mission de couverture. En contrepartie, la zone d'action de la 3e DIUS qui reste initialement inchangée au nord, sera ultérieurement un peu étendue, de façon à englober Jebsheim ainsi que l'angle formé par la jonction du canal de Colmar avec celui du Rhône au Rhin.

---

1. On se souvient que la brigade Raynal (4e brigade) affaiblie par la perte du bataillon de marche n° 24 (BM 24) sert de renforcement d'infanterie à la 2e DB. Les deux brigades restant aux ordres du général Garbay, commandant la 1re DFL, sont donc la 1re (colonel Delange – 13e demi-brigade de Légion étrangère et 22e BMNA) et la 2e (colonel Gardet – BM 4, BM 5 et BM 11).

2. BLE : bataillon de Légion étrangère.

Mais, sauf au sud, où le 7e RIUS remporte un net succès en s'emparant du château de Schoppenwihr et du pont dit Kantzenwangenbruck sur la Fecht, la journée du 24 janvier n'est pas payante. Par deux fois, le 15e RIUS du colonel Halett D. Edson qui a relevé le 30e réussit à créer sur la rive est de l'Ill des têtes de pont momentanées. Mais, par deux fois également, malgré sa vaillance, il en est refoulé. Et chez Garbay, une belle avance du 2e BLE du commandant Simon, au-delà du moulin du Ried, à l'est d'Illhaeusern, ne peut être suivie d'une progression vers Elsenheim, car l'essai d'engagement de chars légers du CC Vésinet est entravé par des *Panther* et des *Rhinoceros* embossés dans le bois d'Erlen. Plus au nord, dans les bois de Gemeinmarkt, entre Ill et Bennwasser, le 22e bataillon de marche nord-africain (22e BMNA – commandant Bertrand) ne peut non plus venir à bout d'un ennemi solidement retranché. Des renforts accourus du sud de la poche et surtout du secteur Erstein-Benfeld[1] donnent à la défense une efficacité indiscutable.

Aussi un certain pessimisme préside-t-il à la conférence que je réunis le soir, à 21 heures, au PC de la 3e DIUS à Ribeauvillé. C'est un peu la répétition de la conférence d'Altkirch qui s'est tenue trois jours plus tôt…

Il suffit d'ailleurs à chacun d'exposer les difficultés auxquelles il se heurte. Il est sûr que l'importance des forces adverses aux abords de l'Ill rend le franchissement singulièrement laborieux. Et la seule possession des passages d'Illhaeusern ne rend pas possible un large déploiement des blindés.

Il y a là, en observateur, le général Barr, le très amical chef d'état-major du général Devers. C'est vers lui que je me tourne lorsque les divisionnaires ont fini d'exposer leurs bilans :

> Vous voyez bien que nous n'en sortirons qu'avec des moyens supplémentaires, avec cette division d'infanterie que je ne cesse de vous réclamer à cor et à cri. Donnez-moi donc ce 21e corps qui n'a rien à faire du côté de Sarreguemines. Alors, vous verrez…

---

1. 308e IR, 198e bataillon de fusiliers, 235e bataillon de pionniers, toutes unités appartenant à la 198e *Infanterie Division*.

Barr « encaisse » en silence et me laisse « remonter » tous mes lieutenants. Sur la carte, je trace les avances successives à réaliser. O'Daniel devra porter ses gros, au moins deux RCT[1], sur l'axe Riedwihr-Brisach, se couvrant vers l'est de Colmar par un troisième RCT et le CC 4. Il se fera appuyer par la 5e DB qui ne prendra un secteur particulier qu'au-delà du canal de Colmar. La 28e DIUS concentrera ses moyens d'artillerie au profit d'un RCT qu'elle engagera au plus tard le 26 dans la région de Houssen. Tous ces efforts seront poursuivis dans une combinaison intime blindés-infanterie, le « dosage » des chars augmentant au fur et à mesure de la progression à travers le dispositif ennemi, de manière à rendre toujours possible l'exploitation rapide[2].

Lorsque j'ai fini, Barr me pose une question :

– Mon général, si l'on vous accorde ce que vous demandez, quand l'affaire sera-t-elle finie ?

J'interroge un instant ma carte :

– Le 10 février au plus tard.

– Bien…

Barr n'ajoute rien de plus mais je n'attendrai pas longtemps la meilleure des réponses. Revenu à mon PC de Rothau, j'y reçois, le 25 janvier à 3 h 35, le télégramme suivant (n° BX. 23 395) du général Devers :

> Le 21e corps d'armée américain (21e CAUS) avec ses éléments organiques[3] et la 75e DIUS renforcée seront mis immédiatement aux ordres de la 1re armée française.
>
> La 1re armée française placera sous les ordres du 21e CAUS les 3e et 28e DIUS et telles autres unités françaises et américaines, non encore sous ses ordres, que la situation nécessitera.
>
> Le général Milburn, commandant le 21e CAUS se présentera avec un détachement précurseur au général commandant la 1re armée française, à Schirmeck, le 25 janvier, à 10 heures. Le 21e CAUS avec ses

---

1. RCT : *Regimental Combat Team.*

2. Ces diverses instructions seront condensées, la nuit même, dans une « directive d'orientation concernant la manœuvre du 2e CA ».

3. État-major, compagnie de QG, commandement d'artillerie de CA, 65e bataillon de transmissions, 4e section de la compagnie de transport 223, 449e compagnie de police militaire.

éléments organiques fera mouvement de sa zone actuelle en observant strictement le silence radio.

Le 75e DIUS disposant en renforcement d'un bataillon de TD, d'un bataillon de chars, d'un groupe d'artillerie et d'un groupe de FTA, a reçu l'ordre de se rassembler à Saint-Dié.

Les indications ci-dessus ne doivent être communiquées qu'au personnel qui a à les connaître pour l'exercice de ses fonctions.

Dieu soit loué ! Cette fois, on les aura ! La confiance du commandement américain qui place sous commandement français un de ses corps d'armée, trois de ses divisions d'infanterie et une de ses DB ne sera pas déçue[1]. Avec ses trois corps d'armée, la 1re armée française tient la victoire.

Mais, en attendant, il lui faut alimenter la bataille avec ce qu'elle a.

Dès 3 heures du matin, le 25 janvier, la 3e DIUS « remet ça ». Sur l'Ill, à la cote 178, au nord de la Maison-Rouge, ses sapeurs réussissent à lancer un pont qu'utilisent aussitôt chars et TD. Comme les jours précédents, les Allemands réagissent avec violence mais, maintenant, on s'explique à armes égales. Le 15e RIUS s'incruste solidement et décolle même largement de la rive en s'avançant jusqu'à 2 kilomètres de Jebsheim et jusqu'à la corne nord du bois de Riedwihr.

À sa droite, le 7e RIUS, débouchant du château de Schoppenwihr, s'empare de la ferme Mariafeld et du gros carrefour de Rosenkranz. À 17 heures, il prend Houssen et s'y maintient en dépit d'une forte contre-attaque qu'il brise magnifiquement.

Ce sont là des progrès sensibles et, bien que, devant la DFL, les résistances de l'Illwald et du bois d'Elsenheim n'aient pas fléchi malgré des assauts à la grenade des 2e et 3e BLE[2] et l'engagement des éléments légers du CC 5[3], l'aube du 26 s'allume sur des espoirs nouveaux.

---

1. La veille, 24 janvier, le commandant du 6e groupe d'armées a déjà mis à mes ordres la 12e DBUS, mais « pour être employée dans le secteur de Strasbourg et pour que la 2e DB et le gros de la 5e DB puissent être employés dans l'attaque du 2e corps français ».

La décision prise par le général Devers trouve toute sa valeur si l'on veut bien se souvenir qu'au moment où elle a été arrêtée, la 7e armée US continuait à être sérieusement pressée dans la région d'Ingwiller.

2. Le 3e bataillon de Légion étrangère est sous les ordres du commandant Lalande.

3. CC 5 : *Combat Command* Vésinet de la 2e DB.

Car il va être possible, maintenant que l'Ill est franchi, de passer la vedette aux blindés. En outre, l'extension sur la gauche de la 28e DIUS a libéré le 254e RI et O'Daniel l'a fait remonter vers le nord pour l'employer à l'attaque de Jebsheim.

Les ordres du corps d'armée, conformes à ma « directive d'orientation », sont de hâter l'entrée en ligne de la 5e DB, en vue « de la réalisation de sa mission en direction de Brisach ». Couverte au nord, d'Illhaeusern à Grussenheim, par la 1re DFL et par le CC 5 et agissant en liaison étroite avec la 3e division d'infanterie américaine, elle engagera d'abord avec celle-ci le CC 6 sur l'axe Jebsheim-Durrenentzen, le CC 5 serrant derrière pour être capable de prolonger l'action sur Brisach. Quant au CC 4, il reste directement prêté à la 3e DIUS pour la couverture de son flanc sud.

Placé sur la bissectrice de l'angle droit formé par la rencontre du canal de Colmar et du canal du Rhône au Rhin, Jebsheim est entre les mains de l'ennemi un chien de garde toujours prêt à sauter aux jambes de qui voudrait franchir l'une de ces deux lignes d'eau. C'est dire le prix que lui attache la *Wehrmacht*, et l'opposition à laquelle se heurte en l'abordant le 254e RI, appuyé et flanc-gardé par le sous-groupement du Chayla et par les parachutistes. Il faut la journée entière du 26 janvier pour atteindre le village, la nuit suivante pour s'y enfoncer, la matinée du 27 pour pénétrer jusqu'au centre de l'agglomération.

La progression est à peine moins dure à Riedwihr, à 2 kilomètres à l'ouest. Toutefois, peu avant la nuit, le 2/15e RIUS et le sous-groupement Viéville parviennent à chasser l'adversaire de cette localité.

Plus à droite, le CC 4 a joué son rôle de couverture en longeant l'Ill et en aidant à la conquête par les 1er et 3/15e RI des bois situés au nord de Holtzwihr. Vers 16 heures, alors que s'en achève le nettoyage, une brusque contre-attaque partant de ce village et menée par deux compagnies et deux pelotons de chars lourds tente de les récupérer. C'est alors que se produit, pour reprendre les termes du rapport de la 3e DIUS, « la chose la plus brave qu'un homme ait jamais faite au combat ». Grimpant sur un TD qui vient d'être touché et qui brûle lentement, le sous-lieutenant André L. Murphy, de la compagnie B du 1/15e, se saisit de la mitrailleuse lourde du blindé et, seul, arrose de balles les assaillants parvenus à moins de 100 mètres de lui. S'offrant comme une cible sur le fond de neige et d'arbres nus, il concentre vers lui les tirs des tanks allemands et des fantassins. Par deux fois, des obus de 88 atteignent le TD du haut duquel Murphy, comme un démon, continue à viser tous ceux qui s'approchent. Blessé, brûlé, il tient par miracle le temps voulu pour que joue la riposte à l'agression ennemie. Il ne se laisse soigner qu'une fois le combat terminé.

Cette action d'éclat extraordinaire devait mériter la *Congressionnal Medal of Honour* à ce jeune officier appelé à connaître depuis lors la renommée due au soldat le plus décoré *in the world*[1].

Dans la nuit suivante, celle du 26 au 27, le général O'Daniel engage dans cette même partie du front le 30e régiment d'infanterie américain. Celui-ci a un compte à régler avec les *Kraut* et les choses ne traînent pas. Avec une fougue irrésistible, les hommes du colonel MacGarr conquièrent Holtzwihr puis, sans désemparer, abordent Wickerschwihr. À midi, le village est à nous : le 30e a pris si pleinement sa revanche qu'il est le premier à atteindre le canal de Colmar, objectif O. 1 de l'armée.

Pendant ce temps, la lutte continue, acharnée, à Jebsheim. Tout le CC 6, avec les légionnaires du 3/RMLE (commandant Boulanger), les parachutistes de Faure et de Le Bourich et le 254e RI y sont engagés à fond. Chaque immeuble est une redoute, chaque soupirail cache un *Panzerfaust*. À peine avons-nous pris un îlot qu'un reflux de la vague nous le fait perdre. Pourtant, à la grenade, au pistolet-mitrailleur, au poignard, l'avance se poursuit, lente et meurtrière. Mais la journée n'amène rien de plus que le nettoyage de quelques pâtés de maisons.

Et il faudra encore une nouvelle journée d'un corps à corps toujours aussi farouche pour que, le 28 janvier à 18 heures, le colonel commandant le CC 6 puisse enfin passer par radio : « Nous tenons Jebsheim. »

Cette victoire va permettre le forcement du canal de Colmar que le 15e RIUS borde maintenant sur 5 kilomètres, de part et d'autre de Wickerschwihr. À la condition toutefois qu'elle soit elle-même garantie contre de nouvelles menaces venant du nord : c'est à remplir cette condition que la DFL se dépense depuis trois jours.

---

1. En juillet 1948, le lieutenant Murphy viendra spécialement à Paris pour y recevoir la croix de chevalier de la Légion d'honneur, que j'aurai la joie de lui remettre lors d'une prise d'armes dans la cour des Invalides.

Le 26 janvier, alors que commençait l'attaque de Jebsheim, la brigade Delange et le CC Vésinet, celle-là par l'ouest, celui-ci par le sud, avaient repris leurs tentatives contre le bois d'Elsenheim. Arbre par arbre, le 3e BLE s'est infiltré dans la forêt, détruisant une à une les casemates couvertes d'abattis, protégées de pièges et de mines, et tenues âprement. En dix heures, il a conquis de la sorte un petit kilomètre, pour venir finalement buter contre les ouvrages des faces nord-est et sud-est du bois. Dans cette dernière direction, il ne reste séparé des blindés du sous-groupement Sarrazac que par quelques centaines de mètres défendus, il est vrai, par des blockhaus et protégés par un lacis inextricable de fossés et de fourrés.

Ce n'est pas sans mal que les blindés eux-mêmes ont atteint cette zone. La neige est si épaisse que les routes ne se distinguent plus dans la nudité uniformément blanche de la plaine. Et la lente progression reste jalonnée par les carcasses de deux TD et de deux *Sherman* – vengés par la destruction de quatre *Jagdpanther* et *Rhinoceros*.

Notre infanterie est à bout. Pourtant, elle repart le 27 avant l'aurore. L'ennemi a dû être plus éprouvé encore que nous par ce terrible grignotage car quelques pans de résistance cèdent. Avant midi, les lisières sont nettoyées et la route d'Illhaeusern à Elsenheim est dégagée jusqu'à hauteur du moulin d'Elsenheim, point qui, lui, tient toujours.

Ce succès si méritoire autorise le déploiement du CC Vésinet et rend enfin possible la poussée sur Grussenheim, indispensable à la couverture de l'opération clé engagée à Jebsheim.

Le général du Vigier, venu au PC de la DFL, saisit l'intérêt de la situation. Il prescrit à Garbay de s'emparer d'Elsenheim, de son moulin et surtout de Grussenheim, et à Lavilléon d'engager contre ce village les éléments du CC 6 qui auront fini de concourir à la prise de Jebsheim.

En conséquence, Garbay décide l'entrée en action d'un deuxième sous-groupement du CC 5, celui du lieutenant-colonel Putz. Et Vésinet ordonne à celui-ci, que renforce le 1er bataillon de Légion du commandant de Sairigné, de franchir la Blind au sud-ouest d'Elsenheim et de s'emparer de Grussenheim.

À partir de 14 h 30, les légionnaires passent à gué la rivière. Mais ce n'est qu'à 19 heures que les sapeurs de la DFL (1er bataillon du génie – commandant Tissier) reçoivent le matériel Bailey dont ils ont besoin pour jeter un pont. Ils s'y emploient avec ardeur quand, vers 22 h 30, un bombardement infernal s'abat sur leur chantier. En un instant, la section du génie chargée de la construction du pont a 10 tués et 30 blessés dont son chef et tous les sous-officiers.

Pendant une bonne partie de la nuit, le marmitage continue, rendant tout travail impossible. D'ailleurs, il faut que la DFL envoie de nouveaux spécialistes et achemine de nouveaux matériels. Il est près de midi, le 28 janvier, quand le lancement du pont s'effectue.

Putz a déjà fait partir un détachement aux ordres du capitaine Duault, qui doit aborder Grussenheim par le sud et qui a traversé la Blind au moulin de Jebsheim. Lui-même achève de donner ses instructions au commandant Debray chargé, avec le gros des blindés et le bataillon Sairigné, de l'action par l'ouest... Mais le malheur rôde autour du pont. Un obus éclate aux pieds de Putz qui est tué, ainsi que deux officiers présents à ses côtés, le commandant Puig, chef d'état-major du colonel Vésinet, et le capitaine Péricquet, du CC 6, envoyé en liaison par le colonel de Lavilléon.

Il est 12 h 50 et l'attaque est prévue pour 13 heures. Debray en prend le commandement et donne le signal de départ. Quelques minutes plus tard, un coup de *Flak* détruit un TD en train de traverser le pont, un autre incendie un *Sherman* qui en obstrue les abords. L'infanterie décolle donc sans ses chars que Debray se hâte de diriger vers le pont du moulin de Jebsheim.

Peu après 14 heures, Duault aborde Grussenheim par le sud – mais sans aucune aide du CC 6, tout entier accaparé par les combats acharnés de Jebsheim. Il en est violemment repoussé au moment même où Sairigné arrive aux lisières ouest. Après un moment de confusion, l'action se coordonne et repart. Jusqu'à 20 heures, elle se prolongera, acharnée et sanglante. Alors seulement le village sera complètement en notre pouvoir.

Les pertes disent hélas ! l'âpreté du combat. En tués et blessés, la prise de Grussenheim a coûté aux légionnaires et aux sapeurs de la DFL 180 hommes, et 207 dont 21 officiers au *Combat Command* Vésinet. Cette unité a, au surplus, laissé à nouveau sur le terrain six chars et six *half-tracks*.

Mais en tenant Grussenheim, CC 5 et brigade Delange couvrent maintenant de façon solide Jebsheim, pratiquement tombé en même temps.

Ces deux centres sont à ce point capitaux pour l'adversaire que, le 29 janvier, il mettra tout en œuvre pour les récupérer.

Contre Grussenheim, c'est un régiment de la 198e division allemande et un *Kampfgruppe* soutenu par un escadron de *Rhinoceros*[1] qui seront engagés : il leur en coûtera 250 tués et 100 prisonniers.

Contre Jebsheim, l'aventure sera tentée par le 136e *Gebirge Regiment*[2] et par les *Panther* du 525e *Schw. Panzerjäger Abteilung*[3]. Une première fois à 9 heures, une seconde à 15 heures. Chaque fois, la ruée ne se traduira que par la reprise très momentanée de quelques maisons au sud de la localité. À la nuit, la partie sera irrémédiablement perdue pour la *Wehrmacht*.

Rien ne donne une idée de ce qu'est alors ce malheureux village. Cinq cents cadavres allemands en transforment les rues en un véritable charnier. Nous-mêmes y avons eu 300 hommes hors de combat et les Américains au moins autant. Mais nous y avons fait 750 prisonniers et le 254e RIUS plus de 300.

Jebsheim est bien le symbole de la fraternité franco-américaine qui règne au sein de notre 1re armée française. Il est aussi le symbole de l'héroïsme dépensé pour enfoncer le front allemand et atteindre la ligne d'où va maintenant partir l'exploitation décisive en direction de Brisach.

Toutefois, celle-ci ne sera pas l'œuvre du 2e corps. Non pas, certes, que je veuille priver ce dernier du fruit de ses efforts ! Mais, compte tenu de son degré de fatigue et de la composition nouvelle de l'armée, c'est logiquement à notre troisième corps d'armée, le 21e CAUS, que doit revenir cette mission.

La poussée vers neuf-brisach et la libération de Colmar (29 janvier-2 février)

Lorsque, le 25 janvier à 10 heures, j'avais vu arriver à Rothau le major général Frank W. Milburn, sec et musclé, le regard droit, le masque énergique du lutteur, je n'avais pas été long à savoir que j'aurais en lui le subordonné le plus attentif et le plus loyal. La fermeté de son caractère, sa claire

1. Automoteurs armés de canons de 88 mm.
2. 136e régiment de montagne.
3. Chasseurs de chars lourds.

vision des réalités et son autorité de chef m'étaient apparues immédiatement et j'avais senti que je pouvais lui faire entière confiance pour mener à bien la rude tâche qui allait incomber à son 21e corps d'armée américain.

C'est le lendemain – après qu'il eut installé son PC à Sainte-Marie-aux-Mines et activé la mise en place de son réseau de commandement – que je lui donnai mes premiers ordres au cours d'une conférence tenue à Ribeauvillé, chez O'Daniel.

Chaque soir, en effet, à 21 heures, je réunissais au PC de la 3e DIUS les commandants des grandes unités pour faire le point de la situation et leur communiquer directement mes instructions. Cette habitude, prise dès le début de notre offensive nord, sera maintenue avec l'entrée en ligne du 21e CAUS. Le général Milburn et ses divisionnaires ne manqueront pas un seul de ces rassemblements quotidiens avec leurs « homologues » du corps Monsabert.

Mais, ce 26 janvier, ce *briefing* journalier est d'une particulière importance. Je dois y exposer et y commenter mon ordre général d'opérations n° 247 qui va donner à la bataille sa nouvelle forme.

Mon intention essentielle demeure inchangée : « Poursuivre avec le maximum de vigueur et de rapidité les actions actuellement en cours convergeant sur le Rhin de Brisach. » Mais elle se complète par deux autres : d'une part nettoyer sans délai la plaine d'Alsace entre Erstein et Marckolsheim en vue de border le Rhin et de réaliser une économie de moyens ; d'autre part – car il ne faut pas oublier dans quelle situation nous nous trouvons toujours à cette date auprès de Strasbourg – se créer des disponibilités permettant le renforcement progressif de la défense de Strasbourg « qui doit être tenu sans esprit de recul et quoi qu'il arrive ».

Ces deux missions complémentaires sont confiées au 2e corps d'armée : avec la 3e DIA et la 12e DBUS, il continuera à protéger Strasbourg. Avec la DFL et la 2e DB, il résorbera la poche créée entre l'Ill et le Rhin au sud d'Erstein, et surtout poursuivra l'effort offensif de sa droite sur l'axe Guémar-Marckolsheim-Rhin de Sasbach « avec le constant souci de couvrir la progression vers le sud du 21e corps ».

Pour sa part, le 21e corps US, solidement soudé au 2e CA par un détachement mixte de liaison agissant initialement sur l'axe Guémar-Grussenheim-Artzenheim (détachement que commandera le lieutenant-colonel Robelin, du 1er régiment de chasseurs d'Afrique), devra d'abord affirmer sa mainmise sur les passages du canal de Colmar. Puis il foncera, tous moyens réunis, sur le Rhin de Brisach, et de là descendra, entre le Rhin et l'Ill, en se couvrant face aux Vosges pour donner la main au 1er corps d'armée vers Ensisheim. « Lorsque la jonction avec le 1er CA sera effectuée, il s'emparera de Colmar en cherchant à réduire la ville par des actions venant plus particulièrement de l'est et du nord... En cas de circonstances favorables, l'action sur Colmar pourra être engagée avant la jonction des 21e et 1er CA, mais en aucun cas elle ne devra affaiblir l'action principale en direction de Brisach. »

La 10e DI[1] et le 1er corps conservent leurs missions antérieures. Toutefois la 10e DI que doivent venir rejoindre le 126e RI et le 2e RSAR, étendra sa zone jusqu'à Orbey et il est précisé que le 1er corps « procédera par poussées successives en concentrant tous ses moyens disponibles sur l'axe d'effort du moment ».

L'ordre général d'opérations n° 247 prévoit, en outre, quelques modifications dans la répartition des réserves générales. C'est ainsi que le corps d'armée Milburn, organiquement composé des 3e, 28e et 75e DIUS, ainsi que de la 5e DB, à laquelle sont rattachés le 1er régiment de parachutistes et le 1er groupement de choc, se voit affecter un renforcement de six groupes lourds d'artillerie.

Enfin, il est demandé aux forces aériennes de bombarder en première urgence les ponts et les installations défensives de Brisach, en deuxième urgence ceux de Chalampé, ainsi que les communications ennemies et ses rassemblements en pays de Bade, entre Fribourg et Offenbourg.

Toutes ces dispositions sont minutieusement analysées à la réunion de Ribeauvillé où le chef de la mission de liaison du 6e groupe auprès de la 1re armée, le général Schwien, traduit un à un les paragraphes fondamentaux de mon ordre. Elles sont complétées par des mesures d'application, portant notamment sur l'articulation du 21e corps d'armée américain qui introduira sa 75e DIUS entre la 28e et la 3e, et sur les dates de prise de commandement : responsable des arrières de son corps d'armée à partir du 27 janvier à 21 heures, le général Milburn le sera de l'ensemble de son secteur vingt-quatre heures plus tard, le 28 janvier à 21 heures[2].

---

1. La 10e division d'infanterie (10e DI) commandée par le général Billotte tient le secteur des Vosges centrales.

2. Pour des commodités d'installation, j'ai porté dans l'après-midi de ce même jour le PC tactique de l'armée à Barembach, à 4 kilomètres au nord de Rothau.

C'est de cette minute même que le commandant du 21e CAUS date son premier ordre d'opération, fidèle mise en œuvre des directives qu'il a reçues.

> [...] La 3e DIUS franchit le canal de Colmar dans sa zone le 29 janvier à partir de 21 heures, s'empare et tient son objectif carrefour canal de Colmar-111-Wihr-en-Plaine-Fortschwihr-Muntzenheim. [...]
> La 28e DIUS... maintient une forte pression tout le long de son front, et fixe l'ennemi par de petites attaques locales et des raids puissants ; poursuit vigoureusement tout repli ennemi.
> La 5e DB tient ses CC prêts à faire mouvement sur préavis de deux heures...
> La 75e DI rassemble ses éléments dans la zone de Saint-Dié, tient prêt un RCT rassemblé dans la région de Holtzwihr le 30 janvier 12 heures... ; rassemble pour le 31 janvier 7 heures le reste de la division dans la zone avant région de Riedwihr.

Cet ordre – qui maintient rigoureusement la ligne constante de la manœuvre stratégique d'armée – se termine par des instructions détaillées concernant le déploiement de l'artillerie.

Or si le corps d'armée américain a été placé, de la façon la plus complète, sous mon autorité en matière opérationnelle, il reste « supporté » pour son ravitaillement par les services de la 7e armée US. Il en résulte qu'il est doté d'une richesse de moyens, notamment en munitions, à laquelle la 1re armée française n'est pas habituée.

Alors que, d'une façon endémique, nous souffrons d'une crise de munitions d'artillerie et que notre 4e bureau doit faire des acrobaties pour alimenter au jour le jour nos batteries[1], la seule AD de la 3e DIUS déclenche, le 29 janvier à 18 heures, un tir de 16 438 coups auxquels s'ajoutent ceux des groupes de renforcement et de diverses unités telles que le 441e bataillon de DCA qui, à lui seul, expédie sur des objectifs à

1. D'après les allocations que nous avions reçues, nous disposions pour l'ensemble de la bataille de cinq unités de feu, avec avertissement que « ces allocations ne pourraient pas être augmentées ». Une partie en était d'ailleurs bloquée et ne pouvait être utilisée d'après accord du 6e GAUS. La consommation journalière dut, en conséquence, être maintenue aux alentours de 0,6 UF. Cette pénurie ne fut pas la moindre cause du rythme pris par les opérations du 1er CA.

terre 22 300 obus de 40 mm[1]. Cette préparation est appliquée durant trois heures sur toutes les positions ennemies au sud du canal de Colmar et dans les localités de Bischwihr, Fortschwihr et Muntzenheim. Dans le même temps, quatre bataillons du génie de combat et deux compagnies d'équipage de pont se concentrent au nord du canal derrière les unités d'assaut des 7e et 15e RIUS.

Aussi, lorsque à 21 heures, celles-ci se jettent dans les canots pneumatiques dont elles sont munies pour franchir la coupure, leur élan est irrésistible. À minuit, les deux régiments l'ont passée en entier et le génie commence déjà à lancer des ponts lourds.

Placé à droite de la division O'Daniel, le 7e RI enlève Bischwihr peu avant que, sur sa gauche, le 15e enlève Muntzenheim. Dès 3 heures du matin, le 30 janvier, deux bataillons du même 15e prennent à revers Fortschwihr, tandis que le 2/7e s'infiltre dans Wihr-en-Plaine. Mais là, l'ennemi fait front et contre-attaque à trois reprises. Cependant, les fantassins américains finissent par nettoyer tout le village, avec l'appui du CC 4 dont un sous-groupement a poussé au sud-est jusqu'au pavillon de chasse d'Andolsheim, dans le Niederwald.

Symétriquement, le sous-groupement Bourgin du CC 5 s'en est pris à Urschenheim à partir de 9 heures. Il lui en coûte six chars pour conquérir le quartier nord et les éléments du 2e bataillon du RMLE qui l'accompagnent doivent être renforcés par le 3e commando des commandos de France pour venir à bout d'une opposition farouche. Nous sommes là sur la direction même de Neuf-Brisach et tout prouve que l'ennemi est résolu à l'interdire par tous les moyens le plus longtemps possible. Pourtant, en fin d'après-midi, Urschenheim est bien à nous, mais il est trop tard pour attaquer Durrenentzen.

La gauche de O'Daniel reste donc provisoirement en l'air et le commandant de la 3e DIUS s'en préoccupe d'autant plus que le seul échec de cette brillante journée s'est produit plus au nord, en avant de Jebsheim.

Toujours soucieux de se couvrir solidement, O'Daniel a, en effet, ordonné au CC 6 et au 254e RIUS, maîtres depuis la veille de Jebsheim, de poursuivre leur avance vers l'est, jusqu'au canal du Rhône au Rhin. La

---

1. À simple titre de comparaison, pendant cette même journée du 29 janvier, l'artillerie divisionnaire de la 9e DIC tira, dans les vingt-quatre heures, 1 491 coups de 105 sur les 1 500 qui lui étaient alloués par le 1er corps.

conquête de sa jonction avec le canal de Colmar incombe au 254e RIUS, tandis que le CC 6, soutenu par le 1er bataillon de choc du capitaine Lefort, s'emparera de la portion située derrière le bois de la Hardt[1].

Mais les lisières de ce dernier camouflent une défense singulièrement dense qu'appuie une artillerie beaucoup plus fournie que la nôtre dans ce secteur. Bien qu'arrivés à Jebsheim trente minutes avant l'heure H, et malgré une nuit glaciale passée dans les camions qui les avaient amenés de la région de Sand où ils étaient en réserve, les « chocs » appuyés par les chars du colonel de Lavilléon s'élancent sur leur objectif à 8 h 45, avec leur ardeur habituelle. Les 600 premiers mètres sont parcourus rapidement ; mais à 200 mètres du bois de la Hardt, un barrage implacable s'abat sur le bataillon. Le terrain est absolument plat et dénudé et les *Sherman* d'accompagnement, tirés à la cible par des *Jagdpanther* embossés aux lisières, ne peuvent rien. Après plusieurs tentatives pour manœuvrer par les ailes, le colonel de Lavilléon doit se résoudre, vers 15 heures, à ramener sur la base de départ le CC 6 qui a perdu 6 chars sur les 19 qui lui restaient, et le bataillon de choc qui rage de cette mauvaise fortune où il a laissé 32 tués dont 6 officiers et 100 blessés. À ses côtés, le 254e RIUS n'a pas été plus heureux.

À notre conférence vespérale de Ribeauvillé, le bilan de la journée est clair : remarquable réussite du franchissement du canal de Colmar ; épine dans le flanc gauche du 21e corps d'armée. Il en découle logiquement deux séries d'ordres : intensification de la poussée vers Brisach par l'introduction de la 75e DIUS dans le front d'attaque ; effort de liquidation des résistances allemandes subsistant plus au nord.

Cet effort est en rapport direct avec la réduction de la « poche résiduelle » pour reprendre l'expression inélégante mais commode inventée pour désigner les positions allemandes comprises entre la limite nord primitive de la poche de Colmar et le tracé nouveau des lignes résultant de l'offensive du 2e corps d'armée.

Le contour en était tenu, rappelons-le, par les forces du secteur « Rhin-Sélestat », commandé par le général Leclerc. Celui-ci avait disposé, de Krafft à Sélestat, et dans l'ordre, le 7e RTA, le 4e RTT et la brigade Raynal

---

1. On ne confondra évidemment pas ce bois de la Hardt, à l'est de Jebsheim, avec la forêt domaniale de la Harth, le grand massif qui sépare Mulhouse du Rhin.

soutenue par le 6e tabor du 2e GTM. Derrière cette ligne d'infanterie, au nord et au sud de Molsheim, PC de la 2e DB, étaient articulés les *Combat Command* de Langlade et Dio. Avec cet ensemble de moyens, le commandant de la 2e DB devait non seulement assurer l'intégrité du front mais « être en mesure de nettoyer à la première occasion favorable » sa zone jusqu'au Rhin.

Cette occasion favorable parut au général de Monsabert se présenter dès le 24 janvier, les unités d'attaque du 2e corps d'armée ayant, ce jour-là, identifié devant elles des renforts appréciables provenant de la 198e division allemande, jusque-là engagée tout entière autour de Benfeld. Par son ordre particulier n° 118, il prescrivit donc à Leclerc de profiter de l'affaiblissement de l'ennemi et en tout cas d'empêcher celui-ci par sa pression de procéder à de nouveaux prélèvements.

Le 25 janvier, à 21 heures, le 3/4e RTT franchit l'Ill à Huttenheim et avance de 2 kilomètres vers l'est. À 7 heures, le 26 janvier, les premiers chars du CC Dio traversent le pont que la progression des tirailleurs a permis de lancer et s'efforcent de rejoindre ceux-ci. Mais le matelas de neige leur rend impossible tout déploiement. Une compagnie du régiment du Tchad[1] s'engage alors avec les Tunisiens. C'est en vain : la réaction allemande, de plus en plus forte, n'est pas de celles que l'infanterie puisse à elle seule dominer.

Le général Leclerc donne en conséquence, à 15 heures, l'ordre de décrocher, avec l'espoir de recommencer l'opération, le soir ou le lendemain, un peu plus au nord, à Sand. Il escompte qu'il pourra y engager le bataillon de choc que le général de Monsabert envisage un moment de mettre à sa disposition. Mais, du fait de l'affectation de cette unité au CC 6, le commandant de la 2e DB renonce à relancer l'attaque.

Le front est donc resté inchangé le lendemain et les 27 et 28 janvier.

Pourtant, la modification des missions imparties au 2e corps ce même 28 janvier, par suite de l'entrée en ligne du 21e, laisse pour seule tâche au général de Monsabert de résorber la « poche résiduelle ». Conformément aux ordres précis de l'armée, il décide donc de la faire attaquer à la fois dans le sens sud-nord par la DFL et par le CC 5, et, en partant du nord et de l'ouest, par la 2e DB et son infanterie rattachée.

1. Régiment porté de la 2e DB.

La première de ces deux actions est prévue pour le 29 janvier, en direction d'Elsenheim et d'Ohnenheim qui devront être attaqués en partant de Grussenheim. Bien que ce soit là le secteur de Garbay, Leclerc déclare que « cette attaque entre les bois d'Ohnenheim qui sont encore pleins d'ennemis et Marckolsheim qui constitue un centre de résistance, ne sera exécutée par le CC 5 que si ce CC est soutenu par deux bataillons d'infanterie fraîche »[1]. Demande que Monsabert est bien en peine de satisfaire !

Nous en sommes là, le 30 au soir, quand Milburn s'inquiète de sa couverture nord. Mais, heureusement, des indices sérieux d'un décrochage volontaire des Allemands commencent à se multiplier. C'est ainsi que, dans l'après-midi, le 22e BMNA a réussi sans trop de peine à s'emparer du bois d'Ohnenheim, ce que voyant le sous-groupement Sarrazac, du CC 5, s'est avancé jusqu'au ruisseau de la Blind.

Dès que je suis averti de ces indices, je presse Monsabert d'accélérer un mouvement si précieux pour la sécurité du 21e corps sur sa direction d'attaque.

Au reçu de mon ordre, le commandant du 2e corps charge le général Leclerc de « coordonner l'action des éléments sous ses ordres et de la 1re DFL en vue :

« – d'une part, d'assurer la couverture du flanc gauche du 21e CAUS en s'emparant le plus tôt possible de la ligne : corne sud-est de l'Illwald-Ohnenheim-Marckolsheim-canal du Rhône au Rhin au sud de Marckolsheim (cette mission prime toutes les autres) ;

« – d'autre part, de nettoyer, en saisissant la première occasion favorable, la poche résiduelle entre Krafft et Marckolsheim. »

Mais cette fois, il s'agit de bien plus que d'une occasion à saisir : il s'agit du contact à rétablir. Car l'ennemi a mis à profit les délais que nous lui avons laissés pour décrocher librement. Le 31 janvier, l'infanterie du CC Dio, le 7e RTA et le 4e RTT trouvent le vide devant eux entre Sélestat et Krafft. Sans résistance, ils pénètrent avant la nuit dans Friesenheim, Boofzheim et Gerstheim, tandis que, plus au sud, Elsenheim, Ohnenheim et Heidolsheim sont atteints par les éléments de la DFL.

Il ne restera plus, le 1er février, qu'à assurer les jonctions et à s'emparer de Marckolsheim et d'Artzenheim, après de brefs engagements avec des

1. Rapport d'opérations de la 2e DB.

éléments retardateurs qui laisseront entre nos mains 350 prisonniers. « La poche résiduelle » n'existe plus.

L'attaque du 21e corps peut donc se poursuivre sans risque d'un mauvais coup dans le dos. Et c'est tant mieux car des obstacles sérieux s'accumulent en hâte devant lui : nous en sommes avertis par des documents trouvés à Marckolsheim par la DFL sur le cadavre d'un officier de l'état-major de la 198e division allemande.

À la vérité, le 21e corps n'a pas ralenti son action pendant tout le temps où se consolidaient facilement derrière lui les gains acquis par le 2e corps, en récompense de la très dure période de huit jours où il avait porté le poids de la bataille de rupture.

Le 31 janvier, toute la 3e DIUS est repartie de l'avant. À droite, le 30e RIUS, le 2/7 RIUS et le gros du CC 4 n'ont pu mordre dans Horbourg, très solidement tenu et défendu par un large fossé antichar. Par contre, au centre, le 1/7 appuyé par un sous-groupement du CC 4 s'est avancé jusqu'aux lisières d'Andolsheim et de Widensolen.

Mais c'est à gauche que se sont déroulés les combats les plus durs. Partant de Muntzenheim, le groupe de commandos de France du commandant d'Astier de la Vigerie s'est élancé, dès 6 heures, à l'assaut de Durrenentzen et y a pris pied sous une grêle de projectiles. Le CC 5 l'a rejoint pour entamer un combat de rues particulièrement âpre. En une heure, quatre *Sherman* sont détruits et les commandos trinquent durement. Le capitaine Villaume est tué, d'Astier lui-même blessé. Il faut se contenter de consolider les positions conquises en attendant du renfort.

À 14 heures, l'adversaire contre-attaque avec tout un régiment de la 2e *Gebirge Division* qui déborde le village par le nord. Submergés, nos éléments se battent de maison en maison et l'arrivée d'une compagnie du 15e RIUS ne peut suffire à contenir cette ruée. À la nuit le décrochage doit s'opérer, malgré l'opiniâtreté de notre lutte qui a coûté aux commandos de France 45 tués, dont 5 officiers, et 110 blessés.

Il n'est pas dit que nous en resterons là. En pleine nuit le colonel Mozat, commandant le CC 5, relance le groupement Bourgin auquel il donne le bataillon de choc, pourtant si éprouvé la veille devant le bois de la Hardt. La bagarre fait rage dans l'obscurité. Mais, à 7 heures le 1er février, lorsque le jour se lève, Durrenentzen est redevenu français.

Ce matin-là ne se lève pas comme les autres. Au lieu du froid vif qui n'a pas connu, durant tout le mois de janvier, un instant de répit, un vent chaud réveille la plaine et commence brusquement à la dégager de sa gangue de neige et de verglas. Un dégel extrêmement brutal s'annonce qui, déjà, enfle tous les cours d'eau et couvre de boue les chemins.

C'est là un genre nouveau de difficultés mais qui n'arrête personne. La 75e division d'infanterie américaine du général Porter inaugure son entrée en ligne par la dure conquête de Horbourg et le nettoyage d'Andolsheim réalisés par le 289e RIUS. Resserrée à l'est de la ligne Widensolen-Neuf-Brisach, la 3e DI réalise des progrès importants. Elle y est puissamment aidée par le CC 5 qui a récupéré le groupement Robelin, libéré de sa mission de liaison avec le 2e corps d'armée. Avant l'aube, celui-ci s'empare de Widensolen, avec l'appui du régiment de parachutistes qui pousse son avantage en prenant le Schaefferwald, à 3 kilomètres au nord-nord-ouest de Neuf-Brisach.

Cette avancée en pointe entraîne la progression des unités voisines. À la droite des parachutistes, le 291e RIUS, de la 75e DI, s'infiltre profondément dans la forêt domaniale de Colmar. À leur gauche, le 15e RIUS balaye les bois de Durrenentzen et de Biesheim et vient border le canal du Rhône au Rhin, en face de Kunheim et au nord-ouest de Biesheim.

Une fois de plus, nous nous retrouvons à Ribeauvillé pour tirer les conséquences de ces heureuses nouvelles.

Elles sont d'autant plus intéressantes que je peux les rapprocher de l'ordre allemand trouvé quelques heures plus tôt à Marckolsheim par la DFL qui me l'a transmis avec diligence. Cet ordre, daté du 31 janvier, indiquait l'intention du commandement ennemi d'organiser à tout prix un barrage devant Brisach avec les éléments encore existants de la 2e *Gebirge Division*, de la 198e et de la 189e division d'infanterie, sur des positions que nous avons déjà mordues. La désorganisation de l'adversaire va donc croissant, sans que, pour autant, cède sa volonté de résistance. Il faut en conséquence « bourrer » plus que jamais vers Neuf-Brisach avant qu'une défense solide ait pu y être organisée, saisir les ponts du Rhin – et même, si les circonstances s'y prêtent, ne pas hésiter à créer une tête de pont à l'est du fleuve.

Telle est la première mission que je donne à Milburn et dont l'exécution reposera sur la division O'Daniel et dans une moindre mesure, sur la division Porter. Toutefois, l'une et l'autre ne peuvent plus attendre un concours normal des CC 5 et 6, cassés par leurs combats acharnés des jours précédents. Le CC 6, en particulier, réduit à 13 chars et ne comptant plus en moyenne que 30 hommes par compagnie de Légion est hors de course. Par contre, les CC Dio et Langlade, qui n'ont pratiquement pas été engagés depuis le 19 janvier, date de leur départ de la 7e armée US, demeurent intacts[1]. J'annonce donc au général commandant le 21e corps mon intention de mettre à sa disposition toute la 2e DB dans les moindres délais.

Mais, d'ores et déjà, la ligne atteinte, d'Andolsheim au nord-ouest de Biesheim, représente un large débordement par l'est de Colmar dont, par ailleurs, la 28e DIUS s'est rapprochée au nord au point de venir border avec le 109e RI son champ de manœuvres. L'instant ne serait-il pas venu de cueillir le fruit mûr ?

Deux raisons particulières m'y poussent : d'une part, l'intérêt que présenterait pour les communications du 21e corps la possession de ce nœud routier ; d'autre part, l'annonce que les Allemands prépareraient dans ce joyau de l'Alsace des destructions systématiques.

Milburn qui, appliquant mes ordres avec une impeccable discipline intellectuelle, s'est abstenu jusqu'à ce jour d'avancer imprudemment l'heure de la délivrance de Colmar, se déclare prêt à y pénétrer par le nord, c'est-à-dire là où n'existe pas l'obstacle de l'Ill, en faisant progresser la 28e DIUS. Simultanément, il en verrouillera l'ouest en déclenchant « une forte démonstration » à partir d'Andolsheim vers Sundhoffen et les passages sur l'Ill.

Pour que l'affaire soit conduite avec le maximum de rapidité – et aussi, je puis bien le dire, pour que la libération de Colmar, œuvre collective de toute la 1re armée, avec ses trois corps d'armée, soit réalisée avec des forces américaines et françaises conjointes – je décide que le CC 4 sera retiré à la 3e DIUS et affecté à la 28e afin de prendre part avec celle-ci à l'entrée dans la ville. Ordre est donc aussitôt donné au colonel Schlesser de remonter de la zone d'Andolsheim où il se trouve pour gagner, par le pont de la Maison-Rouge, Houssen et le nord de Colmar.

1. Il convient cependant de rappeler que le sous-groupement Gribius du CC Langlade a participé vaillamment à l'affaire de Kilstett le 21 janvier.

Enfin, pour préparer l'exploitation ultérieure entre les Vosges et l'Ill, je fais connaître à Milburn que la 12e DBUS précédemment mise à mes ordres pour le secteur de Strasbourg mais dégagée, en accord avec le général Devers, de cette affectation limitative par suite du redressement définitif de la situation dans ce secteur, lui sera livrée incessamment dans la région de Colmar[1].

Ainsi tout est clair. Et le général Milburn ne perd pas une seconde pour passer à l'exécution de ces instructions.

En effet, dès 2 heures du matin, le 2 février, le 289e RI et l'artillerie de la 75e DIUS entament bruyamment la diversion prévue sur l'Ill et le CC 4 décroche. À 5 heures, son mouvement de rocade est réalisé et Schlesser se présente au général Norman D. Cota, commandant la 28e DIUS.

Celui-ci donne, à 7 heures, le signal de l'attaque au 109e RI qui, en dépit d'une résistance assez vive, traverse le champ de manœuvres et, plus à l'ouest, longe l'Ill jusqu'à l'amorce du canal de Colmar. Derrière lui, le CC 4 s'est articulé en trois groupements. Mais il se heurte à un large fossé antichar qu'il ne peut franchir comme l'ont fait les fantassins. Avec une délicatesse où revivent les traditions de la chevalerie, le colonel James E. Rudder arrête son 109e régiment d'infanterie pour laisser aux blindés de Schlesser l'honneur de pénétrer les premiers dans Colmar.

Il est 11 h 15 lorsque enfin le groupement de Préval réussit à passer l'obstacle. À 11 h 30, son char de tête arrive sur la place Rapp, et réduit au silence un nid de résistance nazi. À 11 h 45, ayant traversé toute la ville jusqu'à sa lisière sud-ouest, Préval atteint la cité des Vosges.

Les groupements de Chambost et du Breuil, pénétrant par le même passage, se répandent le premier dans les quartiers nord et nord-est, le second dans les faubourgs de l'est. Dans l'après-midi, du Breuil pousse jusqu'à Eguisheim, Wettolsheim et Wintzenheim, couvrant la ville face aux Vosges et bloquant la vallée de la Fecht.

Ici et là à l'hôpital Pasteur, vers le faubourg Saint-Joseph et ailleurs, quelques groupes d'obstinés se défendent. Mais les chars français et les fantassins américains leur en ôtent rapidement le goût. Lorsque à partir

1. Toutes ces dispositions sont confirmées, trait pour trait, dans le télégramme 173/OP-3 que j'expédie au général commandant le 21e CA le 1er février à 23 h 45.

de 16 heures, le groupement de choc Gambiez commence à relever le 109e RIUS, selon la demande que j'en ai faite au général Milburn, le nettoyage est pratiquement terminé.

Colmar vit et fait vivre à ses libérateurs des heures inoubliables. Sa joie s'enfle et se répand en une bourrasque où passent les premiers souffles du printemps. Dans toutes les rues, à tous les carrefours, nos soldats sont entourés, embrassés, acclamés. Et des groupes déjà lisent sur les murs le message qu'à la hâte j'ai rédigé pour tenter d'exprimer la tendresse de la France, la fierté de l'armée et mon propre bonheur – l'un des plus purs que j'aie jamais connus :

> Habitants de Colmar !
> Après quatre ans et demi d'oppression et de souffrances, quatre ans et demi d'une séparation si cruelle à nos cœurs, votre cité retrouve la mère patrie et le drapeau tricolore.
> Fraternellement unis, les Français de la 5e division blindée et les fantassins des divisions américaines ont pénétré aujourd'hui 2 février dans la ville de Colmar, à laquelle notre manœuvre a voulu épargner les destructions de la bataille. [...]

Mais l'enthousiasme ne nous fait pas oublier que l'ennemi reste proche et qu'en particulier il tient encore les Vosges. En accord avec le général Milburn, je confie donc au général de Vernejoul, commandant la 5e DB, la responsabilité de la sécurité de la défense de la place de Colmar et sa protection extérieure. Il disposera du CC 4 et des autres éléments de la 5e DB, au fur et à mesure de leur relève[1], du groupement Gambiez et des parachutistes de Faure, en attendant l'arrivée du 152e RI, le vieux 15-2, « régiment traditionnel de Colmar », que je prescris à Béthouart de mettre en route d'urgence vers sa garnison de 1939...

Ce grand événement, s'il domine toute la journée du 2 février de son importance historique, ne fait perdre de vue à personne ce qui n'a cessé de demeurer la mission principale de l'armée : la poussée vers le Rhin de Brisach.

---

1. L'ordre précise que les éléments de la 5e DB continueront à participer sans interruption aux opérations d'exploitation jusqu'à relève.

Première Armée Française

HABITANTS DE COLMAR

Après quatre ans et demi d'oppression et de souffrances, quatre ans et demi d'une séparation si cruelle à nos cœurs, votre Cité retrouve la Mère Patrie et le Drapeau Tricolore.

Fraternellement unis, les Français de la 5e Division Blindée et les fantassins des Divisions Américaines ont pénétré aujourd'hui 2 février dans la ville de Colmar, à laquelle notre manœuvre a voulu épargner les destructions de la bataille.

Désemparé, l'Allemand bat en retraite.

Désormais, toute menace écartée, sous la protection de nos troupes, vous êtes rendus à la liberté et à la vie françaises.

Au nom du Général de GAULLE, Chef du Gouvernement, Chef Suprême des Armées et Libérateur de la France, je salue la population de COLMAR, les vivants, présents ou absents, et les morts.

P.C., le 2 Février 1945.

Le Général d'Armée DE LATTRE DE TASSIGNY

Commandant en chef la Première Armée française

J. DE LATTRE

À la 75ᵉ DIUS, les progrès ont été assez peu sensibles. La forêt domaniale de Colmar est bien à nous jusqu'à la route de Wolfgantzen à Appenwihr, mais une sérieuse contre-attaque partie de ce dernier village nous a empêchés de l'enlever.

Plus heureuse, la 3ᵉ DIUS – dont le front va d'ailleurs maintenant en se rétrécissant entre le Rhin et le canal de Widensolen – a pu faire franchir à son 7ᵉ RI le canal du Rhône au Rhin entre Baltzenheim et Kunheim. Dans la matinée, ces deux localités tombaient entre nos mains après de rapides combats et le 7ᵉ virait de bord pour se rabattre, plein sud, vers Biesheim. Mais il devait finalement s'arrêter devant cet ultime village couvrant Brisach et ses ponts, transformé en un centre de résistance extrêmement puissant dont les feux avaient déjà pris de flanc et arrêté dans la journée le 30ᵉ RI descendant du Schœfferwald.

Devant eux, les fantassins de ce régiment aperçoivent à 2 kilomètres les remparts de Neuf-Brisach et, à peine plus loin sur leur gauche, l'épais rideau de fumée artificielle entretenu en permanence par la *Wehrmacht* autour des ponts que notre artillerie et notre aviation harcèlent sans trêve...

Le grignotage au sud (26 janvier-2 février)

Ai-je besoin de dire que, vivant heure par heure l'offensive nord dont le déroulement vient d'être rapporté, je ne cessai cependant point de suivre avec une égale attention l'évolution continue de l'offensive sud ? Car ce n'était pas deux batailles intellectuellement distinctes que j'avais à conduire, mais une seule à double face : cette unité de la manœuvre dans la dualité de l'action est la caractéristique même de la bataille de Colmar.

Il m'aurait fallu le don d'ubiquité pour supprimer la distance entre les deux fronts... Obligé à un choix, j'avais évidemment opté en faveur de celui dont j'attendais le résultat principal. Mais j'avais tenu à m'assurer avec Béthouart une liaison permanente et intime en déléguant auprès de lui, comme *missus dominicus* particulièrement informé de ma pensée, mon sous-chef d'état-major, le général de Linarès.

Au soir du 25 janvier – jour où nous avons précédemment arrêté le récit des attaques du 1ᵉʳ corps – c'est donc Linarès qui, me communiquant les ordres donnés par le général Béthouart pour le lendemain, m'exprime leur commune impression :

> Nous nous demandons, me télégraphie-t-il, dans le cas où les dispositions prévues ne nous donneraient pas un gain substantiel, s'il ne serait pas plus sage de reposer l'infanterie trois ou quatre jours, d'économiser les munitions et de reprendre l'affaire en force en synchronisation avec l'offensive au nord qui va bénéficier des moyens nouveaux mis à votre disposition.

Mais justement cette offensive du nord ne peut escompter obtenir des résultats décisifs que si le maintien de notre pression au sud interdit au commandement allemand de prélever dans ce secteur la moindre réserve. Tout est solidaire. C'est pourquoi mon ordre général n° 247 du 26 janvier qui a été analysé à l'occasion de l'engagement du 21e CAUS ne peut qu'ordonner au 1er CA de poursuivre « avec le maximum de vigueur et de rapidité son action offensive en direction d'Ensisheim ».
En même temps que je lui en fais parvenir le texte, j'adresse à Béthouart un message personnel pour le lui commenter :

> [...] Malgré les difficultés et les pertes subies ainsi que la fatigue, te demande de ne ralentir en rien ta vigoureuse action... 2e corps aux prises lui aussi avec sérieuses difficultés pousse avec maximum de vigueur sur ses objectifs armée pour liaison avec sud. Rapidité de réalisation de notre plan est le facteur essentiel dont dépend actuellement le salut de Strasbourg. [...]

Le 1er corps continuera donc à attaquer avec la même opiniâtreté.

Toutefois, une suite de tempêtes de neige empêche, le 26 janvier, la 2e DIM de reprendre, comme il était prévu, son assaut contre Wittelsheim. Elle s'y prépare pourtant en s'installant solidement sur le terrain conquis la veille et en repoussant une contre-attaque sur la cité Grassaergerste. Et il en va à peu près de même à la 9e DIC qui achève de nettoyer la cité Anna.

Mais, le 27 janvier, le 6ᵉ RIC s'engage à fond. En vertu des instructions données par l'armée, les coloniaux agissent « par poussées successives en concentrant tous les moyens sur l'axe d'effort du moment ». L'axe d'effort du jour, c'est la cité Kuhlmann.

Le morceau est impressionnant : une petite ville précédée d'énormes bâtiments entourés de hautes clôtures, et d'abord d'une grande bâtisse à six étages et à cent fenêtres de façade, la filature.

Dans la neige, à 7 h 35, la 1ʳᵉ compagnie avance, partant de la cité Anna. À mi-chemin, elle est accueillie par les tirs ajustés de nombreuses mitrailleuses. Trois chars du CC 1 parviennent cependant jusqu'à l'enceinte ; l'un brûle, les autres font une brèche par où passent quelques hommes. Mais, de toutes les fenêtres, jaillissent des coups de feu. Les coloniaux sont stoppés dans la neige qui s'ensanglante...

Heureusement, les deux autres compagnies du 1ᵉʳ bataillon font pression à droite et à gauche et permettent à la 1ʳᵉ de repartir dans un élan magnifique qui la jette dans la filature. Le corps à corps est dramatique et se prolonge longuement. Toutefois, à 16 heures, nous sommes complètement maîtres de toutes les installations.

Entre-temps, le 2ᵉ bataillon a pris pied dans la cité elle-même qu'avec les chars il conquiert bloc par bloc. Cela durera deux jours.

À l'autre bout du front du 1ᵉʳ corps, dans le secteur de la 4ᵉ DMM, un autre succès, plus rondement acquis mais également appréciable, met enfin un terme à une longue stagnation : attaquant par surprise dans la nuit du 26 au 27, le colonel Baillif, par un gros coup de main de son 6ᵉ RTM, s'est emparé du quartier de Cernay situé au sud de la Thur et appelé faubourg de Belfort.

Cette heureuse opération reste, le 27, sans conséquence sur le front de la 2ᵉ DIM, toujours contenue par les feux ennemis couvrant Wittelsheim. Mais le général Carpentier décide de suivre l'exemple de ses voisins et de mettre à profit la nuit. À 3 h 30, le 28 janvier, il lance le gros du CC 2 qu'appuiera ultérieurement le 8ᵉ RTM contre la cité Langenzug, et le 4ᵉ RTM soutenu par le reste des chars du même CC contre la cité Amélie-I.

Amorcés dans l'obscurité, les combats se poursuivent, indécis et sévères, durant toute la journée. C'est à Amélie-I, où ils ont été d'abord le moins satisfaisants, qu'ils tournent le plus tôt en notre faveur. Vers midi, le 4ᵉ RTM en a chassé l'adversaire. Mais à Langenzug, les Marocains ont affaire à des forcenés. La fusillade durera toute la nuit du 28 au 29.

Par contre, la 4e DMM recueille aisément les suites de la prise du faubourg de Cernay qui a mis en mauvaise posture les défenseurs de Vieux-Thann, en les menaçant d'être coupés de leurs arrières. Ses patrouilles trouvent donc Vieux-Thann évacué, mais incroyablement garni de pièges. Le contact se rétablit, étroit, au-delà du hameau d'Enchenberg.

Ces résultats ne sont pas négligeables, mais ils demeurent insuffisants à mon gré. En contact quasi permanent avec Linarès, je le presse sans arrêt. Et, en fin de journée le 28, je télégraphie au général Béthouart : « … Te redis mes compliments pour tous. Continue sans désemparer, il faut absolument Ensisheim avant le 1er février, l'infanterie soufflera après. C'est Strasbourg l'enjeu de cet effort qui sera décisif ; d'ailleurs je sais que chacun l'a compris… »

Béthouart répercute ma pensée avec insistance dans une « directive d'orientation » pour ses généraux. Mais sa pauvreté en munitions d'artillerie le force à prendre lui-même en main leur répartition entre ses grandes unités, en fonction de l'effort demandé à chacune. Pour le 29 janvier, il alloue 4 000 coups de 105 à la 2e DIM contre 1 500 à la 9e DIC et à la 4e DMM. Cela traduit ses intentions : donner priorité à l'action sur Wittelsheim.

Mais il reste encore des nids de résistance à Langenzug et le 8e RTM a besoin de toute la matinée pour les liquider. À peine y est-il parvenu que, à 13 h 45, une très forte contre-attaque cherche à lui enlever ce qu'il a si péniblement acquis. Elle est brisée. Toutefois, il est maintenant trop tard pour s'en prendre à Wittelsheim. Et le seul gain de la journée est celui qu'a obtenu, plus à droite, le 4e RTM en progressant d'un kilomètre sous bois de la cité Amélie-I vers la cité de la Gare, au nord-est de Wittelsheim.

Cette pointe amorce un débordement que Carpentier veut exploiter le 30, en attaquant simultanément par le sud et par l'est. Mais, dans les deux directions, le barrage ennemi s'avère infranchissable et tout se solde par 200 ou 300 mètres gagnés vers la cité de la Gare, moyennant la perte de 3 chars. Grignotage insignifiant et bien coûteux[1].

---

1. Ces journées furent surtout coûteuses en blindés. Le 30 janvier, le CC 2 ne compte plus que 16 Sherman en service sur 53.

Pour la 4ᵉ DMM également, ces deux journées du 29 et du 30 janvier ont été décevantes.

Celle du 29 a été consacrée à mettre en place le 1ᵉʳ RTA et le 6ᵉ RTM pour « sauter sur Cernay » par une manœuvre en tenailles : les Algériens agiront d'ouest en est en partant de Vieux-Thann, les Marocains du sud vers le nord en débouchant du faubourg de Belfort, l'ensemble de l'opération, appuyée par le CC 3, étant couverte au nord-ouest par le 5ᵉ BCP de la 4ᵉ demi-brigade de chasseurs poussant par les pentes en direction de Steinbach.

L'affaire démarre le 30 à 7 heures. Le 6ᵉ RTM réussit à faire passer au nord de la Thur quelques éléments qui pénètrent dans les bâtiments d'une grosse blanchisserie. Mais l'Allemand reste extraordinairement tenace. Par tous ses moyens, il interdit le passage des échelons suivants et isole la blanchisserie que trois assauts consécutifs ne parviennent pas à dégager. Sauf cette pointe sacrifiée, nous ne décollons pas de la base de départ sur laquelle sont tués le lieutenant-colonel Basset, commandant le 152ᵉ régiment du génie, et son adjoint, le chef de bataillon Feuvrier, venus faire une reconnaissance afin de rétablir le pont sur la Thur.

De même, le 1ᵉʳ RTA est refoulé à l'ouest de Cernay, à la cité Baudry. Et les chasseurs sont constamment contre-attaqués et menacés d'infiltration.

En inspectant cette partie de son front, le général de Hesdin qui s'est aventuré jusqu'au pied d'un mamelon tenu avec une âpreté particulière, la cote 425, est sérieusement blessé par balle à la main et à la hanche. Évacué aussitôt, il passe le commandement de sa division au général Bondis, commandant l'infanterie divisionnaire.

Tout serait donc noir au cours de cette période de quarante-huit heures si, une fois de plus, les petits gars de la 9ᵉ DIC n'avaient fait preuve de leur mordant magnifique en enlevant Wittenheim.

Salan a monté l'attaque avec le 3/6ᵉ RIC, un peloton de chars du CC 1 et deux pelotons de TD du RCCC. Quelques Alsaciennes ont confectionné à la hâte des cagoules que revêtent les coloniaux. Avant le jour, le 30 janvier, ceux-ci se glissent presque invisibles hors de la cité Kuhlmann et se rapprochent de Wittenheim.

Découverts à une soixantaine de mètres des premières maisons, ils chargent follement et entrent dans le village bondé d'Allemands. Le combat de rues commence, plus forcené que jamais. Muni d'un lance-flammes, le marsouin Mathieu rampe vers un îlot particulièrement rebelle et l'incendie tandis que tous les tirs se concentrent vers lui. Simple exemple d'un héroïsme qui se dépense partout semblable. Mais celui des défenseurs n'est pas inégal. Malgré l'intervention du 2/6, ils s'accrochent obstinément dans le centre et le nord-est de la localité où ils tiendront jusqu'à 4 heures du matin.

> Wittenheim est détruit, la population se terre encore dans les caves. Pourtant à l'aube, un calicot blanc portant ces mots : "Soyez les bienvenus" flotte au vent[1]...

À son actif, la 9e DIC a également inscrit, au cours du 30 janvier, une poussée du CC 1 et d'une compagnie du 23e RIC le long des lisières est de la forêt de Nonnenbruch, jusqu'au Horhœnderhubel, à 1 500 mètres au nord de la cité Fernand. Mais entre ce point et le sud de Wittelsheim tenu par la 2e DIM, le gros massif boisé continue à grouiller d'Allemands.

Béthouart estime donc nécessaire de commencer par en assurer le nettoyage. La journée du 31 janvier sera une journée de demi-repos et de ramaniement du dispositif.

En effet, le général commandant le 1er corps considère à bon droit que l'impossibilité de briser la ligne Cernay-Wittenheim, mise en parallèle avec les progrès acquis à Wittenheim, appelle un déplacement de la direction d'effort du corps d'armée. Ensisheim restant son objectif, il faut viser à l'atteindre non plus par la coulée de Wittelsheim mais par le couloir entre l'Ill et le Nonnenbruch. En conséquence, il rassemble sur la droite la 1re DB en mutant le *Combat Command* Caldairou (CC 3), de la 4e DMM à la 9e DIC. En outre, celle-ci va disposer de son troisième régiment, le 21e régiment d'infanterie coloniale (21e RIC – colonel Bourgund), jusque-là immobilisé autour de la charnière de l'Île Napoléon, ce point sensible étant confié à une unité d'élite, que l'armée a pu affecter en renfort au 1er corps, la brigade de spahis à cheval, commandée par le colonel Brunot et comprenant 7e RSA et 5e RSM[2].

---

1. Historique de la 9e DIC.
2. 7e régiment de spahis algériens (colonel de Chabot) et 5e régiment de spahis

Ce balancement de la manœuvre vers la droite s'exprime dans les ordres donnés pour le 1er février. L'action principale sera menée par la 1re DB (CC 3) agissant initialement sur l'axe cité Anna-Pulversheim, suivie, et couverte à gauche, par la 9e DIC. Pulversheim pris, la 1re DB devra « saisir toute occasion » pour sauter sur Ensisheim.

Sudre à qui revient le soin de fixer l'heure H met Caldairou en mouvement, le 1er février, à 8 heures. Toutes les munitions du corps d'armée, 7 500 coups, sont à sa disposition et à celle de Morlière. Les autres divisions doivent « vivre sur leurs économies » !

Et pourtant, l'avance reste minime. Tirs de la *Pak,* champs de mines, neige ou début de dégel rendent laborieuse la prise du moindre hectomètre. Au bout de dix heures, la progression atteint à peine un kilomètre.

Nous sommes cependant le 1er février, date limite que j'ai fixée pour la prise d'Ensisheim. Alors que le 21e CA entre dans la phase de l'exploitation décisive, le 1er CA piétine désespérément. Aussitôt après avoir donné les ordres que l'on sait pour la délivrance de Colmar, j'envoie à Béthouart un message... stimulant !

> Action du 1er CA, après très beaux résultats ces derniers jours, ne semble pas avoir fait depuis prise de Wittenheim effort massif et concentré sur direction armée correspondant à situation... Je connais toutes difficultés auxquelles se heurtent les divisions sud et avec quelle vaillante endurance elles se battent depuis treize jours. Mais ai le devoir attirer encore attention général commandant 1er CA sur obligation monter action coordonnée et concentrée avec appui maximum d'artillerie et une infanterie suffisante pour produire effort vraiment irrésistible et payant sur direction manœuvre d'armée.

Évidemment, Béthouart n'est pas plus satisfait que moi. Ses ordres pour le 2 février l'indiquent bien. Il prescrit à la 1re DB de poursuivre son action en l'élargissant vers la cité Rossalmend pour tenter de débloquer la 2e DIM qui, de son côté, poussera vers cette même agglomération. Quant à la 9e DIC, elle reçoit mission de prendre la cité Sainte-Barbe, dernier obstacle sur la route directe d'Ensisheim.

---

marocains (colonel Sabaroth).

C'est le 21e RCC et le groupement Durosoy du CC 1 qui se voient chargés de cette dure opération. À 7 heures, le 1er bataillon du commandant de la Bollardière démarre derrière un brouillard créé par des fumigènes qui aveuglent les guetteurs allemands accrochés aux pentes d'un crassier. Le 2e bataillon (commandant Sicardon) le suit de près et tous deux doivent livrer une fois encore un inexorable combat de rues comme leur division n'a cessé d'en connaître depuis près de deux semaines. À proximité des maisons, des puits de mines de potasse sont l'enjeu de luttes particulièrement sévères. Deux fois, le puits Théodore est pris, puis perdu. Mais, à 18 heures, malgré plusieurs contre-attaques et des réactions d'artillerie violentes, les hommes du colonel Bourgund tiennent toute la cité Sainte-Barbe ainsi que les puits Théodore et Eugène.

À leur gauche, le CC 3 n'a guère pu dépasser le hameau de Schœnensteinbach et la 2e DIM n'est pas sortie du Nonnenbruch. Mais elle a, du moins, atteint la route Wittenheim-Wittelsheim et le débordement du terrible centre de résistance que représente cette seconde localité s'en trouve accentué.

Nulle part, l'adversaire n'a fléchi. Pourtant, à bien des signes, son épuisement commence à apparaître. Et si nos hommes sont fatigués, leurs prisonniers sont fourbus. Le dernier quart d'heure approche, celui où triomphe la volonté la plus forte. Quand arrive en lignes, au soir de ce 2 février, la nouvelle de la libération de Colmar, chacun, au 1er corps, se redresse, décidé à cueillir sa juste part de lauriers.

De fait, le lendemain sera jour de grande victoire…

La jonction des deux offensives et la liquidation définitive de la poche d'Alsace

De toute évidence, la rupture est consommée. Il s'agit d'exploiter au galop.

Il est midi, le 2 février, quand j'apprends l'entrée dans Colmar. Instantanément, je dicte pour le général Milburn la lettre suivante :

> Mon cher Général,
>
> 1° Le succès se dessine nettement devant votre corps d'armée sur le front nord de la poche d'Alsace. Cette date du 2 février, où blindés

> français et infanterie américaine, fraternellement unis, sont au cœur de Colmar, sera une grande date française.
> [...] Par contre, au sud, l'adversaire résiste opiniâtrement en face du 1er CA dont, cependant, les vigoureuses attaques d'aujourd'hui progressent favorablement vers Ensisheim ;
> 2° Il semble donc que les Allemands, décidés désormais à évacuer la poche d'Alsace et renonçant à utiliser le pont de Brisach pour leur repli, aient l'intention d'opérer ce repli par Chalampé sous la protection de la forêt de la Harth ;
> 3° L'évolution favorable et rapide de la situation dans la région de Colmar me conduit donc d'une part à étendre à l'ouest de l'Ill la zone de poussée principale de l'Armée, d'autre part à hâter l'accomplissement des mesures déjà prescrites concernant l'engagement des 2e DB et 12e DBUS. Ainsi sera lancée droit au sud, dans le délai le plus bref et avec le maximum de puissance, toute la masse du 21e CAUS dans le dos des défenseurs du front sud, sur la double direction Ensisheim et Chalampé. [...]

Le *quarto* porte à la connaissance du général Milburn les ordres que je donne dans le même temps pour la mise à sa disposition des deux DB : 12e DBUS, de toute urgence au sud de Colmar, à cheval sur l'Ill, pour relever CC 4 et CC 5 ; 2e DB au nord de Neuf-Brisach pour relever le CC 6 et exploiter entre Rhin et Ill.

Ma lettre se termine par ces deux paragraphes :

> 5° D'autre part, le 21e CAUS attaquera avec ses divisions d'infanterie sur toute la largeur du front compris entre Vosges et Rhin pour submerger la résistance de l'ennemi en liaison intime avec les blindés.
> 6° En ce qui concerne l'établissement d'une tête de pont à Neuf-Brisach, je précise qu'il s'agit simplement de se tenir prêt à saisir toute occasion favorable à cet égard, mais que l'exécution d'une telle opération ne doit nuire en rien à la conduite de l'exploitation vigoureuse vers le sud, en particulier en ce qui concerne les immobilisations d'artillerie.

Cette lettre nous permet de réduire au minimum la durée de la conférence de Ribeauvillé. Je me contente de développer les instructions qu'elle contient et de décider, à la demande du commandant du 21e corps, que la 2e DB, regroupée à l'ouest de Marckolsheim, passera tout entière sous ses ordres le 4 février à 8 heures.

Ainsi, Milburn ne perd pas de temps pour actionner ses divisionnaires :

– à l'est, la 3e DIUS s'emparera de Neuf-Brisach, bordera le Rhin et continuera, sur ordre, à progresser vers le sud, entre le fleuve et le canal du Rhône au Rhin ;

– à sa gauche, la 75e DIUS agira entre le canal du Rhône au Rhin et l'Ill dont elle bloquera les passages ;

– derrière ces deux divisions, la 2e DB relèvera le CC 6 et se tiendra prête à exploiter, sur ordre du corps d'armée, entre l'Ill et le Rhin pour s'emparer du pont de Chalampé et établir le contact avec le 1er CA ;

– à l'ouest, la 12e DBUS se portera au sud de Colmar, relèvera le CC 4 au point qu'il aura atteint, puis, aussitôt prête, poussera deux CC de front entre Ill et Vosges sur l'axe Colmar-Rouffach ;

– la 18e DIUS bloquera les débouchés des Vosges, spécialement la vallée de la Fecht et motorisera deux bataillons pour agir en soutien de la 12e DBUS.

En bref, cette poussée générale vers le sud s'articule en trois poussées parallèles : l'une au plus près du Rhin vers Chalampé par Neuf-Brisach ; la deuxième par les bords de l'Ill vers Ensisheim ; la troisième au pied des Vosges vers Rouffach.

Avant même d'avoir reçu les ordres écrits, le général O'Daniel, responsable de la première de ces actions, se met en mouvement.

À 2 h 30, le 3 février, il lance contre Biesheim le 7e RIUS. À 4 heures, deux bataillons y ont pris pied. Mais, soudain, des forces quatre fois plus nombreuses les attaquent de tous côtés et déclenchent une bagarre sanglante et confuse. Lorsque le jour se lève, les points forts de l'ennemi se précisent : le plus gros est situé au nord-est du village, au cimetière juif, que le reste du 7e RI prend à son compte. Néanmoins, la résistance ennemie est passionnée. C'est seulement à 17 heures qu'après avoir capturé 400 prisonniers, les hommes du colonel Heintges sont maîtres de Biesheim. Mais, au sud, le contact reste très serré et le cimetière juif est toujours tenu par l'ennemi.

Sur l'axe central, celui de la 75e DI, les choses n'ont pas été plus rapides. Quelques gains dans la forêt domaniale de Colmar, péniblement assurés, prouvent que, là comme plus à gauche, la 2e *Gebirge Division* et la 198e ont réussi à reconstituer un barrage cohérent.

Par contre, auprès des Vosges, la progression est des plus satisfaisantes : il n'est pas encore midi que le 112e RI de la 28e DIUS, descendant d'Ammerschwihr, entre dans Turckheim, y bloque la vallée de la Fecht et nettoie la petite poche subsistant autour d'Ingersheim. À la même heure, le CC 4 tient Obermorschwihr et est à proximité de Sainte-Croix-en-Plaine.

Or c'est à midi également qu'arrive au PC de l'armée la nouvelle des très beaux succès obtenus dans la matinée par le 1er corps auquel la fortune se décide à sourire.

L'annonce de la prise de Colmar a, le 2 au soir, fouetté tout le monde. Le 3, l'affaire part avec entrain.

Attaquant pour la première fois avec ses trois régiments accolés, la 2e DIM atteint presque en même temps, vers 11 h 30, Wittelsheim et la cité de la Gare, tout en progressant vers la cité Rossalmend et Pulversheim. Les *minen* tombent dru mais les réactions des armes d'infanterie sont moindres que les jours précédents et ralentissent peu l'élan.

À la 9e DIC, les résultats sont comparables. Le 3/23e RIC et un escadron du CC 3 arrivent jusqu'à la route de Wittelsheim à Ensisheim, centre dont, déjà, le CC 1 aux ordres du colonel Durosoy, parti de la cité Sainte-Barbe, n'est plus qu'à 2 kilomètres, aux lisières de la cité Sainte-Thérèse.

À 12 h 45, j'envoie par radio aux commandants de corps d'armée et à ceux des DB un bref exposé de la situation et l'ordre de tout mettre en œuvre pour réaliser, le jour même, la jonction nord-sud sur l'axe Sainte-Croix-Ensisheim. « Sitôt cette jonction faite, assurer solidement verrouillage débouchés Vosges et entamer vigoureusement débordement Harth et deuxième jonction sur direction Ensisheim-Neuf-Brisach. »

À 16 heures, intervient un élément nouveau, d'ailleurs escompté : le général Billotte signale un début de décrochage dans le secteur des Vosges centrales. Le renseignement est aussitôt répercuté aux corps d'armée avec ce complément : « Insiste sur l'intérêt de pousser au plus vite sur la direction Sainte-Croix-Ensisheim pour couper retraite à tout ennemi se trouvant à l'ouest de l'Ill. »

Cette insistance est comprise au 1er corps d'armée qui améliore sans désemparer ses gains de la matinée. Devant Carpentier, l'ennemi se replie en hâte au nord de la Thur que nous bordons, à 17 heures, de Wittelsheim à Rossalmend. Chez Morlière, dans le courant de l'après-midi, Pulversheim est enlevé ainsi que, plus à l'est, la cité qui en porte le nom.

Mais l'affaire la plus dure se situe devant Ensisheim, à la cité Sainte-Thérèse. Tant qu'il fait jour, l'approche en reste impossible. Ce n'est qu'à 18 heures que le 2/6e RIC du commandant Revol et le CC 1, placés sous les ordres du colonel Durosoy, s'insinuent dans l'agglomération où le combat se prolonge quatre heures durant. À 10 heures du soir, les coloniaux bordent l'Ill dont les Allemands ont fait sauter le pont. Ensisheim est sur l'autre rive, mais la rivière est en crue…

Malheureusement, l'avance du front nord n'a pas été symétrique, la relève du CC 4 par la 12e DB ayant nécessité un certain temps. Contrairement à mon espoir, la jonction n'a pu avoir lieu le 3.

Il faut qu'elle ait lieu le 4.

Je ne puis cependant me faire d'illusion sur l'obstacle nouveau que va avoir à franchir le 1er corps. Après le gel, le dégel est notre ennemi. Les inondations qu'il provoque ont triplé la largeur des cours d'eau. L'Ill et la Thur sont devenus des fleuves de 60 mètres, au débit tumultueux, que ne traverse plus aucun pont.

Le ralentissement qui va en résulter temporairement doit être compensé par une accélération du 21e corps. C'est ce qu'à notre colloque de Ribeauvillé, j'indique avec force à Milburn, en le pressant de faire déboucher ses 2e et 12e DB sans attendre que la 1re DB soit en mesure de courir à leur rencontre. Et c'est aussi ce que confirme mon ordre d'opérations télégraphique.

Pourtant, la journée du 4 s'écoulera sans apporter au nord les progrès attendus. Dans le secteur de Brisach, la 3e DIUS ne réussit qu'à réduire le cimetière juif sans avancer vers la place de Vauban, et la 75e DI qu'à progresser dans la forêt domaniale de Colmar sans prendre Appenwihr. Dans le secteur du sud de Colmar, le CCA de la 12e DB[1] ne dépasse pas

1. Dans les DB américaines, les trois *Combat Command* sont réglementairement désignés par les lettres A, B et R.

Hattstatt, conquis après un vif engagement, le CCB se casse le nez devant Sundhoffen et Sainte-Croix-en-Plaine, et le CCR s'emploie en vain à briser une très forte résistance à Herrlisheim. Tout cela est extrêmement mince.

Et c'est d'autant plus dommage que le 1er corps d'armée a fait tout ce que l'on pouvait espérer, et même un peu plus, la malchance ayant enfin cessé de poursuivre la 4e DMM.

Le général Bondis, qui l'a pressenti, a tout prévu pour une exploitation rapide d'un éventuel décrochage de l'ennemi. Il a constitué trois groupements et leur a fixé les missions qu'ils auraient à remplir en cas de prise de Cernay : le premier (colonel Guénin : 1er RTA et 4e demi-brigade de chasseurs) est chargé de couvrir le flanc gauche de la division en bouclant les extrémités de la route des Crêtes à Uffholtz et Steinbach ; le deuxième (colonel Baillif : 6e RTM et un peloton du TD du 2e dragons) a pour rôle de nettoyer Cernay et de prendre, au nord, Wattwiller ; le troisième, de beaucoup le plus important puisqu'il comprend, sous les ordres du colonel Deleuze le 1er RTM, le 4e RSM, le groupement de choc Bouvet, deux pelotons de TD et une compagnie de génie, a mission de monter vers Hartmannswiller, Wuenheim et, si possible Soultz, et de tenir sous son feu le débouché de la vallée de Guebwiller.

Des patrouilles lancées à 4 heures du matin ne trouvent plus le contact à l'ouest de Cernay. Dès le petit jour, 1er RTA et 6e RTM se mettent en mouvement. Avant 9 heures, ils entrent sans opposition à Steinbach, Uffholtz et Cernay même.

Tout le dispositif se met alors en branle. L'ennemi retraite : il a, jusqu'ici, été trop coriace pour qu'on lui permette de le faire à loisir. Deleuze galope pour le rattraper. Avant midi, il est à Berrwiller et Bertschwiller ; à 13 h 30, il entre dans Hartmannswiller.

C'est alors que, par les routes déminées, le rejoint le 4e spahis marocains du lieutenant-colonel Loth. Maintenant au complet, son groupement bouscule un « bouchon » à Wuenheim et, à 16 heures, entre en trombe à Soultz où il fait plus de 100 prisonniers. Ceux-ci avouent avoir reçu mission de tenir deux jours, mais ils pensaient disposer de plus de temps pour organiser leurs positions...

Raison de plus pour ne pas souffler. Bondis ordonne à Deleuze de monter jusqu'à Issenheim et, à partir de ce village, de jeter les

« chocs » de Bouvet dans Guebwiller et des spahis vers Rouffach. Baillif le suivra pour le relever à Soultz et Guénin flanc-gardera dans la montagne en direction de la route des Crêtes jusqu'à la ligne Molkenrain-Hartmannswillerkopf.

Aussitôt dit, aussitôt fait. Guenin avec le 1er RTA tombe à Wattwiller sur de gros éléments de la 159e division allemande retraitant des Vosges, les disperse et capture 400 prisonniers. À sa gauche, les chasseurs arrivent sans opposition jusqu'au Molkenrain. De même, Bouvet occupe Issenheim et Guebwiller.

Mais le plus beau coup est réalisé par le détachement Loth envoyé par Deleuze vers Rouffach. Les deux escadrons de spahis et les deux sections de tirailleurs sur camions qui le composent roulent hardiment et atteignent la petite ville à la nuit. La surprise est si totale que quelques-uns de nos véhicules la traversent entièrement. Mais l'alarme est aussitôt donnée et la garnison allemande se révèle très nombreuse. Nous n'en tenons pas moins fortement le quartier sud de la localité.

La 4e DMM a donc magnifiquement avancé sur l'axe de jonction ouest jusqu'à atteindre le point fixé pour cette jonction. Sur sa droite, la 2e DIM, retardée à l'origine, par l'obligation de franchir la Thur, a fait de son mieux pour s'aligner sur elle. Staffelden, Bollwiller et Rœdersheim jalonnent la progression du 8e RTM et du CC 2, Feldkirch et le puits Ungersheim celle du 5e tirailleurs. L'opposition rencontrée en divers points, notamment sur la ligne Bollwiller-Ensisheim, a partout été bousculée rondement.

La Thur est ainsi sur toute sa longueur très largement dépassée. Par contre, l'Ill n'a pu l'être. Si la 9e DIC en borde intégralement la rive ouest grâce à la prise, après de très sévères engagements, de la cité Sainte-Thérèse-II et de la station d'Ensisheim, ni à Ensisheim même ni, plus au sud, vers Ruelisheim, ses régiments n'ont pu prendre pied sur la rive droite défendue avec acharnement par un ennemi toujours doté de moyens considérables.

Dans l'ensemble, cette évolution du 1er corps est satisfaisante et elle le serait tout à fait si le 21e corps en avait connu une qui lui soit comparable. Je ne le cache pas à Milburn qui d'ailleurs, avec sa belle loyauté, est le premier à en convenir. À notre *briefing* du soir, il me donne une double assurance : dans la nuit même, la 12e DBUS prendra la liaison à Rouffach avec la 4e DMM, et la 3e DIUS, débordant Brisach, se glissera entre la citadelle et le Rhin et engagera des blindés à l'est de l'Ill vers Chalampé pour couper les lignes de retraite ennemies au plus près du Rhin.

Je prends acte de ces promesses pour rédiger mes ordres pour le 5 février : 1° – avant tout, jonction au plus près, donc à l'ouest de l'Ill, suivie d'un double éclatement, l'un vers les Vosges à la rencontre de la 10e DI, l'autre vers l'est pour s'emparer des points de passage sur l'Ill et le canal Vauban au nord d'Ensisheim ; 2° – débordement de Brisach et engagement de la 2e DB à l'est de l'Ill vers Fessenheim et Chalampé ; 3° à l'est de l'Ill aussi, engagement, après franchissement de la rivière, de la 12e DBUS et de la 1re DB avec marche au Rhin. Ce dernier mouvement impliquant un axe de progression perpendiculaire à celui de la 2e DB, l'attention est attirée sur l'obligation pour toutes les unités d'assurer entre elles des liaisons directes et constantes.

J'ai entière confiance dans la parole du général Milburn et cependant, je lui avoue une inquiétude : n'est-il pas bien délicat de se glisser en pleine nuit entre Neuf-Brisach et le Rhin ?

– J'ai ce qu'il faut, interrompt O'Daniel, mystérieux et un rien fâché.

Effectivement, sans être tout à fait Josué, capable de commander au soleil, O'Daniel est maître de la lune… Les puissants feux de projecteurs spéciaux reflétés par les nuages engendrent sur un front de 3 kilomètres un clair de lune artificiel qui, à minuit, permet au chef de la 3e DIUS de réaliser son plan : masquant Neuf-Brisach par le 30e RIUS, il pousse le 7e RIUS puis le 15e RIUS entre la place et le Rhin.

Sous les rayons de cet astre *made in USA*, l'opération se déroule méthodiquement. À 4 heures, la manufacture de tabac et la gare sont atteintes. À 6 heures, Vogelsheim est conquis. Puis c'est le tour de la caserne Abatucci, en même temps que du bois Boulay. Mais le fort Mortier tient bon toute la journée et bloque toute avance plus au sud jusqu'à 9 heures du soir.

À ce moment, le 2e bataillon du 15e RIUS est arrivé depuis quelque temps déjà à s'infiltrer au bord du Rhin jusqu'à l'amorce du pont-route et du pont de chemin de fer, l'un et l'autre détruits. C'en est donc fini de ces artères vitales par où l'Allemagne alimentait ses dernières positions en France : mais elle peut user encore provisoirement de l'artère de Chalampé, et la 3e DIUS n'ayant pas achevé de lui ouvrir le couloir entre Brisach et le Rhin, la 2e DB n'a pas été à même de s'élancer pour la couper.

Seuls, ses premiers éléments ont commencé à s'engager avec la 75e DIUS, entre l'Ill et le canal du Rhône au Rhin.

D'accord avec le général Milburn, le général Leclerc a estimé qu'un seul de ses *Combat Command*, celui de Langlade, suffirait à couvrir l'espace relativement étroit prévu pour son déploiement. De ce *Combat Command,* il a fait deux sous-groupements destinés à marcher avec les deux divisions américaines. Le sous-groupement Massu, jumelé à la division Porter, a bénéficié de la prise par celle-ci du village d'Appenwihr. Il en a aussitôt profité pour attaquer et enlever Logelheim, puis pour avancer jusqu'à Hettenschlag. Retardé cependant par des mines, il ne livre cette localité au 289e RIUS qu'en fin d'après-midi, en même temps que le 291e nettoie Wolfgantzen.

Au sud, la 1re DB a escadronné plus rapidement. Bien que ne disposant pas du clair de lune sur commande, Béthouart a, lui aussi, donné l'ordre de ne pas se laisser arrêter par la nuit. Aussi, à l'aube, le CC 3 a-t-il déjà traversé Ungersheim et occupé toute la rive gauche de l'Ill, de Réguisheim à Oberentzen. La 2e DIM qui le suit n'est séparée que par la rivière des Allemands qui maintiennent un contact très étroit.

Il en va de même en face de la 9e DIC et du CC 1, devant Ensisheim. C'est là que les combats de la journée ont été les plus âpres.

Le général Morlière a choisi, pour point de franchissement de l'Ill, le coude qui fait saillie dans le bois de Réguisheim, couvert autorisant une mise en place relativement discrète des unités d'assaut. Tandis que, de part et d'autre, des tentatives sont simulées – tentatives qui provoquent d'ailleurs partout des réactions immédiates et fort vives – le génie de la division achemine des radeaux, hâtivement confectionnés pour renforcer les six malheureux canots pneumatiques dont il dispose.

À 17 heures, sous les fusants, la 5e compagnie du 2/21e RIC prend place dans ces canots. Le premier est emporté par le courant, le second coulé par des éclats d'obus, le troisième chavire... Mais les trois autres atteignent sains et saufs la rive droite. Avant la chute du jour, le bataillon a créé une petite tête de pont.

Ordre est alors donné au 3e bataillon de franchir à son tour, et en ce même point, la rivière pour se rabattre ensuite vers Ensisheim que canarde toute l'AD 9 ainsi que le 6e RIC.

Les 88 et les *minen* tombent un peu partout, causant des pertes importantes aux unités forcément groupées. Toutefois, à 22 h 30, les coloniaux pénètrent dans Ensisheim. Pour comble de malchance, l'Ill déborde et l'inondation monte à vue d'œil. Les combats se poursuivent néanmoins jusqu'à ce que l'ennemi se décide à profiter des dernières heures de la nuit pour décrocher. Le 6 février, à 6 heures, le drapeau français flotte sur le clocher du gros bourg et le génie s'affaire déjà à rétablir les ponts.

Sur l'axe est, la jonction est donc sérieusement amorcée. Mais sur l'axe ouest, au plus près des Vosges, elle est définitivement assurée.

Là aussi, Milburn a tenu sa promesse, et dans les délais fixés. Démarrant d'Hattstatt, à 2 heures du matin, le CC 3 de la 12e DB a bousculé deux gros barrages, dont l'un à hauteur de Pfaffenheim, et s'est présenté à 5 heures aux lisières nord de Rouffach. Le combat est vigoureusement mené. À 7 heures, liaison est prise avec les éléments de la 4e DMM arrivés depuis la veille au soir : le *shake-hand* qu'échangent le colonel Deleuze et le major Scott matérialise le tronçonnement de la poche de Colmar.

Peu après, le CC 2 qui a enlevé après un bref engagement Merxheim et traversé Gundolsheim détache un peloton qui, lui aussi, vient prendre la liaison à Rouffach, tandis que le CC 3 lance un détachement d'une traite jusqu'à Sainte-Croix-en-Plaine. Son raid a été si rapide que le CCB, survenant un peu plus tard, a peine à se convaincre que ce sont bien des Français qui occupent le village…

Le filet est donc très solidement tendu à l'ouest de l'Ill et ses mailles sont assez serrées pour qu'aucun Allemand du secteur des Vosges ne puisse espérer les traverser. Mais, bien qu'il soit certain que le commandement ennemi y ait allégé au maximum son dispositif pour nourrir la bataille dans les zones où il était attaqué, encore faut-il nettoyer les îlots qui pourraient y subsister.

C'est, je l'ai précisé déjà, le 3 février à 16 heures que le général Billotte eut connaissance d'un commencement de décrochage des postes de la montagne. Entre le sud du Hohneck et le Herrenberg sur les Hauts de

Wildenstein, le régiment de Franche-Comté peut, alors sans grosses difficultés, atteindre la route des Crêtes. Mais partout ailleurs, sur le grand arc de cercle de 85 kilomètres qui va d'Orbey à Bitschwiller, le contact reste inchangé.

Billotte ne veut cependant pas être pris au dépourvu. Dans la soirée, il rend compte à l'armée de la constitution d'un « groupement mixte », formé, sous les ordres du colonel Massiet-Dubiest, de deux tabors du 3e GTM, du 2e RSAR (moins un escadron) et du bataillon Marc. À ce groupement, il donne pour mission de se rassembler vers le Rainkopf pour viser Mittlach et Metzeral sur la vallée de la Fecht, d'où il se rabattra vers le sud en direction de Linthal en amont de Guebwiller, dans la vallée de la Lauch. Simultanément, les troupes de son sous-secteur nord (colonel Rousseau) feront effort sur les axes Noir-Mont-Munster (9e zouaves et un tabor du 3e GTM), Gazon-du-Faing-la Schlucht (5e RI) et Xonrupt-la Schlucht (1/51e RI, ex-bataillon Trioche). Plus au sud, le sous-secteur centre (colonel Hoggard) se mettra également en marche vers le Markstein et le Breifoist (corps franc Pommies) 1er Morvan et 24e RI moins un bataillon, le petit sous-secteur sud (colonel Lecoq) se tenant prêt à avancer vers Goldbach avec le bataillon Ajax et un bataillon du 24e RI.

Cette manœuvre qui a pour but de boucler les deux vallées de la Lauch et de la Fecht s'amorce le 4 février. Sauf au Hohneck et au Haut de Falimont qui restent inabordables, assez rares sont les accrochages avec des détachements allemands retardateurs. Mais un adversaire plus difficile à vaincre attend partout les unités du général Billotte et c'est l'état du sol que la fonte des neiges transforme en un véritable « sorbet ». Finalement, l'avance la plus notoire est celle du 9e zouaves d'Aumeran qui arrive jusqu'aux abords immédiats de Soultzeren, à 4 kilomètres de Munster.

Le 5 février, la 10e DI et les éléments rattachés continuent leur métier de rabatteurs. Les zouaves entrent dans Munster où vient les rejoindre un détachement envoyé par Massiet-Dubiest depuis Metzeral. Sur le point d'être encerclés, les défenseurs du Hohneck et de la Schlucht décrochent à la hâte. La route des Crêtes est partout dépassée et le ballon de Guebwiller, point culminant de la chaîne des Vosges, est atteint par le régiment du Morvan et le 24e RI.

Mais, ce même jour, le 1er et le 21e corps soudés dans la plaine d'Alsace lancent par toutes les vallées de forts détachements. Le gibier est ainsi pris entre deux feux.

Au sud, c'est la 4e DMM qui règle la chasse. Le groupement de choc Bouvet écouvillonne sans trop de peine la vallée de la Lauch qu'il remonte de Guebwiller jusqu'au-delà de Linthal. La vallée d'un petit affluent, l'Ohmbach, revient au 1er RTM, accompagné de quelques véhicules du 4e spahis. Jusqu'à Orschwihr, l'opération est simple. Elle se complique à l'approche de Soultzmatt où est signalé un gros parti ennemi.

Mais le même renseignement a été fourni au 21e corps qui a alerté la 5e DB, maintenant en réserve autour de Colmar. Celle-ci a aussitôt détaché le régiment étranger de cavalerie (REC – colonel Miquel) et une compagnie du 1er choc, et ce groupement raflant de-ci de-là les prisonniers par paquets, a atteint Osenbach. Redescendant ensuite vers Soultzmatt, il prend liaison avec les Marocains. À la nuit, une attaque combinée est lancée contre la petite cité thermale et elle ne traîne pas. Au tableau, 500 prisonniers supplémentaires sont inscrits.

Il reste encore à ratisser en tous sens les vallées et les ballons pour s'assurer que tout a bien été ramassé. Ce sera la tâche des deux journées suivantes, et elles rapporteront à nouveau quelques centaines de captifs. Mais le 5 février au soir, le nettoyage des Vosges est d'ores et déjà virtuellement terminé.

C'est donc sur la seule poussée vers le Rhin qu'à partir du 6 février, il nous est possible de concentrer nos moyens.

De l'ancienne « poche de Colmar », l'Allemagne ne tient plus qu'un rectangle de 35 kilomètres sur 20. Les grands côtés en sont formés par l'Ill de Logelheim, au sud-est de Colmar, à Illzach, au nord de Mulhouse, et par le Rhin entre Brisach et Petit-Landau. Les lignes sensiblement droites qui relient ces points extrêmes en constituent les petits côtés.

À l'intérieur de ce quadrilatère que ne parcourt qu'un réseau routier secondaire, de multiples convois se trouvent entassés, à la recherche d'un point de franchissement du Rhin[1]. Ils s'embouteillent près de Balgau et de Blodelsheim, où des passages discontinus ont été improvisés, et surtout devant les deux ponts de Chalampé.

1. Des documents découverts par la suite établissent que l'OKW avait, à partir du 1er février, réclamé avec insistance l'autorisation d'évacuer « la tête de pont allemande d'Alsace », autorisation que Hitler avait refusée catégoriquement. Ce n'est que le 3 février qu'il consentit à l'irrémédiable, et ce retard ne pouvait évidemment qu'ajouter à la confusion de la retraite.

Ce repli est couvert par les restes quelque peu mélangés des divisions battues. Au sud, au plus près de Chalampé, leur résistance continue à être très énergique. Ailleurs, elle demeure réelle malgré son caractère d'improvisation.

Pourtant, la pression de l'attaque, sur ce front restreint, devient énorme – au point que chaque unité va se sentir à l'étroit dans la zone d'action qui lui sera impartie. En outre, il n'est plus guère d'endroits qui échappent aux coups de notre artillerie. Et le temps, passé brusquement de l'hiver le plus sombre aux premières douceurs d'un avant-printemps, offre à l'aviation une revanche que celle-ci utilise pleinement.

Presque sans discontinuer, les avions du 12° TAC et du 1er CAF[1] sillonnent le ciel, mitraillant les colonnes et bombardant les ponts. Missions périlleuses d'ailleurs, car la *Flak* a été renforcée. Dans la seule journée du 4 février, aux abords du fleuve, dix P-47 de notre corps aérien ont été touchés, dont quatre à mort. Et dans les flammes de l'un d'eux, non loin de Brisach, a péri le commandant Marin la Meslée, pur et grand soldat de l'air, as aux vingt victoires, dont Dorgelès devait écrire que son nom claquait au vent comme un cri d'abordage.

Un tel appui prépare utilement le coup de grâce : mais c'est au 21e et au 1er corps qu'il revient encore de le donner.

La manœuvre est à la fois obligatoire dans son principe et délicate dans son application. Pour courir aux ponts de Chalampé et acculer partout l'ennemi au Rhin, il s'agit tout ensemble de découpler la 2e DB du nord vers le sud, parallèlement au fleuve, et de lancer perpendiculairement, d'ouest en est, les unités parvenues sur l'Ill.

À l'issue de notre traditionnel *briefing*, le 5 février au soir, le général Milburn, expéditif comme à l'ordinaire, s'est contenté d'envoyer à ses divisions un calque avec de très brèves précisions :

– La 3e DI stoppera après avoir dégagé Brisach et brisé dans la zone les résistances s'opposant au débouché de la 2° DB ;

– la 75e DI avancera en diagonale, de Logelheim vers Heiteren et stoppera à son tour après avoir atteint le Rhin à hauteur de ce dernier village ;

– la 28e DI et la 12e DB agiront directement vers l'est en franchissant l'Ill entre Sainte-Croix-en-Plaine et Niederentzen ;

1. 1er corps aérien français : général Gérardot.

– quant à la 2e DB, elle attaquera vers le sud avec un *Combat Command*, un autre se tenant prêt à le suivre. Sa mission est indiquée par une simple flèche sur le calque, flèche qui aboutit à Chalampé.

Ces ordres subiront ultérieurement quelques modifications, à la demande du général Leclerc. Celui-ci redoute que l'accumulation de moyens, et spécialement de blindés, agissant sur des axes perpendiculaires, n'entraîne des confusions entre unités amies. Reconnaissant le bien-fondé de cette remarque, Milburn accepte de limiter l'engagement de la 2e DB à la zone comprise entre le Rhin et le canal du Rhône au Rhin, et non sur tout le front entre le Rhin et l'Ill. D'autre part, il interdit aux divisions venant de l'ouest de tirer sur des objectifs situés à l'est du canal. Enfin, un peu plus tard, il renoncera à introduire la 12e DBUS dont seule l'artillerie interviendra pour appuyer la 28e DIUS.

Pratiquement, la réduction de la zone d'action de la 2e DB au créneau Rhin-canal ne laisse à cette grande unité qu'un axe de pénétration, la route nationale 68. Aussi Leclerc décide-t-il de n'engager que l'un des sous-groupements du CC Langlade, celui que commande le chef d'escadrons Gribius.

C'est à lui ouvrir la porte que s'emploie la 3e DIUS. Fidèle à son habitude, elle attaque une fois encore de nuit. Sans trop de mal, elle entre dans Vogelbrunn. Par contre, Algolsheim est tenu désespérément et il faudra vingt-quatre heures pour en venir à bout.

Mais il suffit à Gribius que Vogelbrunn soit pris et Algolsheim fixé. À 10 heures, il entre en jeu et lance deux attaques, l'une contre les carrières, au sud de Brisach, l'autre contre Obersaasheim. Appuyés sérieusement par une artillerie en position au-delà du Rhin – en dépit de l'épais rideau de fumigènes entretenu sur le fleuve même – ces centres de résistance tiennent bon. Obersaasheim ne tombe que vers 13 heures. Manœuvrées de tous côtés, les carrières ne s'abandonnent pas encore. Ce n'est qu'à 15 heures que nous en sommes maîtres : l'ennemi y laisse 150 cadavres, 400 prisonniers et 6 chars.

...Vauban eût éprouvé quelque amertume à savoir qu'on se battrait un jour en rase campagne en méprisant la place forte construite par ses soins. Elle a pourtant rempli son office puisqu'elle a servi d'épine dorsale à toute la défensive allemande en avant des ponts et que le 30e RIUS, ce 6 février, continue à être en arrêt devant elle, après avoir péniblement enlevé les casemates de la ferme de la Petite-Hollande.

Enfermée dans ses remparts, à l'abri de ses fossés séculaires, ponts-levis dressés, l'étrange cité militaire reste mystérieuse. On se prépare à un assaut médiéval, avec échelles, béliers – avec, s'il le faut, complément de clair de lune artificiel ! Avant de tourner ce film, quelques patrouilles vont tâter l'obstacle, éveillant une mitrailleuse... Mais, sur la face nord-est, un civil apparaît qui, avec force gestes, entraîne un groupe vers un tunnel... En file indienne, le groupe du sergent Weiler s'y engage et entre ainsi dans la ville, bientôt suivi de renforts.

Il reste bien quelques Allemands mais tout disposés à se rendre. À 11 heures, la radio annonce que Neuf-Brisach est libéré.

Ce pittoresque épisode marqua la fin de la très dure et très brillante campagne de la division O'Daniel dans les rangs de la 1re armée française. Elle attendra la conclusion de la bataille à laquelle elle a pris une part si directe et décisive en montant la garde au Rhin.

Pivotant autour des lignes atteintes par la 3e DIUS, la 75e DIUS cherche à atteindre, elle aussi, le Rhin plus en amont. Après de menus accrochages, elle enlève Weckolsheim et, franchissant le canal, envoie l'un de ses bataillons renforcer à Obersaasheim le sous-groupement Gribius.

À sa droite, la 28e DIUS qui a franchi l'Ill à Oberhergheim et à Oberentzen, est arrivée également au bord du canal du Rhône au Rhin. Aussi, pour prévenir une continuation de l'avance qui le gênerait plus qu'elle ne l'aiderait, Leclerc avertit-il Cota de son intention de lancer Gribius, le 7 février au matin, vers Heiteren et Fessenheim.

Effectivement, le 7 à 10 heures, les blindés du sous-groupement accrochent Heiteren. En une heure, l'affaire est faite. Mais elle se révèle plus dure 5 kilomètres plus loin, à Balgau. Le 2e bataillon du régiment du Tchad s'en empare néanmoins à 14 h 30.

Gribius pousse alors sur Fessenheim. Mais des tirs nourris provenant des bois l'amènent à surseoir à l'assaut. Il le reprendra le 8 au matin, avec l'aide, en cas de besoin, du sous-groupement Massu qui arrive derrière lui.

À 7 h 30, le 8 février, il entame sa préparation d'artillerie quand la radio du CC 3 l'alerte : par le sud, les blindés de Caldairou sont en train de pénétrer dans Fessenheim.

La 1re DB et la 2e DB se sont rejointes. La jonction capitale est effectuée.

Pour être arrivé déjà à Fessenheim, le 1er corps que nous avons laissé le 6 février à l'aube, à l'instant où la 9e DIC enlevait Ensisheim, n'a pas dû perdre de temps.

Pourtant, durant toute la journée du 6, la 1re DB a marqué le pas. Car si l'infanterie a pu progresser à l'est de l'Ill, la construction des ponts lourds sur la rivière toujours débordée n'a pu être terminée avant la soirée[1].

L'infanterie, c'est, en partant de Meyenheim et de Réguisheim, la 2e DIM et, en partant d'Ensisheim, la 9e DIC. Les Marocains ont nettoyé le bois de Rothleiblen et atteint les abords tant d'Hirtzfelden que de Munchhouse. Les coloniaux ont marché jusqu'à la corne nord-ouest de la forêt de la Harth.

Mais le général Morlière a jugé le moment venu de commencer à animer la partie de son front jusque-là passive. En même temps que le 21e RIC s'élançait d'Ensisheim, le groupement Quinche (2e bataillon de choc et éléments du 3e RCA) débouchait donc de Modenheim, dans les faubourgs nord de Mulhouse, et progressait par la rive droite de l'Ill jusqu'à Sausheim et Baldersheim.

Le 7 février, par le pont lourd construit à Ensisheim, les blindés rejoignent rapidement les fantassins. Le CC 3 en tête rattrape les Marocains et avec eux se heurtent à une solide défense du canal du Rhône au Rhin dont les passages et les écluses sont évidemment détruits. Vers midi, le 8e RTM parvient à se créer une petite tête de pont vers la ferme Schoefferhof – d'où le CC 3 s'élancera à l'aube du 8 sur Fessenheim, une fois lancé un pont *Treadway* sur le canal. À sa droite, le 5e RTM éprouve plus de mal en face de Roggenhouse, mais il finit par entrer dans ce village à la nuit.

C'est également sur le canal que s'alignent la 9e DIC et le CC 1. Malgré un assaut du RICM[2], l'obstacle ne peut être forcé à Munchhouse. Seule réussit une opération en souplesse menée auprès de la maison forestière de la maîtrise, un peu plus au sud, grâce à laquelle deux escadrons portés s'infiltrent pendant la nuit à l'est du canal.

---

1. Pour donner une idée du travail accompli par le génie dans toute cette période, indiquons que celui des unités du 1er corps construisit 1 200 mètres de ponts et passerelles ainsi que 35 ouvrages d'art. Sans préjudice du déminage de 536 kilomètres de routes sur lesquels plus de 7 000 mines furent relevées…

2. Régiment d'infanterie coloniale du Maroc (lieutenant-colonel Le Puloch), régiment de reconnaissance de la 9e DIC.

En deux jours, le rectangle est ainsi devenu un tout petit triangle dont la pointe affleure Fessenheim.

La forme même de cette enclave met le point final à l'action du 21e corps qui n'a plus prise sur elle. Le général Leclerc décide en conséquence de s'arrêter à Fessenheim et de laisser Caldairou remonter seul la route Neuf-Brisach-Chalampé (nationale 68). Toutefois, il lui donne une fraction du sous-groupement Gribius pour l'aider à s'emparer de Blodelsheim, opération qui se déroule d'ailleurs sans histoire.

C'est donc au 1er corps d'armée, parti le premier à l'attaque, que revient l'honneur – et c'est justice – de sonner l'hallali.

Malgré l'opposition de « bouchons » laissés dans les villages ou aux carrefours, l'avance est générale. Dans la Harth que traversent en même temps la 2e DIM au nord, la 9e DIC au centre, la brigade de spahis à cheval Brunot et le 151e RI à partir de l'Île Napoléon et du canal de Huningue, d'innombrables *Shumine* ralentissent l'allure. Mais la vaste forêt est complètement nettoyée avant la fin du jour. Les spahis sont à Hombourg et les Parisiens de l'ancienne colonne Fabien à Petit-Landau.

L'Allemagne passe sa dernière nuit en France. De la vaste poche qu'elle a, deux mois durant, conservée obstinément au cœur de l'Alsace, elle ne garde plus que quatre villages où les arrière-gardes de la *Wehrmacht* naguère si superbe s'accrochent une fois encore : Rumersheim, Bantzenheim, Ottmarsheim et Chalampé.

Pendant toute la nuit, auprès des trois premiers de ces points d'appui le contact, vérifié par des patrouilles, reste serré. Mais un peu avant l'aube, le 9 février, le décrochage s'opère. Il est 8 heures quand une violente explosion annonce le dernier acte de la bataille : le pont-rail de Chalampé s'enfonce dans les flots du Rhin que, quelques instants plus tard, viennent border 2e DIM et 9e DIC.

Je peux enfin lancer le communiqué de victoire :

> Au vingt et unième jour d'une âpre bataille, au cours de laquelle les troupes américaines et françaises ont rivalisé d'ardeur, de ténacité et de sens manœuvrier, l'ennemi a été chassé de la plaine d'Alsace et a dû repasser le Rhin.
>
> Les forces alliées de la 1re armée française bordent le fleuve sur toute l'étendue de leur secteur.

Elles ont tenu la parole de Turenne : Il ne doit pas y avoir d'homme de guerre au repos tant qu'il restera un Allemand en deçà du Rhin !

Victoire de Colmar...

On dit que les mères ont une spéciale tendresse pour ceux de leurs enfants qui leur ont donné le plus de peine.

Et c'est peut-être pourquoi la 1re armée française a choisi cette victoire comme symbole central de toutes ses victoires.

Car ce fut en vérité une âpre, une terrible bataille.

On l'a vu par ce compte rendu quotidien des efforts perpétuels et lentement récompensés d'une armée de plus de 400 000 hommes, tout entière concentrée sur le même objectif, portée pendant trois semaines à bout de bras, attaquant sans répit un adversaire obstiné et courageux que la certitude même de sa défaite ne faisait pas fléchir.

Mais rien ne redira jamais ce que l'hiver le plus cruel, mariant le froid, le vent, la neige, le verglas, a pu ajouter à la souffrance des hommes – et des plus misérables de tous, les fantassins.

Il n'est que la guerre pour reculer à ce point les limites du sacrifice.

Pour 2 137 des nôtres, ce sacrifice avait été total.

Cinq fois plus nombreux étaient les blessés : exactement 11 253[1].

---

1. Les 2 137 tués se répartissent ainsi entre les unités : Français 1 595 – 2e DIM : 190 ; 9e DIC : 400 ; 4e DMM : 173 ; 1re DB : 116 ; 1re DFL : 214 ; 5e DB : 105 ; 3e DIA (4e RTT) : 51 ; 2e DB : 133 ; 10e DI : 32 (Unités non endivisionnées : 242) et Américains 542 (dont 317 à la 3e DIUS).

Sur le total des blessés, 8 583 étaient français. En outre, 7 115 hommes furent hospitalisés pour accidents, maladies ou froidures, dont 3 887 Français.

Pour les Français seuls, le chiffre des morts représente environ 7,25 pour 1 000 des effectifs globaux engagés (295 000) et celui des blessés 2,5 pour 100. Compte tenu des résultats obtenus et des conditions de la bataille, ces chiffres sont assez faibles. Ils restent même nettement inférieurs à ceux qui ressortent des statistiques de pertes établies depuis 1943 et se rapportant à des offensives de rupture.

Mais, pour avoir une vue plus juste de l'usure de l'armée, il faut analyser ces chiffres : sur le total, l'infanterie – dont les unités directement engagées dans la bataille représentent approximativement 60 000 hommes – compte à elle seule pour 1 138 tués et 6 513 blessés. Les pertes au feu des fantassins s'élèvent ainsi à 12,5 pour 100 de leurs effectifs. Compte tenu des évacués sanitaires, le pourcentage passe à environ 18 pour 100 des effectifs *présents*. Or, au début de l'offensive, ces effectifs présents étaient déjà inférieurs de 10 pour 100 aux effectifs théoriques. Le déficit total des compagnies d'infanterie atteignait en moyenne 35 à 40 pour 100.

En regard de ces pertes, celles de la *Wehrmacht*, difficiles à établir avec certitude, paraissent avoir été, d'après les estimations les plus serrées, de deux à trois fois supérieures. En tout cas, s'y ajoutent les 20 000 prisonniers capturés par les diverses unités de l'armée. Pratiquement, la 19e armée allemande était anéantie.

Ah ! qu'il était bon pour des cœurs français de voir défiler sur les routes d'Alsace les colonnes défaites des vainqueurs orgueilleux de la veille ! D'atroces souvenirs s'en trouvaient effacés...

Nos hommes trouvaient dans ce spectacle la plus sûre de leurs récompenses. Et l'Alsace la preuve de sa résurrection.

Quelle explosion de joie ! À toutes les fenêtres triomphait le plébiscite des drapeaux. Tous les villages se réveillaient pour accueillir leurs libérateurs et malgré l'angoisse entretenue par tant d'absences forcées, dorénavant aggravées par un complet silence, tous les foyers s'ouvraient pour recevoir ceux qui leur avaient rendu la patrie.

Jamais, au cours de son histoire ardente, l'Alsace n'avait connu semblable fièvre. Parce que jamais, sans doute, elle n'avait tant souffert ni non plus tant espéré.

Venu aussitôt lui apporter le salut de la France, le général de Gaulle fut le témoin de cette inoubliable ferveur qui trouva son expression la plus passionnée à Colmar sur la place Rapp purifiée, lors de la prise d'armes du 11 février – prise d'armes franco-américaine, comme l'avait été la bataille.

Après qu'il m'eut remis la grand-croix de la Légion d'honneur et à Leclerc la plaque de grand officier, le chef du Gouvernement provisoire

---

De son côté, l'arme blindée a perdu 354 tués et 1 551 blessés, soit 6,35 pour 100 de ses effectifs engagés.

Il convient de profiter de cette occasion pour rendre un très vif hommage au service de santé de l'armée, dirigé par le médecin général Guirriec. La célérité des évacuations, la qualité des soins et l'usage systématique de la « réanimation » lui permirent de réduire à un taux exceptionnellement bas la mortalité dans les hôpitaux : sur le nombre des entrées, on n'eut à déplorer que 142 décès soit 0,9 pour 100. Cette faible proportion est également due aux interventions extrêmement rapides des formations chirurgicales mobiles, poussées dans le sillage des divisions d'attaque. Parmi ces unités sanitaires, je tiens à citer outre la formation Spears déjà mentionnée celles qui étaient commandées, avec une maîtrise admirable, par deux femmes au grand cœur et au dévouement intrépide, Mme du Luart, et Mme Catroux. La première dirigeait la « formation chirurgicale n° 1 » affectée au 1er corps d'armée, la seconde était à la tête de la « formation chirurgicale n° 2 », rattachée au 2e corps d'armée.

décora de la cravate de commandeur Milburn et O'Daniel. Et le lendemain, à Saverne, il élevait à la dignité de grand officier le général Jacob L. Devers – comme il l'avait fait la veille pour le général Béthouart à Mulhouse : ainsi se trouvait symbolisée une fraternité d'armes unique dans le déroulement de cette guerre. Et c'est cette même fraternité que célébraient les ordres du jour adressés aux troupes alliées groupées dans la 1re armée française.

Avant même le dernier coup de feu, je n'avais pu résister au besoin de leur dire mon admiration et ma gratitude. Le 7 février, je leur avais adressé, pour tenter de les leur exprimer, l'ordre du jour n° 6 :

> Officiers, sous-officiers, caporaux et soldats américains et français de la 1re armée française,
> Je ne veux pas attendre la fin de cette âpre et victorieuse bataille pour vous dire ma joie et ma reconnaissance.
> Depuis près de trois semaines, je ne vous accorde aucun répit et, de nuit comme de jour, je vous crie durement et sans cesse : "En avant !"
> Il le fallait !
> Nulle tâche n'était plus impérieuse ni plus belle que celle de sauver Strasbourg et de libérer définitivement l'Alsace. Nulle tâche n'était plus féconde en résultats militaires et politiques. Nulle tâche ne méritait davantage votre générosité et votre sacrifice.
> Vous l'avez tous compris et, couverts de boue, transis de froid, épuisés, vous avez trouvé en vous l'énergie suprême pour subjuguer l'énergie désespérée de l'ennemi.
> Merci à vous, mes chers Camarades américains, qui nous avez apporté votre vaillance et qui n'avez rien épargné, ni vos armes, ni votre sang pour nous aider.
> Quant à vous, mes chers Camarades français, vous pourrez prétendre avec une juste fierté que vous avez été les artisans d'un grand événement national dont nos enfants parleront avec émotion et respect.
> Toutes les divisions de l'armée de la Libération étaient présentes et chacune, de son génie propre et d'un amour égal pour la patrie, a marqué glorieusement son coin de bataille.
> L'Allemand est chassé du sol sacré de la France. Il ne reviendra plus !

Des sentiments identiques inspiraient, le 10 février, l'ordre du jour n° 2 du général Devers aux troupes de la 1re armée française :

> [...] Vous avez libéré la ville impériale de Colmar dont le nom émaille les pages de l'Histoire de France et qui est cher au cœur de chaque Français ; vous avez rendu l'indépendance à des milliers de citoyens d'un noble pays épris de liberté.
> [...] Aux officiers et aux hommes des 1er et 2e corps d'armée français, au 21e corps d'armée américain, aux services de ces corps et de l'armée, je dis : vous avez bien travaillé. Tous en avant vers notre nouvelle tâche, plus déterminés que jamais à détruire les forces du mal.
> [...] Je vous crie : Sus à l'Allemagne !
> Signé : Jacob L. DEVERS.
> *Lieutenant-general USA*

Déjà, le général Devers m'avait transmis le télégramme de félicitations qu'il avait reçu le 9 février du général Eisenhower :

> Ce m'est un grand plaisir de vous transmettre le message personnel suivant, que je viens de recevoir du général Eisenhower :
> Je vous prie d'accepter mes félicitations pour la réalisation splendide de vos troupes dans la libération de Colmar et l'élimination de la tête de pont de l'ennemi à l'ouest du Rhin.
> Cette victoire, remportée en affrontant des conditions difficiles de temps et de terrain, est un exemple exceptionnel de travail d'équipe d'alliés au combat.
> C'est un tribut à l'habileté, au courage et à la détermination de toutes les forces engagées.
> Je vous prie de transmettre au général de Lattre, commandant la 1re armée française et à toutes les forces sous son commandement, mes félicitations pour ce haut fait.
> Fin de message.
> Signé : EISENHOWER.

Enfin, le 13 février[1], le commandant du 6e groupe d'armées voulait bien m'adresser une lettre que j'hésiterais à publier si elle n'avait répondu par avance, et avec une bienveillance extrême, à certains silences observés par la suite sur la nature exacte du rôle du commandement français dans cette bataille :

> Mon cher général de Lattre,
> J'ai le grand plaisir de vous louer hautement pour les qualités magnifiques de chef dont vous avez fait preuve comme général commandant la 1re armée française dans la réduction de la poche de Colmar.
> Malgré la neige et un temps de froid extrême, suivi d'un dégel inopportun qui mit les cours d'eau en crue et couvrit d'eau la plaine d'Alsace, vous avez dirigé vos troupes d'une façon superbe et de manière à détruire au moins 80 pour 100 de la 19e armée allemande, avec très peu de pertes pour vos propres troupes.
> Votre nom sera inscrit dans l'Histoire comme le grand libérateur de Colmar et comme celui qui rendit la liberté et la paix aux Alsaciens.
> Avec toute ma confiance en vous.
> Sincèrement. Général DEVERS

Pour moi, je puis le dire, je n'ai pas de plus fier souvenir que d'avoir, pendant ces semaines épuisantes, eu l'honneur de commander, avec mes deux corps d'armée organiques, les 125 000 Américains valeureux du corps d'armée Milburn qui furent alors plus que des alliés : une part de nous-mêmes. C'est à Colmar que la division O'Daniel gagna notre fourragère aux couleurs de la croix de guerre.

Et c'est à Colmar que quatre divisions américaines acquirent le droit de porter, comme les nôtres, l'insigne de la 1re armée française.

Mais si la ville délivrée allait bientôt fournir à cet insigne son motif principal en lui prêtant ses propres armes, il restait à donner à la 1re armée un nom.

Ce nom, elle allait maintenant le chercher en Allemagne.

---

1. En outre, de nombreux messages de félicitations parvinrent à la 1re armée française. Parmi ceux-ci, je tiens tout spécialement à mentionner l'« Adresse » votée à l'unanimité par l'Académie française dans sa séance du 15 février et qui me fut transmise par M. Georges Duhamel, secrétaire perpétuel, que j'avais eu le plaisir de recevoir pendant plusieurs jours à mon PC de Barenbach, alors que nous étions en pleine bataille.

CINQUIÈME PARTIE

RHIN ET DANUBE

ORDRE DU JOUR N° 8

OFFICIERS, SOUS-OFFICIERS,
CAPORAUX ET SOLDATS
DE LA PREMIERE ARMEE FRANÇAISE

Vous venez d'inscrire sur vos Drapeaux et sur vos Etendards deux noms, chargés d'Histoire et de Gloire Française :

RHIN ET DANUBE

En un mois de campagne, vous avez traversé la Lauter, forcé la ligne Siegfried et pris pied sur terre allemande ; puis, franchissant le Rhin de vive force, élargissant avec ténacité les têtes de pont de Spire et de Germersheim, vous avez écrasé la résistance d'un ennemi désespérément accroché à son sol, et conquis d'une traite deux Capitales, Karlsruhe et Stuttgart, le Pays de Bade et le Wurtemberg ; enfin, débouchant sur le Danube, le traversant aussitôt, vous avez voulu, renouvelant la victoire de la Grande Armée, que flottent nos couleurs sur Ulm.

Combattants de la Première Armée Française, fidèles à l'appel de notre Chef, le Général de GAULLE, vous avez retrouvé la tradition de la Grandeur Française, celle des Soldats de Turenne des Volontaires de la Révolution et des Grognards de Napoléon.

P. C., le 24 avril 1945.

Le Général d'Armée DE LATTRE DE TASSIGNY,
Commandant en Chef la 1re Armée Française :
J. DE LATTRE.

Une pause dans la tension jamais relâchée de l'effort ; une trêve dans la menace toujours présente du danger ; le simple droit de dormir et de vivre... Il faut avoir été « poilu » pour connaître le sens merveilleux que peut prendre ce mot banal : le repos.

Pour la première fois depuis six mois, l'armée se repose. À l'abri du Rhin, tenu avec la plus grande économie d'effectifs[1], elle goûte la rare douceur d'un printemps précoce qui, d'un coup, a rendu à l'Alsace son sourire.

Mais détente n'est point paresse.

Hommes et matériels ont besoin de se refaire.

Pour ces derniers, il faut les réparer, les remettre en état, les recompléter, les remplacer, les moderniser chaque fois que les approvisionnements du 6e groupe d'armées l'autorisent. Du peloton de blindés aux ateliers de l'armée, on ignore le chômage.

Il en va de même pour les hommes. Il faut réorganiser et réétoffer les unités, incorporer des renforts, désigner et mettre en route les vétérans qui repartent pour l'Afrique du Nord.

C'est le moment où s'achève l'amalgame des FFI par la constitution définitive de régiments de type normal, par la substitution d'un régiment

1. Il serait oiseux de relater les diverses modifications apportées durant cette période au dispositif de l'armée. En bref, chaque division assume la responsabilité d'un créneau sur le Rhin qu'elle tient avec le minimum d'effectifs en lignes et le maximum d'échelonnement en profondeur. (Cette garde n'est d'ailleurs pas de pure forme puisqu'en six semaines, 90 patrouilles allemandes essaieront de prendre pied sur la rive gauche du fleuve.) Provoqués à l'origine surtout par des retraits d'unités, les remaniements prirent bientôt un caractère stratégique avec la remontée progressive vers le nord de l'Alsace du centre de gravité de l'armée.

métropolitain à un régiment de tirailleurs dans chacune des divisions d'infanterie nord-africaines, par la résurrection de la 14e DI, la division de Colmar et de Mulhouse.

Malheureusement, notre ordre de bataille ne s'en trouve point enrichi d'une grande unité supplémentaire. Car, dans le même moment, nous nous appauvrissons. Non seulement, dès le lendemain de la prise de Chalampé, a commencé le rapide retrait des forces mises pour la bataille à la disposition de la 1re armée, y compris la 2e DB et la 10e DI, mais l'ordre arrive, le 27 février, de diriger la 1re division française libre vers les Alpes où un détachement d'armée doit être constitué à compter du 1er mars, sous le commandement du général Doyen. Je cesserai à cette date d'avoir la responsabilité du secteur alpin – mais je verrai partir à regret notre plus vieille division, celle qui paraissait cependant avoir acquis le plus sûrement le droit d'entrer en Allemagne pour y étreindre enfin la victoire, après l'avoir pourchassée sans relâche et par tant de chemins durant cinq années de fidélité, d'espérance et de sacrifice...

L'encadrement de nos cinq divisions d'infanterie et de nos deux DB subit un minimum de changement. Tandis que Salan forme la 14e DI, Valluy quitte son poste de chef d'état-major, où le remplace Linarès pour prendre la 9e division d'infanterie coloniale (9e DIC)[1].

Partout, à tous les échelons, la remise en ordre des unités s'accompagne d'une reprise immédiate de l'instruction ainsi que de la formation et de la promotion de jeunes gradés indispensables pour combler les vides ou encadrer les régiments nouveaux. Et cette préparation est si essentielle pour le développement de la valeur combative de l'armée que je décide de la prendre en main, en lui appliquant des méthodes propres à lui assurer un rendement maximum.

Le 12 février, le génie de l'armée est lancé sur Rouffach. Aux abords de la ville se trouve un asile d'aliénés fort moderne et vaste où, depuis 1940, les SS ont installé une école qu'ils nous ont laissée dans un rare état de désordre et de saleté. En huit jours, tout est nettoyé, agrandi et aménagé

1. C'est le commandant du 2e dragons, le colonel Demetz, qui devient sous-chef d'état-major de l'armée. Un autre changement notable se produit avec le départ du 3e bureau du lieutenant-colonel de la Boisse qui y était depuis le début de la campagne mon très précieux collaborateur. Désigné pour prendre le commandement du 3e RTA, il passe ses fonctions au lieutenant-colonel Beaufre.

pour recevoir 5 000 jeunes soldats, sous-officiers ou officiers que les corps doivent désigner comme stagiaires pour une durée de six semaines. Le 20 février, sous le commandement dynamique du colonel Lecoq, secondé par une cohorte remarquable d'instructeurs enthousiastes, l'« École de cadres de Rouffach » commence à fonctionner.

Comme il aurait été souhaitable qu'imitant les enfants d'Alsace accourus en caravanes joyeusement émerveillées, tous ceux qui, en ce début de 1945, doutaient de la santé de la jeunesse de France aient pu venir constater la merveilleuse, l'unique ambiance de cette école ! Ils eussent abandonné leur scepticisme, à suivre le rythme ardent d'une progression continue vers une sorte de perfection.

Perfection technique des exercices de combat et de l'entraînement physique ; perfection de la formation morale et spirituelle dispensée dans un climat exceptionnel de ferveur : Rouffach est un immense séminaire militaire qui marque d'une empreinte réelle tous les stagiaires et, par eux, insuffle une ardeur nouvelle à toute l'armée, à la veille de sa campagne décisive.

Car personne n'en doute : ce « repos » laborieux prépare l'heure où les Français vont pouvoir venger 1940, envahir l'Allemagne et, avec tous leurs alliés, donner dans sa tanière le coup de grâce au nazisme.

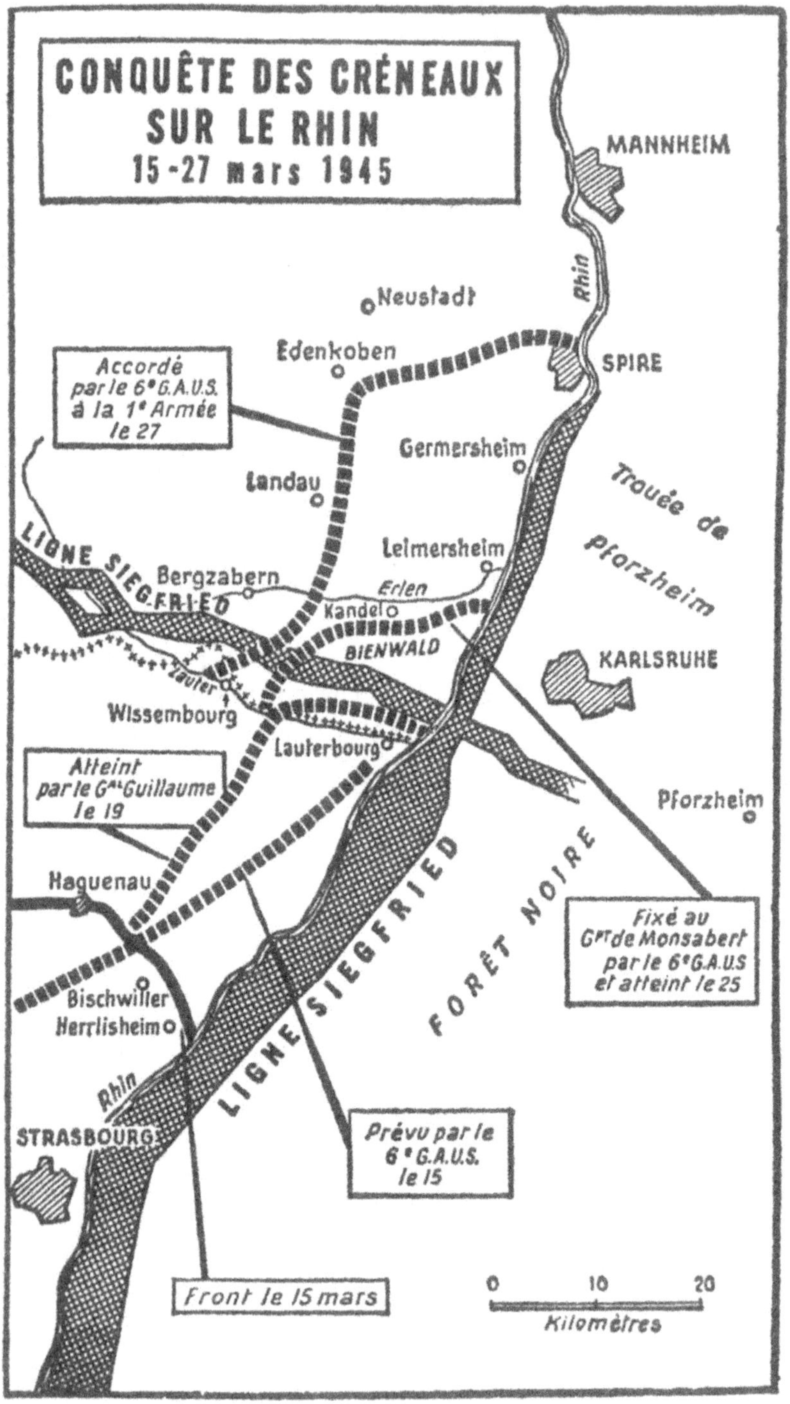
CONQUÊTE DES CRÉNEAUX SUR LE RHIN
15-27 mars 1945
MANNHEIM
Rhin
Neustadt
Edenkoben
SPIRE
Accordé par le 6e G.A.U.S. à la 1e Armée le 27
Germersheim
Landau
Trouée de Pforzheim
LIGNE SIEGFRIED
Leimersheim
Bergzabern
Erlen
Kandel
BIENWALD
KARLSRUHE
Lauter
Wissembourg
Lauterbourg
Atteint par le Gal Guillaume le 19
Pforzheim
FORÊT NOIRE
Haguenau
Fixé au Gpt de Monsabert par le 6e G.A.U.S et atteint le 25
LIGNE SIEGFRIED
Bischwiller
Herrlisheim
Rhin
STRASBOURG
Prévu par le 6e G.A.U.S. le 15
Front le 15 mars
0
10
20
Kilomètres

CHAPITRE XIII
L'ENTRÉE EN ALLEMAGNE

Pour un Français, le problème ne se pose pas : participer à l'invasion de l'Allemagne est pour notre pays un devoir et un droit.

Un devoir, parce que des centaines de milliers des nôtres, dans la désespérance des camps de prisonniers ou dans l'agonie des camps de déportés, attendent leur délivrance et qu'il serait inconcevable que nous soyons les seuls de tous les Alliés à ne pas nous battre pour leur rendre la liberté.

Un droit, parce qu'après avoir subi l'amertume d'une défaite et le joug d'une occupation en se sacrifiant pour le compte de tous, la France a, plus chèrement que quiconque, mérité de matérialiser sa victoire en entrant les armes à la main sur le territoire de son ennemie.

C'est pour elle le plus sûr moyen de manifester sa résurrection – et, plus encore, de la rendre durable en mettant la main sur des gages réels de sa sécurité future.

Cet aspect politique est, à coup sûr, celui qui retient le plus l'attention du général de Gaulle. Venu à Paris au début de mars, pour la première fois depuis 1940, et reçu longuement par lui, j'en rapporte la mission de mettre tout en œuvre pour que nos forces prennent part à l'assaut contre le Reich : c'est, aux yeux du chef du Gouvernement, une nécessité historique, tant pour relever notre prestige mondial que pour jeter les bases de notre politique à venir sur le Rhin.

Cependant, les plans établis par le commandement suprême allié ne répondent nullement à notre désir.

Ils visent, en effet, à déborder puis à encercler la Ruhr en portant l'effort principal des armées alliées entre Düsseldorf et Mannheim. Si la 7e armée américaine, aile gauche du groupe d'armées Devers, doit dans une certaine mesure intervenir dans la manœuvre générale pour appuyer les groupes d'armées Montgomery et Bradley, par contre la 1re armée française n'est appelée qu'à tenir, sur le Rhin supérieur, un front passif destiné à assurer simplement sur le Rhin la couverture du flanc droit du dispositif allié.

Tout au plus a-t-il été envisagé dans un plan « Éclipse » établi depuis février par le SHAEF[1] dans l'*hypothèse d'un effondrement rapide de la Wehrmacht*, qu'un corps français passerait le Rhin *derrière le flanc droit* de la 7e armée américaine, pour relever en Wurtemberg une partie de celle-ci et lui permettre de pousser vers la Bavière. Telles sont les perspectives fort modestes que le général Devers nous communique au début de mars dans son *Esquisse d'une base de travail concernant l'opération « Éclipse »*.

À la vérité cette « esquisse » tend à rendre notre « éclipse » moins totale que ne l'a prévu le SHAEF. D'une part elle ne s'arrête plus à l'éventualité d'une simple occupation consécutive à la fin de toute résistance organisée, mais s'applique également à l'envahissement de l'Allemagne par une action de force. D'autre part, elle prévoit pour l'armée française, outre la relève des unités américaines en Wurtemberg, une poussée le long de la frontière germano-suisse dont la fermeture nous incombera, et « le franchissement du Rhin à hauteur de Brisach, avec les moyens disponibles, par une division d'infanterie chargée d'occuper le couloir badois entre le Rhin et la Forêt-Noire, au sud de Karlsruhe exclue[2] ». Mais, même ainsi amendé, ce plan nous maintient dans une position mineure.

La raison officielle en est l'insuffisance des matériels d'équipage de ponts, pour autoriser un franchissement de vive force du Rhin par toutes les armées du front occidental. Confirmation, et en ce qui nous concerne aggravation de cette insuffisance sont apportées par un ordre du 12 mars qui nous prescrit de prêter la compagnie d'équipage de ponts de la 1re division blindée et la moitié de celle de la 5e division blindée[3] à

1. *Supreme Headquarters Allied Expeditionary Forces :* Commandement suprême des forces alliées du théâtre d'opérations occidental.

2. Il est également envisagé l'occupation de la Sarre par deux DI françaises pour y relever les éléments de la 7e armée US.

3. Chaque compagnie d'équipage de ponts de DB possède le matériel nécessaire pour construire un pont *Treadway* de 320 mètres de la « classe 30 », c'est-à-dire capable de supporter des charges de 30 tonnes et par conséquent d'assurer le passage de chars

la 7e armée US, où elles remplaceront les matériels que celle-ci envoie au groupe d'armées Montgomery, sur lequel le SHAEF fait l'effort principal.

Ce prélèvement de nos moyens de franchissement suffit à indiquer la mission secondaire qui nous est impartie. Un autre l'établit plus crûment encore. Alors que 80 divisions anglo-américaines sont concentrées en face d'à peine les trois quarts (530 kilomètres) du front occidental, les seules 7 divisions restant à la 1re armée française sont prévues pour en tenir le grand dernier quart (200 kilomètres de Bâle à la Lauter). Réduisons les fractions : la densité française est de quatre à cinq fois plus faible que celle de nos alliés.

Dans ces conditions, passer le Rhin et porter la guerre à l'intérieur de l'Allemagne paraît, en ce qui nous concerne, un rêve échafaudé au royaume d'Utopie.

Dieu sait pourtant que ce rêve deviendra bientôt une merveilleuse réalité !

La Fortune se saisit à un cheveu...

Le 10 mars, confirmant une lettre personnelle qu'il m'a envoyée le 7, le général Devers m'annonce son intention de déclencher une attaque à l'aile droite de la 7e armée américaine pour reconquérir Wissembourg et se porter à la hauteur de l'armée Patton. Comme, depuis le 22 février, ce sont des troupes françaises qui tiennent les lignes de Bischwiller, au sud-est de la forêt d'Haguenau, jusqu'au Rhin de Herrlisheim, il me demande que nos unités progressent en liaison avec les unités américaines pour couvrir celles-ci le long du Rhin jusqu'à son confluent avec la Lauter, à Lauterbourg.

Oberhoffen-village, Soufflenheim, Lauterbourg jalonnent la limite entre Américains et Français. Cette limite a l'énorme désavantage de finir en « sifflet » et de nous interdire l'accès de l'Allemagne à la frontière même. Mais l'opération a en compensation l'énorme avantage de nous pousser dans la bonne direction, la seule qui nous rapproche d'une base de départ utile pour une action ultérieure.

---

lourds. La longueur des ponts sur le Rhin approchant 250 mètres, nous étions ainsi privés, au profit de la 7e armée, des deux seuls ponts de 30 tonnes que nous pouvions construire.

Car nous n'avons pas été longs à nous rendre à l'évidence : tenter de franchir le Rhin dans notre secteur actuel, en partant d'Alsace, serait une folie. Ce serait, en effet, affronter, outre l'obstacle non négligeable du fleuve lui-même, l'étroite plaine de Bade couverte des centaines d'ouvrages du *Westwall*, puis le massif de la Forêt-Noire. Faire sauter ces trois barrages successifs sans aboutir, en fin de compte, à une direction stratégique payante, c'est une impossibilité doublée d'un non-sens.

La seule solution raisonnable est d'atteindre, en Palatinat, la portion de rive gauche du Rhin en face de laquelle cessent de se prolonger aussi bien la Forêt-Noire que des lignes de fortifications continues. Là, il suffit de vaincre le fleuve et quelques blockhaus relativement espacés pour se trouver d'emblée devant la trouée de Pforzheim, voie naturelle d'invasion de l'Allemagne du Sud.

Arriver à Lauterbourg, c'est arriver à proximité du créneau rhénan dont j'ai un absolu besoin comme plate-forme de toutes nos opérations suivantes. Le cheveu de la Fortune… Mais ce n'est pas encore tenir ce créneau.

Pour parvenir jusqu'à sa hauteur, il faut qu'auparavant nos unités s'assurent non pas seulement la décevante possession de Lauterbourg, mais un premier créneau sur la Lauter par où elles pourront s'engouffrer en Palatinat. En d'autres termes, il faut qu'elles élargissent la zone d'action que leur accorde initialement l'ordre du 6e groupe d'armées en mordant sur leur gauche.

Créneau sur la Lauter, créneau sur le Rhin palatin… Voilà les deux conditions successives, indispensables à l'envahissement de l'Allemagne par l'Armée française. Je me les répète comme une litanie.

Créneau sur la Lauter, créneau sur le Rhin palatin… Pour les obtenir, je compte un peu sur l'amicale compréhension du général Devers, un peu sur l'habileté bon enfant du général Guillaume. Les instructions « secrètes » que je donne à ce dernier – et que je puis bien révéler aujourd'hui – n'ont rien d'académique : « Théoriquement, ton front se termine sur la Lauter en sifflet ; débrouille-toi pour qu'il se termine en tromblon… »

Car une fois de plus, l'honneur d'attaquer revient à Guillaume et à sa 3e division d'infanterie algérienne (3e DIA), « la division toujours fraîche, toujours en flèche », mise pour la circonstance, ainsi que le *Combat*

Command n° 6 de la 5e DB (CC 6 – colonel de Lavilléon), à la disposition du 6e corps d'armée américain du général Brooks.

Le plan de celui-ci consiste à lancer son corps, formé des 103e et 36e DIUS et de la 14e DBUS entre les basses Vosges et l'ouest de la forêt d'Haguenau vers Wissembourg par la trouée de Soultz-les-Forêts. Le rôle de la 3e DIA sera de progresser parallèlement entre l'est de la forêt d'Haguenau et le Rhin.

En fait, il s'agit donc pour nos éléments d'effectuer à leur compte une véritable attaque de rupture, symétrique mais distincte de l'attaque américaine puisqu'elle en sera séparée par toute la largeur de la forêt d'Haguenau, la liaison n'étant prévue qu'au nord de celle-ci par l'extension vers la droite de la 14e DBUS.

Cette « neutralisation » *a priori* de la forêt d'Haguenau n'est pas sans danger pour notre flanc gauche, découvert tout le long de ce bastion. Il n'est pas possible que nous le tenions pour inexistant au risque de voir en déboucher des contre-attaques. Mais nous y gagnons d'avoir les coudées franches : puisque les Américains négligent la forêt, bien qu'elle soit en principe dans leur zone d'action, rien ne nous empêche de nous y étendre.

Bien plus : nous sommes, dès le départ, obligés de le faire. Puissamment retranchés dans la « ligne Annemarie » qui s'appuie au camp et à la station d'Oberhoffen, puis longe la voie ferrée Haguenau-Shirrhein, les 905e et 257e *Volksgrenadiere Divisionen* (VGD) nous interdisent toute progression aussi longtemps qu'elles tiendront le camp même d'Oberhoffen qui flanque toute la partie ouest du dispositif. On ne saurait déboucher du village, qui est dans notre secteur, sans avoir fait tomber le camp, qui n'y est pas. Puisque le 6e corps américain, s'engageant tout entier plus à l'ouest, ne s'intéresse pas à lui, force est bien à la 3e DIA de le prendre à son compte : ainsi, les besoins de la manœuvre nous contraignent-ils, d'entrée de jeu, à nous engager à la gauche de notre limite officielle.

De ses observatoires dominant la plaine nue où nous évoluons, l'ennemi ne perd aucun des préparatifs qu'exige cette attaque générale. Aussi se trouve-t-il en état d'alerte lorsque, le 15 mars à 7 heures, l'offensive se déclenche.

Le groupement d'attaque, commandé par le colonel Guillebaud, se compose du 4e régiment de tirailleurs tunisiens (4e RTT), du 3e régiment de tirailleurs algériens (3e RTA), du 7e régiment de chasseurs d'Afrique (7e RCA) et de quelques soutiens. Ce sont les Tunisiens qui ont le camp pour objectif. Mais, en dépit d'un très sérieux appui d'artillerie, tous leurs assauts se brisent devant une défense farouche et meurtrière.

Le 3e RTA du colonel Agostini s'engage néanmoins et tente de déborder l'obstacle par l'est. Dans un terrain infesté de mines et que balaient les tirs provenant à la fois du camp et de la lisière sud de la forêt, il réussit à gagner quelques centaines de mètres et à s'accrocher au remblai de la voie ferrée. Situation inconfortable et coûteuse.

Au tout petit jour, le 16, l'attaque repart. Avec le concours de quelques chars du CC 6, le 4e RTT finit par s'emparer du camp d'Oberhoffen tandis que le 3e RTA enlève de haute lutte Schirrhein : la ligne Annemarie est crevée. Elle l'est également plus à l'ouest, dans le secteur américain.

Dans la nuit du 16 au 17 mars, l'adversaire rompt alors le contact, non sans avoir tenté de masquer son décrochage par une vive contre-attaque de SS menée jusqu'au corps à corps contre les Algériens à Schirrhein. Aussitôt, la poursuite s'engage. Plus gêné par le nombre incroyable des mines que par le feu, le 3e RTA occupe Soufflenheim et Kœnigsbruck, pendant que le 3e régiment de spahis algériens (3e RSAR) et le CC 6 prennent Drusenheim et Fort-Louis, avant de retrouver le contact à Rœschwoog.

Pendant ce temps, Guillaume a lancé, en pleine forêt d'Haguenau, le 1er groupement de tabors marocains (1er GTM – colonel Leblanc). Méprisant les mines sur lesquelles sautent trop souvent les hommes de tête de leurs colonnes, les goumiers la traversent tout entière et débouchent à Rittershoffen – sans rencontrer d'ailleurs un seul élément allié. Grâce à ce mouvement audacieux, nous sommes à 14 kilomètres à l'ouest du Rhin alors que la limite de notre secteur ne s'en écarte que de 6 kilomètres...

Cet élargissement se maintiendra le 18 mars. Culbutant des arrière-gardes à Oberlauterbach et à Neewiller, la 3e DIA se rapproche rapidement de la Lauter. À son aile gauche, le 2e échelon du 3e RTA voit arriver le *Combat Command A* de la 14e DBUS qui a reçu mission d'atteindre Scheibenhard. On s'explique entre camarades : puisque nous sommes déjà devant, inutile de se mettre à deux sur la même direction. Il y a de la place pour tout le monde. C'est exactement ce que pense le commandant du CC américain qui infléchit son mouvement et, bras dessus bras dessous avec nous, s'oriente plus à l'ouest, vers Salmbach, en nous laissant toute la frontière entre ce village inclus et le Rhin, soit sur 12 kilomètres.

Nous l'avons, notre créneau sur la Lauter ! Gentiment, Guillaume a réalisé la première condition.

Dès que j'en suis informé, le 18 mars, je saute à Phalsbourg chez le général Devers.

En toute confiance, je lui fais part de mes arrière-pensées. Notre amitié, cimentée lors des dures heures de Strasbourg, m'y autorise. Je lui dis quelle reconnaissance la France lui devra s'il nous permet d'entrer en Allemagne avec la 7ᵉ armée américaine – et quels résultats nous obtiendrons si nous pouvons ensuite franchir le Rhin au nord de Karlsruhe pour marcher en direction de Stuttgart et d'Ulm, au lieu de stagner sur la rive alsacienne avec la seule et combien modeste espérance qu'entrouvre le plan « Éclipse ».

Mon interlocuteur adhère complètement à mes vues. Il prend sur lui de satisfaire ma première requête. Nous décidons que la 3ᵉ DIA et la 5ᵉ DB formeront une *Task Force* que Monsabert fera pénétrer en Allemagne. Jusqu'à la rivière Erlen, il restera sous le commandement tactique de la 7ᵉ armée US. Mais, au-delà, il repassera aux ordres de la 1ʳᵉ armée française qui disposera de la sorte d'un petit créneau sur le Rhin au nord de l'ancienne frontière.

Quant à ma seconde demande, la réponse excède la compétence du commandant du groupe d'armées. Pour sa part, il l'approuve, mais il lui faut obtenir l'accord du général Eisenhower qui, seul, peut modifier les plans primitifs.

L'avenir s'éclaire. En rendant compte de cet excellent entretien au général de Gaulle, je le prie d'agir auprès de SHAEF pour appuyer la demande d'instruction que lui adresse le général Devers. Je crois que nous gagnerons aussi la deuxième manche.

Alerté sur-le-champ, Monsabert se précipite à Saverne, au PC du général Brooks. Tout se passe dans la hâte la plus cordiale. Mission de la *Task Force* Monsabert : « Attaquer en direction de Kandel, détruire les forces ennemies au sud de la rivière Erlen et s'emparer dans sa zone des passages du Rhin. »

Façon discrète de dire : « Forcer la ligne Siegfried ! »

Or, en cette charnière, la ligne Siegfried est d'une particulière solidité. Utilisant tous les couverts du Bienwald, elle consiste en des centaines de *bunkers* placés en quinconce tous les 150 mètres, sur une profondeur de 7 kilomètres. La plupart sont invisibles et tous sont protégés par des réseaux multiples de barbelés, d'innombrables champs de mines et d'immenses abattis diaboliquement piégés.

Pour rompre cette barrière que notre armée de 39 n'a pas osé affronter, Monsabert garde évidemment tous les renforcements dont disposait déjà Guillaume : les goums, le 9e zouaves, le 7e RCA, de l'artillerie et du génie. Je lui donne, en outre, le CC 1 et un nouveau bataillon du génie d'armée. Mais surtout, je retire la 2e division d'infanterie marocaine (2e DIM – général Carpentier) au 1er corps pour la porter dans la zone du 2e, sans toutefois l'affecter à celui-ci. Restant en réserve d'armée, elle suivra au plus près la 3e DIA, prête, sur mon ordre, à appuyer ou à exploiter[1].

Chez tous, l'imminence de l'entrée en Allemagne provoque une fièvre d'enthousiasme. Et c'est à qui réalisera le premier le rêve entretenu pendant des années de rage au cœur.

Le 19 mars, à 15 heures, le groupe franc du 3e RTA lance ses patrouilles au-delà de la Lauter au nord de Salmbach. Mais un feu d'enfer déclenché depuis les lisières du Bienwald les force à rebrousser chemin.

À 16 h 15, toute l'artillerie de la 3e DIA (AD 3) se déchaîne contre le village de Scheibenhardt, symétrique allemand du village français de Scheibenhard où s'est insinué le 2e bataillon du 4e RTT. Entre les deux, la Lauter, large d'une dizaine de mètres et profonde de deux à trois, marque la frontière.

À 16 h 30, le commandant Chotin lance le cri : « En avant ! » Tandis que mitrailleuses lourdes et TD aveuglent les habitations de la rive nord, la 6e compagnie du capitaine Sahuc cherche un passage guéable. Une section échoue dans son entreprise, une autre passe, avec de l'eau jusqu'à la poitrine. Immédiatement derrière elle, les pionniers du bataillon lancent une passerelle de fortune. Et le corps à corps commence, entre Tunisiens et SS.

Se battre en Allemagne... Le sol ennemi électrise nos hommes. À la grenade, au bazooka, les maisons éventrées sont conquises. Plusieurs flambent. Et c'est à la lumière de ces incendies que le combat se pour-

1. Pour compenser le départ de la 2e DIM et du CC 1, le 1er corps reçoit la 14e DI, le 2e dragons, le 8e régiment de chasseurs d'Afrique (8e RCA) et le 8e dragons.

suit à la chute du jour, jusqu'à 20 h 30. Scheibenhardt est alors en notre possession.

19 mars : une grande date pour des cœurs français.

Nous sommes maintenant au contact immédiat de la ligne Siegfried. Le 20, le 3e RTA pénètre dans le Bienwald vers la clairière de Buchelberg et le CC 6 enlève après un combat acharné le village de Berg. Mais, ici comme là, notre progression se heurte partout à une opposition terrible.

Monsabert reporte alors son effort plus à l'ouest. Le 21, il lance le 1er GTM à travers les abattis et les pièges. Les djellabas couleur de terre rampent pendant près de 7 kilomètres. Finalement, les goumiers sont eux aussi stoppés après cette progression épuisante.

Notre artillerie intervient de son mieux. Mais seule l'artillerie du 2e CA, du colonel Navereau, dispose d'un objectif nettement repéré : le pont de Maximiliansau (ou Maxau), qui en vingt-quatre heures, les 21 et 22 mars, reçoit 7 000 obus. L'artillerie divisionnaire, elle, éprouve les plus grandes difficultés à ajuster ses tirs sur les ouvrages admirablement camouflés du Bienwald.

L'affaire est donc, comme l'on s'y attendait, extrêmement dure. Pourtant, elle va bénéficier d'un concours décisif : tandis que l'armée Patch est ainsi arrêtée, l'armée Patton qui s'est mise en mouvement une semaine avant elle commence à cueillir les fruits de sa magnifique offensive. Parvenus au Rhin vers Coblence, ses blindés descendent la rive gauche du fleuve et approchent de Landau.

Cette menace sur leurs arrières conduit les défenseurs de la ligne Siegfried à amorcer un repli. Mais ils l'effectuent avec méthode d'ouest en est, en maintenant intacte leur résistance au plus près du Rhin, c'est-à-dire devant nous.

Pour bousculer leurs mouvements, le général Brooks décide de forcer la trouée de Wissembourg avec ses 36e DIUS et 14e DB. Assaut gigantesque. Pendant quarante-huit heures, un ouragan ininterrompu s'abat sur les fortifications allemandes et, mètre par mètre, les Américains avancent à l'ouest du Bienwald vers Bergzabern et Steinfeld, derrière des concentrations fantastiques d'artillerie ponctuées par les bombardements en piqué de l'aviation.

Malgré ce grignotage, le Bienwald lui-même demeure inébranlable. Aussi Monsabert estime-t-il opportun de lier son action à celle de la droite américaine. Il porte en conséquence à sa hauteur, au sud de Schaidt, le 1er GTM et le 3e RTA, pour les faire attaquer, avec le CC 6, en direction de Minfeld, Kandel et Rheinzabern. De ce point, un rabattement vers le sud, vers Jockgrim-Worth, ira au-devant du 4e RTT poussant depuis Berg vers Neuburg.

Le 23 mars, à 6 heures, le 1er GTM du colonel Leblanc tente par la forêt d'atteindre Schaidt. Héroïquement, les Marocains cherchent à s'infiltrer, écartant de leurs mains les feuilles mortes pour découvrir les mines. Le commandant Abescat est tué. Au 101e goum, 55 hommes tombent, dont 16 sur des mines. Malgré tout, l'avance reste légère. Mais elle couvre efficacement la poussée des blindés américains qui s'ouvrent une petite brèche sur la route Schaidt-Minfeld. Deux tabors profitent du fléchissement qui en résulte pour étendre cette brèche et ratisser les lisières nord du Bienwald vers Kandel, ce qui permet aux chars alliés de déboucher de Schaidt et de franchir l'Erlen.

L'effort conjugué du CC A de la 14e DBUS et du 1er GTM a ainsi créé dans la ligne Siegfried une étroite fissure. La nuit est venue, mais Guillaume n'en passe pas moins à l'exploitation immédiate. Il jette sur la route Schaidt-Kandel le groupement sous pression depuis le matin, CC 6, 3e RSAR et deux bataillons sur camions du 3e RTA. Dans l'obscurité, Kandel est pris, puis Rheinzabern. À l'aube du 24, le CC 6 et le 3e RTA sont à Worth, pendant que le 3e RSAR les couvre vers Neupfotz et Leimersheim.

Durant cette même nuit hallucinante, le 1er GTM a tourné la ligne Siegfried au plus près dans le Bienwald. C'est dans l'ombre une chasse à l'homme folle qui se termine victorieusement au matin par la capture de gros détachements à Hagenbach, où le 4e RTT, qui suit le 2e GTM, vient donner la main aux goumiers de Leblanc après avoir enlevé Neuburg.

Il reste à exterminer ceux des Allemands qui ne sont pas encore prisonniers et qui cherchent désespérément à gagner la rive droite du Rhin. Autour de Maximiliansau notamment, leur résistance est passionnée. Mais notre artillerie les harcèle sans trêve et appuie les assauts des fantassins. Le 25 mars, les derniers îlots sont nettoyés : la *Task Force* Monsabert, après avoir franchi la ligne Siegfried, borde le Rhin sur la rive palatine, de la frontière jusqu'au confluent de l'Erlen, au nord duquel le 6e corps américain s'étale jusqu'à Spire.

> C'est à vous et aux troupes relevant de votre commandement, écrit Brooks à Guillaume, qu'a échu le grand honneur de rejeter jusqu'au dernier, de la terre d'Alsace et de celle de la France, l'envahisseur boche. [...]
> J'ai longtemps soutenu que le commandement d'une division au feu est l'ultime récompense de tout soldat, mais, en plus, bouter hors de son pays le dernier envahisseur, est un honneur et un privilège qui sont l'apanage de peu d'hommes de guerre.
> Le 6e CAUS en entier applaudit à votre victoire.

Cet hommage amical marque la fin de la subordination tactique du groupement Monsabert au 6e corps. Avec l'arrivée sur l'Erlen, ses unités repassent, en effet, dans le cadre de la 1re armée française. Dès le 24 mars, je viens les remercier de nous avoir donné cette magnifique réparation – et le créneau sur le Rhin qui nous en promet une plus belle encore. C'est avec une inexprimable émotion qu'à Scheibenhardt, avec le général Vanier, ambassadeur du Canada à Paris, en visite amicale à l'armée, j'assiste au premier « envoi » de nos trois couleurs sur la terre allemande, en hommage aux 885 tués ou blessés et à tous ceux dont l'héroïsme venait, en dix jours, de couvrir de cette gloire neuve notre drapeau.

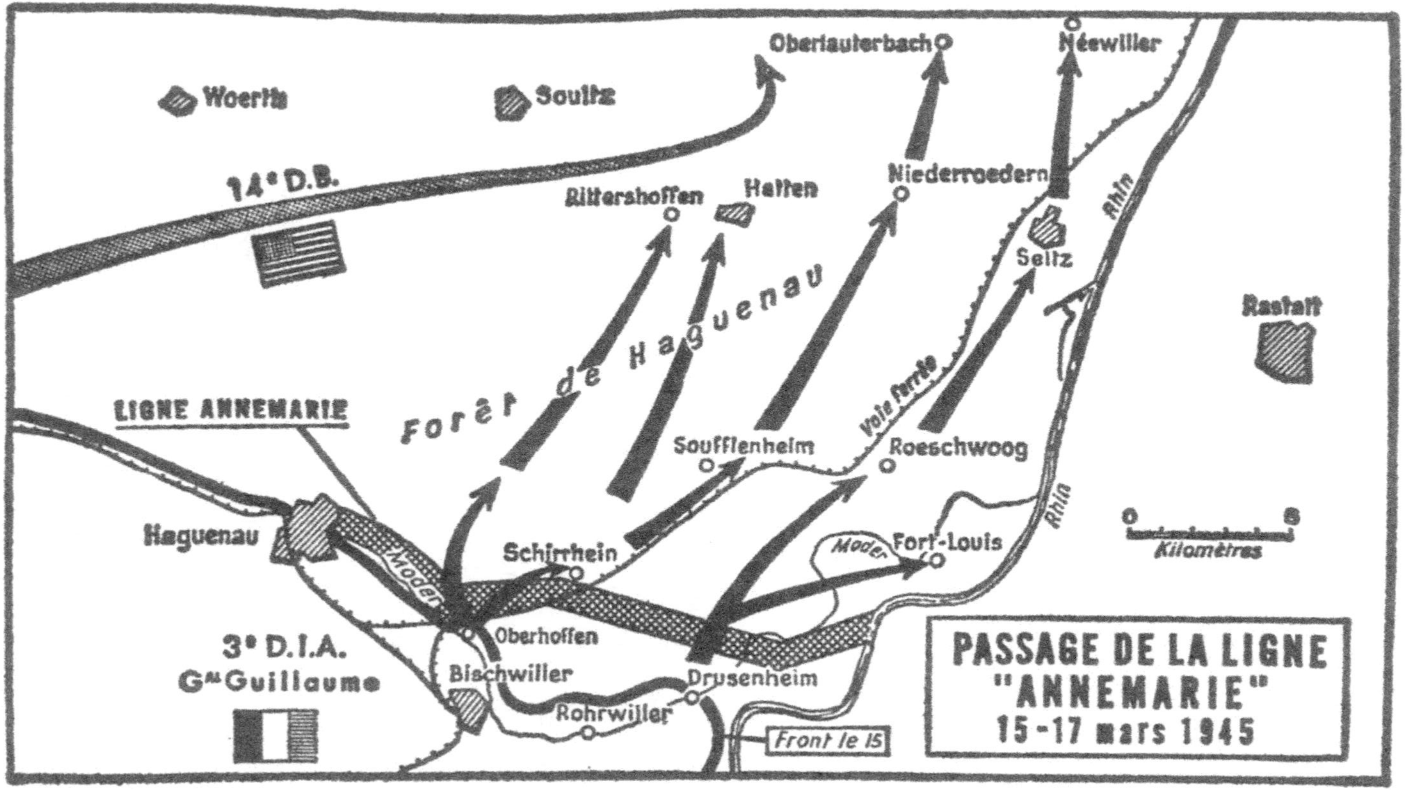
Woerth
Soultz
Oberlauterbach
Néewiller
14e D.B.
Rittershoffen
Hatten
Niederroedern
Seltz
Rastatt
Forêt de Haguenau
LIGNE ANNEMARIE
Soufflenheim
Roeschwoog
Voie ferrée
Rhin
Haguenau
Moder
Schirrhein
Fort-Louis
0
8
Kilomètres
Oberhoffen
3e D.I.A.
Gal Guillaume
Bischwiller
Drusenheim
Rohrwiller
Front le 15
PASSAGE DE LA LIGNE
"ANNEMARIE"
15-17 mars 1945

CHAPITRE XVI

LA 1re ARMÉE FRANÇAISE FRANCHIT LE RHIN

De Lauterbourg à Leimersheim, où l'Erlen se jette dans le Rhin, nous tenons la rive gauche du fleuve sur une vingtaine de kilomètres. Ce qui est peu.

Manifestement, ce n'est même pas assez, car les reconnaissances entreprises sans perdre une heure par les officiers du génie confirment deux faits dont nous nous doutions : d'une part, en cette zone toute proche de la frontière, les fortifications du Westwall se prolongent sur la rive droite du Rhin avec autant de densité qu'en face de l'Alsace pour couvrir solidement Karlsruhe ; d'autre part, dans cette partie de son cours, le Rhin se prête mal à des franchissements de vive force, sauf vers Leimersheim même où le passage d'éléments légers d'assaut paraît possible.

Pour un passage général comprenant des éléments lourds, le général Dromard, commandant le génie de l'armée que j'ai, le 25 mars, détaché auprès du 2e corps et qui a installé à Seltz un PC tactique, aboutit à une conclusion formelle : le seul point de passage approprié se trouve au nord de Germersheim, entre Lingenfeld et Mechtersheim parce que les bras morts de l'Altrhein y permettent la mise à flot d'embarcations à l'abri de l'observation adverse.

Mais les sapeurs, qui sont des techniciens, n'ont pas prêté attention à un détail... Germersheim est en secteur américain. Ou, plus exactement, ils comptent sur moi pour le régler.

Je n'ai, en effet, pas le choix. Le 27 mars dans l'après-midi, je prends une nouvelle fois la route de Phalsbourg, pour demander au général Devers une extension de mon « créneau » jusqu'à Germersheim. Je demande même un peu plus : je revendique pour l'armée française la possession d'une ville connue. Spire est tout indiquée.

Les circonstances viennent d'ailleurs à mon aide. Depuis la veille, la 7e armée américaine, profitant de l'avance de la 3e armée, franchit le Rhin dans la région de Worms ce qui l'aspire vers le nord. Une réduction de son secteur au sud ne peut donc que faciliter sa manœuvre.

Le général Devers en convient sur-le-champ. Avant que je le quitte, il inclut Spire dans la zone d'action de la 1re armée française.

Cette fois, notre créneau s'étale sur 40 kilomètres.

Mais la présence de nos alliés plus au nord, sur la rive droite du fleuve et l'importance de leurs moyens – la 7e armée compte 14 divisions dont trois blindées et d'énormes soutiens – peuvent amener une évolution rapide de la situation si une fraction de ces grandes unités s'oriente vers le sud, c'est-à-dire en face de notre secteur. Il nous faut donc prévoir notre propre engagement dans un avenir extrêmement court.

Il est vrai que nous ne sommes pas encore en place et qu'au surplus nous n'avons à peu près aucun moyen de franchissement. Mais c'est à mon tour de m'adresser aux techniciens et de leur faire confiance : dans la conférence que, le 27 mars dans la soirée, je tiens à Guebwiller où se trouve mon PC depuis la victoire de Colmar, je fixe au 31 mars la date à laquelle l'opération sera tenue prête à être déclenchée.

Chacun est déjà à la besogne lorsque, le 28 mars, me parvient la lettre d'instruction n° 12 du général commandant le 6e groupe d'armées[1].

Celle-ci me donne entière satisfaction pour le facteur « espace » puisqu'elle me fixe comme limite commune avec Patch la ligne Saverne-Haguenau-Wissembourg-Landau-Spire-Heilbronn et qu'elle envisage le franchissement du Rhin par un corps français d'au moins deux DI et une DB *avec mission de s'emparer de Karlsruhe, Pforzheim et Stuttgart*[2]. Mais le facteur « temps » reste imprécis. Il ne s'agit encore que d'une prévision, dont l'exécution reste subordonnée à une directive ultérieure.

Or le facteur « temps » conditionne le facteur « espace », en ce sens que l'espace qui m'est réservé risque d'être mordu par la droite de la 7e armée si mon engagement est retardé. C'est pourquoi je précipite le mouvement par mon instruction personnelle et secrète n° 11 du 29 mars[3].

---

1. Voir annexe n° 8.

2. Notons la date : dès le 28 mars, Stuttgart est expressément donné comme objectif à la 1re armée française. On jugera ultérieurement de l'importance de cette remarque.

3. L'instruction personnelle et secrète n° 11 (IPS n° 11) fait l'objet de l'annexe n° 9.

Mon intention est de déboucher au nord de la Forêt-Noire par la trouée de Pforzheim, pour mettre l'armée en mesure d'agir en direction soit de Stuttgart, soit d'Heilbronn, soit éventuellement de Tübingen.

En conséquence, le 2e corps, dont la 9e DIC formera provisoirement le flanc passif, forcera le Rhin dans la région de Germersheim avec la 2e DIM, la 3e DIA et la 5e DB, engagées successivement en raison de la pauvreté de nos moyens. Il visera en premier lieu Bretten, en se couvrant face à Karlsruhe et en recherchant au nord la liaison avec la 7e armée. Son action, appuyée par le maximum d'aviation et d'artillerie, devra pouvoir être entreprise à partir du 31 mars.

Étiré sur le reste du front, le 1er corps masquera son appauvrissement par une activité accrue[1]. Et il gardera, groupée au sud de l'Alsace, la 4e DMM pour rester en état de saisir toute occasion de franchir le Rhin entre Kembs et Bâle.

À peine cette IPS est-elle partie qu'à 17 heures, ce 29 mars, m'arrive un télégramme personnel (n° 25/CH) du général de Gaulle :

> Mon cher général, il faut que vous passiez le Rhin, même si les Américains ne s'y prêtent pas et dussiez-vous le passer sur des barques. Il y a là une question du plus haut intérêt national. Karlsruhe et Stuttgart vous attendent, si même ils ne vous désirent pas. Veuillez croire, mon cher général, à mon entière confiance et à ma fidèle amitié. Signé : Général de Gaulle.

En même temps me parviennent des renseignements sur la progression rapide de la 7e armée dont le 21e corps est sur le Neckar et se rapproche de la limite Spire-Heilbronn qui doit nous séparer.

Il faut donc agir sans perdre un instant. Je réponds au général de Gaulle par le télégramme suivant :

> *Primo* : Je reçois votre télégramme du 29 mars 13 h 50. Suis entièrement d'accord. Vous pouvez être assuré que mesures déjà prises permettront exécution sans délai vos prescriptions – Stop – Mise en

1. Entre la mi-mars et la mi-avril, nos unités, et spécialement le 3e groupement de choc du lieutenant-colonel Bouvet, exécutèrent dans le secteur du 1er corps plusieurs coups de main de va-et-vient sur la rive droite du Rhin. Le plus notable, au cours duquel deux casemates furent détruites, eut lieu près de Kembs dans la nuit du 17 au 18 mars.

place moyens en cours depuis quarante-huit heures – Stop – Vous confirme envoi lettre demain dès que décision concernant date sera définitivement arrêtée – Stop –
Secondo: Vous confirme ma demande instante concernant l'envoi sur le Rhin d'une division supplémentaire[1] – Signé: Général de Lattre – Fin.

En réalité, dès cet instant, ma décision est déjà prise: dans vingt-quatre heures, la 1re armée française franchira le Rhin. Je saisis mon téléphone et appelle « Estelle », c'est-à-dire l'indicatif de Monsabert.

– C'est pour demain, dans la nuit du 30 au 31 mars.

Monsabert me répond tout net que c'est impossible. Je le sais aussi bien que lui! Mais c'est le moment ou jamais de répéter un mot fameux et c'est pratiquement ce que je fais en confirmant mon ordre par un télégramme qui se termine par cette phrase caractéristique: « Ma décision choix date ne sera pas en tout cas conditionnée par degré préparation, mais par situation avance américaine sud Neckar. »

Car, s'il ne s'agit en aucune façon de passer le Rhin sans que les Américains s'y prêtent, il s'agit de le passer avant que les Américains occupent la direction de notre poussée ultérieure.

De très bonne heure le 30 mars – qui est le vendredi saint – je quitte Guebwiller en *Piper Cub* pour rejoindre le 2e corps d'armée. Car je sens que la journée ne sera pas banale.

Effectivement, l'entreprise paraît une gageure et l'on ne se prive pas de me le répéter sur trois modes concordants.

D'abord, nous ne sommes pas en place. La 2e DIM n'a pas encore pu relever dans le secteur de Germersheim la 36e DIUS et elle ne pourra le faire que dans la nuit prochaine. La tête de la 3e DIA, dont le gros est toujours vers Maximiliansau, n'arrivera de son côté à Spire que dans la journée et la relève ne pourra s'amorcer que très partiellement. Quant à la 5e DB, deux de ses *Combat Command* sur trois sont au nord de la

1. Le 19 mars, j'avais adressé au général de Gaulle un télégramme où, lui rendant compte des décisions prises le 18 mars à Phalsbourg, je lui demandais une division supplémentaire pour tenir le front passif du Rhin en Alsace.

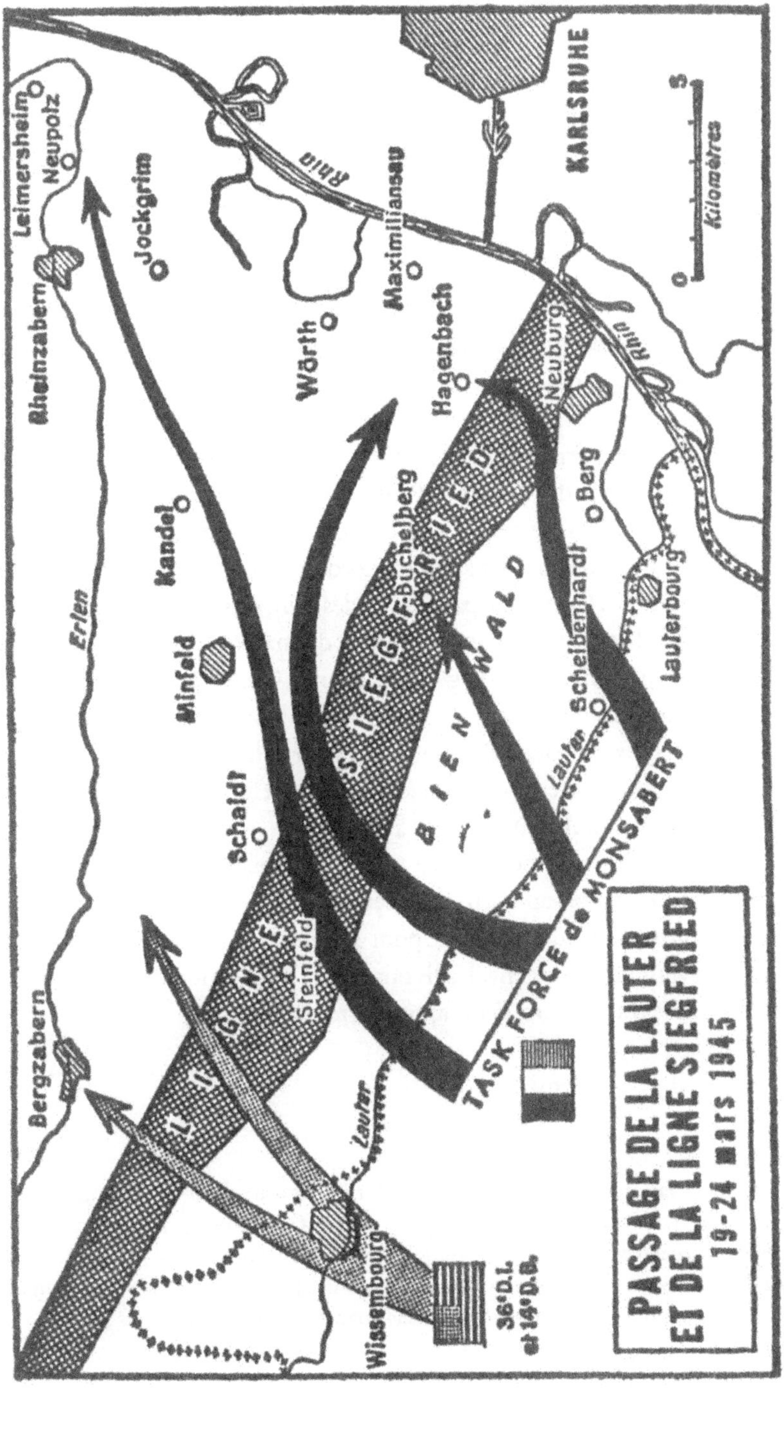
PASSAGE DE LA LAUTER
ET DE LA LIGNE SIEGFRIED
19-24 mars 1945
TASK FORCE de MONSABERT
36e D.I.
et 14e D.B.
LIGNE SIEGFRIED
BIEN WALD
KARLSRUHE
Kilomètres
0
5
Rhin
Lauter
Erlen
Wissembourg
Bergzabern
Steinfeld
Schaidt
Minfeld
Kandel
Rheinzabern
Leimersheim
Neupotz
Jockgrim
Wörth
Maximiliansau
Hagenbach
Büchelberg
Neuburg
Berg
Scheibenhardt
Lauterbourg

forêt d'Haguenau et de Strasbourg, le peu de profondeur de nos arrières n'autorisant pas leur concentration en Palatinat.

En deuxième lieu, nous n'avons rien pour passer l'eau – un beau fossé de 250 mètres de largeur à bords francs, avec un courant de 2,50 m par seconde. En rameutant tous les matériels de l'armée, du corps d'armée et des divisions, nous alignons tout juste 55 bateaux M 2, 15 *stormboats* et 12 *rubberboats* avec 67 propulseurs dont 26 sortent d'usine et n'ont jamais pu être essayés[1].

En matériel de pontage, nous ne disposons que des bateaux et de la travure nécessaires pour construire un pont de 10 tonnes, long de 300 mètres. Ce pont a toute une histoire. Après le tour de force du franchissement du Rhône en Avignon, j'avais dit au général Dromard, commandant le génie de l'armée : « Pour rien au monde, nous ne devons retomber dans les mêmes difficultés. – Pensez dès maintenant au Rhin. » Ces paroles n'avaient pas été perdues et, dès le début de eptembre, Dromard avait commencé à rassembler les éléments d'un pont de 10 tonnes, baptisé par lui modèle 44. Constitué partie avec des éléments fabriqués à Chalon-sur-Saône par l'industrie civile, partie avec du matériel camouflé pendant l'occupation par un officier du génie, le colonel Cressin, ce pont était prêt depuis quelques semaines et on imagine facilement l'impatience avec laquelle nos sapeurs attendaient le moment de le lancer sur le Rhin.

Quant à notre matériel organique de DB, il est toujours entre les mains de la 7e armée au moins jusqu'au 1er avril.

Par contre, Brooks nous promet très généreusement de nous faire partager les richesses de son corps d'armée et de nous envoyer 100 bateaux M 2, 50 *stormboats,* 500 mètres de pont *Treadway* et 100 mètres de *Heavy Ponton*[2]. Malheureusement, les livraisons ne pourront commencer que dans la soirée du 31 mars, donc après notre tentative.

Enfin, il y a l'ennemi.

---

1. M 2 : bateau mû par un propulseur et formé par deux demi-bateaux mis bout à bout, permettant le transport d'un groupe de combat (12 hommes), avec équipement ; *stormboat* : bateau d'assaut pour 6 hommes, véritable hors-bord en bois mû par un moteur de 55 chevaux procurant une vitesse de 60 km/h ; *rubberboats* : bateaux pneumatiques pour 6 à 10 hommes suivant le modèle, manœuvrés à la pagaie.

2. Pont lourd sur supports flottants pouvant porter 40 tonnes.

Jusqu'à Rheinsheim, les casemates de berge camouflées s'échelonnent de 200 mètres en 200 mètres. Puis elles s'espacent, mais des ouvrages de campagne étoffent les intervalles. L'ensemble est occupé solidement car il semble que la *Wehrmacht* ne se replie au sud du Neckar devant les avant-gardes américaines que pour s'accrocher plus rapidement au nord de la Forêt-Noire et au hérisson de Karlsruhe.

En aval de cette ville, le 90e *Armee Korps* a regroupé trois divisions : la 47e VGD devant Spire, la 16e VGD avec des éléments de la 2e *SS Gebirge Division* devant Germersheim, la 257e VGD, hâtivement regonflée, devant Karlsruhe. En amont, le 64e AK coiffe des unités de forteresse[1]. En outre, d'après des renseignements incontrôlés, des réserves stratégiques se rassemblent derrière la Forêt-Noire. En tout cas, la *Luftwaffe* fait preuve d'un regain d'activité et utilise même pour la première fois en groupes sur notre front des avions à réaction.

Bien que toutes les unités en ligne soient en sous-effectifs, elles conservent un armement lourd complet et l'on peut s'attendre à les voir défendre fanatiquement le Vaterland.

Toutes ces considérations militent, ce n'est pas douteux, en faveur d'un ajournement de notre entreprise dont elles soulignent la témérité. Mais j'ai, pour une fois, le devoir d'être téméraire parce que l'enjeu national l'impose. Sourd aux objections, je maintiens mes ordres et j'éperonne tout le monde. Renonçant à rentrer à Guebwiller, je reste à Kandel, au PC de Guillaume, prêt à vivre intensément un événement qui ne s'est plus produit depuis cent quarante ans...

Initialement, c'est-à-dire le 29 mars au reçu de l'IPS n° 11, le général de Monsabert avait envisagé de faire franchir le Rhin en force à la 2e DIM en concentrant à son profit tous les moyens du corps d'armée, y compris la presque totalité de l'artillerie des autres divisions. Mais il pensait alors avoir au moins jusqu'au 1er avril pour se mettre en place. L'obligation d'être prêt trente-six heures plus tôt l'amène à assouplir son plan primitif en donnant à la surprise un coefficient plus déterminant. De plus, à la suite de notre conférence de Kandel en fin de matinée, le vendredi saint, il prescrit à la 9e DIC de se préparer à passer le Rhin à Leimersheim pour

---

1. Devant le 1er CA, le dispositif ennemi reste inchangé : 405e division vers Kehl, 805e vers Brisach et brigade Bauer près de la frontière suisse.

se lier au mouvement de la 2e DIM, en engageant le plus tôt possible un *Regimental Combat Team* (RCT), le régiment d'infanterie coloniale du Maroc (RICM – lieutenant-colonel Le Puloch) et une partie du régiment colonial de chasseurs de chars (RCCC – colonel Larroque) avec mission de marcher sur Karlsruhe.

Seule, la 3e DIA n'est pas prévue dans la première vague. L'ordre du corps d'armée lui enjoint seulement de « se tenir prête ». Formule générale qui va subitement prendre un sens fort précis.

Il est 21 heures quand, dans le bureau de Guillaume, avec qui je discute librement, la nécessité de prendre pied sur la rive droite du Rhin le plus au nord possible et d'utiliser au maximum les effets de la surprise m'amène à estimer que la 3e DIA, elle aussi, doit sans plus tarder jeter des éléments au-delà du fleuve.

Mais à Spire ne se trouvent encore que le 3e RTA, le 3e RSAR et le 7e RCA[1], sans artillerie ni génie. Il ne peut donc s'agir que d'une opération en extrême souplesse.

J'appelle au téléphone Agostini[2] : « Il faut que vous passiez cette nuit même. Utilisez tous les moyens du bord. Demain, à l'aube, il faut que vous ayez du monde de l'autre côté... »

À peine Agostini a-t-il raccroché son appareil que le général Guillaume arrive à son PC avec deux officiers du génie. Le premier est le colonel Vilette qui commande le génie de la division et qui connaît bien Spire pour y avoir tenu garnison après la Première Guerre mondiale. Le second est le commandant Dumont, que les fantassins sont habitués à voir à leurs côtés dès qu'une affaire va « chauffer ». Une rapide inspection établit que « les moyens du bord » sont nuls : toutes les embarcations du port de Spire ont été coulées par la *Wehrmacht* en retraite. Le régiment ne disposera donc que de trois ou quatre bateaux pneumatiques que Dumont lui assure.

1. 3e régiment de tirailleurs algériens, 3e régiment de spahis algériens de reconnaissance (colonel Bonjour), 7e régiment de chasseurs d'Afrique (lieutenant-colonel Van Ecke).

2. Appelé au commandement de l'École inter-armes de Coetquidan, Agostini doit passer le lendemain 1er avril son 3e RTA au lieutenant-colonel de la Boisse, commandant en second le régiment depuis le 15 mars. Mais Agostini franchira le Rhin avec ses tirailleurs, et ne leur fera ses adieux que lorsqu'ils auront pris pied en terre badoise.

Le premier de ces *rubberboats* arrive à 2 h 30 le 31 mars. Le sergent Bertout et dix tirailleurs du corps franc du lieutenant Bouda s'y serrent. Piloté par deux sapeurs de la section du génie du sous-lieutenant Riera (83e bataillon du génie de la 3e DIA), l'esquif disparaît dans la nuit d'encre.

Une heure plus tard, le bateau manœuvré à la pagaie est de retour et embarque aussitôt le deuxième groupe – puis le troisième. À 5 h 30, tout le corps franc est passé sur la rive badoise.

Grâce à l'arrivée de quatre nouveaux *rubberboats*, les navettes s'accélèrent. Avant le jour, toute une compagnie du 1er bataillon Albouy a rejoint Bouda.

Complètement sidéré, l'ennemi ne réagit qu'avec son artillerie. Les fusants pleuvent, sans interrompre notre va-et-vient. À 9 h 30, notre flotte s'enrichit de sept bateaux M 2 propulsés ; une heure plus tard, tous les voltigeurs du 1/3e RTA sont de l'autre côté de l'eau.

De plus en plus précis et nourris, les tirs adverses commencent à nous causer des pertes sérieuses. Quatre de nos M 2 sont coulés et la plage d'embarquement devient intenable. On la reporte plus en aval et le renforcement de notre petite tête de pont continue.

Audacieusement, en enfants perdus, les tirailleurs ont décollé de la rive est et, quoique dépourvus de soutiens, ils s'étalent bientôt sur 5 kilomètres de largeur et 3,5 km de profondeur. Devant Altersheim et la ferme Insultheimerhof, ils se heurtent à de vigoureuses oppositions qu'ils n'ont pas les moyens de rompre. Mais leur emprise est suffisante pour que le génie entreprenne, vers 22 heures, la construction du pont français de 10 tonnes dont le lancement avait primitivement été prévu à Germersheim.

C'est qu'à Germersheim, nos affaires ont été beaucoup plus malaisées.

Au nord de la ville, sur le Vieux-Rhin, deux plages ont été reconnues et aménagées par le génie. La plus septentrionale, la plage A, au sud-est de Mechtersheim, est affectée au 151e régiment d'infanterie (151e RI) du colonel Gandoët. La plage B, à 2,6 km plus au sud, est attribuée au 4e régiment de tirailleurs marocains (4e RTM) du colonel Clair. Entre les deux, ont été répartis 55 bateaux M 2 et 15 *stormboats*.

À 4 h 45, vingt groupes d'artillerie crachent soudain de tous leurs tubes sur les ouvrages de la rive est. C'est le moment où, profitant de ce tonnerre, les embarcations d'assaut devraient être mises à l'eau en attendant l'instant de s'élancer à travers le tumulte du fleuve. Mais, parce que, faute de temps, les reconnaissances des plages d'embarquement n'ont pu être faites dans le détail par les commandants de compagnie et les chefs de section, des retards se produisent, tant au 4e RTM qu'au 151e RI, dans la mise en place des unités d'assaut[1]. Aussi, lorsque la première vague peut démarrer, il fait jour déjà et l'ennemi, alerté, riposte brutalement.

Sa réaction est d'une particulière violence en face du 15-1. Les *stormboats* de tête, dans lesquels ont pris place les sections Calligaris et Rodriguez du 2e bataillon (commandant Cunin), essuient un feu d'enfer provenant tout ensemble de la rive droite et de quelques îles proches en aval de notre plage d'embarquement. Impuissante à déjouer ces tirs de face et de flanc, cette avant-garde est contrainte de rebrousser rapidement chemin.

Les tirailleurs du 3/4e RTM (commandant Brunel) ont eu un départ moins dramatique car la plage B n'a pas été aussi exactement repérée par l'ennemi. Mais dès que celui-ci aperçoit les dix premiers bateaux qui s'avancent vers lui, il crible le fleuve de tous ses projectiles. Au bout de quelques instants, un bateau flambe, un deuxième coule, deux, privés de leurs navigateurs tués à la barre, s'en vont à la dérive, jouets du courant qui les rejette vers la rive amie, comme trois autres dont les propulseurs sont tombés en panne. Finalement trois bateaux seulement arrivent à accoster – trente hommes perdus qui s'accrochent à la berge sous le feu d'un blockhaus.

Une seconde vague de 15 bateaux suit la première, puis d'autres… Chaque fois, les flots se referment sur quelques malheureux. Mais, à 8 heures, une compagnie se serre sur une minuscule tête de pont qui fait à peine 150 mètres sur 50.

C'est pourtant sur ce bout de rive que, grâce à la vaillance imperturbable des « propulsistes » du 101e génie, les trois quarts du bataillon finissent par aborder.

Les bombardements ne se lèvent que pour permettre aux unités allemandes de lancer leurs contre-attaques. Successivement, les Marocains, le dos au fleuve, en repoussent quatre. Bientôt, ils passent eux-mêmes à

1. Au 4e RTM, le retard est en particulier imputable à la confusion, par un guide du génie, de la « compagnie de l'Île » (qui a mission d'occuper une île de la rive gauche, la Grüninsel) avec la compagnie Delisle (nom du commandant de compagnie), désignée pour s'élancer en tête du 4e RTM.

l'assaut et enlèvent deux casemates puis, dans le milieu de l'après-midi, deux autres. Leur champ de bataille s'étend maintenant sur un rectangle de 1 500 mètres sur 500.

C'en est assez pour que le 151e RI s'en serve comme base de son propre engagement.

Il lui faut, en effet, renoncer à atteindre directement son objectif. Ce n'est pas faute pourtant d'avoir tout tenté pour s'en rendre maître. Après avoir employé la matinée à nettoyer les îles infestées de *snippers*, le 2e bataillon a cherché à nouveau, vers 14 heures, à forcer le Rhin dans sa zone avec un train de neuf bateaux. Tout d'abord parut marcher à souhait et déjà les deux tiers du terrible trajet ont été parcourus sans incident, quand mortiers et mitrailleuses entrent d'un seul coup en éruption, dispersant et détruisant en une seconde la flottille. Seuls, deux M 2 en réchappent et débarquent sur la rive ennemie une quinzaine de voltigeurs.

Un si tragique précédent ne décourage pas encore. Zigzaguant dans le courant, un *stormboat* jette cinq hommes derrière ce groupe dérisoire. Puis une équipe d'artillerie le rejoint dont le chef, le lieutenant de la Croix, petit-fils du général de Castelnau, est tué avant d'avoir pu toucher terre... À 17 heures, sa radio résume la situation : « 10 tués, 30 blessés, 8 hommes valides. On tiendra. »

« Tenez deux heures », répond Gandoët. Deux heures, c'est le temps qu'il faut pour appliquer l'ordre du général Carpentier qui variante le 15-1 et met à sa disposition la plage A. Et la confiance se fait d'autant plus forte qu'arrivent les premiers bateaux que nous prête le 6e corps US.

Avant la nuit, le bataillon Couenoud rejoint le bataillon Brunel. Laissant à celui-ci la charge de pousser vers le sud jusqu'aux lisières de Rheinsheim, il court vers le nord, attaque et enlève une à une les casemates qui, pendant tout le jour, se sont opposées à son franchissement direct et ne s'arrête qu'après avoir rejoint la poignée des survivants des assauts lancés dans l'après-midi.

La 2e DIM a donc, comme la 3e DIA, pris pied en pays de Bade. Ce succès, acquis de haute lutte et après des péripéties angoissantes, a exigé de sa part une somme d'héroïsme difficile à exprimer. « On ne passe pas », porte l'insigne du 15-1, hérité de Verdun. Mais la consigne ne vaut que pour l'ennemi. Les merveilleux petits gars, FFI de la veille, ont passé. Un seul de leur bataillon a payé cette victoire de 88 tués et 51 blessés. Et les Marocains pour leur part ont perdu 28 morts et 36 blessés.

Peut-être cependant les fantassins sont-ils d'accord pour reconnaître aux sapeurs d'assaut le mérite le plus grand. Et se peut-il pour un combattant éloge plus pur ? Il a fallu successivement faire appel aux « propulsistes » du 211e bataillon du génie puis du bataillon de la 5e DB, le 96e, pour combler les vides creusés parmi ceux du 101e régiment du colonel Ythier. Sur 90 qui se sont élancés sur le fleuve, 54 ont été touchés. Et les trois quarts des bateaux qu'ils servaient ont coulé.

Pour toute l'armée, le 31 mars 1945 est un jour de fierté. Mais l'arme du génie a le droit de garder avec un particulier orgueil le culte de cette journée durant laquelle le 101e régiment a glorieusement acquis son titre de « régiment du Rhin ». Ses sacrifices ont préparé une lumineuse journée de Pâques.

Car c'est Pâques. La France, la seule patrie qu'on ait osé appeler le « Christ des nations », achève de soulever la pierre du tombeau où l'Allemagne a voulu l'ensevelir.

Dès l'aube, le 4e RTM et le 151e RI font éclater le cercle atteint durant la nuit et s'emparent le premier de Rheinsheim, le second de Philippsbourg. Au fur et à mesure que des renforts arrivent, l'éventail de la 2e DIM s'élargit. Vers le sud et le sud-est, le régiment Clair conquiert Neudorf, déborde batteries et casemates, aborde Graben, refoule les détachements ennemis jusqu'à Russheim que le 20e bataillon de chasseurs à pied (20e BCA – commandant Vigan-Braquet) enlève en fin d'après-midi. Vers le nord et le nord-est, le régiment Gandoët nettoie les bois de Lusshart, s'empare de Kirrlach et de Hambrücken et, à Waghausel, prend liaison avec le 3e RTA du lieutenant-colonel de la Boisse ; ainsi nos deux têtes de pont initiales se trouvent soudées.

La 3e DIA, en effet, s'est aussi étalée largement. Mais pour elle comme pour la division Carpentier, le problème immédiat est d'appuyer les fantassins en faisant rejoindre le matériel lourd. Tandis qu'à Germersheim, les sapeurs font des tours de force pour transborder des véhicules sur des portières et réussissent même, grâce à une traille actionnant du matériel *Heavy Ponton* à faire passer deux pelotons du TD du 2e dragons et un peloton de chars légers du 3e régiment de spahis marocains (3e RSM –

colonel Navarre), le général Guillaume use de diplomatie. Depuis des mois, Brooks et lui sont des amis : il n'hésite donc pas à aller trouver le chef du 6e corps pour demander que lui soit attribué un crédit sur le pont américain de Mannheim. Parfait compagnon d'armes, Brooks accorde le passage de vingt véhicules et le droit d'utiliser les « blancs » dans les convois américains.

Il faut croire que les « blancs » sont nombreux car, dans la journée, le 3e RSAR et le 7e chasseurs franchissent le pont. Se rabattant aussitôt vers le sud à 30 milles à l'heure, bousculant des résistances vers Hockenheim, ils rejoignent par échelons le 3e RTA qu'ils aident à entrer à Russheim, Saint-Léon et Mingolsheim. Une reconnaissance des spahis arrive même jusque auprès de Bruchsal, à plus de 20 kilomètres au sud-est de Spire.

Au cours de leur avance, les tirailleurs entrent en contact à Saint-Léon avec un élément de la 10e division blindée US descendu d'Heidelberg. Vers midi, une forte avant-garde de cette grande unité pousse même une pointe jusqu'à Langenbrucken, à 15 kilomètres au sud de la limite de notre secteur avec celui de la 7e armée US. Cette émulation n'a, dans la circonstance, rien de surprenant. Mais le fait justifie la hâte que j'ai montrée à franchir le Rhin : vingt-quatre heures plus tard, la poussée des 14 divisions de l'armée Patch en direction de la trouée de Pforzheim eût condamné l'armée française à ne jouer dans l'invasion du Reich qu'un rôle d'arrière-plan.

En cette soirée pascale, cette éventualité est complètement écartée. D'un élan enthousiaste, nos troupes s'apprêtent à étendre leur offensive. Déjà dans plus de vingt villages badois, sur lesquels ont subitement et sans pudeur fleuri des drapeaux blancs, des ménagères ahuries s'affairent pour servir à nos soldats les repas de fête qu'elles avaient préparés pour d'autres. Fiers d'avoir renouvelé les exploits des armées de Turenne et de Napoléon, les vainqueurs du Rhin allemand rêvent aux chevauchées qui, bientôt, les conduiront jusqu'au-delà du Danube...

C'est à préparer cette profonde pénétration que, ce même 1er avril, je consacre ma directive d'orientation n° 8.

Celle-ci donne pour « souci dominant » au 2e corps d'entrer à Stuttgart aussitôt que possible. Sur cette direction, il devra s'éclairer sans délai vers Bretten et Pforzheim. En même temps, il mènera deux actions latérales, l'une sur sa gauche pour chercher la liaison avec les Américains vers Heilbronn par Eppingen, l'autre sur sa droite pour s'emparer de Karlsruhe grâce à l'intervention de la 9e DIC franchissant le Rhin à Leimersheim.

> Lorsque Karlsruhe sera prise, continue la directive, et afin de permettre au 2e CA de concentrer ses efforts sur la direction essentielle de Stuttgart, la 9e DIC passera sous les ordres directs de l'armée en attendant l'entrée en ligne du 1er CA. Elle amorcera en liaison avec le 2e CA le débordement immédiat de la Forêt-Noire sur la direction Ettlingen-Pforzheim en même temps qu'elle continuera en direction d'Offenbourg (dégageant Strasbourg et permettant le franchissement du Rhin à Kehl) l'action de décollement progressif du nord au sud des résistances du Rhin.

Mais je vise plus loin encore. J'envisage, après la chute de Stuttgart, l'engagement du 2e corps vers le Danube d'Ulm et de Sigmaringen, avec couverture à l'est par les Américains, et à l'ouest par le 1er corps porté en temps voulu à l'est du Rhin pour entreprendre des actions débordantes de Pforzheim sur Rottweil.

Afin d'assurer à cette manœuvre à longue portée vitesse et force, je donne priorité au passage des blindés et du ravitaillement en carburant. D'autre part, je prescris de pousser les PC tactiques le plus en avant possible et d'utiliser largement la radio en clair.

Cette directive n° 8 est partie depuis vingt-quatre heures, lorsque me parvient un « modificatif à la lettre d'instruction n° 12 » du groupe d'armées, celle-là même qui, le 27 mars, nous avait invités à nous « tenir en mesure de franchir le Rhin » et qu'aucun ordre ultérieur n'avait plus suivie.

Le moins que l'on puisse dire est que le plan allié ne coïncide pas avec celui que je viens de diffuser. En effet, il fixe que « jusqu'à nouvel ordre la tête de pont de la 1re armée française sera établie sur la ligne Leopoldshafen-Staffort-Heidelsheim-Gochsheim-Lansdhausen-Elsenz », c'est-à-dire à une distance maximum de 30 kilomètres du Rhin. Nos forces devront simplement couvrir le flanc droit de la 7e armée américaine et « ne pas avancer au-delà de leurs positions de tête de pont ».

Mais il est bien tard pour revenir en arrière... Et ce curieux « modificatif » ne tardera pas à être lui-même sérieusement modifié.

En effet, quand ce document m'est remis, le 2e corps d'armée a déjà entamé la double opération qui, dans l'immédiat, découle de la directive n° 8. Sa gauche attaque la falaise de la Bergstrasse, rebord du plateau du Kraichgau où s'ouvre le seuil de Pforzheim, et sa droite passe le Rhin à Leimersheim avec l'intention d'engager sans retard la bataille de Karlsruhe.

Sur cette seconde mission, le général Valluy est orienté depuis le 30 mars et il a eu le temps de rassembler, en arrière de Leimersheim, un groupement que commande le colonel Bourgund, fort du 21e régiment d'infanterie coloniale (21e RIC), d'un escadron du RCCC, d'éléments d'artillerie et du génie.

Mais, pour lui aussi, hélas ! c'est la grande misère en moyens de franchissement. On n'a pu que lui promettre le transfert d'une trentaine de bateaux ramenés, par terre, de Germersheim. Encore cette promesse ne peut-elle être tenue dans les délais prévus. Le 2 avril, à l'heure prescrite, seize bateaux seulement sont à pied d'œuvre, servis par les propulsistes de la 3e compagnie d'assaut du 101e génie.

Valluy décide néanmoins de ne pas attendre davantage. À 11 h 20, toute l'artillerie de la division, renforcée par les TD du RCCC et par les canons antichars et de FTA poussés jusque sur la berge, concentre ses feux sur la plage de 500 mètres de large que doivent aborder les coloniaux, et sur les cinq casemates qui la défendent. Dix minutes plus tard, la flottille qui porte la 3e compagnie du 1/21e RIC (commandant de la Bollardière) pique droit à travers le fleuve : écrasé par les percutants, aveuglé par les fumigènes, l'ennemi laisse prendre sans coup férir le premier de ses blockhaus. Aussitôt, les quatre autres sont attaqués au bazooka et à la grenade.

Bientôt pourtant, l'artillerie allemande réagit avec force. Mais elle éprouve de la peine à ajuster ses tirs et la gêne réelle qu'elle nous cause n'empêche point les traversées de se poursuivre, lentes mais régulières. Dans l'après-midi, la moitié du 21e RIC garnit la tête de pont que je viens moi-même inspecter avec Valluy vers 17 heures. À ce moment, elle s'étend entre les lisières de Leopoldshafen au sud et de Linkenheim au nord.

Ces villages sont trop solidement tenus pour que l'infanterie seule puisse s'en emparer. Mais Valluy espère l'intervention d'un groupement blindé, formé par le colonel Larroque qu'il a envoyé à Mannheim avec l'espoir que la compréhension de l'*US Trafic Control* lui permettra d'utiliser le pont américain et de remonter la rive droite du Rhin.

Effectivement, ce groupement composé de deux escadrons du RICM, d'un escadron de TD du RCCC et d'un groupe du régiment d'artillerie coloniale du Maroc (RACM) est en train d'accourir. Il arrive à pleine vitesse jusqu'à Hochstetten que, sur la droite de la 2e DIM, le groupement Navarre (3e RSM et 20e BCA) cherche à enlever. Tout un *Kampfgruppe* de la 257e VGD le défend âprement. Mais, avec l'appui de ce renfort inopiné, le village est pris à 18 heures. Aussitôt, des automitrailleuses du groupement Larroque foncent vers Linkenheim et y jettent le désarroi. Par le sud et l'ouest, le 21e RIC en profite pour bousculer les dernières résistances : bientôt, blindés et fantassins de la 9e DIC se retrouvent et leur jonction soude la tête de pont créée dans la journée avec celle que, plus au nord, nous tenions déjà. Cette heureuse évolution permettra dans la nuit le renforcement du groupement Bourgund par une nouvelle colonne blindée, que le colonel Le Puloch pourra faire passer à Mannheim, cette fois à la suite d'un accord que j'ai conclu en bonne et due forme avec le 6e CAUS.

Pendant toute cette journée du 2 avril, les divisions Guillaume et Carpentier ont, de leur côté, tenté de progresser vers l'est et de s'agripper sur le plateau du Kraichgau. Mais, là, les résultats ont été limités.

C'est que la position est essentielle pour l'ennemi qui, par surcroît, la connaît à merveille. Dominant la vallée du Rhin d'une bonne centaine de mètres, ce plateau qui, sur son bord ouest, porte le nom caractéristique de Bergstrasse, n'est accessible que par les petites vallées qui l'entaillent tous les 4 ou 5 kilomètres. Mais chacune de ces vallées est commandée par un gros bourg, tels que Œstringen, Bruchsal, Untergrombach, Weingarten, Grotzingen, que le commandant allemand, appliquant à la lettre un *Kriegspiel* classique pour la garnison de Karlsruhe, tient avec toutes ses forces. En liaison avec la 257e VGD maintenue dans la plaine pour couvrir la capitale du pays de Bade, ce balcon du seuil de Pforzheim est défendu entre Weingarten et Bruchsal par la 16e VGD et, plus au nord, jusqu'à Wiesloch, par la 47e.

La 3e DIA a, durant la journée, groupé ses moyens et pris le contact avec la 47e VGD. Elle s'aligne sur la grand-route entre le nord d'Ubstadt et Mingolsheim, avec une pointe à Zeutern, enlevée avec quelques chars de la 10e DBUS venus en reconnaissance dans sa zone.

Quant à la 2e DIM, sa mission est de faire sauter les deux môles de Graben et de Bruchsal.

Petite ville de 16 000 habitants, Bruchsal représente un obstacle particulièrement considérable dont la défense, intégrée dans les arrières du Westwall, est assurée par des ouvrages bétonnés et étoffée par des unités de campagne. L'abordant par l'ouest, le 3/51e RI[1] se trouve très vite bloqué devant un plan de feu sans fissure. Manœuvrant alors avec son 2e bataillon qui vient d'enlever par surprise Ubstadt, le colonel Gandoët déborde Bruchsal par le nord et parvient, vers 17 heures, à prendre à revers cette grosse agglomération dont il entame la conquête rue par rue. Mais, retranchés dans les quartiers est et sud, ainsi que sur les hauteurs orientales, les grenadiers allemands s'opposent à notre installation dans la ville et à la poursuite de la progression sur le Kraichgau vers Bretten.

Par contre, le môle de Graben a été enlevé avant midi par le 4e RTM appuyé par un détachement de tanks-destroyers du 2e dragons. Pourtant, comme à Bruchsal, nous nous heurtons aux blockhaus de la défense arrière du Rhin. Il faut que les TD s'avancent pour envoyer dans leurs embrasures des coups directs tandis que les tirailleurs s'approchent par petits bonds jusqu'à pouvoir lancer des grenades par les créneaux de tir.

Un à un, douze blockhaus sont ainsi réduits. Graben même peut alors être nettoyé. Désemparés, les défenseurs se rendent par gros paquets, laissant entre nos mains plusieurs canons et de nombreuses armes d'infanterie.

Immédiatement en arrière, le CC 4 Schlesser de la 5e DB commence à se concentrer, dans l'intention d'appuyer, avec le groupement Navarre, l'aile droite de la 2e DIM dans son action contre le nord-est de Karlsruhe, que le groupement Bourgund attaquera également par le nord-ouest.

Tel est, en effet, le plan énoncé par le général de Monsabert dans son ordre 154, conforme à ma directive d'orientation n° 8. Celle-ci, on l'a vu, maintenait le groupement Bourgund dans le cadre du 2e corps jusqu'après la prise de Karlsruhe, objectif de corps d'armée. Le passage de la 9e DIC sous les ordres directs de l'armée n'était envisagé qu'ultérieurement, pour la conquête du pays de Bade.

---

1. Le 3/51e RI est commandé par le capitaine de Linarès. Blessé au cours de l'attaque, il est remplacé par le capitaine Quincy.

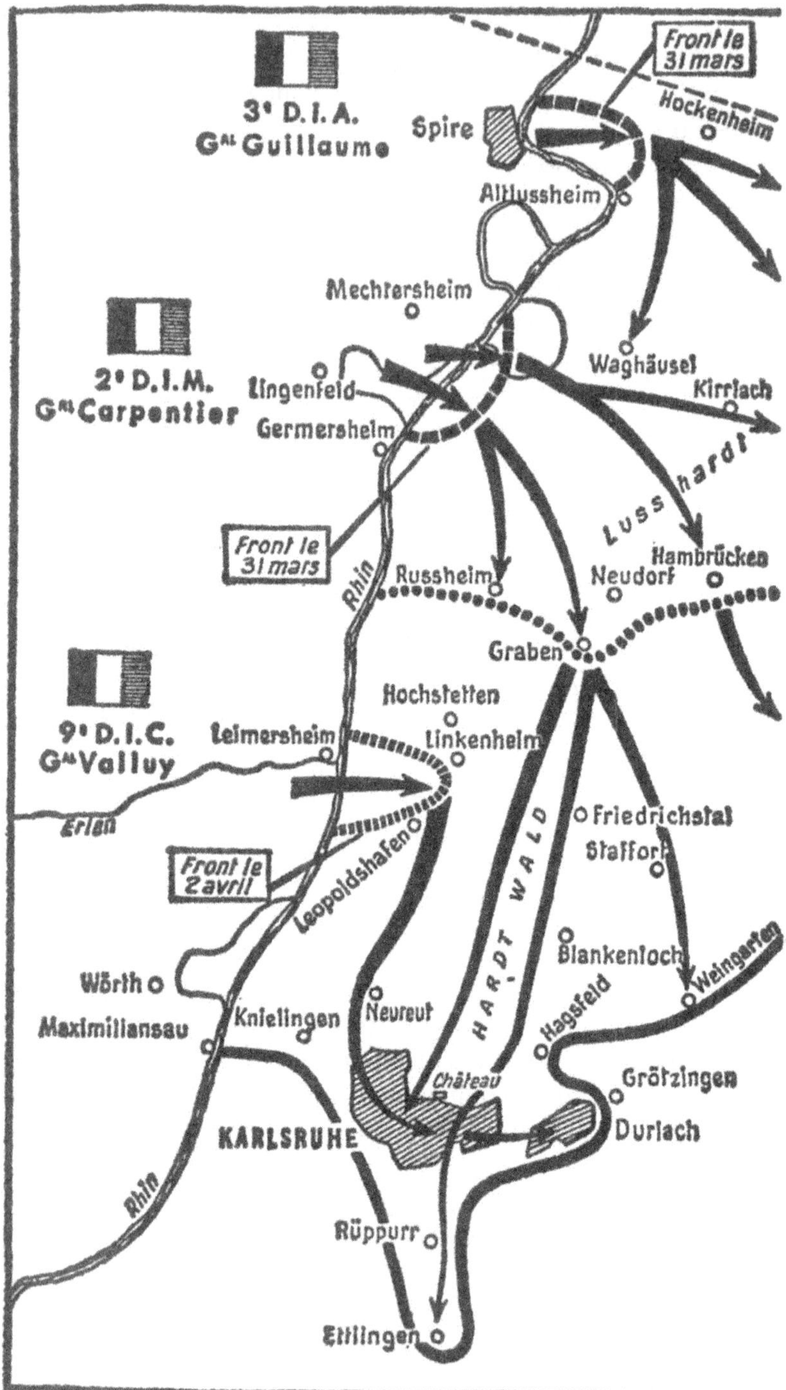
Front le
31 mars
3e D.I.A.
Gal Guillaume
Spire
Hockenheim
Altlussheim
Mechtersheim
2e D.I.M.
Gal Carpentier
Lingenfeld
Germersheim
Waghäusel
Kirrlach
Lusshardt
Front le
31 mars
Rhin
Russheim
Neudorf
Hambrücken
Graben
Hochstetten
9e D.I.C.
Gal Valluy
Leimersheim
Linkenheim
Erlen
Friedrichstal
Front le
2 avril
Leopoldshafen
Stafforf
HARDT WALD
Blankenloch
Weingarten
Wörth
Maximiliansau
Knielingen
Neureut
Hagsfeld
Château
Grötzingen
KARLSRUHE
Durlach
Rhin
Rüppurr
Ettlingen

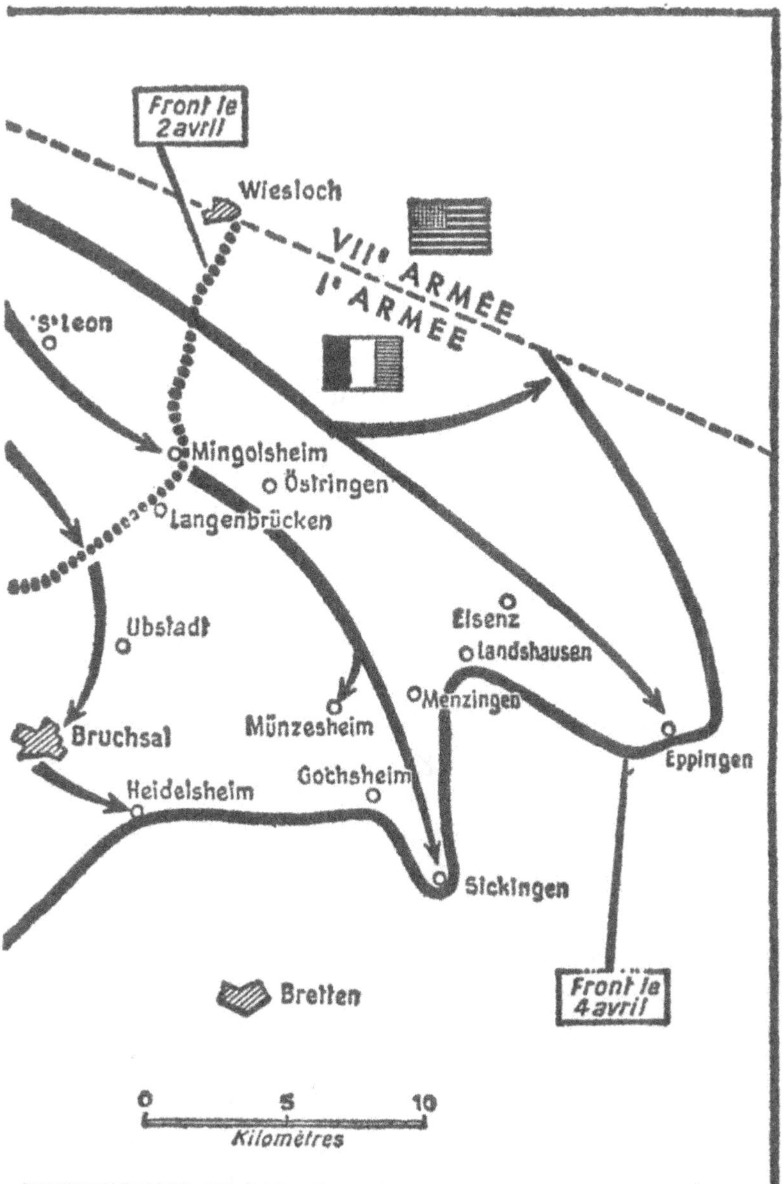

PRISE DE KARLSRUHE
4 avril 1945

Mais, en venant inspecter le 21e RIC sur le Rhin, dans l'après-midi du 2 avril, j'ai déjà la notion des difficultés que commence à rencontrer Monsabert dans sa marche vers Pforzheim. La tournure favorable prise par notre troisième franchissement me fait estimer que mieux vaut, sans plus attendre, décharger le 2e corps de tout ce qui n'est pas sa mission essentielle. Je décide donc de prendre immédiatement sous mes ordres directs la 9e DIC et de confier à Valluy la responsabilité de la conquête de Karlsruhe avec un groupement qui comprendra, outre sa division, le CC 2 de la 1re DB, le 9e zouaves, le 81e et le 126e RI[1].

Toutefois, les événements vont marcher si rapidement qu'en pratique, cet ordre nouveau ne sera que partiellement exécuté. S'il permettra à Monsabert de récupérer très vite ses éléments blindés engagés vers le sud, il n'empêchera pas ceux-ci de contribuer à la chute de Karlsruhe qui sera, en fait, le fruit de trois poussées parallèles exercées par Bourgund le long du Rhin, par Navarre à travers le Hardt Wald et par Schlesser, entre cette forêt et la Bergstrasse.

Le 3 avril, les coloniaux, après s'être emparés de Leopoldshafen, conquièrent méthodiquement les blockhaus échelonnés sur la digue du Rhin. Chacun d'eux nécessite une opération et l'avance est lente. Néanmoins, Teutsch-Neureut et Knielingen sont atteints, à 3 kilomètres de Karlsruhe.

Sur la gauche, le groupement Navarre s'introduit dans le Hardt Wald. Il y est longtemps arrêté devant le Hirsch Kanal qu'il ne peut traverser qu'en fin de journée. Une reconnaissance file aussitôt d'un trait jusqu'au parc du château grand-ducal où elle prend contact avec une défense très nourrie et se barricade pour la nuit dans une dépendance.

Plus à l'est, le groupement Schlesser, qui rassemble CC 4, 2e dragons, 4e RTM et groupement de choc n° 1, s'empare de Friederichstal et de Blankenloch – puis de Weingarten qui n'est enlevé qu'après un violent combat de rues où le 2e dragons et le 1/4e RTM doivent s'engager durement. Une grosse contre-attaque ne parvient pas à nous déloger de ce point important.

1. 9e zouaves : colonel Aumeran ; 81e RI : lieutenant-colonel Gauvin ; 126e RI : colonel Godfroy.

Ainsi, nous sommes partout à distance d'assaut et il ne s'agit plus de remanier notre dispositif avant que cet assaut soit lancé. Le 4 avril, à 6 heures, le groupement Navarre se lance contre le château. À 7 h 30, il en est entièrement maître et le 20e BCA cherche à s'infiltrer dans la ville. Toutes les artères en sont obstruées par des barricades dont les ruines des maisons bombardées ont surabondamment fourni les matériaux. Ici et là, des tramways renversés renforcent ces obstacles que défendent de nombreuses armes antichars et automatiques. Mais à 8 h 30, le groupement de choc Gambiez, lui-même soutenu par un escadron du 1er régiment étranger de cavalerie (1er REC) arrive à la rescousse. Nos TD ouvrent des brèches par où chasseurs et « chocs » s'engouffrent. Le nord de Karlsruhe a bientôt changé de mains.

Avant 9 heures, les hommes du groupement Navarre font leur liaison avec ceux de Larroque qui, en pointe du groupement Bourgund, ont conquis au prix de difficultés semblables les faubourgs et les quartiers résidentiels de l'ouest. Dès lors, l'assaut se développe concentriquement. Accouplés aux blindés, les fantassins se répandent dans toutes les rues, grenadent les caves, liquident les nids de résistance. Avant 10 h 30, le général Valluy installe son PC avancé *Adolf Hitlerplatz*, dans le bâtiment central de la police dont une aile se consume lentement.

Abandonnant à Navarre la charge de procéder aux derniers nettoyages, Valluy lance aussitôt le 23e RIC du colonel Landouzy vers le sud et l'est, vers Ettlingen et Durlach. Ces deux gros centres sont rapidement cueillis et la chute de Durlach entraîne celle des observatoires d'où l'artillerie allemande bloquait le groupement Schlesser en lui interdisant à Hagsfeld le passage du Hirsch Kanal. Le CC 4 se hâte de rattraper son retard et, traversant l'est de Karlsruhe, enlève Ruppurr.

À l'heure où dans ces conditions Valluy se rend maître de Karlsruhe, capitale et clef du pays de Bade, Monsabert ébranle la porte de Pforzheim. Le 3 avril, une action débordante de la 3e DIA menée par le colonel Bonjour avec le 3e RTA et le 3e RSAR nous a donné, après un dur engagement, Menzingen puis Sickingen, ce qui a provoqué le hâtif décrochage des garnisons de Gochsheim et Munzesheim. Ce mouvement tournant entraîne le fléchissement de Bruchsal dont la 2e DIM achève de s'emparer. Le 4, le 151e RI progresse jusqu'à Helmsheim et Untergrombach.

Plus au nord, un deuxième groupement de la 3e DIA, commandé par le général Chevillon, a également escaladé les pentes du Kraichgau dans la région de Langenbrucken. Rencontrant une moindre résistance, le 49e RI, l'ancien corps franc Pommies, a bousculé à vive allure tous les « bouchons » placés sur la route d'Eppingen. Mais Eppingen même est âprement tenu. Chaque quartier, chaque maison est l'objet d'attaques et de contre-attaques. Ce corps à corps forcené dure près de vingt-quatre heures. Le 4 avril, dans la journée, il se termine enfin par la complète défaite de l'ennemi.

Ainsi, en cinq jours, le premier acte de l'invasion du sud de l'Allemagne par la 1re armée française est joué. Trois divisions d'infanterie et une division blindée suivies de multiples unités de réserve générale – en tout 130 000 hommes et 10 000 véhicules – sont largement étalées sur la rive droite du Rhin reliée dorénavant à la rive palatine par le pont de 10 tonnes lancé à Spire en attendant de l'être bientôt par un pont lourd de 30 tonnes construit à Germersheim. Nos couleurs flottent sur 80 villages et sur une capitale. En Bade et en Wurtemberg, le second acte va pouvoir commencer.

CHAPITRE XV

LA DISLOCATION DE LA DÉFENSE ALLEMANDE LA MANŒUVRE DE FREUDENSTADT

En dépit de sa défaite sur le Rhin, à Karlsruhe et à Bruchsal, l'adversaire s'acharne encore à ralentir notre progression. Et il en a les moyens.

À nos trois divisions d'infanterie et à la 5e DB, il oppose six divisions, sans doute fatiguées et incomplètes, mais qui restent dotées d'un bon armement et qui ont reçu du Führer l'ordre de tenir *bis zum letzen Mann*. Avec une prodigieuse célérité et une énergie désespérée, l'OKW ne cesse de leur adjoindre des unités constituées à la hâte, *Volksturm, Hitlerjugend* et le reste.

C'est au sud de Karlsruhe que le dispositif défensif, tenu par la 106e *Infanterie Division*, offre la plus grande consistance. Il ne s'agit pas là d'une organisation improvisée, mais du verrou de la plaine de Bade que barre, à la hauteur de Morsch, une « bretelle » du Westwall d'une exceptionnelle ampleur. Par ce front équipé de longue date, la 19e armée allemande couvre tout son déploiement sur le Rhin.

La bretelle de Morsch forme la petite branche d'une équerre dont la branche principale, confiée à la 1re armée allemande, s'élève vers le nord, tout au long du Kraichgau. L'angle en est tenu, de part et d'autre de Durlach, par la 257e VGD qui, regonflée avec des renforts accourus de Dresde, bien encadrée, bien commandée, a presque retrouvé la valeur qu'elle possédait trois semaines plus tôt, à Oberhoffen.

À sa droite, une autre de nos vieilles connaissances qui reste parmi les meilleures divisions de la *Wehrmacht*, la 16e VGD, a la mission capitale d'interdire l'accès de Bretten, sur la direction de Bruchsal à Pforzheim. Étalée de Weingarten jusqu'au nord-est de Sickingen (avec, il est vrai, de sérieux renforcements dont celui d'un régiment de la 2e *SS Gebirge Division*), elle tient l'un des deux massifs qui couvrent la direction de Stuttgart, le Stromberg.

L'autre massif, le Heuchelberg, est défendu par la 47e VGD et la 198e division, derrière lesquelles, au sud d'Heilbronn, la 559e division reste disponible.

Il est donc peu probable que l'exploitation rapide envisagée par la directive d'orientation n° 8 du 1er avril demeure possible. Tout en conservant les buts stratégiques que celle-ci avait définis, mon instruction personnelle et secrète n° 12 du 4 avril aménage ses dispositions pour rendre plus méthodique notre effort.

La mission impartie à l'armée se trouve précisée par la lettre d'instruction n° 13 que, ce même 4 avril, je reçois du général Devers. Cette fois, il n'est plus question de s'enfermer dans une timide tête de pont, mais de l'étendre jusqu'à la ligne Rhin de Lichtenau-Pforzheim-Ludwigsburg, de façon à couvrir le flanc sud du 6e GAUS orienté vers Nuremberg et Linz. En outre, des reconnaissances devront être poussées jusqu'à Stuttgart et Kehl, en attendant qu'une avance générale vers le sud-est et le sud nous conduise à nous emparer de la Forêt-Noire et à dégager la rive est du Rhin.

Grosso modo, c'est mon plan primitif. L'IPS n° 12 le reprend et le développe amplement.

Mon intention est de m'assurer d'abord un « premier objectif d'armée » qui soit une bonne base de départ. S'amarrant au Rhin à hauteur de Fort-Louis, englobant les contreforts septentrionaux de la Forêt-Noire avec Baden-Baden et Herrenalb, cet objectif est ensuite jalonné face au sud par la vallée de l'Enz puis, face à l'est, par la vallée du Neckar. Pour l'atteindre, trois poussées sumultanées sont prévues, l'une de Karlsruhe sur Rastatt, la seconde de Bruchsal sur Pforzheim – ces deux premières se liant à Neuenburg – la troisième de Ubstadt sur Ludwigsburg.

Dans un deuxième temps, une double exploitation sera recherchée tant vers Stuttgart qu'en pays de Bade, la jonction entre les deux poussées étant assurée par des pénétrations d'ouest en est à l'intérieur de la Forêt-Noire.

Ces intentions entraînent logiquement la constitution de deux groupements de forces, appelés à agir respectivement à l'est et à l'ouest du massif.

Le groupement principal, celui de l'Est, comprendra sous les ordres du général commandant le 2e CA, la 3e DIA, la 2e DIM, la 5e DB et des unités de réserve générale[1]. Mission : atteindre l'Enz depuis Neuenburg jusqu'à Besigheim, en son confluent avec le Neckar, et le Neckar lui-même depuis Besigheim jusqu'à Lauffen situé à une dizaine de kilomètres au sud d'Heilbronn.

Le groupement Ouest, formé temporairement sous les ordres du général Valluy, comprendra la 9e DIC, les renforcements qui lui sont déjà assurés[2], et le CC 2 prélevé sur le 1er corps. Mission : poursuivre vers le sud le débordement des défenses du Rhin et prendre pied dans le nord de la Forêt-Noire sur la rocade Baden-Herrenalb-Neuenburg.

Quant au 1er corps d'armée, maintenu en station sur la rive gauche du Rhin, il interviendra sur la rive droite dès que la progression du groupement Valluy en Bade lui aura livré le passage de Kehl. Absorbant alors ce groupement temporaire, il se tiendra prêt à entamer les débordements envisagés à travers la Forêt-Noire.

Pour Monsabert, ces ordres n'impliquent pas de changement notable par rapport à ceux qu'il est en train d'exécuter et qui visent à dégager pleinement la trouée de Pforzheim.

Orientées l'une et l'autre vers le sud-est, ses deux divisions d'infanterie accolées ont reçu toutes deux le renfort d'un CC : CC 5 Mozat à la 3e DIA, CC 4 Schlesser à la 2e DIM. Provisoirement, le CC 6, de Lavilléon, non encore complètement rassemblé, reste en réserve.

Placé à l'aile gauche de l'armée, en liaison avec les Américains, Guillaume a juste devant lui le Heuchelberg et le Stromberg, c'est-à-dire un terrain accidenté, peu propice au déploiement des blindés. Aussi arrête-t-il un plan habile destiné à envelopper ces deux obstacles. Faisant de ses forces trois parts bien différenciées, il lance Mozat à l'extrême gauche de sa zone d'action, au nord du Heuchelberg, Bonjour (avec le 3e RSAR,

1. 1er et 4e GTM, 20e BCA, groupement de choc n° 1, 7e et 8e RCA (TD), trois groupes de 155, quatre groupes de FTA et deux bataillons du génie.

2. 9e zouaves, 82e et 126e RI, 2e GTM, un groupe de 155 GPF.

le 3e RTA et le 1er GTM) à l'extrême droite, au sud du Stromberg, et Chevillon avec le 4e RTT et le 49e RI, au centre, pour s'infiltrer entre les deux massifs.

La manœuvre réussit pleinement. Lancé le 5 avril de la région d'Eppingen, le CC 5, qu'avoisine la 100e DIUS, atteint d'un trait le Neckar à Klingenberg, en bousculant toute la droite de la 198e division allemande et en mettant à mal la 559e. À Klingenberg même, des unités SS tentent de faire front et contre-attaquent avec des chars lourds. Mais les nôtres tiennent bon et l'arrivée en fin d'après-midi de deux bataillons du 4e RTT les libère à temps pour amorcer un rabattement vers le sud qui les conduit jusqu'à Nordheim.

Complètement débordé par le nord, le Heuchelberg ne va pas tarder à être encerclé. En effet, le 6 avril, continuant à se rabattre vers le sud et le sud-ouest, le CC 5 s'empare de Brackenheim, sur la Zaber, rivière sur laquelle arrive également la tête du groupement Chevillon : la tenaille est refermée sur les défenseurs du massif.

Une manœuvre symétrique est en train d'amener l'encerclement parallèle du Stromberg. Le 5 avril, Bonjour force la 16e VGD à Sickingen et s'enfonce entre Bretten et le Stromberg. Le 6, il est à Schutzingen, pendant que le 1er GTM progresse directement par les bois. Le 8, il sort de son défilé vers Klein-Sachsenheim et y donne la main au CC 5 qui a poursuivi son avance vers le sud jusqu'à l'Enz qu'il vient border à Besigheim.

Menée tambour battant, cette réduction des deux gros mouvements de terrain sur lesquels l'ennemi avait espéré nous arrêter longuement est terminée en quatre jours. Quatre jours de durs engagements car, sauf la 559e division qui s'est repliée à l'est du Neckar, les unités adverses n'ont nulle part lâché pied. La 198e division est pratiquement hors de combat et la 47e VGD n'a récupéré que des tronçons au sud de l'Enz. Plus de 2 200 prisonniers ont été capturés, la plupart les armes à la main.

Mais ce succès se termine par la révélation du plus odieux des crimes hitlériens. Sur l'Enz, à Vaihingen, le 3e RTA découvre soudain non plus, comme chacun déjà en a pris la joyeuse habitude, des groupes de prisonniers alliés, français surtout, à qui nous apportons enfin la liberté – mais des spectres, des squelettes animés déambulant dans des tenues de forçats. Hagards, incapables d'un sourire, ce sont quelques-uns des déportés qui achevaient de s'éteindre dans le camp tout proche où les SS n'ont abandonné que les moribonds et les morts : 700 ou 800 Français, Belges, Hollandais, Tchèques, Ukrainiens, Polonais entassés près d'un inoubliable charnier se réveillent avec peine de leur cauchemar et, subitement, donnent à nos soldats un motif nouveau de se battre, implacables.

C'est une autre révélation, celle du châtiment qu'appelait le crime, qui attend la 2ᵉ DIM : elle va découvrir Pforzheim, ville de 80 000 habitants et centre réputé de la joaillerie allemande, dont un bombardement aérien de vingt minutes par l'aviation américaine n'a pas laissé pierre sur pierre.

Pour atteindre cet objectif, Carpentier a conduit à deux guides : sur sa gauche, il a confié au groupement Chappuis (5ᵉ RTM et un escadron du 3ᵉ RSAR de la 3ᵉ DIA) la charge de faire sauter le verrou de Bretten tandis qu'à droite, venant de Durlach, le groupement Schlesser a mission de marcher directement sur Pforzheim avec tout le CC 4, les « chocs » de Gambiez, le groupement Navarre, le 4ᵉ RTM et le 8ᵉ RCA.

Tout de suite, Bretten se révèle un très dur morceau. La 16ᵉ VGD tient la ville ainsi que toutes les localités avoisinantes avec de forts moyens, et la progression du 5ᵉ marocains du colonel Gazounaud, le 5 avril, est assez limitée.

Mais Schlesser n'a pas perdu sa journée. Quelques reconnaissances l'ont convaincu qu'à tenter une rupture frontale de la Bergstrasse toujours intacte au nord-est de Karlsruhe, il risque de s'épuiser en coûteux efforts. Il décide donc de profiter de la brèche que nous avons pu déjà y faire, celle de Bruchsal, et d'y concentrer ses chars. De là, il les engage droit au sud pour prendre de flanc ou à revers les résistances du rebord du Kraichgau.

Ce mouvement tournant déroute l'ennemi. Dès midi, le CC 4 est à Johlingen ; à 16 heures, il entre à Wossingen ; le soir, il atteint Konigbach et Stein, à 8 kilomètres seulement de son objectif et à plus de 20 de son point de départ. Et ce coup heureux qui a disloqué la droite et le centre de la 16ᵉ VGD se termine au PC même de cette division, installé à Stein.

Cette brusque dislocation se répercute évidemment jusqu'à Bretten où, le 6 avril, Chappuis pénètre dès 8 heures. Refoulant les arrière-gardes ennemies, il parcourt dans sa journée 15 kilomètres et se retrouve le soir à Maulbronn. Le lendemain 7 avril, il arrive sur l'Enz, à Mulhacker, où se dressent les antennes de Radio-Stuttgart : le poste de la trahison a fini de mentir.

Le 1er bataillon du 5e RTM réussit même à franchir en force la rivière et à établir à Durrmenz une tête de pont contre laquelle l'ennemi se déchaîne inutilement. Et dès le 7, l'arrivée d'éléments du CC 6, engagé par le 2e corps entre la 3e DIA et la 2e DIM, permettra de la renforcer et de l'étendre.

Par contre, juste devant Pforzheim, la résistance s'est sérieusement raidie. Dans la nuit du 5 au 6 avril, la 716e VGD est introduite dans le dispositif adverse[1]. Ce qui explique que le 6 au matin, le groupement Schlesser ne puisse s'emparer de Kieselbronn.

Alors qu'il essaie de forcer ce barrage, une très violente contre-attaque, avec automoteurs et nombreuses pièces de *Flak*, vient se jeter dans son flanc, à Konigstadt et Stein. Le choc est brutal, mais les chars du lieutenant-colonel du Breuil (1er cuirassiers) ne plient pas. Avant même qu'ils aient fini de régler brillamment leur compte aux assaillants, un détachement cherche à manœuvrer Kieselbronn par la gauche. Mais partout les résistances paraissent solides. À 16 heures cependant, un « trou » est découvert : les sous-groupements Ribes du REC et de Chambost (2e RMLE) s'y engouffrent aussitôt. Peu après, ils sont à Eutingen et à Niefer, sur les bords de l'Enz qui se trouve donc dorénavant sous notre contrôle d'une façon continue en aval de Pforzheim.

Il reste à prendre cette ville elle-même et la rivière jusqu'à Neuenburg.

Contre la ville, c'est au groupement de choc n° 1 qu'incombe l'assaut. Gambiez monte une opération de nuit qui réussit pleinement. Le 8 avril, à 6 heures, avec l'aide finale de TD du 8e RCA, les « chocs » sont les maîtres des ruines de Pforzheim.

Toutefois, la remontée de l'Enz vers Neuenburg est rendue impossible par la furie que la 716e VGD nous oppose à Birkenfeld. Plusieurs jours seront encore nécessaires pour qu'elle soit mise à la raison.

---

1. La 716e VGD n'est certes pas un modèle d'homogénéité. Mais ses *Ersatz-Bataillons* et ses unités de *Volksturm* sont à la fois courageux, assez étoffés et fort bien armés. En particulier, les neuf dixièmes des hommes sont dotés de *Panzerfaust*. On peut tenir que, conformément aux ordres de l'OKW, chaque soldat allemand est devenu, en ce dernier mois de guerre, un *Panzer Knacker* (croqueur de chars).

Mais, sous cette réserve, le 2e corps auquel, ce 8 avril, le général de Gaulle apporte le salut de la France[1], peut considérer que, tenant l'Enz et le Neckar, il a atteint dans sa zone le « premier objectif d'armée ».

Si le groupement Valluy ne peut en dire autant, nul ne peut lui en faire grief. Car l'obstacle qui l'arrête est de ceux sur lesquels les plus vaillants se cassent les dents.

Le 5 avril, par la voie la plus directe, le 21e RIC a cherché à pousser vers Rastatt en attaquant de front la bretelle de Morsch. Mais au débouché de cette localité, conquise non sans mal, il tombe sur la ligne continue des blockhaus, couverts d'épais réseaux de barbelés et soutenus par une artillerie nombreuse. Non seulement l'ennemi interdit la moindre progression mais, bien appuyé sur ses ouvrages, il lance une série de grosses contre-attaques dans des directions qu'il a soigneusement repérées. Le 6, le 7, le 8, nos pointes à Ettlingen et Neuburgweier sont à diverses reprises contre-attaquées avec une extrême violence. Les coloniaux, auxquels les équipages du 1er corps aérien apportent par trois fois un appui extrêmement efficace, ne cèdent pas un pouce de terrain. Mais l'évidence est là : la route de la plaine est barrée.

Valluy, qui en a eu très tôt conscience, a, dès le 6 avril, partagé ses forces en deux groupements. Laissant le colonel Bourgund avec le 21e RIC, le RICM et le RCCC au contact de la bretelle fortifiée, il constitue un gros « groupement montagne » pour tenter de déborder le barrage.

Le 7, des combats pénibles s'engagent dans les contreforts de l'éperon nord de la Forêt-Noire où le CC 2, le 23e RIC, le 9e zouaves et deux bataillons du 126e RI commencent à remonter la vallée de l'Alb. Le 8, ils arrivent sur la rive est de cette rivière, jusqu'à Plaffenrot, c'est-à-dire sur le parallèle de Rastatt. Mais pour se rabattre vers la plaine de Bade, il leur faut encore conquérir les pentes ouest de cette vallée escarpée, puis se porter jusqu'à la Murg, en repoussant un ennemi qui, partout, se cramponne à tous les accidents de ce terrain, montagneux et boisé. Les possibilités d'exploitation ne sauraient donc être immédiates.

1. Les rapides succès remportés en Allemagne par la 1re armée française lui attirent de nombreux visiteurs. Avant l'inspection du général de Gaulle, j'avais accueilli à Kandel lady Diana Duff Cooper qui était la marraine du 1er chasseurs d'Afrique et une journaliste américaine de grand talent, Mrs Clara Luce. Quelques jours plus tard, je recevrai à Karlsruhe, M. Raoul Dautry ministre de la Reconstruction et de l'Urbanisme.

Bloqué sur ma droite alors que je ne le suis pas sur ma gauche, je pourrais être tenté d'imprimer à celle-ci une impulsion accrue pour lui faire franchir l'Enz, la lancer sur les larges ondulations du Wurtemberg et lui procurer la joie d'entrer bientôt à Stuttgart. Bien que l'ennemi paraisse résolu à en défendre coûte que coûte l'approche et que, devant Heilbronn, la 100e DIUS piétine depuis plusieurs jours, l'entreprise n'est certainement pas impossible – et le 2e corps brûle de l'accomplir.

Mais après ? En admettant que le 2e corps, déjà étiré sur 80 kilomètres, s'enfonce en Wurtemberg, quelle décision peut-il en espérer ? Obligé de se couvrir sur ses deux flancs et spécialement face à la Forêt-Noire où la *Wehrmacht* possède encore à coup sûr des réserves, il pourra tout au plus repousser pas à pas l'adversaire, au risque de se gonfler comme une bulle de savon, toujours menacée d'éclater si, en un point quelconque, elle est fortement pressée. Une poursuite frontale, dont l'ennemi en retraite fixera, dans une large mesure, le rythme en se raccrochant à des lignes successives, amènera peu à peu celui-ci vers le « réduit bavarois » où il nous faut redouter qu'il ne rassemble avec densité ses dernières forces.

D'autre part, cette progression à la fois téméraire dans son exécution et incertaine dans ses conséquences resterait sans effet prochain sur la droite de l'armée. Pelotonnée en hérisson en Bade et en Forêt-Noire, la 19e armée allemande couperait en deux notre dispositif et réduirait à un seul corps notre force offensive. Toujours présente sur la rive droite du Rhin, elle continuerait à passer son exaspération sur Strasbourg, soumis depuis quelques jours aux bombardements constants de son artillerie lourde, et à interdire au 1er corps l'entrée du sol allemand.

Cette solution n'est donc pas admissible. La seule qui serait satisfaisante serait celle qui nous permettrait, toutes forces réunies, de manœuvrer les forces allemandes disjointes. Existe-t-elle ?

Elle existe, mais elle est singulièrement délicate à mettre en œuvre. Elle consiste, en effet, dans l'engagement délibéré de moyens maxima en plein massif de la Forêt-Noire, c'est-à-dire à l'endroit même où le terrain décuple le potentiel de la défense avec l'ambition de le conquérir du nord au sud jusqu'à Freudenstadt, afin de couper en deux la 19e armée allemande et de tronçonner son dispositif au lieu de courir le risque de l'être soi-même.

Pour oser cette manœuvre, il faut avoir une confiance sans réserve dans la qualité manœuvrière de la troupe et dans la discipline intellectuelle de tous les échelons de commandement. Cette confiance, je l'ai. Je peux donc oser.

Dès la soirée du 6 avril, avant même que l'Enz soit atteint, je laisse entrevoir à Monsabert et à Valluy cette nouvelle orientation, mais en soulignant par-dessus tout les conséquences directes qu'elle doit avoir sur le débordement par échelons successifs des positions du pays de Bade par la 9e DIC. Je prescris en conséquence au 2e corps d'étendre sa droite vers l'ouest, d'arrêter les frais sur l'Enz, et de porter le poids de ses efforts combinés d'infanterie et de blindés en direction de Pfaffenroth et de Herrenalb. Ainsi épaulé dans la montagne, Valluy pourra agir plus à l'ouest, vers la vallée de la Murg et amorcer par là un large débordement de Rastatt.

Je ne livre pas encore le fond de ma pensée qui est d'atteindre par ce rude chemin le nœud stratégique de Freudenstadt, plaque tournante de toutes les routes qui rayonnent vers le haut Neckar, le Danube et Constance. Ce secret n'est encore partagé qu'avec mon chef de 3e bureau. Car pour l'instant, il ne s'agit que de rompre à leur jonction dans la montagne, vers Herrenalb, les fronts badois et wurtembergeois pour décoller les défenses du Rhin. Mais, comme dans le lointain, Stuttgart reste une attraction à laquelle le 2e corps paraît ne pas renoncer facilement et afin de prévenir toute avance prématurée dans cette direction, je mets, le 8 avril, les points sur les i en faisant relever par la 3e DIA, jusqu'à Muhlacker inclus, la 2e DIM et en imposant à celle-ci d'engager sur sa droite, au plus près de la 9e DIC, pour le moins un *Combat Command*, un *Combat Team* et un régiment de reconnaissance avec appui d'aviation et du maximum d'artillerie.

Ce n'est là rien de trop pour briser la résistance que la 257e VGD va nous opposer.

Le 8 avril, le groupement Schlesser[1] s'oriente sur Herrenalb, le groupement Chappuis devant pour sa part chercher à étendre son front vers Neuenburg.

1. Dans lequel le 151e RI remplace le 4e RTM qui, avec le 5e RTM forme le groupement Chappuis.

Mais tout l'ouest de Pforzheim est tenu avec une particulière solidité. À l'extrême droite pourtant, Navarre parvient à s'emparer d'Ellmendingen et à approcher de Weiler. Le lendemain, ce hameau est conquis, de même que Graffenhausen et Feldrenach. Mais la prise de chacun de ces villages exige une véritable opération, et les chars ne peuvent entamer la ligne de résistance organisée à la hauteur de Neuenburg, Schwann et Langenalb.

Les Allemands ont, en effet, compris avec exactitude mes intentions. En hâte, ils renforcent la 257e VGD avec des éléments des divisions voisines pour éviter la dislocation en son milieu de leur dispositif.

Mais Schlesser entend ne leur laisser aucun répit. Dans la nuit du 9 au 10, il tente de faire sauter Neuenburg en engageant le groupement Gambiez. L'attaque, reprise au jour avec le concours du 1er cuirassier et du 8e RCA, nous livre finalement la ville et les ponts sur l'Enz. Sur la rivière, entre ce point et Pforzheim, l'ennemi ne possède plus que Birkenfeld où il se cramponne obstinément mais où le 2/4e RTM finit par l'anéantir, après un engagement particulièrement âpre.

Plus à l'ouest, le gros du CC 4, le 15-1 et le groupement Navarre essayent de se frayer un chemin vers Langenalb. L'entreprise est singulièrement ardue par les routes de montagne sinueuses et étroites que barrent à chaque tournant des abattis piégés et battus par le feu. Agrippés aux blindés, les fantassins à chaque obstacle sautent à terre, se déploient, débusquent les *Panzer Knäkern* que les armes des chars prennent à partie. Sous cette protection, le génie intervient, s'approche de la masse des sapins couchés dont les branches entremêlées forment un inextricable amas, détecte les mines, désamorce les pièges. Puis des scies mécaniques entrent en action et tronçonnent grossièrement les arbres. Alors apparaît un *bulldozer* qui, de son étrave irrésistible, dégage la route. Et prudemment la colonne repart en formation d'approche, jusqu'au prochain abattis…

Dans les clairières, le moindre hameau, la moindre ferme sont fortifiés. Là, il faut manœuvrer, encercler la résistance, détruire les canons de *Pak* et les automoteurs, puis donner l'assaut. Cela demande souvent plusieurs heures. Puis là aussi, on repart.

En dépit de tout, le groupement Schlesser progresse. Le 10 avril, la ténacité, à la vérité remarquable, de la 257e VGD est à bout. Schwann et Langenalb sont pris et bientôt après Dobel, devant lequel celui qui a animé cette résistance, le général Seidel, trouve la mort. À 19 heures, Navarre arrive à Herrenalb et y établit la liaison avec les chars du CC 2 qui, à la gauche du groupement Valluy, viennent de conquérir ce carrefour après avoir remonté la rive gauche de l'Alb.

Cette rupture du front permet à Schlesser, le 11 avril, d'accentuer sa poussée vers le sud et le sud-est. Le 1er cuirassiers arrive jusqu'à la vallée de l'Eyach, le 151e grimpe à travers bois jusqu'au sommet du Kaltenbronn et le 3e RSM, en liaison avec le groupement Valluy, vient affleurer Loffenau. Sur toutes ces directions, des groupes ennemis continuent à se battre et ne craignent même pas de contre-attaquer nos éléments avancés. Mais leur courage ne peut rien contre l'irréparable.

De la même manière, la droite de la 106e *Infanterie Division* a dû céder devant le « groupement montagne » du colonel Landouzy qui, avec le CC 2 du colonel Lehr, forme l'aile gauche du groupement Valluy.

Le 9 avril, Landouzy s'en est pris aux croupes de Scholbronn qui commandent la « bretelle » de la ligne Siegfried au nord de Rastatt. La journée entière est employée à venir à bout de ces points d'appui rageusement tenus. Mais, le 10 avril, les pentes ouest de la Forêt-Noire, au nord de Malsch, sont complètement à nous.

Entre-temps, bloqué à la sortie de Pfaffenrot, sur la rive droite de l'Alb, Lehr tourne l'obstacle en découplant largement deux sous-groupements. L'un, que conduit le commandant Berthet, s'oriente vers l'est et le sud-est, et liquide les gros points d'appui qu'il rencontre à Friolsheim et Moosbronn avant d'entrer à Waldprechtsweier ; l'autre, mené par le commandant Menditte, est celui que nous avons vu atteindre Herrenalb par la gauche de la vallée de l'Alb, peu avant qu'y pénètre Navarre.

Partout, la progression a été rendue extrêmement difficile par l'infanterie et l'artillerie, utilisant au mieux l'avantage du terrain. Partout, il a fallu se battre et plusieurs de nos chars manquent à l'arrivée[1]. Mais, partout aussi, nous avons gagné.

Beaucoup plus dure est l'action menée par le sous-groupement Menditte, parti de Gernsbach avec le 2e escadron du 5e RCA et deux goums du 6e tabor. Il lui faut, en effet, forcer le col de Lichtental, tenu

1. La prise de Moosbronn et de Friedolsheim notamment nous coûte 5 chars en contrepartie de la destruction de 7 canons de *Pak* et de 6 mitrailleuses de 20.

par un bataillon et une dizaine de canons. Ce n'est qu'à 22 heures, après la prise à revers de cette résistance par un autre escadron du 5e chasseurs et par un détachement du 9e zouaves envoyés de Baden que la liaison est assurée.

Battu sans rémission dans le nord du pays de Bade, l'ennemi déjà tente de se rétablir à la hauteur de Buhl où le 18e corps SS pousse en hâte la 405e VGD avec une excellente artillerie. Mais, dès la matinée du 13 avril, un vigoureux coup de bélier du groupement Caldairou que découple le général Valluy disloque ce barrage. Suivis du « groupement d'occupation » Bourgund, le CC 3, le RICM et deux bataillons du 6e RIC transportés par camions font un bond de 25 kilomètres.

Nouveau bond le 14 qui porte le groupement en face de la Wantzenau sur les bords du Rhin et, dans la plaine, jusqu'à Sand, au sud-est de Kehl.

Ceux-là mêmes qui, quelques semaines auparavant, montaient devant Strasbourg la garde au Rhin n'ont plus à franchir qu'un cours d'eau, la Kinzig, pour se retrouver, sur la rive allemande, en face de la ville... Dans la nuit, la Kinzig est traversée par surprise et, le 15 avril, à 10 heures, toutes les cloches de Strasbourg s'ébranlent pour saluer la prise de Kehl par le 6e RIC. La France est présente sur les deux rives du Rhin.

À 11 heures, des unités du 23e RI, le vieux régiment alsacien reformé depuis peu avec des FFI locaux par le colonel Lalande, empruntent des barques pour venir occuper les ruines inhabitées de ce médiocre *ersatz* de notre grande métropole rhénane. Car les coloniaux poursuivent leur course, avec d'autant plus de résolution qu'il leur faut mater la colère allemande qui s'exprime en redoublant la violence de ses bombardements contre Strasbourg[1].

Encore une fois, Caldairou progresse d'une vingtaine de kilomètres, en dépit des barrages antichars et des « bouchons » d'infanterie. Dans la soirée, il entre à Offenburg. Derrière lui, le 23e RIC s'empare d'Achern. En avant, les blindés de pointe enlèvent Kurzell et approchent de Lahr.

Mais, manifestement, l'ennemi ne veut pas nous céder sans combat la grand-route qui, par Oberkirch, pénètre au cœur de la Forêt-Noire – celle que ma directive a placée parmi les buts essentiels à atteindre. Nos forces

1. Au cours de cette journée du 15 avril, Strasbourg ne recevra pas moins de 155 obus de gros calibre, lancés au hasard sur l'agglomération.

étirées par une poursuite ininterrompue de 60 kilomètres en trois jours ont besoin de se regrouper. Le resserrement du groupement Landouzy sur le groupement Caldairou nécessite, le 16 avril, un temps d'arrêt.

16 avril ! Journée mémorable dans l'histoire de l'Alsace et inoubliable pour ceux qui la vécurent. Journée qui n'a pour équivalent que le 22 novembre 1918. Mais cette fois, les regards de la foule ne sont plus tournés vers l'ouest : c'est par le Rhin, par la porte de Kehl qu'au nom de l'Armée victorieuse, j'apporte aux Strasbourgeois la confirmation de leur totale délivrance et la preuve que rien ne menacera plus dorénavant leur sécurité.

Pourtant, les soldats qu'acclame toute la ville abandonnée à sa joie délirante piaffent d'impatience. Car eux n'ont pas encore foulé le sol allemand. Mais ils n'attendront plus que quelques heures : la prise d'armes organisée par le 1er corps n'est que prétexte pour le rassembler avant de le jeter en bloc au-delà du Rhin.

Déjà ses premiers éléments – 19e bataillon de chasseurs à pied (19e BCP) et 1er régiment de spahis algériens de reconnaissance (1er RSAR) – sont en train de gagner la rive droite sur des radeaux. Le lendemain, 17 avril, ils s'engageront avec la 9e DIC qui, dès cet instant, passe aux ordres du 1er corps d'armée.

Le 17, en effet, le 19e BCP du commandant Moillard est mis à la disposition du colonel Landouzy pour participer à l'attaque d'Oberkirch. Évitant le choc de front, Landouzy commence par enfermer largement la ville et par couper toute retraite à ses défenseurs en lançant coloniaux et chasseurs, ceux-là par le nord, ceux-ci par le sud, jusqu'à Lautenbach. Au nord surtout, la résistance est acharnée, mais le 23e RIC finit par la briser. Une fois le filet tendu, il le resserre sur l'agglomération qu'il réduit par une série d'assauts[1].

Pour cette opération décisive, Landouzy a été rattaché au groupement Lehr, celui qui a reçu mission de progresser vers Freudenstadt par le versant occidental de la Forêt-Noire.

1. Au cours de cette manœuvre, la 19e BCP s'empare à Maisenbuhl des casemates abritant les canons de 210 qui bombardaient Strasbourg et que l'adversaire a fait sauter le 16 avril dans la soirée, après avoir tiré les 35 obus qui restaient aux pièces. Le 16 avril a été, pour Strasbourg, son dernier jour de bombardement.

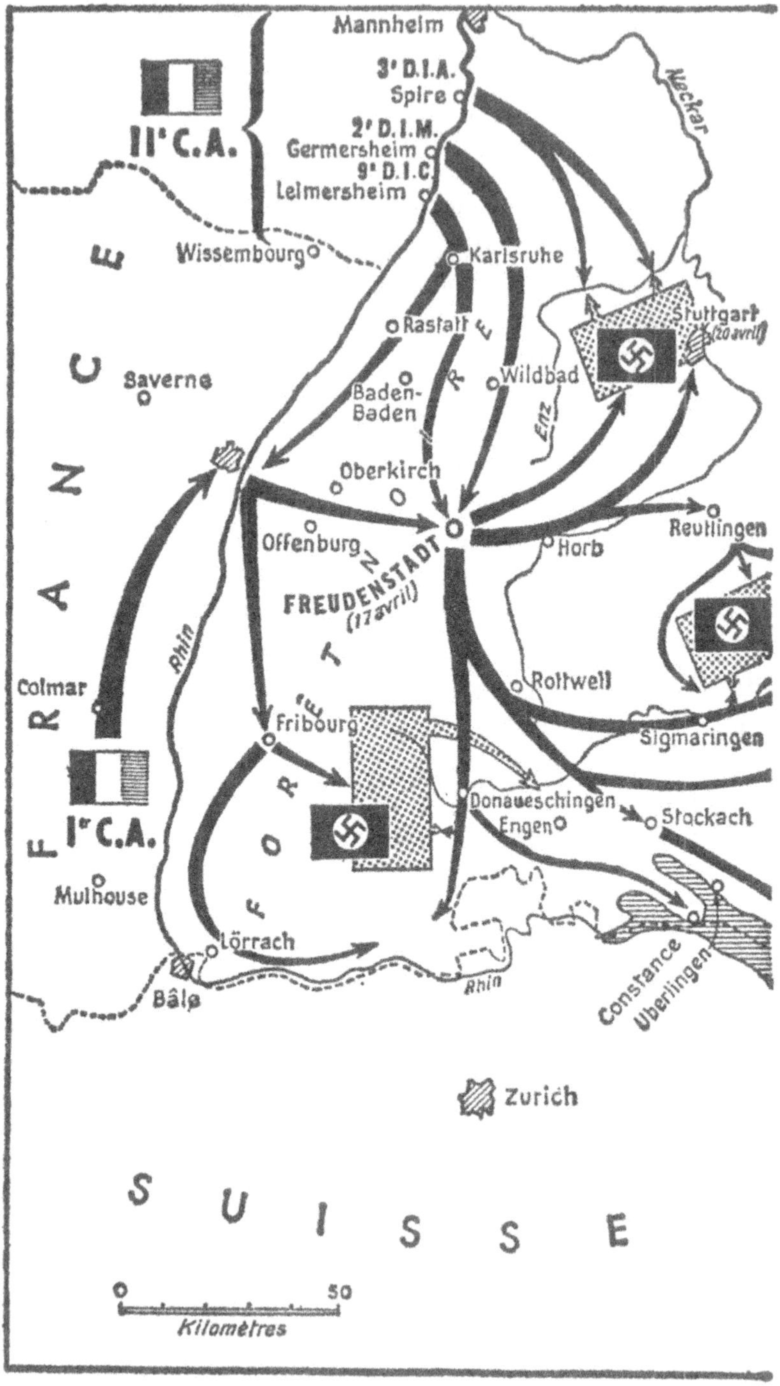

Mannheim
3e D.I.A.
Spire
2e D.I.M.
Germersheim
9e D.I.C.
Leimersheim
IIe C.A.
Wissembourg
Karlsruhe
Neckar
Stuttgart (20 avril)
Rastatt
Saverne
Baden-Baden
Wildbad
Enz
Oberkirch
Offenburg
FREUDENSTADT (17 avril)
Horb
Reutlingen
Rhin
Colmar
Rottweil
Fribourg
Sigmaringen
Donaueschingen
Engen
Stockach
Ier C.A.
Mulhouse
Lörrach
Bâle
Rhin
Constance
Überlingen
FRANCE
FORET NOIRE
Zurich
SUISSE
0
50
Kilomètres

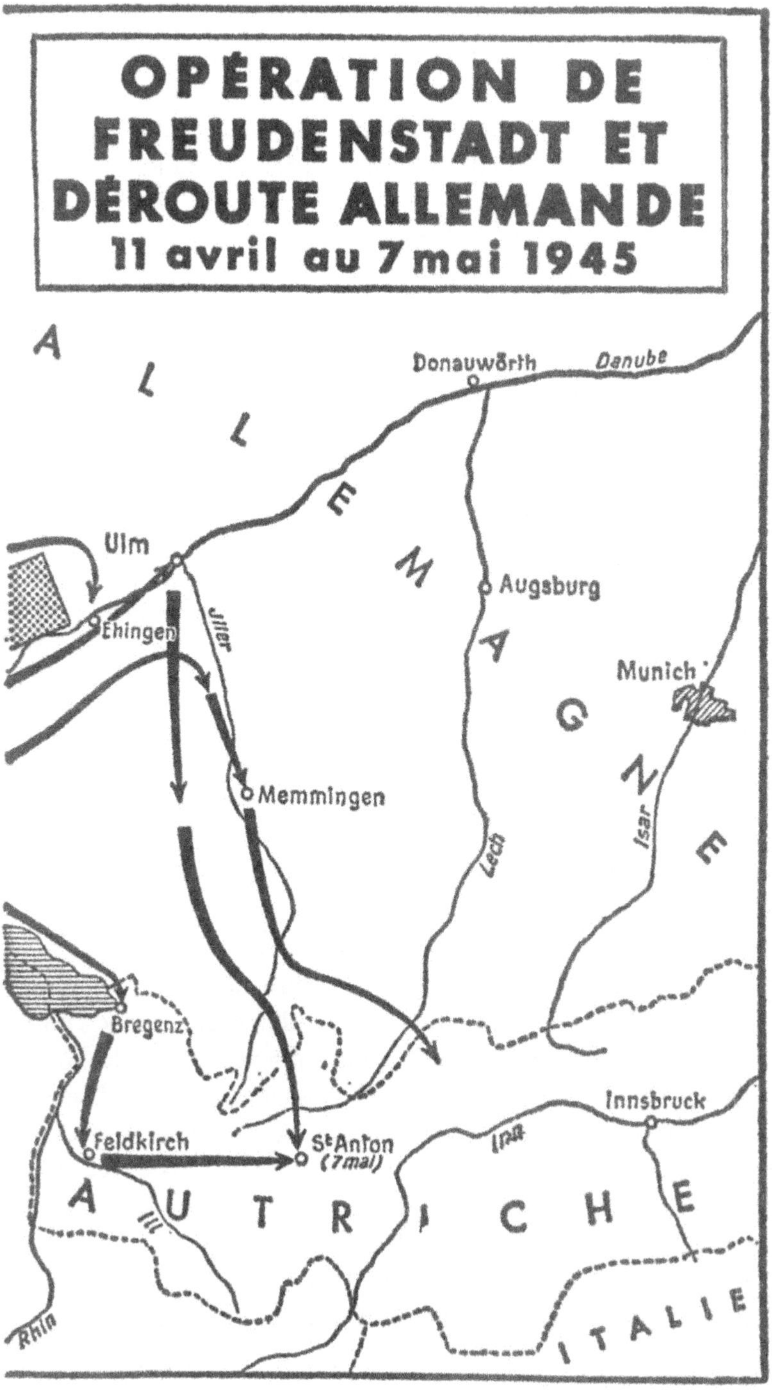
OPÉRATION DE FREUDENSTADT ET DÉROUTE ALLEMANDE
11 avril au 7 mai 1945
ALLEMAGNE
Donauwörth
Danube
Ulm
Augsburg
Ehingen
Iller
Munich
Memmingen
Lech
Isar
Bregenz
Innsbruck
Feldkirch
St Anton
(7 mai)
Inn
AUTRICHE
Ill
Rhin
ITALIE

Primitivement engagé tout entier dans la montagne, ce groupement a dû adapter son articulation pour tenir compte de la pauvreté du réseau routier et déjouer les mille embûches de la 405e VGD. Valluy a mis sous son autorité directe le colonel Aumeran qui, avec son 9e zouaves, doit conquérir la route directe de Gernsbach à Freudenstadt, et le colonel de Latour chargé, avec son 2e GTM, de nettoyer le massif à l'ouest de la route des Crêtes. Ainsi allégé, Lehr glisse vers la plaine pour manœuvrer plus aisément, ce qui l'amène logiquement à « coiffer » Landouzy. Tandis que celui-ci prend Oberkirch, le sous-groupement de Beaufort progresse sur les itinéraires qui, au sud-est d'Achern, pénètrent dans la montagne.

Pour toute cette gauche du groupement Valluy, il ne peut être question de poursuite spectaculaire, mais seulement d'avances harassantes et ingrates. Mais le 17 avril, grâce à des dizaines d'engagements locaux au cours desquels nous avons fait 1 500 prisonniers et détruit 60 canons, les routes qui, de Kehl, montent vers Freudenstadt sont pratiquement ouvertes : il suffira de vingt-quatre heures au 1er corps pour s'en rendre définitivement maître et pour rejoindre le 2e corps, parvenu de son côté à Freudenstadt même.

Dans le désir de se rabattre au plus tôt sur Stuttgart, le 2e corps a tout d'abord hésité, au reçu de ma directive du 11 avril, à accentuer son mouvement vers le sud dans la Forêt-Noire. La tête de pont conquise depuis une semaine au sud de l'Enz continue à représenter son espoir d'un engagement direct de la 5e DB en direction de la capitale du Wurtemberg.

Aussi, le 13 avril au matin, je suis amené à préciser sans aucune ambiguïté possible mes intentions par un télégramme au général de Monsabert : aucun gros du 2e CA ne doit jusqu'à nouvel ordre être poussé à l'est de la route Pforzheim-Horb-Nagold. Il n'est pas question pour le moment de manœuvrer Stuttgart. Quand il sera prescrit, « le débordement de cette ville par les gros se ferait au plus près à partir de Nagold ».

« La 5e DB en totalité doit être axée aujourd'hui avant midi avec toute la 2e DIM dans des actions nord-sud sur les directions de Neuenburg-Freudenstadt, et de Pforzheim-Horb, ainsi que sur les directions intermédiaires. »

Car une seule chose compte pour la réussite de la manœuvre finale : l'arrivée des gros du 2e CA, d'extrême urgence, sur l'objectif Freudenstadt-Horb.

Et pour être sûr que le chef le plus pénétré de cette pensée apportera toute la conviction voulue à la réaliser, je nomme au commandement de la 2e DIM celui qui a collaboré le plus directement à mes côtés à la mise au point du plan, mon chef d'état-major, le général de Linarès[1].

Celui-ci disposera en plus de sa division, du groupement Schlesser, du CC 5 et, le plus tôt possible, du CC 6 – donc de toute la 5e DB – pour diriger les opérations à l'ouest de l'Enz supérieur.

Le 13 avril, le regroupement de ces forces à la gauche du 2e corps n'est pas encore suffisant pour mater l'opposition du 64e corps allemand qui fait flèche de tout bois avec un extraordinaire acharnement. Des unités montées dans la nuit de la plaine de Bade épaulent les restes de la 257e VGD. Avec six groupes d'artillerie, une brigade de *Luftwaffe*, un régiment de forteresse, les survivants de la division Seidel ont l'ordre de nous barrer à tout prix les routes qui remontent les vallées des deux branches de l'Enz (Gross et Klein Enz) et de la Murg. Et de fait, le 151e RI, au sud du Kaltenbronn et le groupement Navarre au-delà de Langenbrand ne peuvent marquer que des gains très légers.

Mais, le 14 avril, Linarès a en main tous ses moyens : à l'ouest, le groupement Chappuis sur l'axe Kaltenbronn-Besenfeld-Freudenstadt, avec le CC 5, le 151e RI et le 4e GTM du lieutenant-colonel Parlange[2] ; à l'est, le groupement Schlesser sur la direction Calmbach-Calw-Nagold-Horb, avec le CC 4, le 4e RTM, le 8e RCA et les « chocs » ; en couverture au nord-est le 5e RTM (colonel Gazounaud) et au sud-ouest, à la liaison avec le groupement Valluy, le groupement Navarre.

Ainsi montée en force, la manœuvre d'aile du 2e corps va devenir irrésistible.

Le CC 4 enlève Calmbach au confluent des deux Enz, franchit la coupure malgré des résistances virulentes et l'intervention d'escadrilles de la *Luftwaffe*, et avance de 8 kilomètres vers la Nagold. Le 4e GTM s'empare de Wilbad sur Gross Enz et Navarre de Forbach dans la vallée de la Murg.

1. Le départ du général de Linarès entraîne la nomination du colonel Demetz aux fonctions de chef d'état-major de la 1re armée.

2. Le 4e GTM vient de rejoindre la 1re armée française. Il remplace le 3e GTM renvoyé au Maroc en mars.

Le 15, Chappuis arrive lui aussi à débloquer son front. Après avoir franchi un chapelet d'abattis, il arrive devant Besenfeld, dernier joint important sur la route de Neuenburg à Freudenstadt, dernier cran d'arrêt de la défense. Celle-ci est si acharnée que Chappuis demande le concours, aussitôt effectif, du 1er corps aérien. À la nuit tombante, les chars du CC 5 et les fantassins du 15-1 entrent dans la localité qui flambe.

De son côté, Schlesser a continué sa marche jusqu'à Igelsloch, au sud-est de Calmbach. À peine y arrive-t-il qu'une très violente contre-attaque de chars et d'infanterie débouche dans son flanc : c'est la 716e VGD, chargée du secteur de Pforzheim, qui cherche à la fois à venir en aide à la 257e et à arrêter un mouvement qui la laisse dangereusement en pointe et découverte.

Peine perdue. Le CC 4 tient bon et poursuit son avance en glissant vers la vallée de la Nagold. Il fait nuit déjà quand un rabattement audacieux jette dans Calw des « chocs » et des tirailleurs du 4e RTM accrochés à des TD du 8e chasseurs.

À nouveau, la 716e VGD tente d'enrayer cette poussée et contre-attaque encore vers Igelsloch et à Calw. Dans cette ville où nous arrivons à peine, la situation est délicate. Mais un bataillon du 5e RTM arrive à la rescousse au bon moment et, bien couvert au nord, vers Schomberg par le reste du groupement Gazounaud, le groupement Schlesser consolide partout ses gains.

Linarès a l'exact sentiment du désarroi de l'ennemi. « Poussez à fond – de nuit et sans aucun souci d'alignement », lance-t-il à toutes ses unités.

Sous les sapins immenses, par des chemins acrobatiques, l'effort se poursuit donc sans interruption sur tout le front et pendant plus de trente heures encore, jusqu'à l'aube du 17 avril.

Alors, d'un coup, cette lente et pénible conquête de tout le nord de la Forêt-Noire va se terminer sur un succès général, par l'arrivée simultanée sur l'objectif d'armée de tout le groupement Linarès.

Sur la gauche, Schlesser qui vient en pleine nuit d'enlever Nagold se rue jusqu'à la route de Freudenstadt à Horb au plus près de cette ville dont sa flanc-garde, le 1er régiment étranger de cavalerie, s'empare en même temps que du pont sur le Neckar.

Au centre, Chappuis coupe la même route au plus près de Freudenstadt et à sa jonction avec la route qui descend vers Nagold.

À Freudenstadt même, que les 155 de la 21e DIM ont dû sérieusement bombarder, Navarre entre à 10 heures et anéantit un détachement de SS qui a choisi de mourir sur place.

Aussitôt, le 3e RSM lance ses reconnaissances sur la route d'Oberkirch à la rencontre du 1er corps.

La première phase de la campagne d'Allemagne, la phase de la dislocation de la défense adverse, est arrivée à son terme. En pénétrant au cœur du dispositif de la 19e armée allemande, en séparant irrémédiablement les défenseurs de Stuttgart et du corps d'armée SS déployé dans le sud de la Forêt-Noire, en conquérant le triangle stratégique de Freudenstadt-Nagold-Horb, en préparant au 1er corps un chemin direct vers cette « plaque tournante », nous avons réuni toutes les conditions pour entreprendre les deux manœuvres simultanées qui encercleront et anéantiront les forces tronçonnées de la *Wehrmacht*.

La bataille pour Stuttgart et la bataille pour la Forêt-Noire méridionale vont maintenant s'engager à toute allure. Déjà la 3e DIA a amélioré ses positions pour jouer son rôle dans la première de ces deux batailles en enveloppant, au sud de Pforzheim, le massif du Hagenschiess[1]. Tout est en place pour le final.

---

1. Le 15 avril, le secteur de la 3e DIA a été étendu vers la droite jusqu'à Neuenburg. Débouchant, le 16, de cette ville et attaquant vers le sud-est, le groupement Leblanc (1er GTM renforcé de blindés du 3e RSAR et du 7e RCA) a marché au-devant du 4e RTT parti de Niefern et attaquant vers le sud-ouest. La jonction de ces deux tentacules a provoqué l'encerclement de deux régiments de la 716e VGD qui, après avoir courageusement cherché une parade en attaquant vers le nord et en reprenant pied temporairement dans quelques quartiers de Pforzheim, n'ont plus eu d'autre issue que de se rendre. Cette brillante opération a donc eu le double intérêt de nous donner le massif du Hagenschiess qui commande les routes menant droit à Stuttgart et de faire perdre à la 716e VGD les deux tiers de ses effectifs d'infanterie.

CHAPITRE XVI
LES QUATRE TERMES DE L'ANÉANTISSEMENT : STUTTGART, LA FORÊT-NOIRE, ULM, L'AUTRICHE

À l'heure où la 1re armée française arrive dans la vallée supérieure du Neckar et s'assure, à Horb, un passage sur la rive droite de cette grosse rivière, la droite de la 7e armée américaine reste encore bloquée, plus en aval, devant Heilbronn où les Allemands lui opposent une résistance farouche. Son avance extrême dans cette zone la laisse à plus de 60 kilomètres au nord du point que nous avons atteint.

C'est cependant à la 7e armée que la lettre d'instruction n° 14 du 6e GAUS, datée du 16 avril, confie la mission de remonter toute la vallée du Neckar jusqu'aux pentes orientales de la Forêt-Noire, dans un effort orienté vers le sud-ouest et aboutissant, à hauteur de Schaffhouse, à la frontière suisse.

Quant à la 1re armée, elle ne se voit chargée que du nettoyage de la rive est du Rhin et, secondairement, d'une action contre Stuttgart par l'ouest, synchronisée avec celle que la 7e armée doit mener par le nord.

La lettre d'instruction insiste sur l'importance de cette synchronisation et met en garde contre « une avance prématurée de la 1re armée française ».

Une telle directive ruine tout le bénéfice de la manœuvre entreprise depuis dix jours et que l'avance singulièrement méritoire réalisée dans la montagne rend enfin immédiatement possible. Par-dessus tout, elle accorde à l'adversaire un délai de plusieurs jours, suffisant pour qu'il replie vers le Jura souabe aussi bien ses forces de Stuttgart que celles du sud de la Forêt-Noire, ce qui revient à permettre leur regroupement méthodique vers le fameux « réduit alpin », alors que leur anéantissement est à notre portée.

En toute hypothèse, si la mise en œuvre de notre plan a l'inconvénient théorique de nous amener à intervenir dans le secteur *futur* des Américains, elle a l'avantage pratique de préparer les voies à ceux-ci en prenant à revers les résistances qu'ils abordent de front.

Dans ces conditions, ne pas profiter de l'important décalage que nous nous sommes assuré reviendrait à donner une chance injustifiable à nos ennemis contre les intérêts de nos alliés eux-mêmes.

Aujourd'hui encore, je m'excuse auprès du général Devers d'avoir – pour une fois – outrepassé ses ordres : mais je crois qu'il ne m'en a jamais voulu, eu égard aux résultats…

Ces résultats, Béthouart et Monsabert ont hâte maintenant de les étreindre. L'un et l'autre sont clairement informés de ce que j'attends d'eux. Et la conférence que nous tenons ensemble le 18 avril, à Freudenstadt, au PC avancé que le 1er corps est en train d'installer dans la ville encore couverte du nuage des incendies, n'a pour objet que de procéder à une mise au point définitive et au commentaire de ma directive d'orientation n° 10, diffusée le jour même.

Son thème est simple : mettre à profit notre position pour déclencher simultanément deux manœuvres en quelque sorte « alternes externes », la manœuvre pour Stuttgart et celle pour la Forêt-Noire méridionale.

Monsabert mènera la première en exécutant un large débordement par la vallée du Neckar, aboutissant à la prise de la capitale du Wurtemberg par le sud, combiné avec une pression directe d'ouest en est. Dès la chute de la ville, il s'articulera vers le sud-est pour s'engager en direction du Jura souabe[1].

Béthouart, de son côté, entreprendra un double débordement de la Forêt-Noire par l'ouest et par l'est. À l'ouest, il « écouvillonnera » avec la 9e DIC et le CC 3 le pays de Bade en poussant sur la direction Fribourg-Bâle, et nettoyera les vallées débouchant de la montagne.

À l'est, avec un fort groupement composé de la 4e DMM, de la 1re DB (moins le CC 3), du 1er RSAR et du 19e BCP, des 2e et 8e dragons, rassem-

1. Le 2e CA conserve sa composition antérieure et se voit adjoindre la 14e DI pour la sécurité de ses arrières.

blé dans le triangle Freudenstadt-Horb-Sulz[1], il coupera les communications ennemies en se portant d'abord par Rottweil et par Villingen sur le haut Danube, puis en poussant jusqu'à la frontière suisse, en direction de Schaffhouse ou de Constance. La jonction des deux groupements s'opérera finalement dans la haute vallée du Rhin, entre Bâle et Schaffhouse.

La totalité des forces aériennes appliquera initialement son effort au profit des actions menées en direction de Stuttgart et de Rottweil – les deux dont l'importance est capitale.

La conquête de Stuttgart (18-21 avril)

Le rush de la 5ᵉ DB le long du Neckar. – La couverture nord par la 2ᵉ DIM. – L'investissement et la prise de Stuttgart. – L'anéantissement du 64ᵉ *Armee Korps.*

En réalité, à l'heure où se tient la conférence de Freudenstadt, le 2ᵉ corps d'armée a déjà amorcé son mouvement débordant. Vingt-quatre heures plus tôt, en effet, à son PC de Wildbad, j'avais donné à Monsabert des instructions orales à la suite desquelles il avait prescrit à la 5ᵉ DB, renforcée du 2ᵉ RSAR et du 1ᵉʳ groupement de choc, de « découpler des reconnaissances profondes sur Herrenberg, Rottenburg et en direction de Tübingen et Hechingen ».

Le 18 avril au soir, ayant en main ma directive d'orientation n° 10 et connaissant parfaitement ma pensée à la suite de la réunion de Freudenstadt, le commandant du 2ᵉ corps est en état de compléter ses instructions. Celles-ci tiennent en trois idées :

– *rush* de la 5ᵉ DB sur Tübingen et Grotzingen pour investir Stuttgart vers le sud, avec pointe sur la rive droite du Neckar vers Reutlingen pour préparer la poussée ultérieure du corps d'armée vers le Jura souabe ;

– couverture de ce mouvement par la 2ᵉ DIM, installée fortement de part et d'autre du couloir utilisé par la 5ᵉ DB et surtout face au nord, entre la Nagold et le massif du Schönbuch ;

---

1. Pour acheminer de toute urgence ce groupement vers sa zone de rassemblement, ces unités sont autorisées à employer les itinéraires passant par le secteur du 2ᵉ CA.

– découplement de la 3e DIA, renforcée du 4e GTM et du 152e RI, de Pforzheim vers Weil der Stadt pour refouler l'adversaire vers le barrage tendu par la 2e DIM, avec complément de reconnaissances blindées sur Leonberg.

La première partie de ce plan est déjà en cours de réalisation. Laissant momentanément le CC 4 de Schlesser dans la région d'Horb pour assurer sa couverture face au sud jusqu'à l'arrivée des gros du 1er corps, le général de Vernejoul, à l'aube du 18, a mis en branle ses deux autres CC, Mozat (CC 5) à droite le long du Neckar, Lavilléon (CC 6) à gauche vers Herrenberg.

Éclairée par le REC de Miquel, la marche du CC 5 est foudroyante. S'emparant de Rottenburg par surprise, bousculant quelques éléments épars de la 257e VGD, il se rue jusqu'à Tübingen où il pénètre en trombe à 23 heures, à la stupeur de la garnison qui n'a pas le temps de faire jouer les destructions préparées sur le pont du Neckar. En pleine nuit, des blindés se lancent sur la route de Reutlingen.

L'avance du CC 6 est tout aussi brillante. Parti de Nagold, il atteint dans l'après-midi Herrenberg et ne s'arrête qu'aux lisières du Schönbuch barrées par de gros abattis.

Derrière ces deux colonnes blindées, la 2e DIM progresse aussi rapidement qu'il lui est possible pour tenir les flancs de la percée : face au nord, le 4e RTM de Clair s'installe entre Wildberg et Herrenberg ; au sud, le 5e RTM de Gazounaud vient garnir progressivement le Neckar entre Horb et Rottenburg.

Le 19 avril, la cavalcade reprend à vive allure. Malgré les abattis, le CC 6 entre dans le Schönbuch, s'empare du château des anciens souverains de Wurtemberg à Bebenhausen, coupe la route de Boblingen à Tübingen et arrive, au sud du massif, à la hauteur de cette ville.

Le CC 5 ne s'y trouve plus. Laissant le soin de la tenir au 5e RTM, il s'est engagé en entier au sud du Neckar, a enlevé Gomaringen et fonce jusqu'à Reutlingen qu'il aborde dans la soirée. Mais, si rapide qu'il ait été, il n'arrive pas à temps pour devancer la résistance qu'un fanatique héroïque, l'*Hauptmann* Kimmisch, a su improviser avec un *Kampfgruppe* hétéroclite mais bien armé et décidé à défendre ce centre maison par maison : il faudra deux jours pleins, les 20 et 21 avril, aux chars du 1er RCA et aux chasseurs de choc du groupement n° 1 pour le rejeter sur Pfullingen où il fera tête à nouveau.

Mais nous n'en sommes encore qu'au 19. Et si les blindés ont pu réaliser une nouvelle avance considérable, par contre la 2e DIM a commencé à rencontrer des difficultés qui font apparaître l'importance de la mission de flanc-garde qui lui a été impartie.

En effet, en cherchant à déboucher de Wildberg et de Sulz[1] pour élargir le couloir vers le nord-est et s'orienter vers la 3e DIA, le 4e RTM et le 2e RSAR sont violemment pris à partie devant Gultlingen. Et, à 14 heures, une contre-attaque d'ensemble de la 716e VGD vient dangereusement secouer la racine de notre flèche, à Wildberg, Schonnbronn et Effringen.

Partout, le choc est rude. Dans Wildberg, des chars nazis reprennent le cimetière. Plus au nord, deux bataillons franchissent la Nagold et mettent en péril, à Schonnbronn, le PC arrière du régiment. Secrétaires, transmissionnistes, cuisiniers sautent sur leurs fusils et font tête. Mais ce n'est qu'à 20 heures que l'arrivée de renforts et l'intervention massive de l'artillerie tirant à vue directe redressent la situation.

Plus à l'est, la journée a été plus calme. Le groupement Navarre a même pu pousser sans peine jusqu'à Ehningen. Cependant, il a eu beaucoup de peine à occuper Oberjesingen : c'est de ce côté que la pression ennemie va maintenant se faire sentir.

Car l'adversaire veut à tout prix se frayer une voie de retraite vers le sud. Puisqu'il n'a pu forcer le passage vers Wildberg, il cherche le trou plus à l'est. Dans la matinée du 20 avril, il s'infiltre de part et d'autre de la grand-route d'Oberjesingen-Kuppingen, et cette fois des éléments de la 16e VGD sont venus s'adjoindre à ceux de la 716e.

Linarès qui a senti le danger a poussé dans cette zone le 2/151e RI du commandant Cunin. Mais c'est peu par rapport à la force de l'attaque.

Dès 13 heures, la garnison d'Oberjesingen est encerclée, Kuppingen est perdu et Herrenberg menacé.

Navarre qui, pendant ce temps, a continué avec le 3e RSM et le 20e BCA sa marche vers Boblingen, risque donc d'être coupé. Aussi Linarès met-il sous ses ordres le 2/4e RTM (capitaine Hel), en position à Nufringen, pour contre-attaquer par l'est Oberjesingen et Kuppingen que le 1/151e RI (commandant Couenoud) contre-attaquera de son côté par l'ouest.

---

1. On ne confondra pas ce village de Sulz avec le centre qui porte le même nom et qui se trouve au sud-ouest d'Horb.

La nuit tombe sans qu'une décision soit intervenue. Disposant d'une artillerie puissante, les Allemands maintiennent leur infiltration.

Pourtant, grâce à l'implacable résistance de la compagnie Lescourret (7e compagnie du 2/15e RI) à Oberjesingen, le chemin direct de Herrenberg continue à leur être interdit. Payant d'audace, ils glissent encore un peu plus vers l'est, dans le dessein de se jeter dans le Schönbuch. À 3 heures du matin, des automoteurs accompagnés par une infanterie nombreuse et mordante bourrent sur Nufringen et obligent le 2/4e RTM à s'y barricader dans des conditions fort précaires. C'en est assez pour qu'une forte colonne s'engage sur la grand-route qui longe le village. Les Marocains ne peuvent que l'arroser de tous les obus de leurs mortiers.

Mais, au jour, le 21, ils contre-attaquent à leur tour et récupèrent une à une les maisons perdues pendant la nuit. Alors, ils peuvent « aller aux résultats ». La route n'est qu'un amas de voitures brisées et de matériels dispersés, au milieu duquel gisent pêle-mêle, blessés, cadavres d'hommes et de chevaux.

À Oberjesingen aussi, la situation se rétablit. À 7 heures, les soldats du 1/151e délivrent leurs camarades du 2e bataillon, assiégés depuis dix-huit heures, et s'emparent de douze canons de 88.

Sur toute la ligne, la tentative ennemie a échoué. Hormis quelques isolés qui ont pu gagner le Schönbuch, les restes des deux divisions allemandes sont encerclés dans une poche autour de Weil der Stadt. La vaillance des petites garnisons de la 2e DIM a permis aux chars de la 5e DB de poursuivre en toute liberté leur manœuvre.

Car, faisant confiance aux fantassins de Linarès, les blindés de Vernejoul ont continué leur progression.

Le 20 avril, Mozat agit, nous le savons déjà, au sud du Neckar. Sa place au nord de la rivière est maintenant prise par Schlesser que l'arrivée en force du 1er corps vers Horb a libéré de sa mission temporaire de couverture, et qui a été engagé à la gauche de Lavilléon, en direction de Waldenbuch. En fin de journée, son CC 4 a même dépassé cette localité en portant des reconnaissances dans les villages qui l'entourent au nord et à l'est.

Dans la vallée, Lavilléon a fait faire 17 kilomètres au CC 6. Sa tête est à Neckarhausen où un pont est pris intact.

Cette progression incite le commandement ennemi à accélérer son mouvement de repli avec l'espoir de gagner le Jura souabe avant que nous ayons tiré le rideau. Sentant ce décrochage, la 3ᵉ DIA attaque brutalement au sud-est de Pforzheim, entre Calw et Vaihingen, les unités qui continuent à lui faire face ; les goumiers des 1ᵉʳ et 4ᵉ GTM arrivent au-delà de Weil der Stadt, les tirailleurs du 4ᵉ RTT et du 3ᵉ RTA atteignent Reiningue et les abords de Léonberg[1].

Pratiquement, le 64ᵉ *Armee Korps* est coupé en deux : au sud de Weil der Stadt une petite poche subsiste que pressent la 2ᵉ DIM et les GTM. Dans Stuttgart et au nord du Schönbuch une poche plus large est en train de se former qu'il s'agit de boucler en hâtant la conquête de la grande ville. Pour mener à bien l'opération, Monsabert en confie à Guillaume la coordination.

Les ordres du 2ᵉ CA pour le 21 avril prescrivent à la 5ᵉ DB « une action brutale sur l'axe Mohringen-Stuttgart » et une poussée plus à l'est sur l'axe Grotzingen-Eszlingen. La 3ᵉ DIA, de son côté poussera en force par l'ouest et, avec le 152ᵉ RI, par le nord. Quant à la 2ᵉ DIM, elle fera effort pour réaliser sa liaison avec la 3ᵉ DIA vers Boblingen.

Il ne fait pas encore jour que la course commence.

C'est le CC 4 qui est chargé de l'« action brutale » par le sud. À 8 heures, sorti des bois de Waldenbuch, il écrase une forte résistance à Leinelden et Echterdingen. Une heure plus tard, il déborde et enlève de haute lutte Mohringen. Puis c'est Degerloch – les faubourgs de Stuttgart. Schlesser se prépare à forcer l'entrée de la ville à 16 h 30.

Mais il s'est fait « gratter » par Lavilléon. Avec le jour, le CC 6 s'est emparé de Grotzingen, d'où il a bondi jusqu'à Eszlingen. Évidemment, on ne nous attend pas par là. Dévalant la vallée du Neckar, il entre à 14 heures à Cannstatt, faubourg est de Stuttgart et vire aussitôt vers la gauche.

Bousculant les barrages qui prétendent interdire l'accès de la ville, les chars du CC 6 y pénètrent à partir de 15 h 30 et commencent à s'y répandre. Deux heures plus tard, ceux du CC 4, qui ont fait sauter les

1. Le 19 avril, veille de l'attaque de la 3ᵉ DIA, le général Guillaume a été atteint de plusieurs éclats d'obus à la tête, près d'Hirsau, entre Pforzheim et Calw, alors qu'il allait donner en jeep ses ordres aux 1ᵉʳ et 4ᵉ GTM. Malgré ses blessures, le général Guillaume a continué d'exercer le commandement de sa division.

barrages du sud, viennent les rejoindre. Dans les immenses avenues ou les rues centrales, entre les squelettes des maisons dont les bombardements aériens répétés n'ont laissé que les façades mortes, nos blindés font le carrousel.

Alors, les ruines de cette immense cité de 800 000 habitants se mettent à vivre. Des caves, des milliers d'hommes surgissent, délirants de joie. Non pas des Allemands, certes – mais l'Europe que l'Allemagne hitlérienne a voulu asservir et qu'elle a affublée de marques d'infamie qui deviennent aujourd'hui des trophées : « P » et c'est un Polonais qui fraternise avec « Ost », un Russe. Trois perles, noire, jaune, rouge et c'est un Belge qui se jette dans les bras d'un Grec. Des Hollandais, des Yougoslaves, des Italiens... Mais aussi 20 000 cocardes tricolores, 20 000 Français, déportés du travail ou prisonniers de 1940, qui embrassent nos soldats et dont quelques-uns, mitraillette au poing, amènent en colonne les geôliers qui les ont gardés durant près de cinq ans !

Le spectacle est inouï, d'autant plus prodigieux que, de tous côtés, l'on tire encore et que le nettoyage de la ville n'est nullement achevé.

Car les fantassins n'ont pu aller aussi vite. Non seulement parce qu'ils marchent à pied, mais parce que leur direction d'attaque, celle-là bien prévue, est barrée par tous les moyens dont dispose encore l'ennemi. Le piton de Léonberg, incomparable position d'artillerie, bloque momentanément le 3e RTA. Mais le 4e RTT dont les goumiers prolongent vers la droite le mouvement, s'enfonce dans la ceinture forestière qui s'étend au sud, tourne ce môle et s'en empare par sa gauche, tandis que le reste du régiment pousse résolument vers Stuttgart où il pénètre par le sud-ouest, peu après 20 heures.

Au nord, le 49e RI de Pommies n'en est pas loin. Après avoir brisé une violente contre-attaque vers Ditzingen, il enlève dans la soirée Feuerbach. Et, sur sa gauche, le 15-2 du colonel Colliou qui remonte la vallée du Neckar a dépassé Ludwigsburg et vient à Canstatt opérer la jonction avec le CC 6.

Émietté en *Kampfgruppen* de circonstance, le 64e AK n'a plus qu'une issue : percer vers le sud-est.

On connaît déjà la tentative faite par les unités rassemblées au sud de Weil der Stadt. Pour elles, l'espoir est évanoui. À peine liquidée l'affaire d'Oberjesingen, la 2e DIM a repris son mouvement vers le nord pour écraser la poche en établissant la liaison avec la 3e DIA. À l'heure où le CC 6 entre dans Stuttgart, le 4e RTM et le 4e GTM se donnent la main à Deufringen, le 3e RSM et le 1er GTM à Dagersheim.

Encore une journée de soigneux ratissages… Le 22 au soir, 7 000 prisonniers sont ramassés avec un gros butin : les 16e et 716e VGD ont cessé d'exister.

Plus à l'est, dans la clairière de Schönbuch, la situation est moins nette. En cherchant à relier le flanc gauche de la 5e DB avec la 2e DIM, l'escadron Boileau du REC (3e escadron) se trouve brusquement, le 21 en fin d'après-midi, encerclé à Weil im Schönbuch par des groupes multiples qui, justement, ont reçu cette région comme centre de regroupement. Il ne sort de sa position critique que grâce à l'intervention du 2e bataillon du RMLE (commandant de Chambost) qui, en marche vers Stuttgart, rebrousse chemin spontanément. Mais, le lendemain, d'autres accrochages sérieux se produiront encore. Et là aussi un « ratissage » s'impose. Maîtres en la matière, les cinq tabors du groupement Leblanc s'y emploieront à travers les grands bois jusqu'au 25 avril. Bilan : 5 100 prisonniers et tous les trains de la 716e VGD.

Enfin, une troisième et dernière bataille de destruction se livre dans la boucle du Neckar où les éléments encerclés au sud de Stuttgart essaient de filtrer à travers les mailles, forcément assez lâches, du filet tendu par la 5e DB. Autour d'automoteurs qui agissent en corsaires, des colonnes allemandes attaquent avec l'énergie du désespoir nos postes qui leur barrent la route. À Harthausen, le PC du colonel de Lavilléon, à Sielmingen, celui du 11e RCA (colonel Lemoine) sont ainsi pris à partie et momentanément encerclés. Partout se livrent des engagements locaux dont les péripéties sont parfois quelque peu inquiétantes pour nos escadrons. Mais le filet ne craque pas : 6 000 nouveaux prisonniers s'y font prendre.

Seuls en réchappent une partie de la 47e VGD et – fait notable – les états-majors des divisions que nous avons anéanties. Ces rescapés ont eu le temps de se jeter sur la rive droite du Neckar, à l'est de Stuttgart, en profitant de ce que la 7e armée US n'y est pas encore parvenue. Toutefois, ils ne sont que des prisonniers en sursis car les Américains avancent à marches forcées. Leur alignement à notre hauteur est une affaire d'heures et, sous leurs coups, les quelques groupes ennemis qui ont pu se soustraire à notre victoire ne tiendront pas longtemps.

Belle victoire, en vérité, et qui remplit de fierté le 2e corps d'armée. La magistrale exécution de cette manœuvre d'envergure, menée en un temps record et au prix de pertes faibles – 175 tués environ et 510 blessés – se solde par la conquête de la capitale du Wurtemberg, par la capture de 28 000 ennemis et par l'anéantissement du 64e corps d'armée allemand.

Mais, déjà, à l'exception de la 3e DIA maintenue sur place pour procéder aux ultimes nettoyages, il court après d'autres lauriers. Dès le 22 avril, conformément aux prescriptions de la directive n° 10, la 2e DIM et la 5e DB se lancent au-delà du Neckar, vers le Jura souabe où nous les retrouverons bientôt.

L'enveloppement de la Forêt-Noire et l'anéantissement du 18e corps d'armée SS (19-27 avril)

La concentration du 1er CA à Freudenstadt et le débouché de son attaque vers le sud. – L'investissement de la Forêt-Noire et l'amorce de la manœuvre pour Ulm. – La course au Danube. – La prise de Fribourg. – Les raisons de la poussée vers la Suisse et la conquête du sud du pays de Bade. – La tentative de percée du 18e corps d'armée SS. Son écrasement.

La première tâche que le général Béthouart doit accomplir pour entreprendre le vaste mouvement d'investissement de la Forêt-Noire imparti à son corps d'armée consiste à faire passer dans le minimum de temps le maximum de ses moyens dans le « triangle stratégique » de Freudenstadt-Horb-Sulz.

Laissant au général du Vigier et aux régiments FFI constitués sous son autorité sur le territoire de la 10e Région militaire la charge de maintenir une protection sur la rive gauche du Rhin entre Strasbourg et la Suisse, le commandant du 1er corps jette donc sur la rive droite toutes ses forces encore réservées : un groupement blindé confié au lieutenant-colonel Lebel[1], la 4e DMM dont le général de Hesdin, guéri de sa blessure, a repris le commandement, et le CC 1 du colonel Gruss.

1. Le colonel Lebel, commandant le 1er RSAR dispose, en dehors de son régiment, du 19e BCP, du 4e RSM, du 8e dragons, d'un escadron TD du 2e dragons, du 1er groupe

Ce *Combat Command* ne fait que rejoindre les deux autres CC de la 1re DB déjà engagés dans le cadre de la 9e DIC. Le CC 3 restera encore, à titre provisoire, à la disposition du général Valluy pour l'écouvillonnage du sud du pays de Bade, mais le général Sudre reprend à sa main Lehr, parvenu à Freudenstadt par Achern, pour le jumeler à Gruss dans les opérations prévues à l'est de la Forêt-Noire.

Tous les itinéraires possibles sont employés pour rallier à tombeau ouvert la base de départ fixée pour cette offensive. Avant même la prise d'armes de Strasbourg, les mouvements ont commencé pour le groupement Lebel. Aussitôt après, dans la soirée du 16 avril, ils s'intensifient. Par tous les ponts existants, les colonnes de véhicules se suivent sans interruption[1]. À Kehl, des moyens discontinus sont employés pendant que les sapeurs du 180e génie s'affairent à lancer un pont de 40 tonnes à double courant[2].

Pour ne pas perdre un instant, le général Béthouart n'attend pas que la grand-route de Kehl à Freudenstadt par Oberkirch soit complètement dégagée. Un seul régiment de la 4e DMM, le 6e RTM, achèvera sa conquête, très considérablement préparée par le groupement Landouzy, tandis que le 9e zouaves et le 2e GTM poursuivront, sous le commandement du général Bondis, le ratissage méthodique des résistances qui subsistent entre la vallée de la Murg et le méridien de Lautenbach. Mais le gros du 1er CA empruntera les itinéraires ouverts par le 2e corps.

Par les routes où les destructions hâtivement réparées sont nombreuses, blindés et camions d'infanterie se livrent à une véritable course contre la montre. Certaines unités, comme le CC 1, parti de Molsheim pour atteindre, par le pont de Maxau, l'est de Freudenstadt, abattent 300

---

du RACAOF et d'une compagnie du génie.

1. Le 8 avril, le 211e bataillon de ponts lourds a construit un pont de 18 tonnes long de 235 mètres en matériels *Heavy Ponton* à Maximiliansau (ou Maxau), en face de Karlsruhe. Ce pont de Maxau est devenu l'artère de l'armée : en quelques jours, il assurera le passage de 60 000 véhicules.

Plus au sud, à Seltz, un pont *Treadway* a été construit le 15 avril par le 1/152e génie et deux compagnies du 88e bataillon de la 1re DB avec le matériel du pont de Germersheim, devenu peu commode du fait du déplacement de nos opérations. En quinze jours, cet ouvrage sera utilisé par plus de 13 000 véhicules.

2. Ce très bel ouvrage sera livré à la circulation le 19 avril. Il sera inauguré par la 1re brigade de spahis à cheval du colonel Brunot.

kilomètres en dix-huit heures sans autres arrêts que ceux qui sont indispensables pour refaire les pleins.

Bref, le 19 au matin, ce vaste mouvement est terminé. Lebel est à Wittensdorf, Lehr à Dornstetten, Gruss à Horb où il a déjà relevé Schlesser. De Hesdin serre au plus près. Freudenstadt où se concentrent tous les PC des grandes unités est relié à Karlsruhe, où le mien est installé depuis le 15 avril, par une liaison radio VHF[1] que le colonel Brygoo, commandant des transmissions de l'armée, a organisée avec une remarquable maîtrise. De la sorte, je suis constamment en contact direct avec Béthouart.

Tout est ainsi parfaitement en ordre pour donner le coup de pistolet du départ, le 19 avril à 8 heures du matin.

Le débouché n'est nulle part facile. À Horb surtout, le CC 1 a fort à faire pour s'assurer la pleine possession des passages du Neckar. Le pont est bien entre nos mains, mais une très forte artillerie installée sur les crêtes au sud-est de la rivière le balaie impitoyablement. Et Gruss doit ordonner au commandant Vallin de monter avec son 3e bataillon de zouaves portés une attaque contre une brigade de la *Luftwaffe* et un *Kampfgruppe* de l'ex-106e division qui protègent les pièces.

Douloureux souvenir… Le capitaine François Gillet, commandant la 1re compagnie du 3e zouaves, est tué net au moment où il se précipite au secours du sous-lieutenant Germain, grièvement blessé. Fils du très cher Louis Gillet et héritier de sa flamme, François Gillet ne m'a guère quitté depuis 1940 où il a commencé à mettre ses dons magnifiques au service des écoles de cadres. Germain, durant plusieurs mois, a été mon aide de camp. Tous deux, avant le passage du Rhin, ont passionnément revendiqué le droit de se battre au premier rang…

Un autre officier, le lieutenant Ariès, tombe également. Mais le groupement Vallin, grâce aux blindés de l'escadron Fougère du 2e cuirassiers,

1. *Very high frequency.* Ce matériel à ondes très courtes dirigées assure les communications téléphoniques par radio. Je l'avais déjà utilisé avec le plus grand profit au cours de la bataille de Colmar, mais la mouvance de la campagne d'Allemagne lui donnait encore plus de prix.

Pour monter les installations nécessaires aux emplacements convenables, un élément du 151e RI avait dû accompagner les télégraphistes en avant des lignes atteintes auprès de Freudenstadt.

finit par l'emporter. À 20 heures, il est à Empfingen, à 8 kilomètres au sud du Neckar.

Le CC 2 réalise une avance de même ordre. Non sans mal, sa droite met en fuite les défenseurs de Betzweiler qui, pour se sauver à travers bois, abandonnent 200 bicyclettes portant chacune deux *Panzerfaust*. Sa gauche enlève Hopfau sous le feu de l'artillerie, entre dans Sulz et lance une pointe jusqu'à Weiden. Mais, en dehors des routes, l'ennemi s'embusque et les tirailleurs de la 4e DMM doivent, derrière nos chars, procéder à un sérieux nettoyage.

Quant au groupement Lebel qui est engagé en plein dans les contreforts de la Forêt-Noire, il ne peut faire 200 mètres sans se heurter à des abattis. Au prix d'efforts répétés, il arrive dans la soirée à Lossburg, à 7 kilomètres au sud de Freudenstadt.

En résumé, toute cette journée du 19 avril est employée à faire sauter la « croûte » que l'ennemi a hâtivement tenté de reformer. Derrière cette ligne, nous pouvons espérer entrer dans le « mou ». Et nous y sommes d'autant plus disposés que Bondis a achevé de dégager la route directe d'Oberkirch à Freudenstadt et que nos communications s'en trouvent singulièrement améliorées.

Effectivement, dès les premières lueurs du jour, le 20 avril, les opérations changent de rythme.

Le grand gagnant de la journée sera Lebel. Sorti des abattis qui le freinaient, il s'élance en flèche vers le sud. Il conquiert Winzeln, lance une pointe vers Schramberg qui cède opposition, vient buter avec son gros sur Villingen et le déborde en s'emparant de Schwenningen : en douze heures, il a progressé de 30 kilomètres.

Sur sa gauche, le CC 2 s'est découplé en deux colonnes. L'une, en liaison avec Lebel, enlève Stetten et Horgen et termine sa course, à 21 heures, en détruisant au canon un convoi qui lui barrait l'entrée de Deisslingen. L'autre fait sauter un bouchon à Beffendorf, masque Oberndorf que le détachement réservé de la DB (sous-groupement de Labarthe) prendra en charge[1], annihile une casemate et « des mortiers à Kasperleshof » et met

1. Truffé de *snippers*, Oberndorf n'est pas une proie facile pour Labarthe à qui il

fin à son étape en entrant impromptu à Rottweil et en poussant jusqu'à Buhlingen.

Plus à l'est encore, le CC 1 semble un peu en retard. Mais il s'est largement étalé. Après avoir, au sud de Sulz et de Mulheim, dispersé une série de résistances sporadiques, il a découplé trois sous-groupements qui, au prix de multiples petits accrochages, atteignent d'est en ouest Balingen (Durosoy), Dautmergen (Vallin) et Bohringen (Doré).

Le CC 1 est donc décalé d'une quinzaine de kilomètres vers le nord par rapport au CC 2. Mais il est bien décidé à mettre les bouchées doubles pour combler ce retard.

Et il s'y emploie dès le 21 au point que, cette fois, le gagnant, c'est lui.

Il faut d'ailleurs que ce soit lui. Car, à la guerre, il importe de toujours penser au lendemain. Or le lendemain, dans mon esprit, ce n'est plus l'investissement de la Forêt-Noire, déjà virtuellement acquis, c'est une manœuvre nouvelle que j'ai fait entrevoir dès le 15 avril à Béthouart, celle du Jura souabe, que je lui ai définie par cette phrase qu'il n'a pas oubliée : « La véritable manœuvre consiste à marcher tambour battant pour être à Ulm le 25 avril. »

Aussi n'est-il pas surpris, dans la soirée du 20, lorsqu'il reçoit ma directive d'orientation n° 11 où, après avoir maintenu intégralement les ordres antérieurs pour la poussée vers la frontière suisse, j'ajoute ce complément :

> Simultanément, le 1er CA portera son effort principal sur la direction de Rottweil-Tuttlingen-Stockach en vue de s'assurer au plus tôt le triangle Tuttlingen-Stockach-Engen d'où il débouchera sans désemparer en direction de Sigmaringen et d'*Ulm*[1], pour déborder le Jura souabe par le sud.
> En même temps, il poussera de fortes reconnaissances sur la direction Horb-Sigmaringen pour menacer le Jura souabe par le nord et lier son action avec celle du 2e CA.

---

faudra deux heures pour prendre la ville et les usines Mauser. Mais, du même coup, il délivre un camp de prisonniers français et un commando de travailleurs forcés.

1. Souligné dans le texte.

Aussitôt, le général Béthouart adapte ses instructions en fonction de cette impulsion nouvelle. La 1re DB, suivie au plus près par la 4e DMM, continuera à se couvrir face aux débouchés de la Forêt-Noire que le 2e dragons (lieutenant-colonel de Clerck) verrouillera à Schiltach, Schramberg et Sankt-Georgen. Mais ses gros viseront par priorité le triangle défini par ma directive et, prenant Ulm comme objectif lointain, descendront la vallée du Danube.

Première au Rhin en novembre 1944, la 1re DB est sur le point d'arriver première encore sur le Danube. Mais qui, parmi ses unités, aura le privilège d'arriver en tête sur ses rives ?

Le commandant Vallin, mon vieux Charles Vallin de 1940, le lieutenant de chasseurs de la résistance héroïque sur l'Aisne et du pont de Nevers, brûle de recueillir cette palme. Bien avant le jour, le 21 avril, il a repris la route. Chemin faisant, il règle quelques menus incidents… À 11 h 30, sa radio signale : « groupement Vallin franchit le Danube à Muhlheim. » Déjà, il organise une tête de pont qui englobe Neuhausen, à 6 kilomètres au sud.

Sensiblement à la même heure, le groupement Lebel arrive à Donaueschingen. Le 1er RSAR et le 19e BCP mettent aussitôt la main sur les ponts et, après un rapide « tour de ville », foncent droit vers la frontière suisse. À Hufingen, il leur faut livrer combat pour prendre le village. Mais, après Behla, toute progression devient impossible. Il est évident qu'auprès de la Suisse (la frontière n'est plus qu'à 8 kilomètres), les Allemands ont très solidement organisé une ligne de défense pour se ménager une « zone franche » ; une action en force va être nécessaire pour couper ce couloir.

En attendant, entre le CC 1 et le groupement Lebel, ailes gauche et droite de notre poussée, le CC 2 bouche le trou et, finalement, gagne l'étape. Retardé au départ pour des questions de ravitaillement en essence, le groupement Labarthe se heurte, peu après midi, à une grosse défense en avant de Tuttlingen. Le combat dure trois heures. À 15 h 15, nos chars pénètrent dans la ville et traversent le Danube. Au même moment, plus en amont, un autre détachement s'empare du pont d'Hintschingen.

À Tuttlingen, la situation reste trouble un certain temps. La ville est en pleine anarchie et, ce qui ne simplifie rien, un orage d'une violence inouïe ajoute au désordre en perturbant d'une façon totale toutes les liaisons radio.

Mais, à 18 h 30, il n'y paraît plus. Et le CC 2 repart.

Labarthe force un gros barrage à la sortie sud de Tuttlingen, détruit des convois, fait des prisonniers, et continue toujours. À 20 h 15, il entre en trombe à Stockach, à 3 kilomètres seulement du lac de Constance, où il se hâte de s'installer en point d'appui fermé.

Plus à gauche, un second groupement (Menditte) en fait autant à Bargen après avoir, à Hattingen, bloqué au canon un train à la sortie d'un tunnel.

Si l'on ajoute qu'à l'extrême est de notre front, le groupement Durosoy, du CC 1, a dépassé à 17 heures Hausen, c'est sur une soixantaine de kilomètres que nous tenons le Danube.

Pour être sincère, au terme de cette étape magnifique, la 1re DB est fort « en l'air ». Le pays grouille de petits détachements ennemis qui, dans l'ignorance des points que nous occupons, donnent tête baissée sur nos unités. La nuit, pluvieuse et même neigeuse, est très agitée. À Emmingen, le PC du CC 2 est sérieusement attaqué. À Bergen, des SS s'infiltrent dans le village et *bazookent* un de nos chars à l'arrêt. À Stockach, le 5e RCA ne cesse de capturer des éléments qui viennent innocemment s'y réfugier. Mais au jour, tout se clarifiera avec l'arrivée de la 4e DMM : le 27e RI du colonel Rosette s'installe à Villingen, Donaueschingen et Schwenningen, le 6e RTM à Trossingen et Tuttlingen, le 1er RTM à Sankt-Georgen où il rejoint le 2e dragons, également en position à Schiltach et Schramberg.

Le programme a été, point par point, exécuté. Déjà en position pour prendre vers Ulm un nouveau départ, le groupement Est du 1er corps tient tout le versant oriental de la Forêt-Noire où se trouvent dorénavant bloqués le 18e corps SS et la brigade *Oberrhein*[1].

Ces forces s'y trouvent même pratiquement enfermées car, au cours des mêmes journées du 18 au 21 avril, la 9e DIC a poursuivi la conquête du pays de Bade.

---

1. La brigade *Oberrhein*, de même que les quelques rescapés des divisions du 64e corps d'armée allemand qui s'étaient opposés à notre poussée sur Freudenstadt (106e et 257e VGD) seront intégrés dans le 18e corps d'armée SS lors de sa réorganisation.

Appelé à progresser dans un couloir de plus en plus resserré entre le Rhin et la montagne, et obligé de couvrir un flanc gauche de plus en plus étiré, Valluy a articulé ses forces en trois groupements : maintenant provisoirement Landouzy en réserve, chargeant Bourgund de la couverture face au versant occidental de la Forêt-Noire, il a donné à Caldairou le RICM, le 6e RIC, des éléments du RCCC et trois groupes d'artillerie pour attaquer, avec le CC 3, en direction de Fribourg.

Le 18 avril, Bourgund éprouve de très grosses difficultés à remonter la haute vallée de la Kinzig. À Gengenbach notamment, l'engagement est chaud. Néanmoins, le 21e RIC l'emporte.

Dans la plaine, tous les efforts de Caldairou sont concentrés autour de Lahr. Appuyé par les chars, le 6e RIC enveloppe la ville et finit par s'en rendre maître en fin de journée.

Ce succès crée une brèche dans le front de la 805e VGD et Caldairou l'exploite aussitôt. Le 19 avril, il s'enfonce comme un trident. Au bord du Rhin, il atteint Oberhausen ; au centre, il borde Kensingen ; à l'est, il enfile la vallée de Lahr dont le RICM conquiert laborieusement les villages successifs jusqu'à Dorlinbach. Un de ses éléments détachés cherche à donner la main au groupement Bourgund qui, malgré l'apport de deux bataillons du 81e RI, reste accroché sur les hauts, à l'ouest de Biberach.

En dépit de l'avance réalisée dans la plaine, les perspectives pour le 20 sont limitées. C'est qu'en réalité, au nord de Fribourg, il n'y a plus de plaine… S'inclinant de plus en plus vers le sud-ouest, les pentes de la Forêt-Noire se continuent auprès du Rhin par un gros mamelon, le Kaiserstuhl, dont elles ne sont séparées que par une faille très étroite par où passe le canal Léopold et qu'interdit, dans la partie la plus mince du goulot, la position-bouchon de Riegel.

Le seul point où nos unités sentent, au cours de cette journée, une faiblesse se situe presque sur la rive du Rhin, au sud-ouest d'Oberhausen où un élément du CC 3 réussit à traverser le canal Léopold et à pousser son avantage jusqu'à Sassbach et Endingen.

Valluy en conclut aussitôt que c'est par cet interstice qu'il doit trouver la solution la plus économique. Réengageant Landouzy[1], il lui donne pour mission de déborder le Kaiserstuhl par l'ouest – étant bien entendu que la gauche de la division fera effort sur Fribourg par l'est et le nord.

Le 21 avril, la manœuvre de débordement réussit pleinement. Le groupement Landouzy glisse jusqu'à Hausen, se rabat au sud du Kaiserstuhl, vers l'est et coupe à Wolfenweier la retraite aux défenseurs de Fribourg. Chemin faisant, il a trouvé à Vieux-Brisach des éléments du groupement de choc n° 3 (lieutenant-colonel Bouvet), qui resté jusque-là en Alsace, vient de franchir le Rhin en un coup de main audacieux.

Pendant ce temps, Caldairou a habilement débordé Riegel par l'est. Il franchit l'Elz à Emmendingen et à Windenreute. À 14 heures, des chars du 2e RCA et des coloniaux du 6e RIC pénètrent dans les faubourgs nord de Fribourg. À 21 heures, un autre groupement de ces deux mêmes unités les rejoint, venant de l'ouest.

Presque sans combat, la ville se rend.

Comme chaque soir, depuis la Provence, j'envoie au général de Gaulle le compte rendu des événements de la journée. Mais ce télégramme du 21 avril est, sans doute, le plus vibrant qu'il m'ait jamais été donné de lui expédier :

> La journée du 21 avril consacre pour la 1re armée française le succès complet des opérations menées sans répit depuis quinze jours en Wurtemberg, en Forêt-Noire et en pays de Bade.
> Le Danube est franchi et bordé sur plus de 60 kilomètres en aval de Donaueschingen… Nous sommes entrés à Stuttgart par le sud achevant l'encerclement de forces importantes.
> Dans la plaine de Bade, Vieux-Brisach et Fribourg sont tombés entre nos mains… L'enveloppement de la Forêt-Noire est achevé…

---

1. La composition du groupement Landouzy constitué à cette occasion mérite d'être citée, comme exemple de la parfaite combinaison des armes à laquelle nos troupes étaient arrivées à la fin de la guerre. Il comprenait, en effet, le RTC du 23e RIC ; un escadron de reconnaissance, une section de zouaves portés, la compagnie Béchard du 6e RIC (7e Cte) sur camions et des éléments du génie, cet ensemble formant le détachement Argoud ; l'état-major du RCCC avec un peloton de reconnaissance, un peloton de pionniers et un escadron de TD.

Mon optimisme, qui est grand, n'est pourtant pas sans nuances.

Dans les dernières trente-six heures, en effet, il est devenu clair que les restes de la 19e armée allemande, au lieu de continuer à opposer une âpre résistance au CC 3 et au groupement Landouzy, évitent les accrochages sérieux en plaine de Bade et se rejettent dans la partie sud de la Forêt-Noire où ils cherchent à retarder au maximum le groupement Bourgund qui en remonte les vallées.

Ainsi se confirme une inquiétude que j'ai depuis plusieurs jours. Étrillé de belle manière, le 18e *SS Armee Korps (18e SS AK)*[1] est en train de rassembler tout ce qui a pu échapper à la destruction ou à la capture et de se concentrer en un bloc compact. Tel que nous le connaissons, il est peu probable que ce soit pour capituler. Il convient donc de s'attendre à le voir choisir l'une des deux solutions qu'il puisse envisager : ou tenter vers l'est une sortie massive dans l'espoir de gagner les Alpes autrichiennes ou bavaroises, ou chercher à forcer l'entrée en Suisse.

C'est de toute évidence la première hypothèse, au demeurant la plus probable, qui devrait seule retenir mon attention. Mais au cours des visites amicales qu'ils font régulièrement à mon PC, des officiers de l'armée suisse ont laissé deviner les vœux qu'ils formaient pour voir nos troupes arriver le plus rapidement possible sur le Rhin entre Bâle et Schaffhouse et y doubler ainsi la garantie de l'inviolabilité de leur frontière.

Pour ne pas décevoir cette attente, il me faut modifier un plan bien arrêté. En effet, la poussée le long du Rhin n'a militairement plus d'intérêt à partir du moment où Fribourg est tombé et où nous avons atteint le saillant suisse de Schaffhouse. Dès cet instant, l'essentiel est d'établir une solide bretelle d'arrêt à travers la Forêt-Noire, en particulier de renforcer le barrage encore fragile tendu sur le versant oriental, et de donner le maximum de vigueur et de moyens à l'exploitation vers le Jura souabe, vers Ulm et l'Autriche. Pour remplir au mieux ces deux missions, la stricte logique m'incite à ne laisser à hauteur de Fribourg que le rideau indispensable et à reporter rapidement à l'est du massif le gros de la 9e division coloniale ainsi que le CC 3 qui l'appuie jusqu'à présent. Celui-ci ajouterait de la solidité à la couverture arrière assurée par la 4e DMM. Et qu'importe si quelques dizaines de milliers de prisonniers en puissance nous échappent en passant du sud du pays de Bade en territoire helvétique !

1. 18e corps d'armée SS.

Au regard des intérêts immédiats de mon armée, et même de l'action future de la France en Allemagne, les avantages certains de ce plan ne me font-ils pas un devoir de m'y tenir ? Mais n'est-ce pas un autre devoir que de prendre en considération les intérêts permanents de l'amitié franco-helvétique, alors que la Suisse, sans jamais manquer aux règles séculaires de sa neutralité, a su toujours lui rester fidèle ?

Ce problème s'est posé alors que Valluy ne fait qu'aborder le Kaiserstuhl et que le CC Lehr est encore à quelques heures de Schaffhouse. Mais mon hésitation est brève. Sans illusion sur les risques que j'endosse, je me décide dès ce moment en faveur de la fraternité franco-suisse. Et c'est elle qu'inspire la note d'orientation n° 11, rédigée dans la nuit du 20 au 21 avril, dans laquelle je donne l'ordre au 1er corps d'armée de « continuer par sa droite la poussée le long du Rhin en direction de Bâle, puis de Waldshut, tout en agissant simultanément d'Epfenhofen (Schaffhouse) vers Waldshut pour chercher la liaison avec les forces venant de Bâle ». Ainsi sera assuré l'encerclement total de la Forêt-Noire et interdit aux divisions SS le forcement de la frontière germano-helvétique.

Toutefois, peu après, afin de laisser au général Béthouart toute la liberté d'esprit voulue pour se consacrer à la manœuvre essentielle, c'est-à-dire à la manœuvre d'Ulm, je décide de reprendre sous mes ordres directs le groupement Valluy sans rien changer évidemment à sa mission[1].

Mon premier souci est de coordonner son action avec celle des unités affectées par Béthouart à la couverture de ses arrières pour drainer et nettoyer le plus rapidement possible la zone où semble se regrouper le 18e SS AK.

Dans mes ordres pour le 23, je prescris donc à la 9e DIC d'une part de pousser jusqu'à Lorrach puis vers Waldshut, d'autre part de pénétrer dans la Forêt-Noire et de dégager par priorité l'itinéraire Fribourg-Neustadt.

Je lui ordonne en outre de diriger sans délai le CC 3 *via* Oberkirch et Freudenstadt, donc par le nord, vers la zone de la 4e DMM afin de renforcer celle-ci sur le versant oriental du Massif.

---

1. Cette décision est également justifiée par une raison toute pratique. Le 1er CA a transporté son PC à Rottweil et les liaisons, même radio, entre lui et Valluy s'avèrent difficiles.

Mais, au reçu de cet ordre, Valluy a déjà engagé le CC 3 vers le sud, en direction de Lorrach. Et il estime que les blindés atteindront aussi rapidement l'est de la Forêt-Noire en remontant la vallée du Rhin qu'en rebroussant chemin par les arrières. Calcul que l'ennemi va déjouer. Il faudra trois jours à Caldairou pour rejoindre de Hesdin et il arrivera, comme Crillon, après une rude affaire...

Pourtant, il ne paraît pas qu'il y ait temps perdu. Le 22 avril, Landouzy fait un bond de 25 kilomètres jusqu'à Neuenburg et Mulheim où il essuie le tir rageur de batteries qui vident leurs coffres. Le 23, Valluy réorganise son dispositif en confiant au CC 3 la vallée du Rhin supérieur, et au groupement Bourgund (21e RIC, RICM TD du RCCC) les vallées menant à Neustadt. Le 24, Landouzy achève de parcourir les quelques kilomètres qui le séparent encore de la Suisse. Devant Lorrach, deux de nos chars sont détruits. Mais entre 10 et 15 heures, la question est réglée. Le général commandant la 9e DIC s'avance lui-même jusqu'au poste frontière où les autorités helvétiques saluent nos troupes avec chaleur. Et Caldairou dépassant Landouzy s'engage aussitôt dans le couloir du Rhin où il s'enfonce jusqu'à Wihr.

Le même jour, en Forêt-Noire, les spahis à cheval du colonel Brunot[1], qui ratissent méthodiquement tous les itinéraires au sud de Hausach et capturent de nombreux isolés, s'emparent de Triberg, sans s'être heurtés à des résistances notables.

À l'est de la Forêt-Noire, pendant ces deux dernières journées des 22 et 23 avril, la 4e DMM n'a pu faire plus que de consolider son dispositif fort distendu et que l'action du groupement Lebel a encore allongé vers le sud en réussissant à crever le couloir devant lequel il avait dû s'arrêter le 21 au soir, et à atteindre la frontière suisse.

Ce bouclage ne s'est d'ailleurs pas opéré tout seul. Le 22, de fortes défenses antichars, ossature d'une position solide et bien choisie, ont interdit toute avance malgré plusieurs tentatives de débordement. Ce n'est qu'après avoir rassemblé les moyens en artillerie notamment, nécessaires

1. La brigade de spahis à cheval du colonel Brunot comprend le 5e régiment de spahis marocains (lieutenant-colonel Sabaroth) et le 7e régiment de spahis algériens (colonel de Chabot).

pour monter une attaque en règle que Lebel parvient à briser d'abord la ligne Doggingen-Furstenberg, puis une ultime résistance à Zollhaus. Il est midi, le 23 avril, quand il s'empare d'Epfenhofen et arrive à la limite du territoire allemand.

Là, il laisse le 4e spahis (lieutenant-colonel Turnier) et le 8e dragons (commandant Bonichon) qui passent aux ordres du général de Hesdin, pour prolonger jusqu'à la frontière notre rideau défensif. Avec le reste de son groupement, il bifurque aussitôt vers l'est, vers Constance. Le soir, il est à Riedheim. Le 24, il extermine un groupe de SS à Engen et enlève Singen, à quelques kilomètres du Bodensee et de la presqu'île de Constance.

Jusque-là, les postes étalés tout au long de la Forêt-Noire, au fur et à mesure de l'avance des blindés ont connu peu d'alertes. Seuls ceux du 27e RI (colonel Rosette) près de Yillingen et du 2e dragons à Sankt-Georgen ont été assez sérieusement tâtés, ces derniers surtout, par des éléments sortis de la montagne mais qui n'ont pas tardé à s'y rejeter.

Rien, ou presque rien, ne renseigne sur les préparatifs auxquels se livrent les unités du 18e corps SS récupérées par l'*Obergruppenführer* Keppler.

Celui-ci, que seconde le général von Oppen, reste jusqu'au bout fidèle aux réflexes typiques du commandement allemand : il réorganise. C'est entre 30 et 40 000 hommes, rescapés de multiples divisions, qui se trouvent sous ses ordres, concentrés sur un espace restreint : il les redistribue entre trois divisions nouvelles qu'il crée incontinent, la 719e, la 352e et la 89e, et auxquelles ne manquent ni les cadres, ni l'artillerie, ni le fanatisme.

Chacune de ces divisions est articulée en groupements tactiques comprenant chars, fantassins, canons et pionniers, entre lesquels s'insèrent états-majors, trains et services. Somme toute, une formation de groupes mobiles.

À l'abri des couverts impénétrables de la forêt, en ordre, les colonnes se rassemblent au coude à coude sur un front de 15 kilomètres, la pointe vers l'est. Le 18e *SS Armee Korps* va jouer son va-tout. Et pour augmenter ses chances, il va le jouer de nuit.

C'est, en effet, à 22 h 30, le 24 avril qu'au sud de Villingen la 719e VGD et la 352e accolées foncent de tout leur poids sur les points d'appui que tient, à Marbach et à Klengen, le 27e RI. Points d'appui légers : à Marbach, nous avons une compagnie, à Klengen, une section et une batterie du 1/RACL. Submergées, ces unités ne peuvent empêcher le passage du torrent vers Bad Durrheim et Aasen.

À Bad Durrheim, notre garnison ne comprend que des artilleurs. En hâte, le chef d'escadron Bullot, commandant le 1/RACL[1], organise avec ses faibles moyens et deux batteries du 2/64e RA[2] deux réduits à l'intérieur de la localité et l'un un peu en arrière.

À minuit quarante-cinq, les réduits sont encerclés, les véhicules qui n'ont pu y être abrités sont incendiés. On se bat à bout portant dans l'obscurité. Finalement, les assiégés ont recours à un procédé héroïque mais efficace : ils réclament des tirs amis sur eux-mêmes et écartent ainsi temporairement les assaillants.

En dehors du village, nos pièces, attaquées sur leurs positions de batterie, tirent à 200 mètres devant elles et tiennent jusque vers 5 heures. Débordées par le sud, elles n'échappent alors à destruction complète qu'en glissant vers l'est.

À Aasen, la 352e VGD se heurte aussi à deux batteries mais également au 1er bataillon du 1er RTM (commandant Bastiano). L'assaut est furieux mais infructueux.

Plus au sud, la colonne de la 89e VGD prend contact avec notre défense à Behla, à 3 heures du matin. Une compagnie du 1er RTM reçoit durement le premier choc. Mais l'intervention d'éléments du 4e RSM et du 8e dragons nous laisse maîtres du village.

Le 25 avril, la situation se présente donc de la façon suivante : nous bloquons l'adversaire à Aasen et à Behla qui continuent néanmoins à être violemment pressés ; nous avons cédé plus au nord, vers Bad Durrheim (où les réduits intérieurs résistent toujours) et les pointes ennemies arrivent à Ippingen.

Mais Béthouart, qui est aux premières loges puisque son PC est à Rottweil, prend déjà des contre-mesures : la 4e DMM agira avec toutes ses réserves sur les flancs de la poussée, appuyée par toute l'artillerie et

1. RACL : Régiment d'artillerie coloniale du Levant (155 long), unités de réserve générale.

2. 64e RA : Régiment d'artillerie organique de la 4e DMM.

toute l'aviation ; la 5e DB, qui vient d'être mise à sa disposition, en principe pour accentuer notre pression vers le sud-est, sera « variantée » : elle verrouillera avec le CC 5 le couloir de Stockach et attaquera avec le CC 6, partant de Tuttlingen, la colonne adverse la plus avancée, celle de la 719e VGD.

Pour faciliter la parade de Béthouart, je remets à ses ordres Valluy, maintenant assez proche pour être directement commandé par le 1er corps et à qui il est prescrit de bourrer sur les arrières du 18e AK. D'autre part, je lui envoie le 1er groupement de choc et le 2/RACL et j'ordonne à Monsabert de diriger sans délai sur Rottweil un groupement composé du 3e RTA, du 3e RSM et du 7e RCA. Enfin j'active les mouvements de la 14e DI, déjà donnée depuis le 23 avril au 1er CA pour l'occupation de sa zone arrière.

Mais avant même que tous ces renforcements aient pu accourir, la 4e DMM réagit. Avec un sens manœuvrier remarquable, son artillerie, que commande le colonel Sévrin, se regroupe et assène des coups de marteau terribles aux colonnes ennemies qu'en outre les *sweeps* du 1er corps aérien mitraillent sans cesse.

Au début de l'après-midi, les contre-attaques prévues dans le flanc nord se déclenchent. Le 6e marocains, soutenu par le 4e RSM et le 2e dragons pousse en trois colonnes vers Bad Durrheim et Aasen, Geisingen et Klengen. Simultanément, le CC 6 démarre.

Cette conjugaison d'efforts porte ses fruits. Six villages sont repris. Et surtout, la 719e VGD commence à se disloquer.

Toutefois, dans la nuit du 25 au 26, les Allemands renouvellent leurs tentatives contre Aasen qu'ils débordent. Mais le 1er RTM[1] dégage le village et seuls quelques groupes réussissent à filtrer en abandonnant tout leur matériel lourd.

Au même moment, une quatrième poussée, très forte et sans doute animée par des éléments qui n'ont pu passer plus au nord, débouche au plus près de la Suisse et cherche à faire sauter nos positions de Randen et de Zollhaus. Ce n'est qu'après des heures de lutte ardente que les éléments

1. Le 1er RTM est commandé depuis le 19 avril par le colonel Brissaut-Desmaillet.

du 4e RSM et du 64e RA chargés de la défense de ces points affermissent leurs positions.

Le 26, les actions amorcées depuis la veille se développent inexorablement.

Au nord, le 6e RTM et le 2e dragons continuent à tailler en pièces le gros de la 719e VGD. Seule, la tête, maintenant coupée du tronc, poursuit son avance et, après avoir traversé le Danube à Immendingen, parvient à Mauenheim. Mais là elle se heurte au CC 6 qui ne tarde pas à l'écraser et fait, en quelques heures, près de 2 000 prisonniers. Ses derniers débris se rejettent vers le sud.

À l'ouest, la 9e DIC et la brigade Brunot arrivent, par tous les itinéraires de la Forêt-Noire jusqu'à la ligne Sankt-Georgen-Bonndorf, sur les queues de colonnes du 18e corps SS. Elles ramassent 2 600 prisonniers supplémentaires.

Au sud, le CC 3 qui a dépassé Waldshut accélère sa remontée. Après plusieurs accrochages, il vient prendre en sandwich les forces allemandes qui tentent toujours de passer à Zollhaus et à Randen.

Perdues pour perdues, celles-ci font face brutalement vers l'est puis, à la nuit, risquent le tout pour le tout en donnant un ultime coup de bélier contre le poste de Randen. Durant deux heures la bataille fait rage. À bout de cartouches, ayant perdu à peu près tous leurs véhicules, les défenseurs finissent par être contraints de se replier au sud du village par où s'engouffrent aussitôt 3 000 à 4 000 Allemands.

Mais ils n'iront pas loin. À 7 h 10, le 27 avril, les spahis marocains du lieutenant-colonel Turnier reprennent irrésistiblement le village et se ruent à la poursuite de ceux qui ont pu percer. À 3 kilomètres à l'est, il les rattrapent et commencent à les harceler.

Cette journée du 27 avril sonne d'ailleurs le glas du 18e SS AK. Il ne reste plus rien de la belle ordonnance de l'avant-veille. Ce n'est plus qu'un puzzle de rescapés promis à une imminente capture.

Pour empêcher l'évasion vers la Suisse, Béthouart lance le CC 5, qui vient d'arriver à Messkirch, vers l'ouest à la rencontre du CC 3 qui, lui, marche vers l'est. La jonction s'opère dans l'après-midi à Engen et Aach, à temps pour fermer la trappe devant quelques groupes obsédés par la tentation de Schaffhouse.

Vers l'est, c'est le CC 6, renforcé du 152e RI, du 8e RCA et du groupement de choc n° 1 qui barre la route entre Tuttlingen et Stockach, tandis que la 4e DMM progresse vers cette même ligne, en repoussant devant elle tous les Allemands qui se camouflent dans les bois. Elle en ramasse 5 000 dans sa journée.

Le 28 avril, le 3e RTA, venu du 2e corps, parachève le tamisage de la forêt de Mohringen. D'autre part, le nettoyage minutieux de la Forêt-Noire se termine. La 1re brigade de spahis à cheval inscrit à son tableau un millier de prisonniers, le 2e GTM et les « chocs » tout autant, et la 9e DIC près de 3 000 dont le général von Oppen, son vieil adversaire de Pont-de-Roide.

Maintenant, c'est fini.

Sur des kilomètres, les routes rappellent celles de la vallée du Rhône aux premiers jours de eptembre. Ce n'est que véhicules abandonnés, équipements épars, canons détruits, chevaux éventrés – l'hallucinante image de la totale défaite.

Car, cette fois, la 19e armée allemande, celle que nous refoulons depuis la Provence, est irrémédiablement brisée. Son front rompu en son centre, elle n'a pu ni colmater la brèche, ni se rétablir, ni organiser une retraite coordonnée de ses grandes unités jusqu'au « réduit alpin ». Simultanément encerclés et séparément anéantis, ses deux corps d'armée n'existent plus que dans le souvenir des 110 000 prisonniers que nous leur avons faits depuis le franchissement du Rhin.

Et les suprêmes soubresauts de cette armée, obstinée à se battre et capable d'héroïsme alors même que l'espoir l'a quittée, ne peuvent plus rien contre le destin que nous lui avons imposé. Le coup de boutoir du 18e corps SS lui-même n'a pas stoppé notre élan vers l'est. Alors qu'on se battait avec un acharnement endiablé au pied de la Forêt-Noire, le groupement Lebel écrasait l'École de cadres de SS de Bohringen, s'emparait de Radolfzell et, le 26 avril, entrait à Constance, ville sanitaire[1], protégée

1. Toute la région de Constance, ainsi d'ailleurs que le sud de la Forêt-Noire, n'est qu'un immense *Lazaret* rempli de dizaines de milliers d'hospitalisés. Mais, parmi ceux-ci, 25 pour 100 au moins sont récupérables immédiatement. À la veille de la capture, l'état sanitaire des unités est soudain devenu désastreux… L'épidémie n'a pas épargné les généraux : au cours des vérifications faites par la Commission médicale de contrôle, à Constance, nous en découvrirons neuf dont le général Grimmeitz, commandant le

jusque-là par de « colossales » Croix-Rouges, et tout soudain couverte non seulement des drapeaux blancs si naturels à toute l'Allemagne vaincue, mais aussi, fait plus original, de nombreux pavillons blanc et jaune, aux couleurs pontificales…

Mieux encore : ce violent coup dans le dos n'a pas arrêté la 1re DB. Depuis le 24 avril déjà, ce sont nos trois couleurs qui, comme en 1805, flottent à Ulm, sur la vieille citadelle d'Empire.

La prise d'Ulm (24 avril) et la manœuvre du Jura souabe (22-27 avril)

> Les deux raisons de la manœuvre d'Ulm. – Les ordres préparatoires et la détermination des zones d'action. La marche de la 1re DB sur Sigmaringen et Ulm. – La conquête et le nettoyage du Jura souabe par le groupement de Linarès. – L'incident d'Ulm et l'affaire de Stuttgart.

À l'inverse de la tragédie classique, la manœuvre ne connaît pas trois unités mais deux : par définition, elle rejette l'unité de lieu.

Dès lors, si réelle que soit dans les faits l'unité de temps, force est bien de renoncer à la respecter dans le récit afin de suivre dans son déroulement logique chacune des composantes de la manœuvre générale.

Mais, sous peine de faire perdre à celle-ci tout son sens, il reste indispensable de mettre en lumière l'unité d'action, même au prix de quelques redites.

> La véritable manœuvre, avais-je déclaré le 15 avril au général Béthouart, consiste à marcher tambour battant pour être à Ulm le 25 avril.

Pourquoi Ulm ?

Pour la fierté de réveiller de vieilles gloires françaises et de manifester fortement aux Allemands l'ampleur de notre participation à la vic-

---

64e AK et à l'hôpital de Titisee, la 9e DIC trouble la cure du général des *Waffen SS* Hansen, chef d'état-major du 18e AK, cure commencée depuis deux jours…

toire ? Certes. Mais ce motif est malgré tout secondaire. Au point où nous en sommes, nous n'avons nul besoin de faire la guerre « pour le communiqué » !

En réalité, Ulm s'impose pour des raisons stratégiques de première importance.

En effet, toutes les inconnues qui demeurent dans ce milieu d'avril se concentrent autour du « réduit national alpin » dont la propagande nazie fait son arme ultime et que les divers services de renseignements alliés ne minimisent pas[1].

Il est de fait que ce réduit est possible et que, s'il existe, sa conquête, pour certaine qu'elle soit, sera coûteuse.

Or, assez imprécis et fort différents sur les conditions d'organisation de ce bastion, les renseignements ne concordent que sur un point : aucune grande unité n'y est encore en position.

Il est donc essentiel pour tous les Alliés d'empêcher les troupes ennemies encore valables d'en gagner l'emplacement. Et si l'on ne peut parvenir à les anéantir toutes auparavant, il est nécessaire que l'armée française possède un « créneau » sur ce dernier front.

Les deux manœuvres que nous connaissons déjà, celle de Stuttgart et celle de la Forêt-Noire, ont été inspirées par la première de ces préoccupations. La manœuvre d'Ulm répond aux deux : en nous plaçant en dessous du Jura souabe, elle complète l'action du 2e CA contre Stuttgart et rend possible la destruction des forces en déroute dans toute cette zone ; en nous poussant vers l'est, elle prépare une dernière conversion vers le sud qui nous trouvera face aux Alpes bavaroises et non face à la Suisse.

On comprend maintenant la hâte avec laquelle j'ai, dans la soirée du 20 avril, commencé à orienter le 1er CA vers Ulm. Mais, le 21, lorsque j'apprends l'arrivée de la 1re DB au-delà de Tuttlingen, c'est à mes deux commandants de corps d'armée que j'adresse le télégramme suivant[2] :

1. Une étude complète du SHAEF en date du 16 avril se termine par ces mots : « Bien que les renseignements actuels n'établissent pas d'une façon certaine l'intention d'organiser une ultime résistance dans le réduit alpin, ils sont suffisamment importants pour qu'on accorde une certaine créance à cette idée. »

2. N° 500/OP-3 du 21 avril, 16 heures.

> L'objectif essentiel de l'armée est désormais d'atteindre au plus tôt la transversale Ulm-Memmingen-Kempten pour ouvrir un créneau sur les Alpes bavaroises.
> Sitôt que Stuttgart sera pris, le général commandant le 2e CA aura pour devoir de libérer le plus rapidement possible le maximum de moyens rendus disponibles et d'abord de pousser la 5e DB en direction de Stockach...
> La 1re DB poursuivant sa mission actuelle doit pousser à fond sur Sigmaringen depuis Muhlheim, par le nord et par le sud du Danube et depuis la transversale Tuttlingen-Stockach en passant par Messkirch.
> Puis sans désemparer foncera sur Ulm par tous itinéraires de part et d'autre du Danube et principalement au sud.
> Dès son arrivée sur le haut Danube, la 5e DB prolongera l'effort de la 1re DB sur sa droite, en liaison avec elle en vue d'atteindre au plus tôt l'objectif Memmingen-Kempten[1].

Mieux encore que cet ordre officiel, une lettre personnelle que je fais porter en fin de journée à Béthouart restitue l'ambiance du moment :

> J'apprends que tu es à Donaueschingen et à Tuttlingen et que tu as franchi le Danube à Muhlheim. Bravo !
> Pousse pleins gaz sur *Sigmaringen.*
> – Sigmaringen depuis Muhlheim par les routes nord et sud du Danube ;
> – Sigmaringen depuis la transversale Tuttlingen-Stockach en passant par Messkirch.
> À Sigmaringen, boucle tout – tiens-le en force – mets-y un patron *solide et dur* – quelqu'un auprès de lui qui boucle les "politiques" et garde silence jusqu'à ma venue.
> Cela étant, depuis Sigmaringen ou parallèlement à Sigmaringen, par le sud du Danube, *vole sur Ulm* par tous itinéraires, par tous moyens.

1. L'ensemble des deux DB passe donc au 1er CA. À cette occasion, je donne pour adjoint technique au général Béthouart le général de Vernejoul, nommé au commandement de l'arme blindée de la 1re armée et remplacé à la tête de la 5e DB par le général Schlesser. Ce dernier a pour successeur au CC 4 le colonel Lecoq qui passe le commandement de son 2e RSAR au lieutenant-colonel de la Chauvelais.

> Les Américains nous en délogeront peut-être. Mais le drapeau français y aura flotté. Et pour plus tard cela nous aidera à obtenir Biberach, Memmingen, Kempten, indispensables pour l'avenir de notre créneau alpin…

Qu'on n'imagine pas, en lisant ce dernier paragraphe, que je prête de noirs desseins à nos amis américains. En réalité, je ne fais qu'exprimer, en style cursif, le doute qui continue à régner quant aux limites à venir entre mon armée et celle du général Patch.

Un télégramme du 6e GAUS, du 20 avril au soir, en a fixé une, provisoire et assez bizarre : le cours du Neckar jusqu'à Rottweil puis celui du Danube jusqu'à Sigmaringen, soit un S renversé qui nous prive de toute la zone au sud de Tübingen où est déjà engagé le CC 5, avec une forte avance sur les unités américaines susceptibles d'y accéder.

Dès réception de ce télégramme, j'ai sollicité du général Devers le redressement de cette limite. Mais, en même temps, je m'adresse directement au général Patch pour lui demander une coordination de nos éléments d'aile « sur des itinéraires bien choisis en fonction des objectifs à atteindre ». Je lui fais en particulier « un pressant appel pour que la route Reutlingen-Sigmaringen par Gammertingen soit laissée à mes détachements, chargés de s'emparer par le chemin le plus court de Sigmaringen, mon objectif d'armée ».

Et me rappelant l'amitié avec laquelle le général Patch, huit mois plus tôt, à Saint-Tropez a partagé avec moi la petite fleur que lui avait remise une Napolitaine, je termine mon message par ces quelques mots : « Je suis heureux, mon Général, que nos deux armées donnent côte à côte le coup de grâce à l'ennemi. La petite fleur cueillie au mois d'août aura porté bonheur à nos armes. Je la conserve toujours. »

Le général Patch, lui aussi, est fidèle : par téléphone, il me donne son plein accord pour que notre limite temporaire passe par Reutlingen, Gammertingen et Sigmaringen, tous ces points à la 1re armée française.

Telle est donc la situation, le 21 au soir, lorsque j'écris à Béthouart. Elle est à peu près claire pour ce qui est au nord du Danube, mais elle reste imprécise pour ce qui est au sud. D'où mon avertissement au commandant du 1er corps.

Celui-ci est à cent pour cent dans le coup.

Ayant donné à la 4e DMM et au groupement Lebel, pour le « bouclage » de la Forêt-Noire, les ordres sur lesquels je ne reviendrai pas, il décide, à 22 heures, que la 1re DB « se couvrant elle-même à gauche sur l'axe Balingen-Sigmaringen, poussera à fond ses gros sur l'axe général Sigmaringen-Ulm, en vue de mettre la main d'abord sur Sigmaringen, puis sur Ulm ».

Le général Sudre se met aussitôt en place pour exécuter la manœuvre avec le CC 1 au nord et le CC 2 au sud.

Gruss, pour sa part, articule son CC 1 en trois groupements : Vallin, Durosoy et Doré.

Le 22 avril, à la pointe du jour, les deux premiers débouchent de Kreenheinstetten et de Neuhausen, Vallin par la rive sud du Danube, Durosoy par la rive nord. Vallin est porteur des consignes relatives aux « politiques ». Il vole... À 11 h 20, il entre dans ce qui, la veille encore, avait la prétention d'être la pittoresque mais dérisoire capitale d'un « gouvernement français ». Hélas ! les « politiques » ont déguerpi depuis quelques heures... Vallin, en qui l'événement réveille le parlementaire enseveli sous l'uniforme, en est tout marri[1] !

À 16 h 30, Durosoy le rattrape par le nord et, respectant mon accord avec le général Patch, repasse sur la rive droite.

C'est sur celle-ci également que Doré escadronne. Parti de Tuttlingen, il a mis la main sur Messkirch, fait sauter une sérieuse résistance à Krauchenwies, enlevé Mengen pour ne s'arrêter que devant Herbertingen, solidement tenu.

Plus au sud, le CC 2 de Lehr a avancé parallèlement en deux colonnes. Tandis que le groupement de Beaufort traverse Pfullendorf, puis encercle Saulgau et en brise la défense en capturant 400 prisonniers, le groupement Labarthe, d'abord retardé par l'attente de son ravitaillement en carburant, force l'allure pour prendre Illmensee et Althausen dont il ne se rend maître qu'après un gros accrochage qui se prolonge de 19 à 22 heures.

---

1. Le commandant Vallin a laissé un délicieux récit de ce qu'il a appelé « l'intermède de Sigmaringen ».

On dort à peine : une rapide vérification des véhicules qui ont abattu 60 kilomètres dans la journée et, le 23 avril à 6 heures, les colonnes repartent.

Pour marcher sur Ulm, au plus court, par le nord du Danube, Gruss désigne le groupement Doré[1]. Durosoy descendra la rive sud du fleuve et le CC 2 progressera vers Biberach et Gunzburg.

Chacun presse sur le champignon… Doré est déjà au-delà de Rottenacker lorsqu'il prend contact avec des éléments de la 10e DBUS, puis avec le chef de cette grande unité, le général Moriss, qui est de sa personne à Ehingen. Celui-ci éprouve bien un peu de surprise à trouver là des Français, mais, très « cavalier » il ne s'émeut pas : « Entre blindés, déclare-t-il, nous nous entendrons toujours. » Et il ne fait aucune difficulté pour laisser le groupement continuer sa route vers l'est, alors que lui-même est orienté vers le sud.

Les kilomètres défilent. Une douzaine de canons antichars tentent d'arrêter l'irrésistible chevauchée et ne réussissent qu'à jalonner de leur ferraille les étapes successives de notre rapide avance. À 19 h 15, le peloton de Bellefond, du 5e escadron du 3e chasseurs d'Afrique, renforcé d'une section du 3e zouaves, arrive devant Ulm et prend pied dans les premières maisons de la vieille cité d'Empire, en avance de plus de dix heures sur les unités américaines de la 44e DIUS chargées d'attaquer la ville.

Après pourparlers, il est entendu, lorsque celles-ci arrivent, que nos éléments participeront à l'assaut général : le 24 avril, à 15 heures, les chars du 2e cuirassiers et les zouaves sont maîtres des quartiers situés entre la cathédrale et le Danube. Et, dans le soir, comme au 20 novembre 1805, nos trois couleurs montent sur la citadelle…

Pendant ces événements, au sud du Danube, Durosoy n'a pas perdu son temps. Dans la matinée du 24, il arrive sur l'Iller à Wiblingen, à 4 kilomètres au sud d'Ulm. Plus en arrière, Vallin se tamponne brutalement à Zwiefaltendorf avec une colonne allemande qui cherchait à s'évader du Jura souabe.

---

1. 1er escadron du 2e régiment de cuirassiers, une compagnie du 3e bataillon de zouaves et une batterie du 68e RA.

Quant au CC 2, sa journée du 23 a été « payante ». Après avoir réduit une forte opposition à Biberach, il a capturé 2 200 prisonniers dont tout un état-major d'aviation, général en tête, et un butin énorme dont 40 avions intacts. Le 24, il lui reste 12 kilomètres à franchir pour atteindre l'Iller qu'avant midi il borde depuis Ay jusqu'à Kellmuntz. Il y est bientôt rejoint par un CC américain de la 10e DBUS avec lequel le contact est si cordial que, séance tenante, la mise en commun des moyens respectifs de franchissement est décidée pour forcer le passage de l'Iller vers Illertissen.

Bien entendu, ces divers raids laissent derrière eux de nombreuses taches d'insécurité. Les arrières ne sont point partout nettoyés et, de toutes parts, des groupes ennemis cherchent à franchir les mailles du filet pour fuir vers le sud. Leurs tentatives rendent temporairement insalubres des zones déjà traversées. À l'ouest de Biberach, un jeune officier de réserve plein de promesses, le lieutenant Maroger, trouve ainsi la mort avec un de ses camarades du 5e RCA.

C'est que le Jura souabe, maintenant tourné grâce à l'avance de nos blindés, recèle encore des milliers d'Allemands, regroupés en *Kampfgruppen* hétéroclites mais toujours fortement encadrés. Si la 1re DB tient les débouchés sur le Danube, il reste au 2e CA à faire office de rabatteur. Il s'y emploie déjà avec vigueur.

Appliquant les instructions de l'armée, le général de Monsabert, dès la chute de Stuttgart le 21 avril, a formé deux groupements. Nous avons déjà vu le premier à l'œuvre puisque c'est lui qui a résorbé les poches du Schönbuch, entre Stuttgart et le Neckar de Tübingen. Le second, confié au général de Linarès et formé de la 2e DIM, du CC 5, du groupement de choc n° 1 et du 8e RCA, a mission d'agir immédiatement sur la direction Tübingen-Sigmaringen.

L'opération se décomposera en deux temps : il faudra d'abord prendre pied sur le plateau souabe – puis exploiter vers le Danube.

Linarès entend faire pression sur un front relativement étroit pour crever plus sûrement la résistance et, une fois de plus, disloquer en deux tronçons les forces de l'adversaire. Il lance donc deux colonnes presque accolées, avec Chappuis[1] partant de Tübingen pour viser Laiz à 2 kilo-

1. RCT/5e RTM, 3e RSM, 8e RCA, 20e BCP.

mètres à l'ouest de Sigmaringen, et avec Mozat[1] axé de Gomaringen sur Bingen, à 4 kilomètres à l'est de cette même ville.

Avant même d'être complètement rassemblées, le 22 avril à l'aube, les deux colonnes entrent en action.

Chappuis rencontre une résistance croissante au fur et à mesure qu'il approche du rebord du Jura souabe. À Thalheim, il lui faut enlever les maisons l'une après l'autre. Mais le soir, Hechingen est dépassé et, à 20 heures, le vieux bourg Hohenzollern est devenu français.

Pour Mozat, la journée est plus âpre encore. Des abattis et des destructions battus par des feux denses ne lui permettent qu'une avance de 6 ou 7 kilomètres. Toutefois, le 15-1 prend pied sur le plateau, à Genkingen.

Mais la bête ne veut pas mourir… Vers minuit, une grosse contre-attaque à base de *Panzerfaust* se déclenche. Des caves et des fenêtres de Genkingen qu'occupe le bataillon Quincy (3/51e RI), les Allemands, militaires et civils mélangés, tirent à bout portant sur nos hommes. Ce n'est qu'au matin du 23 que le coup est définitivement paré.

Aussitôt, la colonne Mozat reprend son offensive. Profitant du désarroi de l'adversaire, elle le pousse l'épée dans les reins jusqu'à Stetten unter Holzheim où des tirs d'artillerie arrêtent son avance.

À l'ouest, Chappuis a également réussi à escalader les pentes abruptes du plateau, après avoir fait sauter un fort barrage vers Thalheim. Le soir, il est à Ringingen.

La première phase de l'opération – l'arrivée sur le plateau est donc terminée. Linarès entame immédiatement la seconde, en découplant ses blindés le 24 avril à 6 heures.

Le déroulement de l'affaire est quasi mathématique : chez Chappuis, les sous-groupements de Castries (3e RSM) et Simon (8e RCA) suivis du 5e RTM, balayent quelques nids de résistance, délivrent chemin faisant plusieurs milliers de prisonniers français et arrivent à 15 heures à Sigmaringen par l'ouest. En même temps, y pénètre par l'est le régiment étranger de cavalerie avant-garde de Mozat qui a, dès 8 heures, fait tomber Stetten puis conquis, à midi, Gammertingen.

1. CC 5 et RCT/151e RI.

Ainsi, en cet après-midi du 24, non seulement le Jura souabe est enveloppé au sud par la 1re DB mais, en outre, il est coupé en deux par la 2e DIM. Il ne reste plus qu'à liquider les deux poches que l'avance de Linarès a créées, celle de l'ouest qui a pour centre Ehingen et celle qui, à l'est, subsiste entre nos forces et les forces américaines parvenues à Münsingen et Ehingen.

Inutile de chercher à reconstituer l'ordre de bataille de l'ennemi… Quarante-sept divisions allemandes sont représentées dans cette zone !

C'est à l'est que ces débris semblent présenter encore le plus de consistance. Monsabert décide en conséquence de commencer par là son nettoyage en orientant dans ce sens la 2e DIM renforcée du 3e RTA et du groupement Navarre.

Journées sans histoire, sinon sans heurts. Un peu partout, des groupes d'isolés tentent une dernière fois de se battre avant de se rendre. Mais, en deux jours, la poche est complètement résorbée et, le 27, il n'y a plus de poche ouest.

Le désastre allemand est total. L'action combinée du 1er et du 2e corps a amené à la fois la conquête de tout le Jura souabe et la capture de tous ceux qui y avaient cherché un refuge. Rien que du 22 au 27 avril, la division Sudre a ramassé 13 250 prisonniers et le groupement de Linarès plus de 14 000[1]. Ajoutons-y une large centaine de canons de 105 ou de 88, un millier de mitrailleuses, une quantité énorme de véhicules les plus divers : du beau travail.

Cependant, en marge de ces opérations victorieuses au cours desquelles, on l'a vu, s'est constamment manifestée sans une ombre la parfaite camaraderie de combat franco-américaine, des incidents se déroulent où la politique tient autant de place que la stratégie et qu'il me faut bien rapporter succinctement puisqu'ils appartiennent à l'Histoire.

C'est le 21 avril qu'est intervenu l'accord du général Patch concernant nos limites respectives. Vingt-quatre heures plus tard, cet accord se trouve entériné par un télégramme (BX 13 260) du 6e groupe d'armées. Mais ce

1. Parmi ces prisonniers figurait le fils du maréchal Rommel, l'aspirant Manfred Rommel, qui révéla spontanément les conditions dans lesquelles Hitler contraignait son père à s'empoisonner, le 7 octobre 1944, sous peine d'être traduit devant le tribunal du Peuple pour répondre de sa participation à l'attentat manqué du 20 juillet 1944.

document a une portée plus large : il fixe dans son ensemble la limite entre la 1re armée française et la 7e armée américaine qui « entrera en vigueur à une date qui sera fixée après la chute de Stuttgart » – chute qui s'est pourtant produite depuis la veille – et il la définit ainsi : « À l'ouest de Laufen sans changement, puis voie ferrée Heilbronn-Stuttgart jusqu'à Asperg, carrefour des autostrades nord de Léonberg, puis l'autostrade Karlsruhe-Augsbourg jusqu'à Bernhausen, Metzingen, Dettingen, Ehingen, Rheinstetten (à la 1re armée), Kempten et Höfen (à la 7e armée). »

Cette ligne appelle trois observations :

– Pour l'avenir, et c'est l'essentiel, elle nous accorde un créneau sur les Alpes puisque, entre Höfen situé dans la haute vallée de la Lech et la frontière suisse au sud du lac de Constance, il y a 80 kilomètres englobant tout le Vorarlberg autrichien et une partie des Alpes bavaroises et du Tyrol ;

– Dans l'immédiat, elle laisse le champ indispensable à la manœuvre d'encerclement du Jura souabe mais étrique celle-ci en mettant en dehors de notre zone la partie orientale du massif au-delà d'Ehingen, y compris Ulm ;

– Rétroactivement, elle paraît nous enlever Stuttgart, conquis par nos seules forces en prenant pour ligne de démarcation les autostrades à l'ouest de la ville.

En tout cas, tel quel, cet ordre ne prohibe pas, en bonne exégèse, notre pointe vers Ulm, puisque les limites au sud du Danube ne prendront effet qu'à une date ultérieure qui reste à préciser.

Mais, dès le 23 avril, le général Devers, tout en spécifiant que son ordre BX 13 260 ne sera applicable qu'à compter du 25 avril, entend le rendre immédiatement exécutoire dans la zone d'opérations et il me prie de ramener sans délai en deçà de la ligne qu'il prévoit nos éléments parvenus plus à l'est.

À cette prescription, je réponds aussitôt en soulignant la nécessité où je me suis trouvé de me flanc-garder à gauche en attendant l'arrivée des unités américaines et en faisant valoir le service qu'a rendu à celles-ci notre brusque incursion sur les arrières des résistances ennemies qu'elles avaient à vaincre.

Le 24, le général Devers croit devoir m'indiquer que les gros de la 7e armée étant à même de relever nos colonnes blindées, la mission de flanc-garde que celles-ci avaient reçue est devenue sans objet : j'en disconviens si peu qu'avant même d'avoir reçu ce nouveau message, j'ai prescrit à la 1re DB de se regrouper sans délai à l'ouest de la ligne Ehingen-Kempten ce qui, au surplus, lui permettra d'encercler des détachements adverses en retraite sur l'itinéraire Bernloch-Biberach.

Toutefois, pour marquer symboliquement qu'Ulm est une victoire à l'actif de la France, une section de zouaves y sera maintenue et, sur la citadelle, notre drapeau flottera aux côtés de la bannière étoilée. Hommage loyal de la part de nos alliés américains auquel vient s'ajouter celui, chaleureux de la Grande-Bretagne, exprimé par ce télégramme de M. Winston Churchill au général de Gaulle : « Veuillez accepter mes félicitations pour la prise d'Ulm par les armes françaises. Je vous serais reconnaissant de bien vouloir transmettre au général de Lattre de Tassigny et à ses braves soldats mon admiration pour leurs prouesses et leur succès. »

Infiniment plus aigu allait être le différend relatif à Stuttgart.

Le 22 avril, à la lecture du télégramme reportant la limite entre Américains et Français à la ceinture d'autostrades qui contournent Stuttgart par l'ouest, je n'avais pas jugé utile d'entamer une discussion tant il me paraissait impossible que soient mis en question nos droits sur la capitale du Wurtemberg, placée dans notre zone d'action dès le 27 mars et enlevée de haute lutte par des forces exclusivement françaises. Mais lorsque, le 23, un message du général de Monsabert me rend compte qu'une division américaine y annonce son arrivée pour le lendemain, je n'hésite plus à faire part de ma stupeur au général Devers.

À la vérité, puisque tout combat a cessé dans cette région, nous ne sommes plus en la circonstance sur le plan opérationnel où je me trouve subordonné au commandement allié, mais sur un plan d'ordre purement politique se rapportant aux conditions futures d'occupation du Wurtemberg, plan politique à propos duquel je ne peux dépendre que du gouvernement français.

C'est pourquoi je saisis aussitôt de l'affaire le général de Gaulle, à la fois par télégramme et par un rapport que je lui fais porter par le lieutenant-colonel Beaufre. Et le 24 avril, alors que le général Devers me réitère l'ordre d'évacuer Stuttgart – tout en m'offrant d'y organiser ultérieurement « une cérémonie célébrant la prise de la ville » – le chef du Gouvernement provisoire m'adresse des instructions formelles :

> Je vous prescris de maintenir une garnison française à Stuttgart et d'y instituer tout de suite un gouvernement militaire... Aux observations éventuelles (des Américains) vous répondrez que les ordres de votre gouvernement sont de tenir et d'administrer les territoires conquis par nos troupes jusqu'à ce que la zone d'occupation française ait été fixée entre les gouvernements intéressés, ce qui à votre connaissance n'a pas encore été fait[1].

Aussitôt, je communique la teneur de cette dépêche au général Devers en ajoutant que, dans ces conditions, mon initiative dans cette matière n'existe plus, mais qu'évidemment « Stuttgart est entièrement ouvert aux besoins du 6e groupe d'armées pour tout passage de troupes et ravitaillements et implantations de services communs nécessaires aux deux armées »[2].

Cependant, le 26 avril, le SHAEF renouvelle au 6e GAUS l'ordre d'occuper Stuttgart avec les troupes de la 7e armée et d'y mettre un Gouvernement militaire – ordre qui reçoit immédiatement un commencement d'exécution avec l'arrivée d'unités américaines que l'alerte diplomatie du général Guillaume s'emploie à décourager amicalement.

Cette situation ne peut durer. Par une lettre personnelle, j'essaie de convaincre le général Devers de laisser les choses en état jusqu'à décision des gouvernements. Mais, avant même d'avoir été touché par ma démarche, il m'adresse de son côté un télégramme extrêmement vif provoqué par des renseignements qui seront par la suite reconnus inexacts et dans lequel il affirme que « la situation à Stuttgart est chaotique » et que nos troupes « ne sont plus du tout tenues en main ».

Étant donné la décision prise par le général de Gaulle, je ne puis rien faire d'autre que de lui transmettre cette nouvelle pièce pour son dossier – et de maintenir sur place le commandant d'armes que j'ai nommé, le général Chevillon, ainsi que le Gouvernement militaire français installé depuis le 23 avril.

---

1. Une lettre du 25 avril me confirma de la façon la plus expresse ces instructions fort claires.

2. Il est à noter que, par suite de la destruction de presque tous les ouvrages d'art, les autostrades étaient inutilisables. Ce n'était donc pas un problème de voies de communications qui était en jeu.

Ces dispositions sont d'ailleurs confirmées le 27 par un nouveau télégramme du général de Gaulle qui me prévient en outre que le gouvernement français « proteste auprès du gouvernement américain par voie diplomatique au sujet du fond et de la forme de l'incident créé par le commandement allié ».

Fort heureusement, ces représentations aboutissent, dès le lendemain. Le 28 avril, en effet, par un dernier message le chef du Gouvernement m'annonce : « Je viens de recevoir du général Eisenhower une lettre dans laquelle il s'accommode, bien qu'à regret, du maintien de nos troupes à Stuttgart[1]. »

Bien loin de s'accommoder « à regret » de cette décision, le général Devers s'ingénie à l'inverse à l'appliquer avec toute la célérité et la cordialité propres à effacer le souvenir d'un conflit qui n'avait opposé deux soldats que parce qu'il les dépassait. Et, dès le lendemain de la victoire, le 13 mai, le commandant du 6e groupe d'armées aura la délicatesse de s'inviter à la fête de Jeanne d'Arc célébrée à Stuttgart par la 3e DIA et de venir y entendre un inoubliable *Te Deum* au milieu des officiers français dont il avait souhaité d'être l'hôte pour mieux reconnaître encore personnellement la légitimité de leur présence[2].

La Bavière et l'Autriche

Le terrain, les ordres et la mise en place des unités. – L'avance de la 1re DB jusqu'à Immenstadt ; la pointe vers Landeck : et le changement

1. Un dernier incident devait éclater au sujet des *Kreis* de Landau, Bergzabern, Germersheim et Spire en Palatinat qu'il fut question de nous reprendre et de faire occuper par la 15e armée US. Aux alentours du 1er mai, ce projet prit une telle tournure qu'à nouveau il fut obligatoire d'en saisir le gouvernement. Celui-ci s'opposa à toute évacuation et fit très sagement remarquer que « la rive gauche du Rhin devant de toute façon être occupée par des forces françaises, il serait illogique et fâcheux de les retirer maintenant pour les ramener prochainement ». La fin des hostilités clôt cette discussion qui se fondit dans celle, beaucoup plus vaste, ouverte entre les gouvernements pour déterminer les zones d'occupation définitives.

2. Les textes et les faits étant ce qu'ils sont, on constate en lisant les *Mémoires* du général Eisenhower à quel point le Commandant suprême allié a été mal informé, pour des fins mal explicables, sur l'affaire de Stuttgart.

de la limite avec la 7e armée US – L'entrée de la 5e DB en Vorarlberg et sa remontée vers l'Arlberg. – Le raid de la 2e DIM vers l'Arlberg.

> Vous direz certainement au général Devers, me télégraphiait le général de Gaulle le 27 avril à propos de Stuttgart, que cette divergence, pour sérieuse qu'elle soit, ne modifie pas votre mission ni votre intention qui sont de mener le combat sous son commandement.

Précision superflue ! À aucun moment ni d'aucune façon, cette « divergence », encore une fois étrangère à la conduite des opérations, n'a pesé sur celles-ci qui se poursuivent à toute allure.

Le fameux ordre BX 13 260 du 22 avril présentait, je l'ai dit, l'avantage essentiel de nous ouvrir un créneau sur les Alpes. Le 24, un modificatif à la lettre d'instruction n° 4 confirmait ces dispositions en donnant pour zone d'action à la 1re armée tout l'ouest de l'Autriche entre le lac de Constance et Höfen, avec comme objectif lointain Landeck sur la route de l'Italie par la *Resia pass* – la 7e armée étant pour sa part orientée vers Innsbruck et le Brenner.

L'Autriche, entre le lac de Constance et Höfen, c'est-à-dire sur un front de 80 kilomètres, ce n'est rien de moins que le vaste massif montagneux dont l'Arlberg marque le centre et dont les versants divergent vers les deux plus grands bassins fluviaux d'Europe, celui du Rhin et celui du Danube. Jonction symbolique…

En été, ce massif qui culmine aux alentours de 3 000 mètres est accessible par des routes directes qui l'attaquent du nord au sud. Mais aussi longtemps que dure l'enneigement – et c'est le cas en cette fin d'avril 1945, après un hiver où les chutes de neige furent particulièrement abondantes – il n'est abordable que par les ailes : à l'ouest, par le Vorarlberg et la vallée de l'Ill qui se termine en cul-de-sac et la vallée de l'Inn qui, elle, remonte jusqu'au-delà de la rencontre de la triple frontière austro-italo-suisse et communique avec le haut Adige par le col de la Resia.

Ces données géographiques et climatiques déterminent impérativement la formation à prendre : par Biberach, Immenstadt, Weiszenbach, la 1re DB s'orientera vers le Tyrol occidental et la vallée de l'Inn ; par le nord du lac de Constance et Bregenz, la 5e DB s'orientera vers le Vorarlberg et la vallée de l'Ill. Elles seront respectivement suivies par la 2e DIM et la

4e DMM qui se tiendront prêtes à les dépasser dès que la nature du terrain deviendra impropre à la marche des blindés.

Les premiers ordres relatifs à cette ultime offensive parviennent au général Béthouart le 25 avril, à 9 heures, c'est-à-dire au moment même où celui-ci reçoit le coup de boutoir violent du 18e SS AK. La nécessité d'employer à la riposte la majeure partie des forces de la 5e DB entraîne forcément un retard dans l'exécution intégrale du plan. Seul, le CC 4 est disponible pour amorcer le mouvement prescrit en poursuivant le dégagement du littoral nord du lac de Constance.

Il s'y emploie le jour même, tout en couvrant les deux autres CC de la division, face à l'est, à Waldsee et Fleich-Wangen. Lecoq pousse dans l'après-midi le 2e RSAR sur Überlingen où l'on signale un fort parti ennemi. Une défense assez nombreuse et bien armée s'y révèle en effet. Mais visiblement la troupe n'en veut plus. Et les premiers prisonniers avouent que la terreur répandue par le colonel commandant la place empêche seule une reddition générale.

Soudain, un maréchal des logis et quelques spahis se trouvent nez à nez avec ce redoutable colonel. Il a, sur sa tenue de campagne, accroché toutes ses décorations et il se tient debout, revolver au poing... Sommé de se rendre, il s'y refuse et continue à braquer son arme. La scène se prolonge car nos hommes répugnent à abattre cet isolé dont l'obstination n'est pas sans grandeur. Finalement, pour en finir, le sous-officier se résout à lui envoyer une balle de carabine dans le bras. Alors, très digne, il jette à terre son revolver et s'avance en déclarant : « Maintenant que je suis blessé, je puis me rendre. »

Si l'avance de la 5e DB, réduite provisoirement à un seul CC, se limite à Überlingen, la conversion vers le sud-est de la 1re DB depuis Ulm et l'Iller ne va pas non plus sans difficultés.

D'abord, il y a celles que cause l'ennemi. Elles ne sont pas dramatiques, mais le retour sur les arrières de bandes agressives qui réoccupent des villages et bloquent les communications oblige à des nettoyages qui retardent les mouvements de regroupement. Le CC 1 doit ainsi reprendre Sauggart où des SS ont sauvagement assassiné deux de nos ambulancières, les sœurs Lecoq, convoyant des blessés, d'ailleurs en majorité allemands, et le CC 2 doit reconquérir en force Ochsenhausen et les bois de Schwendi.

Mais l'allongement des lignes de communication provoqué par l'importance et la rapidité de l'avance de la division pose avec acuité le problème si redouté par les grandes unités blindées : l'essence manque. Et Offenburg où l'on se ravitaille est à 400 kilomètres aller et retour.

La crise intéresse d'ailleurs tout le 6e groupe d'armées. Pour l'atténuer, le général Devers a recours à l'aviation. À partir du 27 avril, un « pont aérien » rapprochera de la zone d'opérations d'abord 1 200 puis 3 600 tonnes de matériel par jour, sur lesquelles un tiers reviendra à l'armée française dont le centre de livraison est établi sur le terrain de Mengen. En outre, je demande à l'état-major de la Défense nationale de mettre deux groupes de transport à la disposition du général Gérardot et je forme avec des camions des FTA des rames de secours.

Mais toutes ces mesures n'ont pas d'effet instantané. Non seulement cette pénurie d'essence ralentit jusqu'au 27 avril le rassemblement de la division Sudre au sud de Biberach, mais elle limite encore fâcheusement ses possibilités d'exploitation à partir du 28.

Ce 28 avril, Gruss et Lehr dépassent largement le parallèle de Waldsee et ne s'arrêtent que, réservoirs à sec, sur la ligne Altrach-Leutkirch-Vogt. À leur droite, Lecoq met sans coup férir la main sur Ravensburg.

Mais à gauche, les Américains, pour la première fois, sont en avance sur nous. Sans rencontrer de résistance, ils ont dépassé Kempten.

Je presse donc le 1er corps de tout faire pour s'aligner d'urgence. D'autre part, je condense mes instructions antérieures, données oralement ou par télégramme dans la directive d'orientation n° 12 – la dernière de la guerre :

> Il importe de réaliser aussi rapidement que possible l'encerclement du massif du Vorarlberg par des actions concentriques aboutissant à Landeck et de s'ouvrir la route sur Bolzano par la haute vallée de l'Inn, Nauders et la vallée de l'Etsch.

Laissant au 2e CA (où la 1re DI, formée à l'intérieur et affectée depuis quelques jours à la 1re armée, remplacera la 2e DIM) la charge de nettoyer et d'occuper les arrières, le 1er CA mènera seul l'action en combinant deux efforts :

– un effort principal le long de la frontière austro-suisse par Bregenz, Feldkirch, puis le col de l'Arlberg ;

– un effort « qui, bien que secondaire, devra être mené avec vigueur et rapidité » sur la direction Immenstadt-Landeck par Weiszenbach et Lermoos.

Psychologiquement, ce deuxième effort retient toute notre attention du fait que sa réussite peut nous donner la satisfaction d'étreindre la victoire à la frontière italienne, dans une accolade avec la 5e armée du général Clark. Aussi, la 1re DB ne flâne-t-elle pas dès que le précieux ravitaillement en carburant lui arrive, le 29 avril à midi.

À 13 heures, elle démarre, direction Immenstadt, CC 2 à gauche, CC 1 à droite. De rares bouchons sautent sans peine et les civils s'empressent à détruire les barricades. À 20 heures, la transversale Wangen-Isny-Kempten est atteinte et la liaison prise à Wangen avec la 5e DB, à Kempten avec la 7e armée US.

Le 30 avril, la progression reprend dans un décor qui se transforme. C'est maintenant celui des Préalpes bavaroises, avec ses gorges, ses sapins sombres et de longues taches de neige de plus en plus nombreuses. Sans incident, le CC 2 arrive jusqu'à Wertach. Mais le CC 1, devant Immenstadt, rencontre vers 13 heures une vive opposition qui le force à monter toute une opération. À 18 heures, la ville est enlevée. À 20 heures, nous sommes 10 kilomètres plus au sud, à Sonthofen, tandis que Vallin, chargé de tenir la liaison à droite avec la 5e DB, écrase à Aach un fort détachement de SS et franchit l'ancienne frontière autrichienne.

Mais, dans l'après-midi, un renseignement d'ailleurs prématuré me signale l'entrée d'éléments américains à Imst, c'est-à-dire sur la route de Landeck, notre objectif d'armée. En même temps que j'en félicite le général Patch en lui disant ma certitude qu'il acceptera de laisser le passage à nos unités, j'alerte Béthouart et Sudre pour qu'ils accélèrent leurs mouvements. Sudre prend contact aussitôt avec le commandant de la 44e DIUS et en obtient très cordialement l'autorisation de lancer vers Imst et Landeck un groupement qu'il constitue sur-le-champ. La chose lui est d'autant plus facile que le CC 3 de Caldairou, sorti des affaires de la Forêt-Noire, l'a enfin rejoint et se trouve en réserve de la DB.

Confié au chef d'escadrons Terrasson, ce groupement s'ébranle dans la nuit, traverse Kempten et Reute où il dépasse la tête de la 44e DIUS et amorce la montée du *Fern Pass*. Soudain, dans la grisaille du jour naissant, il se heurte à une grosse barricade et essuie le feu d'une batterie. Huit chasseurs du 3e RCA et Terrasson lui-même sont blessés. Le capitaine Argoud, son adjoint, prend le commandement et fait sauter l'obstacle. Mais un peu plus loin, dans un étroit défilé impossible à contourner, la route est coupée par une énorme destruction sur 200 mètres de longueur. Les blindés doivent reconnaître leur impuissance et rendre la main à l'infanterie.

Hélas ! ils ne reprendront plus leur course. Entre-temps, en effet, un nouveau modificatif à la lettre d'instruction n° 14 est intervenu, restreignant notre front et enlevant Landeck à la 1re armée française pour le donner comme objectif à la 7e armée US. Le 1er mai, Wiessenbach nous sera même retiré à la suite d'une sorte de jeu de mots discutable qui fera passer notre limite non plus par le Höfen qui se trouve à 5 kilomètres à l'est de cette localité, mais par un autre Höfen situé à une dizaine de kilomètres au nord-ouest...

L'ultime satisfaction que nous eussions éprouvée en arrivant jusqu'à la frontière italienne nous est refusée.

Dans la matinée du 2 mai, un officier de liaison de la 44e DIUS viendra très courtoisement avertir le général Sudre que l'accord de passage conclu le 30 avril est devenu caduc du fait des nouveaux ordres reçus par sa division qui prend en compte le forcement du *Fern Pass*. Et la 1re DB devra se contenter de rayonner autour d'Immenstadt pour nettoyer le terrain avant de le passer à la 2e DIM.

Cette tâche lui apporte d'ailleurs des satisfactions diverses. À Sonthofen, un groupement du CC 1 capture trois généraux hongrois dont un général d'armée avec tout un état-major. Un autre groupement poussant jusqu'à Hirschberg libère de nombreuses personnalités retenues en otage par les nazis et notamment le président Albert Sarraut, M. François-Poncet, la duchesse d'Aoste, les princesses Anne de France et Irène de Grèce.

Pour sa part, la 5e DB risquait peu qu'on lui changeât en cours d'action ses limites puisque celles-ci étaient d'une part la montagne et, d'autre part, la frontière suisse.

Le 29 avril, Schlesser a récupéré son CC 5 qui a fini de participer à l'anéantissement du 18e SS AK. Il peut donc pousser parallèlement deux

Combat Command, celui de Mozat le long du lac de Constance et celui de Lecoq sur sa gauche, sur la direction Ravensburg-Wangen-Bregenz.

Le CC 4 est plus dynamique que jamais. Car il compte dans ses rangs le REC en entier et de forts éléments du *Remele*, le régiment de marche de la Légion étrangère que commande brillamment mon ancien chef de 3e bureau et de cabinet, le colonel Olié. Or, le 29 avril, c'est la veille de l'anniversaire de Camerone, la grande fête des légionnaires. Pour la célébrer dignement, ces derniers pressent le train. Ils bousculent 150 SS à Markdorf et, à 20 h 30, ils arrivent à Hohenweiler. Les premiers, ils entrent en Autriche. « Autriche, pays ami », affirment les proclamations officielles préparées par le gouvernement français. Nous cessons de conquérir pour, à nouveau, libérer...

Le CC 5 clôt sa journée par la prise du gros centre de Friedrichshafen qu'il déborde par le nord et l'est et où 800 Hongrois conduits par leur colonel viennent se rendre. La ville est aux trois quarts détruite par les bombardements alliés et du terrain d'aviation, des usines Dornier, du hangar célèbre du Zeppelin, des ateliers moins connus de construction de vedettes rapides et de V-2, il reste bien peu de chose. Toutefois, il y a là du travail intéressant pour nos marins... car la 1re armée comprend maintenant les trois armes ! Un détachement de 400 officiers et matelots de la Marine nationale, commandé par le capitaine de vaisseau de Quiévrecourt, le détachement « Phoque », a mission de prendre en charge « les installations présentant un caractère naval » et d'assurer la sécurité sur les eaux du lac.

Le 30 avril, la randonnée se poursuit sur le rivage ravissant du Bodensee. Langenargen, Wasserburg, Lindau... On se croirait en un jour de kermesse. L'Allemagne ne se rend plus : elle se donne. Les drapeaux blancs de la capitulation ne lui suffisent plus : elle pavoise. En rouge et noir – puis soudain en bleu et blanc : nous sommes sortis du Wurtemberg pour entrer en Bavière. Et même, de-ci de-là, en bleu blanc rouge !

En fin d'après-midi, Mozat et Lecoq se rejoignent à la pointe du lac, à la frontière autrichienne, devant Bregenz. Mais la *Wehrmacht*, elle, ne se rend pas encore. À un kilomètre de la ville, en un point où la falaise tombe à pic sur la rive en ne laissant à la route qu'un étroit passage taillé dans le roc, *Volksturm* et SS tiennent une barricade bien battue par les feux de deux canons et ne veulent pas la lâcher.

Force est donc, dans la matinée du 1er mai, de faire appel à l'aviation et à l'artillerie pour mater cette résistance. On y met les moyens.

À 11 heures, le CC 4, le groupement de choc n° 1 et le 9e zouaves donnent l'assaut à la ville où les incendies sont nombreux. À midi, nous avons fait un millier de prisonniers.

Sans s'attarder, les blindés continuent vers le sud. Mais, à 2 kilomètres, tous les ponts sur le Bregenzer Aach, gonflé par la fonte des neiges, sont détruits. Seul, un bataillon du 9e zouaves parvient à passer sur le moins branlant et à s'orienter vers Dornbirn.

Ici, comme plus à l'est, le moment est venu de céder la priorité aux fantassins. La largeur de la vallée doit encore permettre aux chars d'intervenir utilement. Mais, progressivement, l'initiative des opérations dans l'ensemble du Vorarlberg va revenir à la 4e DMM.

Le 2 mai, par un pont réparé sur le Bregenzer Aach, une partie du CC 5 rattrape les zouaves et les aide à disperser des SS retranchés à Wolfuhrt et à Lauterach. Quelques instants plus tard, ils entrent à Dornbirn et s'y assurent du poste de Radio-Vorarlberg, puis donnent un vigoureux coup de bélier pour s'emparer de Hohenems. En même temps, le 4e RSM se rabat vers le Rhin et échange devant Lustenau avec l'armée suisse les saluts cordiaux devenus classiques.

Le 3 mai, la remontée de la vallée du Rhin se poursuit dans le paradoxe de la population, plus *gemütlich* que jamais, et des détachements SS secoués par les derniers spasmes de leur fanatisme. Au sud de Hohenems, il faut démolir au canon une série de barricades et les pièces qui les couvrent. Dans l'étranglement de Götzis, il faut contourner non sans peine une brèche de 35 mètres. N'empêche : à 14 heures, les spahis marocains entrent sous les fleurs à Feldkirch. Une patrouille pousse jusqu'à la frontière toute proche de la principauté de Liechtenstein où la princesse en personne vient complimenter son chef.

Mais Feldkirch n'est pas qu'une ville charmante aux nombreux édifices de style jésuite. C'est l'entrée de la vallée de l'Ill et l'amorce de la route de l'Arlberg. Cette direction, aussitôt reconnue, apparaît assez solidement défendue.

Le 4 mai à l'aube, pourtant, ces défenses ont disparu. Peut-être est-ce pour faciliter le passage de plénipotentiaires allemands qui viennent se présenter aux avant-gardes de Schlesser qui les dirige immédiatement sur le PC de l'armée, installé depuis le 1er mai à Überlingen[1].

1. Il s'agit des plénipotentiaires que m'envoie le général Schmidt, commandant la

Quoi qu'il en soit, le CC 5 progresse en deux colonnes, de part et d'autre de l'Ill. La résistance est presque nulle, limitée à quelques *snippers*. Par contre, les destructions sont fréquentes et gênantes. Elles n'empêchent point cependant l'arrivée de Mozat, vers 16 heures, à Bludenz, après un bref engagement avec des SS.

Dans la gare se trouve un train militaire avec deux mitrailleuses quadruples de DCA. Le général Schlesser, qui marche avec la pointe de sa division, a tôt fait de le transformer en train blindé et, dans la vallée de plus en plus encaissée, de le faire avancer à la hauteur des chars qui suivent la route.

Quelques kilomètres plus loin, vers Saint-Léonard, ceux-ci tombent dans une embuscade, avec *Panzerfaust* et automoteurs. Il faut manœuvrer par les hauts, ce que feront, le lendemain matin, les « chocs » du colonel Gambiez.

Mais, avant la nuit, le REC et le 4e spahis reconnaissent les vallées des affluents de la rive droite de l'Ill, la Meng et l'Alvier. Dans celle-ci, à Brand, les spahis découvrent, en compagnie de l'ambassadeur von Mackensen, un personnage du IIIe Reich fort scandalisé de figurer sur la liste des criminels de guerre, l'ancien ministre von Neurath.

L'action des « chocs », le 5 au matin, réussit sans trop de difficulté. Mais, entre Innerbraz et Dalaas, elle est à recommencer. De nouveau, c'est l'embuscade, les *minen* et les *Panzerfaust.*

Avec l'appui du « train blindé », l'étranglement est conquis. Toutefois le pont de Tonner est sauté. Les « chocs » passent donc seuls et entrent dans Dalaas d'où ils repartent, le 6, vers le col de l'Arlberg. Sans plus rencontrer de résistance, ils arrivent à Langen et mettent la main sur l'extrémité ouest du tunnel devant laquelle sont rangés 500 Allemands, déjà rassemblés pour se rendre.

Gambiez reconnaît l'entrée du tunnel obstrué par les wagons déraillés d'un train de munitions, quand on l'appelle au téléphone... De Stuben,

---

24e armée allemande, pour me proposer la reddition de ses troupes. Indiquons tout de suite, pour éclairer le récit, que les pourparlers qui eurent lieu le 4 mai à mon PC entre mes représentants et les délégués du général Schmidt n'exerceront aucune influence sur les opérations de la 1re armée française. L'entrevue d'Überlingen est relatée au chapitre suivant.

le commandant de Castries lui annonce qu'avec un détachement de la 2e DIM, il occupe à Saint-Anton l'autre côté du col et du tunnel.

Exploit peu banal ! Comment la 2e DIM a-t-elle réussi à vaincre la montagne et à parvenir, bonne première, à Saint-Anton, alors qu'elle se trouvait privée de la seule voie normale d'accès, c'est-à-dire de la vallée de Landeck, passée au secteur américain ?

Voie d'ailleurs incommode car, le 4 mai, le général de Linarès a appris que la 44e DIUS éprouvait les plus grandes difficultés à franchir le *Fern Pass* et à vaincre les obstacles actifs ou passifs accumulés sur la route d'Imst. C'est alors que l'idée audacieuse lui vient : pourquoi ne pas tenter un raid au plus court dans la neige vers l'Arlberg et la haute vallée de l'Inn ?

De quoi s'agit-il au fond ? De parcourir 120 kilomètres dont la moitié dans 2 mètres de neige, de remonter la vallée de l'Iller, de franchir à 2 550 mètres la crête du Widderstein, de redescendre sur Warth, de remonter jusqu'au col de Zürs et d'atteindre Stuben, à 1 900 mètres. Ce n'est pas rien, mais on en a fait d'autres !

À Oberstdorf, avec quelques guides appartenant à la résistance autrichienne, le commandant de Castries organise rapidement la colonne dont le commandement va lui être confié : des spahis de son régiment, le 3e RSM, une compagnie et la section d'éclaireurs-skieurs du 20e BCA, équipés à la hâte, et… un *Piper Cub* chargé des liaisons.

Le 3e RSM ouvre la route aussi loin qu'il peut pousser. Il arrive ainsi à Baad où Castries reconnaît parmi les curieux une physionomie qu'il a bien souvent vue sur les champs de courses d'Europe, celle de l'ex-Kronprinz lui-même. Derechef, celui-ci est embarqué et expédié vers Lindau où je lui réserverai quelques jours plus tard une audience mémorable…

Le 5 mai, sous une tourmente de neige, nos alpinistes, matériel à dos, prennent le départ. Ils peinent dur et le *Piper Cub* perd bientôt leurs traces. Ils arrivent pourtant au col de Bargunt-Jock et surprennent la garnison du refuge de Hoch-Krumbach. Maintenant, le soleil est de la partie : l'arrivée à Warth devient du tourisme.

Le deuxième jour, pendant que deux chasseurs redescendent vers Baad avec 200 prisonniers, la caravane poursuit sa route vers Lech et Zürs. Puis, par un itinéraire coupé de coulées d'avalanches, elle arrive à 17 heures au col de l'Arlberg où la neige est épaisse encore de 3 mètres. De là, le détachement pousse vers Saint-Anton, sauf un élément du 20e BCA chargé d'occuper Stuben.

Au bureau de poste de cette localité, le premier coup de téléphone passé par Castries n'a pas été pour Langen, mais pour Landeck. Quelques secondes d'attente un peu émue : la 7e armée a-t-elle pu venir à bout des difficultés semées sur la route directe ou bien notre raid nous a-t-il permis de les tourner et de reprendre la tête de la marche vers le col de la Resia ? Une voix répond bientôt – une voix américaine... La 44e DIUS est à Landeck depuis la veille au soir.

Il ne reste donc plus qu'à assurer des liaisons latérales et ce sera l'œuvre du 7 mai.

De Saint-Anton, où le *Piper Cub* a réussi un atterrissage sportif sur un terrain « grand comme un mouchoir de poche », les spahis descendent vers l'est jusqu'à Pettneu et prennent contact avec les Américains. À Langen, Schlesser fait déblayer l'entrée du tunnel de l'Arlberg et éloigne des wagons de munitions capables de provoquer une catastrophe. Puis, décidément conquis par le rail, il embarque quelques blindés du CC 5 sur une rame qui, prudemment, s'engage sous terre pour n'en sortir que 11 kilomètres plus loin, en gare de Saint-Anton – terminus du fantastique voyage commencé neuf mois plus tôt en Méditerranée.

Le même jour, les Marocains de la 4e DMM et du 2e GTM achèvent de pitonner dans le massif du Vorarlberg. Et, partant de Langen, quelques chasseurs du 1er choc conduits par le lieutenant Crespin entreprennent l'ascension de l'Arlberg pour y planter le drapeau tricolore.

Dans les vallées, dans les plaines, dans les milliers de villages du Palatinat, du pays de Bade, du Wurtemberg, de la Bavière et de l'Autriche, ce même drapeau, enfin débarrassé des derniers lambeaux du crêpe de 1940, projette son ombre sur les 80 000 kilomètres carrés du Grand Reich hitlérien conquis par nos armes.

Partout, les clairons sonnent le *Cessez le feu*.

Puis *Aux Morts !*

Puis *Au Drapeau !*

Le cauchemar est fini. La France est victorieuse...

C'est la joie merveilleuse du jour V.

CHAPITRE XVII

LA VICTOIRE À BERLIN...

La reddition des 19e et 24e armées allemandes. – La signature de la capitulation du Reich, le 8 mai, à Berlin.

La capitulation allemande devant la 1re armée française

Capitulation sans conditions... Le but que les Alliés ont, depuis Anfa, fixé à leur gigantesque effort de guerre est enfin atteint. Mais on aurait tort de croire que l'absence de conditions – donc de discussion sur le fond – suffise à écarter toute difficulté de procédure...

Dans le sud du Reich, c'est le 4 mai que les chefs des armées allemandes se sont résolus à entamer des négociations de reddition. Et c'est effectivement au début de cette matinée que les avant-gardes de la 5e DB rencontrent au-delà de Feldkirch des parlementaires, aussitôt dirigés sur mon PC[1].

Depuis l'avant-veille, celui-ci est installé à Überlingen. Après Stuttgart en ruine, le contraste est saisissant. Intacte et charmante au bord du lac de Constance, cette petite ville invite déjà à rêver à la paix. Mais l'heure n'en est pas encore venue... Et si le commandant du quartier général, l'excellent et fidèle Moreau, m'a installé dans une simple villa perchée sur un piton au-dessus de la verdure des coteaux, c'est qu'il a été séduit par les commodités de la surveillance beaucoup plus que par l'attrait d'une vue merveilleuse.

1. Voir *supra* p. 571.

Pourtant, en ce matin du 4 mai, je m'accorde quelques instants de détente après des journées et des nuits de tension constante, pour recevoir plusieurs déportés éminents et, en particulier ceux qu'a délivrés, à Hirschegg, le colonel Durosoy. J'accueille ainsi le président Albert Sarraut, l'ambassadeur François-Poncet, le président Nitti, mon commandant de corps d'armée au cours de la bataille de l'Aisne en juin 1940, le cher général Desmazes, l'ingénieur général Norguet, et le général Durrmeyer, auquel il me faut, hélas ! annoncer la mort de son fils tombé héroïquement à Jebsheim, le 29 janvier, comme lieutenant au 1er bataillon de choc.

À peine suis-je avec eux depuis quelques minutes qu'on m'apporte, à 9 h 30, un message téléphoné du général Barr, chef d'état-major du général Devers :

> Général commandant le 6e GAUS désire qu'un représentant de la 1re armée française soit envoyé à Garmisch-Partenkirchen pour participer aux négociations actuellement en cours. Il est très important que le représentant parte immédiatement. La 7e armée US pourra probablement donner des renseignements concernant terrain de *Piper Cub.*

De quelles négociations s'agit-il ? Un second message reçu quelques instants après le premier le précise indirectement en spécifiant que « les parlementaires de la 19e armée allemande sont habilités pour négocier au nom de Kesselring une reddition générale sur le front du 6e GAUS ».

Je ne puis moins faire en une telle circonstance que de déléguer mon chef d'état-major lui-même auquel j'adjoins le chef du 3e bureau. Et comme les « transmissions » ne peuvent « accrocher » le PC Patch, en déplacement de Gmund à Heidesheim, Demetz et Beaufre décident de se rendre à Garmisch, PC du 6e corps américain, en voiture. À 10 h 30, ils sont partis.

Un quart d'heure ne s'est pas écoulé qu'une jeep de la 5e DB, prise en chasse par nos MP[1] pour avoir dans sa hâte brûlé des barrages, gravit les lacets qui mènent à ma villa. Un officier en bondit, porteur d'une lettre par laquelle le général Schlesser m'annonce l'arrivée imminente de

1. Police militaire.

« deux plénipotentiaires allemands venus pour traiter la reddition de la 24ᵉ armée allemande, au nom du général Schmidt ».

Qu'est-ce donc que cette 24ᵉ armée qui se révèle à nous au moment de se rendre ? À vrai dire, le 2 mai, le CC 1 a capturé auprès de Sonthofen des prisonniers qui ont déclaré appartenir à la 465ᵉ *Ersatz-Division*[1] et, entre Bregenz et Feldkirch, le CC 5 en a pris d'autres, rattachés à une 405ᵉ *Ersatz-Division*. La révélation de ces deux divisions, qui ne figuraient pas sur l'ordre de bataille de la 19ᵉ armée, a conduit le chef du 2ᵉ bureau, le lieutenant-colonel Nadau, à penser qu'une nouvelle armée ennemie pourrait bien se trouver devant nous, entre l'Iller et le lac de Constance. Mais les renseignements sont encore si incertains et le mélange des unités est si grand que Nadau n'a pu que formuler une hypothèse.

D'un coup, celle-ci est confirmée. Il existe bel et bien une armée allemande supplémentaire sur notre front, la 24ᵉ, et ses parlementaires se présenteront à nous d'un moment à l'autre.

Il s'agit de les recevoir. J'ai justement auprès de moi le général Laffargue qui, nommé depuis février inspecteur de l'infanterie, n'en continue pas moins à faire de fréquents séjours à la 1ʳᵉ armée. Il sera un parfait président pour notre délégation que je complète par le général Dewinck, commandant l'artillerie de l'armée, et par le colonel Carolet, chef de la section 2/5 de l'état-major[2]. Deux officiers du 3ᵉ bureau et un officier du 1ᵉʳ corps aérien les assisteront comme conseillers techniques.

– Et surtout, Laffargue, pas de discussion. Pas d'armistice : la capitulation sans conditions ou rien.

« Au surplus, je ne bougerai pas de mon bureau. Dewinck viendra m'y trouver toutes les fois qu'il sera nécessaire pour me tenir au courant et prendre éventuellement mes instructions. »

Il est 14 h 30 lorsque arrivent, dans deux voitures de la 5ᵉ DB, les parlementaires allemands, major Freiherr von Babo et capitaine Schmitt.

En entrant dans la pièce où notre délégation les attend debout, les deux Allemands claquent les talons et saluent à l'hitlérienne. Von Babo,

1. Le général Hoffmann, commandant la 465ᵉ *Ersatz-Division* devait être capturé avec 13 officiers de son état-major, le 4 mai au soir, près d'Obersdorf, par le groupement Durosoy.

2. Groupement des 2ᵉ et 5ᵉ bureaux. Le 5ᵉ bureau a pour attributions, en particulier, les relations avec les autorités locales allemandes.

figure ronde, yeux très bleus, sanglé dans un uniforme impeccable, se présente d'abord, puis présente son adjoint qui, dans une tenue de troupe, fait figure de comparse assez falot. Il exhibe ensuite son *Ausweiss*, signé du « général *der Infanterie* » Schmidt, commandant en chef la 24e armée, qui lui « donne mission d'entamer des négociations d'armistice avec le commandement français, pour la région de la 24e armée allemande, en même temps qu'un parlementaire de la 19e armée allemande est chargé de la même mission auprès du commandement américain ».

Les termes de cet *Ausweiss*, qui paraissent en contradiction avec les deux messages reçus du général Barr dans la matinée, m'amènent aussitôt à faire demander par le général Laffargue au major allemand si la 24e armée propose bien sa reddition en toute indépendance. Von Babo affirme qu'il n'y a aucune négociation centralisée pour l'ensemble des armées allemandes et que chacune des 19e et 24e armées ayant été autorisée par le maréchal Kesselring, commandant le front sud de l'Allemagne, à traiter séparément avec les armées alliées, la 24e armée allemande, tout entière stationnée devant la 1re armée française, est donc habilitée à négocier directement avec cette armée.

Cette importante question préalable réglée, le général Laffargue précise qu'il ne s'agit pas d'un armistice, mais d'une capitulation sans conditions. Cela implique, précise le chef de la délégation française, dans la zone de la 24e armée allemande, la reddition de toutes les forces militaires et paramilitaires, la livraison de tout le matériel de combat et des installations industrielles, sans qu'il soit procédé à aucune destruction, ainsi que la libération immédiate de tous les prisonniers et déportés alliés.

– *Ya, ya*, répète von Babo à chacune de ces exigences que développe le général Laffargue. Une seule chose l'intéresse : savoir « si les soldats de la 24e armée allemande n'obtiendront pas une certaine liberté ». Ce à quoi le président de la délégation française répond que « cette question ne peut être prévue dans les clauses d'une capitulation sans conditions ».

C'est sur cette phrase que le général Laffargue met fin à l'entrevue que j'ai pu, grâce aux allées et venues du général Dewinck, suivre de bout en bout. Les Allemands se retirent dans une pièce voisine pour attendre que soient rédigés le procès-verbal de la séance et la convention de reddition qu'ils rapporteront au général Schmidt.

Ces documents, dont un exemplaire est rédigé en langue allemande sont prêts en fin d'après-midi[1]. Je donne jusqu'au lendemain 5 mai 10 heures au général Schmidt pour me faire connaître sa réponse: « Celle-ci devra être apportée par un officier général de son armée, accompagné du chef ou du sous-chef d'état-major de la 24e armée. D'ici là, les hostilités continueront. »

Munis de ces documents, les deux Allemands quittent Überlingen vers 18 heures, reconduits par l'escorte de la 5e DB.

Jusque-là, tout paraît clair: tandis qu'à Garmisch, la 19e armée allemande qui a ses éléments face à la 7e armée américaine et à la 1re armée française est entrée en pourparlers avec les représentants de ces deux armées, à Überlingen la 24e armée, tout entière devant le front français, traite avec la 1re armée française. J'en rends compte sans délai au général de Gaulle.

Le télégramme que je lui envoie se croise avec un autre, émanant de l'état-major de la Défense nationale et qui m'est remis à 18 h 30. Il est rédigé en ces termes :

Victorieux à Hirondelle[2] « Extrême Urgent » – n° 129-DN/IP/TS 4 mai 1945.

Pour général de Lattre de Tassigny.

> *Primo* : Suis chargé par le général de Gaulle vous faire connaître vous êtes désigné pour signer au nom de la France acte de capitulation ou déclaration de cessation hostilités.
> *Secundo* : Gouvernements soviétique, américain et britannique sont au courant et il leur a été demandé en informer respectivement leur commandant en chef – FIN. Signé : SEVEZ[3].

1. La convention de reddition constitue un document très complet comportant 8 pages et 5 annexes.

2. Victorieux est le nom conventionnel de l'état-major de la Défense nationale; Hirondelle celui du PC de la 1re armée française.

3. Le général Sevez, chef d'état-major adjoint de la Défense nationale, fait l'intérim du général Juin, alors délégué à la conférence de San Francisco.

Ce message se rapporte évidemment à la capitulation générale de l'Allemagne. Mais, *a fortiori*, cette décision gouvernementale m'habilite pour toutes les négociations particulières de reddition engagées par les armées ennemies faisant face à la 1re armée française.

Les tractations engagées par la 7e armée américaine avec la 19e armée allemande retiennent donc mon attention autant que celles que j'ai entamées à Überlingen. Et c'est pourquoi, durant la soirée du 4 mai, j'essaie par tous moyens d'entrer en contact, par fil ou par radio, avec Demetz et Beaufre. Mais, malgré les efforts de mes transmissions, il est impossible d'obtenir la liaison avec le PC du général Brooks.

Ce n'est que le lendemain matin 5 mai que je reçois des nouvelles du colonel Demetz. Celui-ci me rend compte par un télégramme rédigé le 4 au soir, que lorsqu'il est arrivé à Garmisch, les parlementaires de la 19e armée en étaient déjà repartis. Venus « préparés à discuter des termes d'armistice au lieu de capitulation sans conditions », ils n'étaient d'ailleurs munis d'aucun pouvoir et n'avaient fait que prendre contact avec l'état-major du 6e corps d'armée US. Une nouvelle délégation allemande régulièrement accréditée cette fois doit se présenter le 5 mai à midi à Innsbruck.

Je profite du rétablissement des liaisons pour envoyer par télégramme au colonel Demetz la confirmation de ses pouvoirs de « signer pour ordre et en mon nom la convention de capitulation sans conditions » de la 19e armée allemande. Le général Devers est également destinataire de ce message.

Cependant, la réponse du général Schmidt tarde à arriver. À 10 heures, Schlesser qui a poussé de Feldkirch sur Dalaas me rend compte que la délégation allemande attendue ne s'est pas encore présentée à ses avant-gardes. À midi enfin, un parlementaire est amené à Bludenz, PC du CC 5 : mais il n'est porteur que d'une lettre du général Schmidt, adressée au général commandant en chef la 1re armée française.

Le colonel Mozat m'envoie immédiatement ce pli qui est ainsi libellé :

> Avant le retour du plénipotentiaire major von Babo, le haut commandement de la 24e armée a été renseigné que le 6e groupe d'armées américain avait déclaré que les négociations fixées pour ce matin 5 mai 1945 seraient aussi menées pour le compte de la 1re armée française.

> Selon cette déclaration, les négociations menées jusqu'à présent entre la 24e armée allemande et la 1re armée française sont devenues ainsi inactuelles. La 1re armée française est priée de se mettre en liaison avec le 6e groupe d'armées en ce qui concerne cette question.

Point n'est besoin d'insister sur l'insolence à peine voilée de cette lettre, singulièrement de sa finale. Visiblement, Schmidt cherche à créer un malentendu entre les Alliés et à jouer d'un éventuel désaccord entre le général Devers et moi-même. Aussi mon premier réflexe est-il de télégraphier au commandant du 6e groupe d'armées pour le mettre au courant. Après lui avoir fait part du message reçu de l'état-major de la Défense nationale, je lui demande « au cas où des plénipotentiaires de la 24e armée se présenteraient dans la zone de la 7e armée américaine, de me les envoyer immédiatement et de les prévenir que je continuerai les hostilités jusqu'au moment où ils remettront entre mes mains leur reddition sans conditions ».

Il est 16 heures lorsque part ce télégramme et la copie destinée au général de Gaulle. À 17 heures me parvient un radio du général Barr :

> Prière d'informer le général de Lattre que le groupe d'armées "G" composé des 1re et 19e armées allemandes se rend d'une façon effective – reddition en vigueur à partir du 6 mai 12 heures. Les armées de part et d'autre doivent recevoir l'ordre de stopper sur place et de cesser le combat immédiatement. Ordre à diffuser par radio aux Allemands et aux Français.

Encore une demi-heure – il est alors 17 h 30 – et c'est l'arrivée d'un télégramme câblé d'Innsbruck par Demetz annonçant la capitulation sans conditions de la 19e armée allemande avec cessation des hostilités le 5 mai, c'est-à-dire le jour même, à 18 heures...

Ainsi, de deux sources situées toutes deux en zone américaine, je suis avisé que la 19e armée capitule le 5 mai à 18 heures selon l'une, et le 6 mai 12 heures selon l'autre ! Quant à la 24e armée allemande, qui prétend être incluse dans les négociations d'Innsbruck, personne n'en fait mention.

Nous sommes en pleine confusion...

L'imbroglio ne se démêlera pas avec le retour du colonel Demetz. Lorsque Beaufre et lui arrivent à 20 heures, ils découvrent tout à la fois et l'existence de la 24e armée dont, à aucun moment, il n'a été parlé devant eux et les négociations, qu'à en juger par le message de Barr, le général Devers a dû mener de son côté. Ils ne peuvent rendre compte que de ce qu'ils ont vu : entre les mains du général Brooks, représentant Devers et Patch et entre celles du colonel Demetz, le général Brandenberger, commandant la 19e armée allemande, a apporté en personne à Innsbruck la capitulation de son armée – et de celle-là seulement.

Le colonel Demetz a, pour sa part, remis en mon nom à Brandenberger un « ordre particulier n° 1 pour la 19e armée allemande » (n° 596/OP-3 du 5 mai), par lequel il est spécifié que les troupes situées à l'ouest de la ligne Höfen-Kappl-Nauders (c'est-à-dire à l'ouest de la limite entre la 1re armée et la 7e armée US) doivent se considérer comme prisonnières, avec interdiction de se déplacer. Le même document précise diverses dispositions relatives à la libération des prisonniers alliés et à la conservation du matériel de guerre et prévoit pour conclure « la mise en place d'un détachement de contrôle français qui sera installé, dès la cessation du feu, au PC de la 19e armée allemande ».

Donc, en ce qui concerne la 19e armée, il ne paraît pas y avoir d'équivoque possible. Mais, bien que Brandenberger se soit fait passer comme responsable de toutes les troupes jusqu'à la frontière suisse, il n'a pas signé pour le compte de la 24e armée. Or celle-ci n'est pas un mythe. Nous ne devons pas nous laisser manœuvrer par les combinaisons de Schmidt.

Sur-le-champ, je rédige donc un « ordre particulier n° 2 pour le général Brandenberger » (n° 598/OP-3 du 6 mai) :

> L'instrument de capitulation signé le 5 mai à Innsbruck mentionne que la responsabilité du général Brandenberger s'étend à l'ouest jusqu'à la frontière suisse. Or ce même document ne mentionne pas l'existence de la 24e armée qui, cependant, envoyait des plénipotentiaires auprès de la 1re armée française et recevait le même jour un procès verbal préalable à la reddition de la 24e armée…
> La situation actuelle résultant de la contradiction de la reddition du 5 mai ne peut être prolongée plus longtemps. Le général Brandenberger prendra immédiatement les mesures nécessaires pour

> que la 24e armée allemande effectue sa reddition directement à la 1re armée française…
> La 24e armée est d'ailleurs prévenue par la voie de la radio que les hostilités ne cesseront pas avant sa reddition à la 1re armée française.

Cet ordre est confié à deux officiers du 3e bureau de l'armée, le commandant Schumacher et le lieutenant Kielholz, qui partent en pleine nuit escortés par un peloton du 3e RCA, pour Pfunds, petite localité située au sud de Landeck, où le général Brandenberger a déclaré avoir installé son PC. Le détachement Schumacher constituera d'ailleurs le « détachement de contrôle » prévu par l'ordre particulier n° 1.

Ce n'est que dans la soirée du 6 mai, avec la visite du colonel Lodge, que le jour se fera sur toute l'affaire.

L'officier de liaison du général Devers m'explique, en effet, qu'au moment où Brandenberger était chez Brooks, le général Haislip, commandant le 15e CAUS, avait annoncé l'arrivée imminente à son PC de Harr, près de Munich, du maréchal Kesselring – ce qui avait amené le chef du 6e groupe d'armées à s'y rendre aussitôt.

Mais, à Harr, point de Kesselring. Une délégation allemande se présente bien, mais conduite par le général Fœrtsch, commandant la 1re armée allemande et désigné par le général Schultze, chef du groupe d'armées G, pour négocier au nom de ce groupe d'armées, c'est-à-dire au nom de la 1re armée allemande et aussi… de la 19e armée allemande.

Bien que, dans le même temps, le chef de celle-ci, Brandenberger, soit en train de capituler à Innsbruck devant Brooks et Demetz, le général Devers a traité avec Fœrtsch et a fixé la cessation des hostilités, pour tout le groupe d'armées G, au 6 mai, 12 heures : c'est le protocole de cette négociation que m'apporte Lodge en me priant, de la part de son chef, de le contresigner.

Lodge est trop fin politique pour ne pas s'attendre à ma réponse. Recevoir une capitulation se rapporte à la conduite générale de la guerre et non à celle des opérations. Dès lors, c'est affaire de gouvernement – et le Gouvernement français m'a désigné nommément pour signer : nous sommes donc sur un terrain où je ne puis me contenter d'apposer un paraphe sur un document établi en dehors de moi par mon chef opérationnel. La procédure employée me paraît d'autant plus anormale que, depuis la Provence, la 1re armée française n'a pas cessé de se mesurer avec la 19e armée allemande et qu'en toute justice, c'est bien elle qui avait, par ses victoires, acquis le droit de recueillir sa reddition...

J'ajoute qu'en réussissant à cacher au commandant du 6e groupe d'armées l'existence de la 24e armée allemande – ce qui n'eût pas eu lieu si la 1re armée française avait été représentée à Harr – l'adversaire s'est ouvert des possibilités de manœuvre de dernière heure, dont la plus évidente est la dérobade du général Schmidt.

Car il y a bien eu dérobade. Un message-radio du commandant Schumacher arrivé au PC du général Brandenberger me fixe amplement sur ce point : les unités de la 24e armée allemande ont rejoint au soir du 4 mai et dans la journée du 5 mai, celles de la 19e armée. Autrement dit, pour échapper à la capture par la 1re armée française – et cela vraisemblablement parce que le 4 mai, lors de la première prise de contact des parlementaires ennemis avec les commandants alliés, on s'était montré plus intransigeant à Überlingen qu'à Garmisch – Schmidt a fondu *in extremis* son armée dans celle de Brandenberger.

Il y a là une déloyauté manifeste. Je n'ai pas de peine à en convaincre amicalement le colonel Lodge auquel je remets, en le commentant, la copie du télégramme que j'expédie devant lui au général Devers et dont le paragraphe essentiel est ainsi conçu :

> J'estime que le général Schmidt et son état-major auraient dû se trouver en zone française... Cet officier général a cherché à se jouer de nous par des négociations tendant à opposer les Alliés et je désire que la duplicité dont il a fait preuve soit sanctionnée par sa remise aux autorités françaises auxquelles il s'est dérobé indûment.

Cette satisfaction ne me sera pourtant pas accordée. Arguant du fait que Schmidt et Brandenberger s'étaient l'un et l'autre rendus à des troupes américaines, nos amis se refusèrent de s'en dessaisir.

Toutefois, sur mon insistance, le général Devers consentira, quelques jours plus tard, à ce que Brandenberger me soit présenté. Brève rencontre... Elle eut lieu dans la nuit du 16 au 17 mai et, pendant une demi-heure, je ne me privai pas de dire à Brandenberger ce que je pensais, en soldat, de son attitude et des manœuvres louches de son collègue Schmidt. Il faut croire que j'y mis une certaine vigueur car les officiers qui l'escortaient durent le soutenir pour le ramener, pâle comme un mort, à sa voiture...

Mais j'anticipe sur les événements. Quand se liquida ainsi cet incident, la 1re armée française avait, depuis huit jours déjà, apposé le sceau final à sa Victoire.

Berlin

Les souvenirs que m'ont laissés les journées des 7 et 8 mai 1945 sont d'une telle intensité et d'une telle nature qu'il m'est impossible, pour les relater, de ne pas prendre le ton personnel des Mémoires. Il me serait difficile, en effet, de décrire autrement ces heures qui resteront exceptionnelles dans ma vie. Et, dans la mesure où il me fut donné, en la circonstance, d'agir au nom de la France, je me sens tenu d'apporter mon témoignage.

Dès le matin du 7, un message du général Eisenhower, bientôt suivi d'une communication du cabinet de M. Diethelm, m'apprenait que, dans la nuit, à 1 h 41 très exactement, le général Jodl avait, à Reims, apporté la capitulation de toutes les forces du Reich, à une délégation alliée composée des généraux Bedell Smith, Suslaparov et Sevez.

J'en éprouvais évidemment l'immense joie commune à tous les hommes du camp de la liberté, mais aussi, je puis bien le dire, un peu de surprise. J'avais, en effet, sur moi le télégramme du 4 mai me désignant « pour signer au nom de la France acte de capitulation ou déclaration de cessation des hostilités ». Sans jalousie, j'estimais que je venais d'être privé de la plus fière satisfaction que puisse jamais connaître un soldat.

Mais, bientôt, un télégramme du général de Gaulle (n° 4256 CAB-DIR) m'expliqua ce qui s'était passé :

> Premier acte de capitulation en campagne a été signé par le général Bedell Smith avec les plénipotentiaires allemands le 7 mai à 0 h 1[1].
> Le général Eisenhower a invité à participer à la signature le général Suslaparov, représentant le Front de l'Est, et le général Sevez afin d'assurer à l'armée française une représentation symbolique.

1. L'heure indiquée par le télégramme du général de Gaulle est sans doute erronée. Tous les autres documents français et alliés indiquent bien l'heure de 1 h 45 transmise par le message du général Eisenhower.

> Le général Sevez m'en ayant référé, je l'ai chargé de signer la capitulation.
> Étant donné grade et personnalité du général Bedell Smith et puisque le général Montgomery ne signait pas, il n'aurait pas convenu que vous fussiez derrière Bedell, etc. – stop – À tout prendre, je pense qu'il est mieux d'être le vainqueur que le signataire – stop – Amitiés – Général de Gaulle.

Qu'importe d'ailleurs ! Le jour V s'est enfin levé. Dans l'enthousiasme général, je vois arriver à mon PC de Lindau mes commandants de corps d'armée, la plupart de mes divisionnaires et bon nombre de colonels. Nous dînerons tous ensemble, en frères d'armes.

Nous allons nous mettre à table quand on m'annonce l'arrivée à l'hôtel Bad-Schachen de plusieurs personnalités politiques et militaires françaises, déportées par les nazis et libérées par les Américains.

J'abandonne aussitôt mes hôtes pour aller les saluer. Mon élan qui devrait être sans réserve en un pareil moment est pourtant retenu par un nouveau message de Paris qui m'ordonne de « mettre en état d'arrestation celles de ces personnalités qui ont, à un moment quelconque, rempli une fonction auprès du gouvernement de Vichy ». Le télégramme vise nommément le général Weygand « quels que soient, précise-t-il, les sentiments personnels que vous avez pu garder à son égard ».

Dès l'entrée dans le hall de l'hôtel, c'est justement lui que je vois le premier avec Mme Weygand. Mon vieux chef, auprès de qui j'ai passé mes plus fructueuses années de l'entre-deux guerres, et auquel j'ai toujours conservé mon entier et respectueux attachement, se jette dans mes bras et me félicite avec une chaleur émouvante. Je suis trop bouleversé pour lui communiquer l'ordre dont je suis porteur. Je le conduis jusqu'à sa chambre en lui disant que je ne tarderai pas à revenir le voir plus tranquillement.

Je m'entretiens ensuite assez longuement avec le président Paul Reynaud à la disposition duquel le général de Gaulle met son avion, puis je salue le président Édouard Daladier qui se déride à l'annonce de la prompte arrivée de son fils, sous-lieutenant à la 3e demi-brigade de chasseurs du colonel Jacquot, et que j'ai fait prévenir. Je vois encore le général Gamelin, M. Caillaud et sa femme, sœur du général de Gaulle, qu'une tendre amitié lie depuis sa jeunesse à ma propre sœur, puis mon compatriote, M. Michel Clemenceau, M. Léon Jouhaux, Jean Borotra…

Le temps passe… Vers 1 heure, je me résous à prévenir Borotra des instructions qui le concernent. Je me décide enfin à rejoindre le général Weygand quand un officier m'apporte un télégramme « extrême urgent » (n° 1 443/DN/3-PS) de l'état-major de la Défense nationale :

> Pour général de Lattre personnellement. – Vous êtes désigné par le général de Gaulle pour participer à signature acte solennel capitulation à Berlin – stop – Il est prévu que seuls général Eisenhower et représentant commandement russe signeront comme parties contractantes – stop – Vous signerez donc comme témoin, mais devrez en tout cas exiger conditions équivalentes à celles faites à représentant britannique, à moins que celui-ci signe pour Eisenhower – stop – Date et lieu signature ainsi que conditions matérielles du voyage vous seront fixés directement par SHAEF – Signé : Sevez – Fin.

C'est sous le coup de cette nouvelle surprise qu'il me faut maintenant aller retrouver le général Weygand. Il est près de 2 heures du matin quand je frappe à la porte de sa chambre où il m'attend, impatient. Je lui fais prendre connaissance des ordres du chef du Gouvernement qui, on l'imagine, provoquent de sa part une indignation passionnée.

Il est prescrit que je dois « m'assurer de sa personne et le faire transférer à Paris sous escorte ».

– Voyons, de Lattre, vous me connaissez. Vous savez que pas un jour depuis l'armistice, et de toute mon âme, je n'ai cessé de lutter contre l'Allemagne. Elle du moins n'en a pas douté et a agi en conséquence. Et voilà comment on me traite à l'instant où j'ai enfin la joie de retrouver la France victorieuse !

– Oui, mon général, je vous connais et je connais votre ardent patriotisme. Je n'ai pas oublié nos dernières conversations à Alger avant votre limogeage d'Afrique du Nord. Aussi soyez sûr qu'il n'y a pas de gendarmes à la 1re armée pour exécuter un tel ordre. Demain matin, à l'heure que vous fixerez pour votre départ, les « chocs » avec leur drapeau vous rendront les honneurs. Puis, mon aide de camp, le commandant Borie, sera à votre disposition jusqu'à Paris, avec ma voiture personnelle…

À 3 heures du matin, je regagne mon PC. Je n'ai pas dîné. Et c'est en vain que j'essaie de dormir.

D'ailleurs le pourrais-je que je n'en aurais guère le loisir. Un peu avant 5 h 30, mon officier d'ordonnance pénètre dans ma chambre, porteur d'un télégramme du 6e groupe d'armées répercutant des instructions reçues du SHAEF :

> Très secret n° BX 15 131 – Pour général de Lattre personnellement. Selon instructions du SHAEF, le général de Lattre est désigné pour participer à la signature de l'acte de capitulation de l'Allemagne à Berlin, le 8 mai à 13 heures.
> Un avion de commandement du 12e TAC est désigné pour prendre le général de Lattre au terrain de Mengen le 8 mai à 9 heures et devra être rendu à Berlin-Tempelhof pas plus tard que midi. Une place est réservée pour un officier accompagnant le général de Lattre – Signé : Barr.

Quand il y a place pour deux, il y a place pour trois… Je saute sur mon téléphone et appelle successivement le colonel Demetz, mon chef d'état-major et le capitaine Bondoux, mon chef de cabinet. À tous deux, j'annonce la nouvelle. Rendez-vous dans une heure.

On alerte aussitôt la section de *Piper Cub* de l'armée, basée à Kressbronn, à 6 kilomètres de Lindau. Trois *Piper* nous conduiront jusqu'à Mengen, distant de 60 kilomètres.

À 9 heures très exactement nous sommes sur le terrain de Mengen. Pas trace d'avion américain. 9 h 30, toujours rien. Demetz et Bondoux sont pendus au téléphone sans pouvoir obtenir le PC du 6e groupe d'armées. Nous nous inquiétons… Enfin, peu après 10 heures, un Dakota arrive. C'est un avion de commandement, aménagé en bureau. Il est vide, et je regrette bien de n'avoir pas emmené avec moi d'autres officiers ainsi que quelques reporters et photographes français qui eussent pu fixer pour notre pays les images des heures historiques que nous allons vivre. Mais il est trop tard. Nous nous installons aussitôt, et nous repartons.

Vers midi, l'appareil atterrit près de Magdebourg, à une centaine de kilomètres de Berlin. Tels sont les ordres reçus par le pilote. À partir de ce point, des chasseurs doivent nous escorter jusqu'à Tempelhof. Un officier se présente, me prévient que les chasseurs sont partis avec les délégations américaine et anglaise qui nous ont précédés de peu, et il me recommande d'attendre leur retour.

Je passe outre à ce conseil de prudence : il ne s'agit pas de manquer le rendez-vous de la Victoire !

Vingt minutes plus tard, à midi et demi, le Dakota roule sur la seule piste de Tempelhof qui soit à peu près utilisable. Partout, vastes trous de bombes, blocs de ciment projetés, carcasses d'avions enchevêtrées donnent au terrain un aspect lunaire.

Je craignais d'être en retard et je m'aperçois que nul ne paraît pressé. À ma descente d'avion, je suis salué par un groupe d'officiers russes... qui me demandent d'attendre. C'est, en effet, le général Sokolovski, adjoint du maréchal Joukov, qui doit accueillir les délégations et il est occupé à en recevoir une autre.

Cependant, le voici qui arrive, sans hâte, grand, calme, prévenant. Après les présentations, il me fait rendre les honneurs par un bataillon dont le défilé est spectaculaire : ce n'est qu'un bloc massif, monolithique de soldats strictement alignés par rangs de douze, soudés par l'acier des fusils que chaque homme appuie sur l'épaule du camarade qui le précède.

J'admire... et je me presse. Personne ne s'en soucie. Il faut que je rappelle l'objet de ma présence. Alors deux voitures s'avancent qui doivent nous conduire au PC du maréchal Joukov. Avec Demetz et un colonel soviétique chargé de nous guider, je monte dans la première. Bondoux suit avec deux autres officiers russes. À toute allure, nos conducteurs démarrent et foncent vers les ruines de ce qui fut la capitale de l'Allemagne.

Trois quarts d'heure de course zigzagante. Il reste ici et là quelques îlots que la consigne oblige à contourner car des coups de feu y sont encore tirés par des fanatiques. Dans tous ces détours, inutile de chercher à reconnaître un monument, une grande artère, une place célèbre. On ne voit qu'amoncellements de ruines encore fumantes et tragiquement semblables, où des équipes de démineurs manient de longues tringles de fer et au milieu desquelles des files misérables de femmes, d'enfants et de vieillards hébétés, sortis de leurs caves, munis de récipients les plus hétéroclites, font interminablement la queue pour prendre un peu d'eau aux fontaines publiques et aux bouches d'incendie.

À tous les carrefours, seule note claire, des jeunes filles russes, solides, impeccablement propres en leurs uniformes simples, les genoux nus au-dessus de bottes hautes, mettent tout leur sérieux à régler la circulation.

Avec une dextérité surprenante, elles manient de petits drapeaux jaunes et rouges, ouvrent le passage – puis d'un geste vif, serrent les drapeaux sous leur bras gauche pour saluer nos voitures.

Nous nous frayons ainsi un chemin au milieu d'unités en station, chars arrêtés dont les conducteurs s'écroulent de sommeil, régiments de cavalerie sur les boulets. Puis, sans transition, nous croisons des détachements parfaitement en ordre, un escadron de chars – des *Sherman* – aux équipages jeunes, nets, à la discipline de marche parfaite. Un kilomètre plus loin, avance un convoi de chariots longs et étroits, juchés sur des roues très hautes et que conduisent des soldats mal vêtus, coiffés de toques d'astrakan, de vieilles couvertures jetées sur les épaules. Encore quelques centaines de mètres et c'est à nouveau une troupe fraîche et bien entretenue que nous dépassons. Le contraste est partout, l'opposition frappante... Sans doute faut-il voir dans cette antithèse l'explication des témoignages si contradictoires sur la nature et la tenue de l'Armée rouge.

Notre randonnée dans cette Babylone dévastée semble se prolonger à l'infini. Enfin nous parvenons dans la banlieue est de Berlin, à la banale commune de Karlshorst où le maréchal Joukov a pu installer son quartier général dans une école de sous-officiers à peu près intacte. La rue principale se dirige vers un grand bâtiment gris puis tourne à 90° vers la gauche et longe un mur de caserne. De l'autre côté de la rue s'alignent les modestes maisons d'un lotissement : les logements des cadres subalternes de l'école.

Devant l'un de ces petits pavillons, nos voitures stoppent brusquement. Le colonel qui nous a guidés nous mène à notre villa. Au bout d'un étroit couloir, il entre dans une pièce meublée d'un fauteuil, de deux chaises et de trois matelas, posés à même le sol mais recouverts de draps empesés d'une blancheur éclatante. Les chambres voisines sont occupées par des soldats russes. L'installation a dû être improvisée. Mais notre colonel – qui ne parle pas le français – doit avoir fini sa mission : il salue et s'en va.

Nous mourons de faim. Notre premier soin est d'interpeller un soldat et de lui expliquer, à grand renfort de gestes, que nous voulons manger. Surprise du langage mimé : notre homme sourit, sort et revient quelques minutes plus tard avec un phonographe.

La musique adoucit les mœurs mais ne fait pas taire les estomacs. J'envoie Demetz et Bondoux en reconnaissance et aux renseignements. Devant le bâtiment gris, ils tombent sur un groupe de correspondants de guerre anglo-saxons qui leur fournissent volontiers les derniers « tuyaux » : c'est là même, dans la salle de conférences de l'école, que doit avoir lieu la cérémonie de la signature. Le propre adjoint du général Eisenhower, le maréchal de l'Air britannique Tedder, est arrivé depuis une heure, en compagnie du général d'aviation américain Spaatz et de l'amiral anglais Burrough. Les uns et les autres sont logés dans des maisons proches, identiques à celle qui nous a été affectée. Quant à Keitel, il est installé, un peu plus loin, dans des conditions semblables.

Demetz marque un point en découvrant un officier interprète qu'il me ramène derechef :

– Je voudrais voir le maréchal Joukov.

– Il se repose pour l'instant.

– Et l'*Air Marshal* Tedder ?

– Il se repose également.

Une inspiration me vient :

– Je connais le général Vassiliev qui fait partie de l'état-major du maréchal Joukov. Voudriez-vous le prévenir de ma présence et le prier de venir.

Vassiliev, un an plus tôt, était à Alger attaché militaire soviétique auprès de M. Bogomolov. Il a assisté aux manœuvres de nos divisions blindées en Afrique du Nord et est venu, certains soirs, à l'École de cadres de Douera.

Au bout de quelques minutes, il accourt et c'est avec effusion que nous nous retrouvons.

Je lui fais part de mon désir de saluer le maréchal Joukov.

– Il est actuellement en conférence avec l'*Air Marshal* Tedder et le général Spaatz, me répond-il. Il examine des requêtes formulées par Keitel. Je vais voir si vous pouvez les rejoindre.

Cette fois, mon attente est courte. Vassiliev revient pour me conduire à la villa du maréchal Joukov, plus vaste et plus confortable que les autres. Nous montons un escalier et l'on m'introduit dans une pièce qui me fait aussitôt penser à la salle d'audience d'une petite justice de paix. Sur une estrade est installé Joukov. À ses côtés, se tient un autre Soviétique, jeune et fort élégant en son veston croisé gris perle à épaulettes d'argent, que je prends d'abord pour un général d'aviation et qui est en réalité un ambassadeur, conseiller technique de Joukov. Autour de deux tables perpendiculaires à l'estrade sont assis Tedder, Spaatz et Burrough.

Jamais jusqu'à ce jour l'occasion ne m'a été donnée de rencontrer ces chefs alliés. Mais, spontanément, l'*Air Marshal* Tedder se lève pour m'accueillir. Sa distinction, sa finesse, la chaleur et la franchise de sa poignée de main conquièrent ma sympathie. Je m'assieds à côté de lui et je prends aussitôt part à la séance qui d'ailleurs touche à sa fin.

Spaatz et Burrough, la conférence terminée, viennent me serrer la main et quittent la salle. Je reste avec Tedder tandis que le maréchal Joukov, après avoir jeté un dernier regard sur les documents étalés devant lui, s'avance vers moi. Je suis frappé par sa silhouette robuste. Il a jeté sur ses épaules à la manière des Templiers, une vaste cape blanche brodée aux armes du SHAEF et que Tedder lui a apportée comme présent d'Eisenhower. De son regard métallique, de la masse de son visage, de tout son être, se dégage une impression de puissance singulièrement forte et humaine.

Le contact est très cordial. Par le truchement de Vassiliev qui parle anglais et du conseiller diplomatique dont le français est très correct, j'explique la nature de la mission que j'ai reçue de mon gouvernement et donne lecture des deux télégrammes qui la précisent.

Visiblement, et malgré la lettre de ces télégrammes, Joukov n'a pas été averti de ma venue – ou, du moins, de son objet exact. Mais il n'hésite pas :

– Si personne n'y fait opposition, j'accepte volontiers pour ma part que la France signe. Je vais donc faire établir les protocoles en conséquence.

Tedder donne aussitôt son accord. Je puis donc penser que tout se passera sans difficulté. Je repars avec Vassiliev ; tout en mangeant un sandwich rapporté par Bondoux, j'évoque avec lui les souvenirs d'Alger, si récents encore et déjà rejetés dans le passé par la marche foudroyante des événements. Puis, comme son service le réclame, il met à ma disposition un colonel interprète qui parle notre langue avec une pointe de l'accent de Toulouse où il a été étudiant.

Le mieux que nous ayons à faire maintenant est d'aller repérer les lieux où se déroulera la cérémonie. Demetz m'y a devancé et je le retrouve à l'extrémité d'une longue galerie, à la porte d'une très vaste salle rectangulaire, bondée d'officiers et de cinéastes qui s'affairent à installer leur matériel.

Tout semble en place. Dans le fond de la salle, des fauteuils sont rangés derrière une large table, pour les chefs des délégations. À droite et à gauche, deux autres tables autour de chacune desquelles une vingtaine de chaises sont disposées attendent leurs adjoints. Plus près de la porte, une dernière table avec trois chaises seulement est destinée aux plénipotentiaires allemands.

Pour toute décoration, trois drapeaux ornent le mur du fond : le Drapeau rouge, l'Union Jack et la Bannière étoilée. Nulle part ne figurent les couleurs françaises.

J'en fais immédiatement la remarque à mon interprète et lui dis fermement que j'exige que la France soit présente à cette cérémonie historique, par son drapeau placé à égalité avec ceux de ses alliés. Il paraît surpris, quelque peu ennuyé de ma demande, mais s'engage à la transmettre à ses chefs. Pour plus de sûreté, je charge Demetz de ne pas bouger de la salle jusqu'à ce que le nécessaire soit fait.

Je le laisse pour aller rendre visite à l'*Air Marshal* Tedder que je trouve en conversation avec l'amiral Burrough et qui m'offre charitablement de partager la bouteille d'eau de Vittel qu'il a eu la sagesse d'apporter. En tant que *deputy* du général Eisenhower, il signera au nom du Commandant suprême du front occidental mais il me réitère sa pleine adhésion à la formule prévue par le télégramme qui m'a accrédité, étant entendu que le général Spaatz signera lui aussi comme témoin. Quant à l'affaire du drapeau, il me promet également de me donner son appui, s'il est nécessaire.

C'est une affaire, en effet ! Diplomatique d'abord car tout le monde n'est pas d'accord. Un brigadier général, en apprenant mon exigence, s'est même écrié : « Et pourquoi pas la Chine ! » Matérielle surtout car, nulle part, on ne peut trouver de drapeau français. Les Russes se décident à en fabriquer un, avec une pièce d'étoffe rouge empruntée à un ex-pavillon hiltlérien, une toile blanche et un morceau de serge bleue découpé dans une combinaison de mécanicien. Hélas ! nos trois couleurs doivent être moins familières aux jeunes filles russes que le drapeau rouge à bien des Françaises, car, lorsqu'une jeep apporte le drapeau ainsi confectionné, nous découvrons... un magnifique drapeau hollandais : le bleu, le blanc et le rouge ont été cousus non pas les uns à côté des autres mais les uns au-dessus des autres ! Il faut tout recommencer, mais le bleu, cette fois, est trop court pour entourer la hampe. Chacun y met de la bonne volonté... À 20 heures enfin, notre emblème national est fixé entre ceux de la

Grande-Bretagne et des États-Unis, dans un faisceau que surmonte le drapeau soviétique.

La nuit commence à tomber. Des groupes électrogènes ont bien été rassemblés autour du bâtiment mais, pour les ménager ils n'entreront en action qu'au moment historique. Dans le grand couloir et dans les pièces adjacentes, les secrétaires qui tapent un peu partout les protocoles de capitulation sont éclairées par des officiers qui tiennent auprès d'elles des bougies de suif. Chaque document est rédigé en neuf exemplaires : trois russes, trois anglais, trois allemands. J'ai bien envie de faire valoir les droits de la langue française. Mais j'ai l'impression qu'alors la guerre ne finira jamais.

D'ailleurs, il s'agit bien de cela ! Voici qu'entre dans la salle Tedder, l'air contrarié ; il me prend à part et me dit : « Tout est cassé ! M. Vychinski vient d'arriver de Moscou et il n'accepte pas la formule que nous avions arrêtée avec Joukov. Il admet volontiers que vous signiez pour que soit publiquement affirmée la résurrection de la France, mais il s'oppose de façon catégorique à ce que Spaatz signe également. Son argumentation est que les États-Unis sont déjà représentés par moi puisque je dois signer au nom d'Eisenhower. Or Spaatz exige de signer si vous signez vous-même. »

Que de complications ! Pour moi, je n'ai qu'une position et je m'y tiens comme un roc : j'ai reçu l'ordre de mon gouvernement de signer et je dois signer. Je le répète une fois encore à Tedder qu'un officier vient à ce moment réclamer de la part de Joukov, et je le laisse partir sur cette phrase : « Si je rentre en France sans avoir rempli ma mission, c'est-à-dire en ayant permis que mon pays soit exclu de la signature de la capitulation du Reich, je mériterai d'être pendu. Pensez à moi... »

Tedder sourit : « Je ne vous oublierai pas », me répondit-il. Et il me quitte pour se rendre chez Joukov.

Le temps me paraît long. Enfin, à la lumière assez sinistre des chandelles, j'aperçois à nouveau la tenue bleu ardoise du maréchal de l'Air. Il est détendu : « Ça y est, me fait-il, mais ce n'a pas été sans mal. Vychinski a fini par accepter que Joukov et moi signions comme parties contractantes, Spaatz et vous comme témoins. On va pouvoir en sortir. »

Mais il faut d'abord retaper toutes les premières et les dernières pages des protocoles pour tenir compte des ultimes précisions de cette combinaison diplomatique. Et comme les préséances ne perdent jamais leurs droits, Joukov figurera en tête et signera le premier sur la moitié des documents, tandis que ce rang reviendra à Tedder sur l'autre moitié. Ci : dix-huit exemplaires au lieu de neuf! Je serai premier témoin lorsque Joukov sera premier signataire et Spaatz premier témoin sur les exemplaires où Tedder aura la priorité...

Rasséréné, j'admire ces habiletés juridiques. Les secrétaires, moins enchantées, se remettent une fois de plus au travail. Et cela demandera une heure et demie.

Il fait un froid humide et la fatigue se fait sentir. Enfin, un jeune officier russe se présente et nous prie de nous rendre à la villa du maréchal Joukov. Quand nous y entrons, le spectacle est éblouissant. Tout est éclairé. Le maréchal a revêtu la grande tenue et mis toutes ses décorations. Il est entouré d'une foule de généraux et d'officiers. Auprès de leurs uniformes somptueux, nos *batlle-dress* semblent bien ternes...

Nous sortons en cortège. Devant la porte stationne une sorte de grand break automobile, découvert. Joukov monte à côté du chauffeur – un colonel –, Tedder, Spaatz et moi nous nous serrons sur la banquette arrière. Sur les strapontins, face à nous, s'installent l'amiral Burrough et l'ambassadeur soviétique.

La distance est assez courte. Sur tout le parcours, des bataillons massifs rendent les honneurs dans la nuit. Dans le bâtiment-école, les groupes électrogènes ont été mis en marche. Quand nous y pénétrons, nous sommes littéralement aveuglés par la lumière des sunlights, braqués sur la porte d'entrée. La chaleur est étouffante.

Nous prenons place à la table du fond, Joukov au centre ayant à sa droite Tedder et Vychinski, à sa gauche Spaatz et moi[1]. Les officiers des délégations s'installent aux tables de droite et de gauche, les « Occidentaux » n'occupant que la moitié de cette dernière, le dos tourné à la porte.

Le long du mur de droite, cinéastes, photographes, journalistes sont massés aux aguets.

---

1. Primitivement, il avait été prévu que je prendrais place à la droite de l'*Air Marshal* Tedder mais l'arrivée de M. Vychinski avait entraîné ce décalage. Je devais par la suite me réjouir de ce changement qui allait me rendre le voisin immédiat de Keitel à l'instant où il signerait l'acte de la capitulation de l'Allemagne.

À minuit six exactement – donc le 9 mai – le maréchal Joukov ouvre la séance solennelle par quelques mots de bienvenue adressés aux représentants alliés. Puis il donne l'ordre d'introduire la délégation ennemie.

Minuit dix. Keitel s'avance et cille sous le feu des projecteurs. Il se redresse dans sa grande tenue à parements rouges où brillent ses deux croix de fer. Terriblement prussien d'allure, il claque des talons et salue, hautain, de son bâton de maréchal. Personne ne se lève. Keitel regarde d'abord droit devant lui, et, le bâton toujours haut, tourne les yeux de gauche à droite, lentement, jusqu'au moment où sa vue s'arrête sur le drapeau tricolore. Poursuivant son regard circulaire, il m'aperçoit : « *Ach !* grommelle-t-il, il y a aussi des Français ! Il ne manquait plus que cela[1] ! »

Il jette alors son bâton et sa casquette sur la table et s'assied.

À sa droite, prend place le général de la *Luftwaffe* Stumpf, successeur de Gœring et, à sa gauche, l'amiral de la flotte von Freudenburg, cadavérique. Six officiers allemands restent debout, au garde-à-vous derrière leurs chefs assis. Je les examine attentivement : ce sont des hommes magnifiques, qui portent tous la croix de fer avec glaives et diamants. Fait curieux, tous les six appartiennent à la marine et à l'aviation, pas un à la *Wehrmacht*. Pense-t-on déjà à l'avenir et veut-on pouvoir dire un jour que celle-ci n'a pas capitulé ?

Le maréchal Joukov se lève et pose la question sacramentelle à Keitel :

– Avez-vous pris connaissance du protocole de capitulation ?

Keitel reste assis. Il saisit le dossier posé devant lui et répond brièvement :

– *Ja*.

– Avez-vous les pouvoirs pour signer ?

– *Ja*.

– Montrez-nous vos pouvoirs.

Keitel les exhibe.

– Avez-vous des observations à formuler sur l'exécution de l'acte de capitulation que vous allez signer ?

Keitel réclame un délai de vingt-quatre heures pour faire cesser le feu sur tout le front.

Joukov nous consulte du regard, hausse les épaules et répond :

---

1. Ces paroles de Keitel m'ont été rapportées quelques instants plus tard par l'ambassadeur soviétique qui l'introduisait.

– Cette demande a déjà été rejetée. Pas de modifications. Avez-vous d'autres observations à présenter ?

– *Nein.*

– Alors, signez.

Toutes les questions ont été posées en russe et traduites aussitôt en anglais et en allemand.

Il est 0 h 16. Keitel se lève, ajuste son monocle et se dirige vers l'extrémité gauche de notre table où les protocoles de capitulation ont été placés dans une chemise bleue.

Il s'assied près de moi, sur une chaise placée en bout de table et pose sa casquette et son bâton devant moi. Comme je lui fais signe de les mettre ailleurs, le maréchal du Reich ramène à côté de lui les insignes de sa dignité, puis, sous mon regard, il signe. Stumpf et Freudenburg signent après lui.

À 0 h 28, les Allemands ont paraphé tous les textes et regagnent leur table.

Les documents sont alors présentés à la signature du maréchal Joukov, puis de l'*Air Marshal* Tedder. Quand arrive notre tour, au général Spaatz et à moi-même, nous nous apercevons que nous n'avons ni l'un ni l'autre notre stylo. Nous avons recours à celui du colonel Demetz – qui, depuis ce jour, conserve jalousement cet objet historique.

C'est fini. Keitel se lève, salue de son bâton et sort avec sa suite. Il est 0 h 45.

Alors le brouhaha turbulent des reporters et des photographes, qui avait eu peine à se calmer à l'entrée des Allemands, reprend de plus belle. Les poignées de main et les congratulations que les chefs alliés échangent entre eux sont photographiées et cinématographiées par une pyramide humaine de correspondants de guerre, désireux de prendre les meilleures vues de ces grandes minutes.

Pour être moins expansive peut-être que celle de nos alliés, notre joie, à nous Français, est sans doute la plus profonde. Demetz, Bondoux et moi, nous nous serrons longuement, gravement la main. Nous sentons que le moment que nous venons de vivre à Berlin, dans cette pièce banale, a une signification exceptionnelle : plus encore qu'une revanche, il doit consacrer le dernier acte d'une longue tragédie qui a ensanglanté pendant des générations l'histoire de notre pays.

Cependant, petit à petit, la salle est évacuée sous la pression d'un service d'ordre qui pousse dehors officiers et reporters. Les portes se referment, tandis que, dans le couloir et les antichambres, tous continuent à laisser libre cours à leur joie.

On apprend alors qu'un grand dîner va être offert par Joukov dans la salle même de la capitulation, et qu'une heure environ est nécessaire pour dresser les tables pour les quelque deux cents invités du maréchal. Nous retournons dans la galerie que journalistes et cinéastes ont envahie. Ceux-ci, embusqués dans tous les coins, nous mitraillent inlassablement.

Vers 1 h 30 du matin, les portes de la grande salle s'ouvrent à nouveau. Sur les tables, les tapis verts ont fait place à des nappes immaculées couvertes de cristaux, d'argenterie, de bouteilles de vins du Caucase, de flacons de vodka, et de zakouski. Une armée de serveuses élégantes en leurs costumes aux couleurs vives complète le coup d'œil somptueux. Dans une *loggia* est rassemblé un orchestre militaire qui soulignera de ses bans bruyants les salves d'applaudissements qui salueront toasts et discours.

Nous reprenons les places que nous avions pour la cérémonie de la signature mais des généraux russes ont été intercalés entre les chefs des délégations. Le général Malinovski me sépare donc du général Spaatz et à ma gauche se trouve le général Sokolovski, au bout de la table.

À peine est-on installé que Joukov se lève et lit un discours à la gloire du maréchal Staline et de l'Armée rouge, du président Roosevelt et des États-Unis, puis de la Grande-Bretagne et de M. Churchill. Prononcée en russe, cette allocution est traduite en anglais. Le colonel interprète qui se tient derrière moi me la traduit à l'oreille, phrase par phrase, en français.

Je me tourne vers lui :

– Si j'ai bien compris, pas un mot n'a été dit pour la France.

– C'est ainsi, Excellence, me répond-il.

On commence à servir et je n'accepte rien. Sokolovski demande à l'interprète :

– Le général est-il malade ?

– Je me porte très bien, lui fais-je répondre, mais je ne puis manger ni boire lorsqu'en une heure aussi solennelle, on oublie de parler de ma Patrie.

L'interprète traduit. Sokolovski opine, d'un air amical. J'interroge :

– Que dit-il ?

– Il dit qu'il vous comprend.

– Eh bien ! veuillez traduire aussi mes paroles au général Malinovski et demandez-lui de les rapporter au maréchal Joukov.

L'interprète s'exécute. Malinosvski ne répond pas.

– Recommencez.

Cette fois, Malinovski semble se décider à bouger pour aller vers Joukov. Mais, au même moment, l'*Air Marshal* Tedder se lève et commence son toast, diplomatiquement préparé et qu'il lit, lui aussi. Encore pas un mot pour la France. Une seule allusion amicale, hors texte, à mon adresse.

Je fais celui qui n'entend pas. Et, pour la troisième fois, je répète à l'interprète :

– Demandez au général Malinovski de prévenir le maréchal Joukov de ce que je ressens et viens d'exprimer.

Enfin, Malinovski va vers Joukov. Il lui parle à l'oreille et je sens que, sur ma droite, le maréchal cherche à accrocher mon regard. Mais je ne bronche pas. J'attends mieux : un geste public digne de mon pays.

Malinovski est revenu auprès de moi. Il se tourne vers l'interprète qui me traduit :

– Le maréchal Joukov vous fait dire que bientôt vous pourrez boire et manger.

De fait, Joukov se lève et, dans une chaleureuse improvisation, annonce qu'il tient maintenant à porter un toast spécial à la France, à son esprit de résistance personnifié par le général de Gaulle, et à son armée qui, malgré l'invasion, a su se reformer et contribuer dans une large part à la victoire des nations alliées.

Toute la salle est debout, l'orchestre joue *La Marseillaise*, un tonnerre d'applaudissements se déchaîne et, dans l'enthousiasme général, l'*Air Marshal* Tedder et deux généraux russes, héros soviétiques décorés de l'étoile d'or, viennent choquer leur verre contre le mien.

À mon tour, je réponds au maréchal Joukov. J'exprime d'abord mon émotion et ma fierté d'avoir participé au nom de ma Patrie, à la signature de l'acte solennel de la capitulation de l'Allemagne. Mais en ce jour de victoire, poursuis-je, se pose déjà pour la France le problème de son avenir. Cette victoire n'aura de lendemain, ne gardera son sens et sa valeur, que dans l'union des Alliés. « Nous sommes dans une capitale où tout n'est que décombres, et le visage ravagé des trois hommes qui ont signé devant nous l'aveu de la totale défaite du Reich nous a montré l'image de la ruine du peuple allemand. Mais ces ruines se relèveront un jour, et pour empêcher qu'un nouveau drame vienne encore ensanglanter le monde, on aura toujours besoin de la France... »

J'achève en levant mon verre au nom de la France et de l'armée française, à la santé de Joukov et en l'honneur du maréchal Staline et de l'Armée rouge. Acclamations, applaudissements, grands bruits d'orchestre...

Très caractéristique est ensuite l'improvisation de M. Vychinski qui tient à honorer spécialement la France en rappelant qu'elle est le berceau de tous les soulèvements populaires, et en établissant un parallèle entre les volontaires de 1792 et nos maquisards. Et lorsque l'interprète traduit ses paroles en français, le ministre le reprend à deux reprises, pour inexactitudes.

... Vingt-sept toasts au total furent ainsi portés aux chefs d'État et aux généraux alliés, ainsi qu'aux différentes armes, en particulier aux chars, à l'aviation et à l'artillerie. Comme la tradition russe veut qu'on vide son verre à la fin de chacun d'eux et qu'on renouvelle ce geste après le ban de l'orchestre qui suit invariablement chaque toast – ou du moins qu'on paraisse le faire – ce furent bien des verres de vodka que je dus boire – héroïquement – au cours des six heures de ce mémorable banquet, afin de ne pas perdre la face devant nos camarades de combat soviétiques !

Il est plus de 7 heures du matin et il fait grand jour. Le maréchal Joukov donne enfin le signal du départ. On se serre une dernière fois la main. Les délégations américaine et anglaise qui doivent quitter Berlin immédiatement se rendent à Tempelhof.

Notre avion ne doit décoller qu'à 11 heures. Nous regagnons donc notre modeste maison où, brisés de fatigue, nous nous jetons sur nos matelas pour essayer de prendre quelques instants de repos.

Un factionnaire russe monte la garde à notre porte. À 9 heures il nous réveille et à 9 h 30 nous partons de Karlhorst. Sur le terrain de Tempelhof, pavoisé aux couleurs soviétiques, le même cérémonial qu'à l'arrivée se déroule. Le général Sokolovski et plusieurs autres généraux russes m'accompagnent jusqu'à l'avion qui est prêt à décoller.

Là, des reporters m'attendent pour enregistrer une déclaration qui sera radiodiffusée. Je m'attache à faire ressortir le sens profond de cette victoire qui, pour nous Français, marque à la fois le terme de nos souffrances, la

ORDRE DU JOUR N° 9

OFFICIERS, SOUS-OFFICIERS, CAPORAUX ET SOLDATS DE LA PREMIERE ARMEE FRANÇAISE

Le jour de la Victoire est arrivé.

A BERLIN, j'ai la fierté de signer au nom de la France, en votre nom, l'acte solennel de capitulation de l'Allemagne.

Dignes de la confiance de notre Chef Suprême le Général de GAULLE, Libérateur de notre Pays, vous avez par vos efforts, votre ferveur, votre héroïsme, rendu à la Patrie son rang et sa grandeur.

Fraternellement unis aux soldats de la Résistance, côte à côte avec nos camarades alliés, vous avez taillé en pièces l'ennemi partout où vous l'avez rencontré.

Vos Drapeaux flottent au cœur de l'Allemagne.

Vos Victoires marquent les étapes de la Résurrection française.

De toute mon âme je vous dis ma gratitude. Vous avez droit à la fierté de vous-mêmes comme à celle de vos exploits.

Gardons pieusement la Mémoire de nos Morts. Généreux compagnons tombés au Champ d'Honneur, ils ont rejoint dans le sacrifice et la gloire, pour la Rédemption de la France, nos fusillés et nos martyrs.

Célébrons votre Victoire : Victoire de Mai, Victoire radieuse de printemps qui redonne à notre FRANCE la Jeunesse, la Force et l'Espoir.

SOLDATS VAINQUEURS, vos enfants apprendront la nouvelle épopée que vous doit la Patrie.

BERLIN, le 9 mai 1945.

Le Général d'Armée DE LATTRE DE TASSIGNY, Commandant en Chef la Ire Armée Française :

J. DE LATTRE.

reconquête de notre prestige international et le triomphe de notre idéal : la sauvegarde de la Liberté et de la Dignité humaine.

Les moteurs tournent. À 11 heures, nous nous envolons pour Mengen. Notre Dakota fait le tour classique au-dessus du terrain. Avidement, nous regardons par les hublots pour graver dans nos mémoires la vision hallucinante de la capitale entièrement détruite, et essayer d'apercevoir encore la petite école de sous-officiers de Karlhorst où, dans la nuit, s'est consommée devant nous la ruine de l'orgueil germanique.

Berlin s'estompe en une masse imprécise que surplombent encore par place des nuages de fumée. Mais avant qu'il n'ait complètement disparu de l'horizon, je saisis une feuille de papier et, sur la table-bureau de l'avion, me reportant vers mes soldats auxquels je n'ai cessé de penser durant ces heures que je leur dois d'avoir vécues, je commence à rédiger l'ordre du jour de la Victoire :

> Le jour de la Victoire est arrivé.
> À Berlin, j'ai la fierté de signer au nom de la France, en votre nom, l'acte solennel de la capitulation de l'Allemagne.
> Dignes de la confiance de notre Chef suprême, le général de Gaulle, libérateur de notre pays, vous avez, par vos efforts, votre ferveur, votre héroïsme, rendu à la patrie son rang et sa grandeur…

CHAPITRE XVIII

L'ESPRIT « RHIN ET DANUBE »

Sur les chemins de la victoire, ces soldats venaient de cueillir « deux noms chargés d'Histoire et de Gloire françaises » dont, relevant une grande tradition, ils allaient s'anoblir.

« Rhin et Danube. » Le 24 avril, mon ordre du jour n° 8 avait résumé, par cette alliance des deux plus grands fleuves d'Europe successivement franchis, un mois de campagne en terre allemande. Aussitôt, la 1re armée française adoptait ce raccourci symbolique de ses conquêtes et le retenait pour un fier baptême collectif.

Cette jeune noblesse d'épée avait droit à des armes. Comme, en aucune circonstance, elle ne s'était aussi unanimement liguée que pour libérer le centre de l'Alsace, nul écu mieux que celui de Colmar n'était désigné pour résumer l'essentiel de ses titres et de ses vertus. Au surplus, un hasard préparé par les siècles n'avait-il pas voulu cet écu rouge et vert, aux couleurs de notre croix de guerre, et rehaussé d'une masse d'armes singulièrement parlante ? De part et d'autre de sa pointe, trois traits d'azur où ondulent les flots des fleuves ; leurs noms accouplés : le blason de « Rhin et Danube » était né.

Quant aux lettres de noblesse, huit mois de batailles menées victorieusement, avec des moyens toujours inférieurs aux missions imparties et remplies, les avaient suffisamment enrichies. Et leur sceau était rouge du sang le plus pur.

Deux armées ennemies, la 19e et la 24e, irrémédiablement détruites ; une autre, la 1re, gravement touchée. 255 000 prisonniers capturés. Le tiers du sol de la Patrie délivré ; le Rhin franchi de haute lutte et au jour voulu pour permettre à notre pays de jouer un rôle propre et considérable dans l'écrasement du Reich ; quatre États allemands traversés dont deux entièrement conquis – et par là le gage d'avenir le plus solide assuré à la politique française. L'ouest de l'Autriche libéré des chaînes nazies. Par-dessus tout, le terrible printemps de 1940 racheté et la preuve réaffirmée devant le Monde, de la vaillance et de la valeur militaire de notre race.

Preuve donnée par des témoins irrécusables. « Je crois des témoins qui se font tuer. » Du jour du débarquement en Provence au jour de la victoire en Allemagne, le nombre total de ces héros tombés au champ d'honneur fut très exactement de 13 874. Celui des blessés au feu de 42 256[1].

Selon la règle implacable, l'infanterie avait payé l'énorme part de cet impôt du sang. Mais toutes les armes avaient aussi apporté leur tribut. Et dans tous leurs rangs, les survivants pouvaient porter sans reproche l'écusson « Rhin et Danube ».

Dans les services aussi, d'ailleurs. Car, dans l'énorme machinerie qu'impose la guerre moderne, s'il arrive que les combattants de première ligne envient leurs camarades maintenus par leur emploi plus à l'arrière, qui donc songerait à nier l'importance du rôle de ceux-ci et l'efficacité de leur participation à la lutte d'ensemble ?

Il n'est aucune des pages précédentes qui ne soit un hommage direct ou implicite à nos fantassins, à nos artilleurs, à nos sapeurs, à nos cavaliers. Quelques-unes ont résumé aussi les prouesses du Train, devenu à si juste titre une arme, très souvent au péril et toujours à la peine. Mais, une bonne fois, je veux redire également les efforts et les mérites des Transmissions, du Matériel, des Essences, de l'Intendance – et l'incomparable dévouement du service de santé.

Certes, celui-ci répond à sa vocation naturelle en se penchant, inlassable, sur toutes les souffrances. Mais il le fit avec une générosité et une

1. À ces blessés, s'ajoutent 7 885 accidentés, 9 347 évacués pour froidure et 36 193 malades. Au total, c'est 95 681 hospitalisés que notre service de santé eut à soigner.

Nos 13 874 morts représentent, par rapport à l'effectif moyen de la 1re armée un pourcentage de 5,33 pour 100. Les unités les plus éprouvées furent nos régiments de tirailleurs déjà si durement touchés en Tunisie où, pour six mois de campagne, les pertes avaient été de 8 627 tués soit 20,30 pour 100 des effectifs et en Italie où tombèrent, en huit mois, 6 577 soldats (8,15 pour 100).

Quant à notre voisine, la 7e armée US dont le nombre de combattants fut très sensiblement égal au nôtre, elle laissa tant en France qu'en Allemagne 23 351 tombes.

science auxquelles beaucoup doivent la vie. S'il avait dépendu de lui – c'est-à-dire si son action s'était étendue à la zone de l'intérieur – on n'eût plus connu ces routines administratives qui, trop fréquemment, enlèvent toute chaleur aux soins les plus appropriés. Du moins, l'admirable charité de notre service social, présent à l'intérieur auprès des hôpitaux comme à l'avant dans les corps de troupe, s'ingéniait-elle à apporter à tous la douceur des visites et, sous toutes les formes, l'aide morale comme l'appui matériel également nécessaires à ces enfants confiants et facilement perdus que sont les soldats sortis de la bagarre.

Et comment oublier enfin ceux que poussait vers la souffrance humaine une vocation plus haute encore, nos aumôniers titulaires ou auxiliaires, hôtes habituels des bataillons de pointe, amis de tous, musulmans ou chrétiens, croyants ou incroyants[1] ?

Oui, tous les membres de cette armée, tous en vérité, avaient mérité de devenir « Rhin et Danube ». Comme avaient mérité de l'être leurs valeureux camarades du 1er corps aérien, si intimement associés à leurs combats, et pourtant privés par une inexplicable décision de cet honneur si simple et si amplement gagné.

« Rhin et Danube. » Bientôt, l'écusson fleurit sur le kaki des chemises – puis, de-ci de-là, aux carrefours des grand-routes, sur les poteaux indicateurs plantés par le Train où il prend place auprès de l'Hirondelle, emblème depuis Saint-Tropez du PC de l'armée et sa marraine dans les codes du Chiffre.

Mais ce ne sont là que signes extérieurs. À porter sur le bras le même insigne, des centaines de milliers d'hommes, jusque-là répartis dans les cadres stricts de leurs unités, se découvrent plus proches, artisans solidaires d'une même œuvre, membres d'un tout et frères par l'esprit.

Esprit de corps ? Ce n'est pas assez dire. À l'échelle d'une armée, l'esprit de corps, fait d'une émulation directe, perd forcément son caractère.

---

1. L'aumônerie catholique avait été, dès^octobre 1944, privée de son chef, le RP Jarraux, victime d'un terrible accident. Mes instances pour obtenir la nomination d'un aumônier général étant demeurées vaines, la direction de l'Aumônerie catholique fut, jusqu'à la dissolution de la 1re armée française, assurée par l'abbé Salaun.

À la tête de l'aumônerie protestante se trouvait le pasteur Liotard. Et le capitaine-aumônier Jaïs-Meyer avait la charge du culte israélite.

Ce qui achève de naître, c'est une âme commune, conçue durant des mois âpres de guerre et enfantée aux premiers jours de la paix.

Deux traits la dominent : la discipline et l'élégance.

À peine sortis des fièvres inévitables des combats sur le sol de l'ennemi et bien que celui-ci ait, cinq années durant, accumulé contre lui les haines, ces soldats, dont beaucoup, moins d'un an plus tôt, étaient des « terroristes » mis hors la loi de la guerre, se montrent maîtres de leur force et justes en son exercice. Dominant leurs ressentiments légitimes, moins oublieux que spontanément grands, ils frappent par leur attitude où se reconnaît l'instinct d'un peuple accoutumé à la victoire.

Cette discipline essentielle, à la fois extérieure et spirituelle, s'accompagne d'une sorte de coquetterie dont la marque première est le refus du laisser-aller et de l'à-peu-près. Tout ce qui est « Rhin et Danube » est soigné sans recherche, ample sans enflure, racé. C'est le reflet d'une jeunesse qui, par l'effort, s'est révélée à elle-même et qui, dans la conscience de sa richesse, puise non pas la vanité mais l'optimisme.

Ah ! Pourquoi a-t-il fallu que l'exemple exaltant de cette merveilleuse troupe dût rester ignoré de l'ensemble de la France ? En cette année 1945, il n'en eût pas été cependant pour elle de plus sain ni de plus vivifiant. Bien des jugements amers eussent été corrigés et bien des doutes balayés...

Quelques-uns toutefois furent les témoins de cet épanouissement. Dans leur diversité, je crois que tous furent étonnés et, le plus souvent, ravis.

La première visite officielle que reçut notre armée fut évidemment celle du général de Gaulle. À Stuttgart d'abord – où il me remit la médaille militaire en même temps qu'au général de Monsabert la grand-croix de la Légion d'honneur –, à Oberstdorf ensuite, au pied des Alpes bavaroises, le chef du Gouvernement provisoire passa en revue nos corps d'armée les 19 et 20 mai.

Puis le ministère des Affaires étrangères nous pria de recevoir successivement S. M. le Sultan du Maroc et S. A. le Bey de Tunis. Si, à l'occasion du premier de ces voyages, j'ai personnellement gardé le souvenir de la ferveur manifestée par les tirailleurs marocains, les spahis et les goumiers envers leur souverain, je pense pouvoir avancer que, de son côté, celui-ci n'a pas oublié le spectacle de grandeur française qui se déroula devant ses yeux pendant trois jours.

D'autres visites, précieuses à nos affections, s'ajoutèrent à celles-là : celle, à Constance, du général Guisan, venu « en voisin » et en ami ; celle, à Constance également et à mon PC de Lindau, du général Devers, des membres de son état-major et de la plupart des chefs américains qui avaient, eux aussi, acquis à Colmar le droit d'être des nôtres ou qui n'avaient cessé d'être, dans la bataille, nos compagnons chaleureux et loyaux.

Il se mêlait bien dans cette soirée de Lindau, que nous avions mis tout notre cœur à rendre digne de nos hôtes, un peu d'émotion, car elle marquait la dissolution du 6ᵉ groupe d'armées et la fin d'une ardente et franche collaboration. Mais la fraternité d'armes est la plus solide qui soit. Et ces adieux à des camarades que l'amour de la Liberté avait poussés à venir se battre sur le sol de notre Patrie ne tendaient qu'à leur prouver combien cette fraternité nous était chère et serait durable.

Enfin, au fil des jours, nous voyions venir maintes personnalités : M. Le Troquer, avec une délégation du conseil municipal de Paris, M. Jules Moch, le vice-président du Conseil national de la Résistance, M. Blocq-Mascart, notre cher René Payot, François Mauriac, Jérôme Tharaud, Pierre Brisson, Aragon, Georges Cogniot, le professeur Binet, le professeur Pasteur Vallery-Radot, d'autres encore dont plusieurs journalistes, pilotés avec joie par leurs confrères du camp de presse organisé pour les correspondants de guerre, devenus après des mois de présence dans nos unités partie intégrante de l'armée[1].

Mais ce serait une double et grave erreur d'imaginer cette armée abandonnée aux délices de Capoue et ne cherchant en ses prises d'armes ou en ses réceptions que détente et distraction.

En réalité, il y avait, sous ces dehors, une volonté réfléchie et l'expression d'une politique déterminée.

1. J'aimerais pouvoir citer les noms de ces journalistes courageux et probes qui s'étaient donné pour tâche de mieux faire connaître au pays son armée et qui souffraient plus que quiconque de l'apparente indifférence de la presse – à vrai dire condamnée à des formats de misère. Que tous soient cordialement remerciés en la personne de leurs syndics, James de Coquet et Pierre Sandahl.

Car si les témoins français étaient rares, nous étions par contre épiés en tous nos gestes par les observateurs les plus attentifs : les Allemands eux-mêmes.

Leur évidente prostration et l'absence de la quasi-totalité des hommes valides pouvaient illusionner sur leurs réactions.

Mais jusqu'au dernier jour la propagande nazie leur avait soigneusement caché l'existence dans les rangs alliés d'une armée française. Quand elle était obligée d'y faire une allusion, c'était pour injurier les « bandes gaullistes ». En avril encore, deux de nos officiers de liaison, pris dans une embuscade, s'étaient vu refuser par les SS la qualité de combattants français.

Il était donc nécessaire de manifester fortement à la population maintenue dans une ignorance volontaire l'existence même de la pleine indépendance de notre Armée nationale ressuscitée, et de lui faire réaliser son importance dans la Coalition.

Encore n'était-ce là que le plus apparent de nos soucis. Un autre, plus profond, nous déterminait, celui de lancer une tête de pont vers la jeunesse allemande.

La seule traversée d'un quelconque village suffisait à révéler aux plus aveugles l'évidence du problème : alors que les femmes, les vieux, les mutilés eux-mêmes considéraient les Français d'un regard vide et se pressaient spontanément, au moindre signe, pour fournir un renseignement ou rendre un service, les garçons et les filles de moins de dix-huit ans, fermés et durs, cachaient mal leur hostilité et leur orgueil intact.

Ces adolescents, nombreux, vigoureux, méprisants à l'égard de leurs propres aînés qui s'étaient laissé vaincre, conservaient visiblement tous les fanatismes de leur éducation exclusivement hitlérienne.

Or cette éducation n'avait point visé à former leur intelligence et leur cœur. Elle n'avait point fait appel au raisonnement : c'est par les sens qu'elle avait le plus profondément agi, par les yeux et par les oreilles, par les spectacles grandioses et les rythmes répétés qui subjuguent les individualités pour les fondre dans une collectivité malléable.

Pour tenter d'« accrocher » cette jeunesse, pour forcer son intérêt, il n'était donc d'autre méthode que de faire jouer ses réflexes, de satisfaire ses appétits visuels et auditifs, de la désintoxiquer peu à peu en substituant le grand au colossal, la force à la violence, et de créer progressivement les bases premières d'une influence plus intime capable de lui faire prendre goût aux valeurs de l'Esprit.

Tel était le sens réel – mieux deviné par les Allemands que par bien des Français – d'une politique dite de prestige alors qu'elle était d'éducation, l'amorce nécessaire d'une œuvre de longue haleine...

Au demeurant, cette préparation lointaine s'harmonisait naturellement avec une attitude immédiate de fermeté.

La charge directe de l'administration des territoires occupés n'incombait pas à l'armée, mais au « Gouvernement militaire », constitué par un personnel militarisé autonome, nommé par un organisme central qui avait eu la charge de le recruter et de le préparer hâtivement à son rôle.

Rôle difficile et pour lequel nombre de ces administrateurs improvisés étaient peu qualifiés. En cette période de rodage, le partage n'était pas fait encore entre le bon grain et l'ivraie. La tâche de la section de mon état-major chargée de donner des directives aux gouverneurs militaires n'en était que plus délicate. Le colonel Carolet qui avait la responsabilité de commander cette section, constituée par le groupement des 2e et 5e bureaux, dut faire preuve d'une activité peu commune et d'un sens aigu des initiatives[1].

Pour tout dire, l'initiative était d'autant plus indispensable que les instructions gouvernementales étaient plus rares. En trois mois, malgré mes demandes, je n'en reçus ni sur la politique générale à suivre en Allemagne ni sur l'organisation à y réaliser.

Ce silence des autorités compétentes interdisait l'application de plans d'envergure qu'il eût pourtant été opportun de mettre en œuvre sans retard pour profiter de circonstances exceptionnelles. Du moins rendait-il plus indispensable encore la stricte exécution de mesures conservatoires. Sur ce plan, je crois que rien ne fut négligé.

---

1. Le colonel Carolet était efficacement secondé par le commandant Thomazo.

Calqué sur les circonscriptions administratives, le Gouvernement militaire était, en conséquence, articulé non pas selon les secteurs d'occupation impartis à nos grandes unités mais suivant les *Länder*. Le général Schwartz avait la charge du Wurtemberg, le général Morlière celle du pays de Bade, le général Boulay celle du Palatinat. Dans des conditions différentes adaptées au statut propre à l'Autriche, le général Dumas assurait le contrôle du Vorarlberg.

Mais l'armée elle-même ne restait pas inactive. Outre que nos neuf divisions[1] avaient reçu des zones de stationnement où, en accord avec les gouvernements militaires territoriaux, elles avaient mission de maintenir l'ordre, de multiples besognes lui incombaient.

Je ne parlerai que des plus importantes – celles qui comptaient le plus pour la France.

Les Allemands avaient transporté chez eux un butin énorme, prélevé dans nos usines et nos laboratoires : c'est une section technique spéciale de mon état-major, dite « section T » qui assuma la charge de récupérer non sans peine ce matériel dont la valeur se chiffrait par milliards.

Plus précieuse encore étaient la récupération du « matériel humain », le rapatriement des centaines de milliers de Français détenus de force à des titres divers par le Reich et présents dans notre zone. Dès les premiers jours de notre entrée en Allemagne, nous nous étions ingéniés à hâter leur retour et ce travail fut achevé, après la fin des hostilités, avec une vigueur accrue. Le plus souvent, il était simple et ne supposait que la réunion de moyens matériels. Mais il fallait aussi procéder à certaines discriminations, vérifier des identités. Ni la Sécurité militaire ni la prévôté ne chômèrent. Elles en furent récompensées par de multiples « découvertes » intéressantes.

Sur le territoire que nous occupions nous avions libéré les déportés de Vaihingen. Mais aucun des immenses camps de la mort n'y était installé. Pourtant, un soir, peu de jours après le 8 mai, on introduisit dans mon bureau un inconnu hâve et fiévreux, « évadé » de Dachau[2]. François Mauriac, qui était présent, doit s'en souvenir comme moi. Porteur d'un appel de quelques-uns de ses camarades, ce messager nous fit un hallucinant tableau du sort des concentrationnaires, délivrés certes du cauchemar nazi, mais soumis pour d'impérieux motifs sanitaires à la plus stricte

1. Aux vieilles divisions de l'armée : 1re et 5e DB, 2e DIM, 3e DIA, 4e DMM, 9e DIC et 14e DI sont venues s'adjoindre, en fin de campagne, la 1re et la 10e DI. Si l'on y ajoute la 1re DFL, la 27e DIA et la 2e DB que nous avions eues également dans nos rangs, on constate qu'à la fin de la guerre le nombre des grandes unités de l'armée française égalait celui des GU de l'armée de Terre britannique engagées dans la bataille d'Allemagne (12 divisions).

2. Dachau se trouve en Bavière, à 18 kilomètres de Munich et à 160 kilomètres de la limite entre les zones américaine et française.

des quarantaines et, de ce fait, toujours séparés du monde, presque sans soins, sans discipline et plongés dans un nouveau désespoir...

Rarement, j'entendis récit plus poignant. Toujours la révélation de l'horreur paraît d'abord incroyable. Hélas ! nous en savions assez déjà pour être sûrs que le plus saisissant des rapports restait inférieur à la réalité.

Comment s'abriter derrière l'existence de démarcations administratives pour se refuser à agir ? Sur l'heure, je décidais de prendre contact avec les autorités américaines pour obtenir d'elles le transfert en zone française de nos déportés. Et pour organiser l'accueil de ceux-ci, je choisis un officier général que je savais aussi actif qu'humain, le général Devinck, commandant l'artillerie de l'armée.

Ce qu'il fit en quelques jours tient du miracle et il n'est aucune réalisation « Rhin et Danube » qui nous ait laissé une plus légitime fierté.

Les Américains, auprès desquels j'avais dépêché le médecin lieutenant-colonel Worms, de mon cabinet, acceptèrent sans trop de difficultés de laisser partir de Dachau les Français transportables. Triés par les soins du colonel Lassus, commandant l'artillerie de la 2e DIM, détaché par Devinck au camp, 8 000 rescapés furent ainsi sortis de leur enfer et conduits sur les rives du lac de Constance, à Mainau et à Reichenau. Là, dans le calme, le confort et la beauté, les attendaient infirmières et médecins et, parmi ceux-ci, le lieutenant-colonel David, représentant le médecin général Melnotte, nouveau chef de notre service de santé, et le médecin lieutenant-colonel Kisler, de l'armée helvétique, délégué par la Croix-Rouge suisse[1].

Les plus valides, après un repos de quelques jours, furent rapatriés par trains suisses, la destruction des ponts de chemin de fer sur le Rhin interdisant encore les liaisons directes avec la France. Mais 2 000, plus gravement touchés, restèrent à Mainau, ou furent répartis dans les sanatoria de la Forêt-Noire, réquisitionnés pour leur réapprendre à vivre et à sourire.

La plupart toutefois ne pensaient qu'à abréger un séjour, pourtant infiniment salutaire, pour pouvoir plus tôt retrouver la tendresse de leur

---

1. J'hésite à nommer quelques-uns de ceux qui se dépensèrent avec une générosité admirable au chevet de nos déportés car nommer les uns, c'est être injuste envers les autres. Qu'il me soit pourtant permis de signaler dans cette phalange le professeur Lamy, le Dr Pinin et Mme Gauthier.

famille. Leur désir était trop naturel pour n'être pas exaucé... Il le fut en invitant leurs femmes et leurs enfants à venir les rejoindre.

Presque tous ces petits étaient eux-mêmes dans un état d'évidente déficience. Je donnai donc l'ordre de les garder ; et ce fut l'origine des colonies de vacances « Rhin et Danube ».

Bientôt, à la suite d'une visite du ministre de la Santé publique, M. Billoux, d'autres enfants de la banlieue parisienne rejoignirent ces premiers groupes. Et chaque régiment adopta un contingent de ces petits Français, émerveillés de ce séjour de rêve.

Ah ! quelle est belle la Victoire quand elle a ce visage fraternel !

« Rhin et Danube. » Lorsqu'on a eu l'insigne privilège de commander une telle armée et de la conduire jusqu'à son but final, on ne peut plus rien souhaiter. Mais puisque la vocation d'un soldat est de servir son pays tant qu'il en a la force, il peut nourrir l'espoir d'être appelé à servir là où il pense pouvoir le faire le plus utilement.

Mon espoir était de demeurer en Allemagne, au moins pendant le temps nécessaire pour poser les fondements de l'occupation dans la zone définitive fixée par accord entre les puissances, et pour jeter les jalons d'une action auprès de la jeunesse qui me paraissait alors – et me paraît toujours – la clef de l'avenir.

Mais, assez tôt, il parut probable que cette attente ne serait pas satisfaite.

Le 5 juin, je fus envoyé par le Gouvernement à Berlin où, pour la première fois, les quatre commandants en chef alliés se réunissaient pour inaugurer les travaux de la Commission de contrôle quadripartite et en signer l'acte d'organisation[1]. Mais, à l'heure même où se tenait la conférence, la radio française annonçait que ma mission avait un caractère essentiellement temporaire. Ce n'était point fait pour m'en faciliter l'exercice alors surtout que – déjà ! – un désaccord surgissait entre les délégations anglo-saxonne et soviétique. Je m'efforçai pourtant d'agir en sorte que notre pays n'eût pas à en souffrir. En tout cas, j'obtins, ce jour-là, de l'amitié du maréchal Joukov le rapatriement immédiat par avion

1. J'étais accompagné du général Koeltz, qui venait de prendre les fonctions de général adjoint au commandant en chef en Allemagne pour le Comité de coordination, de M. de Saint-Hardouin, conseiller politique, et de M. Jacques Rueff, conseiller économique.

ORDRE DU JOUR N° 10

OFFICIERS, SOUS-OFFICIERS,
CAPORAUX ET SOLDATS
DE LA PREMIERE ARMEE FRANÇAISE

Au cœur de l'Allemagne, au cœur de l'Autriche, la Première Armée Française victorieuse avait, dès le jour de la reddition de l'ennemi, réalisé ses espoirs et son destin.

Formée pour la guerre, elle cesse aujourd'hui d'exister.

En cette heure où je dois me séparer de vous, j'éprouve une grande émotion, une infinie tristesse.

A vous, mes Compagnons, auxquels j'ai tant demandé, et qui avez tant donné pour le salut de la France, de toute mon âme, je veux dire ma gratitude et mon affection.

L'Honneur et la Fierté de ma vie demeureront de vous avoir commandés : en Afrique, pendant l'ardente préparation au débarquement ; en France, dans les batailles de la Libération, notre mission sacrée ; sur le sol ennemi, jusqu'à l'écrasement des forces du mal.

Votre jeunesse et vos vertus ont redonné au Monde l'image de la France Indomptable.

Vous qui, venus d'Afrique ou d'Italie, avez débarqué avec moi, et vous F. F. I., combattants des maquis, volontaires pour renforcer l'Armée, tous, je vous unis dans mon cœur comme vous avez été réunis dans l'effort, la souffrance et la gloire.

Salut à nos Drapeaux et à nos Etendards ! Honneur à nos Morts !

Gardez intact en vos mémoires le souvenir de nos luttes, de nos victoires et de nos rangs fraternels. L'esprit « RHIN et DANUBE » survivra en chacun de vous et demain, pour vos devoirs nouveaux, vous serez encore, avec ferveur, les artisans intransigeants de la Grandeur Française.

P. C. LINDAU, le 27 juillet 1945.
Le Général d'Armée DE LATTRE DE TASSIGNY,
Commandant en Chef la Ire Armée Française.

J. DE LATTRE.

de plusieurs centaines de Français soignés dans des hôpitaux de la région berlinoise.

Le 14 juillet, Paris, le Paris de toujours, populaire et patriote, fit la connaissance de l'armée « Rhin et Danube » qu'il n'avait fait qu'entr'apercevoir le 18 juin. Et ce fut une lumineuse apothéose.

Dix jours plus tard, une communication officielle annonçait la dissolution de la 1re armée française, en même temps que la nomination du général Kœnig aux fonctions de commandant en chef français en Allemagne et celle du général Béthouart en Autriche.

L'heure était venue pour moi de quitter mes compagnons de guerre. Ensemble, nous avions réalisé nos espérances et notre destin.

Le 27 juillet, j'accueillis à Lindau mon successeur. Puis le 4 août, à Kehl, devant tous nos drapeaux rassemblés, je fis mes adieux à mon armée.

Elle avait été un moment de l'Histoire de France. Il n'était pas possible que tout en disparût.

À ces Soldats auxquels j'avais tant demandé et qui avaient tant donné pour le salut de notre patrie, il ne suffisait pas que je répète encore, de toute mon âme, ma gratitude et mon affection.

Car ils n'étaient pas le passé. Ils restaient la promesse de l'avenir.

Et c'est pourquoi mes derniers mots furent un acte de foi en leur jeunesse – un appel auquel leur fidélité n'a cessé de répondre et que, maintenant encore, en retraçant leur épopée, je n'ai rien voulu d'autre que relancer à tous :

> Gardez intact en vos mémoires le souvenir de nos luttes, de nos victoires et de nos rangs fraternels. L'esprit "Rhin et Danube" survivra en chacun de vous et demain, pour vos devoirs nouveaux, vous serez encore, avec ferveur, les artisans intransigeants de la Grandeur française.

REMERCIEMENTS

Lorsqu'en 1946, je conçus le projet d'écrire ce livre, j'avoue que je mesurais mal la somme de recherches, d'analyses des historiques des unités françaises et américaines, de dépouillement d'archives allemandes, de confrontations de souvenirs, de vérifications de toutes sortes qu'imposerait sa rédaction.

Jamais, je n'aurais pu mener à bien, avec la précision nécessaire, ce travail de documentation minutieuse et objective sans le concours de mes collaborateurs de la guerre.

Qu'il me soit donc permis de remplir un agréable devoir en exprimant mon affectueuse reconnaissance à mes anciens chefs et sous-chefs d'état-major, les généraux de Hesdin, Carpentier, Valluy, de Linarès et Demetz et à mes anciens chefs de cabinet, le colonel Jean Olié, les commandants Ludovic Tron et René Bondoux.

D'une façon toute spéciale, je tiens à remercier les officiers qui apportèrent un soin scrupuleux à établir le rapport d'opérations de la 1re armée française, l'équipe des « bénédictins » de mon 3e bureau, les colonels de la Boisse, de Camas et Jay auxquels j'associe dans ma gratitude le colonel Allard, ancien chef de mon 4e bureau, et le commandant François Valentin, mon fidèle compagnon et ami depuis la campagne de 1939-1940.

J. L. T.

ANNEXE I

ÉTAT-MAJOR
DE LA DÉFENSE NATIONALE

Alger, le 25 avril 1944.

Le Chef d'état-major.

Mon cher général Gammell,

Je vous remercie de votre lettre du 22 avril concernant la nomination du général d'Armée de Lattre de Tassigny.

En ce qui concerne la participation d'une Armée française aux opérations sur le territoire français, une conférence a été tenue le 27 décembre 1943 chez le général de Gaulle, avec la participation de M. Edwin C. Wilson, ambassadeur des États-Unis, de M. Harold Mac Millan, ministre résident britannique et du chef d'état-major du Commandant en Chef allié.

À la suite de cette conférence, M. Edwin C. Wilson, en réponse à une lettre du 20 décembre du commissaire aux Affaires étrangères, a écrit le 31 décembre 1943 à M. Massigli :

« Les paragraphes 2, 3 et 4 traitent d'arrangements relatifs au théâtre d'opérations de la Méditerranée. Je suis heureux de vous informer qu'après consultation avec le général Eisenhower, qui est pleinement d'accord, je suis en mesure d'accepter ces paragraphes qui exposent exactement l'accord réalisé à notre réunion. »

Or le paragraphe 2 de cette lettre visé ci-dessus s'exprime ainsi :

« 2° Au cours de la même conférence, le général W. B. Smith a fait connaître que les plans des *Combined Chiefs of Staff* prévoient la participation aux prochaines opérations en territoire français de toutes les forces françaises, terrestres et aériennes, rééquipées en matériel américain ainsi que de toutes les forces françaises aériennes rééquipées en matériel britannique qui, le moment venu, se trouveront disponibles eu égard à d'autres opérations en cours.

« La plus grande partie de ces forces serait employée sous forme d'une Armée française dans une opération dont le général W. B. Smith a indiqué les conditions générales et le lieu approximatif. »

L'accord du général Eisenhower a donc réglé définitivement la question de la participation d'une Armée française à l'opération ANVIL et c'est en fonction de cet accord que le général d'Armée de Lattre de Tassigny a été nommé par le Comité français de la Libération nationale au commandement de l'Armée française qui opérera en France en partant du littoral méditerranéen et qui a reçu le nom d'Armée « B ».

Le commandement des troupes françaises stationnées en Corse a fait l'objet, en effet, de la lettre du 10 décembre 1943, n° S. 38, intitulée *Command and administration in Corsica.*

En ce qui concerne les questions strictes de commandement, la lettre du 10 décembre s'exprime ainsi :

« *a*) L'A. F. H. Q. acheminera les communications avec le commandant français en Corse par le canal du haut commandement français et *vice versa.* En cas de nécessité d'opération urgente, les communications pourront être transmises directement par l'A. F. H. Q., auquel cas le haut commandement français sera tenu au courant...

....

« *c*) Pour toutes les autres questions, le haut commandement français ne donnera des instructions au Commandant français en Corse qu'après accord du Commandant en Chef Allié. »

Jusqu'à ce jour les communications passaient par le général Giraud et les accords étaient négociés avec lui.

Le général Giraud partant, il fallait définir l'autorité qui avait le pouvoir de recevoir les communications et de passer les accords au nom du haut commandement français.

Le général de Gaulle, président du Comité de Défense nationale et chef des Armées a désigné le général d'Armée de Lattre de Tassigny et l'a accrédité dans ce but auprès du Général Commandant en Chef Allié.

....

Signé : Général BÉTHOUART.

ANNEXE II

ARMÉE « B »

ÉTAT-MAJOR

Le 6 août 1944.

3e *Bureau.* **ULTRA SECRET**

n° 76/3 OPAN.

INSTRUCTION PERSONNELLE ET SECRÈTE n° 1 *SUR L'OPÉRATION « DRAGOON »*

I. – BUT DE L'OPÉRATION :

L'opération DRAGOON a pour but :

– d'établir une tête de pont à l'est de *Toulon* et de s'en servir comme base pour conquérir *Toulon*,

– de prendre *Marseille* et d'exploiter en direction de *Lyon* et de *Vichy*.

Cette opération est confiée à la « Force 163 », aux ordres du général commandant la 7e Armée U. S., comprenant :

– Le 6e Corps d'Armée U. S. à trois D. I., renforcé par des troupes spéciales et aéroportées,

– l'Armée française à cinq D. I. et deux D. B., renforcée d'éléments non endivisionnés.

Elle bénéficiera d'appuis de la Flotte et de l'Aviation.

II. – Mission générale de la 7e Armée U. S. :

1° Débarquer le jour D, à l'heure H, sur les plages s'étendant entre le cap *Cavalaire* et *Agay* ;

2° Établir une tête de pont à l'est de *Toulon* (« ligne bleue »[1] – voir calque) et s'en servir comme base pour l'attaque de *Toulon* ;

3° S'emparer de *Toulon* ;

4° S'emparer de *Marseille* et exploiter en direction de *Lyon* et de *Vichy*.

L'assaut (débarquement de vive force) est exécuté par le 6e C. A. américain, renforcé par un C. C. de la 1re D. B. française, le gros des troupes françaises débarquant derrière les unités d'assaut, une fois les plages nettoyées.

Cet assaut initial est précédé, dans la nuit de D – 1 à D[2], par :

– le parachutage et le débarquement d'une division aéroportée sur les hauteurs au nord et à l'est de *Le Muy* et sur les hauteurs nord de *Grimaud*,

– le débarquement du groupe de Commandos français dans la région du cap *Nègre*,

– le débarquement de troupes spéciales américaines (S. S. F.) sur les îles de *Port-Cros* et du *Levant*.

III. – Mission donnée a l'Armée française. (Extrait du Plan Anvil n° 1065, en date du 13 juillet 1944) :

a) Débarquer sur les plages de la zone *Saint-Tropez*, *Cavalaire* les Grandes Unités suivantes à leur arrivée dans la zone de transport, le jour D + 1 :

– 1re D. M. I.,

– 3e D. I. A. (moins un R. C. T.),

– 1re D. B. (moins deux C. C., dont un débarque avec le 6e C. A. U. S.) ;

1. La ligne bleue est jalonnée par *Théoule, Bagnols-en-Forêt, Trans-en-Provence, Le Cannet des Maures, Collobrières, cap de Léoube.*

2. D : abréviation du mot *Day* : Jour.

b) Faire passer ces divisions à travers la gauche du 6ᵉ C. A. U. S., dans la zone *La Londe, Collobrières* ;

c) Prendre *Toulon* ;

d) Au jour D + 9, avoir débarqué dans la zone *Le Lavandou, Hyères* la 9ᵉ D. I. C. et deux Groupes de Tabors qui lui sont rattachés[1] – une moitié le jour D + 5, une moitié le jour D + 9 – suivant les engins de débarquement disponibles après l'assaut. Le choix exact des plages de débarquement dépendra de la progression des forces d'assaut en direction de l'ouest et de l'ouverture de nouvelles plages ;

e) Avoir débarqué au jour D + 25 le reste et la 1ʳᵉ D. B. ;

f) Après la prise de *Toulon*, être prêt à continuer l'attaque en direction de *Marseille* et du nord-ouest, en maintenant le contact avec le 6ᵉ C. A. U. S. sur la droite.

LIMITE INITIALE ENTRE L'ARMÉE FRANÇAISE ET LE 6ᴱ C. A. U. S.

Collobrières (à l'Armée française), *Carnoules* (au 6ᵉ C. A. U. S.), *Forcalqueiret* (à l'Armée française), *Tourves* (au 6ᵉ C. A. U. S.) ; la route *Carnoules, Sainte-Anasthasie, Forcalqueiret, Brignolles* étant dans la zone du 6ᵉ C. A. U. S.

IV. – ENNEMI. (Situation connue le 1ᵉʳ août 1944) :

Dans la situation présente, la défense dont les points forts sont *Marseille* et surtout *Toulon*, est caractérisée par :

– un système côtier solide, à base d'organisations permanentes renforcées d'organisations de campagne, doté d'obstacles antipersonnels et antichars continus et battus par le feu, défendu par une artillerie nombreuse et puissante, et sur les arrières duquel les vallées de pénétration sont barrées par des organisations formant « bouchons » mais non reliées entre elles,

– des réserves tactiques immédiatement disponibles,

– des réserves stratégiques à possibilités limitées.

Outre les formations statiques de la défense du littoral, les secteurs côtiers sont tenus par :

– des éléments de la 148ᵉ D. I. grossis de contingents italiens, de *Menton* à *Saint-Raphaël*,

1. Pour le transport par mer.

– La 242e D. I. de *Saint-Raphaël* à *Bandol*,

– la 244e D. I. de *Bandol* à *Port-de-Bouc*,

ces deux dernières divisions étant renforcées en infanterie (fusiliers marins et *Ostlegion*) et en artillerie (de campagne, côtière et de D. C. A.).

En raison de ces renforcements et malgré l'étendue des fronts maritimes les réserves tactiques de chaque Grande Unité s'élèvent à plus de la moitié des moyens.

Les possibilités initiales d'intervention des réserves stratégiques au nord et à l'ouest de *Toulon* sont les suivantes :

– une *Panzer-Division* (9e) à partir de D + 1,

– la valeur d'une division à partir de D + 3,

– la valeur d'une autre division à partir de D + 5, D + 6,

– la valeur d'un *Panzerkampfgrupp* de la 2e *Panzer-Division* à partir de D + 6.

Il ne semble pas que l'ennemi puisse empêcher le débarquement initial étant donné l'importance des moyens navals et aériens mis en œuvre.

Mais il peut tenter de colmater les brèches réalisées dans sa défense et, s'il y réussit, il peut essayer de rejeter à la mer tout ou partie des éléments débarqués.

Par ailleurs, la possibilité d'un repli profond, entrant dans le cadre de la situation générale de la *Wehrmacht*, ne doit pas être écartée.

V. – Idée de manœuvre générale :

1° Agissant sur la direction générale *Cavalaire, Le Beausset, Avignon*, et partant de la tête de pont créée par le 6e C. A. U. S., s'emparer de *Toulon*.

Conquérir ensuite *Marseille*.

Puis marcher sur le *Rhône d'Avignon* et les débouchés nord de la *Durance*, en vue d'exploiter sur les directions de *Lyon et Vichy* ;

2° *Au cours de l'action sur Toulon* :

a) Pousser rapidement vers l'ouest, sur la direction *Cavalaire, Solliès, Le Beausset* et s'éclairer au plus loin en vue d'exploiter hardiment toute occasion favorable ;

b) *Chercher toujours à s'élever vers le nord* :

– pour se couvrir aussi loin que possible, en liaison d'ailleurs avec le 6e C. A. U. S.,

– avec le souci constant de déborder par les hauts du terrain les résistances côtières, cherchant sans cesse par la manœuvre à alléger au maximum les efforts des attaques frontales au profit desquelles l'aviation et la puissante artillerie des Flottes en mer devront donner tout leur appui.

L'amplitude de ces manœuvres de débordement devra toujours tendre à être telle qu'elle puisse aboutir à l'encerclement chaque fois que possible ;

c) Se couvrir:

– *au nord*, en liaison avec le 6e C. A. U. S., sur l'axe *Carnoules-Aix-en Provence*,

– *à l'ouest*, par des Unités blindées et motorisées, agissant sur les itinéraires conduisant vers les débouchés ouest de la *Sainte-Baume*, et dont l'action sera, autant que possible, précédée par un débarquement de forces parachutées.

Cette couverture permettra d'accrocher la manœuvre pour la prise à revers de *Toulon* et préparera la progression ultérieure vers *Marseille*.

VI. – CONCEPTION DE LA MANŒUVRE POUR TOULON :

1° La manœuvre et le rythme de l'opération contre *Toulon* seront fonction des réactions de l'ennemi au contact, des renseignements sur les mouvements de ses réserves et de la situation du 6e C. A. U. S. ;

2° Mises à terre à partir de D + 1 sur les plages de *Saint-Tropez* et de *Cavalaire* (éventuellement sur des plages plus à l'ouest), et rassemblées dans les régions ouest et sud de *Cogolin*, les premières unités débarquées seront dès que possible articulées en deux groupements de forces destinés :

– l'un à manœuvrer par la zone montagneuse des *Maures* et du massif nord de *Toulon*, pour déborder constamment par le nord les résistances du front côtier,

l'autre à progresser le long du littoral pour attaquer de face ces résistances.

Suivant que la décision de manœuvre orientera l'effort par la montagne ou par le littoral, les réserves initiales de l'Armée renforceront le premier ou le deuxième de ces groupements ;

3° L'Armée française franchira la ligne atteinte par la gauche du 6e C. A. américain (3e D. I. U. S.) pour sortir au plus vite du massif forestier des *Maures*, occuper les hauteurs ouest du *Réal-Martin* et amorcer le débordement d'*Hyères* par le mont *Redon*.

Le dépassement du 6e C. A. U. S. est, en principe, subordonné à la conquête de la ligne bleue par cette Grande Unité.

La réduction de l'ensemble *Hyères-Giens* et la pénétration dans le massif nord de *Toulon* semblent devoir constituer les préliminaires de cette bataille.

L'attaque d'*Hyères-Giens* sera donc montée en agissant par les hauteurs nord de cet ensemble, et le débordement de *Toulon* simultanément amorcé en portant immédiatement un détachement de montagne sur les hauteurs nord et ouest de *Solliès*.

L'attaque de *Toulon* pourra comprendre deux action combinées :

– l'une frontale sur la direction *La Crau-La Garde*,

– l'autre constituée par le développement d'une manœuvre de débordement issue des premières actions dans la région de *Solliès*, et s'élargissant jusqu'à la route *Signes-Chibron-Le Beausset* pour aboutir à l'encerclement de *Toulon* par les hauteurs dominant à l'ouest le ravin de *Dardennes*.

L'effort se portera sur l'une ou l'autre de ces deux actions, en fonction de la situation.

Toulon conquis, le port sera mis à l'abri des réactions ennemies, en particulier des tirs d'artillerie, par l'occupation de la région *Le Beausset-Bandol* ;

4° *La couverture sera assurée* :

– *au nord* : en liaison avec le 6e C. A. U. S. sur l'axe *Carnoules*, *Tourves*, *Pourcieux*, *Aix*, en vue d'interdire l'arrivée de renforts ennemis par les différents itinéraires convergeant de la route nationale n° 7 vers le couloir *Cuers-Pierrefeu*,

– *à l'ouest* : en direction éloignée de *Marseille* si possible par des troupes aéroportées, débarquées dans la région camp de *Chibron-Le Beausset* et renforcées au plus tôt par des éléments blindés et motorisés.

Dans l'un et l'autre cas, cette couverture ouest sera prolongée par des actions d'aviation et d'artillerie navale. Par ailleurs, elle tendra à s'assurer au plus tôt les débouchés ouest de la *Sainte-Baume* vers *Saint-Zacharie*, vers *Gémenos* et vers *La Ciotat*.

VII. – RÉPARTITION DES FORCES ET MISSIONS INITIALES :

1° *Un Groupement Sud*, sur la direction *La Mole, La Londe, Hyères, Toulon*.

Composition : 1re D. M. I.,

8e R. C. A.,

1/101e Génie.

Mission : Déboucher des *Maures* dans la région nord d'*Hyères*, Manœuvrer pour la conquête de l'ensemble *Hyères Giens*,

Se porter sur la direction *La Crau-La Garde*, en vue de participer à l'attaque de *Toulon* par l'est.

Ce groupement bénéficiera en particulier de tout l'appui des feux puissants de l'artillerie navale dont l'efficacité peut s'étendre jusqu'au parallèle de *La Farlède* et du *Beausset*;

2° *Un Groupement Nord* – sur la direction *Collobrières, Cuers, Signes.* *Composition* : 3e D. I. A.,

Groupement de Tabors Guillaume.

7e R. C. A.,

2/101e Génie.

Mission : Déboucher des *Maures* dans la région de *Pierrefeu* sur les directions de *Cuers* et *Solliès*,

Pénétrer dans le massif nord de *Toulon* en vue de :

a) déborder la place par les hauts du terrain et se mettre en mesure de s'emparer dès que possible des ouvrages du front Nord ;

b) élargir sans cesse cette manœuvre de débordement jusqu'à la route *Signes-Chibron-Le Beausset* pour aboutir à l'encerclement par les hauteurs du mont *Caumes* et du *Croupatier* et les faubourgs ouest de la ville

Si le Groupement Nord était appelé à agir au profit du Groupement Sud avec une partie de ses forces, il devrait tout mettre en œuvre pour amorcer néanmoins le débordement de *Toulon* par le nord ;

3° *Les éléments débarqués de la 9e D. I. C. et du R. C. C. C.* renforceront le Groupement Sud ou le Groupement Nord, suivant que l'effort se fera le long du littoral ou, plus avantageusement par les hauts du terrain.

Le général de C. A. de Larminat sera chargé de coordonner l'action des forces constituant le groupement principal ;

4° *Un élément de reconnaissance :* le 2e R. S. A., éventuellement renforcé d'éléments blindés et motorisés

Mission : Éclairer et reconnaître vers *Aix* et *Aubagne*, dans la zone limitée.

– au sud : par l'itinéraire inclus *Solliès, Signes, Cuges, Aubagne*,

– au nord : par l'itinéraire *Puget-Ville, Forcalqueiret, La Roquebrussane, Saint-Maximin* ;

5° 1re *D. B.*

a) Combat Command n° 2. Être en mesure :

– soit de s'opposer sur l'axe *Carnoules-Aix* à toute action ennemie venant du nord et du nord-ouest vers la trouée *Cuers, Pierrefeu*,

– soit d'intervenir :

au profit du Groupement Nord :

– dans la région *Cuers, Solliès*,

– ou sur la direction *Méounes, Signes, Chibron au profit du Groupement Sud*, dans la région nord-ouest d'*Hyères*.

b) Combat Command n° 1, quand il sera remis à la disposition de l'Armée française, *se tenir prêt :*

– soit à prendre à son compte la couverture nord en liaison avec le 6e C. A. U. S., en interdisant les itinéraires menant de la route nationale n° 7 vers le sud,

– soit à renforcer la possibilité d'extension de la manœuvre de débordement de *Toulon*, sur les directions successives :

Méounes, camp de Chibron.

Camp de Chibron, Le Beausset.

6° *Un Groupement d'Artillerie d'Armée.*

Composition : 1/R. A. C. L. (155 L.),

3/65e R. A. A. (155 C.),

ultérieurement, le 2/65e R. A. A. (155 G. P. F.).

Mission : Pouvoir agir en totalité au profit du Groupement Sud en vue de contrebattre par priorité l'artillerie de la défense côtière ennemie, en liaison avec les Flottes alliées,

Être en mesure d'appuyer avec un de ses groupes l'action du Groupement Nord, à partir du débouché à l'ouest des *Maures* ;

7° *Génie.*

Les Bataillons du Génie mis initialement à la disposition des Groupements Nord et Sud, auront pour mission principale de rétablir les communications sur les itinéraires de marche de leurs groupements respectifs ;

8° *Réserves d'Armée.*

– Le Groupe de Commandos, après accomplissement de sa mission initiale,

– le Bataillon de Choc, dès son débarquement,

– le 2/8e R. T. S. (pionniers),

– un Bataillon du 18e R. T. S., prêt à relever les garnisons des îles de *Port-Cros* et du *Levant.*

En résumé, si le débouché vers *Avignon* pour exploiter sur les directions de *Lyon* et de *Vichy* constitue l'objectif lointain de l'Armée française, son objectif immédiat est *Toulon*, dont la conquête est indispensable au développement ultérieur des opérations.

En présence d'un ennemi organisé de longue date sur un terrain propice à la défense, une coordination parfaite des actions terrestres, navales et aériennes sera nécessaire pour concentrer le maximum de feux sur les organisations côtières, et alléger ainsi les efforts des attaques frontales.

Mais la vitesse sera, avant tout, le facteur essentiel du succès : vitesse dans la recherche constante du débordement par les hauts du terrain, vitesse dans l'exploitation hardie de toute occasion favorable à l'évolution rapide de la manœuvre.

Le général d'Armée de Lattre de Tassigny
commandant l'Armée française

Signé : J. DE LATTRE.

ANNEXE III

ARMÉE « B »

ÉTAT-MAJOR. P. C., le 22 août 1944.

3e *Bureau*

N° 179/3-OPAN.

ORDRE DU GÉNÉRAL COMMANDANT L'ARMÉE

1° Le général Sudre organisera sans délai un détachement d'éléments légers prélevés sur le C. C. 1, sous les ordres du commandant de Laprade avec mission :

a) se porter avant la nuit dans la région de *Gardanne*,

b) relever, le matin du 23, les éléments de la 3e D. I. U. S. dans le triangle : *Les Milles-L'Aqueduc-Le Relai du Realtor.*

Priorité : l'Aqueduc, avec le souci de le préserver à tout prix.

2° Ultérieurement, le général du Vigier articulera l'ensemble C. C. 1, C. C. 2, 2e R. S. A. dans la zone entre Aix et l'étang de *Berre*, en vue :

a) d'y relever tous éléments américains à l'*ouest* de la route *Marseille-Aix-Avignon*,

b) d'assurer toutes missions de gardiennage, d'éclairage, de couverture qui lui seront indiquées,

c) de préparer la marche de l'Armée sur le *Rhône d'Avignon.*

Signé : J. DE LATTRE.

Destinataires :
Général de C. A. de Larminat.
Général commandant la 1re D. B.
Général commandant le C. C. 1.

ANNEXE IV

ARMÉE « B »

ÉTAT-MAJOR

P. C., le 17 septembre 1944.

3e *Bureau.*

N° 577/3 TS.

INSTRUCTION PERSONNELLE ET SECRÈTE n° 2

I. – SITUATION GÉNÉRALE.

L'ennemi raidit de plus en plus fortement sa résistance sur la trouée de *Belfort* dont la défense s'organise avec des troupes fraîches, et il paraît vouloir s'accrocher aux cols des *Vosges.*

L'Armée française a pour mission de pénétrer en *Haute-Alsace* par la trouée de *Belfort,* tandis que la 7e Armée U. S. progressant vers le nord-est doit déboucher en *Basse-Alsace* par la vallée de la *Bruche* et le col de *Saverne.*

II. – INTENTIONS DU GÉNÉRAL COMMANDANT L'ARMÉE.

Pénétrer au plus tôt en *Haute-Alsace « en évitant, s'il est encore possible l'attaque de vive force du camp retranché de* Belfort », et, au cas où le degré de résistance ennemie ne le permettrait plus, préparer au moins la réduction de la Place par le débordement nord et sud de la défense.

Dans ce but, tout en se couvrant face à *Belfort*:

1° Au sud, chercher à atteindre *Mulhouse* par *Delle* tout en réalisant au minimum le débordement de la Place par rupture du dispositif au sud du *Doubs*;

2° Au nord, chercher à atteindre *Cernay* et *Mulhouse* par les routes de *Bussang,* du *Ballon d'Alsace* et de *Giromagny* et en cas d'impossibilité, réaliser au minimum le débordement immédiat de la Place par *Giromagny* et *Etueffont.*

III. – Dispositif.

1° *Au sud.*

– le 1er C. A. comprenant : la 3e D. I. A., la 9e D. I. C.,

– le 3e Groupe de Tabors (ultérieurement les deux autres groupes) ;

2° *Au nord.*

– le 2e C. A. comprenant : la 1re D. B., la 1re D. M. I., la 2e D. I. M. (initialement réduite à un R. C. T. qui sera poussé à partir du 20 septembre dans la région de *Marchaux*, point de première destination) ;

3° *Réserves d'Armée.*

– le 2e Régiment de Dragons disposés initialement

– le Groupe de Commandosdans la région

– le Bataillon de Chocde *Besançon.*

– initialement, le 1er Régiment de Chasseurs Parachutistes.

IV. – Limites.

1° *Entre l'Armée française et la 7e Armée U. S.*

– *Lure, Le Thillot* (itinéraire commun),

– *Géradmer, Sélestat* (à la 7e Armée U. S.) ;

2° *Entre le 1er et le 2e C. A. français.*

– le *Doubs* de l'*Isle-sur-le-Doubs* à *Montbéliard* (au 1er C. A.), *Héricourt* (au 2e C. A.),

– la route nationale n° 83 (au 2e C. A.).

V. – Missions.

1° 1er C. A.

Dès que les moyens en place le permettront, le 1er C. A. agissant sur la direction de *Pont-de-Roide-Delle-Altkirch* et ayant sa gauche assurée dans la région de l'*Isle-sur-le-Doubs* par la 1re D. M. I. après relève de la 45e D. I. U. S. :

– manœuvrera, *avec une large participation d'artillerie* sur le plateau parsemé de bois jusqu'aux hauteurs qui dominent l'*Allaine* s'efforçant de créer des fissures dans le dispositif ennemi, le rompra et prendra *Delle*,

– cet objectif atteint, profitera de toute occasion favorable pour pousser hardiment sur *Mulhouse*, tout en élargissant son action à l'est et au sud d'*Altkirch.*

Il couvrira sa manœuvre sur la gauche d'abord en se gardant sur le *Doubs* en amont de *Voujeaucourt*, puis en constituant une tête de pont au-delà du *Doubs* dans la région de *Sochaux* et *Montbéliard*, enfin en neutralisant les défenses sud et sud-est du camp retranché de *Belfort* ;

2° 2e C. A.

Après avoir relevé la 45e D. I. U. S. par la 1re D. M. I. et dépassé la 3e D. I. U. S. avec la 1re D. B., le 2e C. A. *se mettra en mesure de déboucher* du front l'*Isle-sur-le-Doubs-Lure.*

Par sa droite, il se portera à hauteur de la tête de pont établie par le 1er C. A. dans la région de *Montbéliard* et s'établira au *nord d'Héricourt* pour prendre le contact des défenses ouest du camp retranché de *Belfort.*

Se couvrant ainsi sur la droite et, en liaison avec la manœuvre du 1er C. A., il s'efforcera de déborder la Place par le nord sur la direction *Champagney-Giromagny-Rougemont* et d'atteindre le *Ballon d'Alsace* poussant sans délai ses reconnaissances sur le col de *Bussang* qu'il cherchera à atteindre par *Le Thillot* et par le *Ballon d'Alsace.*

Suivant les possibilités, il portera son effort :

– soit par *Giromagny* en vue d'atteindre la région *Etueffont-Rougemont* et réaliser le débordement immédiat,

– soit, plus avantageusement, par les cols du *Ballon* et de *Bussang* en vue de s'assurer les débouchés en *Alsace* par les vallées de *Masevaux* et de *Saint-Amarin*, visant l'objectif de *Cernay* qui ouvre la route de *Mulhouse* et celle de *Colmar.*

La manœuvre du 2e C. A. sera appuyée par le Régiment de Parachutistes dont le largage est prévu dans la région de *Cernay-Thann.*

Les détails de cette action ont fait l'objet de l'Ordre Particulier n° 51.

VI. – ARTILLERIE. – *Répartition de l'Artillerie d'Armée.*

– au 1er C. A. :

– l'É.-M. de la 13e Brigade d'Artillerie U. S.,

– l'É.-M. du Groupement n° 3,

– le I/65e R. A. A. – 155 C.,

– le II/65e R. A. A. – 155 G. P. F.,

– le II/66e R. A. A. – 155 G. P. F.,

– l'É.-M. du Groupement n° 1,

– le I/R. A. C. L. – 155 L.,

– le 630e Bataillon d'Artillerie U. S. (203 mm.),

– le 1er *Field Observation Btn U. S.*,

– provisoirement, le 101e Groupe d'Observation d'Artillerie.

– *au* 2e *C. A.* :
– le II/R. A. C. L.

VII. – F. T. A.
Font l'objet d'un ordre particulier.

VIII. – Génie.
1° *Répartition des Unités du Génie dans les Corps d'Armée.*
1er C. A. : 152e Régiment du Génie.
2e C. A. : 151e Régiment du Génie.
2° *Mission des Unités du Génie restant aux ordres de l'Armée.*
a) 17e, 101e *Régiments* et 180e *Bataillon du Génie* :
– remise en état des communications routières et ferrées dans la zone de l'Armée jusqu'à la limite arrière des Corps d'Armée,
– achèvement du déblaiement et remise en état de la communication fluviale *Rhône, Saône*, canal du *Rhône au Rhin*,
– remise en état et aménagement de la communication ferrée *Dijon-Dole*.
b) 211e *Bataillon de ponts lourds* : préparation à sa mission ultérieure de franchissement du *Rhin*.

IX. – Liaison et Transmission.
a) *P. C. initiaux.*
– Armée : *Besançon*,
– 1er C. A. : *Morteau*,
– 2e C. A. : *Rougemont* (12 km nord de *Baume-les-Dames*).
b) *Axes de transmissions.*
– 1er *C. A.* : *Morteau-Saint-Hyppolyte*,
– 2e *C. A.* : *Rougemont-Lure.*
X. – Limite arrière de la zone des Corps d'Armée.
Route *Morteau-Les Fins-Orchamps-Loray-Vercel-Baume-les-Dames* (à l'Armée).
Route *Baume-les-Dames-Roulans-Chaudefontaine-Moncey* (au 2e C. A.).
La route nationale n° 57 de *Besançon* à *Vesoul* devant être laissée à la disposition du 6e C. A. U. S. ne pourra être utilisée qu'après accord de l'Armée.

Le général d'Armée de Lattre de Tassigny commandant la 1re Armée française.

Signé : J. DE LATTRE.

ANNEXE V

Extrait du journal de marche tenu au 3e bureau de l'État-major de la 1re armée française

23 *septembre* 1944.

....

En raison de la situation au nord de *Belfort* et face aux *Hautes-Vosges*, où l'ennemi semble disposer de moins de forces et d'organisations moins solides que dans la trouée de *Belfort* proprement dite, le général commandant le 6e C. A. U. S. décide, sans attendre le déclenchement de l'attaque de l'Armée française (lequel ne pourra avoir lieu qu'à partir du 28 septembre au plus tôt, ce délai étant nécessaire à la mise en place des munitions et du carburant), de monter une opération locale ayant pour but :

– de rompre le dispositif avancé ennemi qui couvre *Belfort* au nord et au nord-ouest,

– en cas de succès, de s'assurer aussitôt après la maîtrise des cols des *Vosges* en direction de la *Haute-Alsace*.

Pour cette opération, le général commandant le 6e C. A. U. S. demande l'appui et la participation de l'aile gauche du 2e C. A. français. Le général de Lattre de Tassigny commandant la 1re Armée française donne son accord à cette participation qui portera sur :

– un *Combat Command* de la 1re D. B. engagé sur l'axe *Mélisey-Le Thillot*,

– un R. C. T. de la 1re D. M. I., chargé de s'emparer de *Lyoffans* et, en cas de succès de la 1re D. B., d'exploiter en direction de *Champagney.*

Les ordres découlant de cet accord ont fait l'objet d'instructions verbales.

De plus, le général commandant l'Armée fait hâter la mise en place des renforts et des moyens nécessaires au 2e C. A. pour l'opération envisagée qui doit avoir lieu le 25 septembre matin (un groupe lourd du R. C. C. L. et un groupe lourd américain prélevés sur le 1er C. A., essence et munitions prélevées sur les dépôts constitués à l'intention du 1er C. A.).

ANNEXE VI

1re ARMÉE FRANÇAISE

ÉTAT-MAJOR — P. C., le 24 octobre 1944.

3e *Bureau.*

N° 4/OP.3

INSTRUCTION PERSONNELLE ET SECRÈTE n° 4 pour le Général commandant le 1er Corps d'Armée.

I. – Malgré d'incontestables succès locaux, la manœuvre déclenchée le 25 septembre par le 2e Corps d'Armée dans les *Vosges*, ne nous a pas permis de déboucher en plaine d'*Alsace* dans les délais escomptés.

L'extension progressive de notre zone d'action vers le nord a provoqué un étirement considérable de la gauche de notre dispositif et, par voie de conséquence, un affaiblissement constant des moyens qui avaient été réunis pour agir en profondeur dans les *Vosges*.

L'ennemi nous a opposé une résistance acharnée, se renforçant d'une façon continue, notamment par des prélèvements effectués devant le front du 1er Corps d'Armée.

II. – Le général commandant la 1re Armée décide, en conséquence, de suspendre les opérations offensives du 2e Corps d'Armée dans les *Vosges*, tout en conservant une attitude agressive pour fixer les réserves de l'adversaire.

Son intention est de profiter du déplacement de centre de gravité des forces ennemies du sud vers le nord, *pour préparer dans le plus grand secret* et *déclencher par surprise* une attaque dans le secteur du *Doubs* ayant pour objet immédiat de soustraire à l'occupation allemande les populations de la région industrielle de *Montbéliard-Sochaux* et de raccourcir notablement le front de l'Armée.

Au cas où, ces résultats acquis, une exploitation du succès apparaîtrait possible, elle serait entreprise sans délai en vue de s'emparer des débouchés est de la trouée de *Belfort* dans la région de *Valdieu-Dannemarie*.

La réduction des défenses de la place de *Belfort* serait entreprise simultanément.

L'opération envisagée est confiée au général commandant le 1er Corps d'Armée disposant des moyens supplémentaires énumérés au paragraphe 5.

III. – *Le 1er Corps d'Armée a pour mission* :

a) De rompre le dispositif ennemi entre la boucle du *Doubs* et les forêts de *Granges* et de *Saulnot*, et d'atteindre la *Lisaine*.

b) Conjuguant cette action principale avec une action secondaire entre *Doubs* et frontière suisse, de s'emparer de l'agglomération de *Montbéliard-Sochaux* et des hauteurs dominant la vallée de l'*Allaine* au sud de *Morvillars* et de *Delle* ;

c) Éventuellement, dans le cas d'une évolution favorable de la situation :

– d'exploiter sur la direction *Montbéliard-Montreux-Dannemarie*, en vue d'atteindre la ligne générale *Rougemont-Dannemarie-Seppois*,

– de réduire simultanément les défenses de *Belfort* après les avoir débordées.

Il se couvrira *au nord* en nettoyant la région forestière qui s'étend à la gauche de son dispositif, en liaison avec le 2e Corps d'Armée dont la droite s'efforcera de faire sentir son action sur l'axe *Ronchamp-Réservoir du canal-Rougemont.*

La bataille sera conduite avec le souci constant de ménager l'*infanterie* et les *éléments blindés.*

Les attaques d'infanterie devront être menées sur des fronts correspondant à la capacité de combat des unités, préparées et appuyées par des actions d'artillerie aussi massives et aussi denses que possible.

Le général commandant le 1er Corps d'Armée évitera d'engager directement dans le combat les jeunes recrues françaises de la 9e D. I. C.

IV. – *La mission du 2e Corps d'Armée* en ce qui concerne sa participation à l'opération du 1er Corps d'Armée, fera l'objet de directives particulières.

V. – *Le* 1er *Corps d'Armée* disposera pour l'opération, des moyens *supplémentaires suivants* :

a) *Grandes Unités* :

– la 5e Division Blindée,

– un *Combat Command* de la 1re Division Blindée,

– un R. C. T. de la 4e D. M. M. (moins la compagnie du Génie).

b) *Éléments de Réserves générales* :

Infanterie : le 1er Groupement de Tabors marocains,

le Groupement Gambiez (Bataillon de Choc, Commandos de France, unités F. F. I.),

le 9e Régiment de Zouaves.

éventuellement, le 1er Régiment de Chasseurs Parachutistes.

Blindée : le 7e R. C. A. (Tanks-Destroyers), pour mémoire, le 1er R. S. A. (Régiment de Reconnaissance du 1er C. A.).

Artillerie : un groupe de 203 américain, cinq groupes de 155 L. (deux *gun*, trois G. P. F.), trois groupes de 155 C. (dont un *Howitzer* U. S.), un groupe de 105 C. (3/64e R. A. A.), un bataillon américain de mortiers chimiques, éventuellement un, ou plusieurs groupes de renforcement américains.

Ces moyens de renforcement, sauf les éléments d'artillerie déjà installés, seront, dans toute la mesure du possible, mis en place *dans les deux dernières nuits précédant l'attaque*, de façon à se réserver jusqu'au dernier moment le bénéfice de la surprise.

Toutes les reconnaissances nécessaires devront être exécutées au préalable.

VI. – La limite entre les 1er et 2e Corps d'Armée reste inchangée.

Le général d'Armée de Lattre de Tassigny commandant en chef la 1re Armée française.

Signé : J. DE LATTRE.

ANNEXE VII

1re ARMÉE FRANÇAISE

ÉTAT-MAJOR P. C., le 15 janvier 1945.

3e *Bureau.* **ULTRA SECRET**

N° 109/OP. 3.

INSTRUCTION PERSONNELLE ET SECRÈTE n° 7 pour les Généraux commandant les 1er et 2e C. A.

I. – La situation difficile dans laquelle se trouvent les forces de von Rundstedt engagées dans le saillant des *Ardennes*, l'échec des attaques allemandes en *Lorraine*, le déclenchement de l'offensive russe d'hiver sont autant de facteurs favorables à la reprise de l'initiative des opérations sur le front occidental.

Dans le secteur de la 1re Armée française, la reprise de l'offensive constitue, en outre, la meilleure parade à la menace allemande sur *Strasbourg*.

II. – Le général commandant l'Armée *décide*, en conséquence, de déclencher sans délai et par surprise, avec tous les moyens dont il dispose actuellement, de puissantes actions offensives convergeant en direction de *Brisach* et visant à réduire totalement la tête de pont d'*Alsace*.

Les actions convergentes de cette offensive générale d'Armée débuteront au sud, le jour J, dans le but :

– de prendre *Cernay* pour s'ouvrir le débouché au nord de la *Thur*,

– d'atteindre l'*Ill* d'*Ensisheim* en vue de donner de l'air à *Mulhouse* et de mettre la main sur la zone industrielle et minière qui s'étend au nord de la ville, et de s'emparer des passages de la rivière entre *Ensisheim* et *Meyenheim*.

Elles s'étendront ensuite au nord, à partir de J + 2 en principe, dans le but de déborder *Colmar* par le nord et de mettre la main sur les passages du canal de *Colmar* dans la région de *Wickerschwihr – Muntzenheim*.

Les unes et les autres de ces actions seront complétées par une exploitation générale en direction de *Brisach* devant tendre à l'étranglement de la poche de *Colmar*, puis à la liquidation.

III. – Au sud, le 1er Corps d'Armée disposant, outre ses moyens actuels :

– de la 4e D. M. M.,

– de la 4e Demi-Brigade de Chasseurs[1],

– de deux groupes de 155[2],

– du 3e Groupement de Choc (lieutenant-colonel Bouvet), reçoit la mission suivante :

1° Se couvrant à droite, sur la direction *Lutterbach-Battenheim*, à gauche sur les contreforts est des *Vosges*, concentrer ses moyens d'attaque sur le front *Thann-Aspach-le-Bas* et porter son effort sur l'axe :

Aspach-le-Haut-Wittelsheim

en vue de rompre le dispositif ennemi entre *Thann* et la *forêt de Nonnenbruch* (exclue) et de s'ouvrir le débouché au nord de la *Thur* en s'emparant du centre de résistance de *Cernay*.

---

1. 1er et 5e B. C. P., le 2e B. C. P. se trouvant déjà sur le front du 1er C. A. pour relever la gauche de la 2e D. I. M. dans la zone comprise entre *Moosch* et *Bitswiller* inclus.

2. Groupe 1/66e R. A. A. moins une batterie qui sera laissée à la disposition du secteur des *Vosges* centrales, et Groupe 2/R. A. C.-A. O. F. à retirer du secteur des *Vosges* centrales.

2° Poursuivre sans désemparer son action sur les directions :
Wittelsheim-Ensisheim.
Cernay-Réguisheim, en vue :
– de s'emparer des passages de l'*Ill* entre *Meyenheim* et *Ensisheim*,
– de s'ouvrir le couloir entre *Vosges* et *Ill* au nord de la région boisée de *Nonnenbruch*, tout en se couvrant :
– *à l'est*, face à la *Harth*, en bordant l'*Ill* d'*Ensisheim* à *Mulhouse*,
– *à l'ouest*, en bloquant, au fur et à mesure de la progression, les voies d'accès descendant des *Vosges*.

3° Simultanément, nettoyer la région boisée et minière de *Nonnenbruch* en la débordant constamment par le nord.

Objectif n° 1 *d'Armée :* la ligne *Herrenstubenkopf, Wolkopf*[1], *Wattwiller, Hartmannswiller, Auberge* 251, *Rœdersheim, Meyenheim, Réguisheim, Ensisheim*, cours de l'*Ill* jusqu'à *Mulhouse.*

Une fois son objectif atteint, le 1er C. A. se tiendra en mesure de déborder la *Harth* par le nord et d'exploiter sur les directions suivantes :
Ensisheim-Brisach.
Rœdersheim-Rouffach.
Ensisheim-Blodelsheim
et de procéder au nettoyage de la *Harth.*

L'action offensive du 1er C. A. sera montée en concentrant les moyens sur des fronts très étroits et en organisant, sur les directions d'attaque, le renouvellement ininterrompu des efforts en profondeur.

Sur le front du *Rhin* et de la *Harth*, le 1er C. A. maintiendra l'intégrité des positions actuelles.

IV. – Au nord, le 2e Corps d'Armée disposant :
– de ses moyens actuels renforcés par le 159e R. I., le Groupe d'Escadrons de La Ferté et le 1er Régiment de Chasseurs Parachutistes,
– et de moyens supplémentaires nouveaux : la 28e D. I. U. S. (destinée à tenir un secteur passif) la 2e D. B., le 1er Groupement de Choc (lieutenant-colonel Gambiez) et éventuellement une D. B. U. S.

1° Agissant sur les deux directions :
Guémar-Marckolsheim,

---

1. Au cas où l'état du terrain l'exigerait, l'objectif pourrait s'accrocher seulement, sur la gauche, à l'*Amselkopf.*

Ostheim-Jebsheim,

rompre le dispositif ennemi de part et d'autre de la forêt communale de *Colmar* tout en se couvrant au sud face à *Colmar*, dans la région de *Houssen.*

Objectif n° 1 *d'Armée :* la ligne générale *Sigolsheim, Rosenkranz, Houssen, Wickerschwihr*, canal de *Colmar* jusqu'à sa jonction avec le canal du *Rhône* au *Rhin*, canal du *Rhône* au *Rhin* jusqu'à la maison de garde de *Marckolsheim-Ohnenheim.*

2° Poursuivre sans désemparer son effort sur la direction de *Neuf-Brisach* en vue d'atteindre au plus tôt les passages du *Rhin* de *Brisach.*

Se couvrir à l'ouest, en masquant *Colmar* sur l'axe *Houssen-Andolsheim* et en cherchant à réduire la ville par une action menée d'est en ouest et prolongée jusque dans la région *Turckheim-Wintzenheim* en vue de *boucler la vallée de la Fecht.*

3° Ces résultats acquis, se tenir prêt à exploiter sur les directions suivantes :

Neuf-Brisach-Chalampé,
Neuf-Brisach-Ensisheim,
Colmar-Rouffach,

en vue de tendre la main au 1er C. A.

4° Dès que possible, procéder à la réduction et au nettoyage de la poche entre *Marckolsheim* et *Erstein.*

V. – À partir du 16 janvier, le secteur des *Vosges* centrales sera retiré de la zone du 1er C. A. et relèvera directement du général commandant l'Armée (Cf. Ordre Particulier n° 225, du 13 janvier 1945).

La limite entre le 1er C. A. et le secteur des *Vosges* centrales sera, à compter du 16 janvier, la suivante :

Malvaux (au 1er C. A.), *Dolleren, Moosch, Lautenbach, Guéberschwihr* (ces points au secteur des *Vosges* centrales).

La participation des forces du secteur des *Vosges* centrales à la manœuvre d'ensemble consistera, essentiellement, le moment venu, à nettoyer le massif montagneux en combinaison avec des actions de « remontée » entreprises par les 1er et 2e C. A.

Elle fera l'objet d'instructions particulières.

VI. – Sont maintenus en *Réserve d'Armée* :

– le 2e Groupement de Choc,
– la 1re Brigade de Spahis à cheval,
– le 2e R. S. A. R.,
– le 9e Zouaves (moins 1 bataillon et la C. C. I.).

VII. – Il est demandé à l'aviation du 6e Groupe d'Armées :

a) De poursuivre ses interventions actuelles sur les ponts de *Brisach* et les passages plus au nord ;

b) À partir du jour J :

– de détruire les passages de *Chalampé* et d'entretenir leur destruction,

– d'attaquer dans toute la mesure du possible, la zone de dépôts ennemis signalés dans la partie nord de la forêt de la *Harth* (quadrilatère *Roggenhouse, Blodelsheim, Rumersheim, Munchouse*) ;

c) D'accompagner au plus près l'effort de rupture des Corps d'Armée sur leur front d'attaque, les détails de l'intervention des Forces aériennes étant réglés directement entre les Corps d'Armée et les commandants des Forces aériennes d'appui :

– 1er C. A. : le 1er Corps Aérien français (spécialement adapté au 1er C. A. pour cette opération),

2e C. A. : l'Aviation du 6e Groupe d'Armées.

Le général d'Armée de Lattre de Tassigny
commandant en chef la 1re Armée française

Signé : J. DE LATTRE.

ANNEXE VIII

6e Groupe d'Armées U. S.
Le 27 mars 1945.

LETTRE D'INSTRUCTION n° 12

Destinataires : Général commandant 7e Armée U. S.
Général commandant 1re Armée française.

TRADUCTION

1° Les Armées alliées ont comme objectif l'isolement de la *Ruhr*. À cette fin, les 21e et 12e Groupes d'Armées effectueront leur jonction dans le secteur général *Kassel-Patterborn*. Après cette jonction effectuée, les 21e et 12e Groupes d'Armées nettoieront et occuperont le secteur isolé par leur avance et se prépareront pour une progression ultérieure en Allemagne.

2° Le 6e Groupe d'Armées protégera le flanc droit du 12e Groupe d'Armées jusqu'au massif du *Hohe-Rhon* au nord et se tiendra prêt à livrer une ou deux divisions au 12e Groupe d'Armées sur ordre de S. H. A. E. F.

LIMITES

Entre Armées, à compter du 30 *mars* 1945 :

Phalsbourg – Saverne (tous deux à la 1re Armée française) – *Haguenau ;* puis le long de la route nationale n° 63, de *Haguenau* à *Soultz* ; puis le long de la voie ferrée de *Soultz* à *Wissembourg* ; puis le long de la voie ferrée jusqu'à *Landau* ; puis le long de la voie ferrée jusqu'à *Edenkoben* (tous ces points à la 7e Armée), *Geinsheim-Kankoten-Speyer-Heilbronn* (tous ces points à la 1re Armée française). La 7e Armée aura le droit de passage, sans restriction aucune, sur la route nationale n° 4 de *Phalsbourg* à *Saverne*, la route nationale n° 421 de *Saverne* à *Brumath* et la route nationale n° 63 de *Brumath* à *Haguenau*. Il sera accordé à la 1re Armée française un droit de passage suffisant pour lui permettre de ravitailler un corps de trois divisions par la route nationale n° 63 de *Brumath* à sa jonction avec la nationale n° 272 au nord de *Landau*.

3° ....

1re *Armée française.*

1° Défendre la ligne du *Rhin* dans sa zone d'action et protéger le flanc sud du 6e Groupe d'Armées.

2° Se regrouper rapidement de façon à fournir un corps d'au moins une division blindée et de deux divisions d'infanterie en mesure de franchir le *Rhin* dans le secteur de *Germersheim* et de s'emparer de *Karlsruhe, Pforzheim* et *Stuttgart.* Aviser le 6e Groupe d'Armées lorsque tout sera prêt pour ce franchissement, pour lequel le jour « D » sera annoncé dans une directive ultérieure.

La 1re Armée française prendra rapidement contact avec la 7e Armée et assurera la relève des unités de la 7e Armée du secteur du *Rhin* dans sa nouvelle zone, relève terminée pour le 30 mars 1945 24 heures A.

La 7e Armée déplacera toutes ses unités et installations se trouvant dans la nouvelle zone d'action de la 1re Armée française.

Par ordre du lieutenant-général Devers,
Major général G. S. C.
chef d'état-major.

Signé : DAVID G. BARR.

ANNEXE IX

1re ARMÉE FRANÇAISE

ÉTAT-MAJORP. C., le 29 mars 1945.

3e *Bureau*. **ULTRA SECRET**

N° 385 OP. 3.

INSTRUCTION PERSONNELLE ET SECRÈTE n° 11 pour les Généraux commandant les 1er et 2e C. A.

I. – Sur le front de l'Ouest, les offensives alliées sont en plein développement. Des pénétrations profondes ont été réalisées à l'est du *Rhin*.

Face à un ennemi qui ne disposerait dans cette région, que d'effectifs assez faibles, la 7e Armée U. S. a largement pris pied sur la rive droite du *Rhin*, dans le massif de l'*Oderwald* et à l'est de *Worms*.

Plus au nord, la *Ruhr* est en voie d'être débordée par le nord et par le sud.

II. – La manœuvre visant à encercler la *Ruhr* sera couverte au sud par le 6e Groupe d'Armées agissant avec la 7e Armée U. S. en direction générale du *Hohe Rhon*. Les reconnaissances terrestres s'étendront jusqu'à la ligne *Graben, Bruchsal, Heilbronn*[1], *Crailsheim, Rothenburg*.

La 1re Armée française, étendant sa zone d'action au nord jusqu'à la ligne générale *Landau, Spire, Heilbronn*, a pour mission de couvrir au sud l'action du 6e Groupe d'Armées :

– en franchissant le *Rhin* dans la région de *Germersheim*,

– en s'emparant de *Karlsruhe*, de *Pforzheim*, puis de *Stuttgart*.

Elle assurera également la défense du *Rhin* dans le reste de sa zone d'action.

1. Ces lieux se trouvent dans la zone de la 1re Armée.

III. – Un groupement de forces devra être constitué par prélèvement sur l'ensemble de l'Armée, pour être prêt dans le moindre délai à franchir le *Rhin* dans la région de *Germersheim*.

Par voie de conséquence, un minimum de moyens sera consacré à la défense du front du *Rhin* ou, cependant, devront être maintenus les éléments nécessaires à une action par la vallée du *Rhin* supérieur, le long de la frontière suisse.

IV. – 1° Le débouché au nord de la *Forêt-Noire* par la trouée de *Pforzheim* permettra à la 1re Armée française d'assurer sa mission de couverture en direction soit de *Suttgart*, soit de *Heilbronn*, soit éventuellement de *Tubingen*.

L'action offensive de l'Armée aura donc pour but initial de mettre la main sur la région de *Bretten-Illingen-Pforzheim* en débordant *Karlsruhe* par le nord.

En conséquence, le franchissement du *Rhin* s'effectuera sur la direction *Germersheim-Bretten*, en vue d'atteindre d'abord la région de *Bretten*, tout en se couvrant face à *Karlsruhe* et en recherchant, au nord, la liaison avec la 7e Armée U. S. puis, *Bretten* atteint, de poursuivre l'action soit sur *Stuttgart*, soit sur *Pforzheim*.

2° À cet effet le général commandant le 2e C. A. préparera le franchissement du *Rhin* dans la région de *Germersheim* avec deux D. I. et une D. B. (2e D. I. M., 3e D. I. A., 5e D. B.). En raison des moyens limités du Génie, cette opération s'effectuera par Grandes Unités successives.

L'action sera conduite en exploitant à fond toute occasion favorable, appuyée et couverte par le maximum de feux de l'artillerie et de l'aviation.

Tous les moyens de franchissement de l'Armée lui seront appliqués. Le commandant du Génie de l'Armée placé, pendant cette phase, aux ordres du général commandant le 2e C. A. n'exercera le contrôle direct du point de vue technique.

La date de l'opération, qui sera tenue prête à être déclenchée à partir du 31 mars, sera fixée ultérieurement.

V. – Sur le reste du front du *Rhin*, les unités en ligne masqueront leur étirement en manifestant par tous les moyens une activité accrue, notamment par des reconnaissances et des coups de main sur la rive ennemie. Elles entretiendront ainsi la vigilance indispensable pour suivre l'évolution du dispositif ennemi et déceler les circonstances favorables à une pénétration en pays de *Bade.*

Afin d'être en mesure de saisir toute occasion, le 1er Corps d'Armée se préparera à franchir le *Rhin* entre *Kembs* et *Bâle*, en direction de *Waldshut*, avec une division d'infanterie renforcée d'éléments blindés. Cette opération devra pouvoir être déclenchée sur court préavis.

VI. – La préparation des opérations envisagées conduit à reporter vers le nord le centre de gravité de l'Armée.

Le remaniement du dispositif qui en résulte sera réalisé dans les conditions suivantes :

– La limite entre les 1er et 2e C. A. sera remontée progressivement vers le nord et, initialement, à la ligne générale *Sundheim-Lingolsheim*,

– Le 2e C. A., relevant les unités américaines jusqu'à *Spire* inclus et concentrant sur sa gauche le dispositif d'attaque, se couvrira initialement sur son front passif par la 9e D. I. C. renforcée d'éléments prélevés sur le 1er C. A. (81e et 126e R. I.).

– Le 1er C. A., s'étendant sur sa gauche jusqu'aux limites successives qui lui seront fixées, maintiendra la 4e D. M. M. au sud de son dispositif en vue de l'opération envisagée le long de la frontière germano-suisse,

– La 1re D. B. sera articulée par C. C. sur tout le front du *Rhin*, en réserve des Corps d'Armée, un C. C. étant mis initialement à la disposition du 2e C. A., le reste demeurant au 1er C. A.

VII. – L'articulation des moyens de réserve générale, la répartition des forces entre les Corps d'Armée et les mouvements qui en découlent feront l'objet d'ordres particuliers.

Le général d'Armée de Lattre de Tassigny commandant l'Armée française.

Signé : J. DE LATTRE.

ANNEXE X

1re ARMÉE FRANÇAISE

ÉTAT-MAJORP. C., le 11 avril 1945.

3e *Bureau.* **ULTRA SECRET**

N° 451/OP. 3.

DIRECTIVE D'ORIENTATION n° 9

I. – Dans l'après-midi du 11 avril le Groupement Valluy atteignait le canal de la *Murg* du *Rhin* à *Gaggenau.*

Rencontrant de fortes résistances à sa droite devant la rive sud du canal et les lisières nord de *Rastadt,* ce Groupement s'emparait à sa gauche, des ponts intacts de *Kuppenheim* et de *Gaggenau* puis, élargissant sans désemparer ses deux têtes de pont, entamait en fin de journée le débordement de *Rastadt* par le sud-est et poussait ses reconnaissances en direction de *Oos* et du carrefour est d'*Ifferzheim* et en direction de *Baden-Baden.*

De son côté, le 2e C. A. atteignait par sa droite les hauts carrefours de *Kaltenbronn.*

II. – Il importe à tout prix d'accentuer vigoureusement et sans délai la pression sur l'ennemi, d'empêcher son rétablissement et d'exploiter son désarroi, en visant :

– d'une part à dégager la plaine du *Rhin* jusqu'au-delà de la transversale *Strasbourg-Oberkirch* en s'enfonçant en montagne pour agir par débordements successifs partant des nœuds de communication de *Gernsbach* et de *Huzenbach* en direction respectivement de *Baden-Baden* et de *Buhl* et de *Achern,*

– d'autre part, d'étendre vers l'est la pénétration dans toutes les vallées débouchant sur la plaine du *Neckar,* pour atteindre *Calw* et *Nagold* et, de là, menacer *Stuttgart* et amorcer son débordement par le sud.

Il importe même de pousser sans désemparer sur *Freudenstadt* :

1° Pour ouvrir au plus tôt la transversale de *Strasbourg-Freudenstadt* au travers de la *Forêt-Noire* et, par le sud, étendre la portée des débordements de la position allemande du *Rhin* :

2° Pour atteindre vers l'est le haut *Neckar* qui donne la pénétration sur les directions de *Tubingen* et de *Rottweil* et, par les affluents de rive droite entre ces deux villes, sur la direction du *Danube* de *Sigmaringen*.

III. – *a*) Le *Groupement Valluy* renforcé d'un second C. C. de la 1re D. B. et motorisant la valeur de trois bataillons par moyens de transport de l'Armée, aura la charge de toutes les opérations à l'ouest de la ligne d'*Herrenalb* à *Freudenstadt*, visant au dégagement de la plaine du *Rhin*.

Dès que le Groupement Valluy, ayant dépassé la transversale de *Strasbourg-Oberkirch*, aura atteint la région d'*Offenburg*, il passera aux ordres du 1er C. A. qui prendra alors à son compte les missions confiées à ce groupement ;

b) Le 2e C. A. aura pour mission :

– d'appuyer fortement par sa droite et de couvrir l'action du Groupement Valluy, puis du 1er C. A.,

– d'assumer la charge de toute l'extension de la manœuvre de l'Armée partant de la *Forêt-Noire* vers *Stuttgart* et vers le haut *Neckar*.

IV. – Le P. C. tactique de l'Armée sera ouvert à *Karlsruhe* le 14 à 18 heures.

Le général d'Armée de Lattre de Tassigny commandant en chef la 1re Armée française.

Signé : J. de Lattre.

TABLE DES CARTES

TABLE DES MATIÈRES

DEUXIÈME PARTIE
DE LA MÉDITERRANÉE AUX VOSGES

TROISIÈME PARTIE
LES RUDES SEMAILLES D'AUTOMNE

QUATRIÈME PARTIE
LA LIBÉRATION DE L'ALSACE

Imprimé en France
FRHW010234101123
36961FR00007B/36